Hans Kessler
Sucht den Lebenden nicht bei den Toten

Hans Kessler

Sucht den Lebenden nicht bei den Toten

Die Auferstehung
Jesu Christi in biblischer,
fundamentaltheologischer
und systematischer
Sicht

Neuausgabe
mit ausführlicher Erörterung
der aktuellen Fragen

echter

Die Deutsche Bibliothek – CIP-Einheitsaufnahme

Kessler, Hans:
Sucht den Lebenden nicht bei den Toten : die Auferstehung Jesu Christi
in biblischer, fundamentaltheologischer und systematischer Sicht /
Hans Kessler. – Neuausg. mit ausführlicher Erörterung
der aktuellen Fragen. – Würzburg : Echter, 1995
ISBN 3-429-01676-2

© 1995 Echter Verlag Würzburg
Umschlag. Uwe Jonath
Gesamtherstellung: Echter Würzburg
Fränkische Gesellschaftsdruckerei und Verlag GmbH
ISBN 3-429-01676-2

Inhalt

8

VIERTES KAPITEL
DIE FRAGE NACH DER ZUREICHENDEN GRUNDLAGE
DES (OSTER-)GLAUBENS

11

FÜNFTES KAPITEL
INHALT UND BEDEUTUNG UNSERES GLAUBENS
AN DIE AUFERSTEHUNG JESU
(SYSTEMATISCHE ENTFALTUNG)

SECHSTES KAPITEL
ERÖRTERUNG DER NEUESTEN KONTROVERSEN
UND AKTUELLEN FRAGEN

Vorwort zur Neuausgabe

Das vorliegende Buch ist 1985 in erster und 1987 in zweiter Auflage beim Patmos Verlag, Düsseldorf, 1989 in einer leicht veränderten Lizenzausgabe beim St.Benno-Verlag Leipzig erschienen, und es wurde in andere Sprachen übersetzt. Es hat nicht nur in Fachkreisen breiteste Zustimmung und Anerkennung gefunden, sondern auch weit darüber hinaus so viele Interessierte angesprochen, daß nun seit einem Jahr alle deutschen Ausgaben vergriffen sind. Die Nachfrage nach einer gründlichen, genauen und zugleich lesbaren Gesamtdarstellung hält jedoch unvermindert an. Ich danke dem Echter Verlag in Würzburg, daß er diese Neuausgabe möglich gemacht hat.

Für die Neuausgabe habe ich den Exkurs S. 125 f. völlig verändert. Vor allem aber habe ich ein weiteres (sechstes) Kapitel verfaßt, das sich in die jüngst erneut aufgebrochene, bisweilen erbittert geführte wissenschaftliche und auch öffentliche Debatte über die »Auferstehung« einschaltet. Dabei nehme ich auch auf die allerneuesten einschlägigen Arbeiten von Gerd Lüdemann, Wolfhart Pannenberg, Georg Essen, Hansjürgen Verweyen und anderen Bezug, setze mich mit ihren Argumentationen auseinander und suche, indem ich meine eigene Sicht verdeutliche, vertiefe und weiterentwickle, einen Weg jenseits von traditionalistischem Fundamentalismus und reduktionistischem Rationalismus.

Einige Autoren haben mir ihre Texte bereits vor der Publikation zur Verfügung gestellt, wofür ich ihnen danke. Zum einen ist dies Georg Essen, dessen hervorragendes Buch »Historische Vernunft und Auferweckung Jesu. Theologie und Historik im Streit um den Begriff geschichtlicher Wirklichkeit« (Mainz 1995) mit seinen erkenntnistheoretischen Analysen zur historischen und theologischen Verantwortung des Osterglaubens meine eigene Sicht bestätigt und weiter begründet. Zum andern sind dies die Vertreter einer von meiner eigenen und der der Mehrheit der Exegeten und Systematiker abweichenden Sicht, die Hansjürgen Verweyen im Sommer 1994 zu einer Tagung nach Freiburg eingeladen hatte und deren Beiträge er nun in dem von ihm herausgegebenen Band »Osterglaube ohne Auferstehung? Diskussion mit Gerd Lüdemann« (Freiburg 1995) versammelt hat: Gerd Lüdemann, Ingo Broer, Karl-Heinz Ohlig und Hansjürgen Verweyen selbst.

Daß das Auferstehungsthema für mich einen wichtigen, aber auch begrenzten Stellenwert hat, läßt sich leicht meinen Arbeiten von »Die theologische Bedeutung des Todes Jesu« (1970) und »Erlösung als Befreiung« (1972) bis zur »Christologie«, erschienen im Handbuch der Dogmatik (1992), und auch dem vorliegenden Buch selbst entnehmen.

Dieses Buch wurde geschrieben, weil das, was ich zur Frage der Auferstehung Jesu fand, mich gänzlich unbefriedigt ließ. Deshalb machte ich mich an die Arbeit und ließ mich auf eine lange, intensive Beschäftigung mit dem Thema ein, die alle bedeutsamen Aspekte einbezog und zu einem Gesamtentwurf zu integrieren versuchte.

So werden in der Einführung, ausgehend von heutigen Verstehensproblemen, allgemein-menschheitliche Zugänge aufgezeigt. Die beiden ersten Kapitel analysieren die grundlegenden biblischen Überlieferungen in ihrem Entwicklungszusammenhang. Zwei fundamentaltheologische Kapitel untersuchen, in Auseinandersetzung mit den Einwänden neuzeitlicher Kritik, die Fragen nach der Entstehung des Osterzeugnisses und nach der Begründung des Osterglaubens. Den Schwerpunkt des Buches aber bildet das systematische fünfte Kapitel, das den Sinngehalt des Osterglaubens in einer zusammenhängenden Sicht neu zu erschließen und auf die Fragen Antwort zu geben versucht, was der Osterglaube für kritisches Denken, für persönlichen Glaubensvollzug, für die Hoffnung und die Praxis von Christen heute bedeutet. Im neu hinzugekommenen sechsten Kapitel werden die Perspektiven im Gespräch mit den jüngsten Publikationen vertieft, verdeutlicht und weiterentwickelt.

Der Obertitel »Sucht den Lebenden nicht bei den Toten« ist in Anlehnung an Lk 24,5 f formuliert. Er gibt die leitende Perspektive des ganzen Buches wieder.

Danken möchte ich meinen früheren bzw. jetzigen Mitarbeiterinnen und Mitarbeitern Dr. Joachim Ackva, Susanne Brenner, Bernhard Dörr, Michael Kern, Dorothee Mann und Patricia Ruppert für technische Hilfen, das Mitlesen der Korrekturen und die Erstellung des Registers. Herrn Dr. Michael Lauble und Herrn Dr. Markus Knapp danke ich für die sorgfältige verlegerische Betreuung.

Der Dank aber, den ich meiner Frau Heidrun und unserer Tochter Anette gegenüber empfinde, läßt sich nicht in Worten ausdrücken. Meiner Mutter, Klara Kessler geb. Forster (6.10.1916 – 16.5.1950) weiß ich mich bleibend verbunden; ihr widme ich dieses Buch.

Frankfurt am Main, im Dezember 1994 *Hans Kessler*

Einführung

Die Frage nach der Auferstehung Jesu Christi stellt eine, vielleicht sogar *die* Schlüsselfrage des christlichen Glaubens dar. In dieser Frage fallen, auch wenn dies dem durchschnittlichen Christen kaum noch bewußt ist, Entscheidungen für fast alle anderen Fragen des Glaubens und der Theologie.

Das vorliegende Buch will die Frage nach der Auferstehung Jesu möglichst gründlich und umfassend in den Blick rücken. Es erörtert ihre historisch-biblischen (1. und 2. Kapitel), ihre fundamentaltheologischen (3. und 4. Kapitel) und ihre systematisch-dogmatischen Aspekte (5. Kapitel). Dabei versucht es stets (und insbesondere im letzten Kapitel), die existentiell-praktische Bedeutung unseres Glaubens an die Auferweckung Jesu sichtbar zu machen.

Einleitend seien hier zunächst Bemerkungen (1) zum fundamentalen Rang der Botschaft von der Auferweckung des Gekreuzigten, (2) zu den nicht unbeträchtlichen Schwierigkeiten heutiger Adressaten mit ihr und (3) zu Möglichkeiten eines allgemeinen, anthropologischen Verstehenszugangs zu dieser Botschaft vorausgeschickt.

1. Die vergessene und wiederentdeckte fundamentale Bedeutung der Auferstehung Jesu

Die fundamentale Bedeutung der Auferstehung Jesu für das christliche Leben und Denken kann in ihrer ganzen Tragweite erst in den folgenden Untersuchungen selbst hervortreten. An dieser Stelle soll auf sie vorab nur in einigen grundsätzlichen Hinweisen und in einem knappen theologiegeschichtlichen Durchgang aufmerksam gemacht werden.

a) Grundsätzliche Bemerkungen

Schon rein historisch gesehen bildete nach Karfreitag die Überzeugung von der Auferweckung Jesu von den Toten die Initialzündung für die Entstehung des Christentums. Diese Überzeugung von der Auferstehung Jesu übte eine kaum ermeßbare Wirkung aus. Sie löste nach Jesu Kreuzestod die Bildung von Urgemeinde und Kirche aus. Sie bewirkte das eigentliche und ausdrückliche Christusbekenntnis. Sie führte zum entschiedenen Rückgriff auf die Botschaft Jesu, zu ihrer mündlichen und schriftlichen Überlieferung. Es gibt keine einzige neutestamentliche Schrift oder Schicht (die Logienquelle eingeschlossen), die den Osterglauben nicht voraussetzte; alle sind sie im Licht von Ostern geschrieben. Von Ostern her kam es zur Entstehung des Christentums. Das alles aber war nicht nur zufällig so.

Denn die (offenbarte und geglaubte) Auferstehung Jesu war nicht nur zufällig – damals nach Karfreitag – die nähere geschichtliche Ursache des urchristlichen Glaubens. Ganz prinzipiell ist vielmehr Jesu Auferstehung im Zusammenhang mit seinem irdischen Wirken der konstitutive Sachgrund und Angelpunkt des christlichen Glaubens überhaupt und zu jeder Zeit. Mit ihr steht und fällt die Gegenwartsmächtigkeit des Gottes Jesu Christi und damit der christliche Glaube insgesamt. Mit äußerster Genauigkeit markiert *Paulus* für das Urchristentum den entscheidenden Punkt: »Ist Christus nicht auferweckt worden, so ist unsere Predigt leer und euer Glaube sinnlos«, dann »seid ihr noch in euren Sünden«, und »die Entschlafenen sind verloren« (1 Kor 15, 14.17f); dann aber sind wir Christen »wie die übrigen, die keine Hoffnung haben« (1 Thess 4, 13), ja »bemitleidenswerter als alle anderen Menschen« (1 Kor 15, 19). Paulus behauptet nicht mehr und nicht weniger, als daß der gesamte christliche Glaube hinfällig wird, wenn der eine Satz: »Jesus, der Gekreuzigte, ist von den Toten auferweckt«, keine Geltung hat oder verzichtbar sein soll. Dieser eine Satz ist grundlegend und absolut unverzichtbar.

In der Folgezeit haben daher die christlichen Kirchen (und desgleichen ihre maßgebenden Theologen) stets die Auferstehung Jesu als *Grundlage* vorausgesetzt und bejaht. In den kirchlichen *Glaubensbekenntnissen* ist sie – wie auch die erwartete Auferstehung der Toten – fest verankert (vgl. DS 2.5.6. 10–76.125.150 u. ö.). In den *Theologien* aber, zumal in den westkirchlichen, wurde sie jahrhundertelang nicht oder nur sehr beschränkt zum reflektierten *Thema* erhoben und nicht in ihrem vollen Inhalt fruchtbar gemacht, sehr zum Schaden des christlichen Lebens und Denkens. Ja, teilweise trat die Auferstehung Jesu aus verschiedenen Gründen sogar ganz in den Hintergrund und wurde überaus stiefmütterlich behandelt.

b) Theologiegeschichtliche Hinweise

Schon die *altkirchliche* Theologie seit der Mitte des 2. Jahrhunderts ist in der Abwehr der christlich-häretischen Gnosis (welche sich von der leiblich-irdischen, niedrigen Lebensgeschichte Jesu distanzierte und ihre ganze Erlösungslehre einseitig und exklusiv auf eine isolierte nicht-leibliche Auferstehung Jesu gründete) mehr an der Inkarnation als an der Auferstehung interessiert, weil sie in ihrer Situation nur so eine Soteriologie des *ganzen* Christus für den ganzen Menschen entfalten konnte.[1] Dennoch und trotz dieser Akzentverschiebung war die Inkarnationslehre der Väter deutlich auf die Auferstehung als ihre Vollendung bezogen,[2] weshalb Ostern in den – an der Väterlehre orientierten – orthodoxen Kirchen bis heute das Fest der Feste ist. Die Überzeugung der gesamten Alten Kirche kann denn auch in dem Satz zusammengefaßt werden: »Nimm die Auferstehung hinweg, und auf der Stelle zerstörst du das Christentum.«[3] Erst in der nachfolgenden *abendländischen* Christologie führte dann die genannte Akzentverlagerung zu erheblichen Konsequenzen. So trat in der von überwiegend metaphysisch-spekulativen Interessen geleiteten mittelalterlichen *Scholastik* die Reflexion auf die Auferstehung Jesu merklich zurück zugunsten einer spekulativen Ausarbeitung der Lehre von der gottmenschlichen Einheit Jesu Christi und seinem satisfaktorischen Tod, und sie war überdies mehr auf Fragen der ontologischen Beschaffenheit der Auferstehung (Eigenschaften des Auferstehungsleibes usw.) als auf ihre soteriologische Bedeutung ausgerichtet.[4] Diese Schrump-

---

[1] Vgl. dazu *R. Staats,* Auferstehung (Alte Kirche), in: TRE IV (1979) 514–529, hier 520–524.

[2] Vgl. *J. P. Jossua,* Le Salut. Incarnation ou mystère pascal chez les Pères de l'Eglise de S. Irénée à S. Léon le Grand (Paris 1968).

[3] Nach *L. Scheffczyk,* Auferstehung. Prinzip des christlichen Glaubens (Einsiedeln 1976) 46 Anm. 49, findet sich dieser Satz bei *Augustinus,* in Ps. 101, 2n. 7. Eine Überprüfung ergibt, daß er weder dort noch sonst bei Augustinus begegnet, aber als eine angemessene Zusammenfassung der dortigen Ausführungen Augustins gelten kann. (Auch andere Belegangaben und Zitationen in dem Buch von Scheffczyk halten einer Nachprüfung nicht stand, z. B. S. 59f Anm. 77.79 u. a.)

[4] Als exemplarisch kann die Christologie und Soteriologie des *Thomas von Aquin* gelten, der in seiner Summa theologiae der Inkarnationslehre und ihren Konsequenzen

fung der Ostertheologie (und mit ihr der Osterfrömmigkeit) verstärkte sich mit der *Neuscholastik* des 19. und 20. Jahrhunderts, und zwar derart, daß die Schuldogmatiken zwar große Traktate über Inkarnation und Kreuzestod bieten, mit Ostern aber in wenigen Zeilen (über die Exemplar- und Wirkursache unserer Auferstehung) fertig werden.[5] Die neuscholastische Apologetik (Fundamentaltheologie) aber ist an der Auferstehung Jesu fast nur als Beweis für sein Gottsein, nicht an ihrem eigentlichen Inhalt interessiert; aus Ostern als dem Zentrum des christlichen Glaubens (Glaube an den erhöhten und gegenwärtigen lebendigen Herrn) wurde ein mehr äußerer Glaubwürdigkeitsbeweis für den Glauben.

Eine andere folgenschwere Veränderung macht sich *seit dem 18. Jahrhundert* in zunehmendem Maße bemerkbar: Die historisch-kritische Forschung und die Auseinandersetzungen um die Tatsächlichkeit des Auferstehungsereignisses, das einseitige Hervortreten einer individualistischen Subjektivität und ihr Streben nach uneingeschränkter Autonomie der Vernunft, die religionskritische Infragestellung eines Auferstehungslebens als illusionäre Vertröstung und Verrat an dem irdisch zu lebenden Leben, schließlich die verbreitete positivistische Verengung des Blicks auf die Wirklichkeit (als das experimentell Feststellbare oder doch intersubjektiv Überprüfbare, Funktionale, Herstellbare, Effiziente usw.) ließen es geraten erscheinen, sich auf einen weniger in Frage gestellten, festeren Boden zurückzuziehen und zu beschränken: auf Botschaft und Wirken des vorösterlichen, irdischen Jesus. Dies geschah vereinzelt bereits bei einigen protestantischen Theologen des 19. Jahrhunderts[6]: Die neutestamentlichen Aussagen von der Auferweckung Jesu brachten in

---

für die Menschheit Jesu Christi über 20 Quaestionen widmet, der Auferstehung Jesu Christi aber nur 4 (nämlich STh III q. 53–56).

[5] Vgl. hierzu *K. Rahner*, Dogmatische Fragen zur Osterfrömmigkeit, in: Schriften zur Theologie IV (Einsiedeln 1960) 157–172. Rahner verweist (157 Anm. 1) beispielhaft auf zwei jüngere Lehrbücher: *L. Ott*, Grundriß der Dogmatik (Freiburg [4]1959), »bietet anderthalb Seiten (232f) über unser Thema, die sich auch noch fast ganz auf die fundamentaltheologische Tatsache der Auferstehung beziehen. Die soteriologische Bedeutung wird in sieben Zeilen behandelt: Die Auferstehung gehört zur Vollständigkeit der Erlösung und ist Vorbild und Unterpfand unserer eigenen leiblichen und geistigen Auferstehung.« Und *J. Solano*, Summa Sacrae Theologiae III (Madrid [3]1956), bietet gar in seiner Christologie von 329 Seiten nicht ganz eine Seite (312) über die Auferstehung Jesu Christi.

[6] Vgl. etwa *D. F. Schleiermacher*, Der christliche Glaube (Berlin [2]1831), hg. von M. Redeker (Berlin 1960) Bd. 2, 82–84. Schleiermacher formuliert den Leitsatz: »Die Tatsa-

Verlegenheit; sie wurden deshalb zunächst einmal in ihrer Bedeutung heruntergespielt und möglichst ausgeklammert. In der Gegenwart ist diese Beschränkung auf den irdischen Jesus für weite Kreise protestantischer wie katholischer Christen nahezu selbstverständlich geworden.

Dieser jahrhundertelangen und erst gegenwärtig voll durchschlagenden Unterbestimmung und Vernachlässigung der Auferstehung Jesu Christi in der Theologie (und entsprechend in Verkündigung und christlichem Leben) wirken *seit etwa 1920* Versuche einer *Neubesinnung* auf ihre ursprünglich neutestamentliche (und im Glaubensbekenntnis der Kirchen immer festgehaltene) Bedeutung entgegen. Der Erste Weltkrieg löste bei manchen eine erste Ernüchterung bezüglich der Möglichkeiten des autonomen Menschen und der bürgerlichen Gesellschaft und eine Wiederentdeckung der Eschatologie aus. Der große protestantische Theologe *Karl Barth* erkennt mit Paulus in der Auferstehung der Toten kein Spezialthema mehr, sondern den »Sinn und Nerv« der gesamten christlichen Verkündigung, von dem her Licht auf das Ganze fällt; ihre Bestreitung ist ihm »ein Angriff auf das, was das Christentum zum Christentum macht«[7]. Die Auferstehung Jesu Christi bildet für Barth das Zentrum und Fundament schlechthin: »Wenn es ein christlich-theologisches Axiom gibt, so ist es dieses: Jesus Christus ist auferstanden, er ist wahrhaftig auferstanden! Eben dieses Axiom kann sich aber niemand aus den Fingern saugen. Man kann es nur nachsprechen daraufhin, daß es uns als Zentralaussage des biblischen Zeugnisses in der erleuchtenden Kraft des Heiligen Geistes vorgesprochen ist.«[8] Und *Gerhard Koch,* Autor eines der wenigen zugleich kritischen und tiefgründigen systematischen Werke über die Auferstehung Jesu Christi, beginnt dieses mit der Aussage, heute gestalte sich die Frage nach der Auferstehung Jesu Christi »zu der alle anderen theologischen Aussagen bedingenden Schicksalsfrage«. Es gehe um die Frage: »Wie kann Jesus,

chen der Auferstehung und der Himmelfahrt Christi sowie die Vorhersagung von seiner Wiederkunft zum Gericht können nicht als eigentliche Bestandteile der Lehre von seiner Person aufgestellt werden« (82). Und er erläutert u. a.: »Die Jünger erkannten in ihm den Sohn Gottes, ohne etwas von seiner Auferstehung und Himmelfahrt zu ahnden, und dasselbe können wir auch von uns sagen« (ebd.).

[7] *K. Barth,* Die Auferstehung der Toten. Eine akademische Vorlesung über 1 Kor 15 (Zürich 1924) 62 und 65.

[8] *K. Barth,* Die Kirchliche Dogmatik IV/3, 1. Hälfte (Zürich 1959) 47.

der gewesen ist..., über die Zeiten hinweg heute sein, ohne zu einem bloßen Gedanken herabgewürdigt zu werden?« In der Auferstehung Jesu Christi »allein kann begründet sein, daß Jesus nicht mit seiner Zeit vergangen ist«. Daher habe auch nur eine Theologie, die »der Gegenwartsmächtigkeit Jesu Christi bereits im Ansatz das Feld einräumt« und »vom gegenwärtigen, unmittelbar wirksamen Herrn her« denkt, eine Zukunft.[9] In der neueren katholischen Theologie hat insbesondere *Karl Rahner* auf den fundamentalen Rang der Osterbotschaft und auf das Zurückbleiben der Ostertheologie hinter ihrer Aufgabe aufmerksam gemacht. Er hat überdies bedeutsame Versuche einer tieferen Erschließung ihres Inhalts, insbesondere in soteriologischer Hinsicht, unternommen.[10] Nach Rahner bildet die Auferstehung Jesu »das zentrale Thema des Glaubens«, »insofern sie die Vollendung des Heilshandelns Gottes an der Welt und am Menschen ist, in der er sich ... der Welt unwiderruflich mitteilt und darum die Welt in eschatologischer Endgültigkeit zum Heil annimmt, so daß alles noch Ausständige nur die Durchführung und Enthüllung des in der Auferstehung Jesu Geschehenen ist«[11].

Hat die Auferstehung Jesu nach dem Neuen Testament und der Alten Kirche wie nach den Erkenntnissen großer Theologen unseres Jahrhunderts derart fundamentale und zentrale Bedeutung, dann ist es um so mißlicher, daß diese systematisch *kaum ausgearbeitet* worden ist. Selbst wenn in jüngerer Zeit die Zahl systematischer (nicht nur exegetischer) Einzelerörterungen zur Auferstehung Jesu zunimmt,[12] wird man keineswegs schon sagen

[9] *G. Koch*, Die Auferstehung Jesu Christi (Tübingen 1959). Die Zitate entstammen der Reihe nach den S. 1; 1f; 2; 5f.

[10] Vgl. außer dem in Anm. 5 genannten Beitrag u. a. *K. Rahner*, Auferstehung Jesu, in: SM I (1967) 403–405. 416–425; Über die Spiritualität des Osterglaubens, in: Schriften zur Theologie XII (Einsiedeln 1975) 335–343; Jesu Auferstehung, ebd. 344–352; Grundkurs des Glaubens (Freiburg 1976) 260–278.

[11] *Rahner*, Auferstehung Jesu, in: SM I 420.

[12] An dieser Stelle sei nur auf die wichtigeren Beiträge hingewiesen. Evangelischerseits außer den genannten Werken von Barth und Koch: *W. Pannenberg*, Grundzüge der Christologie (Gütersloh 1964) 47–112; *ders.*, Dogmatische Erwägungen zur Auferstehung Jesu, in: KuD 14 (1968) 105–118; *J. Moltmann*, Theologie der Hoffnung (München 1964) 150–185; *ders.*, Gott und Auferstehung. Auferstehungsglaube im Forum der Theodizeefrage, in: Perspektiven der Theologie (München – Mainz 1968) 36–56; *G. Ebeling*, Dogmatik des christlichen Glaubens II (Tübingen 1979) 256–362; *F. Mildenberger*, Auferstehung (Dogmatisch), in: TRE IV (1979) 547–575. Katholischerseits außer den Arbeiten von Rahner: *H. U. von Balthasar*, Mysterium Pascha-

können, daß die systematische Theologie die ihr gestellte Aufgabe, über eine Darlegung der in den Glaubenszeugnissen der Schrift enthaltenen Vorstellungen und Aussagen hinaus zu einem daseins- und handlungsorientierenden Verständnis der Auferstehung Jesu angesichts unserer gegenwärtigen Weltsituation beizutragen, schon hinreichend wahrgenommen hat. Von einer der zentralen Bedeutung der Auferstehung Jesu für den christlichen Glauben entsprechenden Theologie der Auferstehung sind wir noch weit entfernt.

2. Schwierigkeiten der heutigen Adressaten mit der Osterbotschaft

Die für das Neue Testament und den christlichen Glauben überhaupt so fundamentale Überzeugung, daß Jesus auferstanden ist und lebt, war einem allein an der Welt und ihren Möglichkeiten orientierten Denken noch nie das Plausible (vgl. nur Apg 17, 31f). Sie bereitet heutzutage aber auch vielen *Christen* erhebliche Schwierigkeiten. Zwar wird die Aussage »Jesus ist auferstanden« unter Christen normalerweise nicht geleugnet, aber sie wird sehr verschieden interpretiert,[13] und dabei werden die je verschiedenen Schwierigkeiten mit der Sache selber offenbar.

a) Heute verbreitete Vorstellungen über die Auferstehung Jesu

Die unter Christen der spätbürgerlichen Welt gegenwärtig verbreiteten Vorstellungen von der Auferstehung Jesu lassen sich neueren Umfragen zufolge[14] auf *vier Vorstellungstypen* zurück-

---

le, in: MS III/2 (Einsiedeln 1969) 133–319, hier 256–319; *K. Lehmann,* Auferweckt am dritten Tag nach der Schrift (Freiburg 1968); *A. Gesché,* Die Auferstehung Jesu in der dogmatischen Theologie, in: Theologische Berichte II (Einsiedeln 1973) 275–324; *P. Schoonenberg,* Wege nach Emmaus. Unser Glaube an die Auferstehung Jesu (Graz 1974); *W. Kasper,* Jesus der Christus (Mainz 1974) 145–188; *E. Schillebeeckx,* Die Auferstehung Jesu als Grund der Erlösung (Freiburg 1979); *A. Kolping,* Fundamentaltheologie III/1 (Münster 1981) 379–676.

[13] *W. Marxsen,* Die Auferstehung Jesu von Nazareth (Gütersloh 1968) 17f, geht davon aus, daß in bezug auf den Satz: Jesus ist auferstanden, »vollständige Einmütigkeit« herrscht. Es gebe keinen Christen und keinen Theologen – gleich, welcher Richtung er angehört –, der diesem Satz nicht zustimme. Aber es stelle sich die Frage: »Was heißt das?« Und hier, bei der Frage nach dem Verständnis dieses Satzes, gingen die Meinungen sofort auseinander.

[14] *J. Doré,* Croire en la résurrection de Jésus-Christ, in: Etudes 356 (1982) 525–542, faßt 527–531 in dieser Weise eine 1980 von der französischen Wochenzeitung »Témoig-

führen: (1) Jesus hat von seinem Körper (Leichnam) wieder Besitz genommen, sein Grab verlassen, ist bestimmten Jüngern erschienen, sie haben ihn gehört, ihn berührt, mit ihm gegessen; dann ist er in den Himmel zu Gott erhoben worden. (Leeres Grab und Erscheinungen gelten dabei als Beweis der Auferstehung.) (2) Jesus mag für sein Teil den Tod überwunden haben und bei Gott sein, insofern persönlich lebendig sein; mit der weiteren Bedeutung für Jesus, für Gott, für die Menschheit und das Christentum aber braucht man sich nicht zu beschäftigen. (Man verhält sich also zur Auferstehung Jesu nur distanziert-gedanklich, nicht existentiell und praktisch.) (3) Jesus lebt, wo sich Menschen auf ihn beziehen und er in ihnen (in ihrem Glauben) und durch sie heute neu ersteht; er lebt also weiter in seiner Wirkungsgeschichte (in seiner »Sache«, seinem »Geist«, seinem Lebensstil, seiner befreienden Praxis).[15] (4) Jesus (und Gott) ist definitiv tot. Die Rede von der Auferstehung ist nur eine (traditionsbedingte) Chiffre, ein bloßes Symbol für eine tiefe menschliche Wahrheit von universeller Tragweite (daß auch aus dem Übel das Gute hervorgehen und die Hoffnung gegen alles aufrechtgehalten werden kann).

Nun liegen diesen vier Vorstellungstypen im wesentlichen *zwei* einander entgegengesetzte und doch voneinander abhängige gedankliche Strukturen und *Einstellungen* zugrunde[16]: (A) Eine objektivistische Auffassung hält die Auferstehung Jesu bzw. den Auferstandenen für eine objektive, von den Zeugen objektiv konstatierte Tatsache; sie betont zwar, daß Jesus persönlich auferstanden und gegenwärtig ist, investiert aber alle Mühe in den

---

nage Chrétien« durchgeführte Befragung zusammen. – Ähnliche Ergebnisse erbrachte auch schon die 1967 durchgeführte Emnid-Umfrage: *W. Harenberg* (Hg.), Was glauben die Deutschen? (München – Mainz 1967). Weitere Umfrageergebnisse aus verschiedenen Ländern bezüglich der Zustimmung zur Hoffnung auf Auferstehung der Toten erwähnt *A. R. van de Walle,* Bis zum Anbruch der Morgenröte. Grundriß einer christlichen Eschatologie (Düsseldorf 1983) 21f.

[15] Diese Auffassung findet sich auch häufiger in kritischen populärtheologischen Arbeiten wie etwa bei *W. Marxsen* (s. Anm. 13), bei *D. Sölle,* Wählt das Leben (Stuttgart 1980) 111–136, oder bei *J. Pohier,* Wenn ich Gott sage (Olten – Freiburg 1980) 267–336. Als Beispiel sei aus einem Glaubensbekenntnis von *D. Sölle,* in: D. Sölle – F. Steffensky (Hg.), Politisches Nachtgebet in Köln (Stuttgart – Mainz 1969) 27, zitiert: »Ich glaube an Jesus Christus, der aufersteht in unser Leben, daß wir frei werden von Vorurteilen und Anmaßung, von Angst und Haß und seine Revolution weitertreiben auf sein Reich hin.« Es fehlt die Aussage: der auferstanden ist in das Leben Gottes hinein.

[16] Zum Folgenden vgl. *Doré,* Croire (s. Anm. 14) 531–534, und *Schoonenberg,* Wege (s. Anm. 12) 43–50.

Nachweis der historischen Tatsächlichkeit und der materiellen Leiblichkeit des Auferstandenen (anders vermag sie seine neue persönliche Existenzweise nicht zu denken); und sie versäumt es darüber, die Heilsbedeutung der Auferstehung Jesu und sein gegenwärtiges Leben in den Seinen hervorzuheben (so 1 und 2). (B) Eine subjektivistische Auffassung verlegt dagegen die Auferstehung Jesu und sein gegenwärtiges Leben ins Bewußtsein der Jünger und der Gläubigen (personale Existenz und Gegenwart über den Tod hinaus wagt man hier nicht mehr zu denken); Auferstehung ist – und damit ist man mit einem Schlag schwierige historische und gedankliche Probleme losgeworden – ein bloß symbolischer Ausdruck (ein »Interpretament«)[17] für die bleibende Bedeutung Jesu im Leben seiner Gemeinde (ohne daß er persönlich weiterlebt und da ist) oder gar nur für eine allgemeinmenschliche Hoffnung (so 3 und 4). Man kann den Gegensatz dieser beiden Auffassungen auf die zugespitzte Formel bringen: Objektive Auferstehung ohne Existenzbezug (Heilsbedeutung) oder existenzbedeutsamer Jesus ohne persönliche Auferstehung. Durch beide Auffassungen werden faktisch viele Christen daran gehindert, die wirkliche Bedeutung der Auferstehung Jesu Christi wahrzunehmen. Das vorliegende Buch versucht, beide Einstellungen – in ihrer Einseitigkeit und Gegensätzlichkeit – zu überwinden und eine umfassende Sicht zu entwickeln.

b) Gründe für die Schwierigkeiten mit der Auferstehung Jesu

Die Gründe für die skizzierte Situation und damit für die Schwierigkeiten mit der Auferstehung Jesu sind vielfältig. Verschiedene Komponenten wirken zusammen. Einige von ihnen seien hier – den genaueren Analysen vorweggreifend – kurz angedeutet:

zunächst abstruse Mißverständnisse bezüglich leiblicher Auferstehung und bezüglich der biblischen Auferstehungsaussagen (sie sind noch immer nicht ausgestorben) sowie fragwürdige Hypothesen besonders bezüglich der Entstehung des Osterglaubens (Scheintod-, Betrugs-, Visionshypothese);

---

[17] Für R. Bultmann ist die Auferstehung »Ausdruck für die Bedeutsamkeit des Kreuzes« als Heilsereignis; für W. Marxsen ein letztlich verzichtbares Interpretament für das Woher meines Glaubens, das Jesus heißt. Zu beiden vgl. unten Kap. 3, IV. 2 und

sodann die (einer falschen Abwertung des Diesseits[18] und einem Desinteresse an seiner Verbesserung entgegentretende) religionskritische Verdächtigung des Auferstehungsgedankens als ideologisch, d. h. als illusorische Wunschprojektion, welche durch Verweis auf ein imaginäres jenseitiges Glück von den praktischen Aufgaben des Diesseits abhalte;

damit verbunden eine nachhaltige Diskreditierung und Einschüchterung der Sehnsucht nach einer den Tod übersteigenden Erfüllung und Vollendung (also der Sehnsucht nach Glückseligkeit und vollkommener Gerechtigkeit, die auch vergangenes ungerechtes Leiden wiedergutmacht);

ferner der Zusammenbruch früherer weltbildlicher Vorstellungshilfen (z. B. des räumlich oben gedachten Jenseits), deren bildlich-metaphorischer Charakter der großen alten Theologie durchaus bewußt war, die man also transzendieren und wie Krücken hinter sich lassen mußte, die man aber auch transzendieren konnte, weil man von ihnen jederzeit von neuem ausgehen konnte;[19]

weiterhin jene gesellschaftliche Grundeinstellung des Besitzindividualismus und Hedonismus, die primär an optimalem Profit und Konsum, an Selbstdurchsetzung im Konkurrenzkampf und an maximaler Nutzbarkeit orientiert und die mit der Jagd nach individueller Selbstverwirklichung und Erfüllung *vor* dem Tod und zu Lasten anderer verbunden ist;

3. – Beide Auffassungen üben in Kreisen bürgerlich-intellektueller Christen beider Konfessionen und z. T. auch unter Theologen eine nachhaltige Wirkung aus.

[18] Als Beispiel vgl. nur das erst durch die Liturgiereform abgeänderte frühere Kirchengebet darum, daß wir »das Irdische verachten und das Himmlische lieben« (terrena despicere!). Eine solche Devise war geeignet, die irdischen Dinge allzu rasch den (weltlichen und kirchlichen) Herren der Welt allein zu überlassen.

[19] Als heute vollziehbare Vorstellungshilfe schlägt *O. H. Pesch*, Heute Gott erkennen (Mainz 1980) 55–64, die Leitvorstellung von dem wahrhaft unendlichen Horizont (Gott) vor, der das scheinbar unendliche Universum noch einmal umfängt und durchdringt, in den wir allenthalben hineinwandern und der sich uns dabei immer nochmals entzieht; in ihn sterben wir dann auch hinein. – Eine für unsern Zusammenhang dienliche Vorstellungshilfe findet sich in *Carl Zuckmayers* letztem Drama »Rattenfänger« (Stücke IV, Frankfurt 1976, 317): Ein Religionslehrer diskutiert mit seinen Schülern das Todesproblem. Da fragt einer der Schüler, ob es mit dem Tod nicht wie mit einer Geburt stehe. Vor der Geburt sei das Kind völlig von seiner Mutter umgeben und erhalte all sein Leben von ihr; es sehe sie aber nicht. Die Geburt sei für das Kind wie ein Schock, aber erst nach diesem könne es seine Mutter sehen. So seien wir also doch im irdischen Leben ganz von Gott umfangen und bekämen alles Leben von ihm; aber sehen könnten wir ihn nicht. Erst nach dem Schock des Todes würden wir ihn direkt schauen. Ein ähnlicher Vergleich auch bei *C. Carretto*, Unser Weg durch die Wüste (Freiburg 1979) 25f.

damit zusammenhängend jene liberal-bürgerliche Skepsis, der es ernst ist nur mit dem, was man sicher in Händen hält, die sich deshalb (in einem falschen Sicherheitsverlangen) lieber mit dem eigenen sicheren Ende abfindet und die Sinnansprüche reduziert, als sich mit dem Gedanken einer Auferstehung einzulassen; denn dieser brächte etwas Unsicheres, Unheimliches ins Spiel, das sich der Absehbarkeit, Berechenbarkeit und damit der eigenen Kontrolle entzieht (Angst vor dem Unschätzbaren, vielleicht vor Vergeltung);

nicht zuletzt der (mit dem bürgerlichen Individualismus zusammenhängende) vielfache Ausfall von wirklicher Gemeindeerfahrung und gemeinsamer Glaubenserfahrung, welche ja der vorzügliche Ort der Erfahrung der Gegenwart und Wirksamkeit des auferstandenen Herrn und seines Geistes ist.

Diese und andere Gründe wirken zusammen. Als ein durchgängiges kognitives Hindernis macht sich dabei immer wieder jenes säkulare Daseins- und Wirklichkeitsverständnis bemerkbar, welches die Wirklichkeit mit der *von uns aus* zugänglichen, überprüfbaren Welt und ihren Möglichkeiten gleichsetzt. Dieses Wirklichkeitsverständnis, das die selbstverständliche Grundlage heutigen Denkens bildet, macht es schwierig, den Gedanken an einen Gott festzuhalten, der diese Art Welterfahrung qualitativ übersteigen soll (Gott ist mitten in unserem Leben – jenseitig[20]) und der gerade so *wirklich* sein, *in* der Welt *und* über die Grenzen ihrer Möglichkeiten hinaus handeln soll. In diesem Kontext rückt der Glaube an die Auferstehung und Gegenwart Jesu Christi (in dem Sinn, daß wir mit ihm hier und jetzt als einer uns real angehenden Wirklichkeit zu rechnen und zu tun haben) für viele in den Bereich des Unvorstellbaren, schärfer noch: des Undenkbaren und Unglaubhaften.

Für die meisten Zeitgenossen sind – wie für Niklas Luhmann – die »Fakten der Welt« (in einem weiten Sinn) das Letzte, und sie sind zu bewältigen »ohne happy end, ohne Auferstehung, ohne ewiges Leben«.[21] Wenn Luhmann meint, »eine christliche Theologie ... müßte auf den Zusatzmythos der Auferstehung verzichten ... können« und das Warum auf Golgatha ohne Ant-

---

[20] So die gegen die Vorstellung eines fernen Jenseits- und Hinterweltgottes gerichtete Formulierung von Dietrich Bonhoeffer.
[21] *N. Luhmann*, Funktion der Religion (Frankfurt 1977) 199.

wort stehenlassen,[22] so beschreibt er im Grunde jenen Verzicht, den heute viele (auch Christen) in der angeblich christlichen, vorzugsweise aber spätbürgerlichen Gesellschaft aus den erwähnten Gründen leisten. Von dieser liberal-bürgerlichen »Entmythologisierung«, die auf den Zusatzmythos der Auferstehung Jesu verzichten will, kann der Satz Theodor W. Adornos gelten: »Indem sie nichts übrig läßt als das bloß Seiende, schlägt sie in den Mythos zurück«, nämlich in den Mythos, den »der geschlossene Immanenzzusammenhang dessen, was ist« und sich eben nicht ändern läßt, selber darstellt.[23]

Nicht zufällig stellt nun der Glaube an Jesu Auferstehung und die Hoffnung auf Auferstehung der Ermordeten bei nichtbürgerlichen Christen in der Dritten Welt (Lateinamerika, Schwarzafrika usw.) ein bewegendes, zentrales Motiv dar, und zwar gerade *nicht* im rein immanentistischen Sinne; Auferstehung/Auferweckung Jesu sowie seiner toten Freunde einerseits und Aufstand/Aufrichtung der Armen andererseits gehören für sie und ihre Befreiungstheologien unlöslich zusammen, sind aber gerade nicht unterschiedslos identisch. Der Glaube an Jesu Auferstehung und die Hoffnung auf Auferweckung der Toten erfordern, sollen sie ernsthaft vollzogen werden, eine grundlegende Umkehr in unserem Denken und in unserem Handeln. Eine Umkehr, die es wagt, viele der modernen Selbstverständlichkeiten wieder in Frage zu stellen und mit jener stillschweigenden Übereinstimmung zu brechen, daß man im Ernst mit so etwas wie Auferstehung nicht zu rechnen habe. Den Mut zu solcher Umkehr können christliche Gemeinschaften und Gruppen erleichtern und bestärken, fassen muß ihn jeder selbst.

Das Wagnis der Umkehr zum Glauben an die Auferstehung und wirksame Gegenwart Jesu Christi (und an die Lebendigkeit der Toten) muß freilich, soll es nicht willkürlich, blind und bodenlos sein, vor der Vernunft legitimiert und als begründet verantwortet werden.[24] Diesem Zweck sollen die folgenden Kapitel

[22] Ebd.
[23] *Th. W. Adorno,* Negative Dialektik (Frankfurt 1970) 392.
[24] Eine überzeugende Praxis von Gemeinden und Glaubenden (»Früchte« ihres Auferstehungsglaubens wie Aufrichtung der Armen usw.) kann den Auferstehungsglauben *glaubwürdig,* anziehend, einladend machen; daran fehlt es ohne Zweifel in unseren Breiten vielfach. Aber die *Wahrheit* des Auferstehungsglaubens kann eine solche Praxis nicht erweisen. Vgl. dazu die prinzipielle Kritik an »Praxis als Wahrheitskriterium« bei *C. Boff,* Theologie und Praxis (Mainz – München 1983) 307ff.

mit dienen. In ihnen geht es ja auch um die Entstehung und innere Logik der biblischen Auferstehungshoffnung (1. Kapitel), um die erkennbare Programmatik des Lebens Jesu und die sehr früh nach seinem Tode einsetzenden urchristlichen Osterzeugnisse (2. Kapitel), ferner – in Auseinandersetzung mit unzulänglichen Erklärungsversuchen – um die Frage der Entstehung des Osterglaubens (3. Kapitel), um die Frage nach der hinreichenden Grundlage für einen solchen Glauben heute (4. Kapitel) und schließlich um den vollen Inhalt des Glaubens an die Auferstehung Jesu, um seine innere argumentative Kraft und seine existentiell-praktische Bedeutung (5. Kapitel). Diesen Darlegungen sollen nun aber zunächst – gewissermaßen auf dem philosophischen Vorfelde – Überlegungen dazu vorausgeschickt werden, inwieweit ein allgemeiner (Glaubenden wie Nichtglaubenden vollziehbarer) Zugang zum Gedanken der Auferstehung Jesu und der Toten möglich ist.

3. Anthropologischer Zugang zur Auferstehungsbotschaft

Die Auferstehung Jesu und der Toten überhaupt ist, wie wir sahen, (aufgrund ihrer religionskritischen Diskreditierung, des dominierenden säkular-immanentistischen Wirklichkeitsverständnisses, des Zusammenbruchs früherer weltbildlicher Vorstellungshilfen usw.) für viele in den Bereich des Unvorstellbaren, ja des Undenkbaren und Unglaubhaften gerückt. Darum ist die Frage der Denkbarkeit einer Auferstehung und mit ihr die Frage eines allgemein verstehbaren Zugangs zum Auferstehungsglauben von fundamentaler Bedeutung. Um einen solchen Zugang zu gewinnen, ist methodisch nicht von einem nur christlich einleuchtenden Bild des Menschen auszugehen, sondern von allgemein aufweisbaren anthropologischen Phänomenen. Hier lassen sich verschiedene Wege beschreiten. Drei von ihnen seien skizziert, und zwar a) ein mehr transzendentaler bzw. existentialer (an der Subjektivität bzw. Existenz orientiert), b) ein mehr interpersonal-dialogischer (an der zwischenmenschlichen Beziehung orientiert) und c) ein mehr gesellschaftsbezogener, universaler (an der Solidarität aller Menschen orientiert).

a) Transzendental: Die in der Existenz liegende Forderung nach Sinn und Vollendung[25]

Dem Menschen wird, sobald er – menschheitsgeschichtlich wie lebensgeschichtlich – zum Selbstbewußtsein durchdringt, sich also als vor sich gestelltes Subjekt und als durch nichts und niemand vertretbare Person erkennt, der Tod zum unausweichlichen Problem. Dies deshalb, weil er seinem Tod entgegengeht und das – allen Verdrängungen zum Trotz – auch weiß. Nur der Mensch stirbt (das Tier verendet), und zwar stirbt jeder Mensch »seinen eigenen Tod« (Rainer Maria Rilke); dies gilt aller gesellschaftlichen Funktionalisierung und Vergleichgültigung des Einzelnen und seines Todes zum Trotz. Und nur der Mensch nimmt seinen Tod vorweg, dieses brutale Ende seines Handelns und Daseins, an dem alle irdische Sinnbestimmung ihre Grenze erfährt. Der (in all unserem Handeln schon vorausgesetzte) Sinn geht ja auf Selbst- und Ganzseinkönnen; der Tod aber verunmöglicht dieses. Der Mensch weiß also um die Unausweichlichkeit seines Todes,[26] und er weiß zugleich: »Kein Nein zum Sinn ist schärfer als das Nein des Todes«[27].

Nun ist aber der endliche Mensch so strukturiert, daß er in einer (zwar nicht immer faktisch, aber prinzipiell) endlosen Unzufriedenheit über alles, was er denkend erkannt und wollend erreicht hat, immer noch einmal transzendierend hinausfragt und hinausstrebt. Und so fragen wir auch notwendigerweise über die Grenze des eigenen Todes hinaus und verlangen nach einem unbedingt bleibenden Sinn. Unsere Existenz reicht über das Erfahrbare hinaus. Schon darin, daß Menschen im konkreten Vollzug ihres Lebens sich trotz aller Sinnwidrigkeiten und Enttäuschungen nicht ins Absurde fallen lassen, steckt unausdrücklich die Hoffnung, daß das Dasein einen Sinn hat. Und im verantwortlichen Handeln der Menschen verbirgt sich die Hoffnung, einen Beitrag einbringen zu können, der nicht durch den Tod

[25] Dieser transzendental-anthropologische Zugang ist von Philosophen wie etwa *E. Heintel*, Über Unsterblichkeit und Auferstehung, in: Radius 1978, 35–40, und innerhalb der Theologie insbesondere von *K. Rahner* versucht worden; vgl. u. a. seinen Grundkurs des Glaubens (Freiburg 1976) 264f. 268f. 290f.

[26] Er erkennt sie am Tod des Andern und an den Zeichen und Vorboten des Todes »mitten im Leben«: an den eigenen Grenzen, an Erfolglosigkeit, Vergeblichkeit und Scheitern, an Einsamkeit und Abschiednehmenmüssen, an Krankheit und Verletzungen, Abgenutzt- und Verbrauchtwerden, Altern usw.

[27] *G. Bachl*, Über den Tod und das Leben danach (Graz 1980) 45.

der Person und der Menschheit als ganzer zu einer nur vorüber-
gehenden Episode vergleichgültigt wird, sondern bleibende Gültigkeit hat und – im Bild der Ernte gesprochen – in die ewigen
Scheunen eingebracht wird. In jeder verantwortlichen Tat der
Freiheit »bejaht also der Mensch seine Existenz als bleibend
gültige und zu rettende«, und in diesem Sinne »bejaht er hoffend seine Auferstehung«.[28] Daß dieser Sinnanspruch und Anspruch auf Endgültigkeit gerade der härtesten Verweigerung,
dem Tod, gegenüber aufrechterhalten wird, »ist ein Zeichen der
Unentbehrlichkeit, die der Ausrichtung des Menschen auf ein
Mehr, ein Über und Jenseits zukommt. Sie hat sich ihm nicht
erst aufgetan in den Frustrationen, die ihm die Gesellschaft und
die Natur bereiten, sie ist offen in allem, was er erlebt, auch in
der Glückseligkeit.«[29] Auch in ihr, wie in allem, richtet sich die
Hoffnung auf die Endgültigkeit und die Vollendung der Person
als solcher. Daß diesem Anspruch und dieser Hoffnung auch eine rettende, verendgültigende und vollendende Wirklichkeit entspricht, ist damit noch nicht gesagt und schon gar nicht bewiesen. Aber diese Hoffnung, diese »vom Wesen des Menschen her
erreichbare transzendentale Erwartungserfahrung der eigenen
Auferstehung ist der Verständnishorizont, innerhalb dessen so
etwas wie eine Auferstehung Jesu überhaupt nur erwartet und
erfahren werden kann«[30].

Die Erkenntnis der irdisch-geschichtlichen Unvollendbarkeit
des Menschen also führt zur *Frage* nach der Möglichkeit einer
Vollendung über den Tod hinaus. Mit dieser Frage verbinden
sich tief verankerte Sehnsüchte und Hoffnungen auf ein vollendetes Leben jenseits des Todes, die in unterschiedlichen Vorstellungen (Unsterblichkeit, Auferstehung usw.) Ausdruck finden.
Religionskritik hat sie unterschiedslos (!) als realitätsferne, reine
Wunschvorstellungen (Projektionen) zu entlarven versucht. Nun
gibt es hier gewiß Projektionen, und es ist nicht immer leicht zu
unterscheiden, »was an diesen Projektionen zum anthropologischen Grundbestand ... gehört und was zum Wuchern einer
nach ›Unsterblichkeit‹ gierenden Phantasie«[31]. Aber eben diese
Unterscheidung hat die Religionskritik versäumt; und damit hat

[28] *Rahner,* Grundkurs 264.
[29] *Bachl,* Tod 46.
[30] *Rahner,* Grundkurs 269.
[31] *H. U. von Balthasar,* Theodramatik Bd. III (Einsiedeln 1980) 109.

sie sich auch die Frage nach den *radikalen* Bedingungen der Möglichkeit solcher Projektionen erspart: Warum ist der Mensch – allen verschiedenen psychisch-sozialen Gegebenheiten vorausliegend – überhaupt so strukturiert, daß er über alles Endliche und auch über den Tod hinaus transzendiert und »projiziert«? Erliegt er darin wirklich nur einer Selbsttäuschung? (Aber wie wäre diese als im Menschsein schon angelegte Struktur möglich?) Oder liegt im Menschen selbst ein den Tod überdauerndes Moment? (Aber widerspricht dem nicht die Härte und Radikalität des Todes?) Oder entspricht vielleicht dem menschlichen Fragen und Hoffen eine ihm und der Welt gegenüber radikal freie, handlungsfähige »Macht«, die ihn auf sich als seine endgültige Erfüllung hin geschaffen hat (so daß er *deswegen* nach ihr fragt und sucht)[32] und die sich in der Auferweckung Jesu schon erwiesen hat?

Die Frage bleibt philosophisch unentscheidbar. Doch hat ihre Ausarbeitung eine unentbehrliche Funktion: Sie eröffnet einen Zugang und vorläufigen Verstehenshorizont für das Glaubenszeugnis von dem Gott, »der die Toten auferweckt« (vgl. Röm 4, 17) und »der Jesus von den Toten auferweckt hat« (vgl. Röm 4, 24). Diesem Zeugnis zu glauben kommt dann nicht mehr einem »Harakiri« der Vernunft gleich, ist nicht unvernünftig, sondern dem Menschen gemäß.

b) Dialogisch: Die in der Liebe enthaltene Hoffnung auf Rettung des Andern[33]

Liebe hoffe nicht, so ist behauptet worden. Liebe, die ganz auf den Mitmenschen eingehe, vom Augenblick ganz erfüllt sei und so den Sinn des Lebens in sich enthalte, bedürfe einer Hoffnung über den Tod hinaus nicht mehr. Sie stelle selber die Erfüllung und Vollendung dar, soweit eine solche möglich sei.[34]

Nun geht diese Behauptung von einer verkürzten Erfahrung

---

[32] Vgl. etwa *Augustinus,* Confessiones I, 1: »Du hast uns auf Dich hin geschaffen, und ruhelos ist unser Herz, bis es seine Ruhe findet in Dir.«

[33] Zum Folgenden vgl. besonders *F. Wiplinger,* Der personal verstandene Tod (Freiburg – München 1970), und *Bachl,* Tod 51–60; auch *J. Ratzinger,* Einführung in das Christentum (München 1968) 249–257 (ebd. 249: »Liebe fordert Unendlichkeit«, kann sie aber selbst nicht geben).

[34] Eine kurze Darstellung und Kritik solcher Positionen findet sich bei *A. Schmied,* Hoffnung über den Tod hinaus, in: Theologie der Gegenwart 20 (1977) 21–30, näherhin 23f.

und einem einseitigen Begriff von Liebe aus. Zur Liebe, die den Anderen bedingungslos bejaht und praktisch gutheißt, gehört als inneres und wesentliches Moment die Hoffnung. Und zwar nicht nur die Hoffnung, daß die Liebe – trotz all ihrer Bedrohtheit und Zerbrechlichkeit – bleiben, die gegenseitige Beziehung und Gemeinsamkeit also nicht zerstört werden möge; sondern tiefer noch: die Hoffnung, daß der *Andere* bleiben, endgültig gerettet und erfüllt werden möge. »Im Wort der Liebe, das Menschen in dieser Welt füreinander haben können, ist ein Zuspruch enthalten, der von weither kommt und von unbedingter Geltung sein will: Du sollst sein um deinetwillen. Die Liebe hat diesen entschiedenen Ton, weil sie die klarste Ahnung des Seins und die stärkste Befürchtung des Nichts ist; sie ist die mächtigste Option gegen die Möglichkeit, daß der geliebte Mensch im Tod völlig vernichtet wird.«[35] Vor allem die Dichter haben der Liebe diese Option angesehen. Gabriel Marcel hat sie auf die bekannte Formel gebracht: »Einen Menschen lieben, heißt sagen: du wirst nicht sterben« – und dies angesichts von Tod und Verwesung.[36]

Gottfried Bachl hat dies treffend erläutert. Wirkliche interpersonale Liebe »ereignet sich jenseits des Vorwurfes, der Mensch suche süchtig nach seinem Vorteil, wenn er Unsterblichkeit erwartet. Denn es geht ihr gar nicht zuerst um mich, sondern um den geliebten Menschen.«[37] Sie sagt nicht nur: ich will dir gut, ich empfinde schöne Gefühle für dich, ich gebrauche dich nicht zu andern Zwecken, sondern lasse dich selbst Zweck, Person sein. Sie sagt darüber hinaus auch: du sollst sein und gelten – gegen alles, was dich verneint, mindert und vernichtet. »Nichts ist weniger mit ihr zu vereinen als eine selbstverständliche Erwartung, einmal werde es den Geliebten nicht mehr geben. In der Liebe ist ein schöpferischer, das Dasein wollender Ruf zu hören, der sich an der Endlichkeit nicht stören läßt. Sie hält sich gegen die härteste Evidenz des Nichts aufrecht, wenn der geliebte Mensch stirbt. Spätestens der Augenblick des Todes

[35] *Bachl,* Tod 51.
[36] *G. Marcel,* Geheimnis des Seins (Wien 1952) 472; *ders.,* Tod und Unsterblichkeit, in: Ders., Auf der Suche nach Wahrheit und Gerechtigkeit (Frankfurt 1964) 66–86, hier 78: »Was aber die Mystiker sehr viel eher als die eigentlichen Philosophen erkannt haben, ist dies, daß Liebe und Hoffnung nicht zu trennen sind.«
[37] *Bachl,* Tod 57.

bringt ihr die Reinigung von der Sucht, den anderen bloß als Gelegenheit des eigenen Glücks zu haben; denn nun kommt es zur Probe darauf, ob sie dem entzogenen Menschen, dem nicht verfügbaren, nicht spürbaren, ihre Zusage aufrechterhält und ihn weiterliebt. Verstorbene Menschen lieben ist mehr, als sehnsüchtig an die schönen Tage mit ihnen zurückdenken und Blumen stecken. Wer sie liebt, rechnet so wirklich mit ihrem Leben, wie er wirklich liebt, mag ihm dabei die Phantasie, wie es recht ist, auch ganz versagen. Was aber bringt die Liebe gegen den Tod zusammen? Sie verhindert nicht die Verwesung, sie macht nicht Ausnahmen möglich, ... (aber) sie ist hier auf der Welt, in der wir sterben, die Selbstbejahung des Lebens und zugleich das Wissen, daß es auf den Wegen natürlicher Notwendigkeit nicht zu finden ist. Sie ist die Erwartung, daß ihr recht gegeben werde für den Toten, aus freier Gnade. Die Liebe hat nicht schon in ein Jenseits geblickt, um dann hier auf Erden mit den Möglichkeiten unzufrieden sein zu müssen. Ihr Blick geht auf an dem Weltlichsten, im Augenblick der Zeit, sie schielt nicht über die Umrisse ihres Gegenstandes hinaus in andere Räume. Sie wendet sich diesem zu und entdeckt das Recht ihrer Forderung *an ihm selbst*. Warum gibt uns das nicht mehr zu denken? ... Müßte die Vernunft im Angesicht des Todes ihre Aufklärung nicht von der Liebe erhalten?«[38]

c) Universal-anamnetisch: Die Forderung nach vollkommener Gerechtigkeit und universaler Solidarität[39]

Ihre volle Schärfe aber bekommt die Frage nach einer Vollendung (von Person und Gemeinschaft) über den Tod hinaus erst angesichts des nicht wiedergutgemachten Unrechts in der Welt und zumal angesichts des gewaltsam getöteten (unschuldigen oder solidarischen) Anderen. Die Geschichte der Menschheit ist vor allem auch eine Geschichte des Unrechts und des namenlosen Leidens. Seit Jahrtausenden werden unzählig viele Men-

---

[38] Ebd. 59f.
[39] Zum Folgenden vgl. v. a. *H. Peukert*, Wissenschaftstheorie – Handlungstheorie – Fundamentale Theologie. Analysen zu Ansatz und Status theologischer Theoriebildung (Düsseldorf 1976) bes. 278–282, der die diesbezüglichen Überlegungen M. Horkheimers und W. Benjamins aufgreift und weiterführt; ferner *H.-G. Janßen*, Das Theodizee-Problem der Neuzeit (Frankfurt – Bern 1982), und *J. J. Sanchez*, Wider die Logik der Geschichte. Religionskritik und die Frage nach Gott im Werk Max Horkheimers (Einsiedeln 1980).

schen (Wehrlose, Abhängige, unschuldige Kinder, selbstlos für andere sich Einsetzende) entwürdigt, zugrunde gerichtet und zerstört, schreiten Mörder achtlos über ihre Opfer hinweg nach vorn. »Die Welt ist voll geschlachteter Güte und voll reüssierender Verbrecher, mit langem, friedlichem Lebensabend.«[40] Und seit Jahrtausenden fragen Menschen immer neu, warum die Gütigen leiden und scheitern, während die Schlechten davonkommen und triumphieren. Sie fragen so, bis man ihnen »mit einer Handvoll Erde endlich stopft die Mäuler – aber ist das eine Antwort?«[41]

Die Frage bleibt unbeantwortet. Aber sie *bleibt*. Vielfach suchte man noch jüngst über sie und das Problem des Todes dadurch hinwegzukommen, daß man im geschichtlichen Einsatz für das größere Glück der Andern, zumal der Nachfahren, und in der Erreichung eines zukünftigen besseren Menschheitszustandes den eigentlichen Lebenssinn sah. Der Sinn eines solchen Einsatzes darf – auch wenn die gegenwärtige Weltlage (verantwortungsloser Machtgebrauch, wachsende Armut und Hungersnot, drohende ökologische und nukleare Katastrophe) eine Ernüchterung erzwingt, so daß heute kaum noch einer sein eigener Enkel sein möchte – wahrhaftig nicht bestritten werden. Aber selbst wenn es gelänge, einen besseren Zustand größerer Solidarität der Menschen untereinander und mit der gesamten Schöpfung zu erreichen, einen Zustand mit weniger Leid und mehr Glück von mehr Menschen – was wäre mit den Vergangenen, den Toten? Sie wären für immer vergangen und verloren. Am besseren Menschheitszustand könnten sie nicht mehr partizipieren. Und keine bessere irdische Zukunft könnte das ihnen angetane Unrecht wiedergutmachen und heilen. Mit Max Horkheimer formuliert: »selbst wenn eine bessere Gesellschaft die gegenwärtige soziale Unordnung ablösen würde, wird das vergangene Elend nicht gutgemacht und die Not in der umgebenden Natur nicht aufgehoben.«[42]

---

[40] *E. Bloch,* Das Prinzip Hoffnung (Frankfurt 1959) 1300.

[41] So fragt *Heinrich Heine,* selbst schon schwer krank, in seinem Gedichtzyklus »Zum Lazarus« (1853) I.1: »Warum schleppt sich blutend, elend, / unter Kreuzlast der Gerechte, / während glücklich als ein Sieger / trabt auf hohem Roß der Schlechte? / ... Also fragen wir beständig / bis man uns mit einer Handvoll / Erde endlich stopft die Mäuler – / aber ist das eine Antwort?«

[42] *M. Horkheimer,* Die Sehnsucht nach dem ganz Anderen (Hamburg 1971) 69. – Vgl. auch *Adorno,* Negative Dialektik 376: »Daß keine innerweltliche Besserung aus-

Helmut Peukert hat das Dilemma, das sich daraus für alle gegenwärtig und künftig Lebenden ergibt, scharf herausgearbeitet. Einerseits: Wer die Forderung nach vollkommener Gerechtigkeit (auch für die Toten) aufgibt und die Toten vergißt, verrät die eigene Menschlichkeit und Solidarität. Denn er versucht glücklich zu leben, indem er das Unglück der Vorausgegangenen (denen er doch vieles, wenn nicht sich selbst verdankt) aus seinem Gedächtnis verdrängt; wie könnte er dieses auch in Erinnerung behalten und dabei glücklich sein? Konsequenz: »Die eigene Existenz wird von der Solidarität her, der sie sich verdankt, zum Selbstwiderspruch.«[43] Andererseits: Wer die Forderung nach Gerechtigkeit für die Toten aufrechterhält, muß ohne eine übermenschliche Instanz (Gott) strenggenommen in Verzweiflung und, wenn Verzweiflung nicht tötet, in untröstliche Trauer verfallen. Konsequenz: »Die erlittene Paradoxie einer Existenz, die sich weigert, das Gedächtnis an die Opfer der Geschichte auszulöschen, um glücklich zu sein«, ist diejenige menschliche Grund- und Grenzsituation, in der die Frage nach einer absolut freien und unbedingt rettenden Wirklichkeit unvermeidlich wird.[44] Nicht daß die Frage positiv beantwortet wäre, aber sie stellt sich unabweisbar. Der Streit darüber, ob »die Hoffnung der Elenden ewig verloren ist« (Ps 9, 19), ob die toten Opfer endgültig erledigt und vergessen sind oder nicht, ist ein Streit um Gott. Ein Streit um den Totenerwecker-Gott. Seine Wirklichkeit stand entscheidend im Sterben Jesu zur Frage und ist in der Auferweckung Jesu so zum Durchbruch gekommen, daß ein uneingeschränkt solidarisches Leben möglich geworden ist: als von diesem Gott her handelnde und leidende Solidarität mit den Lebenden und als auf diesen Gott hoffende Solidarität mit den Toten.

reichte, den Toten Gerechtigkeit widerfahren zu lassen; daß keine ans Unrecht des Todes rührte, bewegt die Kantische Vernunft dazu, gegen Vernunft zu hoffen.«
[43] *Peukert,* Wissenschaftstheorie 282.
[44] Ebd. 282; vgl. dort die folgenden Seiten. – Peukert führt die neueren Handlungstheorien (und implizit auch die klassischen transzendentalen und Geschichtstheorien) von ihren eigenen Prämissen und Implikationen her bis zu dem Punkt, wo ihre letzte Auswegslosigkeit (Aporetik) zutage tritt. An diesem Punkt bleibt konsequenterweise nur noch die eine Alternative: Absurdität (A. Camus) bzw. Verzweiflung und untröstliche Trauer (M. Horkheimer) – *oder* der Rückgriff auf Theologie, auf Grund- und Grenzerfahrungen, wie sie in der biblischen Tradition festgehalten sind. Theologie wird also von Peukert gerade nicht im bruchlosen Anschluß an neuere Theorien des (kommunikativen) Handelns eingeführt, sondern im kritischen Aufweis von deren Aporien.

Jenen Entmythologisierern, die auf den »Zusatzmythos der Auferstehung« Jesu und der Toten meinen verzichten zu sollen, kann also mit Theodor W. Adorno entgegengehalten werden: »Was von Entmythologisierung nicht getroffen würde, ... wäre ... die Erfahrung, daß der Gedanke, der sich nicht enthauptet, in Transzendenz mündet, bis zur Idee einer Verfassung der Welt, in der nicht nur bestehendes Leid abgeschafft, sondern auch noch das unwiderruflich vergangene widerrufen wäre.«[45] Eine solche Welt (mit Widerruf selbst des unwiderruflich vergangenen Leids und Unrechts) setzt aber den Gedanken und die Anerkennung eines – gegenüber der vorhandenen Welt und ihren endlichen Möglichkeiten – radikal freien Gottes voraus. Sie ist nur möglich, wenn mit jenem lebendigen und handlungsmächtigen Gott zu rechnen ist, der die Toten auferweckt und der dies in der Auferweckung des gekreuzigten Jesus schon (exemplarisch und produktiv) erwiesen hat.

Für unseren jetzigen Zusammenhang (die Frage eines allgemein vollziehbaren Zugangs) genügt es, gezeigt zu haben, daß der menschliche »Gedanke, der sich nicht enthauptet, in Transzendenz mündet« und *die Frage* nach der Rettung der Toten *aufrechterhält*. Die grundlegende Aporie menschlichen Daseins besteht darin, daß uns einerseits das unbedingte Verlangen nach Endgültigkeit, Rettung und Vollendung (unserer Existenz; des geliebten Anderen; des solidarischen Anderen, dem Unrecht widerfahren ist) unauslöschlich innewohnt, daß wir selbst und die Welt dieses unausrottbare Verlangen aber nicht wahrhaft stillen und erfüllen können. Das, worauf dieses Verlangen hinaus will, übersteigt alle weltlichen Handlungsmöglichkeiten.

Mit dem dreifachen Aufweis dieser Aporie ist aber nun ein *vorläufiger Verstehenshorizont* für die Botschaft von der Auferweckung Jesu eröffnet. Es wird deutlich, daß diese Botschaft nicht von einem fremdartigen Mirakel spricht, das – schlechterdings unerwartbar und unverstehbar – in einen dafür nicht aufnahmefähigen Horizont der Menschen hereinplatzte. Diese Botschaft trifft vielmehr Menschen, die als solche immer auch »We-

---

[45] *Adorno*, Negative Dialektik 393. – Zu Adorno vgl. jetzt auch *W. Brändle*, Rettung des Hoffnungslosen. Die theologischen Implikationen der Philosophie Theodor W. Adornos (Göttingen 1984).

sen der Erwartung *der* Zukunft, die Vollendung ist«, sind.[46] Das ist sozusagen die »Grammatik« der Auferstehungsbotschaft im Menschen selbst, ohne die sie sinnlos, weil unverständlich bliebe. So aber sagt diese Botschaft dem Menschen zu, daß seiner – freilich vielfach verzerrten und verkümmerten, also wieder wachzurufenden – Erwartung (für die toten Anderen und für sich selbst) eine endgültige Erfüllung entsprechen wird und daß diese Erfüllung bereits gegenwärtig wirksam ist.

Die Botschaft von der Auferstehung Jesu spricht demnach der vorhandenen Wirklichkeit *mehr* zu, als diese jeweils von sich selbst her aufzuweisen hat.[47] Diese Zusage (als Aufdeckung und Verheißung) eines »Mehr« bringt aber Unruhe in die Welt. Sie bringt Menschen zum Aufatmen, zur Umkehr und zum Tun der Agape, bricht die erstarrten Verhältnisse auf und versetzt die Schöpfung in Bewegung auf das Reich Gottes hin. Im Glauben an die Auferstehung und Gegenwärtigkeit Jesu Christi geht es offenbar um die Zukunft dieser Welt als ganzer, und zwar in der Weise, daß es zugleich um alles Vergangene und um unsere eigene zu bestehende Gegenwart geht.

Die folgenden Kapitel möchten den Leser nun in einen Lernprozeß mit hineinnehmen. Die Lerngeschichte, die das alte israelitisch-jüdische Volk und dann die Jünger Jesu und die neutestamentlichen Gemeinden zu durchlaufen hatten, wird auch für denjenigen, der heute in sie einzutreten bereit ist, zu einer einzigartigen Lerngeschichte.

---

[46] *K. Rahner,* Auferstehung Jesu, in: SM I 403. – Die Osterbotschaft ist freilich nicht einfach nur Bestätigung der Erwartung des Menschen. Sie kommt ihm auch quer, weil sie ihn zum einen (als Sünder) auf seine zwar tiefliegende, aber vielfach verzerrte, verkümmerte und irregeführte Erwartung hin anspricht, und ihn zum andern auf eine Wirklichkeit hin anspricht, die all seine Erwartungen nochmals weit übersteigt. So bestätigt sie den hörenden Menschen nicht einfach, sondern ruft ihn über sich hinaus zur Umkehr, zum Aufbruch der Glaubensbewegung und zum »Aufstand« der tätigen Liebe.

[47] Vgl. dazu *E. Jüngel,* Metaphorische Wahrheit, in: Ders., Entsprechungen (München 1980) 103–157, hier 103–105. Zur Sache vgl. unten Kap. 5, I.3.

Erstes Kapitel
Die Vorbereitung im Alten Testament und im vorchristlichen Judentum

Aussagen über eine Auferstehung der Toten finden sich im Alten Testament erst spät und nur am Rande an ganz wenigen Stellen. Bis hinein ins 3./2. Jahrhundert v. Chr. rechnete Israel nicht mit einem Leben nach dem Tode, das die Bezeichnung Leben noch verdient hätte. Dies ist um so erstaunlicher, als Israel das in den Religionen seiner Umwelt verbreitete Aufbegehren gegen den Tod, das Interesse für das Schicksal der Toten und das Verlangen nach Unsterblichkeit durchaus gekannt hat. Gleichwohl versagte sich Israel die Annahme eines Jenseits; es vermied jede Projektion menschlicher Wunschträume und Ansprüche an das Leben über die Todesgrenze hinaus. Das Volk Israel sah sich vielmehr gerufen, in letzter Intensität innerhalb der irdischen Welt mit seinem Gott zu leben. Jahwes Herrschaftsanspruch auf die irdische Geschichte schnitt jede Ausflucht und jeden Ausstieg aus ihr ab. Durch dieses Fehlen jeder Jenseitshoffnung war Israel somit in eine unerhörte religiöse Unausweichlichkeit gestellt: nicht wegen eines Ausgleichs im Jenseits hatte es an Jahwe, seinem Gott, festzuhalten, sondern um Jahwes selbst willen.

Andererseits war Israels Glaube nicht einfach problemlos irdisch geschlossen und abgerundet. Er war auf Jahwe ausgerichtet. Da aber Jahwe in seiner Lebendigkeit und Vorbehaltenheit dem Volke stets auch voraus war (Ex 3, 14: »ich werde da sein, als der ich dasein werde«), blieb es – aufs Ganze gesehen – mit Jahwe auf dem Weg und offen für eine Zukunft, die die eigenen menschlichen Möglichkeiten transzendiert. Als daher Israel nach einer langen, umwegreichen und auch leidvollen Lerngeschichte mit Jahwe schließlich doch die Frage nach Jahwes Verhältnis zu den Toten, nach einem neuen Leben der Toten stellte und zur Hoffnung auf Auferstehung durchstieß, geschah dies auf ganz eigentümliche Weise; nämlich nicht vom menschlichen Lebenswillen und Unsterblichkeitsbedürfnis her (als deren Projektion), sondern aus dem Jahweglauben selbst heraus (als dessen eigene innere Explikation und logische Konsequenz). So erweist sich die spätisraelitische Auferstehungshoffnung nicht als das Ergebnis menschlichen Wunschdenkens oder der Spekulation über den Sinn des Lebens und dergleichen, sondern als zuletzt kühn gewagte Explikation des Glaubens an Jahwe, seine unbegrenzte Schöpfermacht und seine unzerstörbare Treue, als Extrapolation der mit Jahwe in einer jahrhundertelangen Geschichte gemachten Erfahrungen über die Grenzen geschichtlicher Erfahrbarkeit hinaus.

Dies ist im Folgenden genauer zu entfalten. Es werden (I.) die altisraelitischen Voraussetzungen für die spätere Auferstehungshoffnung, (II.) der zuerst zögernde, dann entschiedene Durchbruch zu ihr in spätnachexilischer Zeit und (III.) der vielgestaltige Niederschlag der Auferstehungshoffnung im zwischentestamentlichen Judentum dargestellt.

I. Altisraelitische Vorgegebenheiten

Um den späteren Durchbruch Israels zur Hoffnung auf Auferstehung der Toten auch nur einigermaßen richtig und in seiner genauen Bedeutung verstehen zu können, müssen die ihm vorausliegenden Gegebenheiten im frühen Israel (und ihre exilisch-nachexilischen Auswirkungen) beachtet werden.[1] Denn sie bilden die unentbehrliche Voraussetzung der Auferstehungshoffnung des späteren Israel.

1. Jahwe – Gott der Geschichte und des Lebens

Die Frage, wie es eigentlich möglich war, daß Israel – anders als seine Umwelt – ein Jahrtausend lang auch in äußersten Krisen und Niederlagen ohne jede Aussicht auf ein Leben jenseits der

---

[1] Zum Folgenden vgl. *G. Quell*, Die Auffassung des Todes in Israel (Leipzig – Erlangen 1925); *G. von Rad*, Leben und Tod im AT, in: ThWNT II (1935) 844–850; *Chr. Barth*, Die Rettung vom Tode in den individuellen Klage- und Dankliedern (Zollikon – Zürich 1947); *W. Eichrodt*, Theologie des AT, Teil II und III (Stuttgart – Göttingen ⁵1964) 143–152; *A. R. Johnson*, The Vitality of the Individual in the Thought of Ancient Israel (Cardiff ²1964); *P. Hoffmann*, Die Toten in Christus. Eine religionsgeschichtliche und exegetische Untersuchung zur paulinischen Eschatologie (Münster 1966, ³1978); *L. Wächter*, Der Tod im AT (Stuttgart 1967); *G. Fohrer*, Das Geschick des Menschen nach dem Tode im AT, in: KuD 14 (1968) 249–262; *U. Kellermann*, Überwindung des Todesgeschicks in der alttestamentlichen Frömmigkeit vor und neben dem Auferstehungsglauben, in: ZThK 73 (1976) 259–282; *H. Gese*,

Todesgrenze ausharrte, ist nicht leicht zu beantworten. Verschiedene Gründe dürften zusammengespielt haben.[2] Den entscheidenden Ausschlag aber gab dabei der Jahweglaube selber: er schien ein Leben jenseits der Todesgrenze radikal auszuschließen. Denn Jahwe ging es um die irdische Geschichte (nicht um eine andere Welt jenseits dieser) und um die Lebenden hier und heute (nicht um die Toten und das Vergangene). So jedenfalls mußte es Israel sehen. Während die Jenseitsvorstellungen seiner Umwelt, vor allem Ägyptens, nicht selten mit einer Abwertung irdisch-geschichtlichen Lebens verbunden waren,[3] erfaßte Israel gerade dieses irdische Leben als Geschenk und als Auftrag Jahwes.

a) Jahwe, der Befreier, und sein geschichtlicher Anspruch

Israels Gottesglaube ist von Anfang an mit grundlegenden Erfahrungen geschichtlicher Rettung und Befreiung verknüpft. Zunächst dürfte es sich dabei um Erfahrungen der Befreiung vor allem unterjochter Landbevölkerung aus dem feudalistisch-hierarchischen Herrschaftssystem kanaanäischer Stadtstaaten sowie um den Zusammenschluß verschiedener Gruppen (Großfamilien, Clans, Stämme) zu einer alternativen, nämlich egalitären sozialen Ordnung unter dem Namen »Isra-el« und um den gemeinsamen Kult des Hochgottes El gehandelt haben. Gesellschaftlicher Wille und Gottesbeziehung waren so ursprünglich miteinander verbunden.[3a] Einwandernde andere Gruppen mit strukturkongruenten Erfahrungen, die sich Israel anschlossen, brachten dann überaus eindrückliche und integrationsfähige Traditionen mit (Aufbruch Abrahams, Auszug bzw. Befreiung

---

Der Tod im AT, in: Ders., Zur Biblischen Theologie (München 1977) 31–54; *O. Kaiser (– E. Lohse)*, Tod und Leben (Stuttgart 1977); *W. H. Schmidt (– J. Becker)*, Zukunft und Hoffnung (Stuttgart 1981).

[2] Vgl. zusammenfassend *Kellermann*, Überwindung 260f.

[3] Vgl. etwa das Wandgedicht am Grab des Priesters Neferhotet: »Die Zeit dessen, was auf der Erde getan wird, sie ist nur ein Traum. Aber man sagt: ›Willkommen, unversehrt und heil!‹ zu dem, der den Westen erreicht« (zit. nach *Wächter*, Tod im AT 111). Vgl. auch *H. Kees*, Totenglaube und Jenseitsvorstellungen der alten Ägypter (Berlin ²1956).

[3a] Vgl. zu dieser z. T. neuen Sicht *N. K. Gottwald*, The Tribes of Yahweh (New York 1979, London 1980) und dazu *N. Lohfink–H. Engel–H. Jüngling* in: BiKi 38 (1983) Heft 2; ferner *W. H. Schmidt*, Alttestamentlicher Glaube in seiner Geschichte (Neukirchen 1975).

aus Ägypten mit Rettung am Schilfmeer durch Jahwe). In diesen Traditionen und Erfahrungen erkannte ganz Israel seine eigenen Erfahrungen der Befreiung durch Gott wieder. Es lernte, den einen rettenden und befreienden Gott (El) als »Jahwe« zu identifizieren (z. B. Ri 5, 3–5.11; Jos 24): als den »ich bin da, als der ich dasein werde« (Ex 3, 14). Sich selbst aber hatte Israel fortan als das durch Jahwes Befreiungshandeln überhaupt erst konstituierte Volk zu begreifen (z. B. Ex 20, 2): als ein Volk von gleichermaßen Befreiten und Freien. Jahwe ist in strenger Ausschließlichkeit der einzige Gott und Herr (vgl. das erste Gebot Ex 20, 3 und später das Schemá Dtn 6, 4f), alle Israeliten (später: alle Menschen) sind nur seine Knechte, nicht Knechte irgendwelcher anderer Herren (z. B. Lev 25); wo Gott herrscht, können Menschen nicht mehr über Menschen herrschen.

So war Israel durch Jahwes Wort gerufen, in letzter Intensität (und ohne Erwartung einer jenseitigen Belohnung) mit Jahwe innerhalb der irdischen Geschichte zu leben, um dort seinen exklusiven Anspruch als Gott und Herr zu erfahren und zu bezeugen. Dies drückt sich wahrscheinlich auch im Namen »Israel« (= »Gott herrscht«) aus.[4] Auf diesen irdisch-geschichtlichen Auftrag hatte das Volk seine ganze Aufmerksamkeit und Energie zu konzentrieren. Wegen dieses Auftrages war aber auch der geschichtliche Fortbestand des Gottesvolkes (nicht der des Einzelnen) von äußerster Wichtigkeit.

b) Jahwe, der Geber des irdischen Lebens und seiner Güter

Derselbe Gott, Jahwe, wurde auch als der Schöpfer gewußt. Jahwe, der als lebendig erfahrene, »lebendige Gott« (1 Sam 17, 26.36; 1 Kg 18, 15; Jer 10, 10; Ps 18, 47; 42, 3 u. ö.), ist selber auch die »Quelle des Lebens« (Ps 36, 10; Jer 2, 13; 17, 13; vgl. Ps 139, 13ff). Der leblose Staub der adama (Ackererde) wird nur durch den Lebenshauch Jahwes zum lebendigen Wesen des adam (»Erdling«); zieht Jahwe seinen Lebenshauch zurück, so kehrt es wieder zum Staub zurück (Gen 2, 7; 3, 19f; Ijob 34, 14f; Ps 104, 29f; 146, 4; Koh 3, 19f; 12, 7; Sir 10, 11).

Das Leben ist also Jahwes Geschenk, es bleibt vollkommen

---

[4] Vgl. hierzu schon die eventuelle Bedeutung des Namens »Israel« (»Gott herrscht«): *G. Richter*, Israel, in: HthG I (1962) 726f. – Ferner zu Texten des Dtn und Ez: *von Rad*, Leben 846f.

gebunden an ihn, abhängig von ihm und kommt stets neu aus seinen Händen. Es ist kein Prinzip, keine Qualität in sich und kein natürlicher Besitz, über den der Mensch verfügen oder den er durch magische Riten oder Mysterien sichern, verlängern oder wiedererlangen könnte. Vielmehr ist das Leben dem Menschen verliehen, damit er Jahwes Weisung folge und Jahwe in dieser Welt bezeuge. Lohn dafür sind nicht besondere Gnadengüter, sondern schlicht dies: daß er am Leben bleibt; das Leben selbst ist Gnade (Ri 8, 32; Dtn 5, 33; 16, 20; 30, 19f; 32, 47; Ez 3, 18ff; 18, 4–9 u. ö.). Wer in der Gemeinschaft mit Jahwe lebt, dem schenkt er ein mit Kraft, Gesundheit und Wohlergehen gesegnetes (erfülltes, langes) Leben, für das der Tod nicht Abbruch, sondern reife Auszeitigung ist (vgl. z. B. Ijob 5, 26).[5]

Mit dieser Auffassung setzte sich Israel zum Augenschein und zur täglichen Erfahrung, wo der Tod oft genug ein jäher, böser Abbruch war, in einen bewußten Widerspruch – ein Zeichen dafür, daß hier unveräußerliche Glaubensinteressen vorlagen. (Eine Auflösung sollte dieser Widerspruch erst finden, als Israel vom Jahweglauben selber her die Möglichkeit erhielt, den Tod nicht mehr unter allen Umständen als das unwiderrufliche Ende des Lebens anzusehen.)

2. Der Tod und die Welt der Toten

Jahwe ist der »Herr über Leben und Tod« (Num 27, 16). Damit ist zunächst und für lange Zeit nicht gemeint, daß Jahwe den Tod überwindet. Gemeint ist vielmehr, daß er die Macht hat, das Leben zu geben und es wieder zu nehmen (Ijob 1, 21; vgl. 12, 10), den einen geboren werden und den anderen sterben zu lassen (ihn zu »töten«), die Macht auch, aus schwerer Krankheit (= der Sphäre des Todes) zu erretten und – darin meldet sich ein spezifisches Interesse Jahwes an – den Schwachen aufrichten und den Armen aus dem Schmutz zu »erhöhen« (1 Sam 2, 6–8/Ps 113, 7; Dtn 32, 39; 1 Kg 17, 20; vgl. Tob 13, 2;

---

[5] So starben vor allem die großen und exemplarischen Jahwegläubigen Abraham, Isaak, Hiob oder David »alt und lebenssatt« (Gen 25, 8 P; 35, 29 P; Ijob 42, 17; 1 Chr 23, 1/29, 29). Zu ähnlichen Vorstellungen im Zweistromland des 3. Jahrtausends v. Chr. vgl. *H. Schützinger*, Tod und ewiges Leben im Glauben des Alten Zweistromlandes, in: H.-J. Klimkeit (Hg.), Tod und Jenseits im Glauben der Völker (Wiesbaden 1978) 48–61, hier 60.

Weish 16, 13). Kein blindes Schicksal waltet also über dem Auf und Ab menschlicher Lebensgeschichten; vielmehr sind sie alle in Gottes Hand und Macht. Nur der Tod selbst und die Welt der Toten sind – so scheint es – seiner Macht entzogen.

a) Illusionslose Einstellung zum Tode

Weil der Tod das von Jahwe selbst gesetzte Ende des Lebens darstellt, darum ist er – genauso wie das Geschenk des Lebens – aus Gottes Setzung und Verfügung ohne Aufbegehren als Realität hinzunehmen (z. B. Gen 27, 2; 48, 21; 50, 24; 2 Sam 14, 14; 19, 38). Das in den Religionen der Umwelt verbreitete Anrennen gegen die Grenze des Todes ist Israel daher fremd. Es begegnet der beklagenswerten (z. B. Jer 22, 18), aber unwiderruflichen Setzung des Todes mit äußerster Nüchternheit und mit gefaßter Ergebenheit (2 Sam 12, 23; Ijob 7, 9; Ps 89, 49). Gefürchtet wird nur der jähe, vorzeitige Tod, der das Leben von seiner irdischen Erfüllung abschneidet (z. B. Jes 38, 10ff; 2 Sam 1, 17ff; 3, 33f; Ps 102, 25),[6] und der Tod im Ausland (Jer 20, 6; 22, 11f. 26; 42, 16f; Ez 12, 13; 17, 16; Am 7, 17); beides erscheint als Strafe Gottes.

Der Sache nach bedeutet Tod den Verlust des Lebendigseins: die Lebenskraft kehrt zu Jahwe zurück (z. B. Gen 35, 18; Ps 104, 29f; Koh 12, 1–8; 3, 19–21).[7] Und er bedeutet den Verlust der Gemeinschaft mit den Lebenden. Dabei ist zu beachten, daß für den Israeliten der Tod nicht auf das definitive Ende des irdischen Lebens beschränkt ist. Tod ist ein analoger Begriff mit weitem Bedeutungsumfang: Jeder Verlust von Vitalität (Depression, Erschöpfung, Angst, Unterbrechung von Gemeinschaft), vor allem jede schwere Lebensminderung und -gefährdung (Krankheit, Feindbedrängnis) ist ein Zugriff der Macht des Todes; in solcher Beeinträchtigung des Lebens wirft der Tod seine Schatten voraus, ragt er ins Leben hinein. Die Bitte um bzw. der Dank für Rettung aus dem Tod (oder aus der Scheol) meint deshalb im Alten Testament fast ausnahmslos die Errettung (»Erhö-

---

[6] Damit stellt sich Israel zum vorzeitigen Tod ganz anders als etwa Hellas. Vgl. etwa *Menander:* »Wen die Götter lieben, der stirbt jung« (bei *Plutarch,* Consolatio ad Apollonium 119e).

[7] Vgl. hierzu *G. Stemberger,* Das Problem der Auferstehung im AT, in: Kairos 14 (1972) 273–290, hier 275–277; 290: da der Mensch nicht dichotomisch, sondern als unauflösliche Einheit gesehen wird, ist der Tod auch nicht als Trennung von Leib und Seele oder gar als Befreiung der Seele aus dem Gefängnis des Leibes verstanden. Leiblosigkeit ist weder ein Ideal noch überhaupt vorstellbar.

hung«) nicht aus dem Tod als definitivem Daseinsende, sondern aus der Todesnot und Todesgefahr (Krankheit, Feindbedrohung), aus dem Bereich des Todes (Ps 18 = 2 Sam 22; Ps 3; 9; 27; 30; 37; 40f; 61; 69; 71; 92; 107; Jona 2).[8]

b) Schattenexistenz in der Scheol

Der definitive Tod ist zwar das unwiderrufliche Ende des *Lebens*, nicht aber das Ende überhaupt. Die Verstorbenen existieren bzw. vegetieren nach ihrem Tode weiter: in der Unterwelt (alttestamentlich scheol: Gen 37, 35; 42, 38; 44, 29.31; Num 16, 30.33 u. ö.). Diese ist nach der im alten Orient allgemein – von Mesopotamien bis Hellas (Hades!) – verbreiteten Vorstellung das gemeinsame Totenreich in kosmischer Tiefe, das mit den Gräbern der Toten verbunden ist. Israel hat an dieser gemeinorientalischen Vorstellung wie selbstverständlich partizipiert, ohne sie jedoch vom Jahweglauben her schon durchdrungen und integriert zu haben.

In der Scheol kümmern die Toten dahin in einem noch immer leiblichen, wenngleich leblosen, kraft- und freudlosen Schattenbild ihres ganzen ehemaligen Daseins (vgl. etwa 1 Sam 28, 13f; Jes 14, 9f; Nah 3, 18; Ijob 14, 21; Koh 9, 5f). Die Bezeichnung Leben verdient dieser ereignis- und aussichtslose Schattenzustand nicht, noch das kläglichste Leben auf Erden ist ihm vorzuziehen. Nur die Erde ist »das Land der Lebendigen« (Jes 38, 11), die Unterwelt dagegen gilt als das Land des Vergessens und der Finsternis (Ps 88, 7.13; Ijob 10, 21f u. a.), als das »Land ohne Wiederkehr« (sumerisch-akkadische Bezeichnung,[8a] vgl. 2 Sam 12, 23; Ijob 7, 9f; 10, 21; 14, 12). Das Schicksal der Toten ist endgültig: »Wer hinabstieg ins Reich der Toten, kommt nicht wieder herauf« (Ijob 7, 9). So hat der Tod seine Düsternis und seine »Bitterkeit« (1 Sam 15, 32).

Sie verschärft sich für Israel noch dadurch, daß ihm die Scheol zugleich Jahweferne bedeutet: nicht nur von den Lebenden, auch von Jahwe sind die Toten geschieden (Ps 88, 6); er gedenkt ihrer nicht, und sie sind von der Verbindung mit ihm und vom Lobpreis Jahwes ausgeschlossen (Ps 115, 17f; 6, 6; 30, 10;

---

[8] Zu diesem Sachverhalt vgl. besonders *Barth,* Rettung vom Tode Kap. 5; auch *L. Ruppert,* Erhöhungsvorstellungen im AT, in: BZ NF 22 (1978) 199–220, hier 205ff.
[8a] Mehr dazu bei *Schützinger,* Tod (s. Anm. 5) 50ff.

Jes 38, 10f; Sir 17, 27 u. a.). Für die Toten ist Jahwes Treue und Gnade gegenstandslos geworden (Jes 38, 18f; Ps 88, 11–13). In einem ganz ausschließlichen Sinne ist Jahwe der Gott der Lebenden: wo er ist, ist Leben; wo Tod ist, ist er nicht. Und so steht der Israelit nach dem Tod außerhalb des für ihn so unbedingt wichtigen irdisch-geschichtlichen Lebensbereiches, in dem es allein die Möglichkeit des Heils, der Teilhabe am Gottesverhältnis gibt. Dies ist der eigentliche Stachel des Todes für Israel: die mit ihm verbundene Trennung und Ferne von Jahwe, dem Gott des Lebens und des Bundes.

c) Abwehrkampf gegen den Totenkult

Die geradezu hermetische Abgrenzung des Totenbereiches von Jahwe erklärt sich geschichtlich aus dem entschlossenen und hartnäckigen Kampf des Jahweglaubens gegen alle Formen des volkstümlichen Totenkults. Dieser sah die Toten als Träger numinoser Macht an (2 Kg 13, 21; 1 Sam 28, 13; Ex 22, 18) und kollidierte so mit Jahwes Ausschließlichkeitsanspruch.[9] Der gesamte Totenbereich mußte daher aus theologischen Gründen, da er noch nicht verarbeitbar war, schonungslos abgewertet und mit Geboten und Verboten tabuisiert werden.[10] Nur so war es zunächst möglich, vom Bann des furchterfüllten, lebensfeindlichen Totenglaubens zu befreien und alle Energien des Volkes auf die Bezeugung der Herrschaft Jahwes in der irdischen Geschichte zu lenken (Dtn 14, 1; Lev 19, 28). Solange dies noch nicht erreicht war, sperrte sich der Jahweglaube dagegen, auch die Welt der Toten positiv zu durchdringen. Man kann auch sagen: Solange das Wissen um Jahwes exklusiven Gottes- und Herrschaftsanspruch auf diese Erde und um die eigene geschichtliche Sendung zu dessen Bezeugung noch nicht tief genug in sein Volk eingedrungen war, so lange konnte sich Jahwe gewissermaßen um die Toten nicht kümmern.[11]

---

[9] *Quell,* Auffassung des Todes 27ff.

[10] Ausmerzung bestimmter Trauerriten (Lev 19, 28; 21, 5; Dtn 14, 1 u. a.); Verbot von Totenverehrung, -opfer, -beschwörung (Dtn 26, 14; 18, 10ff; Lev 19, 31; 20, 6.27); entsprechende Praktiken (1 Sam 28; 2 Kg 23, 24; Jer 16, 7; Jes 8, 19f; 57, 9; Ps 106, 28; Sir 30, 18; Tob 4, 17); Unreinerklärung aller Toten (Lev 21, 1.11; 22, 4; Num 5, 2; 6, 6f; 9, 6–10; 19, 16; Dtn 21, 23).

[11] Vgl. auch *V. Maag,* Das Gottesverständnis des AT, in: Ders., Kultur, Kulturkontakt und Religion. Gesammelte Studien (Göttingen – Zürich 1980) 256–299, hier 275ff.

3. Das korporative Bewußtsein: Fortleben in Sippe und Volk

Das rein negative Verhältnis zur Todeswelt war für den Israeliten nur aus dem (vom Jahwebund her besonders) stark ausgebildeten korporativen Bewußtsein heraus einigermaßen erträglich.

a) Alter Volksglaube

Der Einzelne war Teil der *Sippe* (des Stammes, des Volkes) und in ihrem Kollektiv geborgen. So kehrte er auch – nach der archaischen, mit der Scheolvorstellung nicht ganz ausgeglichenen Auffassung – im Familiengrab in den bergenden Schoß des Kollektivs zurück (z. B. Gen 25, 8f; 49, 29ff). Nicht der Tod des Einzelnen war daher das erregende Problem, sondern der Fortbestand der Sippe (und erst recht des Volkes). Der Bestand der Sippe mußte gesichert werden durch Nachkommenschaft (z. B. 2 Sam 14, 7; Num 27; Dtn 25, 5ff: Leviratsehe) und ihr hinterlassenen Segen (Gen 27; 48, 21; Dtn 31, 1–6; 33 u. a.). In dem, was der Sterbende an seine Nachkommen weitergibt, transzendiert er seinen eigenen Tod. Wie die Wurzel im Stamm, so lebt der Einzelne in der leiblichen Nachkommenschaft weiter, nicht zuletzt durch die Erhaltung und das Gedächtnis seines Namens (vgl. Gen 48, 16; Num 16; Jos 7; Jer 11, 19; Am 7, 17; Jes 66, 22; Ps 72, 17).

b) Prophetische Verheißung in der Exilskrise

Noch wichtiger und spezifisch israelitisch aber ist etwas anderes: Jahwe hatte sich – in der erwählenden Herausführung aus Ägypten – Israel als sein *Volk* geschaffen. Im Erwählungs- und Bundesgedanken war dem Volk, jenseits der Vergänglichkeit des Einzelnen, Dauer und Bestand zugesichert; so die allzu selbstsichere Meinung. Doch diese Selbstverständlichkeit, mit der Jahwe als Garant nationaler Existenz betrachtet und ihm gleichzeitig die Herrschaft (der Einfluß) über weite Bereiche des Lebens, vor allem der Wirtschaft und Politik, entzogen wird, zerbricht in der von Propheten vielfach angesagten[12] und dann tatsächlich

---

[12] Zu *Hos 6, 1–3:* In der Not des syrisch-ephraimitischen Krieges verwendet ein Klage- und Bußlied des Volkes das wohl aus vorderorientalischen Fruchtbarkeitskulten entlehnte Motiv des Aufstehens vom Tod (oder nur von Krankheit?) als Ausdruck nationaler Hoffnung. Der Prophet aber weist dieses Motiv als mit dem Jahweglauben unvereinbar zurück; solche Umkehr zu einer Art »Baal« statt zum Gott der Gerech-

eingetretenen Katastrophe des Volkes (Zerstörung Jerusalems 587 v. Chr. und Verschleppung der tragenden Gruppen ins Exil). In dieser tiefen nationalen Niederlage, in dem Zusammenbruch der staatlichen, kultischen und gesellschaftlichen Identität, die durchaus einer Vernichtung nahekam, verheißt jedoch der Prophet Ezechiel die nationale »Auferstehung«.

Seine gewaltige Vision von der Wiederbelebung der Totengebeine (Ez 37, 1–14;[13] Mitte des 6. Jahrhunderts v. Chr.) zeigt, wie aus unerschütterlichem prophetischem Glauben an die freie, unerzwingbare, aber verläßliche Treue Jahwes – bei aller Untreue des Volkes – die Hoffnung auf die Wiederherstellung des für seine Sünden gerichteten (Ez 33, 10.17), hoffnungslos darniederliegenden und so »toten« (37, 11) Volkes und auf seine Rückkehr in die Heimat (37, 12f) erwachsen konnte. Ezechiels Vision zeichnet diese völkische Wiederherstellung durch Jahwes einseitige Gnadentreue und alleinige Wirksamkeit in doppelter Weise: zum einen – unter Anspielung auf die Erschaffung des Menschen Gen 2, 7 (und 1, 2) – als neuen Schöpfungsvorgang durch den Gottesgeist (*Schöpfungsmotiv* in Ez 37, 5ff), zum anderen – unter Anspielung auf die Herausführung aus Ägypten (*Exodusmotiv,* erweitert um die Auferstehungsmetapher: Ez 37, 12f) – als neue Befreiung. Der Prophet, der sich stellvertretend in einer Symbolhandlung am Boden liegend die Last der Schuld Israels hatte aufladen lassen, spricht das belebende Wort zu den Hoffnungslosen: »So spricht Gott, der Herr: Ich öffne eure Gräber und hole euch aus euren Gräbern herauf[14] und bringe euch heim ins Land Israel. Da werdet ihr erkennen, daß ich der Herr bin« (Ez 37, 12–13a). Die Totenfeldvision verheißt also, daß das untreue Israel durch Gottes neues Schöpfungs- und Befreiungshandeln aus dem »Tod« des Exils wiederaufgerichtet werde, um seine geschichtliche Sendung weiterzuführen.[15]

---

tigkeit und Barmherzigkeit nimmt Jahwe nicht an. – Später versteht die LXX und das Targum z. St. den Text im Sinne der Auferstehung der Toten. Auch der Drohspruch *Hos 13, 14* wird von Paulus in 1 Kor 15, 55 als Verheißung des Sieges über den Tod begriffen.

[13] Zu Ez vgl. *W. Zimmerli*, Ezechiel, Teilband II (Neukirchen 1969) z. St.; *Stemberger*, Problem 282ff; *E. Haag*, Ez 37 und der Glaube an die Auferstehung der Toten, in: TThZ 82 (1973) 78–92. – Nach *Zimmerli*, Ezechiel II 891, ist Ez 37 noch ziemlich am Anfang der Exilszeit geschrieben.

[14] ha'aleti: derselbe Ausdruck wird 1 Sam 12,6 u. ö. von der Heraufführung aus Ägypten verwendet; gleich Ägypten ist auch das Grab Gefängnis.

[15] Ez begründet das immer neue Heilswirken Gottes am ständig abfallenden Volk mit

Das verwendete Bild der Auferstehung (Herausführung aus dem Grab: Ez 37, 10.12f) meint hier noch nicht die leibliche Auferstehung des physisch toten Einzelnen. Andererseits konnte – nach dem Zusammenbruch des bergenden Kollektivs sowie des Kollektivdenkens (Ez 18; 14, 12ff) und mit der Entdeckung von Jahwes Interesse an dem nun stärker auf sich gestellten und hervortretenden Einzelnen – das eindrückliche Doppelbild von der Wiederbelebung der verdorrten Gebeine und der Herausführung der Toten aus den Gräbern die Frage nach einer Auferstehung auch des Einzelnen wachrufen und die Vorstellung gewaltig fördern. Möglicherweise hat so bereits ein Ergänzer (Ez 37, 13b–14; ca. 300 v. Chr.) die Totenfeldvision als Auferstehungsweissagung verstanden.

Ez 37 zeigt, daß die erste Vorstellung von so etwas wie einer Auferstehung sich Israel in der Hoffnung auf die Hilfe Gottes innerhalb der geschichtlichen Entwicklung und in der *Erfahrung dieser geschichtlichen Hilfe* aufdrängt. Der Prophet verkündet nicht die Errettung des Einzelnen aus dem Tod (diese Frage interessiert ihn noch gar nicht), sondern den Gott, dessen Lebensmacht auch dort nicht am Ende ist, wo die Lage von Menschen aus gesehen völlig hoffnungslos ist, und der seinen entweihten Namen vor den Völkern wieder zu Ehren bringen will (vgl. Ez 36, 22 ff). Darum die Wiederherstellung (»Auferstehung«) und der Fortbestand des Volkes – für seinen geschichtlichen Auftrag!

c) Naiv-irdische Hoffnungen in nachexilischer Zeit

Ein Hoffen gegen den Tod des *Einzelnen* regt sich zunächst nur als Erwartung langen, erfüllten irdischen Lebens (gemäß der dem vierten Gebot beigegebenen Verheißung: Ex 20, 12). Selbst endzeitliche Ausblicke der nachexilischen Zeit fassen keine Abschaffung des Todes ins Auge, sondern allenfalls eine relative Verlängerung des irdischen Lebensalters und eine Vermeidung vorzeitigen Todes. So hofft man »materialistisch« darauf, daß Gott »einen neuen Himmel und eine neue Erde schafft«, ohne Weinen und Wehklagen (Jes 65, 17ff), von paradiesischem Frieden durchwaltet (60, 18.21; 65, 25), wo »als jung gelten wird,

---

Gottes eigener Ehre, die vor den Völkern nicht entweiht werden darf; diese sollen erkennen, daß er der Herr ist (Ez 20 und 36, 22ff).

wer mit hundert Jahren stirbt« (65, 19f; vgl. Sach 8, 4). Es bleibt dabei: er stirbt. Der Tod wird nicht entmachtet, nur die Lebensgrenze wird hinausgeschoben.[16]

Diese Auffassung begegnet übrigens auch noch später in apokalyptischen Texten (äthHen 10, 17; 25, 4ff: ca. 200 v. Chr.; Jub 23, 15ff: ca. 100 v. Chr.). In Jub 23, 30ff findet sich die Vorstellung, der Scheol-Aufenthalt der verstorbenen Gerechten sei nicht düster, sondern freudvoll aufgehellt dadurch, daß sie das Glück ihrer Nachfahren sehen (anders als etwa Ijob 14, 21).

4. Frühe Vorandeutungen der späteren Auferstehungshoffnung

Schon Jahrhunderte vor dem Exil gab es in Israel jedoch ein Wissen davon, daß Jahwes Macht durch menschliche Vergänglichkeit nicht begrenzt ist, ja daß sie am Ende auch vor der Scheol nicht haltmacht.

a) Die Überlieferung von Totenerweckungen Elischas
Alte legendarische Überlieferung erzählt von Totenerweckungen durch Elischa (2 Kg 4, 31–37; 13, 21), ein Motiv, das bald auch auf Elija übertragen wurde (1 Kg 17, 17–24).[17] Zwar bleibt die Erweckung vom Tode hier Ausnahme; sie hat überdies keinerlei eschatologische Bedeutung, sondern meint die Rückführung in erneut sterbliches Leben; und vielleicht ist sie in ihrer Größe auch noch dadurch gemindert, daß sie kurz nach dem Tode stattfindet (nach dem Volksglauben kann die nephesch für gewisse Zeit in den Körper zurückkehren). Trotz alledem deutet sich hier doch schon eine Abweichung von der Auffassung an, die Scheol sei unwiderruflich das »Land ohne Wiederkehr«. Darüber hinaus wird hier ein überaus wichtiger Zug des Jahweglaubens sichtbar, den ähnlich auch das Lied der Hanna hervorhob: Jahwes Handeln zielt letzten Endes immer darauf, nicht zu erniedrigen und zu töten, sondern den Armen aus dem Kot zu

---

[16] Eine weitere Steigerung dieser Linie läge vor, falls die Auffassung zuträfe, daß Jes 25, 8 (Jahwe »wird vernichten den Tod für immer«) Zusatz eines Bearbeiters der sog. Jesajaapokalypse ist und nicht Hoffnung auf Auferstehung, sondern auf eine künftige Zeit enthalte, in der die *dann* Lebenden keinen Tod mehr erleiden müssen. (Zu unserer anderen Deutung vgl. unten bei Anm. 24–26.)
[17] Vgl. *G. Fohrer*, Elia (Zürich ²1968) 59.

erheben und zu sättigen, den Dürftigen aufzurichten aus dem Staub und aus der Grube (1 Sam 2, 5–8; vgl. Dtn 32, 39), und das heißt hier nun offenbar auch: ihn (wenigstens vorüberge-hend) aus dem Tod aufzurichten.

b) Die Überlieferungen von Elijas und Henochs Entrückung

Die ebenfalls alten Überlieferungen von der Entrückung Elijas (2 Kg 2, 11; Ende des 9. Jahrhunderts v. Chr.?) und Henochs (Gen 5, 24; P greift hier vorexilischen Stoff auf)[18] sprechen zwar nicht von einem Eingriff Jahwes in die Scheol, aber von einem leiblichen Hinweggenommenwerden Elijas und Henochs unmit-telbar *vor* dem Tod durch Gott in den Himmel[19]. Das Alte Testa-ment weiß also wenigstens von zwei Menschen, denen das To-deslos erspart blieb und die bleibend zu Gott erhöht sind. Ge-wiß, ihr Schicksal erscheint dem normaler Menschen entgegen-gesetzt; es stellt die große, exklusive Ausnahme dar. Und doch beginnt hier der Glaube an die Überwindung des Todes bei zwei einzelnen sterblichen Menschen Gestalt anzunehmen.

c) Die Unbegrenztheit der Macht und Gerechtigkeit Jahwes

Ebenfalls früh betont Amos 9, 2 (760 v. Chr.; vgl. Ps 139, 8–12)[20] die Unmöglichkeit, in die Unterwelt zu entfliehen vor Jahwes gerechtem Gerichtshandeln; dieses ereilt die Frevler auch dort noch, so daß sie sich nicht beschwichtigen können: »Brächen sie durch in die Unterwelt, meine Hand faßt sie auch dort.« Hier deutet sich – vorerst noch in einer kühnen, aus der Allmacht Jahwes gefolgerten Grenzaussage, die die Trennlinie zwischen Jahwe und der Scheol noch nicht grundsätzlich einreißt – der spätere Lösungsansatz Israels an: Kein Bereich der Welt ist der Macht und Reichweite Jahwes entzogen, auch nicht die Welt der

---

[18] Dazu *A. Schmitt,* Entrückung-Aufnahme-Himmelfahrt. Untersuchungen zu einem Vorstellungsbereich im AT (Stuttgart 1973) 47–139, bes. 126–138 (Elija) und 152–175, bes. 165–167 (Henoch); 4–45: ägyptische und mesopotamische Texte mit Entrük-kungsmotiv.

[19] Dem alttestamentlichen Denken bereitet die leibliche Gegenwart zweier Menschen in der göttlichen Welt keinerlei Schwierigkeiten. Erst später denkt man, um den Ab-stand zu Gott zu wahren, an das Paradies als Aufenthalt der Entrückten: vgl. *Stem-berger,* Problem 286.

[20] Später ähnlich Ijob 26, 5f; Spr 15, 11; Tob 13, 2; Weish 16, 13–15; 2 Makk 6, 26.

Toten. Jahwe ist die unbegrenzte Macht, die Gerechtigkeit schafft, auch wenn momentan gegenteilige Erfahrungen gemacht werden und alles für das Gegenteil von Gerechtigkeit zeugt.

Noch wird Jahwes Verhältnis zu den Toten hier rein negativ bestimmt: Jahwes Gericht über Ungerechte transzendiert die Todesgrenze. Wie aber verhält es sich dann – positiv gewendet – mit Jahwes Bundestreue zu den »Gerechten«?[21] Vorerst bleibt es diesbezüglich bei der *Frage:* »Wirst du an den Toten Wunder tun, stehen die Schatten auf, dich zu preisen? Wird im Grab von deiner Huld erzählt, von deiner Treue im Totenreich?« (Ps 88, 11; vgl. Ijob 14, 13f). Und diese Frage bleibt bis in die späte Zeit hinein ohne positive Antwort.

II. Der Durchbruch durch die Todesgrenze in spätnachexilischer Zeit[22]

Das späte Israel (bzw. das frühe Judentum) des 3./2. Jahrhunderts v. Chr. ist eine recht differenzierte Welt mit verschiedenen Strömungen lebendiger Traditionsvermittlung und Aussagenbildung; die Eigenart und das Zueinander dieser Strömungen sind noch nicht genügend erforscht. In mindestens drei von ihnen

---

[21] Vgl. *Kellermann,* Überwindung 274.

[22] Manche finden bereits in dem exilisch-nachexilischen *4. Lied vom Gottesknecht Jes 52, 13–53, 12* den Auferstehungsgedanken angedeutet, und zwar in Jes 52, 13 (Erhöhung) und 53, 10 (postmortales Leben); so etwa neuerdings wieder *K. Baltzer,* Zur formgeschichtlichen Bestimmung der Texte vom Gottes-Knecht im Deutero-Jesaja-Buch, in: H. W. Wolff (Hg.), Probleme biblischer Theologie. Festschrift G. von Rad (München 1971) 27–43, hier 40ff. – Aber mit Sicherheit läßt sich nur sagen, daß das wiederherstellende Handeln Gottes am Knecht »ein Handeln am Knecht nach dessen Tod« ist und eine völlige Rehabilitation des Knechtes bedeutet; so *C. Westermann,* Das Buch Jesaja Kap. 40–66 (Göttingen 1966) 215. – Viel hängt davon ab, ob der Knecht kollektiv (als Volk oder Vertreter des Volks) oder individuell (als Einzelperson) zu verstehen ist; im ersteren Falle ginge es dann um ein völkisches Auferstehen. Nun hat *E. Haag,* Die Botschaft vom Gottesknecht – ein Weg zur Überwindung der Gewalt, in: N. Lohfink (Hg.), Gewalt und Gewaltlosigkeit im AT (Freiburg 1983) 159–213, in einer genauen und sorgfältigen Analyse gezeigt, daß Jes 52, 13 einer Bearbeitung der (individuell gemeinten) Grundschicht des Liedes und Jes 53, 10a–c Zusätzen zu dieser Bearbeitung zugehört und beide (kollektiv) den geretteten Rest Israels nach der Heimkehr meinen. Insofern sind beide Stellen ähnlich zu verstehen wie Ez 37, nämlich als Rehabilitation des Knechtes durch Wiedererstarken und Weiterleben in den Nachkommen, im wiederaufgerichteten Volk. – Vgl. auch noch *H. J. Hermisson,* Israel und der Gottesknecht bei Deuterojesaja, in: ZThK 79 (1982) 1–24.

(keineswegs nur in der Apokalyptik) erfolgt – etwa gleichzeitig, doch in unterschiedlichem Bezugsrahmen – der entscheidende Durchbruch der Hoffnung auf Überwindung der Todesgrenze (auch für den Einzelnen). Dies freilich nicht auf dem Weg von Spekulation oder schlußfolgernder Reflexion, sondern im kühnen Wagnis des Glaubens an die geschichtlich erfahrene Macht und Treue Gottes.[23]

1. Weiterbildung prophetischer Tradition: Todesvernichtung als Implikat universaler Gottesherrschaft

Das Bekenntnis zur Herrschaft Jahwes findet sich bereits im vorexilischen Israel (erste Belege: Num 23, 21; Dtn 33, 5; 1 Kg 22, 19; Jes 6, 5). Und zwar begegnet die Bekenntnisaussage »Jahwe ist König (Herr)« vorexilisch in zwei Aussagekreisen: (1) Jahwe wird als (universaler) König in einem zeitlosen, Vergangenheit und Zukunft umfassenden Sinne bezeichnet (Ex 15, 18; 1 Sam 12, 12; Ps 145, 11ff; 146, 10). (2) »Jahwe ist König (geworden)« drückt vor allem in den Thronbesteigungspsalmen eine im Kult erlebte Gegenwärtigkeit aus (Ps 93, 1; 96, 10; 97, 1; 99, 1). Israel anerkennt Jahwe als Herr, indem es das Jahwerecht anerkennt (Dekalog Ex 20, 2ff/Dtn 5, 6ff; Schemá Dtn 6, 4f). Weil Jahwe Israel aus der Knechtschaft herausgeführt und zu einem Volk von gleichermaßen Freien gemacht hat, darum kann es in Israel, will es seinen Ursprung und seine Identität nicht verraten, nur den einen Herrn geben; wo Jahwe herrscht, können Menschen nicht mehr über Menschen herrschen, sie übervorteilen oder unterdrücken (Lev 25).

Seit der Exilszeit tritt ein dritter Aussagekreis hinzu: (3) Die eschatologische Erwartung, daß Jahwe sich dereinst vor aller Augen als König und Herr erweisen werde. Deuterojesaja, der anonyme Prophet im Exil, hatte das Motiv schon ins Universal-

---

[23] Zum Folgenden vgl. außer den in Anm. 1, 7 und 18 genannten Arbeiten noch: G. *Wied*, Der Auferstehungsglaube des späten Israel in seiner Bedeutung für das Verhältnis von Apokalyptik und Weisheit (Bonn 1967); E. *Haenchen*, Auferstehung im AT, in: Ders., Die Bibel und wir (Tübingen 1968) 73–90; K.-D. *Schunck*, Die Eschatologie der Propheten des AT und ihre Wandlung in exilisch-nachexilischer Zeit, in: VT Suppl 26 (1974) 116–132; L. R. *Bailey*, Biblical Perspectives on Death (Philadelphia 1979); L. J. *Greenspoon*, The Origin of the Idea of Resurrection, in: B. Halpern – J. D. Levenson (Ed.), Traditions in Transformation (Winona Lake/Indiana 1981) 247–321.

Eschatologische gewendet: Jahwe, der alles geschaffen, ist der universale Herr und keiner sonst (z. B. Jes 45, 18.21f); zwar wird er nicht schon überall als solcher anerkannt, doch in der künftigen Endzeit werden die Völker ihn erkennen und wird jedes Knie sich ihm beugen (z. B. Jes 45, 6.23). Die Erfahrung, daß Gott zwar schon de iure Herr seiner Schöpfung ist, de facto aber sein Herrschen im Kampf mit starkem Widerspruch und darum »verborgen« (nicht direkt feststellbar) ausübt (Jes 45, 15), verbindet sich also nun mit der Hoffnung auf das zukünftige volle und unwidersprochene Herrwerden Gottes: Gottes Schöpferwille und Gerechtigkeitsliebe werden in Überwindung aller Widerstände bei allen Völkern zur Geltung kommen.

Diese Perspektive geht in nachexilischer Zeit, auch wenn die Notlage Judas da und dort zu nationaler Blickverengung führt (Hagg 2, 1–9; Zeph 3, 15; Ob 15.21), nicht verloren. Prophetische Endzeiterwartung greift weit aus ins Universale der Völkerwelt, ja des Kosmos insgesamt; sie richtet sich auf das eschatologische In-Erscheinung-Treten der Gottesherrschaft und auf die Offenbarung der Herrlichkeit Gottes (Jes 24, 23; Sach 14, 9.16f; Mal 1, 11.14; Ps 22, 29; 47, 3.8). In diesem Zusammenhang sind Jes 24, 21–23 und 25, 6–8 zu sehen, zwei zusammengehörige eschatologische Textstücke, die möglicherweise noch vor 300 v. Chr. entstanden sind.[24]

Hier wird folgende Sicht des endzeitlichen Geschehens entworfen: Jahwe wird über alle widergöttlichen kosmischen Mächte und irdischen Herrscher siegen (Jes 24, 21–23a), seine Königsherrschaft wird endgültig aus ihrer Verborgenheit hervor-

---

[24] Hierzu vgl. besonders *P. Welten,* Die Vernichtung des Todes und die Königsherrschaft Gottes. Eine traditionsgeschichtliche Studie zu Jes 25, 6–8; 24, 21–23 und Ex 24, 9–11, in: ThZ 38 (1982) 129–146. – Die sog. Apokalypse Jes 24–27 bildet keine ursprüngliche Einheit. In ihr sind vielmehr sehr verschiedenartige Texte in mehreren Phasen zwischen 500 und 200 v. Chr. zusammengewachsen (vgl. *H. Wildberger,* Jesaja Teilband II, Neukirchen 1978, 893ff. 905ff. 911). Ihre eschatologischen Vorstellungen (große Wende, kosmisches Gericht usw.), die dann später in der Apokalyptik ausgebaut werden, knüpfen an Vorstellungen an, die sich auch im nachexilischen Prophetismus finden. Auch wenn Jes 24–27 sich apokalyptischen Vorstellungen nähert, kann von einer eigentlichen Apokalyptik hier noch nicht gesprochen werden: »vom Danielbuch ist das Werk, formal gesehen, noch weit entfernt« (*Wildberger,* Jes II 909). – Jes 24, 21–23 und 25, 6–8 selbst gehören nicht zur älteren Grundschicht von Jes 24–27, sondern sind zu ihr hinzugewachsen. Der V. 8a (»vernichten/verschlingen wird er den Tod für immer«) braucht nicht, wie das viele Exegeten tun, als nochmals späterer Einschub betrachtet zu werden (vgl. *Wildberger,* Jes II 898–900); im Gegenteil, P. Weltens Analyse erweist ihn als integralen Bestandteil der beiden Textstücke.

treten und seine Herrlichkeit vom Zion aus erstrahlen (Jes 24, 23b). Daraufhin wird Jahwe auf seinem Berg Zion[25] *allen* Völkern ein Gemeinschaft stiftendes, den Schalomzustand herbeiführendes Krönungs- und Bundesmahl bereiten (Jes 25, 6; vgl. Ex 24, 9.11); er wird sich allen Völkern (nicht mehr nur Israel) in unverhüllter, nicht mehr vermittelter Gottesschau zeigen (Jes 25, 7; vgl. Ex 24, 9–11) und seine unbeschränkte Königsherrschaft über alle Völker antreten (in der auch Israels Schmach beseitigt wird: Jes 25, 8c).

Diese Sicht geht über den Rahmen der üblichen Zukunftshoffnungen Israels weit hinaus. Erst recht gilt das von der nun folgenden Ankündigung, daß Jahwe mit der Übernahme seiner universalen Herrschaft auch »den Tod für immer vernichten« wird (Jes 25, 8a), womit dem Tod genau das widerfährt, was er sonst den Menschen antut. Unsicher bleibt allerdings, ob diese Ankündigung im Sinne der Totenerweckung verstanden werden darf. Soll man lesen: der Tod wird für alle Zukunft vernichtet, so daß die dann, in der Heilszukunft, Lebenden (und nur sie) keinen Tod mehr erleiden werden? Oder eher: der Tod wird auch mit rückwirkender Kraft vernichtet, so daß auch die schon Toten an dem umfassenden Endheil teilnehmen[26] und – wie Ps 22, 28–30[27] sagt – nicht nur die Völker bis an die Enden der Er-

---

[25] H. *Wildberger,* Jesaja, Teilband III (Neukirchen 1982) 1682: »Daß der Zion (24, 23) und Israel als Jahwevolk (25, 8b) sozusagen als Kristallisationspunkt des Geschehens ihre besondere Bedeutung behalten, kann nicht anders sein, da es doch Jahwe, der Gott Israels, ist, der seine Herrschaft aufrichten wird, aber der Blick ist auf die ganze Erde geöffnet . . .«

[26] Wenn man mit P. Welten Jes 25, 7 von Ex 24, 9–11 her im Sinne der Offenbarung Jahwes verstehen darf, kann Jes 25, 8a als ursprünglicher Bestandteil des Textstückes gelten. Deutet man hingegen Jes 25, 7 und 8b zusammenhängend als Beseitigung der Trauerverhüllung vom Gesicht und dann mögliches Abwischen der Tränen, so unterbricht Jes 25, 8a den Zusammenhang und muß als nachträglicher Zusatz begriffen werden (so G. *Fohrer,* Das Buch Jesaja, Band II, Zürich – Stuttgart 1962, z. St., und O. *Kaiser,* Der Prophet Jesaja Kap. 13–39, Göttingen 1973, z. St.). Man kann freilich auch (mit *Wildberger,* Jesaja II 966f) so verstehen: durch die Vernichtung des Todes wird die Hülle (Symbol der Trauer um Verstorbene) von den Völkern genommen und werden Schmerz und Leid endgültig überwunden.

[27] Der hier entscheidende Vers 30 ist allerdings in der Textüberlieferung stark verderbt und wird überdies von manchen als Bearbeitungszusatz verstanden. Nach anderen ist er integraler Bestandteil des Psalms. So auch F. *Stolz,* Psalm 22: Alttestamentliches Reden vom Menschen und neutestamentliches Reden von Jesus, in: ZThK 77 (1980) 129–148, bes. 142f. Nach Stolz dient der Psalm der Einübung in eine Glaubensrichtung, in der es möglich wird, auch in der nicht überwundenen Not, in der Abwesenheit Gottes und seiner Gerechtigkeit, das Lob Gottes laut werden zu lassen. Dies in der Weise, daß die Gemeinde angesichts der Unrechtserfahrungen dieser

de, sondern auch die Verstorbenen in den großen Lobpreis Jahwes einstimmen werden? Oder ist das für den Text eine falsche Alternative? Gleichviel, die *Überwindung des Todes* durch die größere Macht Gottes gehört für Jes 25, 6–8 wie für Ps 22, 28–30 in die Fülle der Erwartungen, die *mit der endgültigen universalen Gottesherrschaft verbunden* sind.

Formeller Auferstehungsglaube ist damit gewiß noch nicht gegeben; es wird offengelassen, wann und wie die Vernichtung des Todes sich realisiert. Doch der ausschlaggebende Zusammenhang ist da: der Sieg über den Tod bzw. die Rettung auch der Toten ist Implikat, genauer: Bedingung und zugleich Wirkung grenzenloser Herrschaft und Herrlichkeit Jahwes. Wenn Jahwe im Ernst die Herrschaft zukommt, dann muß Jahwe auch mit der Macht des Todes fertig werden – wie immer das konkret geschehen mag. Dies (und keineswegs der Vergeltungsgedanke) ist der entscheidende Punkt innerhalb der von prophetischen Traditionen bestimmten Linie. Die Frage nach der letzten Souveränität Jahwes über das Universum, nach dem siegreichen Erweis seiner universalen Herrlichkeitsmacht, treibt hier die Hoffnung auf Überwindung des Todes hervor, nicht der menschliche Wunsch nach Unsterblichkeit oder nach Vergeltung. Mit Recht ist deshalb gesagt worden, »daß die eigentlich alttestamentliche Wurzel des Auferstehungsglaubens im Bekenntnis zur unumschränkten Herrschaft Jahwes liegt«[27a].

2. Weiterführung weisheitlicher Tradition:
Rettung des jahweverbundenen Einzelnen aus dem Tod[28]

Die nachexilische Weisheitsliteratur hält an der altisraelitischen Scheolauffassung fest, ja, deren Hoffnungslosigkeit wird nun – da aufgrund von Exil und Diaspora die Erfahrung des *Einzelnen* und sein Gottesverhältnis in den Vordergrund treten – erst in ihrer Radikalität erfaßt (Ijob 14, 10–21: ca. 4. Jahrhundert v. Chr.; Koh 3, 17–22; 12, 7f: ca. 250 v. Chr.; Sir 14, 16; 17, 27: ca. 180 v. Chr.). Während bis dahin nämlich die Weisheitslehre Jahwes

---

Welt sich der künftigen Herrschaft Gottes, die alles Dagewesene übersteigen wird, vergewissert.

[27a] *Wildberger*, Jes II 967.

[28] Zum Folgenden vgl. insbesondere *Schmitt*, Entrückung 193–309, und *Kellermann*, Überwindung 273–281; auch *Schmidt(–Becker)*, Zukunft 74f.

gutes Walten darin sich äußern sah, daß es dem Gerechten gut geht, über den Frevler aber das Verderben hereinbricht (z. B. Ps 1 und 37), werden nun *Leiden und Tod des jahwetreuen (gerechten) Einzelnen* überhaupt erst zum unausweichlichen Problem: warum muß gerade der Gerechte leiden und gewaltsam sterben, während der Gottlose im Glück lebt (z. B. Ijob 21, 7; 12, 6; Ps 73, 3.12; auch schon Jer 12, 1)? Die Auskünfte der alten, allein aufs Irdische angewiesenen Vergeltungslehre erweisen sich jetzt als untauglich. In aller Schärfe stellt sich die Frage, ob Jahwe – gleich wie den gottlosen Gewalttäter – auch den Jahwe verbundenen Gerechten im Tode verläßt und der endgültigen Verlorenheit preisgibt. Sie wird zur Frage nach Jahwes Gerechtigkeit (Gemeinschaftstreue), also nach der endgültigen Einlösung seiner Bundeszusage, und sei es jenseits der Todesgrenze.

Bereits in früheren individuellen Klage- und Dankliedern hatte der Beter die Errettung aus Krankheit, Anfeindung und Unglück als Errettung aus dem (ins Leben hineinragenden) Machtbereich des Todes, aus der Scheol, gepriesen (z. B. Ps 16, 8ff; 17, 15; 27, 13; 30, 3ff; 86, 13). Von hier aus ist es für einen späteren Beter, dem der Tod des Gerechten als solcher zum Problem geworden und der zugleich aus seiner Lebensgemeinschaft mit Jahwe heraus sich der verläßlichen Treue Jahwes gewiß ist (etwa Ps 40, 12: »deine Gnade und Wahrheit werden mich immer behüten«), nur noch ein – freilich nicht unbeträchtlicher – Schritt, von erfahrener Rettung *vor* dem Tod (also aus dem in Krankheit usw. bereits gegenwärtigen Zugriff der Todesmacht) zum Vertrauen auf Rettung *aus* dem Tode selbst weiterzugehen.

Dieser Schritt wird vielleicht schon in Ijob 19, 25–27 getan (hebräischer Text stark verdorben),[29] deutlich aber in den beiden späten Weisheitspsalmen 49 und 73 (vor 200 v. Chr.). Hier werden die herkömmlichen Trostangebote verworfen, sowohl die Altisraels (Fortleben in zahlreicher Nachkommenschaft usw.) als auch die der Weisheitslehre (unbeschwerter Genuß des kur-

---

[29] Vgl. die Auflistung verschiedener Textrekonstruktionen und Deutungen bei *Stemberger,* Problem 281f. – Immerhin schildert Ijob 26, 5f mit den literarischen Mitteln der Theophanie die gewaltige, unwiderstehliche Macht Jahwes, vor der auch die festgefügten, unerschütterlichen Naturgegebenheiten und so auch die Totenwelt erzittern und nackt, machtlos daliegen. Vgl. *J. Jeremias,* Theophanie. Die Geschichte einer alttestamentlichen Gattung (Neukirchen ²1977) 163f.

zen Lebens; Schaffung eines bleibenden Namens und Nachruhms; Hinweis auf den Tod als Gleichmacher, der dem Glück der Gottlosen – aber eben auch dem Gerechten – ein Ende setzt). Zwar wird der Vergeltungsgedanke in veränderter Form festgehalten. Dennoch geht es weniger um die Forderung nach einem (im irdischen Leben noch nicht erfolgten) gerechten Ausgleich (Vergeltung), als vielmehr um die *Frage nach dem Bestand der Jahwegemeinschaft.*

Zwei Gruppen, die gerechten Armen und die gottlosen, gewalttätigen Reichen, werden kontrastiert: während diese in der Scheol das von der Tradition bekannte unwiderrufliche böse Ende nehmen (Ps 49, 8f; 73, 16–20.27), wendet sich der angefeindete und verhöhnte (49, 6; 73, 8) jahwetreue Beter an Jahwe, klammert sich – angesichts der Konfrontation mit dem Tod – an Jahwes Treue-Gnade und stößt zu der ganz neuen, erregenden *Gewißheit von der Unzerstörbarkeit der Gottverbundenheit* durch. Gott wird für ihn tun, was der Gottlose für sich selbst unfähig ist zu tun: seine nephesch erlösen (49, 8.16) und ihn *nach* seinem Tod aus der Gewalt des Todes entreißen (49, 16; 73, 24.26).[30] »Keiner kann sich« oder den anderen vom Tod »loskaufen« (49, 8) – »doch gewiß, Gott kauft mich los, aus der Gewalt der Scheol nimmt er mich« (49, 16).

Nicht vor dem Tod weiß sich der Beter verschont (anders als Elija und Henoch). Aber er weiß sich in der Gemeinschaft mit Gott in ein unzerstörbares Gnadenverhältnis aufgenommen. Die unmittelbare Gemeinschaft mit Gott in diesem Leben wird nun absolut als das große Wunder und Glück gepriesen (73, 23.27), und zwar unabhängig von irdischer Lebenserfüllung und diese relativierend (73, 25: »wenn ich dich habe, so suche ich nichts auf Erden«; vgl. Ijob 19, 25ff; Ps 63, 4: »deine Huld ist besser als das Leben«). Solches Auseinanderhalten von Gnade und Leben war etwas völlig Neues in Israel. Das vor Augen Liegende ist nicht mehr das Ganze, nicht einmal das Entscheidende, dies ist die Jahwegemeinschaft. Diese gegenwärtige Jahwegemeinschaft sprengt aber – das ist die neue Gewißheit – alle Diesseitigkeit und hat kein Ende. Jahwe ist der einzige Retter und Helfer angesichts der unerbittlichen Tatsache des Sterbenmüssens;

---

[30] *Schmitt,* Entrückung 193–200.207–212 und 253–263.275–283, hat sehr überzeugende Argumente dafür geliefert, daß Ps 49, 16 und 73, 24.26 ursprüngliche, integrale Bestandteile der beiden Psalmen (und nicht spätere Zusätze) sind.

seine Zusage kann nicht hinfallen, er hält den ihm Getreuen fest (73, 23; vgl. auch 63, 9 u. a.). So hat die von Jahwe selbst ermöglichte Verbundenheit mit ihm Bestand – auch über den Tod hinaus; der Tod kann ihr nichts anhaben.[30a]

Vermeidung oder Beseitigung von Not im irdischen Leben bedeutet Gottes Nähe also nicht, wohl aber ein Bleiben im Ende. Wer sich an Jahwe hält, erfährt seine Gemeinschaftstreue auch im Sterben und Tod, und zwar in Gestalt einer Lebensgemeinschaft mit Gott auch jenseits des Todes. Das genügt, über das Wie braucht sich der Beter keine Gedanken zu machen.

3. Apokalyptische Bewegung: Endzeitliche Auferstehung der toten Gerechten[31]

Die eigentliche, ausdrückliche Vorstellung einer »Auferstehung« der Toten begegnet im Alten Testament allein in apokalyptischem Zusammenhang. Wie in den weisheitlichen Texten geht es um Situationen äußerster Bedrängnis für die Gerechten. Bedrängt sind diese wiederum von Verfolgung, Leiden und gewaltsamem Tod (Martyrium), *weil* sie Gerechte sind, weil sie sich für Jahwe und sein Recht einsetzen. Und wiederum scheint diese Erfahrung *gegen* Jahwes Gerechtigkeit und gegen den Sieg der Gerechtigkeit in der Welt zu sprechen.

Die Apokalyptiker greifen aber nun über die unmittelbar erfahrbare Wirklichkeit, in der die Gerechtigkeit mit Füßen getreten wird und verborgen ist, hinaus auf die – nach ihrer Erwartung – unmittelbar bevorstehende Zukunft eines göttlichen Eingreifens. Sie sehen eine neue Welt bevorstehen, in der die Gerechtigkeit Gottes erscheinen und sich – durch ein umfassendes

---

[30a] Zu fester, begründeter Gewißheit wird dies dann (aufgrund der gekreuzigten und auferweckten Liebe Jesu Christi) für Paulus: nichts, auch nicht der Tod, kann uns von Gottes Liebe in Christus scheiden (Röm 8, 39f).

[31] Zum Folgenden vgl. außer den in Anm. 1 und 7 genannten Arbeiten noch: *H. D. Preuß*, »Auferstehung« in Texten alttestamentlicher Apokalyptik (Jes 26, 7–19; Dan 12, 1–4), in: U. Gerber – E. Güttgemanns (Hg.), »Linguistische« Theologie (Bonn 1972) 101–133; *G. F. Hasel*, Resurrection in the Theology of OT Apocalyptic, in: ZAW 92 (1980) 267–284; *M. S. Moore*, Resurrection and Immortality: Two Motifs Navigating Confluent Theological Streams in the OT (Dan 12, 1–4), in: ThZ 39 (1983) 17–34. – Hier in der Apokalyptik, die sich in einem kontinuierlichen Prozeß aus der Prophetie herausentwickelt, scheinen sich, wie zuletzt *Moore*, Resurrection, zeigt, vor allem prophetisch-geschichtliche und weisheitliche Elemente zu einer neuen Struktur zu verbinden.

Gericht – universal durchsetzen wird. Kennzeichnend für den apokalyptischen Zusammenhang ist also zum einen jene aus der Erfahrung einer letzten und äußersten Krise sich erhebende Naherwartung der eschatologischen Wende. Kennzeichnend ist zum andern, daß von dieser nahen Wende in der Form der visionären Offenbarung, eben der Apokalypse, die Rede ist.

a) Anders als der früher erörterte Text Jes 25, 6–8 enthält das klageliedartige *Gebet um das Endgericht Jes 26, 7–21* (zwischen 300 und 200 v. Chr.)[32] bereits unverkennbare apokalyptische Elemente: insbesondere das nahe eschatologische Gericht (V. 11.21) und die Totenauferstehung (V. 19). Dieses Gebet setzt die *Erfahrung des Scheiterns der Gerechtigkeit* in der Geschichte und Weltordnung der Menschen voraus. In einer akuten Notsituation und Glaubensanfechtung (V. 16) erleben Jahwe-treue Gerechte (V. 7.13b) die Ferne Jahwes (V. 9.16–18). Sie klagen ihm ihre für sie selbst unüberwindbare Not und ringen in ihrem als ungerecht empfundenen Leiden mit der Frage nach der Gerechtigkeit Jahwes.

Soviel steht für sie fest: Für die unterdrückenden Frevler (V. 9f. 13) kann nur der alte Erfahrungssatz gelten, daß »die Schatten nicht wieder auferstehen« (V. 14); das ist ihr Gericht (V. 8a.9b.10; vgl. Dan 7, 13). Im größtmöglichen Kontrast dazu wird den Betern aber nun aus dem Rückblick auf Jahwes Treue

---

[32] *Jes 26, 7–21* scheint deutlicher weisheitlich und (proto-)apokalyptisch geprägt zu sein als Jes 25, 6–8; daher unsere unterschiedliche Einordnung. – Zur Datierung von Jes 26, 7–21 vgl. *Stemberger*, Problem 278ff (knapp vor Daniel), *Preuß*, Auferstehung 123 (zwischen 400 und 200 v. Chr.), und *Wildberger*, Jes II 901f. – Wer Jes 26, 19 als integralen Bestandteil (etwa als »Heilsorakel«) eines zur frühen Grundschicht von Jes 24–27 gehörenden Gebets betrachtet, neigt dazu, hier »Auferstehung« nicht im Sinne einer Auferstehung Einzelner aus dem Tode, sondern – wie Ez 37 – im Sinne der Wiederaufrichtung des Kollektivs Israel zu verstehen (so etwa *Fohrer*, Jes II 31f, oder *Wildberger*, Jes II 995f). Andere setzen Jes 26, 7–19 oder Teile davon – vor allem wegen der deutlicher apokalyptischen Elemente (nahes Endgericht, Totenauferstehung) später an. Insbesondere die Auferstehungsaussage V. 19 wird häufig als ein Zusatz von späterer Hand beurteilt (so etwa *Kaiser*, Jesaja, Kap. 13–39, 173ff). Dies ist aber – gerade bei einer etwas späteren zeitlichen Ansetzung (etwa 300/200 v. Chr.) – keineswegs erforderlich, wie *Preuß*, Auferstehung 111.123, und – im Anschluß an Nötscher, Schubert und Botterweck – auch *Stemberger*, Problem 279f gezeigt haben. Stemberger weist darauf hin, daß für den Text die Wiederherstellung des Volkes und die Auferstehung der für Jahwe Verstorbenen keine Alternative darstellen, sondern zusammengehören. *Moore*, Resurrection, argumentiert: Wenn das Aufstehen der toten Gerechten in 26, 19 nur Bild für die nationale Wiederherstellung sei, dann müßten die toten Gottlosen in 26, 14 auch nur bildlich tot sein (vgl. Ez 37, 11); wenn man sie aber als physisch Tote verstehe, dann müsse 26, 19 auch eine physische Auferstehung der toten Gerechten verheißen.

in der Vergangenheit – trotz der total aussichtslosen Lage – die Gewißheit der Erhörung zuteil, und zwar in Gestalt einer Zusage Jahwes (Heilsorakel): »Deine Toten werden aufleben, *meine* Leichname auferstehn! Erwachen und jubeln werden die Bewohner des Staubes!« (V. 19). Die toten Gerechten (zumal die Märtyrer) Israels sind Jahwes (»meine«) Leichname; also sind sie nicht geschieden und fern von ihm, sie werden auferstehen und Jahwe wieder loben. Auferstehung meint hier kaum bloß die Wiederaufrichtung des Volkes (wie Ez 37), sondern darüber hinaus auch die Rettung seiner für Jahwe Verstorbenen; beides dürfte hier überhaupt keine Alternative darstellen. So unsäglich aussichtlos die Lage des Volkes und seiner Toten ist, so unvergleichlich machtvoll wird erst recht Jahwes rettende Hilfe sein.[33]

Diese – im vollen Wortsinn – »gewagte« Hoffnung auf eine Auferstehung der Jahwe Zugehörigen (nicht aller »Erdkreisbewohner«: V. 9.18) hat ihren Grund allein im Glauben an Jahwe und – apokalyptisch – an die *baldige* (V. 11: Jahwes Hand ist schon erhoben, V. 21: schon zieht er aus!) *Durchsetzung seiner Herrschaft* der Gerechtigkeit und des Friedens (V. 12f). Aus dem Jahweglauben heraus wird die konkrete Auferstehung der toten Gerechten entworfen und als allein in Jahwe selbst gegründete Zusage gewagt. Vorgestellt wird diese Auferstehung wohl mit Jes 65, 16 ff als leibliche Rückkehr zum Leben auf einer erneuerten Erde.

b) Bezüglich der bisher vorgebrachten Texte (Jes 25, 6–8/ Ps 22, 28–30; Ps 49, 16/73, 24.26; Jes 26, 19) ist immer wieder von einzelnen Exegeten – wenngleich wohl zu Unrecht – bestritten worden, daß sie wirklich von einer Rettung physisch Toter reden. Völlig eindeutig und unbestritten spricht nur ein einziger Text des hebräischen Alten Testaments von einer Auferstehung der physisch Toten: *Dan 12, 1–4.* Gegenüber Jes 26, 19 liegt hier eine schon gefestigte und dem Leser nicht mehr völlig neue Glaubensvorstellung vor; dafür ist die Kürze und Prägnanz der Ausdrucksweise ein Anzeichen.[34]

---

[33] Wie dies geschehen soll, wird nur mit dem naturalen Bildvergleich vom Tau angedeutet (V. 19b), der aus kanaanäischem Vegetationsglauben stammen dürfte.

[34] Dan 12, 2f ist von Jes 26, 19 direkt beeinflußt: beide Male sind Subjekt die Staubbewohner, ist vom Erwachen der Verstorbenen und vom Licht die Rede. Auch Jes 53, 11 (wonach der Gottesknecht das Licht schauen wird, nachdem er viele gerechtfertigt hat), Jes 65, 16ff (Vorstellungen der Drangsal und der erneuerten Erde) und Jes 66, 24 (Stichwort »Abscheu«) dürften eingewirkt haben. Daß die Kreise hinter

Der Text stammt in seiner Endgestalt aus der Makkabäerzeit (genauer: aus den Jahren zwischen 167 und 164 v. Chr.).[35] Damals organisierte sich im jüdischen Volk der Widerstand der sogenannten Chassidim (Frommen)[36] gegen die forcierte Hellenisierungspolitik der syrisch-seleukidischen Weltmacht (unter Antiochus IV. Epiphanes) und gegen deren Übergriffe auf Hohepriesteramt und Tempel in Jerusalem. Insbesondere die Ausrichtung des Kultes auf Jahwe als den höchsten Gott im Sinne des Zeus-Olympios und damit im Sinne einer Legitimation der herrschenden Weltmacht stellte eine äußerste Herausforderung dar. Es kam zur Erhebung gegen Antiochus, der hart zurückschlug und, um das rebellische Volk zu unterwerfen, zur Verfolgung der Chassidim schritt.[37] Viele Bekenner erlitten auf grausame Weise den Tod. Andere zogen es vor, in die Berge zu fliehen und sich den Widerstandskämpfern um Judas mit dem Beinamen Makkabäus (= der Hammer) anzuschließen.

Der Verfasser der Danielapokalypse gehört zu den Chassidim, die in dieser äußersten Konfrontation von Weltmacht und Gottes Macht keine politisch-militärische Lösung erstreben, ja überhaupt nicht mehr an ein siegreiches Zionskönigtum denken,[38] die vielmehr auf das baldige endzeitliche Eingreifen Got-

---

Dan das vierte Knechtlied Jes 53 im Lichte *ihres* Auferstehungsglaubens neu gesehen haben, zeigt *H. C. Cavallin,* Tod und Auferstehung der Weisheitslehrer, in: A. Fuchs (Hg.), Studien zum NT und seiner Umwelt, Serie A Band 5 (Linz 1980) 107–121, bes. 109ff.

[35] Vgl. *F. Dexinger,* Das Buch Daniel und seine Probleme (Stuttgart 1969) 15–17; *H. Gese,* Die Bedeutung der Krise unter Antiochus IV. Epiphanes für die Apokalyptik des Danielbuches, in: ZThK 80 (1983) 373–388.

[36] 1 Makk 2, 42: Asidaioi. – Zu ihnen gehörten die verschiedensten Kreise (die Essener und Pharisäer gingen später aus ihnen hervor). Einige Zeit haben die Chassidim mit den Makkabäern gemeinsame Sache gemacht, sich dann aber, da man sich über die zu ergreifenden Maßnahmen nicht einig war, abgespalten.

[37] Auch die »Gesetze der Väter« wurden außer Kraft gesetzt. Gerade in derartigen Auseinandersetzungen mit dem Hellenismus wurde die Tora zum entscheidenden Mittelpunkt des Judentums; damit behauptete es sich und fand seine ihm eigene »hellenistische« Lebensform (*O. Kaiser,* Judentum und Hellenismus, in: VuF 1982, 68–88, hier 88).

[38] Dan 11, 34 tut den aktiven politischen Messianismus der Makkabäer als bloß »kleine Hilfe« ab und baut seinerseits auf die apokalyptische Predigt und den ideologischen Widerstand, in der Überzeugung, daß nur Gott allein noch das Heil wirken könne. – Gese versucht zu zeigen, daß sich in Dan 7–12 »eine wesentliche Transformation der davidisch-messianischen Tradition« von der Inthronisation zum Weltherrscher vollzogen habe (*Gese,* Krise 380), und zwar hin zu einem »Reich der himmlischen Transzendenz, das dem messianischen Offenbarungsmittler, als Mensch zum Gottesthron hinzugebracht, für immer und ewig übergeben wird. Dieser Menschensohn ist das wahre Israel, das, der wahren Gottesoffenbarung teilhaftig, ihretwegen in der escha-

tes selbst und den Anbruch einer gegenüber dem Lauf der Geschichte neuen Weltzeit warten, in der Gott eine andere Herrschaft aufrichtet (Dan 2, 44f; 7, 13f). Der Autor will in der immer fürchterlicher werdenden Situation, in der viele »vom Bund abfallen« (Dan 11, 32), die Gesetzestreuen zum Durchhalten ermutigen. So kündigt er – als geheime Offenbarung (Dan 12, 4) – für die Zeit nach den aktuellen Wirren die unmittelbar anbrechende eschatologische Drangsal (also eine nochmalige Steigerung der Not) an, zugleich aber auch die Wende: die Rettung des in der Krise standhaften, auch das Martyrium nicht scheuenden wahren Israel (Dan 12, 1) und die Auferstehung der Toten: »und viele von denen, die schlafen im Lande des Staubs (Scheol), werden erwachen, die einen zu ewigem Leben, die andern zu Schmach, zu ewigem Abscheu« (Dan 12, 2).

Dabei ist zunächst *nicht* an eine *allgemeine* Auferstehung gedacht: »viele von«[39] den Toten werden auferstehen. Unklar und umstritten ist, wer die »vielen« sind: Die gerechten und gottlosen Menschen (oder nur Juden?), soweit sie zu Lebzeiten noch nicht die gerechte Vergeltung erlangt haben?[40] Oder überhaupt nur die Gerechten, während die Gottlosen (Juden oder Menschen allgemein) ohne Auferstehung dem ewigen Abscheu anheimfallen?[41] Im ersteren Fall wäre Auferstehung als »neutrale« Voraussetzung des Endgerichts (Auferstehung zum Gericht), im zweiten eindeutig als Heilsereignis (Auferstehung zur Teilnahme am Endheil) begriffen. Beachtenswert ist außerdem, daß das Endheil, das »ewige Leben«, aller Wahrscheinlichkeit nach auf

---

tologischen Stunde das Martyrium auf sich nimmt« (Krise 383). Vielleicht ist das ewige Gottesreich hier ursprünglich aber doch weniger himmlisch-transzendent, sondern als ein Reich auf einer radikal erneuerten Erde gedacht; vgl. *Stemberger*, Problem 227f, und *ders.*, Auferstehung der Toten (im Judentum), in: TRE IV (1979) 444.

[39] Zu dem »rabbim min« vgl. *Stemberger*, Problem 274f, und *Moore*, Resurrection 30 Anm. 40.

[40] Diese Sicht könnte das etwas ältere Wächterbuch äthHen 22 (um 200 v. Chr.) nahelegen; sie wird u. a. vertreten von *R. H. Charles*, Daniel (Oxford 1929) 326; *U. Wilckens*, Auferstehung (Gütersloh 1974) 86ff; *Kaiser(–Lohse)*, Zukunft und Hoffnung 72ff. – Entsprechend, aber eingeschränkt auf die Juden: *Dexinger*, Daniel 69; *O. Plöger*, Das Buch Daniel (Gütersloh 1965) 171; *Stemberger*, Problem 274.

[41] Daß der hebräische Text auch so verstanden werden kann, hat *B. J. Alfrink*, L'idée de résurrection d'après Dan 12, 2–3, in: Bibl 49 (1959) 355–371 nachgewiesen. Seine Deutung hat im französischen Sprachraum Anhänger gefunden: vgl. *Stemberger*, Problem 274 Anm. 11. Die durchaus mögliche Übersetzung würde dann lauten: »viele von denen, die . . ., werden erwachen. Diese werden ewiges Leben erhalten, jene aber Schmach . . .«.

einer erneuerten Erde (nach Jes 65, 17ff; 66, 22ff) gedacht ist und daß die Perspektive vom Gedanken der Vergeltung bestimmt bleibt; nicht bloß Gottes rettende Macht, auch seine vergeltende (!) Gerechtigkeit soll sich offenbaren.

Die in einer Situation höchster Krise formulierten Hoffnungen des Danielapokalyptikers sind mit einer starken existentiellen Naherwartung verbunden. Diese Naherwartung erwies sich (wegen des Ausbleibens der eschatologischen Vollendung) alsbald als unrichtig. Die Situation entspannte sich mit dem Tod des Antiochus und der Wiederweihe des Tempels (164 v. Chr.). Das Chanukka-Fest (Tempelweihfest) nahm die eschatologischen Hoffnungen derart in sich auf, daß es die Naherwartung in eine kultische Präsenz Gottes überführte (vgl. 2 Makk 1f: Schekina-Gegenwart im Tempel). Doch damit waren die vom Danielbuch geweckten Hoffnungen nicht erfüllt, insbesondere die Verwirklichung der gerechten Gottesherrschaft vor aller Augen und die Auferstehung der Toten nicht. Der Kern der Verheißung von Dan 12, 1–4 war uneingelöst und sollte die Erwartung des Judentums fortan nachhaltig bestimmen.

Dieser Kern bestand in der Zusage: Gott wird den um ihrer Jahwetreue willen Getöteten seine Gerechtigkeit widerfahren lassen, sein Recht und seine Herrschaft werden die letzte und endgültige Wirklichkeit sein. Wenn die Auferstehung den Jahwetreuen Rechtfertigung und Wiederherstellung ihrer Lebensgemeinschaft mit Gott bringt, so ist der dominierende Gedanke nicht die Vergeltung, sondern die Demonstration der Herrlichkeit Gottes, der Erweis seiner Herrschaft über die Geschichte und seiner Verfügungsmacht über Leben *und* Tod.

4. Ergebnis: Die Auferstehungshoffnung als Explikat des Jahweglaubens

Im Rückblick kann nun gesagt werden: Nicht von ungefähr hatte Israel ein Jahrtausend lang in der irdischen Geschichte mit Jahwe zu leben und seine Erfahrungen zu machen – ohne jede Aussicht auf eine Erfüllung oder Belohnung jenseits des Todes. Israel war in eine letzte Unausweichlichkeit geschichtlichen Daseins gestellt. Es mußte erst den ausschließlichen Anspruch Jahwes als Gott und Herr auf diese Erde, auf das irdische Leben in allen seinen Dimensionen wahrnehmen; das widerspenstige

Volk mußte in leidvollen Erfahrungen erst lernen, was es heißt, in den Dienst dieses Gottes und seines universalen Anspruchs gerufen zu sein. Solange die Erkenntnis dieses geschichtlichen Zeugnisauftrags noch nicht tief genug im Volk verwurzelt war, war jeder Ausblick in ein Jenseits des Todes in Gefahr, zur Ausflucht vor der Aufgabe in der Geschichte zu werden. Das ist wohl der tiefste Grund dafür, daß Israel die Annahme eines Jenseits, in seiner Umwelt so geläufig, verwehrt blieb, daß ihm die Projektion menschlicher Wunschträume und Lebensansprüche über die Todesgrenze hinaus abgeschnitten war.

Andererseits hatte Israel – auf dem langen und umwegreichen Weg seiner Bundes- und Lerngeschichte mit Jahwe – zunehmend die alle Grenzen überschreitende Macht Jahwes, seine Gemeinschaftstreue und Lebensliebe und seinen unbedingten Willen zur universalen Durchsetzung seiner gerechten und heilvollen Herrschaft zu erkennen. Nicht von ungefähr sind es jahwetreue Einzelne und Gruppen, die in der Spätzeit Israels – konfrontiert mit der Erfahrung des Unrechts und der (eigenen und fremden) Schuld, der Verfolgung, des Leidens und der Vernichtung gerade unschuldiger Bundestreuer – alle naiven irdisch-völkischen, idyllischen Endzeitvorstellungen abwerfen und, überwältigt von einer neuen Gewißheit, zur Erkenntnis durchstoßen, daß Jahwes Macht und Gnade auch durch den Tod nicht erledigt ist, vielmehr die Toten rettet. Die Hoffnung auf Überwindung des Todes, auf Rettung der toten Gerechten oder – in aller Form – auf Auferstehung der Toten (stets = Auferweckung durch Gott) ergibt sich für Israel am Ende aus dem Jahweglauben selbst als dessen eigene innere Konsequenz bzw. Explikation. Sie ist eine Auswirkung des ersten Gebots, das heißt des Bekenntnisses zu dem einen Gott, aus dessen Herrschaftsbereich nichts ausgespart bleiben kann.

Die Auferstehungshoffnung ist *nicht* »durch Einfluß von außen in das Judentum eingedrungen«[42]. Sie bildet hier auch *nicht*

---

[42] Wie noch *W. Marxsen,* Die Auferstehung Jesu von Nazareth (Gütersloh 1968) 137, als Ausläufer einer lange verbreiteten, heute aber nicht mehr haltbaren Auffassung meint. – Das Ergebnis der neueren Forschungen in dieser Hinsicht läßt sich mit *F. König,* Zarathustras Jenseitsvorstellungen und das AT (Wien 1964) 285, so zusammenfassen: »Alles in allem bleiben die behaupteten Fremdeinflüsse des Iran auf Israel unbewiesene Hypothesen für den Bereich der Jenseitsvorstellungen, weil die notwendige chronologische Basis fehlt, weil keinem wesentlichen Element der israelitischen Jenseitsvorstellung der organische Zusammenhang fehlt und weil schließ-

das Produkt einer Projektion vom menschlichen Lebenswillen und Unsterblichkeitsbedürfnis her. Lange genug hatte Israel auszuharren, bis es vorbereitet war, diese verborgene, aber unabdingbare Implikation des Jahweglaubens selber zu entdecken und zögernd zu explizieren. Ob und wieweit es bei dieser Entfaltung speziell der formellen Auferstehungshoffnung sich auch fremder (altiranischer) Vorstellungen als Ausdrucksmittel bedient hat, ist umstritten. Mit Sicherheit aber ist die Auferstehungshoffnung, wie wir sehen konnten, kein Fremdkörper im Alten Testament, sondern hat eindeutig biblische Wurzeln: den Glauben (1) an die – auch durch den Tod nicht begrenzte – Schöpfermacht, Lebensfreundlichkeit (Ez 18, 23.32; Jona 4, 11; Weish 1, 13f; 11, 26) und Gerechtigkeitsliebe (Ps 11, 7; 45, 8) Jahwes, der seine Herrschaft universal zum Zuge bringen wird, und (2) an seine – auch durch den Tod nicht zerstörbare – verläßliche Treue und Heilszusage an die, die ihm trauen.

Der Jahweglaube hat also aus sich heraus eine Zukunftserwartung entwickelt, die auch die Hoffnung auf Totenauferstehung und ewiges Leben umfaßt. Diese Hoffnung ist nicht nebensächlich und verzichtbar, sondern – ist sie erst in geschichtlichem Durchbruch zu Bewußtsein und Artikulation gelangt – der *unaufgebbare* Ausdruck des Glaubens an die Göttlichkeit Gottes (Jahwes) selbst. Der Glaube an den *Gott,* der die Gerechtigkeit liebt und den ihm Vertrauenden die Treue hält, muß – wenn er ernst gemeint sein soll – zum Glauben an die Auferweckung der Toten und deren vollendetes Leben werden und selbst solcher Glaube sein. Derselbe Glaube aber kann – wenn er ernst gemeint sein soll – nicht die irdische Geschichte und das irdische Dasein überspringen, sondern muß die Herrschaft Gottes und ihre Gerechtigkeit schon in dieser Geschichte »suchen«.

III. Niederschlag der Auferstehungshoffnung in außertestamentlichen Texten des Judentums

Die Entwicklung zur Auferstehungshoffnung schlägt sich außerhalb des hebräischen Alten Testaments in vielgestaltiger Weise in Texten des vorchristlichen Judentums nieder. So in nichtbiblischen palästinischen Texten sowie in griechisch verfaßten Texten, die zum Teil in den griechischen Kanon des Alten Testaments (LXX) Aufnahme fanden.[43] Diese Texte sind (mit Ausnahme von frühen Teilen des äthHen) allesamt zeitlich später anzusetzen als Dan 12, 1–4.

1. Palästinisches Judentum

a) Auferstehungshoffnung in apokalyptischen Schriften

In außerbiblischen apokalyptischen Schriften wird da und dort – oft in nicht ganz deutlichen Aussagen – die Hoffnung auf endzeitliche leibliche Auferstehung voran der Patriarchen (Abraham, Isaak, Jakob), dann auch der Gerechten überhaupt (oder auch nur der Märtyrer) zum Ausdruck gebracht, und zwar im Sinne der Rückkehr auf eine erneuerte Erde. So schon in frühen Teilen von äthHen (20, 8; 22; 90, 33.38; 2. Jahrhundert v. Chr.), ferner in äthHen 102–104 (1. Jahrhundert v. Chr.; evtl. auf der Linie von Ps 49, 16), Test XII (Sim 6, 7; Jud 25, 1.4; Zab 10, 2; Benj 10, 6–8; 1. Jahrhundert v. Chr.) sowie vielleicht PsSal 3, 10–12 (ca. 50 v. Chr.).[44]

In Qumran ist die Aufmerksamkeit vor allem auf die Gemeinde als Ort des schon gegenwärtigen Heils gerichtet. Dennoch setzen auch hier die Grabanlagen (Nordausrichtung auf das im Norden vorgestellte Paradies) sowie die Verbreitung von Pseud-

---

lich ein Vergleich der einzelnen Elemente mehr Verschiedenheiten als Ähnlichkeiten aufweist.« Weitere ähnliche Beurteilungen bei *Stemberger,* Problem 278, und bei *Kaiser(–Lohse),* Zukunft und Hoffnung 76–80. Eine instruktive kurze Darstellung der Entwicklung des iranischen Auferstehungsglaubens gibt *H.-J. Klimkeit* (Hg.), Tod und Jenseits im Glauben der Völker (Wiesbaden 1978) 62–76.

[43] Zum Folgenden vgl. insbesondere *P. Hoffmann,* Die Toten in Christus 81–174; *G. Stemberger,* Der Leib der Auferstehung. Studien zur Anthropologie und Eschatologie des palästinischen Judentums im neutestamentlichen Zeitalter (ca. 170 v. Chr. – 100 n. Chr.) (Rom 1972); *G. W. E. Nickelsburg,* Resurrection, Immortality and Eternal Life in Intertestamental Judaism (Cambridge – London 1972); *U. Kellermann,* Auferstanden in den Himmel. 2 Makkabäer 7 und die Auferstehung der Märtyrer (Stuttgart 1979); *U. Fischer,* Eschatologie und Jenseitserwartung im hellenistischen Diasporajudentum (Berlin – New York 1978).

[44] Die endzeitliche Auferstehung der Patriarchen wird wie in TestBenj 10, 6; TestJud 25, 1f dann auch in der Verkündigung Jesu Mt 8, 11par angenommen. – TestBenj 10, 6–8 denkt vielleicht an eine allgemeine Auferstehung zum Gericht mit doppeltem Ausgang. – Nach *J. Becker,* Untersuchungen zur Entstehungsgeschichte der Testamente der zwölf Patriarchen (Leiden 1970) 325f. 373–376, enthielt die Grundschrift der Test XII (ca. 200–170 v. Chr.) keine Auferstehungsaussagen; diese seien erst in einem zweiten Entwicklungsstadium (1. Jahrhundert v. Chr.), zusammen mit anderem Material, hinzugekommen.

epigraphen, die die Auferstehung lehren, und manche Qumran-
texte selbst (etwa 1 QS 4, 7f. 12ff; 1 QH 11, 12ff; 6, 29f. 34) die
Erwartung einer leiblichen Auferstehung der Gerechten voraus.[45]

b) Auferstehungshoffnung in der pharisäischen Bewegung

Entschieden vertritt die pharisäische Bewegung schon in vorchristlicher Zeit das Bekenntnis zur endzeitlichen Auferstehung
Israels bzw. der Gerechten Israels auf die erneuerte Erde, freilich *ohne die apokalyptische Naherwartung.* Die pharisäische Bewegung hat dieses Bekenntnis – in Polemik gegen die Sadduzäer, die, religiös konservativ, ein Leben jenseits des Todes ab-
lehnten – schon vor der Zeitwende im täglichen liturgischen Gebet verankert und es so dem Volke tief eingeprägt. So preist vor
allem die zweite Benediktion des Achtzehn-Gebets Gott als den,
»der die Toten erweckt« bzw. »lebendig macht«.[46] [Nebenbei
bemerkt: Mit dem »Sieg« der pharisäischen Denkrichtung nach
70 n. Chr. wurde später der Auferstehungsglaube zum allgemein
verbindlichen Bekenntnis des Judentums, allerdings mit recht
variablen Vorstellungen im einzelnen.]

Die rabbinische Relektüre und Exegese findet die Auferstehung der Toten – aufgrund des nunmehr vertieften und erweiter-
ten Glaubensverständnisses mit Recht – auch in vielen Texten
des Alten Testaments bezeugt, die diese ursprünglich nicht ent-
hielten; so etwa in den Psalmen von der (ursprünglich innerweltlichen) Errettung und *Erhöhung* des leidenden Gerechten.[47]

c) Die Vorstellung der Entrückung/Aufnahme vor dem Tod in den Himmel

Neben der Auferstehungsvorstellung spielt auch die Vorstellung
der Entrückung oder Aufnahme einzelner Bevorzugter *vor* dem
Tod in den Himmel weiterhin eine Rolle. Das Frühjudentum erweitert den Kreis der auserwählten und vor dem Tod in den
Himmel (oder wie man nun, um den Abstand zu Gott zu wah-

---

[45] Vgl. *Nickelsburg,* Resurrection 144–169.
[46] Ähnlich auch das Morgengebet (tBer 7, 5f und bBer 60b); vgl. *G. Stemberger,* Auferstehung der Toten, in: TRE IV 447.
[47] Belege hierzu bei *G. F. Moore,* Judaism in the First Centuries of the Christian Era II
(Cambridge/Mass. 1927) 381ff.

ren, häufiger denkt: ins himmlische Paradies) entrückten Gerechten. Und zwar wird dieser Kreis über Elija und Henoch hinaus – wegen Dtn 34, 6b und trotz Dtn 34, 5-8 – auf Mose (JosAnt IV 326; Sifre Deut § 357 zu 34, 5; bSota 13b[47a]; vgl. Mk 9, 5; Apk 11, 11f), Hiobs Kinder (TestIjob 39, 12f; 1. Jahrhundert n. Chr.), Pinchas (LibAnt 48, 1f), Baruch (syrBar 46, 7; 48, 30; 76, 2ff), Esra (4 Esra 14, 9.49) und andere ausgedehnt. [Übrigens werden nach frühchristlicher Vorstellung alle bei der Parusie Jesu *noch Lebenden* entrückt werden: 1 Thess 4, 17; vgl. Mt 24, 40f; Lk 17, 35.]

Auf christlichen Einfluß geht die Aussage über die Wiederkehr, das Martyrium und die *Auferstehung* zweier *eschatologischer Propheten* zurück (ApkElija 35, 7-21: Elija und Henoch; ApkJoh 11, 7-13).[48]

Nach äthHen 70f[49] wird der legendäre (und inzwischen zum Typos des Gerechten gewordene) Henoch der mythischen Vorzeit *vor* dem Tod in den Himmel zu Gott, dem Menschensohn, den Patriarchen und Gerechten aufgenommen und schließlich selber zum *Menschensohn* erklärt. Freilich, eine jüdische Lehre von der Einsetzung eines auferweckten und erhöhten *Toten* (gar eines getöteten Zeitgenossen) zum Menschensohn gab es nicht.[50]

d) Anhang: Entwickelte Auferstehungslehre in nachchristlichen apokalyptischen Texten[51]

In den vielleicht doch erst nachchristlichen Bilderreden äthHen 37-71 (nach 70 n. Chr.?) sowie in 4 Esra, syrBar und im pseudo-

---

[47a] Vgl. *P. Billerbeck*, Kommentar zum NT aus Talmud und Midrasch I (München 1926) 754f.

[48] So *R. Bauckham*, The Martyrdom of Enoch and Elijah: Jewish or Christian? in: JBL 95 (1976) 447-458; gegen *K. Berger*, Die Auferstehung des Propheten und die Erhöhung des Menschensohnes (Göttingen 1976) 22ff. 74ff.

[49] Die Datierung der Bilderreden äthHen 37-69 und zumal der redaktionellen Anhänge zu ihnen äthHen 70f ist sehr kontrovers. Manche nehmen vorchristlichen Ursprung an, andere denken – wegen ihres Fehlens in den bei Qumran gefundenen Henochtexten und ihrer Nähe zu 4 Esra, syrBar und LibAnt – an eine Abfassung erst nach 70 n. Chr.; so auch *G. Stemberger*, Auferstehung der Toten, in: TRE IV 446. – ÄthHen 56, 7 kann sich auf den Parther-Einfall in Palästina (40/39 v. Chr.), u. U. aber auch auf den Parther-Krieg Trajans (114-117 n. Chr.) beziehen. Daß in Qumran keine Fragmente der Bilderreden gefunden wurden, macht zumindest ihre Verbreitung in Jesu Tagen fraglich, vgl. *L. Goppelt*, Theologie des NT I (Göttingen ³1978) 231 Anm. 14.

[50] So das Urteil von *M. Hengel*, Der stellvertretende Sühnetod Jesu, in: IkaZ 9 (1980) 1-25.135-147, hier 15.

[51] Vgl. hierzu vor allem *Stemberger*, Leib der Auferstehung 45-49.73-114.

philonischen Liber Antiquitatum Biblicarum (alle ca. 90 n. Chr.
aus demselben Kreis) findet sich eine entwickeltere Auferstehungslehre. Am Ende werden Erde und Scheol die Toten wieder
herausgeben (äthHen 51, 1f); die Gerechten werden in voller
Leiblichkeit auf der paradiesesgleich *erneuerten Erde* in Freude
leben (äthHen 52, 2–5; 45, 2ff), die Sünder werden nicht am Leben der Auferstehung teilnehmen (äthHen 38, 4ff; 46, 6; 48, 9f;
69, 27f). Die Auferstehungsformel von äthHen 51, 1 kehrt leicht
abgewandelt in 4 Esra 7, 32; syrBar 21, 23f; 42, 7; 50, 2; LibAnt
3, 10 (auch ApkJoh 20, 13) wieder. In diesen Schriften ist jedoch
– im Bezugsrahmen der nun entwickelten Zwei-Äonen-Lehre
(erstmals in äthHen 48, 7; 71, 14 die Termini »diese Welt« –
»die zukünftige Welt«) – deutlicher von einer *allgemeinen* Auferstehung zum Gericht mit doppeltem Ausgang die Rede (etwa
4 Esra 7, 29–38: Gehenna der Pein – Paradies der Seligkeit);[52]
auch ist die einheitliche Anthropologie des Alten Testamentes
problematisch geworden, gewisse dichotomische Elemente sind
ihr unausgeglichen beigefügt (4 Esra 7, 88f: Abwertung von Leib
und Erde). Nach syrBar (50, 2–51, 6; vgl. 30, 1–5) müssen die
Toten – zum Beweis der Auferstehung (Motiv des Wiedererkennens) – in ihrer früheren unveränderten Leiblichkeit wiederer-
stehen; dann jedoch werden die Gerechten umgewandelt in un-
beschreibliche Herrlichkeit, um im *himmlischen* Paradies un-
sterblich leben zu können, die Sünder aber werden dahinschwin-
den. Die eigentliche Absicht Gottes ist aber »nach wie vor die
Gewährung von Leben, die Stiftung einer Welt, die heilbringen-
de Verhältnisse ermöglicht«[53].

2. Hellenistisches Diasporajudentum

a) Auferstehung in den Himmel sofort nach dem Tod
In dem griechisch verfaßten, deuterokanonischen *2. Makkabäerbuch,* das zwischen 100 und 50 v. Chr. (in Alexandria?) seine
Endgestalt erhielt, finden sich ältere – weitgehend von palästi-
nisch-jüdischem Gedankengut geprägte – Teile, darunter die

---

[52] Unklar war TestBenj 10, 6–8 (auch äthHen 51, 1f) geblieben. – Auch das frühe Christentum spricht bezeichnenderweise zunächst nicht von einer *allgemeinen* Auferstehung: vgl. *J. Becker,* Auferstehung der Toten im Urchristentum (Stuttgart 1976).
[53] So *E. Brandenburger,* Die Verborgenheit Gottes im Weltgeschehen. Das literarische
und theologische Problem des 4. Esrabuches (Zürich 1981) 191 (für 4 Esra).

Überlieferung von 2 Makk 7; sie geht möglicherweise auf Juden-verfolgungen in Antiochien zurück.[54] Hier (vgl. auch 12, 44f; 14, 46; 15, 12–16) begegnet der Gedanke der leiblichen Auferste-hung bereits in fortgeschrittener und deutlich *nichtapokalypti-scher* Gestalt. Es geht nicht mehr um eine zukünftige endge-schichtliche Wende (im Sinne von Dan 12), auch nicht mehr um die Erneuerung der Erde (im Sinne von Jes 65, 17; 66, 22; vgl. äthHen 91, 16; 72, 1; Jub 1, 29), sondern *nur* um die Rehabilitie-rung der um ihrer Toratreue willen getöteten *Märtyrer* (denen in der Geschichte keine Rechtfertigung zuteil wurde) durch ihre Auferweckung.[55] Die makkabäischen Brüder sprechen einer nach dem andern diese Hoffnung aus: »Der König der Welt wird uns, die wir für seine Gesetze sterben, zu einem neuen, ewi-gen Leben auferwecken« (7, 9 u. ä.).

In sorgfältiger theologischer Begründung wird aus der unfaß-baren *Allmacht des Schöpfers,* der Welt und Menschen »nicht aus (schon vorher) vorhandenen Dingen gemacht hat« (7, 28), die Möglichkeit der neuschöpferischen Wiedererweckung abge-leitet (7, 22.28f mit Bezug auf Gen 1, 2; 2, 4.7[56]; vgl. Ez 37, 5–10). Die Gewißheit der Wiedererweckung für die Märtyrer hängt an der *Bundesverheißung,* nach der Toragehorsam *Leben* gewährt (7, 6 mit Bezug auf Dtn 32, 36). Verbundenheit und Treue des Schöpfergottes mit seinen unermeßlichen Möglichkeiten über-dauern den Tod seiner Bundestreuen.

Dabei ringt der Autor mit der – dem alttestamentlichen Den-ken noch uninteressanten – Frage der Schöpfungs- und *Auferste-hungsmaterie:* die leibliche Verstümmelung, ja Vernichtung der Märtyrer bringt Gott nicht an die Grenzen seiner Möglichkeiten zur Wiederbelebung (z. B. 7, 10ff). Auferstehung ist – gut alttes-tamentlich – nur als leibliche vorstellbar, als Wiedererlangung von Atem und Leben (7, 23) sowie »dieses« (materiell oder nur numerisch identischen?) Leibes (7, 7.10f. 29; 14, 46). Das Wie bleibt uninteressant und offen.

Wo sich der Text den Ort des Auferstehungslebens der Mär-tyrer denkt, ist umstritten: wieder auf der erneuerten Erde oder

[54] Vgl. *J. G. Bunge,* Untersuchungen zum zweiten Makkabäerbuch (Diss. Bonn 1971) 304f, und *U. Kellermann,* Auferstanden in den Himmel 13–19; auch *Nickelsburg,* Resurrection 93–109, sowie *Stemberger,* Leib der Auferstehung 5–25.

[55] Der Text hat freilich eine katechetische Ausrichtung und will daher von allgemeine-rer Relevanz sein: *Stemberger,* Leib der Auferstehung 25.

[56] Ähnlich verfährt Weish 2, 23f; 1, 13.

sofort nach dem Tode (?) im Himmel.[57] Möglicherweise ist in 2 Makk 7 – bedingt durch das Fiasko der apokalyptischen *Nah*erwartung von Dan 12 – »die apokalyptische Erwartung einer *irdischen* Auferstehung der in den Endzeitwirren Umgekommenen ... zur postmortalen *himmlischen* Auferstehung der Märtyrer transformiert«[58]. [Entsprechend kann dann im hellenistischen Judentum *nach Christus* auch angenommen werden, daß die Patriarchen schon (vor der Endzeit und vor der allgemeinen Auferstehung) im Himmel sind und die Märtyrer nach ihrem Tod zu ihnen aufgenommen werden: so *4 Makk* 5, 37; 7, 19; 13, 17; 16, 25; 18, 23 (um 50 n. Chr.); ähnlich dann auch Lk 16, 22ff und 23, 43.]

b) Unsterblichkeit (der Seele) der Gerechten[59]

Der in Ps 49, 16 und 73, 24.26 nur angedeutete Durchbruch einer Gewißheit, daß die Jahwegemeinschaft im Tode nicht zerbricht, wird breiter und lehrmäßig entfaltet in der *Weisheit Salomos,* einem in der Mitte des 1. vorchristlichen Jahrhunderts wohl in Alexandria geschriebenen Buch des griechischen Alten Testaments (LXX). Wie in den genannten Psalmen 49 und 73, so liegt auch hier der (wohl real erfahrene, leidvolle) Gegensatz zwischen Frevlern und Gerechten zugrunde.

Die Frevler ziehen aus der altisraelitischen Auffassung von der unüberwindbaren Verlorenheit der Toten in der Scheol (Weish 2, 1f. 5) den Schluß zu schranken- und rücksichtsloser Genußsucht (2, 6.10f) und zur Tötung des ihnen mit seinem so anderen Lebensstil unbequemen Gerechten (2, 12–20). In der Tat, *sie* bleiben ohne Hoffnung: ihr Tod wird zum Tod im vollen Sinne, nämlich zum ewigen Tod in der Scheol, welche damit – in einem inhaltlichen, vom Vergeltungsgedanken bestimmten Bedeutungswandel – für sie zum Strafort geworden ist (4, 19; 5, 9ff; 16, 16f);[60] oder aber sie kommen »zitternd zum Gericht

---

[57] Die erste Auffassung u. a. bei *Stemberger,* Leib der Auferstehung 24f, die zweite bei *Kellermann,* Auferstanden in den Himmel 63ff. 81ff (unmittelbare postmortale himmlische Erhöhung der Märtyrer).

[58] *Kellermann,* Auferstanden in den Himmel 81 (Hervorhebungen von mir).

[59] Zum Folgenden vgl. außer den in Anm. 1, 23 und 43 genannten Arbeiten auch *E. B. Keller,* Hebrew Thoughts on Immortality and Resurrection, in: IJPhRel 5 (1974) 16–44, hier 35–38.

[60] Vgl. ähnlich auch in den – vielleicht etwas früheren – Mahnreden äthHen 103, 5–8;

über ihre Sünden« (4, 20; vgl. 5, 17ff; 6, 5f); jedenfalls – das ist der Sinn der Aussagen – setzt Gottes Gerechtigkeit sich durch.

Die von ihnen verfolgten Gerechten hingegen gelangen sofort mit dem Tod »in Gottes Hand« (3, 1), »sind in Frieden« (3, 3; vgl. 4, 7) und können »Hoffnung auf Unsterblichkeit« (3, 4) haben; denn nach dem Endgericht werden sie »in Ewigkeit leben« (5, 15; vgl. 3, 7f; 5, 5.16ff; 6, 21). Anders als Koh 3, 18–22 ist der Tod hier nicht der Gleichmacher, sondern der große Scheider (ähnlich auch äthHen 102, 6ff). Nur für die Gerechten (= Bundestreuen) gilt der Dreischritt: Leben in Bewährung (bis zum Tod) – Zwischenzustand in von Gott behüteter Ruhe (bis zum Endgericht) – neues ewiges Leben bzw. Unsterblichkeit.

Der Verfasser wendet sich einladend und werbend auch an seine heidnische Umwelt. Mit Rücksicht auf seinen hellenistischen Leserkreis verbindet er deshalb das alttestamentliche Motiv der den Tod überdauernden Jahwegemeinschaft (Ps 49 und 73) teilweise mit der hellenistischen Rede von der *»Seele«* (Weish 2, 22; 3, 1; 4, 11.14 und besonders 9, 15 im Anschluß an Platons Phaidon; anders dagegen 3, 9f; 4,7; 5,1.15f) und von der *»Unsterblichkeit«* (3, 4; vgl. 1, 15; 2, 23 – Weish spricht nie von »Auferstehung«). Noch handelt es sich dabei um ein bloßes Ausdrucksmittel, nicht um Übernahme der dahinterstehenden griechischen Anthropologie. Auch wenn von der Seele die Rede ist, handelt es sich – gut alttestamentlich (nephesch = Leben, Person) – um den *ganzen* Menschen.[61] Die Sache ist ganz alttestamentlich (-weisheitlich) gedacht: Das Leben gehört Gott, die Unsterblichkeit kann daher nur sein Geschenk sein und nicht der Seele von Natur aus zukommen.[62]

Auch die Begründung des Verfassers für seine Hoffnung auf Unzerstörbarkeit der Gottgemeinschaft der Gerechten ist genuin israelitisch. Sie ist nämlich (1) *schöpfungstheologisch:* Gott hat den Menschen zu seinem Bild und damit eigentlich zur Unver-

---

98, 3.10; 102, 8. Zur Sache vgl. *Hoffmann,* Die Toten in Christus 110f. 127, sowie *Stemberger,* Leib der Auferstehung 51.

[61] Vgl. *N. Füglister,* Die biblische Anthropologie und die postmortale Existenz des Individuums, in: Kairos 22 (1980) 129–145, hier 144.

[62] Vgl. etwa Weish 3, 1: die Seelen der Gerechten werden von Gott beschützt. Deshalb können sie nicht sterben; nur für sie gibt es keinen – von Gott trennenden, vernichtenden – Tod im altisraelitischen Sinne mehr. Das Geschick der Gottlosen hingegen ist totaler Untergang mit Leib *und* Seele (2, 1–5).

gänglichkeit erschaffen (1, 13f; 2, 23; vgl. Gen 1, 26f). Und sie ist (2) *bundestheologisch:* Gottes Gnade wird denen zuteil, die Gerechtigkeit lieben und sich von der Weisheit = Tora = heiliger Geist leiten lassen (1, 1.5.15; 3, 9; 4, 15); den (ewigen) Tod hat nicht Gott gemacht (1, 13), ihn ziehen sich alle zu, die sich dem Bösen verschreiben (2, 24; 1, 16).

Die Autorität dieser gegenüber dem alttestamentlichen Scheolglauben neuen Auffassung wird übrigens in Ps 49, 5 und Weish 2, 22 (ebenso äthHen 103, 1f) mit dem Hinweis auf ihre himmlische Herkunft gestützt: sie stellt ein »Geheimnis Gottes« dar, das nun geoffenbart ist.

c) Anhang: Zum nachchristlichen hellenistischen Judentum

Das nachchristliche hellenistische Judentum der westlichen Diaspora, in seinem gesamten Lebensvollzug und Schrifttum[63] um eine Vermittlung zwischen alttestamentlich-jüdischer Tradition und hellenistischer Bildung bemüht, hat auf sehr vielfältige Weise palästinisch-jüdische mit griechisch-hellenistischen Traditionselementen verarbeitet. Dabei ist mehreres auffällig: (1) das fast gänzliche Fehlen kosmisch-apokalyptischer Zukunftsschau und das Dominieren eines individualistisch geprägten Jenseitsglaubens; (2) die Zurückdrängung national-politisch messianischer Heilserwartungen (mit ihrem unbedingten, letztlich intoleranten Anspruch) zugunsten einer spiritualisierten nationalen Heilserwartung im Sinne der Hoffnung auf eine sich allmählich universal durchsetzende Überlegenheit der jüdischen Religion (so besonders Philo von Alexandrien); (3) das völlige Fehlen eschatologischer Naherwartung.

Die weit verbreitete individuell-postmortale Jenseitserwartung (gelegentlich fehlt sie allerdings oder wird sogar verneint) geht von einer jenseitigen Vergeltung Gottes aus und nimmt eine *individuelle Belohnung* der Gerechten nach dem Tode an. Die Jenseitsvorstellungen selber sind vielfältig: postmortaler Aufstieg (zu den Gestirnen, in den großen Äon bzw. den himmlischen Ruheort) findet sich ebenso wie jenseitige Gemeinschaft mit den Frommen oder Vätern; postmortales himmlisches Da-

---

[63] So etwa Philo von Alexandrien, Joseph und Asenath, 4 Makk, slavHen, griechBar, Josephus, Sibyllinische Orakel. – Zum Ganzen *U. Fischer,* Eschatologie (s. Anm. 43).

sein in Engelsgestalt genauso wie ewiges Leben bei Gott; realistischer Auferstehungsglaube ebenso wie platonisch beeinflußte Unsterblichkeit der Seele. Auferstehung der Toten und Unsterblichkeit der Seele sind nicht in jedem Fall unvereinbare Alternative,[64] sie können sich auch verbinden und modifizieren. – Zwar ist der platonische Dualismus von oberer und unterer Welt weithin bestimmend, doch muß er nicht den apokalyptischen Dualismus von diesem und kommenden Äon und damit die Hoffnung auf einen ewigen Heils-Äon am Ende der Zeiten ausschließen.

3. Zusammenfassung

Zur Zeit Jesu dürfte die *Mehrzahl* der Juden an ein durch Jahwe gewirktes Leben (jedenfalls der Jahwetreuen) jenseits der Todesgrenze geglaubt haben. Die Hoffnung ist da, die Vorstellungen, in denen sie sich artikuliert, sind uneinheitlich; die Vorstellungsvielfalt (Auferstehung, Entrückung, Aufnahme, Erhöhung) wurde indes *nicht* als *Sachdifferenz* empfunden (vgl. auch Mk 12, 18–27). Die Vorstellungen sind aber auch unabgeschlossen; auch das frühe Christentum sollte an ihnen weiterformen.

In *Palästina* war – vor allem aufgrund der Wirkung von Dan 12, 2f und des Achtzehn-Gebetes – die Vorstellung der endzeitlichen *leiblichen Auferstehung* der Gerechten Israels (wohl auf die erneuerte Erde) am weitesten verbreitet und vorherrschend. Sie mußte nicht unbedingt den im Grab liegenden Leichnam einbeziehen; teilweise konnte ein Nebeneinander von in der Erde begrabenem Leichnam und auferwecktem, erhöhtem leiblichem Leben angenommen werden (vgl. Jub 23; äthHen 102–104). Nicht der materiell identische Körper war das Entscheidende,

---

[64] In JA und 4 Makk beispielsweise wird die Unsterblichkeit gar nicht als solche der *Seele* expliziert. Ferner wird oftmals gar nicht weiter darüber reflektiert, wer oder was überhaupt Träger jener postmortalen Unsterblichkeit sein soll. – *Philo* hingegen vertritt klar einen platonischen Dualismus: Die Seele ist der aus Gott stammende Teil des Menschen, der Leib ist der tierische Teil und Quelle alles Bösen; er ist der Kerker, in dem die Seele gefangen ist (De ebr 101; Leg alleg III 42), der Leichnam, den sie mit sich herumschleppt (Leg alleg I 69), ihr Sarg oder Grab (Migr Abr 16; Leg alleg I 108), das sie an der freien Entfaltung ihrer Kräfte hindert. Die Philosophen streben deswegen danach, dem körperlichen Leben abzusterben (Gig 14; vgl. Vita Mos II 288). Die Erlösung besteht in der Befreiung der Seele aus dem Kerker des Leibes (Leg alleg I 107); für eine Auferstehung (des Leibes) bleibt in Philos Auffassung kein Platz.

sondern die Leiblichkeit. Diese freilich war unverzichtbar; die auferweckten Toten wurden – selbst wenn von ihnen bisweilen als »Seelen« oder »Geister« gesprochen wurde – prinzipiell leiblich gedacht.[65]

---

[65] Zu diesen Aspekten vgl. *Stemberger*, Leib der Auferstehung 115f und 5 mit Anm. 2; sowie *Nickelsburg*, Resurrection 32f. 174.178.

Zweites Kapitel
Der vorösterliche Jesus und das urchristliche Osterzeugnis

Der urchristliche Osterglaube kann nur aus dem Zusammenhang mit der Programmatik des Lebens und Sterbens Jesu von Nazareth richtig verstanden werden. Isoliert man die Osterbotschaft aus diesem Zusammenhang, so verliert die Auferstehung Jesu ihre klare Bestimmtheit und wird zu einem Phänomen, das allerlei Mißdeutungen (Mirakel, Mythos usw.) offensteht. Derart mißverstanden, wird sie dann einerseits (gerade für an der Botschaft Jesu orientierte Menschen) schwer annehmbar; andererseits wird sie (zumal für die Mächtigen dieser Welt) ideologisch mißbrauchbar und bezüglich ihrer kritischen Kraft neutralisiert. Die Auferstehung Jesu darf nicht aus dem Zusammenhang mit seinem Leben und Sterben herausgelöst, sie muß vielmehr ausdrücklich von ihm her begriffen werden.

I. Der vorösterliche Jesus von Nazareth

Jesus stammt aus dem Judentum. Der israelitisch-jüdische Glaube ist auch sein Glaube; dies gilt unbeschadet der Tatsache, daß er diesem Glauben aus seiner Erfahrung Gottes heraus eine ganz neue Wendung und Tiefe gibt. Jesus teilt deshalb auch die aus Israels Glauben an Gott konsequenterweise herausgewachsene oder vielmehr explizierte Hoffnung auf eine Auferweckung der Toten. Aber schon hier ist es wichtig zu sehen, in welchem Zusammenhang diese Hoffnung bei Jesus steht und welchen Stellenwert sie für ihn hat. Jesus spricht nämlich selten und mit auffälliger Zurückhaltung von ihr. Das ist nicht Folge einer Verlegenheit, sondern eines anderen Interessenschwerpunktes. Sein Blick ist auf die Gegenwart gerichtet, in der Gottes unbeschränkte Güte zur Herrschaft kommen will.

1. Die Gottesherrschaft als Zentralthema
des Wirkens Jesu[1]

Im Zentrum der Botschaft und des gesamten Wirkens Jesu von Nazareth steht die nahegekommene »Herrschaft Gottes« (das »Reich Gottes«). Die Übersetzung ist mißverständlich. Das entsprechende hebräische malkut Jhwh (bzw. aramäische malkuta djhwh) ist eine Abstraktbildung aus der alttestamentlichen Formulierung »Jahwe ist König/Herr (geworden)«. Es ist also weder ein räumlicher (Reich) noch ein zuständlicher Begriff, sondern ein dynamischer und Aktionsbegriff, der eine Aktivität und Aktion Gottes selbst meint (das König-/Herrwerden oder -sein Gottes).[2] Um die formale und materiale Bedeutung des Begriffs der Gottesherrschaft bei Jesus einigermaßen ermessen zu können, ist ein kurzer Blick auf die Verwendung des Begriffs im Judentum der Zeit lehrreich.

Von der nachexilischen eschatologischen Erwartung, daß Jahwe sich dereinst offen als König und Herr erweisen werde, war früher schon die Rede; sie hält sich im Frühjudentum vor der Zeit und zur Zeit Jesu durch. Diese Hoffnung hat, was aus der konkreten Geschichte des jüdischen Volkes unter seleukidischer und dann römischer Herrschaft verständlich ist, stark nationale Züge: Israel muß von der Fremdherrschaft befreit wer-

---

[1] Für das Folgende vgl. *R. Schnackenburg,* Gottes Herrschaft und Reich (Freiburg 1959, ⁴1965); *H. Flender,* Die Botschaft Jesu von der Herrschaft Gottes (München 1968); *G. Klein,* »Reich Gottes« als biblischer Zentralbegriff, in: EvTh 30 (1970) 642–670; *J. Jeremias,* Neutestamentliche Theologie I (Gütersloh 1971, ³1979) 81–123; *J. Becker,* Johannes der Täufer und Jesus von Nazareth (Neukirchen 1972); *A. Vögtle,* »Theo-logie« und »Eschato-logie« in der Verkündigung Jesu? in: J. Gnilka (Hg.), NT und Kirche. Festschrift R. Schnackenburg (Freiburg 1974) 371–398; *L. Goppelt,* Theologie des NT I (Göttingen 1975, ³1978); *P. Hoffmann(–V. Eid),* Jesus von Nazareth und eine christliche Moral (Freiburg 1975); *P. Fiedler,* Jesus und die Sünder (Bern – Frankfurt 1976); *A. Vögtle,* Der verkündende und verkündigte Jesus »Christus«, in: J. Sauer (Hg.), Wer ist Jesus Christus? (Freiburg 1977) 27–91, besonders 34–46; *H. Merklein,* Die Gottesherrschaft als Handlungsprinzip (Würzburg 1978); *(W. H. Schmidt–)J. Becker,* Zukunft und Hoffnung (Stuttgart 1981) 95–115; *H. Schürmann,* Jesu ureigenes Basileia-Verständnis, in: H. Waldenfels (Hg.), Theologie – Grund und Grenzen. Festschrift H. Dolch (Paderborn 1982) 191–237 (jetzt auch in: Ders., Gottes Reich – Jesu Geschick, Freiburg 1983, 21–64); *H. Stegemann,* Der lehrende Jesus, in: NZSTh 24 (1982) 3–20.

[2] *Jeremias,* Theologie 101: »Er bezeichnet die königliche Herrschaft Gottes in actu, zunächst im Gegensatz zu irdischer Königsherrschaft, dann aber zu aller Herrschaft im Himmel und auf der Erde. Ihr Hauptkennzeichen ist, daß Gott das ständig ersehnte, auf Erden nie erfüllte Königsideal der Gerechtigkeit verwirklicht.«

den, das Königsein Gottes wird in engem Zusammenhang mit dem Wohl und der Herrschaft seines Volkes auf Erden gesehen (PsSal 5, 21f; 17; Weish 3, 8; Sib 4, 46ff; TgSach 14, 9; TgOb 21; Musaph-Gebet, Midraschim);[3] (Heil für) Israel und (Gericht über die) Heiden werden einander gegenübergestellt (z. B. PsSal 14; 17, 23–31; 1 QM 6, 6; AssMos 10, 1ff).

Zwar lehnte die politisch einflußreichste Gruppe, die Sadduzäer (konservativer Grundbesitz- und Priesteradel), die sich zur Aufrechterhaltung der eigenen ökonomischen und religiös-politischen Privilegien mit den Römern arrangierte, solche eschatologischen Hoffnungen ab und dachte lieber (vorexilisch-altjüdisch) an das immer schon bestehende und immerwährende Herrsein Gottes in der Welt. Um so lebendiger aber waren die Erwartungen eines eschatologischen Erweises Jahwes als Herr zugunsten Israels und der Unterdrückten bei den zur Zeit Jesu nicht herrschenden Gruppen (Pharisäer, Zeloten, Essener). Die Pharisäer, eine von Gewerbetreibenden und Bauern geprägte Laienbewegung, genossenschaftlich organisiert und von der ernsten Idee der Heiligung des Alltags (durch freiwillige Übernahme und kasuistische Umsetzung der levitischen Reinheit) motiviert, bringen Gottesherrschaft und Torabefolgung in engen Zusammenhang; sie »nehmen das Joch der (dauernden) Gottesherrschaft auf sich« (das heißt die Tora in ihrer schriftlichen Gestalt und mündlichen Auslegung), um so die Tage des Messias herbeibringen zu helfen.[4] Wenn in dem von ihnen inspirierten Kaddisch, dem Gebetsabschluß des Synagogengottesdienstes, um die Heiligung des (Gottes-)Namens und die Aufrichtung seiner (eschatologischen) Königsherrschaft »zu Lebzeiten des ganzen Hauses Israel in Eile und Bälde« gebetet wird, so ist dabei verständlicherweise an die Befreiung von der ausbeutenden Fremdherrschaft Roms und an die In-Kraft-Setzung der Tora im ganzen Lande gedacht.[5] Die aus dem radikalen Flügel der Phari-

---

[3] Vgl. die Beleghinweise bei *Merklein*, Gottesherrschaft 111.

[4] In dieser rabbinischen Redeweise »das Joch der Gottesherrschaft auf sich nehmen« ist die Gottesherrschaft nicht-eschatologisch verstanden als die immer schon bestehende (verborgene) Herrschaft des Schöpfers; vgl. dazu oben Kap. 1, II. 1.

[5] Das Kaddisch (Gebet der »Heiligung« des göttlichen Namens) hat eine lange Entwicklung durchlaufen. Seine beiden ersten Eulogien lauten: »Erhoben und geheiligt werde sein großer Name in der Welt ... Er lasse erstehen seine Königsherrschaft zu Lebzeiten des ganzen Hauses Israel in Eile und Bälde.« Sie haben ein hohes Alter und stammen vielleicht noch aus der Zeit vor der Tempelzerstörung (70 n. Chr.). Je-

säer hervorgegangene nationalpartikularistische und sozialrevolutionäre Untergrundbewegung der Zeloten (= Eiferer) versteht das erste Gebot (unbedingte Alleinherrschaft Gottes) als Auftrag, mit Waffengewalt gegen die widergöttliche Besatzungsmacht vorzugehen und eine neue theokratische Ordnung herbeizudrängen; der *Begriff* der Gottesherrschaft ist in den Quellen über die Zeloten zwar nicht belegt, die Sache aber ist vorhanden.[6]

Es ist überhaupt auffällig, daß der *förmliche* Begriff »Gottesherrschaft« (malkut schamajim, malkuta djhwh) im jüdischen Sprachgebrauch der Zeit Jesu verhältnismäßig selten ist und keineswegs einen Leit- und Schlüsselbegriff darstellt.[7] In der apokalyptischen Zukunftserwartung begegnet er nach Dan 2, 44 und 7, 13ff eschatologisch gebraucht nur noch an ganzen zwei Stellen (Sib 3, 46f. 767f und AssMos 10, 1ff). Und in der Verkündigung Johannes des Täufers, der ausschließlich das nahe Zorngericht ansagt (Mt 3, 10.12par), hat der Begriff und die Sache überhaupt keinen Platz.

Ganz anders bei Jesus. Er rückt den seinem Volk wohl bekannten und verständlichen, aber eher vernachlässigten, von apokalyptischen und nationalen Erwartungen ziemlich unbelasteten Begriff der (eschatologischen) Gottesherrschaft konkurrenzlos in die Mitte und an die erste Stelle. Der spärlichen Verwendung des Begriffs in der gesamten frühjüdischen Literatur steht eine über 80malige Bezeugung in den synoptischen Evangelien gegenüber; in allen Schichten der synoptischen Jesustradition begegnet der Terminus durchgängig und häufig, um dann

denfalls finden wir Vorformen in 1 Chr 29, 10 (um 300 v. Chr.) und Dan 2, 20 (um 165 v. Chr.), und wir finden den Kern der beiden Eulogien auch in der Zeit nach 70 n. Chr. (bTalmud Taanit 17; Jochanan ben Zakkai: »Eine Segnung, in der die Königsherrschaft Gottes nicht erwähnt wird, ist kein Segensspruch!« bTalmud Berachot 40b). Vgl. *B. Graubard,* Das »Kaddisch«-Gebet, in: M. Brocke u. a. (Hg.), Das Vaterunser. Gemeinsames im Beten von Juden und Christen (Freiburg 1974) 102–119; dt. Übersetzung des Textes dort S. 43f und *Jeremias,* Theologie 192.

[6] Vgl. die Hinweise bei *Merklein,* Gottesherrschaft 112 Anm. 31.

[7] Zum spärlichen Vorkommen des Begriffs in Apokalyptik/Qumran und Pharisäismus vgl. *Jeremias,* Theologie 41f, und *Goppelt,* Theologie 98–101. – Bezeichnend ist etwa, daß im täglichen Achtzehngebet, wo das Lob Gottes, »der die Toten erweckt«, gleich an zweiter Stelle steht (siehe oben Kap. 1, III. 1b), die Bitte »bringe wieder unsre Richter wie einst (vgl. Jes 1, 26) und ... herrsche (sei König) über uns, du allein, ... du Liebhaber des Rechts« erst als elfte nach und neben vielen anderen Bitten folgt. Dt. Text bei *Brocke,* Vaterunser 37–43.

in der übrigen neutestamentlichen Literatur wieder nahezu ganz zurückzutreten. Die Gottesherrschaft – und zwar durchweg im eschatologischen Sinn[8] – bildet das Zentrum und das im Grunde einzige Thema des Auftretens Jesu.[9] Jesus selber »sucht zuerst die Herrschaft (das Reich) Gottes« (vgl. Lk 12, 31/Mt 6, 33), alles andere wird dem unter- und nachgeordnet. Es trifft den Sachverhalt recht genau, wenn Heinz Schürmann formuliert: Den Begriff der Gottesherrschaft, »der im religiösen und theologischen Sprachgebrauch der Zeit nur ein Winkeldasein führte, hat Jesus unverkennbar zum Zentralbegriff gemacht, der seiner gesamten Verkündigung ihren Mittelpunkt gibt, zum Rahmenbegriff, der sie umfaßt und zusammenhält«[10].

Entscheidend ist nun freilich, zu sehen, *wie* Jesus von der Gottesherrschaft spricht. Er tut es in einer Weise, daß auch der damalige Hörer aufhorchen mußte. Das alles bestimmende Zentral- und Rahmenthema der Verkündigung Jesu bekommt also auch inhaltlich einen neuen Sinn, und dies in mehrfacher Hinsicht. Die drei entscheidenden Merkmale seien hervorgehoben: a) Die Ansage des schon gegenwärtigen Nahegekommenseins und Anbrechens der Gottesherrschaft (nicht nur ihres zukünftigen Ausstehens oder auch ihres zeitlich nahen Bevorstehens). b) Die inhaltliche Kennzeichnung der anbrechenden Gottesherrschaft als unbedingtes und universales Heilsangebot Gottes an alle Menschen (uneingeschränkte Zuwendung der vergebenden und rettenden Güte Gottes zu allen). c) Die Verknüpfung dieser ankommenden heilvollen Gottesherrschaft mit Wirken und Person Jesu (als ihrem endgültigen Agenten und Repräsentanten). In allen drei Hinsichten unterscheidet sich Jesu Botschaft wesentlich von den Vorstellungen und Erwartungen seiner Zeit (und unserer Zeit).

---

[8] Die immer schon bestehende und dauernde (verborgene) Herrschaft Gottes wird von Jesus nicht begrifflich thematisiert, der Terminus ist bei ihm stets eschatologisch gebraucht (vgl. *Jeremias*, Theologie 104f); doch spricht Jesus mit anderen Sprachmitteln vom Walten Gottes des Schöpfers und Vaters in seiner Schöpfung (vgl. *Flender*, Botschaft 25ff, und *H. Conzelmann*, Grundriß der Theologie des NT, München 1967, 118.128.143f).

[9] Das hat *Merklein*, Gottesherrschaft 21–35, gut herausgearbeitet; vgl. ferner *Jeremias*, Theologie 40–43.100, sowie *Goppelt*, Theologie 121.99.101.

[10] *H. Schürmann*, Das hermeneutische Hauptproblem der Verkündigung Jesu, in: J. B. Metz u. a. (Hg.), Gott in Welt. Festgabe K. Rahner (Freiburg 1964) I 579–607, hier 579.

a) Die nahegekommene und anbrechende Gottesherrschaft

Zwar hat auch für Jesus die Gottesherrschaft eine futurische Dimension: sie ist eine noch ausstehende Größe (Mk 10, 15.23–25 par; 14, 25; Mt 8, 11par), man muß um ihr Kommen bitten (Lk 11, 2par: »dein Reich komme«). Jesus überspielt die unerlöste Realität nicht illusionär, sondern hält die zeitliche Zukunft der (vollendeten) Gottesherrschaft fest. Er lebt und denkt von der Zukunft Gottes her.

Viel charakteristischer für Jesus ist aber seine Ansage der nahegekommenen, mehr noch: der präsentisch schon angekommenen und anbrechenden Gottesherrschaft. Den entscheidenden, zentralen Inhalt und das eigentliche Thema der Botschaft Jesu bildete die analogielose Aussage: »die Herrschaft Gottes ist genaht/nahegekommen« (Mk 1, 15; Lk 10, 9/Mt 10, 7).[11] Dies ist nicht im Sinne eines zeitlichen Bevorstehens und einer zeitlichen Naherwartung zu verstehen.[12] Vielmehr weist die perfektische Formulierung (ἤγγικεν) auf die Dauer des schon Vollendeten: Gott selbst ist mit seiner Herrscheraktivität nahegekommen und bleibt endgültig nahe. Noch deutlicher wird dies in den Aussa-

---

[11] Schon die Rede vom »Kommen«, erst recht die vom »Nahegekommensein« der Gottesherrschaft ist ohne jede Parallele in der frühjüdischen Literatur und zweifellos ipsissima vox Jesu: *Jeremias,* Theologie 110. – *Vögtle,* Der verkündigende Jesus (s. Anm. 1) 43: »Jesus dürfte den in der jüdischen Eschatologie seltenen dynamischen Begriff ›der Gottesherrschaft‹, d. i. den Begriff des sich in actu ereignenden Königseins Gottes, nicht zuletzt auch deshalb gewählt haben, weil dieser Begriff die spannungsvolle Hinordnung des gegenwärtigen Beginns des eschatologischen Heilshandelns Gottes auf die Vollendung desselben, auf das noch ausstehende Offenbarwerden der Gottesherrschaft ermöglichte – was der der jüdischen Zukunftserwartung weit geläufigere Begriff ›des kommenden olam‹ nicht ermöglicht hätte.«

[12] Eine *zeitliche Naherwartung (Terminfrage)* findet sich bei Jesus nicht. Das für die Apokalyptik kennzeichnende Berechnen des Endes lehnt Jesus ab und verweist seine Hörer auf die unter ihnen schon andringende und gegenwärtige Gottesherrschaft (Lk 17, 20f). Die Terminworte, die den Einbruch der vollen Gottesherrschaft noch für diese Generation ansagen (Mk 9, 1; 13, 30; Mt 10, 23), sind nachösterlichen Ursprungs. Mk 9, 1 ist ein Trostwort der frühen nachösterlichen Gemeinde, die mit einer baldigen Parusie rechnete und – ähnlich wie 1 Thess 4, 13–18 – deren erste Verzögerung verarbeiten mußte. Mk 13, 30 ist redaktionelle Bildung des Mk im Rückgriff auf Mk 9, 1. Mt 10, 23 ist ein nachösterliches Trostwort in der (für Jesus so nicht voraussetzbaren) allgemeinen Verfolgungssituation, die als befristet dargestellt wird. – Zur neueren Diskussion vgl. *L. Oberlinner,* Die Stellung der »Terminworte« in der eschatologischen Verkündigung des NT, in: P. Fiedler – D. Zeller (Hg.), Gegenwart und kommendes Reich. Schülerfestschrift A. Vögtle (Stuttgart 1975) 51–66; *Merklein,* Gottesherrschaft 151–153.

gen Jesu, die präzise vom bereits präsentischen Anbruch und der Gegenwart der Gottesherrschaft sprechen: »Wenn ich mit dem Finger Gottes die Dämonen austreibe, so ist die Herrschaft Gottes bereits zu euch gelangt« (ἔφθασεν; Lk 11, 20 par; ferner Lk 10, 23f par; Mt 11, 5f par; Mk 2, 19 par und als negatives Pendant Lk 10, 18; Mk 3, 27 par). Dämonenaustreibungen und Krankenheilungen gehören für jüdisches Verständnis zum Beginn der eschatologischen Heilszeit, die für die Zukunft erwartet wird (vgl. Jes 35, 5f; 29, 18f; 26, 29; 61, 1f). Diese eschatologische Zukunft dringt, das ist die Behauptung Jesu, mit seinem Handeln jetzt schon unmittelbar in die Gegenwart herein, Gottes Herrschaft bricht gegenwärtig an.

Wegen dieses aktuellen Andringens der Gottesherrschaft (in seiner Erfahrung und durch sein Handeln) ist Jesu Erwartung der zukünftigen vollendeten Gottesherrschaft innerlich folgerichtig »Naherwartung«. Sie ist prophetisch angespannte Naherwartung des plötzlichen, zeitlich überhaupt nicht kalkulierbaren (Lk 17, 20) Endeinbruchs der vollen Gottesherrschaft.[13] Diese aber bedeutet gerade nicht den apokalyptisch-katastrophischen Zusammenbruch dieser Welt, sondern im Gegenteil ihre Wiederherstellung als Schöpfung, das heißt als Raum der Herrschaft und Fürsorge Gottes (vgl. Mt 5, 45 par; 6, 26–34 par). Dementsprechend heilt Jesus Kranke, nicht um sie für ihr baldiges Ende zu präparieren, sondern um die versehrte Schöpfung heil (= zum Herrschaftsbereich Gottes) zu machen.[14]

Die Behauptung der aktuellen Gegenwart (nicht nur zeitlichen Nähe) der erhofften Gottesherrschaft ist ein im Judentum ungewohnter, ja unerhörter Gedanke. »Keiner der bisherigen Gottesboten Israels ... war ... auf die Idee gekommen, das Vorwirken, den gegenwärtigen Anbruch der endzeitlichen Gottesherrschaft zu behaupten, und dies in der für Jesus bezeugten Weise.«[15] Jesus von Nazareth ist nach einem Wort des jüdischen Historikers David Flusser »der einzige uns bekannte antike Ju-

---

[13] Vgl. *Vögtle*, Theologie (s. Anm. 1) 396f, und *G. Klein*, Eschatologie (NT), in: TRE X (1982) 273.

[14] Genaueres hierzu bei *Flender*, Botschaft 25ff; *Conzelmann*, Grundriß a. a. O., sowie *H. Kessler*, Überlegungen zur biblisch-christlichen Heilshoffnung, in: J. Beutler – O. Semmelroth (Hg.), Theologische Akademie Bd. 12 (Frankfurt 1975) 27–51, näherhin 42–44.

[15] *Vögtle*, Der verkündigende Jesus (s. Anm. 1) 40.

de«, der verkündet hat, »daß die neue Zeit des Heils schon begonnen hat«.[16]

Jesus behauptet also den realen Einstand der Gottesherrschaft in der Gegenwart. Er proklamiert den aktuellen (nicht nur baldigen) Herrschaftsantritt Gottes durch sein (Jesu) Handeln. Er verkündet Gottes gegenwärtig beginnende Machtübernahme in seiner Schöpfung und reklamiert diese – von lebenszerstörenden Mächten verunstaltete und entzweite – Schöpfung wieder für Gottes Herrschaft und damit für das Heil (Ganzsein). Das Ende der bestehenden Weltordnung (richtiger: Weltunordnung) ist gekommen, die verheißene Zeitenwende beginnt *jetzt*[17] (Lk 16, 16; vgl. Mt 11, 11f par): Gott ist zum Heil entschlossen (Lk 10, 18: Vision vom Satanssturz[18]), und er kommt selbst, nicht zum Zorngericht (wie etwa Jes 66, 15ff oder in der Täuferpredigt), sondern um die Macht des Bösen zu brechen (Lk 11, 20 par; Mk 3, 27 par; 3, 14f par),[18a] den ursprünglichen Sinn der Schöpfung wiederherzustellen (z. B. Mk 2, 27 par; 10, 1–9 par; Mt 5, 44 f par) und den Menschen fürsorglich nahe zu sein (Mt 6, 25–34 par). Darum ist die Tora in ihren *ursprünglichen* Intentionen ernst zu nehmen, das heißt, es ist – gegebenenfalls hinter die Toragebote – auf Gottes ursprünglichen Schöpfungswillen zurückzugehen.[19]

[16] *D. Flusser,* Jesus in Selbstzeugnissen und Bilddokumenten (Reinbek 1968) 87.

[17] Das besondere Bewußtsein Jesu von einer mit ihm gegebenen grundlegenden Zäsur und Wende der Zeit arbeitet *Becker,* Johannes der Täufer (s. Anm. 1), heraus; vgl. auch *Vögtle,* Der verkündigende Jesus 83.

[18] Die Vision vom – in der Sphäre Gottes bereits als Realität gesetzten – Satanssturz (Lk 10, 18 S, im Anklang an und in völliger Neudeutung von Jes 14, 11–15) ist wohl jesuanisch. Ihr Sinn: Nach jüdischer Vorstellung lebt Satan ursprünglich im Himmel, freilich als Gott unterstellter Bote (Ijob 1, 6; 2, 1; vgl. 1 Kg 22, 21f); Jesus schaut nun den gestürzten Satan, das heißt, Gott ist wieder der allein im Himmel Thronende (vgl. Ps 33, 14f; 103, 19), dem Bösen ist ein Ende gesetzt, Gottes Wirken eindeutig als Heilswirken definiert. »Was im ›Himmel‹, also in Gottes Entscheidung für das Heil des Menschen, schon geschehen ist, will sich jetzt auf Erden durchsetzen.« So *E. Schweizer,* Das Evangelium nach Lukas (Göttingen 1982) 118.

[18a] *Jeremias,* Theologie 99: »Für diese Aussagen bietet das zeitgenössische Judentum keine Analogie; von einer schon in der Gegenwart einsetzenden Überwindung des Satans weiß weder die Synagoge etwas noch Qumran.«

[19] Vgl. etwa Jesu Stellungnahme zum Scheidebrief Mk 10, 1–9 mit Gen 1, 27 und 2, 24 (gegen Dtn 24, 1–4); oder Mk 2, 27 mit Gen 1, 26ff; 2, 1f, wo der Sabbat als dem Menschen nachgeordnet erschaffen erscheint (sogar gegen das zeitgenössische Verständnis des Sabbatgebots im Dekalog Dtn 5, 12–15/Ex 20, 8–11; aber mit einer auffälligen rabbinischen Parallele in Mechilta zu Ex 31, 13/103b); oder vgl. die Aufhebung der religiösen Diskriminierung der Frau mit Gen 1, 27.31 (gegen das zeitgenössische Verständnis von Gen 3: kultisch-gesellschaftliche Herabsetzung der Frau als

Die Herrschaft Gottes ist die reine Initiative Gottes, die Zuwendung, das Kommen und die Nähe Gottes selber. Man kann sie nicht mit menschlichen Aktivitäten (Erfüllung der Tora, bewaffneter Aufstand gegen Fremdherrschaft, Zug in die Wüste zur Erwartung der Endzeitwunder) herbeiführen, sondern sie nur wie ein Kind als gegebenes Geschenk annehmen (Mk 10, 15 par; Lk 15, 11–32; 18, 9–14), um sich von ihr zu einem ihr entsprechenden Leben beanspruchen zu lassen. Diese jetzt nahegekommene, gegenwärtig schon anbrechende Gottesherrschaft, also das Kommen und Gegenwärtigsein Gottes selber: das ist der überraschende und beglückende kostbare »Fund« (Mt 13, 44), den Jesus selbst macht[20] und für den er alles andere läßt, um ihn allen Menschen mitzuteilen.

b) Die anbrechende Gottesherrschaft als unbedingte
   Zuwendung Gottes zu den Verlorenen

Nach damals verbreiteter jüdischer Interpretation von Jes 25, 6–8 wird Gott in der Endzeit das ewige Gemeinschaftsmahl nur den »Gerechten und Auserwählten« Israels bereiten, nicht aber den »Sündern und Ungerechten« (äthHen 62, 13–16; vgl. 4 Esra 9, 19); erst recht werden die Heiden vom Heil der Gottesherrschaft ausgeschlossen sein (PsSal 14, 6–10; 17, 23–31; AssMos 10, 1ff). Es geht typisch menschlich zu: Man »erwartet von den ›Tagen des Messias‹ das große Gericht über die Sünder und vor allem die Rache an den Heiden... Man sagt Gottes Herrschaft und meint doch Israels Herrschaft«,[21] genauer gesagt: die Herrschaft der Gerechten Israels allein.

Jesus hingegen verkündet anstelle des Partikularismus den Universalismus der Gnade. Sein Auftrag zielt auf Sammlung des Gottesvolkes, nicht auf Scheidung in Israel und unter den Völkern. So spricht er schöpfungstheologisch von dem Gott, der seine »Sonne aufgehen läßt... über Gerechten und Ungerechten« (Mt 5, 45 par). Und er spricht ganz entsprechend eschatologisch von der nun andringenden Herrschaft der Güte Gottes, die uneingeschränkt und universal allen Menschen gilt (z. B. Lk 15;

---

spezifisches Werkzeug des Satans und der Sünde); oder die Begründung des Gebots der Feindesliebe Mt 5, 44f vom Schöpfungshandeln Gottes her; oder Mk 7, 9–15 u. v. a. m. – Dazu *Stegemann*, Jesus (s. Anm. 1).
[20] So mit *Schürmann*, Basileia-Verständnis (s. Anm. 1) 202f.
[21] *Jeremias*, Theologie 237; vgl. auch *Goppelt*, Theologie 98.

6, 20f par; Mt 20, 1–15), weil sie eindeutig Güte ist (vgl. Mk 10, 18 par; Mt 7, 9–11 par). Diese Gottesbotschaft Jesu hängt nicht nur mit Jesu besonderer Beziehung zu Jesajatexten, sondern tiefer und ursprünglicher noch mit seiner eigenen Gotteserfahrung zusammen. Jesus erfuhr wohl in seiner eigenen Gottesbeziehung (die sich etwa in seiner Abba-Anrede ausdrückt), in sich selbst, das Nahekommen und die Nähe dieser Güte Gottes, und zwar als nicht *ihm* allein geltende, sondern als die unbedingt gütige, barmherzige Zugewendetheit Gottes zu *allen* Menschen.[22] Deshalb teilt Jesus den Anderen dieses Nahekommen der Güte Gottes mit: er verkündigt es und vergegenwärtigt es zugleich existentiell-praktisch mit seinem eigenen *Da*sein für die Anderen, insbesondere für die Armen und Niedergedrückten (z. B. Lk 6, 20f par; Mt 11, 5 par; Mt 25, 31–45) und für die Sünder. Gerade die Zuwendung zu letzteren ist für Jesus besonders kennzeichnend. Er repräsentiert Gottes unbedingt liebende vergebende Zuwendung zu *allen* Verlorenen: zu den offenkundigen Sündern, die ihrer doppelten Last der öffentlichen Verachtung seitens der Menschen und der Aussichtslosigkeit, jemals bei Gott Heil zu erlangen, entledigt werden (z. B. Mk 2, 16f par; Mt 11, 19 par; vgl. Lk 7, 36ff; 15, 1ff); aber er nimmt auch die vermeintlich Gerechten nicht aus, richtet an sie die Einladung zur Umkehr, wodurch deren tiefe eigene Verlorenheit überhaupt erst aufgedeckt wird (vgl. Lk 13, 1–5; 15, 11–32; 18, 9–14; Mt 20, 1–15). Die auch vom Judentum seiner Zeit nicht bestrittene Vaterliebe Gottes gilt – das ist Jesu neue Gewißheit und Zusage – uneingeschränkt *allen* Menschen. Solche selbst den Sünder und Feind einschließende Großmut Gottes mußte aber gerade für *die* Frommen, die sich von den Sündern abgrenzten, anstößig und unerträglich sein; denn sie schien das Ziel der Heiligung des Volkes zu unterlaufen.[23]

---

[22] Die Deutung, die sich bei *K. Rahner,* Grundkurs des Glaubens (Freiburg 1976) 250f, findet, scheint mir dem Sachverhalt angemessener als die reichlich unklare Rede vom »Geschick« der Basileia, die *Schürmann,* Basileia-Verständnis 201f. 213, neuerdings pflegt.

[23] Vgl. zum Verhältnis »Jesus und die Sünder« die gleichnamige schöne Arbeit von *Fiedler* (s. Anm. 1) passim. – Gewiß ist die Botschaft Jesu, daß Gott es mit dem Sünder zu tun haben will und daß *ihm* Gottes Liebe gilt, einzigartig und ohne wirkliche Parallele im zeitgenössischen Judentum (so Jeremias, Theologie 122). Aber immerhin bezeugt eine rabbinische Geschichte wie die von Rabbi Meirs Frau Brurja, daß die Entfernung zwischen Jesus und manchen rabbinischen Kreisen nicht so groß war,

Die Zuwendung und Zusage Jesu tut nie gekannte Lebensmöglichkeiten auf. Indem nämlich Jesus den Gott entfremdeten Menschen (durch seine die gewohnten Grenzen sprengende menschliche Zuwendung) die alles Begreifen übersteigende Güte und Gemeinschaft Gottes zusagt und praktisch erfahrbar macht, eröffnet er ihnen die Möglichkeit, sich unbedingt als von Gott Angenommene zu wissen. Er schenkt ihnen damit die neue Möglichkeit, von der Last der Unzulänglichkeit und Schuld vor Gott (z. B. Lk 11, 4 par; 15, 4f par) sowie vom Zwang zu krampfhafter Selbstrechtfertigung (z. B. Lk 18, 9–14) befreit und so zur Selbstannahme *und* zur Annahme des Nächsten über alle Trennung und Feindschaft hinweg ermächtigt zu sein (z. B. Mk 12, 31 par; Mt 5, 38–48 par). Das Angenommensein von Gott (die Vergebung Gottes) kommt in der Annahme des Andern (bis hin zur Vergebung gegenüber »unsern Schuldnern« und zur Versöhnung mit dem Feind) zum Ziel (z. B. Lk 11, 4 par; Mt 18, 23–33). Die Zuwendung Gottes, die in Jesu Dasein geschieht, ermöglicht nicht nur, sie erfordert auch Umkehr, zumal der vermeintlich Gerechten. Sie ermöglicht und erfordert Glaube und Weitergabe der Zuwendung an andere (z. B. Mk 1, 14f par; Mt 18, 23–33; Lk 15, 11–32). Verweigerung der Umkehr bedeutet Weigerung gegenüber dem Heil und damit zuletzt Gericht (z. B. Lk 11, 31f par; 12, 8f par).

Die neues Leben ermöglichende Zuwendung Gottes in Jesu Dasein wirkt sich sehr konkret bis in die Leiblichkeit der Menschen und in die sozialen Verhältnisse hinein aus. Das wird sichtbar in Jesu Krankenheilungen (Lk 11, 20 par u. a.), in seinen Mahlgemeinschaften, von denen er – zum Ärgernis seiner Gegner – auch religiös und gesellschaftlich Diffamierte nicht ausschloß (z. B. Mk 2, 16f par), und nicht zuletzt in seinem Jüngerkreis, der selbst Todfeinde (Zöllner und Zelot) zusammenführt. Im Umkreis Jesu werden so die neuen Verhaltensweisen, von denen Jesus spricht (z. B. Mt 5–7 par), bereits möglich und

---

wie häufig angenommen wird. Während nämlich Rabbi Meir von Gott die Beseitigung der Sünder erbittet, belehrt ihn seine Frau Brurja erfolgreich, daß es Gott um die Beseitigung der Sünden geht (vgl. die Übersetzung des Textes aus bTalmud Berachot 10a bei *R. Meyer,* Der babylonische Talmud, München 1963, 456f). Hier wie bei Jesus geht es um den Gott, der nicht den Tod des Sünders will, sondern daß er umkehre und am Leben bleibe (Ez 18, 23; 33, 11ff).

wirklich, wird versöhntes, gewalt- und angstloses Miteinander eingeübt und anfanghaft realisiert.[24]

Die Tora hat als Lebensweisung nicht einfach ausgedient. Freilich steht Jesus zu ihr in einem viel freieren Verhältnis, als es den Schriftgelehrten (Theologen) der verschiedenen jüdischen Bewegungen geläufig war. Er legt von seiner Erfahrung der nahegekommenen Herrschaft (der Güte) Gottes her den Gotteswillen neu aus. Dies in der Weise, daß er das »erste« und »größte« Gebot der Gottes- und Nächstenliebe (Mk 12, 28–34 par) zum Verständnisprinzip der gesamten Tora erhebt und darum gegebenenfalls auch hinter die Tora auf Gottes ursprünglichen Schöpfungswillen zurückgreift.

c) Der endgültige Bote und Bringer der Gottesherrschaft (Jesu Vollmachtsanspruch)

In Jesu Verhalten und Verkünden liegt ein einmaliger, ungeheuerlicher und nicht nur damals anstößiger (Mt 11, 6 par) Anspruch. Jesus ist, wie schon angedeutet, der einzige im Judentum, der die für die zukünftige Endzeit verheißene und erwartete Erfüllung (z. B. Jes 29, 18f; 35, 5f; 61, 1f) auf seine eigene Gegenwart bezieht und sie einzulösen beansprucht (Mt 11, 5f par; vgl. Lk 4, 16–21); der einzige, der den Anspruch erhebt, daß sich in seinem Wirken die Gottesherrschaft, die doch allemal erst für die Zukunft erwartet wurde, sozusagen punktuell schon vorweg vergegenwärtigt; der einzige, der den Herrschaftsantritt Gottes an sein eigenes vollmächtiges Wirken knüpft und »es wagt, an Gottes Stelle zu handeln«[25]. Er handelt, als stünde er selbst an Gottes Stelle; und er tut dies, als sei es selbstverständlich, daß er das könne und dürfe. Mit welchem Recht Jesus in seinem Handeln die nächste, unmittelbare Nähe Gottes für die Anderen behaupten und den Anspruch erheben konnte, daß sein Auftreten und Gottes Kommen sich decken, bleibt zunächst offen.

Diesen Anspruch bringt Jesus auch indirekt und eigentüm-

---

[24] Vgl. *H. Kessler,* Erlösung als Befreiung (Düsseldorf 1972) 66f.

[25] *E. Fuchs,* Zur Frage nach dem historischen Jesus (Tübingen 1960) 143–167, näherhin 156, spricht vom »Verhalten eines Menschen, der es wagt, an Gottes Stelle zu handeln, indem er, das muß stets hinzugefügt werden, Sünder in seine Nähe zieht, die ohne ihn vor Gott fliehen müssen«. – Vgl. auch *Jeremias,* Theologie 107f.

lich verschlüsselt zum Ausdruck[26] (Mk 2, 18f par; Mt 11, 4f par; 12, 41f par; Lk 10, 23f par; 11, 20 par; 12, 8f par). Jesus hat, daran kann nach kritischer historischer Forschung kein Zweifel bestehen, für sich und sein Wirken eschatologisch-endgültige Offenbarer- und Heilsmittlerfunktion beansprucht; er hat den Anspruch erhoben, selbst der endgültige Freudenbote (vgl. Jes 52, 7) und Bringer der Gottesherrschaft zu sein.[27] In diesem weiten und unspezifischen Sinne hat Jesus also einen »messianischen« Anspruch erhoben; die geläufigen, vor allem national-politischen Messiasvorstellungen aber hat er gerade abgelehnt.

Gewiß, Jesu Wirken ist radikal theozentrisch ausgerichtet (vgl. Lk 11, 2: »*dein* Name werde geheiligt, *dein* Reich komme«). Er hat allein Gottes schon anbrechende Herrschaft unbeschränkter Güte, Gottes endgültige Zugewendetheit und rettende Nähe verkündet, nicht sich selbst.[28] Er selbst stellte sich ganz in den Dienst dieser Gottesherrschaft, trat – selbstvergessen – völlig hinter dem Kommen Gottes zurück und ging ganz darin auf, Gottes Güte für die Andern da-sein zu lassen.[29] Eben deshalb war *er* es, der Gott für andere Menschen behauptete und da-sein ließ; an der Stellung zu *ihm* und zu seiner Botschaft entschied sich die Stellung zu Gott (vgl. Lk 12, 8f par). Von daher versteht sich auch die Berufung in die persönliche Nachfolge. Implizit mußte Jesus deshalb sich selbst mitthematisieren (implizite Christologie). Sache und Person Jesu sind unlöslich miteinander verknüpft. Er selbst gehört unabdingbar in seine Bot-

---

[26] Vgl. dazu *Goppelt*, Theologie 223f. 233: Jesu Anspruch mußte, solange seine Person noch greifbar war, indirekt und verhüllt bleiben, damit der Hörer durch die Sache der Botschaft in Anspruch genommen und nicht auf die sie vertretende Person fixiert wurde. – E. *Fuchs*, Jesus – Wort und Tat (Tübingen 1971) 104–107, weist darauf hin, daß Jesus nicht nur deswegen jede Selbstbezeichnung und direkte Selbstthematisierung ablehnt, weil die Bezeichnungen nicht zureichen, sondern weil der Verkündiger *ist*, der seine Person ganz in seine Sendung (die Verkündigung seiner Gottesbotschaft) hinein preisgibt.

[27] *Vögtle*, Der verkündigende Jesus 45: Der Anspruch auf »offenbarungs- und heilsmittlerische Funktion der Person Jesu ist das entscheidende Kontinuum zwischen dem verkündigenden und dem nachösterlich verkündigten Jesus«. Wenn daher das nachösterliche Kerygma die Offenbarung und Erlangung des Heils konstitutiv an die Person Jesu binden wird, so ist dies beim vorösterlichen Jesus selbst grundgelegt.

[28] Vgl. *Vögtle*, Der verkündigende Jesus 40f; *Schürmann*, Basileia-Verständnis 200–204; *W. Schrage*, Theologie und Christologie bei Paulus und Jesus auf dem Hintergrund der modernen Gottesfrage, in: EvTh 36 (1976) 121–154, näherhin 123.

[29] Vgl. *H. Kessler*, Die theologische Bedeutung des Todes Jesu (Düsseldorf 1970, ²1971) 336.

schaft und in das Geschehen der endgültigen Zuwendung Gottes zu den Verlorenen (als deren Realsymbol) mit hinein.[30] Das Zur-Herrschaft-Kommen Gottes ist an *Jesu* Person und Wirken gebunden. Dies ist der Anspruch Jesu. Die Frage nach seiner Berechtigung stellte sich zu seiner Zeit und zu allen folgenden Zeiten, in voller Schärfe angesichts seiner Kreuzigung und seines Todes.

d) Die Diskrepanz zwischen geringem Anfang und universaler Verheißung

Von dem universalen Heilwerden, das für die zukünftige eschatologische Heilszeit verheißen ist, kann freilich bei Jesus keine Rede sein. Jesus heilt einzelne und auch die nur vorübergehend; er hat keineswegs »alles gut gemacht« (Mk 7, 37). Die harte, unerlöste, todverfallene Wirklichkeit der Welt schien und scheint sein Wort und seinen Anspruch Lügen zu strafen. Auf entsprechende Einwände und Zweifel verteidigt sich Jesus mit Kontrastgleichnissen (vom Senfkorn, Sauerteig, Sämann) und verweist auf den kleinen, unscheinbaren Anfang, daß Menschen glauben und nachfolgen; genau auf diesen Anfang in der Gegenwart kommt alles an. Die Diskrepanz zwischen Jesu gegenwärtigem Wirken und dem erwarteten universalen Reich der Zukunft wird nicht verharmlost, sondern scharf gezeichnet. Aber die Hörer werden schon der – durch Jesu Tat und Gleichnisrede – zeichenhaft aufgerichteten alternativen Gegenwelt Gottes konfrontiert; sie werden in diese eingeladen und so hineingezogen, daß sie sich ihr gerade in Freiheit stellen, und das heißt: verschließen oder öffnen können.

2. Die Erwartung der Auferstehung der Toten[31]

a) Jesu Auferstehungserwartung im Kontext seiner Reich-Gottes-Botschaft

In diesem Kontext seiner Reich-Gottes-Botschaft ist nun auch Jesu Erwartung der Überwindung des Todes zu sehen; die Über-

---

[30] *Schürmann*, Basileia-Verständnis 203f mit Anm. 57, meint, daß sich Jesu Gotteserfahrung (Abba-Anrede, Theo-logie) und Basileia-Erfahrung (Eschato-logie) gegenseitig prägen und zusammen in der Erfahrung des »kommenden« Gottes, »das heißt aber letztlich: in der christologischen Deutung der eschatologischen Gegenwart«, gründen.

[31] Zum Folgenden vgl. besonders *P. Hoffmann*, Auferstehung (NT), in: TRE IV (1979)

windung des Todes ist *Teil*aspekt des erwarteten vollen Gottesreiches. Die universale Durchsetzung und Vollendung der Gottesherrschaft steht ja noch aus; man muß um ihr Kommen bitten. Jesus erwartet sie mit Jes 25, 6f und 2, 2ff[32] – jenseits zeitgenössischer Grenzziehungen – als endzeitliches universales Heilsmahl ohne Hunger und Leid (Lk 6, 20f par); zu dieser universalen Tischgemeinschaft werden die Völker (Heiden) von Ost und West herbeiströmen,[33] um mit Israels Patriarchen zusammen im Reiche Gottes zu Tisch zu sitzen, mit längst Verstorbenen also (Mt 8, 11 par). Jesus setzt mithin die jüdische Erwartung der endzeitlichen Auferstehung der Patriarchen voraus und teilt sie.

Einige Jesuslogien enthalten indirekte Hinweise auf die Auferstehung der Toten: deutlich etwa einige Worte vom Gericht, vom Eingehen ins Reich Gottes, ins Leben oder ins Verderben (Lk 11, 31f par; Mk 9, 43–48 par; Mt 10, 28 par); möglicherweise ist der Gedanke an die Totenauferstehung aber auch anderweitig vorausgesetzt.[34]

Angesichts seines drohenden gewaltsamen Todes wird Jesus zuletzt auch die Gewißheit seiner eigenen Teilnahme am zukünftigen Festmahl des vollendeten Gottesreiches äußern (Mk 14, 25 par);[35] seine Zuversicht richtet sich dabei primär auf die Sieghaftigkeit der Herrschaft und des Rettungswillens Gottes und erst sekundär (aber darum nicht weniger) auf seine eigene Rettung.

b) Einbeziehung der Sünder und Heiden in das Heil der Auferstehung

Wenn die nahegekommene Herrschaft der Güte Gottes das Zentral- und Rahmenthema der Verkündigung Jesu darstellt, dann müßte konsequenterweise auch die Auferstehungsvorstellung Jesu von seiner Erfahrung der andringenden unbedingten und un-

---

450–452; ferner *Jeremias*, Theologie 235–238; *Goppelt*, Theologie 123f; *K. Kertelge*, Der allgemeine Tod und der Tod Jesu, in: TThZ 83 (1974) 146–156; *Kessler*, Heilshoffnung (s. Anm. 14) 45–48.

[32] Außerdem sind hier zu nennen: Jes 35, 10; 61, 2; 62, 8f; 65, 10.13.21f; vgl. auch äthHen 10, 18f; syrBar 29, 4–8; ApkJoh 21, 4.36.

[33] Siehe hierzu *J. Jeremias*, Jesu Verheißung für die Völker (Stuttgart 1956), und *ders.*, Theologie 235–237.

[34] Die in Frage kommenden Texte sind bei *Hoffmann*, Auferstehung 450f, zusammengestellt.

[35] So mit *R. Bultmann*, Die Geschichte der synoptischen Tradition (Göttingen ⁶1964) 286f, nahezu alle Exegeten. Zur neueren Diskussion vgl. *Vögtle*, Der verkündigende

eingeschränkten (Gerechten wie Ungerechten gleichermaßen geltenden) Güte Gottes geprägt sein. Dies ist in der Tat so. Wir sahen bereits, daß nach damaliger jüdischer Interpretation von Jes 25, 6–8 Gott in der Endzeit nur den »Gerechten und Auserwählten« Israels das ewige Gemeinschaftsmahl bereiten wird, nicht aber den »Sündern und Ungerechten« (äthHen 62, 13–16; vgl. 4 Esra 9, 19) und erst recht nicht den Völkern, den Heiden (PsSal 14; 17, 23–31; AssMos 10, 1ff). Ganz anders die Sicht Jesu: Für Jesus überschreitet die Gemeinschaft der von Gott Angenommenen und in Gottes endgültigem Reich Versammelten alle Grenzen: die Grenzen Israels und jeder Gruppe, ebenso aber auch die Grenzen der Generationen und des Todes (Mt 8, 11 par). Die *ewige* Mahlgemeinschaft mit Gott (und damit die Auferstehung) ist allen eröffnet, die sie annehmen wollen *als* die unverdiente Gnade, die den jeweils Anderen (den Ungleichen, Unliebsamen, selbst den Feinden) genauso und in gleicher Weise gilt (vgl. Lk 15, 11–32; 14, 7–24 par; 22, 24–30 par).[36]

Von dieser alle Vorrechte aus Herkunft oder Verdienst erledigenden Zuwendung Gottes zu allen her, gerade auch zu Geringen und offenkundigen Sündern, bezieht dann später der Evangelist Lukas – auf der Linie hellenistisch-jüdischer Vorstellungen (vgl. 4 Makk 5, 37 u. ö.), der Sache nach aber ganz im Sinne Jesu – den armen Lazarus und den gewalttätigen, aber reumütigen Schächer in den Kreis der unmittelbar nach ihrem Tod in das himmlische Paradies Aufgenommenen mit ein (Lk 16, 19–31; 23, 39–43).

c) Neu- und Andersartigkeit des Auferstehungslebens

Nur ein einziges Mal wird in der vorsynoptischen Jesusüberlieferung die Frage der Totenauferstehung zum eigenen *Thema:* im Streitgespräch mit den Sadduzäern Mk 12, 18–27 par.[37] Ob und

---

Jesus 52.68–70; *Merklein,* Gottesherrschaft 153f. – Gegenüber weiter gehenden Annahmen derart, Jesus habe den Jüngern seine Auferweckung oder Erhöhung explizit angekündigt, ist Zurückhaltung angebracht. Speziell die Auferstehungsvorhersagen sind (als Erweiterung der Leidensvorhersagen) erst später im Licht der Ostererfahrung formuliert.

[36] Siehe dazu auch *Kessler,* Heilshoffnung (s. Anm. 14) 45f. 48.

[37] Zur Exegese von Mk 12, 18–27 vgl. außer *Hoffmann,* Auferstehung (s. Anm. 31) 451f, noch: *J. Blank,* Paulus und Jesus (München 1968) 151f; *Goppelt,* Theologie 123f mit Anm. 13; *R. Pesch,* Das Markusevangelium, Teil 2 (Freiburg 1977) 229–236; *J. Gnilka,* Das Evangelium nach Markus, Teilband 2 (Zürich – Neukirchen 1979) 156–162.

inwieweit diese Szene auf Jesus selbst zurückgeht oder eher ur-christliche Diskussion widerspiegelt, ist umstritten. Im Kern dürfte sie geschichtliche Erinnerung an Jesu Wirken festhalten. Zwei Aspekte stehen zur Frage:

(1) Das *Wie* der Auferstehung (V. 19–23.25): die pharisäisch-rabbinische sinnliche Auferstehungsvorstellung (in Analogie zur irdischen Existenz: mit weltlichen Lebensformen wie Ehe, Nah-rungsaufnahme, Geltung des Gesetzes, doch ohne alles Böse, Leid und Tod) ist hier aufgegeben; ihr gegenüber wird die totale Neu- und Andersartigkeit der Auferstehungsexistenz herausge-stellt (»sein wie die Engel im Himmel«[38]). Die endzeitliche To-tenerweckung ist ein Geschehen, das alle irdischen Maßstäbe sprengt und das deshalb allein durch Gottes Macht möglich werden kann (V. 24).

(2) Das *Daß* der Auferstehung (V. 18.26–27): Die Begrün-dung der Totenauferstehung erfolgt radikal theologisch, näm-lich streng vom Glauben Israels an Gott und seine Kraft und Treue her, und zwar im Rückgriff auf die Selbstvorstellung Jah-wes als Gott der Väter in Ex 3, 6, der »ein Gott von Lebendigen, nicht von Toten« sei. Dieses Verständnis geht freilich weit über das in Ex 3, 6 ursprünglich Gemeinte hinaus und setzt die zeitge-nössische Vorstellung der Aufnahme der Väter in ewige himmli-sche Existenz voraus.[39] Es setzt also, tiefer besehen, die Über-zeugung voraus, daß Gott konkrete Menschen nicht schafft und sich ihnen zusagt (vgl. Gen 12, 1ff), um sie dann wegzuwerfen, sondern daß er ihnen auch im Tode belebend nahe bleibt. Ge-wiß wird der Mensch zunichte, aber ebenso gewiß nicht Gottes Ja zu ihm. In einem (gegenüber dem früheren israelitischen)

---

[38] Daß die Auferstandenen in der künftigen Welt engelgleich, also nicht sterblich und daher keiner geschlechtlichen Fortpflanzung bedürftig sind, ist ein in der hellenis-tisch beeinflußten Apokalyptik nach 70 n. Chr. voll ausgebildeter Gedanke (äthHen 51, 4f; syrBar 51, 9f), der auch in der späteren rabbinischen Literatur festgehalten wird: vgl. *P. Billerbeck*, Kommentar zum NT aus Talmud und Midrasch I (München 1926) 891; *G. Stemberger*, Zur Auferstehungslehre in der rabbinischen Literatur, in: Kairos 15 (1973) 238–266, hier 263–266. Von daher ist zu überlegen, ob nicht zumin-dest die vorliegende Formulierung und Endgestalt von Mk 12, 18–27 einer späteren nachösterlichen Zeit entstammt.

[39] Die Rabbinen benutzten Ex 3, 6 nicht als Schriftbeleg für die Auferstehung. Die Ar-gumentation setzt die Annahme voraus, daß die Patriarchen als Prototypen der Ge-rechten (schon vor der zukünftigen Totenauferstehung) bereits bei Gott leben, eine Annahme, die sich so erst in 4 Makk um 50 n. Chr. findet. Siehe dazu oben Kap. 1 bei Anm. 44 und nach Anm. 58 (*Pesch*, Mk II 234, ist in dieser Frage zu undifferen-ziert).

sehr viel radikaleren Sinn ist Jahwe der Gott der Lebenden, nicht der Toten. Nun gilt nicht mehr: Nur wo Leben ist, ist Jahwe; wo Tod ist, ist Jahwe nicht.[40] Vielmehr gilt: Auch bei den Toten ist Jahwe, und zwar gerade als der Gott der Lebenden: er ist der Auferwecker der Toten. Nur wer es so versteht, »kennt die Schriften« und »die Kraft Gottes« wirklich (V. 24); andernfalls hat er von Gott keine Ahnung (V. 27; vgl. 1 Kor 15, 34). Hier ist die Summe der Erfahrungen Israels mit Jahwe aus einem ganzen Jahrtausend (und möglicherweise auch der urchristlichen Erfahrungen mit der Auferweckung Jesu) knapp und prägnant festgehalten und damit Entscheidendes über Gott ausgesagt.

d) Bezogenheit der Zukunftsaussagen Jesu auf die Gegenwart

Insgesamt fällt auf: In der Verkündigung Jesu kommt der Auferstehungshoffnung keine isolierte, *eigenständige* Bedeutung zu. Im Unterschied zur Apokalyptik und zum Rabbinismus verzichtet Jesus auf alles gegenständliche Ausmalen der zukünftigen Welt. Für ihn ist entscheidend, daß sich Gott als der Herr seiner Schöpfung und der Geschichte erweist. Wie für ihn nicht so sehr die noch ausstehende Zukunft charakteristisch ist als vielmehr die schon andrängende Zukunft, die schon anbrechende Gegenwart der Herrschaft des Gottes, der sich in vorbehaltloser Güte jetzt schon allen Menschen zuwendet, so verselbständigen sich seine Zukunfts- und Auferstehungsaussagen auch nicht. Sie bleiben auf das Zentrum der Predigt Jesu, die Gegenwart der Gottesherrschaft (also die unbedingt gütige Zuwendung Gottes zum Menschen), bezogen und werden durch sie inhaltlich bestimmt. Neue Lebensmöglichkeit und Rettung gewinnt der Mensch nur, wenn er sich hier und jetzt auf das durch Jesus vermittelte Angebot des unbedingten Angenommenseins von Gott und der neuen Gottesgemeinschaft einläßt.[41] In der Gegenwart dringt Gottes Herrschaft der uneingeschränkten Güte an und lädt zur Einstimmung und Beteiligung ein. Das Neue beginnt jetzt schon, nicht erst nach dem Tode; und zwar läßt es sich nicht einfach mit dem Bisherigen (den »alten Schläuchen«: Mk 2, 22 par; vgl. Jes

---

[40] Siehe oben Kap. 1, I. 2b.
[41] Mit *Hoffmann*, Auferstehung 451.

43, 19) verbinden, sondern will das Alte jetzt schon neu machen.[42]

So gehört die Auferstehungshoffnung Jesu ganz in den Zusammenhang seiner ureigenen Erfahrung des ankommenden guten Gottes und seines persönlichen Dienstes an der Verwirklichung der Herrschaft dieses Gottes hinein. Dieser nämlich läßt in seiner unbeschränkten Güte sein Geschöpf auch dann nicht fallen, wenn es kraftlos und schuldig geworden ist. Der Verwirklichung dieser Herrschaft durch Gott ist Jesus gewiß, und deshalb ist er auch der Auferweckung der Toten durch Gott gewiß.

3. Die Krise des Kreuzestodes

Jesus war es in seiner Botschaft und in seinem ganzen Wirken um nichts anderes gegangen als um die Verherrlichung Gottes eben dadurch, daß Gott mit seiner uneingeschränkten Güte Herr wird in seiner Welt und gerade so die Menschen heil werden. Das Ankommen des Reiches Gottes war der große »Fund«, hinter dem alles andere zurücktrat (auch Jesus selbst). Daher suchte Jesus nichts anderes als Gottes Herrschaft und Reich. Das bedeutet: Es ging Jesus in erster und einziger Linie um Gott, freilich nicht um einen Gott an sich und ohne die Menschen, sondern um den Gott für und mit uns, den er erfuhr und in Wort und Tat verkündigte. Es ging ihm um Gottes universalen Heilswillen und seine effektive Zuwendung zu den verlorenen Menschen und somit um der Menschen Rettung und gemeinsame Zukunft vor Gott.

a) Gottesbotschaft und Vollmachtsanspruch Jesu als Grund des tödlichen Konflikts

Mit dieser Botschaft von Gott und seinem ihr entsprechenden Verhalten geriet Jesus in Gegensatz zu der Mehrzahl, sicher aber zu den entscheidenden Kreisen seines Volkes. Jesu Handeln erregte Anstoß: er durchbrach die geltenden Reinheits- und Sabbatvorschriften (vgl. etwa Mk 7, 15 par; 3, 1–5; 2, 23–27; Mt 12, 11), er wandte sich sogar direkt gegen einzelne gesetzliche

---

[42] *Becker*, Zukunft und Hoffnung (s. Anm. 1) 100, sagt mit Recht, Jesus konfrontiere seine Zeitgenossen mit dem Neuen als einer verspielbaren Chance, nicht aber diesen gesamten Kosmos mit dem kommenden.

Bestimmungen (Scheidebrief Lk 16, 18 par und Schwören Mt 5, 34), und er scheute sich nicht, mit Menschen zu verkehren, die nach damaligen Maßstäben »geradezu verachtungswürdig waren, vor deren Gemeinschaft sich ein frommer Mensch sozusagen um Gottes willen hütete«[43] (Mk 2, 15–17 par; Mt 11, 19 par; Lk 7, 36–47; 15, 1; 19, 1–10). Der entscheidende Anstoß für seine Zeitgenossen lag freilich gar nicht in diesem Handeln (etwa der Gemeinschaft mit Sündern) an sich. Es gab ja auch andere, die sich nicht an die Bestimmungen hielten; wie sie machte sich Jesus in ihren Augen dadurch nur unrein und selbst zum (von Gott getrennten) Sünder. Der entscheidende Anstoß lag vielmehr in dem mit diesem Handeln verknüpften Anspruch Jesu, im Namen der *Gottes*herrschaft und an der Stelle *Gottes* so zu handeln.[44] Damit beanspruchte Jesus der Sache nach nämlich, den Willen Gottes besser zu kennen als die (doch von Gott selbst gegebene) Tora und ihn unter Umgehung des Gesetzes Gottes oder gar gegen dieses zur Geltung zu bringen. Er behauptete ja Gottes uneingeschränktes Angebot der Annahme *aller* Verlorenen. Mit diesem Angebot nicht nur an (vermeintlich) Gerechte, sondern auch an offenkundige Sünder[45] setzte sich Jesus über die vom Gesetz (und das hieß doch: von Gott selbst am Sinai) geforderten Grenzziehungen und Dämme gegen die Unreinheit hinweg. Er erschütterte damit die Grundlagen des damaligen sadduzäischen, essenischen und pharisäischen Judentums.[46] Das *mußte* äußersten Anstoß erregen und Ablehnung hervorru-

---

[43] *Fiedler,* Jesus und die Sünder 119.
[44] Dazu *L. Oberlinner,* Todeserwartung und Todesgewißheit Jesu (Stuttgart 1980) 157.163.
[45] Einen guten Überblick gibt *Goppelt,* Theologie 177–188.
[46] *J. Becker,* Das Gottesbild Jesu und die älteste Auslegung von Ostern, in: G. Strecker (Hg.), Jesus Christus in Historie und Theologie. Festschrift H. Conzelmann (Tübingen 1975) 105–126, hier 109ff: Jesu Gottesauslegung lag quer zur offiziell jüdischen; sie brachte ihn ins Abseits prophetischer Isolation angesichts des herrschenden Bewußtseins und in eine tiefgreifende Legitimationsproblematik. – *Oberlinner,* Todeserwartung 158, arbeitet das Skandalon heraus: »Jesus wendet sich ja nicht nur im Namen Gottes diesen Ausgestoßenen zu und spricht ihnen die ihr Tun überholende ... Gnade Gottes zu, sondern er spricht gleichzeitig den in der treuen Gesetzeserfüllung Bewährten das Recht ab, diese von ihnen gezogene Grenze zwischen Guten und Bösen, zwischen Gerechten und Sündern als Gottes Willen und damit zugleich Gott selbst verpflichtende Trennung in Anspruch zu nehmen. Der von Jesus proklamierten Freiheit der Gnade Gottes steht der in der konkreten Erfüllung des Willens Gottes (und nicht in ihrer Bosheit!) begründete Anspruch der Frommen und Gottesfürchtigen gegenüber, das wahre, heilige und gottgefällige Israel zu bilden. Dieses ihr Selbstverständnis wird von Jesus radikal in Frage gestellt (vgl. Lk 18, 10–14a).

fen. Gerade Jesu (praktische) Behauptung, Gottes Herrschaft sei reine Gnade, bildete somit paradoxerweise das Haupthindernis, Jesus zu akzeptieren.

Gewiß ließ Jesus nichts unversucht, bei seinen Gegnern – vor allem in der Form von Gleichnissen – um Verständnis und Zustimmung zu Gottes absolut bedingungslosem und gnadenhaftem Entscheid für die Sünder zu werben. Gottes eigenes Gesetz jedoch, so schien es, forderte ein Vorgehen gegen Jesus; »bestimmt waren viele der Kritiker Jesu der Meinung, sozusagen Gott gegen Jesus verteidigen zu müssen«[47]. Die Differenz im Gottesbild ging ins Grundsätzliche;[48] der offizielle jüdische Gottesglaube, an den Wurzeln getroffen, mußte sich wehren.

Die Situation spitzte sich zu, als Jesus von Galiläa nach Jerusalem kam und nun direkt mit den dort alles beherrschenden Sadduzäern zu tun bekam. Ihr traditionalistischer Gesetzesformalismus, ihre rein und unrein klar scheidende und die bestehende religiös-politische Ordnung aufrechterhaltende Tempelkultideologie bildeten den schärfsten Gegensatz zu Jesu Gottesbotschaft und Handeln. In dieser Situation konnte der geringste Anlaß (wie etwa Jesu tempelkritisches Wort Mk 14, 58[49]) für Jesu Gegner genügen, einzugreifen und diese unerträgliche Gottesbotschaft zum Schweigen zu bringen.

b) Todeserwartung, Todesbereitschaft und Todesdeutung Jesu

Ob und inwieweit Jesus schon in seiner galiläischen Heimat auf ernsthafte Gegnerschaft und Anfeindung getroffen war, ist in der neueren Forschung umstritten. Ganz sicher aber kam es bei seinem Jerusalemer Aufenthalt zu für ihn lebensgefährlichen Konfrontationen. So mußte er – bei vorauszusetzender realistischer Lagebeurteilung – mit der Möglichkeit eines gewaltsamen Todes rechnen. Trotz der drohenden Todesgefahr ist er nicht von seiner Botschaft abgerückt: Er hielt an Gottes aktuellem Kommen zu den Sündern und Gottes bedingungsloser Vorgabe

---

Daß hier der jüdische Gottesglaube, an den Wurzeln getroffen, sich wehren mußte, steht außer Zweifel.«
[47] *Fiedler*, Jesus und die Sünder 273.
[48] Vgl. *Becker*, Gottesbild 107–117; *Oberlinner*, Todeserwartung 138ff.
[49] Zum tempelkritischen Wort Jesu (wohl eine Vorform von Mk 14, 58) als Grund für die Anklage vgl. *Oberlinner*, Todeserwartung 125–127.

fest; und darum wollte er die an alle gerichtete Einladung nicht auf die Gerechten beschränkt wissen, sondern bezeugte und verkörperte bis zuletzt das unbedingte Ja Gottes zum Menschen jenseits aller Unterschiede.

Angesichts der gegen ihn laufenden Vorbereitungen scheint sich ihm in diesen letzten Jerusalemer Tagen, spätestens aber am letzten Abend, die Möglichkeit eines gewaltsamen Endes zur Gewißheit verdichtet zu haben. Mindestens aber der eschatologische Ausblick beim letzten Mahl (Mk 14, 25 par) belegt Jesu unmittelbare Erwartung des gewaltsamen Todes und seine Bereitschaft, diesen auf sich zu nehmen.[50] Freilich kann man nur von einer bedingten Todesgewißheit und -bereitschaft Jesu sprechen, einer Gewißheit und Bereitschaft sozusagen unter dem Vorbehalt und für den Fall, daß es Gottes Wille war, daß er sein Leben hingebe (vgl. die Gethsemani-Bitte Mk 14, 35f).[51]

Ferner zeigt Mk 14, 25 par, daß Jesus angesichts des von ihm erwarteten gewaltsamen Endes an der Gültigkeit seiner Botschaft vom aktuellen Herrschaftsantritt der unbedingten Güte Gottes festgehalten und die zuversichtliche Gewißheit geäußert hat, er werde – mit seinen Jüngern – das Heilsmahl in der zukünftigen vollendeten Gottesherrschaft erneut feiern. Jesus hat demnach seine Botschaft (vom Kommen des unbedingt gütigen Gottes durch ihn) zusammengedacht mit seinem drohenden Tod, der (als Tod des Repräsentanten dieses ankommenden Gottes) diese Botschaft total zu desavouieren schien. Selbst sein eigener Tod konnte das Kommen seines Gottes nicht annullieren: Das Heil der Gottesherrschaft kommt nach Mk 14, 25 so sicher wie Jesu Tod. Die Zeit des göttlichen Gnadenangebots ist – trotz der Verstockung und Ablehnung vieler in Israel (und des baldigen Versagens der Jünger) – nicht beendigt. Die Wende der Zeit ist keine Episode. Auch angesichts des gewaltsamen Todesgeschicks rückte Jesus demnach nicht von der Verkündigung des uneingeschränkt gnadenhaften Heilswillens Gottes ab. Im Gegenteil, er hielt – in den Tod gehend – sein Angebot aufrecht:

---

[50] Mk 14, 25 stellt ein historisch-kritisch gesichertes Minimum an (bedingten) Todesvoraussagen Jesu dar: vgl. *Oberlinner*, Todeserwartung 130–135; *X. Léon-Dufour*, Als der Tod seinen Schrecken verlor. Die Auseinandersetzung Jesu mit dem Tod und die Deutung des Paulus (Olten – Freiburg 1981) 109ff. – Ob man Leidensweissagungen wie Mk 8, 31; 9, 31 für nachösterliche Entfaltung hält oder in einem Grundbestand auf Jesus zurückführt, ist deshalb kaum entscheidend.

[51] Vgl. *Oberlinner*, Todeserwartung 165; *Schürmann*, Basileia-Verständnis 222f.

Unter allen Umständen, und das heißt auch in seinem eigenen Sterben, stellte er sich für das Ankommen der Herrschaft (der Liebe) Gottes zu den Sündern aktiv zur Verfügung.

Wird diese für Jesus gegebene radikale Priorität der ankommenden Herrschaft Gottes *vor* den Wechselfällen seines eigenen Geschicks (also auch in seinem Gang in den Tod) ernst genommen, dann ist damit bereits ein Ansatz für ein soteriologisches Verständnis seines Todes bei Jesus selbst gegeben. Gewiß, explizit ist ein solches soteriologisches Verständnis des Todes Jesu historisch sicher und unbestreitbar erst als frühe nachösterliche Erkenntnis zu greifen. Seine Zurückführung auf Jesus selbst ist mit Unsicherheiten belastet und daher in der exegetischen Forschung kontrovers;[52] das Spektrum der Auffassungen reicht von skeptischer Zurückhaltung (Jesu Abendmahls*worte* ließen sich aus den uns zugänglichen Abendmahlstraditionen nicht mehr rekonstruieren[53]) bis hin zu entschiedener Befürwortung (der Text Mk 14, 22–24 sei in jeder Hinsicht der ursprünglichste und der authentisch jesuanische[54]). Nun wird heute, jenseits dieser Ge-

[52] Zur sehr verzweigten und disparaten neueren Diskussion vgl. *H. Kessler*, Die theologische Bedeutung des Todes Jesu (Düsseldorf 1970, ²1971) 228–329; *H. Schürmann*, Jesu ureigener Tod (Freiburg 1975); *K. Kertelge* (Hg.), Der Tod Jesu. Deutungen im NT (Freiburg 1976; darin bes. J. Gnilka und A. Vögtle); *M.-L. Gubler*, Die frühesten Deutungen des Todes Jesu (Fribourg 1977), *R. Pesch*, Das Abendmahl und Jesu Todesverständnis (Freiburg 1978); *X. Léon-Dufour*, Tod 95–119; *M. Hengel*, Der stellvertretende Sühnetod Jesu, in: IkaZ 9 (1980) 1–25.135–147 (erweiterte engl. Fassung: The Atonement. A Study of the Origins of the Doctrine in the NT, London 1981); *G. Friedrich*, Die Verkündigung des Todes Jesu im NT (Neukirchen 1982).

[53] Diese Auffassung wird von den meisten Exegeten vertreten. Danach sind in beiden Varianten der Abendmahlsüberlieferung (1 Kor 11, 24–25parLk und Mk 14, 22–24parMt) ältere und jüngere Überlieferungselemente enthalten, wobei aufs Ganze gesehen die markinische Fassung für jünger angesehen wird als die paulinisch-lukanische. Beide Fassungen sind aber bereits stark von nachösterlicher Reflexion geprägt, so daß die Abendmahlsworte Jesu kaum noch rekonstruierbar sind.

[54] So in Aufnahme und Fortführung von *J. Jeremias*, Die Abendmahlsworte Jesu (Göttingen 1935, ⁴1967), neuerdings wieder *R. Pesch*, Abendmahl. – Gegen die Mk-Priorität und insbesondere dagegen, daß Mk 14, 22–24 die ursprünglichen authentischen Abendmahlsworte Jesu wiedergebe, erheben sich viele gewichtige Einwände. Vgl. insbesondere *A. Vögtle*, Todesankündigungen und Todesverständnis Jesu, in: Kertelge, Tod Jesu 51–113; *F. Hahn*, Das Abendmahl und Jesu Todesverständnis, in: ThRev 76 (1980) 265–272; *W. G. Kümmel*, Jesusforschung seit 1965, Teil IV, in: ThRdsch 43 (1978) 262–264 und 45 (1980) 332f; *H. Schürmann*, Jesu ureigenes Todesverständnis, in: J. Zmijewski – E. Nellessen (Hg.), Begegnung mit dem Wort. Festschrift H. Zimmermann (Bonn 1980) 281f mit Anm. 37.42f; 286 mit Anm. 61; 294 mit Anm. 93; 302 mit Anm. 128 (jetzt auch in: Ders. Gottes Reich – Jesu Geschick, Freiburg 1983, 185–223). Ferner *H.-W. Winden*, Wie kam und wie kommt es zum Osterglauben? Darstellung, Beurteilung und Weiterführung der durch R. Pesch ausgelösten Diskussion (Frankfurt – Bern 1982) 154–160.

gensätze, die *Möglichkeit* kaum mehr bestritten, daß Jesus seinem erwarteten Tod – aus seiner Grundhaltung der Hingabe für die andern (»Pro-Existenz«) heraus – einen heilsbedeutsamen Sinn gegeben haben *konnte*. Der Nachweis der *Tatsächlichkeit* ist indes überaus schwierig und das eigentliche historische Problem. Methodisch behutsame und umsichtige neuere Arbeiten weisen hier aber eine Konvergenz von Wahrscheinlichkeitsargumenten auf und kommen zu dem Ergebnis, daß die Tatsächlichkeit die größere Wahrscheinlichkeit für sich hat als die gegenteilige Annahme.[55]

Danach kann angenommen werden: Die *Ablehnung* von Gottes vorbedingungsloser und uneingeschränkter Gnade durch die Mehrheit seines Volkes, also die Nichtannahme des Heils (die ja das Gericht zur Folge haben würde), konnte Jesus nicht unberührt lassen. Es mußte sich ihm die (existentielle) Frage stellen, wie Gott denn die Herrschaft seiner Güte dem unbußfertigen Israel und den Völkern (Heiden) dennoch als Heil zukommen lassen könne. Wollte er daran festhalten, so mußte er »lernen« (vgl. Hebr 5, 8), daß das Heil der Gottesherrschaft nicht mehr allein durch sein *Dasein* für die Verlorenen kommen solle, sondern nunmehr durch sein *Sterben* für die Sünder. Von Jesu Grundhaltung her lag es deshalb nahe, daß er nun auch aus seinem Sterben einen Dienst für die Verlorenen und Sünder machte, daß er sterbend seine Forderung der Feindesliebe verwirklichte (vgl. die Deutung bei Lk 23, 34) und sich existentiell dem Gericht über seine Mitmenschen entgegenstemmte. Anders konnte er schwerlich an seiner existentiell-praktisch gelebten Heilserwartung der Gottesherrschaft festhalten.

Es kann demnach angenommen werden, daß Jesus – dem unbedingten Heilswillen Gottes sich restlos und bis zum äußersten zur Verfügung stellend – die gewalttätige (seine eigene Tötung bedeutende) Weigerung und Abkehr der Menschen gegenüber Gottes Heil gewaltlos und mit dem Willen trug, ihre heilsverwirkende Folge (eben das Gericht) abzuwenden und so dem Kommen Gottes zu den Sündern gerade in seinem Sterben endgültig die Bahn zu brechen. Jesus hat sein Leben dienend in Gottes Heilsangebot hineingestellt und diesen Selbsteinsatz für das

---

[55] Hier sind besonders die umsichtigen Arbeiten von *Schürmann* (siehe Anm. 52 und 54) und *Hengel* (siehe Anm. 52) zu nennen.

Kommen der Herrschaft Gottes zu den Verlorenen bis in den Tod hinein durchgehalten.[56]

Diesen Selbsteinsatz bis zur Lebenshingabe hat Jesus beim Abendmahl vorweg in ungewöhnlichen Gebegesten (Darreichen des einen Brotes und Herumreichen seines Bechers) sinnenfällig und eindrücklich angedeutet und ihn zugleich den anwesenden Jüngern (als Repräsentanten Israels und der Völkerwelt) zugeeignet. Diese eindrücklichen Gebegesten waren sicher mit deutenden Worten verbunden. Aber diese dürften wohl eher indirekte, vorkonzeptionelle (und nicht konzeptionell eindeutige)[57] Worte einer unmittelbar-existentiellen Sinngebung seiner Lebenshingabe gewesen sein.[58] Sie dürfte in den gemeinsamen Grundmotiven der beiden Traditionen 1 Kor 11, 24-25 parLk und Mk 14, 22-24 parMt erhalten geblieben sein, so daß die anscheinend unüberwindlichen Schwierigkeiten, aus diesen Texten die ursprünglichen Abendmahlsworte Jesu zu rekonstruieren, an Gewicht verlieren.

Bei all dem darf indessen nicht übersehen werden, daß Jesu existentielle Sinngebung seines bevorstehenden Todes dem faktischen Gang der Dinge vorausging. Diesen aber konnte Jesus

[56] Mit *H. Peukert,* Wissenschaftstheorie – Handlungstheorie – Fundamentale Theologie (Düsseldorf 1976) 299, kann man durchaus sagen, »daß Jesus mit dem Bewußtsein, in seinem Handeln und in seinem Dasein für die anderen das eschatologische Heil gegenwärtig zu machen, auf seinen Tod zugegangen ist und die Hingabe in den Tod als die äußerste Konsequenz und Erfüllung dieser Hingabe verstanden hat«.

[57] Das betont mit Recht *H. Schürmann* immer wieder, z. B.: Jesu Todesverständnis in Verstehenshorizont seiner Umwelt, in: ThGl 70 (1980) 141–158, hier 156–158 (auch in: Ders., Gottes Reich – Jesu Geschick, Freiburg 1983, 225–245); Basileia-Verständnis (s. Anm. 1) 226–228. – Hätte Jesus eine Deutung seines Todes in klarer Direktheit geäußert, so bliebe unverständlich, warum in der frühen nachösterlichen Zeit diese Sinndeutung nicht auf breiter Front aufgenommen wurde, sich vielmehr in der synoptischen Jesusüberlieferung nur an zwei Stellen im Zusammenhang der Abendmahlstradition findet, während ansonsten verschiedene Versuche einsetzten, das Rätsel des Todes Jesu zu erhellen. Es spricht manches dafür, daß Jesu Deutung beim Abschiedsmahl für die Jünger zunächst unfaßlich und undeutlich war und erst nach Ostern aufgrund der neuen Glaubenssicht und im Rückgriff auf atl. Texte allmählich eingeholt und in vielfältigen Bildern entfaltet wurde. Vorsichtig in diese Richtung nun auch *R. Pesch,* Zwischen Karfreitag und Ostern. Die Umkehr der Jünger Jesu (Zürich 1983) 75.82.

[58] Ob Jesus dabei den Gottesknecht von Jes 53 oder Traditionen vom Märtyrertod wie in 2 Makk 7 vor Augen hatte oder in eigener Kreativität eine Sinndeutung aus existentieller Tiefe und Ahnung vornahm, läßt sich nicht mehr eindeutig entscheiden. Das letztere dürfte mehr Wahrscheinlichkeit für sich haben; wenn in frühen ntl. Schichten (außerhalb der Abendmahlstradition) auf Jes 53 zurückgegriffen ist, geht es auffälligerweise gerade nicht um die Sühneaussagen von Jes 53: vgl. *Kessler,* Bedeutung (s. Anm. 52) 265 mit Anm. 1.

nicht vorwegnehmen. Deshalb darf auch seine vorausgehende Sinndeutung nicht schon mit einer absoluten Überzeugung Jesu vom *Muß* seines Sühnetodes gleichgesetzt werden. Vielmehr sind jene Gebegesten und indirekten Deuteworte Jesu anzusehen als Ausdruck seines Angebotes, sich selbst hingebend (proexistent) und fürbittend (deprekativ) für die andern (Sünder) einzusetzen, und als Ausdruck seiner festen Zuversicht, daß Gott dieses Angebot annehmen und bestätigen werde.[59] Alles Weitere wird Jesus seinem »Vater« überlassen haben. Das Wie der Verwirklichung der heilvollen Gottesherrschaft, für die er sich sterbend radikal einsetzte, lag in Gottes Hand. Anders nämlich hätte sich Jesus nicht so, wie es für ihn kennzeichnend war, für die souveränen Möglichkeiten seines Vaters offengehalten.

c) Die Hinrichtung am Kreuz als radikale Krise

Der Verurteilung Jesu dürfte ein zugespitzter Konflikt mit der sadduzäischen Priesteraristokratie, der sich insbesondere an Jesu prophetischem Tempelwort (vgl. Mk 14, 58; vgl. 13, 2; 15, 29) entzündete, vorausgegangen sein. Da aber der Hohe Rat damals nicht mehr das Recht der Exekution von Todesstrafen hatte und beim römischen Statthalter eine Anklage aus religiösen Gründen kaum auf Erfolg hoffen durfte, überlieferte man Jesus an Pilatus mit der vorgeschobenen Beschuldigung, er sei einer der damals nicht selten auftretenden Messiasprätendenten (vom jüdischen Standpunkt aus durchaus kein todeswürdiges Vergehen). Für die Römer hieß das: Jesus war ein national-politischer Aufrührer, gefährlich zumal zur Zeit des Passahfestes, an dem häufig eine eschatologisch gespannte, bisweilen explosive Stimmung herrschte. Daher machten sie kurzen Prozeß mit Jesus: sie kreuzigten ihn als Messiasanwärter bzw. – in römischer Sprache – als »König der Juden«, wie der wohl als historisch zu beurteilende Kreuzestitulus (Mk 15, 26) lautete.[60]

Die römische Hinrichtungsart der Kreuzigung[61] war für Sklaven und Aufständische (niemals für römische Bürger) bestimmt;

---

[59] Vgl. *Schürmann*, Basileia-Verständnis 222f mit Anm. 110.114.118.

[60] Zu diesen Sachverhalten vgl. *Kessler*, Bedeutung 230f; *H. Merklein*, Die Auferweckung Jesu und die Anfänge der Christologie, in: ZNW 72 (1981) 1–26, näherhin 10–12.

[61] Vgl. hierzu *Kessler*, Bedeutung 305f; *H.-W. Kuhn*, Jesus als Gekreuzigter in der frühchristlichen Verkündigung bis zur Mitte des 2. Jahrhunderts, in: ZThK 72 (1975)

sie galt als »äußerste und härteste Strafe«, als »grausamste und scheußlichste Hinrichtung« (Cicero), als »schändlichster Tod« (Tacitus). Die Juden sträubten sich gegen diese Todesstrafe. Das jüdische Strafrecht kannte sie nicht. Es kannte hingegen das »Aufhängen am Holz« (Pfahl oder Baum) als alte Zusatzstrafe für Götzendiener oder Gotteslästerer *nach* bereits eingetretenem Steinigungs- oder Enthauptungstod (Dtn 21, 22–23); dadurch wurde der Hingerichtete öffentlich zu einem von Gott Verfluchten gestempelt (Dtn 21, 23b: »Verflucht ist, wer am Holze hängt«). Nun hat man diese Stelle im Judentum bereits in vorchristlicher Zeit – entgegen ihrem eigentlichen Sinn – auch auf die Hinrichtungsart des Kreuzigens bezogen (4 QpNah 7f; 1 QpHab 8; Tempelrolle 64, 6–13); so stellt etwa die Tempelrolle ausdrücklich fest, daß Gekreuzigte »Verfluchte Gottes und der Menschen sind« (64, 12)[62]. Nach dieser zeitgenössischen Deutung von Dtn 21, 23, die auch hinter Texten wie Gal 3, 13; 1 Kor 1, 23; Apg 5, 30; 10, 39; 13, 29; Joh 19, 31ff; Justin, Dial 89, 1–90,1 steht, war also ein Gekreuzigter zugleich ein von Gott Verfluchter.[63]

Zwar hat Jesus zuletzt sein gewaltsames Ende kommen sehen; es hat ihn keineswegs ahnungslos und unvorbereitet getroffen. Aber die konkrete Art der Verurteilung zum Kreuzestod war auch für Jesus erwartungsmäßig nicht vorwegnehmbar. Auch wenn Jesus in einzigartiger Gottesgewißheit lebte und sich nicht auf vorgegebene Deutekategorien festlegen ließ, kann man daher fragen: Mußten nicht Kreuzweg und Kreuzigung – aufgrund der zeitgenössischen Deutung von Dtn 21, 23 Zeichen gottverfluchter Verlorenheit – *Jesus* selbst mit seiner zuvor gegebenen Sinndeutung seines Sterbens, mit seiner geäußerten Hoffnungsgewißheit und mit seinem ganzen Bild von Gott in eine letzte

---

1–46; *M. Hengel,* Mors turpissima crucis, in: J. Friedrich u. a. (Hg.), Rechtfertigung. Festschrift E. Käsemann (Tübingen – Göttingen 1976) 125–184.

[62] Text bei *J. Maier,* Die Tempelrolle vom Toten Meer (München – Basel 1978). – Zur Sache vgl. *Kessler,* Bedeutung 322f.

[63] Selbst dann, wenn man meint, dieses Verständnis des Kreuzestodes (von Dtn 21, 23 her) für breite Kreise und die Öffentlichkeit des Judentums um 30 n. Chr. noch nicht voraussetzen zu dürfen, wird man doch um die grundlegende Annahme nicht herumkommen, daß für diese Öffentlichkeit ein auf Betreiben der eigenen Behörden Gekreuzigter unmöglich der Messias sein konnte. Ein leidender, getöteter, gekreuzigter Messias war im damaligen jüdischen Kontext ein Widerspruch in sich selbst und völlig undenkbar. Das bedeutet: der Sache nach war Jesus durch seinen Tod am Kreuz für die jüdische Öffentlichkeit in der Tat widerlegt.

Krise führen?[64] Der Verlassenheitsschrei, der Appell an Gott, also das Festhalten an ihm und Sich-wieder-Durchbeten zum Vertrauen auf ihn, von dem Mk 15, 34[65] weiß, könnten in diese Richtung weisen. Dieser durch die Hinrichtung am Kreuz heraufbeschworene letzte und notvollste Konflikt Jesu war nicht lösbar – es sei denn durch Gott selbst, an den Jesus sterbend sich klammerte und dem er sich überantwortete.

Erst recht aber wurden durch Jesu Hinrichtung am Kreuz seine *Jünger* in eine äußerste Krise gestürzt. Die Wucht des tatsächlich eingetretenen Endes, das Unfaßliche des Fluchtodes traf sie trotz allem und nun vollends unvorbereitet; es zerstörte die durch Jesus geweckten Hoffnungen mit einem Schlag. Dies sollte man nicht verharmlosen. Das schmähliche Ende Jesu am Kreuzesholz bedeutete für ihre Jüngerschaft eine kaum zu überschätzende Katastrophe.[66]

Hier ging es nämlich nicht bloß um das schmähliche Ende des Gerechten (wegen seiner Treue zum Gott des Gesetzes) oder um das gewaltsame Jerusalemer Geschick der Propheten (einschließlich Johannes des Täufers), die nach jüdischer Tradition ja nicht ohne weiteres die Widerlegung ihres Anspruchs besagten. Hier ging es um anderes und mehr: Jesus hatte einen einmaligen, unerhörten Anspruch erhoben, er hatte sich (im Namen Gottes) souverän auch über die Schranken des Gesetzes hinweggesetzt, und er war am Kreuz, das heißt als vom Gesetz (und vom Gott des Gesetzes) Verfluchter gestorben; das war, nicht nur im damaligen Kontext, etwas völlig anderes! Jesus mußte daher – mitsamt seinem Anspruch, der vollmächtige Agent der

---

[64] *Merklein,* Auferweckung (s. Anm. 60) 11f Anm. 43, sieht das eigentliche Problem bei der Frage nach Jesu Verständnis seines eigenen Todes in dieser letzten unerwartbaren Verschärfung, also darin, »wie Jesus seinen Kreuzestod bewältigt hat«; die von *R. Bultmann* erwogene »Möglichkeit, daß er zusammengebrochen ist« (Das Verhältnis der urchristlichen Christusbotschaft zum historischen Jesus, Heidelberg 1960, 12), hält er aber mit Recht für unwahrscheinlich.

[65] Zur unterschiedlichen Beurteilung dieses Sterbebetes Jesu vgl. nur *Pesch,* Mk II 494f; *Gnilka,* Mk II 321f, und insbesondere *X. Léon-Dufour,* Tod (s. Anm. 50) 155–179.

[66] Vgl. *A. Vögtle(–R. Pesch),* Wie kam es zum Osterglauben? (Düsseldorf 1975) 71–74 mit Verweisen auf *U. Wilckens,* Die Überlieferungsgeschichte der Auferstehung Jesu, in: W. Marxsen u. a., Die Bedeutung der Auferstehungsbotschaft für den Glauben an Jesus Christus (Gütersloh 1966) 43–63, besonders 53: In Anbetracht des »Grundwissens Israels«, »daß nämlich kein Mensch Gottes Tun in seinem Tun in Anspruch nehmen kann, wenn Gott es nicht will«, bedeutete Jesu schmähliches Ende »eine kaum zu überschätzende Katastrophe für die Jüngerschaft seiner Jünger«.

anbrechenden Herrschaft des bedingungslos gütigen Gottes zu sein – als durch Gott (den Gott der Sinai-Tora) selbst öffentlich widerlegt gelten. Für die jüdische Obrigkeit (den Hohen Rat) und die jüdische Öffentlichkeit war seine Gottesbotschaft erledigt, war er als falscher Gottesbote entlarvt.[67]

Das aber mußte voll auf die Jünger durchschlagen: sie fliehen (Mk 14, 27f. 50). Bei der Kreuzigung Jesu ist nach der Darstellung des Markus keiner der Jünger mehr dabei; ein Außenseiter, Josef von Arimathäa, muß nach Mk 15, 43 die hochwichtige Pietätspflicht der Bestattung (z. B. Tob 1, 17–19; Josephus, Bell. 4, 317.380 ff) des Leichnams Jesu übernehmen.[68] Die Rückkehr der Jünger in ihre galiläische Heimat ist gut bezeugt (vgl. Mk 14, 28; 16, 7; Joh 16, 32; außerdem ist Galiläa der Ort der ersten Erscheinungen[69]). Das alles ist beredter Ausdruck für den »Zusammenbruch, den *sachlich* sein Tod für ihre Situation innerhalb des damaligen Israel bedeutete«[70]. Nicht Jesus war zusammengebrochen, aber der Glaube und die Hoffnung der Jünger waren es. Die lukanische Darstellung, nach der die Kreuzigung Jesu durch die jüdische Obrigkeit den Grund für die tiefe Enttäuschung und Hoffnungslosigkeit der Jünger bildete (Lk 24, 20f), dürfte den geschichtlichen Sachverhalt kaum verzeichnen.[71]

Mag man in dem damaligen Verständnis der Hinrichtung am Kreuz ein eher zeitbedingtes Hindernis für ein Durchhalten oder Wiederaufleben des Glaubens der Jünger erblicken, so darf ein viel grundlegenderes und prinzipielles Hindernis nicht übersehen werden. Es läßt sich kurz so umschreiben: Wenn derjenige, der beansprucht hatte, daß *sein* Auftreten und *Gottes* Kom-

---

[67] Vgl. *Vögtle*, Osterglauben 117f; 118: Seine Hinrichtung bedeutete die »Erledigung« seines Sendungsanspruchs. Sie »mußte in den Augen aller Israeliten nun einmal bedeuten, daß das Kommen des Heils nicht an seine Person und sein Wirken geknüpft sein kann und Israel das Heil jedenfalls nicht von diesem Jesus zu erwarten hat«.

[68] Die Historizität der Initiative Josefs von Arimathäa bei Pilatus (Mk 15, 43–45par; Joh 19, 38) ist kaum zu bestreiten. Aber auch die Überlieferung von der Bestattung Jesu durch ihn ist glaubwürdig: vgl. die Kommentare von Pesch und Gnilka z. St.

[69] Auch der Umstand, daß die ersten Erscheinungsphänomene in Galiläa (nicht in Jerusalem) stattfanden, ist ein Indiz dafür, daß zumindest die Galiläer aus dem Jüngerkreis in ihre Heimat zurückgekehrt waren: vgl. *G. Lohfink*, Der Ablauf der Osterereignisse und die Anfänge der Urgemeinde, in: ThQ 160 (1980) 162–176, hier 162–164. Derweil mögen in Jerusalem Sympathisanten, vielleicht auch andere Jünger und vor allem eine Gruppe von Frauen zurückgeblieben sein.

[70] *Wilckens*, Überlieferungsgeschichte (s. Anm. 66) 54 (Hervorhebung im Original).

[71] Zu Lk 22, 31f siehe unten Kap. 3, V. 4c(1).

men sich decken, in letzter Gottverlassenheit stirbt, war dann nicht sein Anspruch, seine Botschaft und sein ganzes Dasein ein einziger Irrtum, Gott also eben nicht auf seiner Seite? Wenn derjenige, der das Ankommen der unbedingten Herrschaft (der Güte) Gottes bei den Verlorenen an sein eigenes Dasein geknüpft hatte, nun selber tot und verloren war, war dann nicht die Möglichkeit des Glaubens an *diesen* Gott zerstört, die Jüngerschaft *Jesu* (als des endgültigen Gottesboten) zu Ende? Das Gewicht dieser prinzipiellen (nicht bloß zeitbedingten) Problematik darf nicht unterschätzt werden. Jesu Hinrichtung stellte – über alle durch zeitgeschichtliche Anschauungen bedingten psychologischen Barrieren hinaus – die ganz grundsätzliche Frage, ob Jesu (existentiell und praktisch verbürgte) Behauptung, Gott sei die vergebende und rettende Wirklichkeit für die Verlorenen, nicht durch seine eigene Vernichtung und Verlorenheit radikal widerlegt sei. Der Tod am Kreuz macht den irdischen, vorösterlichen Jesus zur offenen, unentscheidbaren Frage. Diese Frage bleibt, und sie kann nicht beantwortet werden, wenn man die mit dem urchristlichen Osterglauben gegebene Antwort ablehnt, Gott habe den gekreuzigten Jesus vom Tode auferweckt und bestätigt und so die für uns unentscheidbare Frage des Daseins und Todes Jesu durch seine eigene Tat entschieden. *Wenn* es auf die durch den Tod Jesu prinzipiell gestellte radikale Frage nach Gott und seiner rettenden Nähe (durch Jesus) überhaupt eine Antwort gibt, so konnte sie nur Gott selbst geben.

II. Das neutestamentliche Zeugnis von der Auferweckung Jesu

Kurze Zeit nach der Hinrichtung Jesu am Kreuz sind die untergetauchten und nach Galiläa zurückgekehrten Jünger plötzlich und überraschend wieder in Jerusalem. Dort, in der für sie unwirtlichen und gefahrvollen Zionstadt, nicht im sicheren Galiläa, sammeln sich die Jünger zur Urgemeinde. Diese plötzliche und unerwartete Wende ist verknüpft mit der Botschaft, Gott habe den gekreuzigten Jesus von den Toten auferweckt. Wie die Jünger zu dieser Botschaft kamen, soll im dritten Kapitel bedacht werden. Hier geht es zunächst um einen Überblick darüber, in welcher Gestalt diese Botschaft sich im Neuen Testament niederschlägt und welcher Grundgehalt sich mit ihr verbindet.

Zunächst gilt es zu beachten: Das gesamte Neue Testament – von seinen frühesten bis zu den spätesten Schichten und Schriften – vertritt in völliger Einmütigkeit die ihm fundamentale Überzeugung von der Auferweckung Jesu. Es meint damit durchgehend nicht eine von den Jüngern nur erhoffte oder angenommene Auferstehung Jesu, sondern eindeutig und entschieden mehr, nämlich die durch Gott bereits gewirkte und bestimmten Zeugen offenbarte Auferstehung des Gekreuzigten. Bezüglich dieser fundamentalen Überzeugung von der Auferweckung des gekreuzigten Jesus gab es im gesamten Urchristentum keinerlei sachliche Meinungsverschiedenheit, sondern nur einhellige Übereinstimmung; diese kann daher auch direkt thematisiert werden (vgl. 1 Kor 15, 11; Apg 2, 32).

Ferner ist zu beachten: Die Auferweckung Jesu ist nach dem Neuen Testament nicht Wiederbelebung eines Toten (wie etwa der Tochter des Jairus oder des Lazarus), nicht Rückkehr unter empirisch prüfbare, weltliche Daseinsbedingungen und ins erneut sterbliche Leben; sondern sie ist der Übergang in die uns noch verborgene unzerstörbare Daseinsform bei Gott (vgl. Röm 6, 9f; Apg 13, 34), also in ein anderes Leben, für das unsere gewöhnlichen Vorstellungen von Leben nicht ausreichen. Deswegen kann die Auferstehung Jesu keine empirisch-historisch beweisbare Tatsache sein; sie ist vielmehr eine nur im Glauben erfahrbare und erfaßbare Wirklichkeit. Die neutestamentliche Rede von der Auferweckung Jesu ist denn auch keine neutral beobachtende, distanziert berichtende, gegenständliche Aussage, sondern Glaubensaussage. Genauer noch: Sie ist Zeugnis und Bekenntnis von Glaubenden, in dem mit dem bezeugten Inhalt zugleich die existentielle Betroffenheit der Zeugen und die durch das Bezeugte in ihnen bewirkte Veränderung mitgegeben ist; ein Zeugnis, das nicht der Befriedigung unserer Neugierde dient, sondern unsere Umkehr und Glaubenszustimmung intendiert und das überdies die Erwartung der universalen Bewahrheitung des Bezeugten vor aller Welt einschließt.[72]

---

[72] Zur Semantik und Pragmatik dieses Zeugnisses vgl. unten Kap. 5, I. 2. – Die neutestamentlichen Texte sind insgesamt Verkündigungstexte, aber voller Historie, die in ihnen aufzusuchen ist. Dieses Verhältnis von Kerygma und Historie gestaltet sich jedoch bei den Ostertexten insofern noch einmal schwieriger, als die Auferstehung Je-

Nun begegnet diese Zeugnisaussage von der schon geschehenen Auferstehung Jesu von Nazareth im Neuen Testament in zweierlei – der Gattung nach verschiedener – Form: als Bekenntnisformel und als Erzählung. Zweifellos sind die Bekenntnisformeln die ältere Gestalt; wir gehen zunächst von ihnen aus.

1. Alte Formeltradition

Längere Zeit hat man die von Paulus deutlich als übernommene Tradition gekennzeichnete Bekenntnisformel 1 Kor 15, 3–5 (und 6–7) als »das älteste Zeugnis von der Auferstehung Christi«[73] betrachtet. Neuere Untersuchungen haben jedoch gezeigt, daß ihr noch ältere formelhafte Osterbekenntnisse vorausliegen. Das älteste literarisch greifbare Zeugnis von der Auferstehung Jesu dürfte demnach die eingliedrige Auferweckungsformel (»Gott hat Jesus von den Toten auferweckt«) sein;[74] sie geht bis in die Anfänge der Jerusalemer Urgemeinde zurück. Das gleiche gilt für den nicht weniger alten Maranatha-Ruf,[75] der die Überzeugung von der Auferweckung Jesu, und zwar als Erhöhung zu Gott, voraussetzt.

a) Die eingliedrige Auferweckungsformel und der Maranatha-Ruf der Urgemeinde

In fast allen neutestamentlichen Schriften findet sich die *eingliedrige Auferweckungsformel.* Sie begegnet entweder in der Form einer partizipialen Gottesprädikation »Gott, der Jesus aus

su selber keine historische, das heißt historisch beweisbare Tatsache darstellt. Deshalb kommt hier auch dem Zeugnis eine ganz radikale Bedeutung zu.

[73] So der Titel einer Studie von *J. Kremer* (Stuttgart 1966). – Ähnlich auch *H. Grass,* Ostergeschehen und Osterberichte (Göttingen ³1964) 94, und viele andere seit *A. Seeberg,* Der Katechismus der Urchristenheit (Leipzig 1903).

[74] Zur Auferweckungsformel vgl. *W. Kramer,* Christos Kyrios Gottessohn (Zürich 1963) 16–24; *R. Deichgräber,* Gotteshymnus und Christushymnus in der frühen Christenheit (Göttingen 1967); *G. Delling,* Geprägte partizipiale Gottesaussagen in der urchristlichen Verkündigung (Göttingen 1970); *K. Wengst,* Christologische Formeln und Lieder des Urchristentums (Gütersloh 1972) 27–48.92–104; *J. Becker,* Gottesbild (s. Anm. 46) 118–122; bes. aber vgl. die hervorragende Analyse von *P. Hoffmann,* Auferstehung Jesu Christi (NT), in: TRE IV (1979) 478–513, hier 478–490.

[75] Zum Maranatha-Ruf vgl. *K. G. Kuhn* in: ThWNT IV (1942) 470–475; *H. Conzelmann,* Der erste Brief an die Korinther (Göttingen 1969) 360f; *L. Goppelt,* Theologie 348–351; *J. A. Fitzmyer,* Der semitische Hintergrund des neutestamentlichen Kyriostitels, in: G. Strecker (Hg.), Jesus Christus in Historie und Theologie. Festschrift H. Conzelmann (Tübingen 1975) 267–298; *A. Vögtle,* Der verkündigende Jesus (s. Anm. 1) 74.

(den) Toten auferweckt hat« oder eines Aussagesatzes »Gott hat Jesus aus (den) Toten auferweckt« (1 Thess 1, 10; Gal 1, 1; 1 Kor 6, 14; 15, 15; 2 Kor 4, 14; Röm 4, 24; 8, 11; 10, 7.9; Kol 2, 12f; Eph 2, 5; Hebr 11, 19; 13, 20; Apg 2, 24.32; 13, 33f; 17, 31; in Passiv-Konstruktionen: 1 Kor 15, 12.20; Röm 6, 4.9; 7, 4; Mk 16, 6 par; Mt 17, 9; 27, 64; 28, 7; Joh 2, 22; 21, 14; 2 Tim 2, 8; als Auferstehungsformel: 1 Thess 4, 14; Mk 8, 31 par; 9, 9f. 31 par; 10, 34 par; Joh 20, 9; Apk 1, 18; 2, 8 u. a.). Die Konstanz und geringe Variabilität der Wendung sowie ihre weite Verbreitung erlauben es, sie als selbständige geprägte Formel zu beurteilen. Sie enthält vier konstitutive Elemente: (1) Die Aoristform des Verbs (meist von ἐγείρω) weist auf ein einmaliges Handeln in der Vergangenheit hin; (2) das Subjekt des Auferweckungshandelns ist Gott, (3) das Objekt dieses Handelns ist Jesus, der am Kreuz Getötete (noch ohne jede christologische Titulatur[76]); (4) die präpositionale Bestimmung »aus (den) Toten« erklärt, aus welchem Bereich und Zustand (Scheol) Jesus auferweckt wurde.

Die Formel hat in der alttestamentlich-jüdischen Literatur Form- und Sachparallelen. Ihre nächste Formparallele sind Gottesprädikationen der alttestamentlich-jüdischen Gebets- und Bekenntnistradition, welche Gott als den Schöpfer und als den geschichtlichen Retter vor dem drohenden Tod preisen: Gott, »der Himmel und Erde gemacht hat« (Ps 115, 15; Jes 45, 7; Dan 9, 15; Weish 9, 1 u. a.) bzw. »der euch aus Ägypten herausgeführt hat« (Ex 16, 6; 6, 7; Hos 13, 4 u. a.). Ihre nächste inhaltliche Parallele hat die Auferweckungsformel in der Gottesprädikation der zweiten Benediktion des Achtzehn-Gebetes: »Gepriesen seist du Herr, der du die Toten lebendig machst/auferweckst«[77] (dieses Gottesprädikat greift auch Paulus in Röm 4, 17.24 und 2 Kor 1, 9 auf). Bedenkt man diesen Hintergrund, so ergibt sich als inhaltliche Aussage der Auferweckungsformel

---

[76] Dieser rein theologische Charakter der Formel spricht (zusammen mit ihrer Konstanz und weiten Verbreitung in allen neutestamentlichen Schichten) für ihr hohes Alter.

[77] Der unterschiedliche Sprachgebrauch (lebendig machen/auferwecken) ist bereits in Jes 26, 19 grundgelegt. Er setzt sich in der neutestamentlichen Auferstehungsformel (Röm 14, 9; 6, 10; 2 Kor 13, 4a; Apk 1, 18; 2, 8) und ihrer Anwendung auf das Geschick der Gläubigen (Röm 6, 8.11; Gal 2, 19; 2 Kor 4, 10f; 6, 9; 13, 4b; Kol 3, 3f; 2 Tim 2, 11) fort; an den hier angeführten Stellen findet sich durchweg der Ausdruck »(auf-)leben«/(ἀνα-)ζῆν.

das folgende: Gott hat in Fortführung und Überbietung seines Schöpfungshandelns an der Welt und seines geschichtlichen Rettungshandelns an Israel eschatologisch durch seine die Toten erweckende Macht unerwartet und exzeptionell an dem gekreuzigten und toten Jesus gehandelt. Damit hat er den durch die Kreuzigung dem Fluch und der Verlorenheit übergebenen Jesus bestätigt und sich selbst effektiv als der Gott erwiesen, den der irdische Jesus – sozusagen auf Kredit hin – in Anspruch genommen und behauptet hatte, nämlich als der Retter des Verlorenen. Allein der in und an Jesus handelnde Gott ist wirklich der Schöpfer und der Retter und damit wirklicher Grund von Hoffnung.

Daß hierbei das zunächst recht unpassende Modell der für die zukünftige Endzeit erwarteten Auferweckung *vieler*[78] (gar noch: auf die erneuerte Erde) verwendet wird, ist theologisch höchst relevant: die *singuläre* Auferweckung Jesu ist kein isoliertes Geschehen an Jesus allein, sie ist auch keine Wegnahme Jesu von der Welt (kein Ortswechsel in eine himmlische Über-Welt);[79] sie ist vielmehr *die* eschatologische Gottestat, durch welche Gott endgültig sich der verlorenen Welt zuwendet und damit die Weltzeit wendet, so daß ihre Endzeit und die Ankunft des neuen Lebens trotz aller Triumphe des Veralteten unwiderruflich angebrochen ist.[80] Darum bedeutet die Auferweckung des *einen* Hoffnung für die *ganze* Welt.

[78] Die apokalyptisch-pharisäische Vorstellung von der endzeitlichen Totenerweckung bildet die Voraussetzung und den Hintergrund der Formulierung »auferweckt von den Toten«; sie wird aber zugleich durch die Anwendung auf einen Einzelnen – angesichts einer offensichtlich noch weiterlaufenden Geschichte – durchbrochen: vgl. *A. Vögtle(–R. Pesch), Wie kam es zum Osterglauben?* (Düsseldorf 1975) 107–117; *Hoffmann,* Auferstehung (s. Anm. 74) 487; *Merklein,* Auferweckung (s. Anm. 60) 2f. – Die Behauptung von *R. Pesch,* Zur Entstehung des Glaubens an die Auferstehung Jesu, in: ThQ 153 (1973) 221–228, hier 223: »Die Vorstellung der Auferstehung eines Einzelnen, der als eschatologischer Prophet gilt, ist als Interpretationskategorie zur Zeit Jesu vorhanden«, ist unhaltbar! Dies zeigte die anschließende kritische Diskussion: vgl. etwa *Vögtle,* Osterglauben 30f. 83f (mit Anm. 19); *Hoffmann* 487; *Merklein* 2 Anm. 8 (Lit.); vgl. auch oben Kap. 2.

[79] Die in der Antike weit verbreitete Vorstellung von der Entrückung eines Menschen von der Erde an einen andern Ort, besonders in den Himmel, spielt in den neutestamentlichen Osteraussagen überhaupt keine Rolle (sie findet sich allein in den späten von Lk geschaffenen Himmelfahrtserzählungen). Dies haben unabhängig voneinander *G. Friedrich,* Die Auferweckung Jesu, eine Tat Gottes oder ein Interpretament der Jünger? in: KuD 17 (1971) 153–187, bes. 170–184, und *G. Lohfink,* Die Himmelfahrt Jesu. Untersuchungen zu den Himmelfahrts- und Erhöhungstexten bei Lk (München 1971) bes. 81–98, nachgewiesen.

[80] Dies, obgleich sich sichtbar in und an der Welt nichts bzw. zumindest nicht all das

Die Auferweckungsformel »Gott hat (den gekreuzigten) Jesus von den Toten auferweckt« macht also primär und grundlegend eine neue Aussage über Gott; sie hält darin eine neue Gotteserfahrung fest, nämlich die österliche Grunderfahrung des definitiv-eschatologischen, unumstößlichen Einbruchs des Gottes der Verlorenen in diese Welt.[81] Erst in zweiter Linie und indirekt enthält sie auch eine implizit christologische Erfahrung und Aussage: Gott hat in unerwartbarer und singulärer Weise *Jesus* von den Toten erweckt und sich so *in ihm* endgültig der Menschheit und der Welt verschrieben. Daß Gott gerade an dem (als falscher Messias) gekreuzigten und damit anscheinend gottverfluchten Jesus sich als der erwiesen hat, der Tote erwecken kann, bedeutet Jesu Rechtfertigung. Gott hat sich zu ihm bekannt, ihn in seinem Anspruch (der Bringer der Gottesnähe zu sein) und in seinem Werk bestätigt und gerechtfertigt. Er *ist* wirklich der Bringer der Nähe Gottes, in ihm *hat* Gott endgültig gesprochen und gehandelt. Durch die *Kundgabe* seines Auferweckungshandelns an Jesus aber hat Gott die neue Sendung der Jünger begründet.

Das ursprüngliche Osterzeugnis reicht indes noch weiter, als aus der Auferweckungsformel selbst direkt zu entnehmen ist. Von Anfang an wird die Auferweckung Jesu nämlich nicht nur als Bestätigung der bleibenden Gültigkeit des irdischen Anspruchs und Werkes Jesu verstanden, sondern zugleich als seine Erhöhung zu Gott und als seine endgültige Einsetzung in die bleibende Funktion als Heilsmittler (die er schon für sein Erdenwirken beansprucht hatte). Nur unter dieser Voraussetzung ist z. B. der frühe aramäisch-urgemeindliche Ruf *Maranatha* (= »unser Herr, komm!«[82] 1 Kor 16, 22; Did 10, 6; älteste grie-

---

ändert, was von der eschatologischen Wende erwartet wird: die Toten stehen *nicht* auf usw. – Bedenkt man diesen Widerspruch, so kann sich fast nur eine Schlußfolgerung ergeben: Die Ostererfahrung muß ungemein stark und grundstürzend gewesen sein, so sehr, daß sie es möglich machte, mit diesen Widersprüchen zu leben, sie zuzulassen und gegen sie anzuglauben.

[81] Das wird mit Recht etwa von *J. Blank,* Paulus und Jesus (München 1968) 178ff, und *Hoffmann,* Auferstehung 486f, betont. Zur systematischen Entfaltung vgl. unten Kap. 5, II.

[82] *Fitzmyer,* Hintergrund (s. Anm. 75), zeigt, daß hinter dem »unser Herr, komm« möglicherweise schon in der doppelsprachigen Urgemeinde ein attributloses, als Gottesbezeichnung belegbares »(der) Herr« [mare/mara = (ὁ) κύριος] entsprach; zu vergleichen wäre auch der Kyrie-Ruf in Q: Lk 6, 46par. – Vgl. ferner *J. A. Fitzmyer,* κύριος in: EWNT II (1981) 811–820, bes. 817f.

chische Übersetzung in Apk 22, 20) begreifbar. Denn dieser erfleht zwar das baldige rettende Kommen Jesu, »unseres Herrn«, zur Parusie, aber er will doch gerade von dem schon gegenwärtig Erhöhten gehört werden. Er setzt also Jesu Herr*sein,* seine Erhöhung in die *Stellung* als Herr, jetzt schon voraus. Der Maranatha-Ruf »wies damit schon dem Erhöhten eine Funktion zu, die im jüdischen Vorstellungsbereich ohne Analogie ist. Dort wird nur Gott, aber nie der Messias angerufen.«[83] »Daß die Bitte um das Kommen des Heils nicht an Gott selbst, sondern an einen von Gott unterschiedenen Heilsträger gerichtet wird, war vom Standpunkt jeder jüdischen Heilserwartung etwas schlechthin Unerhörtes.«[84] Jesus wird hier an die Seite Gottes gestellt als eine Größe, die für uns von schlechthin einmaliger, geradezu göttlicher Bedeutung ist. So wird im Maranatha-Ruf der Übergang zu *direkter* Christologie, ja möglicherweise *die* älteste direkte Christologie greifbar.

Eine andere Gestalt dieser ältesten direkten Christologie liegt in der Logienquelle vor. Hier findet sich eine Identifizierung des dagewesenen Jesus mit dem aus den Himmeln wiederkommenden (z. B. Lk 12, 8f par) und schon gegenwärtig wirksamen (z. B. Mt 11, 27 par) Menschensohn. Auch diese Identifizierung setzt die Auferstehung Jesu als Erhöhung in den Himmel voraus, eine Voraussetzung, die dann beim Übergang in die hellenistische Welt eigens thematisiert werden muß, wie beispielsweise das Schema hellenistisch-judenchristlicher Missionsverkündigung in 1 Thess 1, 9f zeigt.[85]

Maranatha-Ruf und frühe Menschensohn-Christologie belegen, daß sich die gesamte Hoffnung der Urchristenheit nun auf die Person des auferweckten und erhöhten Jesus richtet. Hatte der irdische Jesus das Nahekommen und die Gegenwart der Gottesherrschaft bereits unlösbar mit seiner Person verbunden, so wird nun das noch ausstehende Kommen der offenbaren

---

[83] *Goppelt,* Theologie 350.
[84] *Vögtle,* Der verkündigende Jesus (s. Anm. 1) 74.
[85] Der Menschensohntitel war außerhalb des semitisch-jüdischen Sprachbereichs unverständlich. Daher lag seine Ersetzung durch den Sohnestitel nahe (so in 1 Thess 1, 19f; ähnlich Gal 1, 16; Mt 11, 27par). Die andere Möglichkeit lag darin, dem Maranatha-Ruf entsprechend vom Kommen des Herrn = Kyrios zu sprechen; so stellt die Rede von der Parusie des Kyrios (Ankunft/Wiederkunft des Herrn) eine Neufassung der Menschensohnerwartung unter hellenistischen Bedingungen dar (vgl. z. B. die frühe paulinische Verkündigung 1 Thess 2, 19; 3, 13; 4, 15; 5, 23f).

Gottesherrschaft an seine Person geknüpft. In der Urgemeinde und in der frühen paulinischen Verkündigung wird das erwartete Gottesreich durch die personale Relation zum auferweckten und erhöhten Jesus bestimmt und als Zusammensein mit dem Menschensohn oder Herrn Jesus begriffen (vgl. 1 Kor 16, 22; 1 Thess 1, 10; 2, 12 und 4, 18). Im auferweckten Gekreuzigten ist die eschatologische Gottesherrschaft schon definitiv, wenngleich vorerst partiell und verborgen, angebrochen. Das Angebot der unbedingten Güte und Gemeinschaft Gottes ist durch Jesu Tod nicht illusorisch geworden; es ist im erhöhten Herrn zu bleibender Gegenwart etabliert. Daher hält sich die Gemeinde der Glaubenden inmitten der (wie befristet auch immer) weiterlaufenden alten Weltgeschichte an *ihn*.

b) Die weitere Ausgestaltung der Auferweckungsformel

Die hinter der Auferweckungsformel erkennbare indirekte christologische Erfahrung löste also unmittelbar die »neue personale, das heißt christologische Konzentration des urchristlichen Glaubens«[86] und die explosionsartig verlaufende Entwicklung der expliziten urgemeindlichen Christologie aus. In nuce enthält so die Auferweckungsformel die ganze Ostererfahrung. Die Implikationen des Erfahrenen wurden alsbald mehr und mehr begriffen und explizit ausgesagt. So wird auch die Auferweckungsformel schon früh nach verschiedenen Seiten hin ausgestaltet.[87] Ausgestaltet wird sie

(1) im Hinblick auf die die Ostererkenntnis auslösenden Geschehnisse (»Erscheinungen«),[88] die als eschatologische (Selbst-)Offenbarung durch Begegnung des Auferstandenen charakterisiert sind (1 Kor 15, 4f; Lk 24, 34; Apg 10, 39f; 13, 28.30f; vgl. Joh 21, 14; Gal 1, 1.12.16);

(2) im Hinblick auf die postmortale gegenwärtige Macht- und Heilsmittlerstellung des gekreuzigten und erhöhten Jesus, in

---

[86] F. *Froitzheim*, Christologie und Eschatologie bei Paulus (Würzburg 1979) 88 Anm. 53.

[87] Die Ausgestaltung der eingliedrigen Auferweckungsformel bedeutet nicht Erweiterung und Hinzufügung, sondern Explikation. Zum Folgenden vgl. vor allem P. *Hoffmann*, Auferstehung 481–490.

[88] Wodurch die Jünger und die frühe Gemeinde zu dem in der Auferweckungsformel sich ausdrückenden Bekenntnis veranlaßt wurden, teilt die eingliedrige Auferwek-

dem Gott seine Heilsherrschaft über die Welt ausübt und für sie da ist[89] (z. B. Röm 1, 3f; 10, 9; 8, 34; Eph 1, 20; 1 Petr 1, 21; vgl. Phil 2, 8–11; ferner schon 1 Thess 1, 9f und der Maranatha-Ruf);

(3) im Hinblick auf sein Sterben (z. B. 1 Thess 4, 14; Röm 8, 34; Apg 3, 15; 4, 10; 5, 30; Mk 8, 31; Apk 1, 18) und dessen soteriologische Bedeutung (1 Kor 15, 3–5; Röm 4, 25; 2 Kor 5, 15), die durch die Auferweckung erst endgültig begründet wird und universal wirksam werden kann;[90]

(4) im Hinblick auf Bekehrung bzw. Taufe (z. B. Röm 6, 3f; Kol 2, 12f; Eph 2, 5f; 5, 14; vgl. Lk 15, 24.32), gegenwärtigen neuen Lebenswandel (z. B. Röm 6, 8.11; 7, 4; 14, 7–9; 2 Kor 4, 10–16; 5, 15; 6, 9; vgl. Kol 3, 3f) und zukünftige Auferweckung der Christus Zugehörigen (z. B. 1 Thess 4, 13ff; 1 Kor 15, 12ff; 2 Kor 13, 4; 2 Tim 2, 11; vgl. Phil 3, 10.20).[91]

Die bereits erwähnte, viel verhandelte Bekenntnisformel 1 Kor 15, 3–5 (und 6–7) erweist sich bei genauerem Zusehen als eine bereits recht komplexe, theologisch hoch reflektierte Bildung, die kaum als das älteste Zeugnis der Auferweckung Jesu zu beurteilen ist. Dennoch ist sie sehr alt; sie stammt aus dem frühen griechisch-sprechenden Judenchristentum (geht vielleicht sogar auf eine aramäische Vorlage zurück);[92] Paulus hat sie wohl schon wenige (ca. 3–6) Jahre nach Jesu Tod in Damaskus oder Jerusalem (vgl. Gal 1, 18) kennengelernt und übernommen. Sie ist zwei- (bzw. vier-)gliedrig; die beiden tragenden Glieder werden je durch ein untergeordnetes Glied bekräftigt: Das (stellvertretend-sühnende) Sterben des gekreuzigten »Messias« wird bekräftigt durch den Hinweis auf das Begräbnis, seine Auferweckung (»am dritten Tag«) wird durch den Hinweis auf Erscheinungen vor Petrus und den Zwölfen bekräftigt. In diesem Zusammenhang gehört also »die Erwähnung, Christus sei begraben worden, zur Aussage, die vom Tod – nicht von der

---

kungsformel als solche nicht direkt mit. Zu dem in den Erscheinungsaussagen ausdrücklich gemachten auslösenden Geschehen vgl. unten Kap. 3.

[89] Zur systematischen Entfaltung vgl. unten Kap. 5, III.2.

[90] Dazu vgl. unten Kap. 5, III.1.

[91] Dazu vgl. unten Kap. 5, IV.

[92] Für eine Zusammenfassung des Ertrags der weitverzweigten und disparaten Diskussion zu 1 Kor 15, 3ff vgl. *Goppelt*, Theologie 281f, und *Hoffmann*, Auferstehung 478f. 482f.

Auferstehung – Christi handelt«;[93] vom »leeren Grab« spricht die Formel daher (wie alle alten Bekenntnisformeln und auch Paulus[94]) nicht. Die hier erstmals auftauchende Angabe »am dritten Tag« ist weniger chronologisch gemeint, sondern – wie auch der Hinweis auf ihre Schriftgemäßheit zeigt – ein primär theologisches Datum: Der »dritte Tag« ist der heilsgeschichtliche Ort, an dem sich Gottes rettendes Eingreifen zugunsten des Gerechten und damit eine Heilswende vollzieht, an dem Gottes Treue sich eschatologisch bewährt. Die Angabe ist wohl aus dem Schriftbeweis erwachsen. Dabei wird man kaum streng trennen können zwischen einer Ableitung dieser Angabe aus Targum und Midrasch, wo der dritte Tag als die von Gott bestimmte Zeit der Heilswende in unüberwindbarer Not galt, und von Hos 6, 2 her, welche Stelle in der jüdischen Exegese bereits auf die Erweckung der Toten bezogen wurde.[95]

Zusammenfassend kann bemerkt werden: Die eingliedrige oder auch ausgestaltete Auferweckungsformel durchzieht alle Schriften des Neuen Testaments. Überall ist die Grundüberzeugung von Auferweckung und Erhöhung des Herrn vorausgesetzt. Dieses Auferstehungskerygma kann dann auch reflexiv-argumentativ dargelegt werden (wie in dem großen Auferstehungskapitel 1 Kor 15), oder es kann in Erzählungen narrativ entfaltet werden.

2. Die späteren Ostererzählungen

Bei den Ostererzählungen der neutestamentlichen Evangelien (Grabes- und Erscheinungserzählungen) handelt es sich nicht

---

[93] *E. Lohse*, Grundriß der neutestamentlichen Theologie (Stuttgart 1974) 53; vgl. ferner *L. Oberlinner*, Die Verkündigung der Auferweckung Jesu im geöffneten und leeren Grab, in: ZNW 73 (1982) 159–182, hier 163f.

[94] Das wird bekräftigt durch die paulinische Taufaussage Röm 6, 3f als Mitbegrabenwerden mit Christus auf seinen Tod; entsprechend verstand Paulus das Begräbnis Jesu als seine »definitive Auslieferung an die Todesmacht«: *Blank*, Paulus und Jesus 148.

[95] Zum »dritten Tag« als theologischer Bezeichnung für das rettende Eingreifen Gottes in ausweloser Not des Gerechten vgl. *Grass*, Ostergeschehen 127–138; *J. Dupont*, Ressuscité »Le Troisième Jour«, in: Bibl 40 (1959) 742–761; *K. Lehmann*, Auferweckt am dritten Tag nach der Schrift (Freiburg 1968) 159–290; *Conzelmann*, 1 Kor (s. Anm. 75) 302; *H. K. McArthur*, On the Third Day, in: NTSt 18 (1971/72) 81–86; *Hoffmann*, Auferstehung 482f. – Das erstmals in 1 Kor 15, 3–5 begegnende Datum »am dritten Tag« ist älter als die Belege für die Versammlung der Christen »am er-

um historische (Erfahrungs-)Berichte mit protokollarischer Wiedergabe der Ereignisse, sondern um spätere Verkündigung in Gestalt erzählerischer Entfaltung des Osterbekenntnisses und der Ostererfahrung. Die Ostererzählungen sind, darüber besteht kein Zweifel, in längerer mündlicher und schriftlicher Erzähltradition angewachsen. Ob und wieweit sie aber – über die durch die Osterbekenntnisse vorgegebenen Daten der Auferweckung und Erscheinung des gekreuzigten und begrabenen Jesus hinaus – historische Erinnerungen an die österlichen Ereignisse selbst enthalten, ist sehr schwer zu sagen und äußerst strittig. Wichtiger als diese Frage ist der Hinweis auf die ganz eigene Aussagekraft der Ostererzählungen: Sie dienen nicht nur der Veranschaulichung des Osterbekenntnisses; sie bringen vielmehr Momente am Osterkerygma zur Sprache, »die man nicht abstrakt sagen, sondern nur als Erzählung ins Wort bringen kann«[96].

a) Die Erzählung von der Osterverkündigung im geöffneten und leeren Grab[97]

Die Erzählung vom geöffneten und leeren Grab ist die einzige gemeinsynoptische Ostererzählung. Ihre älteste literarische Gestalt liegt in Mk 16, 1–8 vor. Von ihr sind Mt 28, 1–7 und Lk 24, 1–11 literarisch abhängig; sie nehmen den Markus-Text mehr oder weniger redigierend auf. Joh 20, 1–13 bietet eine inhaltlich entsprechende Erzählung, die möglicherweise in ihrem Grundbestand (V. 1.11–13) durch eine vormarkinische Vorlage von Mk 16, 1–8 beeinflußt, vielleicht aber auch als ganze unter

sten Wochentag«, dem Herrentag, (1 Kor 16, 2) und als die Grabeserzählungen (»am ersten Wochentag« Mk 16, 2); das Datum ist wohl als schriftgelehrte theologische Explikation entstanden. Gegen *H. von Campenhausen,* Der Ablauf der Osterereignisse und das leere Grab (Heidelberg ³1966) 11.

[96] Diese Charakterisierung bei *Lohfink,* Himmelfahrt (s. Anm. 79) 283, gilt auch für die Ostererzählungen.

[97] Zu den *Grabeserzählungen* vgl. *Grass,* Ostergeschehen 138–186; *X. Léon-Dufour,* Résurrection de Jésus et message pascal (Paris 1971); *I. Broer,* Die Urgemeinde und das Grab Jesu (München 1972); *B. Rigaux,* Dieu l'a ressuscité (Gembloux 1973) 184–222; *Vögtle,* Osterglauben (s. Anm. 78) 85–98; *R. Pesch,* Mk II 519–543 (Lit.); *J. Kremer,* Die Osterevangelien – Geschichten um Geschichte (Stuttgart – Klosterneuburg 1977); *Hoffmann,* Auferstehung (s. Anm. 74) 497–500; *F.-J. Niemann,* Die Erzählung vom leeren Grab bei Markus, in: ZkTh 101 (1979) 188–199; *K. M. Fischer,* Das Ostergeschehen (Göttingen ²1980); *A. Lindemann,* Die Osterbotschaft des Markus, in: NTSt 26 (1980) 298–317; *F. Neirynck,* Marc 16, 1–8. Tradition et Rédaction, in: EThL 56 (1980) 56–88; *E. Schweizer,* Auferstehung – Illusion oder Wirklichkeit? in: EvTh 41 (1981) 2–19; *R. Pesch,* Das ›leere Grab‹ und der Glaube an Jesu Auferstehung, in: IkaZ 11 (1982) 6–20; *Oberlinner,* Grab (s. Anm. 93).

dem Einfluß der synoptischen Grabeserzählungen entstanden ist.[98]

In der traditionsgeschichtlichen Beurteilung von Mk 16, 1–8 ist sich die neuere Exegese nicht einig. Ob die Erzählung eine ursprünglich selbständige (alte oder womöglich erst spät entstandene) Einheit war und erst durch Markus unter (nochmals verschieden beurteilter) redaktioneller Überarbeitung mit der alten vormarkinischen Passionsgeschichte verbunden wurde oder ob sie als österliche Schlußgeschichte bereits zur vormarkinischen Passionsgeschichte gehörte und von Markus eventuell mit einigen redaktionellen Zusätzen versehen wurde, kann für unseren Zusammenhang offenbleiben. Von entscheidender Bedeutung ist hingegen, daß die verschiedenen Versuche, Erscheinung und Botschaft des Engels (V. 5 und 6) als sekundär auszuscheiden und auf diese Weise einen vermeintlich älteren historisierenden Bericht von der bloß tatsächlichen Auffindung des leeren Grabes und der dadurch ausgelösten Verwirrung zu rekonstruieren, allesamt scheitern; die dann verbleibende Resterzählung wäre »eine Geschichte ohne jeden Verkündigungsinhalt, deren Tradierung in der christlichen Gemeinde kaum verständlich wäre«[99].

Die literarische Struktur des Textes weist denn auch genau in die entgegengesetzte Richtung: Es geht gar nicht primär um die Auffindung eines leeren Grabes.[99a] Die ganze Erzählung ist vielmehr auf die von ihr bereits vorausgesetzte Botschaft von der erfolgten Auferweckung Jesu (V. 6bc) hin konstruiert und von ihr her auszulegen.[100] Die überlieferte Auferweckungsbotschaft des urchristlichen Kerygmas (vgl. 1 Kor 15, 3–5 bzw. die Auferweckungsformel) bildet also den strukturellen Kern der Erzählung; diese inszeniert die ihr schon vorgegebene Botschaft von der

---

[98] Die eine Position wird etwa von *Hoffmann,* Auferstehung 498, die andere neuerdings von *F. Neirynck,* John and the Synoptics. The Empty Tomb Stories, in: NTSt 30 (1984) 161–187, vertreten.

[99] *Fischer,* Ostergeschehen 59; ähnlich *Vögtle,* Osterglauben 94f; *Kremer,* Osterevangelien 42–45; *Hoffmann,* Auferstehung 498; *Oberlinner,* Grab 176f u. a.

[99a] *Pesch,* Grab (s. Anm. 97) 6: Vom leeren Grab ist nicht im Erzählteil (»erzählte Welt«), in dem der Erzähler selbst redet und das von ihm vorgestellte Geschehen darstellt, die Rede, sondern nur im Verkündigungsteil (»besprochene Welt«), in dem der Erzähler dem Engel das Wort gibt und den Frauen erklären läßt, warum sie im wunderbar geöffneten Grab vergeblich auf der Suche nach Jesus sind.

[100] So das Ergebnis der neueren Diskussion; vgl. außer den in Anm. 99 Genannten z. B. auch *W. Kasper,* Jesus der Christus (Mainz 1974) 149f; *Pesch,* Mk II 521–528; *Niemann,* Grab 196–198; *F.-J. Schierse,* Christologie (Düsseldorf 1979) 51.

Auferweckung Jesu am dritten Tag in anschaulicher Weise. Grabgang der Frauen, Feststellung des geöffneten Grabes usw. bestimmen daher nicht die Erzählung, sondern geben nur den expositionellen Rahmen ab für die zentrale Auferweckungsbotschaft des Verkündigungsengels (nicht angelus interpres) im Grab: »Ihr sucht Jesus, den Gekreuzigten; er ist auferweckt, er ist nicht hier« (V. 6bc).

Diese Botschaft wird, was von der vorausgehenden, mit der Grablegung endenden Passionsgeschichte her naheliegt, im Zusammenhang des Grabes inszeniert und – in hellenistisch-judenchristlichem Milieu – mit den diesem eigenen Stilmitteln antiker Entrückungslegenden (Suchen und Nicht-Finden des Leichnams usw.)[101] veranschaulicht. Scharf durchbrochen werden diese Stilmittel jedoch durch das der Entrückungsvorstellung stilfremde »er ist auferweckt« (V. 6), das dem tradierten und festgehaltenen urchristlichen Bekenntnis der Auferweckung Jesu entstammt und wie ein unüberhörbares Signal dieses nochmals als Zentrum der Erzählung kenntlich macht. Die Erzählung will daher, wie sie dem damaligen Hörer zu erkennen gibt, selbst kein »historischer« Bericht sein[102]: »Gerade dadurch, daß der Erzähler die Frauen zwar in das Grab hineingelangen, aber hier nicht die Unauffindbarkeit des Leichnams Jesu, das ›leere Grab‹ konstatieren läßt, dadurch, daß er das ›leere Grab‹ als Bestätigung der Auferweckungsbotschaft vom Engel besprechen läßt, ent-

[101] Zum Vorstellungshintergrund antiker Entrückungserzählungen vgl. *Lohfink*, Himmelfahrt (s. Anm. 79) 32–70; *Pesch*, Markus II 522–528; *Hoffmann*, Auferstehung 499; *H.-P. Hasenfratz*, Die Rede von der Auferstehung Jesu Christi (Bonn 1975) 97–105. Jüdische Entrückungstexte kennen nicht die Entrückung Toter, sondern nur Lebender (*Hasenfratz* 104; *Hoffmann* 499). – Nach Hasenfratz ist die Erzählung Mk 16, 1–8 in einem hellenistisch-judenchristlichen Bereich mit Mischkultur entstanden; die nicht nach jüdischem, wohl aber nach griechischem und römischem Recht zeugnisfähigen Frauen spielen hier wie sonst in Markusstoffen eine größere Rolle (vgl. Mk 10, 11f); nach jüdischem Recht sei mit dem Verschließen des Grabes mit dem Stein das Begräbnis abgeschlossen: »Einen Toten nachher noch warten (gar salben!) zu wollen, bleibt ein abenteuerlicher Vorsatz« (99); etwas ganz anderes sei der belegte jüdische Brauch eines gelegentlichen Übergießens der *Gebeine* mit Öl beim Einsammeln in ein Ossuar ca. zwölf Monate nach dem Begräbnis (99 Anm. 155).

[102] So auch *Kasper*, Jesus der Christus 149; er verweist auf die bei den klimatischen Verhältnissen in Palästina widersinnige Absicht, einen beigesetzten Toten am dritten Tag noch zu salben, und auf das kaum mehr erträgliche Maß an Gedankenlosigkeit, daß die Frauen erst unterwegs auf den Gedanken kommen, sie hätten wegen des Steins Hilfe nötig; solche Züge der Erzählung sprechen für ihren poetischen Charakter.

zieht er das ›leere Grab‹ der historischen Nachprüfbarkeit und beläßt es im Bereich der für den Glauben an Jesu leibliche Auferweckung notwendigen Vorstellung.«[103]

Ob und inwieweit Mk 16, 1–8 historische Erinnerung enthält, ist unter den Exegeten umstritten. Gegen das Alter der Überlieferung spricht jedenfalls nicht unbedingt, daß Paulus sie nicht erwähnt, sondern nur Tod, Begräbnis und Auferweckung Jesu zusammen anführt (1 Kor 15, 4; Röm 6, 4f). Zugunsten der Historizität der *Entdeckung* des geöffneten Grabes werden im wesentlichen folgende Gründe geltend gemacht:

(1) Die Entdeckung des geöffneten Grabes durch Frauen könne kaum eine spätere Erfindung darstellen, da Frauen nach jüdischem Recht nicht zeugnisfähig und damit für Auferstehungsverkündigung und -apologetik denkbar ungeeignet waren.[104] Gegen dieses Argument werden indes folgende Bedenken vorgebracht: Die Aufgabe der Frauen bestehe nach der Erzählung gar nicht im Zeugnis-Geben (vgl. V. 8);[105] überdies könne die Erzählung in hellenistischem Milieu, wo Frauen durchaus zeugnisfähig waren, entstanden sein; und die positive Antwort auf die Frage, ob die Urgemeinde das Grab Jesu kannte, lasse sich nicht mehr mit Sicherheit geben, »da die näheren Kennzeichnungen des Grabes Jesu bei allen vier Evangelisten – vorsichtig ausgedrückt – nicht unverdächtig sind, sekundär zu sein«[106].

(2) Die Zeitangabe »am dritten Tag« (1 Kor 15, 4) bzw. »nach drei Tagen« (Mk 14, 58 par; 15, 29 par) sowie »am ersten Tag der Woche« (Mk 16, 1f; vgl. 1 Kor 16, 2: die Gemeindezusammenkunft ist vom Sabbat auf den ersten Tag der Woche verlegt) erkläre sich immer noch am besten daraus, daß das Grab am dritten Tag wirklich leer aufgefunden wurde. Dagegen wird eingewandt, diese Zeitangabe »am dritten Tag« sei im frühen Kerygma 1 Kor 15, 4 theologisch, nicht chronologisch gemeint;

---

[103] *Pesch,* Grab (s. Anm. 97) 17.

[104] So neuerdings wieder *Léon-Dufour,* Résurrection 269; *Goppelt,* Theologie 295; *Kremer,* Osterevangelien 50; *Schweizer,* Auferstehung (s. Anm. 97) 10; *H. Kessler,* Auferstehung, in: Neues Handbuch theologischer Grundbegriffe I (München 1984) 78–96, hier 84.

[105] Vgl. *Oberlinner,* Grab 177; erst später sprechen Mt 28, 6–8 und Lk 24, 9f von einer Verkündigung durch die Frauen; in Lk 24, 11 wird diese jedoch als leeres Gerede abgetan.

[106] *Broer,* Urgemeinde (s. Anm. 97) 294.

und in der Grabeserzählung sei ausgerechnet die zentrale Engel-proklamation kein Faktum des ersten Wochentages, sondern set-ze die Existenz des Bekenntnisses zur Auferweckung Jesu be-reits voraus. Die Datierung der Auffindung des leeren Grabes auf den »ersten Wochentag« sei entweder als Historisierung ei-nes älteren »am dritten Tag« oder aus der Motivierung des Grabbesuches der Frauen, die erst nach Sabbatende Salböl kau-fen konnten, zu erklären.[107]

(3) Ferner wird argumentiert: Die jüdische Polemik habe das leere Grab gar nicht bestritten, sondern es nur anders gedeutet (vgl. Mt 28, 15; Joh 20, 15).[108] Demgegenüber wird von anderen darauf hingewiesen, daß die beiden hierfür herangezogenen Texte erst einer späteren Reflexionsstufe zugehören, und es wird bezweifelt, daß die Gegner Jesu schon *früh* ein Interesse am Schicksal des Leichnams und am Grab Jesu hatten; die ältere Überlieferung reflektiere kein solches Interesse, was sich daraus erkläre, daß für die jüdischen Führungskreise die Frage nach der Berechtigung des eschatologischen Anspruchs Jesu mit sei-ner Hinrichtung erledigt und das von Jesu Anhängern behaupte-te Handeln Gottes am gekreuzigten Jesus »so absurd war, daß es von ihnen zunächst überhaupt nicht ernst genommen wur-de«[109].

(4) Schließlich und nicht zuletzt wird zugunsten der Histori-zität der Auffindung des geöffneten (leeren) Grabes gesagt: Die Auferstehungsverkündigung hätte sich in Jerusalem »keinen Tag halten können, wenn das Leersein des Grabes nicht als Tat-sache für alle Beteiligten festgestanden hätte«; oder vorsichti-ger: »Hätte man in Jerusalem auf den Leichnam Jesu im Grab zeigen können, wäre die Verkündigung der Osterbotschaft un-möglich gewesen.«[110] Dagegen wird eingewandt, hier werde

---

[107] Vgl. dazu *Oberlinner*, Grab 177f mit Anm. 59 und 60, sowie *Vögtle*, Osterglauben (s. Anm. 78) 94f mit Anm. 35.

[108] Vertreter dieser Auffassung bei *Oberlinner*, Grab 170 Anm. 37; Gegenargumentation bei *Vögtle*, Osterglauben 89ff.

[109] *Vögtle*, Osterglauben 91; 90: Die jüdischen Führer hatten nicht den geringsten Grund, die Behauptung der Auferweckung des am Kreuz hingerichteten Jesus ernst zu nehmen und an den Beginn der endzeitlichen Auferstehung zu glauben. »Bei al-ler Variabilität der palästinischen Vorstellungen vom Endschicksal der Menschen war der Gedanke an eine derartige Antezipation der endzeitlichen Auferstehung völlig unbekannt« und »barer Unsinn«.

[110] *Kasper*, Jesus der Christus 150, bzw. *Kremer*, Osterevangelien 50; ähnlich *Lehmann*, Auferweckt (s. Anm. 95) 85 u. a.

übersehen, daß »ein solches Zeigen des Leichnams überhaupt nicht möglich war, nicht einmal für den Fall, daß das Grab nicht leer war; denn dafür hätte man dieses öffnen müssen, und dies ist weder den Anhängern Jesu zuzutrauen ... noch den Gegnern«[111]. Letzteren, weil sie die Auferstehungsbehauptung – zumindest in den ersten Jahren – nicht weiter ernst nahmen; ersteren, weil sie die Notwendigkeit, mit einem leeren Grab zu argumentieren, kaum empfunden haben dürften.[112]

Wie immer es um die fragliche Historizität der *Auffindung* des geöffneten (und leeren) Grabes Jesu durch Frauen am dritten Tag stehen mag, um einen Beweis für die Tatsächlichkeit der Auferstehung Jesu kann es hier in keinem Falle gehen. Einen solchen schließt die Erzählung selbst schon dadurch aus, daß der göttliche Bote (Engel) die erfolgte Auferweckung Jesu *verkünden* muß (und daß er dies unter Aufnahme des schon existierenden urchristlichen Osterbekenntnisses tut); auch sonst begründet übrigens für das Neue Testament das leere Grab nirgendwo den Glauben an die Auferstehung Jesu. Darüber hinaus ist, prinzipiell oder systematisch gesehen, ein leeres Grab ein in sich vieldeutiges Zeichen und kein Beweis für die Auferstehung Jesu; es kann aus unterschiedlichen Gründen leer sein.[113] Das wissen die späteren, *nach*markinischen Grabeserzählungen, welche die Grabbesucher das leere Grab konstatieren lassen, auch schon; sie halten nämlich ausdrücklich die Vieldeutigkeit der

---

[111] *Oberlinner,* Grab 173.

[112] So *Vögtle,* Osterglauben 86ff; *Oberlinner,* Grab 167f. 172. – Nach *Vögtle* 87 muß man sich bei der jüdischen Anthropologie »für die Möglichkeit offenhalten, daß das Grab Jesu für die *Vorstellung* der Jünger aufgrund der Auferweckung leer wurde, ohne daß ... das Leersein des Grabes Jesu festgestellt wurde.« *Oberlinner* 165 meint: »Die jüdische Anthropologie läßt es ... als ausgeschlossen erscheinen, daß in dem Bekenntnis zu Jesu Auferweckung nicht auch der im Grab liegende Leichnam miteingeschlossen war.« So ausgeschlossen erscheint dies nun freilich nicht. Gewiß war biblisch nur eine Auferstehung denkbar, die neues leibliches Leben eröffnete. Aber schon für 2 Makk 7 (sowie 6 und 12) ist, wie wir sahen, der Auferstehungsleib zwar »identisch mit dem gestorbenen«, nicht aber notwendig materiell identisch: vgl. *G. Stemberger,* Der Leib der Auferstehung (Rom 1972) 11.19f. 24f. 46f. 116. Das Neue Testament spricht darüber hinaus von Jesu Auferstehung nicht nach Art einer Wiederbelebung und Rückkehr ins irdische Leben, sondern denkt z. T. an eine völlig neue Leiblichkeit, die den im Grab liegenden Leichnam, sozusagen die zufälligen materiellen Reste, nicht unbedingt einbezieht (1 Kor 15, 35–44; Mk 12, 24f).

[113] Ein Grab kann aus verschiedenen Gründen leer sein (Umbettung, Diebstahl), es kann auch das falsche Grab sein (Verwechslung). Vgl. *Kasper,* Jesus der Christus 151; *Goppelt,* Theologie 296; *Schweizer,* Auferstehung (s. Anm. 97) 10f.

konstatierten Tatsache fest (Mt 27, 64; 28, 11–15; Joh 20, 15; vgl.
Lk 24, 11f. 22f). In Mk 16, 1–8, ihrer älteren Vorlage, aber wird
das Grab von den Grabbesuchern nicht einmal als leer konsta-
tiert. Nur der verkündigende Engel spricht, und zwar erst, *nachdem* er den Frauen die Auferweckung Jesu verkündet hat, von
der Nichtauffindbarkeit Jesu im Grab. Er verweist also sekundär auf das leere Grab als (im Rahmen einer bestimmten anthropologischen Vorstellung) nachträglich bestätigendes Zeichen für
die Realität der verkündeten Auferweckung Jesu, keineswegs
aber als Begründung für den Glauben an diese; das geöffnete
bzw. leere Grab löst nicht den Osterglauben, sondern nur
Schrecken aus (Mk 16, 8a).

Konstitutiv für den Osterglauben, so sehen wir mittlerweile,
war das leere Grab weder in der Urgemeinde, noch kann es dies
heute sein;[114] die Frage des leeren Grabes hat deshalb in jüngerer Zeit viel an Brisanz und Gewicht verloren; sie kann, offen
wie sie ist, auch getrost offengelassen werden.

Der Abschluß der Grabeserzählung ist äußerst beredt: Dadurch, daß er erzählt, die Frauen seien entsetzt vom Grab geflo-
hen und hätten aus Furcht »niemandem etwas gesagt«
(Mk 16, 8b), macht der Erzähler die Nachfrage nach dem Grab
geradezu unmöglich. »Der mit legendärem Erzählen vertraute
Hörer versteht: Er soll nicht nachfragen, ob das Grab leer war,
er soll nicht den Gang zum Grab wiederholen, der von einer falschen Suche gesteuert war, er soll nicht, wie Lukas dann auslegt,
›den Lebenden bei den Toten suchen‹. Wer die Glaubenserfahrungen verdichtende Legendensprache versteht, sieht sich an

---

[114] Darum kann auch *Kremer,* der die Historizität der Entdeckung des leeren Grabes
vertritt, einräumen: Es »können heute auch ernsthafte Verteidiger der kirchlichen
Osterbotschaft die These vertreten, Jesu Grab sei wahrscheinlich nicht leer gewesen« (Osterevangelien 49). Wir stimmen Kremer diesbezüglich zu, möchten die genannte These selbst aber nicht positiv vertreten, sondern die Frage offenlassen; dies
erscheint uns beim heutigen Kenntnisstand historisch angemessen. Systematisch gesehen sind zwei Argumentationen unstatthaft und zu vermeiden: (1) darf nicht aufgrund von weltanschaulichen Vorentscheidungen das leere Grab als historisch postuliert werden; (2) darf ebensowenig aufgrund von weltanschaulichen Vorentscheidungen die Möglichkeit des leeren Grabes a priori bezweifelt werden. Vgl. *O. H.
Pesch,* Rechenschaft über den Glauben (Mainz 1972) 92f Anm. 6; er wendet sich gegen ein Verfahren derart: »Weil Gott nicht mirakelhaft die Naturgesetze durch-
bricht, weil ein leeres Grab die (falsche!) Vorstellung nähren könnte, Jesus sei einfach ›ins Leben zurückgekehrt‹, weil ein leeres Grab für den eigentlichen Auferstehungsglauben gar nicht erforderlich ist, deshalb *kann* Gott solches nicht bewirkt haben!« Der Mensch dürfe Gott nicht vorschreiben, was Gott tun kann.

den Ort verwiesen, an dem der Auferstandene sich ... zu erfahren gibt«[115]: in seiner Jüngergemeinde. Die Engelrede (V. 6f) wird also dadurch, daß die Frauen – nach der Konstruktion des Erzählers – geschwiegen haben sollen (V. 8), zur unmittelbaren Botschaft an die späteren Hörer und Leser des Textes. Wer Jesus wiederfinden will, muß die Botschaft hören und ihn bei denen suchen, die ihm auf dem Weg seiner Praxis nachfolgen, also in seine Geschichte eintreten.[116] Die so abrupt abbrechende und darum offenbleibende Geschichte der Grabeserzählung (und des Markusevangeliums im ganzen) *wartet auf Fortsetzung in der Lebensgeschichte* des Hörers und Lesers.

Exkurs: Zum Turiner Grabtuch

Das Tuch wird erstmals 1357 erwähnt. Damals ließ es die Witwe eines Tempelritters gegen Geld in der Stiftskirche von Lirey bei Troyes als das Grabtuch Christi präsentieren. Auf das Verbot des zuständigen Bischofs hin appellierten die Eiferer an den Papst. Dieser verbot zwar die Ausstellung nicht, doch durfte das Tuch nur als »ein Bild oder eine Darstellung« des Grabtuchs Jesu und nicht als das Original bezeichnet werden. 1493 kam das Tuch in den Besitz des Hauses Savoyen und so 1578 in den Dom von Turin; 1983 wurde es testamentarisch dem Papst vermacht.

Besondere Faszinationskraft entfaltete das Linnen seit 1898, als es zum erstenmal fotografiert wurde und auf dem Negativ das beeindruckende Positivbild eines bärtigen Mannes zum Vorschein kam. Eine zweite Fotoserie von 1931 enthüllte weitere Details (rund um den Kopf punktförmige Verletzungen; Verletzungen an Handgelenken und Fußwurzeln; Einstichwunde in Brustkorbhöhe). Von nun an suchten viele den definitiven Echtheitsbeweis zu erbringen.[117] Der Züricher Mikrobotaniker und Krimino-

---

[115] *Pesch*, Grab (s. Anm. 97) 18.
[116] So richtig *K. Füssel*, Auferstehung – Einstieg in die unendliche Geschichte, in: D. Schirmer (Hg.), Die Bibel als politisches Buch. Beiträge zu einer befreienden Christologie (Stuttgart 1982) 65–71, hier 67.70 (im Anschluß an F. Belo und M. Clévenot). – *M. Horstmann*, Studien zur markinischen Christologie (Münster 1969) zeigt, »daß Markus seine Leser zurückverweisen wollte auf die Geschichte Jesu, die er schon ganz im Lichte des Osterglaubens zeichnete«, und daß er »zu einer Relektüre des Evangeliums auffordert, um so dem Auferstandenen zu begegnen« (132).
[117] Über alle bis 1987 angestellten wissenschaftlichen Untersuchungen informiert minutiös *W. Bulst/H. Pfeiffer*, Das Turiner Grabtuch und das Christusbild. Band 1: Das Grabtuch. Forschungsberichte und Untersuchungen (Frankfurt 1987).

loge Max Frei durfte ein kleines Stück des Tuches per Vakuum-Staubsauger reinigen und entdeckte Pollen von 58 Pflanzenarten, darunter etliche, die anscheinend nur im Raum Jerusalem *zusammen* vorkommen; war das Tuch also irgendwann in Palästina gewesen? Andere suchten die Distanz vom 14. zum 1. Jahrhundert zu überbrücken, indem sie das Turiner Tuch mit dem legendären Christusbild von Edessa aus dem sechsten Jahrhundert in Zusammenhang brachten.

Nun ergab freilich eine 1988 im Auftrag des Vatikan durchgeführte Untersuchung nach der Radio-Carbon-Methode, daß das Turiner Tuch zwischen 1260 und 1390 n.Chr. gewebt worden ist und deshalb nicht das Grabtuch Jesu sein kann. In Gegenwart des Turiner Kardinals wurden am 21.4.1988 drei Gewebeproben aus den besterhaltenen Teilen des Tuches entnommen. Um jede Voreingenommenheit auszuschalten, bekamen die drei beauftragten Labors (an der ETH Zürich und den Universitäten Oxford und Tucson/Arizona) je vier Proben (drei zusätzliche, vom Britischen Museum London zur Verfügung gestellte, aus dem 1., 11. und 13. Jh.) in identischen Behältern zur Bestimmung. Unabhängig voneinander ermittelten sie für die Turiner Proben eine Entstehung zwischen 1260 und 1390 (mit dem Carbon-14-Test läßt sich das Alter eines Objekts mit einer um höchstens 100–200 Jahre abweichenden Genauigkeit bestimmen). Das Alter des Stoffes ist also bestimmt.[118] *Damit ist klargestellt, daß das Turiner Grabtuch aus der Osterdiskussion ausgeklammert werden muß.*

Davon abgesehen bleiben Fragen offen. Wie sind die Umrisse auf dem Stoff entstanden? Sollte ein Maler des 14. Jahrhunderts mit den damals noch unbekannten Techniken der Negativ-Projektion eines Körpers ein Bild geschaffen haben, das sechshundert Jahre später erst richtig »gesehen« werden kann? Oder haben geschäftstüchtige Fälscher eine Leiche entsprechend zugerichtet und in dem Linnen begraben, um dieses nachher aus dem Grab zu holen? Kreuzritter haben zumindest einen Teil ihrer Kosten durch den Handel mit angeblichen Originalreliquien aus dem Heiligen Land finanziert. Das könnte die Pollenspuren aus Palästina (und Kleinasien) und den Weg des Tuches von dort nach Europa erklären.

---

[118] Vgl. *L'Osservatore Romano* (dt. Ausgabe) Nr. 43 vom 21.10.1988, 3. – Dazu *A. Batlogg*, (K)eine Spur von Jesus?, in: GuL 62 (1989) 381–385. Ferner *J. von Dohnanyi*, Mit Jesus auf Tuchfühlung, in: Die Zeit Nr. 52 vom 23. 12. 1988, 9–12.

b) Die Erscheinungserzählungen

Von »Erscheinungen« Jesu ist im ältesten Stadium der Überlieferung vor und neben Paulus nur in kurzen, formelhaften Wendungen die Rede (»auferstanden und erschienen dem Kephas usw.«: 1 Kor 15, 4ff; Lk 24, 34; Apg 10, 39f; 13, 28.30f).[119] Möglicherweise sind also die Erscheinungen vor Petrus, den Zwölfen, Jakobus usw. im frühen Urchristentum nur in dieser Kurzgestalt, in der das bloße Datum festgehalten wird, überliefert worden. Ausgeführte Erzählungen scheint es nicht gegeben zu haben.[120] Jedenfalls hat der erste Evangelienschreiber, Markus (bzw. schon die ihm vorausliegende, vormarkinische Tradition), im Zusammenhang seiner Grabeserzählung die entscheidende Erscheinung vor Petrus und den Zwölfen (1 Kor 15, 5) *nicht erzählt,* sondern auf sie – unter Aufnahme des ihm vorgegebenen Datums – nur hingewiesen (Mk 16, 7). Damit hat er indessen die in Jerusalem angesiedelte Grabeserzählung anfanghaft mit den Erscheinungen in *Galiläa* verbunden. Matthäus baute diese Verbindung dann aus, indem er zum erstenmal einen *Erzählzusammenhang* zwischen dem Jerusalemer Geschehen am Grab und der galiläischen Erscheinung vor den Elfen schuf (Mt 28, 16–20).[121] In einer noch etwas späteren Phase der Überlieferungsgeschichte wird dieser Erzählzusammenhang dadurch verstärkt, daß das gesamte Ostergeschehen zeitlich und örtlich zusammengelegt wird: so findet bei Lukas und teilweise bei Johannes (der dabei indirekt von Lukas abhängig ist) die Erscheinung Jesu vor den elf Jüngern nicht irgendwann nach dem Ostertag in

---

[119] Zum Ausdruck »Erscheinungen« und zur Rekonstruktion der damit verbundenen ursprünglichen Ostererfahrung vgl. oben bei Anm. 88 und unten Kap. 3.

[120] Ob das Fragment Joh 21, 2.4.8b. 9.12f; vgl. Lk 5, 1–11 das Milieu einer älteren in Galiläa am See lokalisierten Erzähltradition von Erscheinungen vor Fischern mit Booten widerspiegelt (so *Lohfink,* Ablauf 164), ist äußerst unsicher. Vgl. *R. Bultmann,* Das Evangelium des Johannes (Göttingen ¹⁹1968) 545f. – *R. Pesch,* Der reiche Fischfang. Lk 5, 1–11/Joh 21, 1–14 (Düsseldorf 1969) 131ff, meint: eine separate Fischfangwunder-Erzählung sei erst nachträglich mit einer älteren Tradition von einer Erscheinung beim Mahl verbunden worden; ähnlich *R. Schnackenburg,* Das Johannesevangelium, Teil 3 (Freiburg 1975) 410–413, und *Hoffmann,* Auferstehung 508f. – Zum Ganzen auch *Kremer,* Osterevangelien (s. Anm. 97) 223ff.

[121] Dabei spielt eine *Erscheinung* vor den Frauen, die das geöffnete (leere) Grab entdeckt haben, nun eine verbindende Rolle (Mt 28, 9f). Auch in Joh 20, 11–18 finden wir dann eine ausgeführte Erzählung über eine Erscheinung vor Maria aus Magdala.

Galiläa, sondern am Abend des Ostertages selbst, und zwar in Jerusalem, statt (Lk 24, 36–49 und Joh 20, 19–23).[122]

In den drei Großevangelien (Matthäus, Lukas, Johannes) sind also Erscheinungserzählungen mit der unabhängig von ihnen entstandenen, aus Markus übernommenen Grabtradition kombiniert. Diese Erscheinungserzählungen inszenieren und entfalten – und zwar durchaus sachgemäß, wie sich zeigen wird – das ihnen vorgegebene Datum der Erscheinungen (vgl. vor allem 1 Kor 15, 5ff).[123] Sie tun dies in verschiedenen Variationen (und zwar mit dem Instrumentar des gemein-antiken Erzähltyps vom Erscheinen Entrückter bzw. der alttestamentlichen anthropomorphen Theophanieerzählungen[124] und mit der Absicht, von der Geschichte Jesu die Brücke in die je verschiedene spätere Gemeindesituation hinein zu schlagen). Von daher erklären sich die – wie kaum anderswo in den Evangelien – starken und nicht harmonisierbaren Divergenzen; eine Synopse herzustellen ist hier nahezu unmöglich. Ob und inwieweit die Erscheinungserzählungen über das vorgegebene Datum der Erscheinungen hinaus auch noch – vom formelhaften Osterkerygma unabhängige, eigenständig neben ihm stehende – Überlieferungen und historische Reminiszenzen enthalten (etwa die Namen Emmaus und Kleopas sowie die Motive der Reise und des Mahles in Lk 24, 13–32), ist unsicher und kontrovers.[125] Fest steht soviel: Ursprünglicher Ort der Erscheinungen ist (wie Mk 16, 7; Mt 28, 16–20 und das Nachtragskapitel Joh 21 zutreffend festhalten) Galiläa;[126] ihre Lokalisierung in Jerusalem durch Lk 24 und

---

[122] Das johanneische Nachtragskapitel Joh 21 bringt hingegen ältere Überlieferungen, die sich mit Galiläa verbinden.

[123] So mit *M. Dibelius*, Die Formgeschichte des Evangeliums (Tübingen ⁵1966) 15ff. 178ff. 287ff, etwa *U. Wilckens*, Auferstehung (Gütersloh 1974) 50–65, oder *Hoffmann*, Auferstehung 500f. – Anders *J. E. Alsup*, The Post-Resurrection Appearance Stories of the Gospel-Tradition (Stuttgart 1975) bes. 266ff. Er weist Dibelius' These zurück, die Erscheinungserzählungen seien späte Paradigmen der Missionsverkündigung oder Illustrationen des Kerygmas; vielmehr bildeten sie (außer Mt 28, 9f und vielleicht Joh 20, 14–18) in ihrer vorredaktionellen Form einen unabhängigen Traditionsstrom mit mehr oder weniger konstanten Motiven und Themen neben dem formelhaften Kerygma und der Grabtradition, und dies (was eher fraglich ist) von Anfang an (zusammenfassend *Alsup* 269f).

[124] Vgl. hierzu *Alsup*, Appearance Stories 239–265; *Goppelt*, Theologie 284f (mit Anm. 19) und 290f (mit Anm. 27); *Hoffmann*, Auferstehung (s. Anm. 74) 501.

[125] Skeptisch etwa *Hoffmann*, Auferstehung 500f; bejahend etwa *Kremer*, Osterevangelien 153ff.

[126] Vgl. etwa *Lohfink*, Ablauf (s. Anm. 69) 164f. – Vielfach wird die Verklärungserzäh-

Joh 20 ist dagegen redaktionell bedingt. Weitere Begegnungen in und bei Jerusalem sind dadurch freilich nicht absolut ausgeschlossen. Eine historische Rekonstruktion eines *Ablaufs* der Osterereignisse ist indes, obgleich sie immer wieder versucht wurde,[127] angesichts der Quellenlage nicht mehr möglich.

Für unseren Zusammenhang ist bedeutsamer, die *beherrschenden Motive* der Erscheinungserzählungen zu erfassen.[128] Hier fallen (1) ein gemeinsames Hauptmotiv aller Erscheinungserzählungen sowie (2) und (3) zwei weitere – allerdings auf zwei Gruppen von Erzählungen verteilte – tragende Motive auf.

(1) Das *gemeinsame Hauptmotiv* aller Erscheinungserzählungen ist die *»Bestätigung der Auferstehung* durch die persönliche Erscheinung des Herrn«[129]. Dieses grundlegende Element der freien Begegnung des Auferstandenen entspricht ganz der Grundaussage der ältesten Formeltradition (Christus bzw. der Herr ist »auferweckt und erschienen«).

Neben diesem durchgängigen Grundmotiv sind nun zwei weitere Motive inhaltlich von tragender Bedeutung: das Beauftragungsmotiv und das Wiedererkennungsmotiv (dem von der Funktion her das sekundäre Motiv des Zweifels und Identitätsbeweises zuzuordnen ist). Diese beiden Motive sind jedoch auf zwei Gruppen von Erscheinungserzählungen verteilt. Aufgrund ihrer literarischen Struktur lassen sich die Erscheinungserzählungen nämlich in zwei Typen einteilen, die jeweils durch eines der beiden Motive geprägt sind: in Beauftragungserzählungen

lung Mk 9, 2–8 als umgestaltete und vordatierte Ostererscheinungserzählung verstanden. *E. Lohmeyer,* Das Evangelium des Markus (Göttingen 1953) 180f; *E. Schweizer,* Das Evangelium nach Markus (Göttingen 1967) 102; *Alsup,* Appearance Stories 141–144, haben dagegen entscheidende Gegenargumente vorgebracht: keine Ostergeschichte spricht sonst von einer Gottesstimme, von himmlischen Begleitern und sichtbarer Herrlichkeit Jesu; umgekehrt fehlt der Verklärungserzählung ein Jesuswort, wie es sich in allen Ostererscheinungserzählungen findet, und jeder Hinweis auf Tod und Auferweckung. Die Verklärungserzählung ist keine vordatierte Ostererzählung, sondern eine aus nachösterlicher Perspektive formulierte Epiphanieerzählung, der es um eine proleptische Offenbarung Jesu als des Auferstandenen vor seinen engsten Jüngern geht. – Eher schon könnte die Erzählung vom Seewandel Mk 6, 47–51 auf eine Ostererscheinung zurückgehen: so *E. Käsemann,* Wunder, in: RGG³ VI 1835. Aber auch das ist fraglich: vgl. *Schweizer,* Mk 79.

[127] In neuerer Zeit vgl. *H. von Campenhausen,* Ablauf (s. Anm. 95), oder *Lohfink,* Ablauf (s. Anm. 69).

[128] Dazu grundlegend schon *L. Brun,* Die Auferstehung Christi in der urchristlichen Überlieferung (Oslo – Gießen 1925) 16–29.41–49.64–83; dann auch *Grass,* Ostergeschehen 88–90; *Goppelt,* Theologie 291–293.

[129] *Brun,* Auferstehung 41.

(die sekundär mit dem Motiv des Zweifels und Identitätsbeweises verbunden werden) und in Wiedererkennungserzählungen.[130]

(2) Das *Motiv der Beauftragung* (Sendung, Berufung): Es gibt Erscheinungserzählungen, die ein Erscheinen Jesu in grundsätzlich *erkennbarer* Gestalt voraussetzen. Den Mittelpunkt dieser Erzählungen bildet die Begegnung mit dem Auferstandenen (also das gemeinsame Hauptmotiv), ihr Ziel aber finden sie ursprünglich in Auftragsworten Jesu. Jesus erscheint also in bekannter Gestalt und spricht Auftragsworte (Mt 28, 16–20; Lk 24, 36–49; Joh 20, 19–23; vgl. 21, 15ff). Das Sendungsmotiv (nicht das erst sekundär hinzutretende apologetische Motiv des Identitätsbeweises) beherrscht die Szene.

Die Auftragsworte Jesu selbst sind durchweg redaktionell gestaltet[131] (der Begrifflichkeit und theologischen Tendenz der Evangelisten entsprechend). In Aufbau und sachlichem Gehalt aber *stimmen* sie auffällig *überein:* a) Sie weisen zuerst auf die nicht herleitbare, freie *Begegnung* des Auferstandenen, wobei dieses Hauptmotiv je verschieden ausgestaltet ist (die Begegnung des Herrn erfolgt Mt 28, 18 aus seiner unvergleichlichen Machtstellung bei Gott heraus, Lk 24, 45f als Erfüllung der Schriftweissagung, Joh 20, 19.21; vgl. Lk 24,36b mit der Zusage seines Friedens). b) Sie sprechen sodann die *Sendung* der Jünger zur universalen Zeugenschaft·aus (Mt 28,19f; Lk 24,47f; Joh 20,21b) und enden c) mit der Verheißung bzw. Gewährung der *bleibenden Gegenwart* des Erhöhten oder seines Geistes (Mt 28,20; Lk 24,49; Joh 20,22).[132]

Diese Gemeinsamkeit bei verschiedener redaktioneller Ausformung läßt auf vorgegebene Motivzusammenhänge und damit auf ältere Tradition schließen.[133] Bereits die Bekenntnisformel in 1 Kor 15,5f. 7f (vgl. Gal 1, 12.16) setzt ja als gemeinsame urchristliche Überlieferung voraus, daß durch die Ostererschei-

---

[130] Vgl. den Überblick über die Forschung bei *Hoffmann,* Auferstehung 500f.

[131] *Léon-Dufour,* Résurrection (s. Anm. 97) 273, urteilt, daß sie »unzweifelhaft die Marke der urkirchlichen Theologie tragen«.

[132] Der Auferstandene, der selbst den Geist besitzt, verleiht ihn den Jüngern und gibt ihnen damit Anteil an seinem Leben. Dies ist gleichbedeutend mit der Sündenvergebung, die nur die andere Seite der Geistverleihung darstellt.

[133] Insoweit ist wohl *Alsup,* Appearance Stories 266f, und seinem Lehrer *Goppelt,* Theologie 291f, recht zu geben. Daß diese ältere Tradition aber bis in die Anfänge zurückreicht und selbständig neben der alten Bekenntnistradition steht, ist damit noch keineswegs erwiesen; es ist in Anbetracht der vorliegenden Überlieferung eher unwahrscheinlich.

nungen, also durch die Begegnung des Auferstandenen, das Apostolat, also die Sendung der Jünger, begründet wurde. Diese urchristliche Überlieferung wird hier in den Erscheinungserzählungen, die den Charakter von Beauftragungserzählungen haben, festgehalten und durch das Moment der Zusage bleibender Gegenwart sachgemäß erläutert.

Dabei geht es *Matthäus* in der österlichen Erscheinung des Auferstandenen vor allem um die Konstitutierung der neuen Jüngergemeinde durch den Herrn, der ihr seine bleibende Gegenwart zusagt, und um ihre Verpflichtung auf den weltumspannenden Anspruch und bleibend gültigen Weg des irdischen Jesus.[134] Nach *Lukas* erschließt erst und allein der Auferstandene den Jüngern den ihnen bis dahin verborgenen Sinn der Schrift und damit auch seines irdischen Weges zum Kreuz (Lk 24, 25–27.44–47); die Herrschaft des zur Rechten Gottes erhöhten Kyrios und Christos ermöglicht die Sendung des Geistes, weltweite Umkehrpredigt der Zeugen und Sündenvergebung im Namen Jesu (Lk 24, 46–48; vgl. Apg 1, 8; 2, 32–39; 5, 30f; 10, 42f). Auch für *Johannes* bleibt das Ostergeschehen dem Menschen unzugänglich; zum Glauben, daß Jesus auferstanden ist, kommt er nicht von sich aus, dazu bedarf es des befreienden Wortes des auferstandenen Jesus selbst (Joh 20, 16.19f); darum auch geschieht die Joh 14, 18–20 in Aussicht gestellte Wiederkunft und Geistsendung sogleich zu Ostern selbst und von Ostern an (vgl. Joh 20, 17.19–23 mit 14, 21–29; 16, 16.22).

Die Beauftragungserzählungen haben also durchweg den bestimmten Sinn, die Erscheinungen des Auferstandenen in ihrer *Glauben,* Zeugnis, Verkündigung, Mission, Schriftverständnis, Herrenmahl, Sündenvergebung *und* damit *Kirche begründenden* Bedeutung sichtbar zu machen.[135]

(3) Das *Motiv des Wiedererkennens* (Rekognition): In einigen Erzählungen bei Lukas und Johannes erscheint der Auferstandene in *unerkannter* Gestalt (das heißt radikal verwandelt und verborgen) und gibt sich erst im nachhinein und plötzlich (als der-

---

[134] Vgl. hierzu G. *Bornkamm,* Der Auferstandene und der Irdische. Mt 28, 16–20, in: E. Dinkler (Hg.), Zeit und Geschichte. Festschrift R. Bultmann (Tübingen 1964) 171–191; *J. Lange,* Das Erscheinen des Auferstandenen im Evangelium nach Matthäus (Würzburg 1973); A. *Vögtle,* Was Ostern bedeutet. Meditation zu Mt 28, 16–20 (Freiburg 1976); *Hoffmann,* Auferstehung 502f.

[135] Vgl. dazu auch *Blank,* Paulus und Jesus (s. Anm. 37) 159–162 mit Anm. 53.

selbe, identische) zu erkennen. Und zwar gibt er sich durch seinen charakteristischen Stil, durch sein eigentümliches, aus seinem irdischen Wirken bekanntes Handeln zu erkennen: als Herr und Geber des Mahles (Lk 24, 13–31; Joh 21, 4b.9.12f), aber auch durch seinen Anruf (Joh 20, 14–16; vgl. aufgrund des Motivs vom Zweifel und Identitätsbeweises auch Joh 20, 24–29).

Diese Erzählungen scheinen aufs Ganze gesehen weniger die Erfahrung der ersten Zeugen (am Ostermorgen), die den Auferstandenen »gesehen« haben, wiederzugeben als vielmehr die Erfahrung der späteren Christen »zweiter Hand« (Kierkegaard) zu spiegeln.[136] Sie antworten bereits auf die Frage, wie denn die Späteren, die nicht Urzeugen der Erscheinungen waren (vgl. die Figuren der Emmausjünger und des Thomas[137]), zum Glauben an den Auferstandenen gelangen können. Die Zeit der ursprünglichen Ostererscheinungen ist vorüber, die nachösterliche Jüngergemeinde besteht bereits (vgl. Lk 24, 33–35; Joh 20, 24). Die späteren Jünger zweiter Hand kommen von der bereits bestehenden Jüngergemeinde getragen und *in* ihr zur gläubigen Erkenntnis des auferstandenen und wahrhaft gegenwärtigen Herrn, den man »nicht mehr sieht« (Lk 24, 31; vgl. Joh 20, 17a und 29). Nicht die Nachrichten vom leeren Grab und von anfänglichen Erscheinungen führen sie zum Glauben, sondern erst das innere Erkennen aufgrund der unmittelbaren Begegnung mit dem auferstandenen Herrn.

Diese unmittelbare Begegnung gibt es auch für sie, die Späteren (so daß ihr Glaube kein bloßer Autoritätsglaube sein muß): Zwar »erscheint« der Herr nicht mehr, dafür tritt er unscheinbar

---

[136] Zum Folgenden vgl. besonders *J. Wanke*, Die Emmauserzählung (Leipzig 1973); *R. J. Dillon*, From Eye-Witnesses to Ministers of the Word. Tradition and Composition in Luke 24 (Rom 1978); *K. Lehmann*, Zugang zum Ostergeschehen heute, am Beispiel der Emmauserzählung, in: IkaZ 11 (1982) 42–50; *Ch. Perrot*, Emmaus oder die Begegnung mit dem Herrn, in: ThG 26 (1983) 19–25; *R. Pesch*, Der reiche Fischfang (s. Anm. 120); *Schnackenburg*, Joh III 406–417; *Kremer*, Osterevangelien (s. Anm. 97); *Hoffmann*, Auferstehung 505–509 (mit Überblick über die neuere Diskussion zu den johanneischen Texten).

[137] Die Thomasperikope Joh 20, 24–29 stellt zwar literarisch gesehen keine Rekognitionserzählung, sondern eher eine nachträgliche Erweiterung der vorausgehenden Beauftragungserzählung mittels der Motive von Zweifel und Identitätsbeweis dar. Der Sache nach aber hat sie eine entsprechende Funktion: An Thomas wird »die Situation derer dargestellt, die allein auf das Zeugnis der ersten Augenzeugen angewiesen sind ... Die Geschichte artikuliert also das Problem des Glaubens in ›nachapostolischer‹ Zeit, kritisiert aber nicht die einstige leibhaftige Erscheinungsweise Jesu« (*Hoffmann*, Auferstehung 508).

hinzu (Lk 24, 15f; vgl. Joh 20, 14ff; 21, 4), wandert mit auf dem gemeinsamen Weg und gibt sich in Schriftauslegung und Mahl als gegenwärtig zu erfahren (Lk 24, 30–32; Joh 21, 12f; vgl. ferner Mt 18, 20; Gal 3, 2). Daran, daß der unerkannt Anwesende sie persönlich anspricht und ihnen als Tischherr beim Mahl fortwährend das Brot gibt, erkennen sie, daß Jesus es ist, der jetzt mit und an ihnen handelt – so, wie er es früher in seinem irdischen Dasein getan hat; und indem sie Jesus (wieder-)erkennen, finden sie auch neu zueinander und zur Jüngergemeinde (vgl. Lk 24, 17.32 f; Joh 20, 17b–18; 20, 24f. 28). Nur darauf, wodurch diese Erkenntnis sich einstellt, kommt es den Erzählungen an. Darum kann Jesus in dem Augenblick, da er erkannt wird, (aus dem Erzählgang) »verschwinden« und löst dieses Verschwinden keinerlei Enttäuschung oder Bedauern aus. Es ist das Verschwinden in die Verborgenheit Gottes hinein, aus der der Herr verborgen wirklich gegenwärtig ist und sich in der Schwebe von Sich-Geben und Sich-Entziehen erweist.

So liefern diese Erzählungen in symbolischen Bildern und archetypischen Figuren (der unverständigen, sich distanzierenden Emmauswanderer; des zweifelnden Thomas; vielleicht auch der trauernden Maria von Magdala) Muster der späteren Situation der Christen; der ungenannte Begleiter des Kleopas etwa könnte den Namen eines jeden späteren Gläubigen tragen. Die Erzählungen fungieren »als Paradigma für die jedem Christen grundsätzlich offenstehende Erfahrung, dem lebendigen Herrn in der Gemeinde und ihren Mahlfeiern zu begegnen«[138].

(4) Das apologetische *Motiv des Zweifels und Identitätsbeweises:* Nun deuteten wir bereits an, daß in den Beauftragungserzählungen (vgl. 2) nachträglich und in zunehmendem Maße das

---

[138] Dieses Urteil von *Wanke,* Emmauserzählung 67, gilt wohl auch für Joh 20, 24–29 und 21, 2.4.8c.9.12f (den vermutlich älteren Kern dieser Erzählung). – Nach J. Wanke, dem jetzigen Erfurter Bischof, spiegelt die »relativ späte« (124) Emmauserzählung »eine fortgeschrittene Stufe der Glaubensreflexion«; Lk schaut auf die Anfangszeit der Kirche, die vorüber ist, zurück. »Nun steht denen, die in nachösterlicher Situation den Auferstandenen suchen, der von der Erzählung exemplarisch gewiesene Weg offen: das gläubige Ergreifen des Schriftzeugnisses, das Jesus als Messias ausweist, und die Erfahrung seiner Gegenwart beim gemeinsamen Mahl in der Gemeinde. Der Osterglaube bleibt freilich auch dann ein Geschenk, aber dieses Geschenk ist nun denen angeboten, die ›nicht sehen‹ (Joh 20, 29)« (126). »Was die Gemeinde bei ihren gegenwärtigen Zusammenkünften tut, der Nachvollzug der Handlungen Jesu bei seinem Abschied im Jüngerkreis, wird hier im Lichte des Osterglaubens interpretiert und in Form einer Erzählung zur katechetischen und homiletischen Reflexion gebracht« (124).

apologetische Motiv des Zweifels und des ihn überwindenden Identitätsbeweises durch den Erscheinenden hinzutreten kann.[139] Das Sehen der (grundsätzlich erkennbaren) Gestalt erregt dann Fragen und Zweifel, und erst am Verhalten der (Wieder-)Zuwendung zu den Jüngern wird Jesus endgültig identifiziert. Dieses Motiv, bei Matthäus nur am Rande anklingend (Mt 28, 17), wird bei Lukas und Johannes zum Teil drastisch ausgestaltet (Lk 24, 36–43; Joh 20, 19f. 24–29; vgl. Mk 6, 49f par): Zum Beweis der Realität (»Leibhaftigkeit«) seiner Auferstehung zeigt der Erscheinende den Jüngern seine Wundmale, bietet sie – ganz im Gegensatz etwa zu Joh 20, 17 (»rühr mich nicht an!«) – zum Betasten dar (Lk 24, 39; Joh 20, 20.27), ja, er ißt sogar – anders als in Lk 24, 30f und Joh 21, 5.9.12f, wo er den Jüngern nur das Mahl bereitet – demonstrativ selber vor ihren Augen (Lk 24, 41–43).

Dies steht in deutlicher Spannung zum sonstigen neutestamentlichen Verständnis der Leiblichkeit des Auferstandenen (vgl. etwa Lk 20, 35f par; 24, 30f; Joh 20, 17; 1 Kor 15, 50) und beschwört die Gefahr eines grob-sinnlichen, pseudophysikalischen Mißverständnisses der Auferstehung Jesu herauf, als würde sie objektiv-neutraler Feststellbarkeit unterliegen. Freilich wollen die Texte so gerade nicht verstanden werden. Dies zeigt das Motiv des geheimnisvollen Kommens und Entschwindens Jesu (Lk 24, 36.51; Joh 20, 17.19), ebenso die Dialektik von Berühren und Unberührbarkeit (Lk 24, 39/Joh 20, 20.27 bzw. Joh 20, 17). Es ist nicht an körperlich-sinnliche Wiederbelebung und Rückkehr zu handgreiflichen Beziehungen gedacht, sondern es ist auf die lebendige und leibhaftige Realität des neuen Lebens des Auferstandenen abgehoben. Es soll also vor allem die hellenistische (vielleicht schon frühgnostisch-doketische) Vorstellung einer rein spirituellen, leiblosen Auferstehung zurückgewiesen werden (vgl. Lk 24, 37.39 und die nachjohanneische Redaktion Joh 20, 5–8 und 20, 25.27). Außerdem führt bei beiden Evangelisten die starke Betonung des schriftnotwendigen Leidens Jesu (Lk 24, 6f. 20.25f. 45f) bzw. seiner Kreuzigungsmale (Joh 20, 20.25.27) auf den von ihnen intendierten tieferen Sinn der – oberflächlich genommen mißdeutbaren – Motivik des Identitäts-

---

[139] Vgl. *Wilckens*, Auferstehung 52ff; *Kremer*, Osterevangelien 136ff. 184ff; *Hoffmann*, Auferstehung 504f. 507f.

134

beweises: Der Auferstandene wird an seinen Leidensspuren erkannt; er ist und bleibt der Gekreuzigte. Die Auferstehung löscht den Weg und die Hingabe ans Kreuz nicht aus, sondern erhebt sie gerade zu bleibender Gültigkeit. Eben der Gekreuzigte wird nun in der Herrlichkeit Gottes geschaut. Darüber hinaus geht es, wie schon erwähnt, Lukas und der nachjohanneischen Redaktion auch noch darum, den Unterschied zwischen den Situationen der ersten Augenzeugen und der späteren Gläubigen herauszustellen: jene »sahen« den Auferstandenen leibhaftig in manifesten Erscheinungen (Joh 20, 19–23), diese – an der Figur des Thomas bzw. der Emmausjünger inszeniert – sollen ihrem Zeugnis: »wir haben den Herrn gesehen« (Joh 20, 25a; vgl. 19, 35; Lk 24, 34) Glauben schenken.

Unser Überblick ergab: Älter als alle Ostererzählungen, ob Grabes- oder Erscheinungserzählungen, ist die einhellige urchristliche Überzeugung, daß der gekreuzigte Jesus nicht im Tod geblieben, sondern auferweckt und erhöht ist, seinen Jüngern begegnet ist, sie zu Zeugen berufen und ihnen seine bleibende Gegenwart zugesagt hat. Auf diese Überzeugung ist offenbar bereits die älteste Gemeinde in Jerusalem gegründet worden. Wie ist diese einmütige Überzeugung des Urchristentums entstanden? Dieser Frage und der mit ihr verbundenen komplizierten Problematik wollen wir uns im folgenden Kapitel zuwenden.

Drittes Kapitel
Die Frage nach der Entstehung
des Glaubens an die Auferstehung Jesu

Fundamentaltheologisch gesehen geht es um den Erweis der Glaubwürdigkeit und inneren Begründetheit des Osterglaubens. Zwei Fragen sind hier zu unterscheiden. Einmal die historisch-fundamentaltheologische Frage nach der *Entstehung* des Osterglaubens: Wie kam es nach der Katastrophe des Karfreitags zur einmütigen Überzeugung von der Auferweckung Jesu? Sie wird in diesem Kapitel behandelt. Zum anderen die prinzipiell-fundamentaltheologische Frage nach dem (zureichenden) *Grund* des Osterglaubens: Was ist die bleibend gültige sachliche Grundlage für den Glauben an die Auferstehung Jesu? Ihr wird das vierte Kapitel gelten. Beide Fragen sind deswegen zu unterscheiden, weil die (eventuell zufällige) Genese einer Überzeugung nicht schon ihre (unbedingte) Geltung gewährleistet;[1] weil also erst geklärt werden muß, ob das, was die Osterüberzeugung der Urgemeinde ausgelöst hat, auch die Begründung für einen heutigen Glauben an die Auferstehung Jesu abgeben oder ob diese Begründung anderweitig gefunden werden kann.

I. Hermeneutische Vorbemerkungen

1. Keine unmittelbaren Zeugen der Auferstehung

Nach dem Neuen Testament ist niemand unmittelbarer Zeuge des Auferstehungsvorgangs selber gewesen.[2] Dessen Beschreibung wird daher durchweg vermieden. Erst das apokryphe Petrusevangelium (9, 35–43) aus dem 2. Jahrhundert erliegt der Versuchung, den Auferstehungsvorgang in einem objektivierenden Realismus zu schildern und ihn so zum direkten Wahrheits-

---

[1] Entdeckungszusammenhang und Begründungszusammenhang müssen stets methodisch unterschieden werden.

[2] Die Jünger sind Zeugen der Begegnung (»Erscheinung«) des Auferstandenen, nicht Zeugen des Auferstehungsvorgangs.

beweis für die erfolgte Auferstehung Jesu zu erheben.[3] (Es wurde darin Vorbild für viele Darstellungen der bildnerischen Kunst des Westens seit dem 11. Jahrhundert.) Dieser Versuchung gegenüber gilt es von vornherein und in aller Klarheit festzuhalten: Die Auferstehung Jesu selber ist uns nicht direkt zugänglich. Nach dem neutestamentlichen Zeugnis liegt dies daran, daß Jesu Auferweckung – ganz anders als die in biblischen Wundergeschichten vorgestellten Totenerweckungen durch Elija, Elischa, durch Jesus, Petrus oder Paulus[4] – eben keine Wiederherstellung des früheren Lebens, keine Rückkehr eines Toten ins irdisch-sterbliche Leben, also unter empirisch prüfbare Bedingungen, ist[5]. Vielmehr stellt sie den Übergang in die uns verborgene eschatologische Daseinsform bei Gott, also den Beginn radikal neuen, unzerstörbaren Lebens dar: »Wir wissen, daß Christus, von den Toten auferweckt, nicht mehr stirbt; der Tod hat keine Herrschaft mehr über ihn; denn was er gestorben ist, das ist er . . . ein für allemal gestorben, was er aber lebt, das lebt er für Gott« (Röm 6, 9f; vgl. Apg 13, 34). Der Vorgang der Auferstehung Jesu sprengt demnach den Bereich des empirisch Feststellbaren. Und sein Ergebnis, der Auferstandene, kann nicht einfach eine empirisch vorfindliche Größe sein; er gehört nicht unserer – von uns aus zugänglichen – sinnlichen Erfahrungswelt an und ist daher auf die Konditionen objektivierender Erkenntnis nicht festlegbar; in den historischen Erkenntniszusammenhang gliedert er sich nicht ein.

---

[3] *Petrusevangelium* 35–43: »In der Nacht aber, in welcher der Herrentag aufleuchtete, als die Soldaten, jede Ablösung zu zweit, Wache standen, erscholl eine laute Stimme am Himmel, und sie sahen die Himmel geöffnet und zwei Männer in einem großen Lichtglanz von dort herniedersteigen und sich dem Grabe nähern. Jener Stein, der vor den Eingang des Grabes gelegt war, geriet von selbst ins Rollen und wich zur Seite, und das Grab öffnete sich und beide Jünglinge traten ein. Als nun jene Soldaten dies sahen, weckten sie den Hauptmann und die Ältesten – auch diese waren nämlich bei der Wache zugegen. Und während sie erzählten, was sie gesehen hatten, sahen sie wiederum drei Männer aus dem Grabe herauskommen und die zwei den einen stützen und ein Kreuz ihnen folgen und das Haupt der zwei bis zum Himmel reichen, dasjenige des von ihnen an der Hand geführten aber die Himmel überragen. Und sie hörten eine Stimme aus den Himmeln rufen: ›Du hast den Entschlafenen gepredigt‹, und es wurde vom Kreuze her die Antwort laut: ›Ja.‹ Jene erwogen nun miteinander, hinzugehen und dies dem Pilatus zu melden.«
[4] Vgl. 1 Kg 17, 17–24; 2 Kg 4, 18–37; Mk 5, 21–43par; Lk 7, 11–17; Joh 11, 1–44; Apg 9, 36–42; 20, 7–12.
[5] Das gilt auch für Lk und seine redaktionelle Konzeption der 40 Tage.

2. Das Problem des Zugangs zur Auferstehung Jesu

Zur Auferstehung Jesu und zur Wirklichkeit des Auferstandenen gibt es somit keinen empirisch und neutral konstatierenden, objektivierenden, in diesem Sinne also auch keinen historischen Zugang. Der Historiker als solcher verfügt über keinerlei Erkenntnismittel, die ihn in den Stand setzen könnten, die von den neutestamentlichen Zeugen behauptete Auferstehung Jesu zu verifizieren; denn diese fällt grundsätzlich aus dem Bereich des nach *seinen* Erkenntnisbedingungen objektiv Feststellbaren heraus.[6] Dies in mindestens zweierlei Hinsicht:

a) Zum einen lebt ja alle historische Rekonstruktion von der angenommenen Gleichartigkeit (der Analogie) und dem durchgehenden Zusammenhang (der Korrelation) allen Geschehens; beiden aber entzieht sich die Auferstehung Jesu, weil sie – nach dem neutestamentlichen Zeugnis – das Ereignis ist, in dem zuletzt über alles andere Geschehen entschieden wird. Das Osterereignis läßt sich also nicht auf objektiv feststellbare Weise mit anderen objektiv feststellbaren Ereignissen verknüpfen und in ihren Zusammenhang einordnen. Aber es hinterläßt in diesem feststellbaren Geschehenszusammenhang gewissermaßen einen historisch verifizierbaren »Rand« (Kreuzigung Jesu, Flucht und Rückkehr der Jünger, Behauptung der Auferweckung, Entstehung der Urgemeinde usw.) und eine empirische Spur (seine empirisch zugänglichen Wirkungen).

b) Zum anderen objektiviert historische Rekonstruktion *tendenziell* Fakten der Vergangenheit unter weitestgehender Ausklammerung der eigenen Situation und Existenz (thematisch kann letztere jedenfalls nicht werden). Auferstehung Jesu und auferstandener Jesus aber sind – nach dem neutestamentlichen Zeugnis – eine umwälzende, zur Entscheidung aufrufende Realität für mich und für uns, so daß sie gerade nicht als vergangenes Ereignis gleichsam für sich selbst und objektiv, unter Ausklammerung der eigenen Subjektivität und Situation, betrachtet wer-

---

[6] *W. Marxsen,* Die Auferstehung Jesu von Nazareth (Gütersloh 1968) 122: »Wenn man den Historiker fragt, ob Jesus auferstanden sei, er jetzt darauf mit nein antwortet, dann hat er die Grenzen seiner Möglichkeiten überschritten. ... Zu behaupten, daß nur das wirklich geschehen sei, was eindeutig belegt werden kann, ist einfach unzulässig. Die Antwort des Historikers auf die Frage, ob Jesus auferstanden sei, muß daher lauten: Das weiß ich nicht; das kann ich nicht mehr feststellen.«

den können, ohne dadurch radikal verfehlt zu werden. Ich kann sie mir und dem Verlauf meiner Existenz also nicht in der Weise als Gegenstand gegenüberstellen, daß sie mir äußerlich bliebe und mich nicht zugleich zuinnerst beträfe.

3. Die Frage der angemessenen Kategorialität

Die Kategorie, die unter Voraussetzung des neutestamentlich Bezeugten (Auferstehung und Erscheinungen des Auferstandenen) überhaupt nur angemessen erscheint, ist die intersubjektive Kategorie der *Begegnung:* Der Andere, hier der auferstandene Gekreuzigte, kommt auf mich zu und stellt in der Begegnung die Bedingungen möglicher Erkenntnis seiner selbst mindestens auch seinerseits mit, und zwar so, daß ich im Vorgang des Erkennens mich meinerseits an ihm verändere. Deshalb kann dann sogar weiter gefragt werden nach Möglichkeiten, das erkennende Subjekt in seiner veränderten Grundstruktur (seinem veränderten Selbst- und Weltverständnis sowie seinem veränderten Verhalten) so zu beschreiben, daß die korrespondierende (sich darin spiegelnde) Grundstruktur des auslösenden (die Transformation der Grundstruktur des erkennenden und handelnden Subjekts bewirkenden) Ereignisses mit beschrieben wäre, *ohne* damit seine unableitbare Vorgegebenheit zu negieren.

Zur Erfassung dieser Veränderung der Grundstruktur des Subjekts kann eine Theorie der *transzendentalen Erfahrung* bzw. eine transzendentale Philosophie der Bekehrung bedeutsame Mittel bereitstellen. Sie reflektiert nämlich auf jene Art von Erfahrung, die deswegen transzendental genannt wird, weil sie »die Bedingungen der Möglichkeit von Erfahrung selbst ändert«[7]. Solche neue, transzendentale Erfahrung bricht den Kontext und Horizont der bisherigen Erfahrung auf, so daß nun alle folgende Erfahrung in einem neuen, das heißt in *ihrem* Licht gemacht wird. Von daher legt sich die Rede vom »aufgehenden Licht« (Erleuchtung),[8] von der Erschließung (disclosure) eines

---

[7] *H. Peukert,* Wissenschaftstheorie – Handlungstheorie – Fundamentale Theologie (Düsseldorf 1976) 46. – Um solche die Struktur der Erfahrung selber verändernden Erfahrungen geht es dann vor allem *R. Schaeffler,* Fähigkeit zur Erfahrung. Zur transzendentalen Hermeneutik des Sprechens von Gott (Freiburg 1982), der S. 24f. 46 ausdrücklich auf die Ostererfahrung eingeht (allerdings allein anhand der Emmauserzählung).

[8] *Schaeffler,* Fähigkeit zur Erfahrung 46, vgl. 24.

neuen Wirklichkeitsverständnisses oder von einer (kognitiven) Bekehrung nahe. Solche Kategorien treffen durchaus auch eine Seite der ursprünglichen Ostererfahrung der Jünger, nämlich die in und an ihnen ausgelöste Veränderung. Aber sie vermögen nicht zureichend den *Grund* dieser Veränderung (das die Veränderung Auslösende) in seinem *Begegnungscharakter* zu thematisieren. Auf diesem Begegnungscharakter aber besteht gerade, wie sich zeigen wird, das Neue Testament in seinen Aussagen von den sogenannten Erscheinungen des Auferstandenen. Die Rede vom auferweckten Jesus benennt keineswegs nur die für die Jünger selber »unverfügbare Bedingung für ... ein neues Sehen und Verstehen«;[9] vielmehr erfahren und sehen sie *ihn* selber, *er* begegnet ihnen. Und er ist dabei nicht nur dem »Lichtstrahl« vergleichbar, der neu sehen macht, selber aber unsichtbar ist; nicht nur »so ist auch den Jüngern ein neues Licht aufgegangen« und »vergewisserten sie sich gegenseitig der Identität desjenigen, der sie ... zu solchem neuen Sehen fähig gemacht hat«[10]. Solche Aussagen sind wichtig, aber nicht zureichend; über sie hinausgehend muß der die Transformation der Erfahrung und Praxis der Jünger auslösende Faktor in seinem Begegnungscharakter zur Sprache gebracht werden. Dies vermag auch die *Bekehrungsterminologie* nicht im erforderlichen Maße zu leisten, weil sie primär am sich bekehrenden Subjekt orientiert ist: ich bin Subjekt meiner Bekehrung (was ihre göttliche Ermöglichung o. ä. nicht ausschließt). Nach den neutestamentlichen Osteraussagen ist dagegen der den auferweckten Jesus erschei-

---

[9] Ebd. 24f.
[10] Ebd. 46. – Grundsätzlicher noch formuliert Schaeffler: »Das transzendental-philosophische Verstehen des Sprechens von Gott enthält ... den Anspruch, den ›wahren‹ Bedeutungsgehalt der Rede von Gott freizulegen und dadurch auch denjenigen, der in religiösen Kontexten von Gott spricht, vor einem möglichen Mißverständnis seiner selbst zu bewahren. Der religiöse Mensch kann nämlich meinen, von einem ›Seienden unter anderen Seienden‹ gesprochen zu haben, während der Transzendentalphilosoph ihm nachweist, daß er ›in Wahrheit‹ von keinem Seienden gesprochen hat, sondern von dem ›übergegenständlichen Möglichkeitsgrund‹, der aller Begegnung (sc. von Seienden) mit Seienden vorausliegt« (82). Diesen Aussagen ist zuzustimmen, freilich mit der Einschränkung, daß der Transzendentalphilosoph »den ›wahren‹ Bedeutungsgehalt der Rede von Gott« nur in einem ganz formalen Sinne freizulegen vermag. Die biblischen Texte sprechen nämlich von Gott nicht nur als von dem »ungegenständlichen Möglichkeitsgrund«, der aller Begegnung zwischen Menschen vorausliegt, sondern auch von dem Gott, der zugleich in bestimmter Weise selbst Menschen begegnet. Um beides zusammenzuhalten, reicht ein transzendentalphilosophischer Ansatz nicht aus, oder er muß erweitert werden.

nen lassende Gott bzw. der erscheinende Jesus (wie immer solche Aussagen zu verstehen sein mögen) das initiierende Subjekt der Veränderung und Umkehr der Jünger.

II. Der konsensfähige Ertrag historischer Rekonstruktion

Die Auferstehung Jesu ist, so hat sich gezeigt, keine objektiv-neutral konstatierbare und keine historisch beweisbare Tatsache.[11] Das äußerste auf der Ebene historischer Methodik erreichbare Faktum ist der Osterglaube der Jünger, genauer gesagt: das Faktum ihrer einhelligen Behauptung (Bezeugung) der Auferweckung und der Erscheinungen Jesu. Dieses Faktum der Behauptung kann der Historiker mit seinen Mitteln erweisen (nicht aber die Faktizität des in der Behauptung Behaupteten). Wie aber kommen die Jünger zu dieser Behauptung? Für die Frage nach der Glaubwürdigkeit dieser Behauptung ist es von erheblicher Bedeutung, was sich in einer historischen Untersuchung (und in einer Reflexion auf deren Bedingungen) noch weiter über die Umstände der Entstehung dieser Behauptung ausmachen läßt. Denn das, was historisch konstatierbar ist, ist zunächst einmal der Boden, auf dem sich Glaubende und Nichtglaubende gleichermaßen bewegen und miteinander auseinandersetzen können; historische Urteile beanspruchen ja, prinzipiell überprüfbar zu sein. Auch wenn sie nur ein kritisches Minimum zu sichern vermögen, liefern sie damit jenen kritisch gesicherten Ausgangspunkt, dessen Fehlen von vornherein alles weitere der rein subjektiven Willkür verdächtig machen würde. Wie weit also kann der Historiker mit seinen Methoden die Entstehung des Osterglaubens begreiflich machen?

---

[11] Ob man sie dennoch als Tatsache bezeichnen darf, hängt von dem *Begriff von Tatsache* ab, den man wählt. Wenn man mit *R. Schaeffler,* Die Vernunft und die Tatsachen, in: Cath 22 (1968) 271–287, bes. 285f, als Tatsache dasjenige versteht, was Erfahrung vermittelt, das Bewußtsein bzw. die Subjektivität verändert, und zwar in der Weise, daß Zufälligkeit und Beliebigkeit überwunden werden (sei es, daß diese Tatsache als objektive für alle im Sinne der Wissenschaft oder im Sinne der individuellen Entscheidung als existentielle gerade für mich oder vielleicht noch einmal auf ganz andere Weise die Subjektivität in Anspruch nimmt), dann kann man die Erscheinungen und die Auferstehung Jesu durchaus als Tatsache bezeichnen. Dies ist aber nicht mehr der Begriff historischer Tatsächlichkeit.

1. Ein den Osterglauben auslösendes »Etwas«

Was den Osterglauben hervorrief, läßt sich indirekt an der überraschenden Wende im Jüngerverhalten ablesen. Es genügt, auf einige historisch greifbare Tatsachen hinzuweisen. Historisch greifbar sind nämlich einerseits (vorösterlich): der von Jesus geweckte anfängliche Glaube und die Nachfolge der Jünger, nach Verhaftung und öffentlicher Kreuzigung (Fluchtod!) Jesu aber ihre überstürzte Flucht und Heimkehr nach Galiläa.[12] Andererseits (nachösterlich): kurze Zeit später ihre plötzliche Rückkehr in das für sie unwirtliche und nicht ungefährliche Jerusalem, die Versammlung zur Urgemeinde, die Behauptung der Auferweckung und Erhöhung Jesu, der rasche Beginn der Mission zuerst unter aramäisch- und griechischsprechenden Juden in Palästina (bald aber auch in den syrischen Diasporagemeinden) und die geradezu stürmische Entwicklung einer äußerst differenzierten Christologie.

Der Historiker steht vor der Frage der Deutung dieser plötzlichen Wende im Jüngerverhalten, und er urteilt: »Es muß also etwas eingetreten sein, was binnen kurzem nicht nur einen völligen Umschlag ihrer Stimmung hervorrief, sondern sie auch zu neuer Aktivität ... befähigte. Dieses ›Etwas‹ ist der historische Kern des Osterglaubens.«[13]

Was aber, so muß gefragt werden, war dieses vom Historiker postulierte, den Osterglauben auslösende »Etwas«? Soviel läßt sich gewiß noch sagen: Dieses auslösende »Etwas« muß zumindest als ein so starker, evidenter, verschiedenartige Tendenzen zentrierender Neuanstoß gedacht werden, daß es die (angesichts des Verbrecher- und Fluchtods Jesu am Kreuz) überraschende Einmütigkeit und erstaunliche Dynamik des österlichen Neuanfangs erklären kann.

2. Die Unhaltbarkeit der Betrugshypothesen

Hier greift jede *Betrugshypothese* etwa der Art, »daß die Jünger des Nachts zum Grabe gekommen, den Körper gestohlen, und darnach gesagt, Jesus sei auferstanden«[14] (Hermann Samuel

---

[12] Vgl. dazu oben Kap. 2, I. 3c sowie II (Anfang).
[13] *M. Dibelius,* Jesus (Berlin 1939) 121f bzw. (Berlin ⁴1966) 118.
[14] *H. S. Reimarus,* Über die Auferstehungsgeschichte, in: G. E. Lessing, Werke Bd. 8

Reimarus, 1694–1768), viel zu kurz und muß versagen. Der ganz und gar unverdächtige David Friedrich Strauß hat dazu – im Rückgriff auf einen Gedanken des Origenes – bereits 1836 gesagt, »daß eine selbsterfundene Lüge die Jünger unmöglich zu einer so standhaften Verkündigung der Auferstehung Jesu unter den größten Gefahren hätte begeistern können, und ... daß der ungeheure Umschwung von der tiefen Niedergeschlagenheit und gänzlichen Hoffnungslosigkeit der Jünger bei dem Tode Jesu zu der Glaubenskraft und Begeisterung, mit welcher sie am folgenden Pfingstfest ihn als Messias verkündigten, sich nicht erklären ließe, wenn nicht in der Zwischenzeit etwas ganz außerordentlich Ermuthigendes vorgefallen wäre, und zwar näher etwas, das sie von der Wiederbelebung des gekreuzigten Jesus überzeugte«[15]. (Nebenbei: Völlig absurd ist angesichts des in den neutestamentlichen Texten greifbar werdenden historischen Befundes die *Scheintodhypothese.)*

3. Der Streit um die Bestimmung des auslösenden »Etwas«

Soweit also dürfte seit 150 Jahren in der historischen Forschung Einigkeit bestehen. Dann aber, bei der Frage nach der näheren Bestimmung des Neuanstoßes, scheiden sich die Geister und die Wege, je nach zum voraus getroffener weltanschaulicher Vorentscheidung. Derselbe David Friedrich Strauß etwa fährt fort: »Daß aber dieses Überzeugende gerade eine wirkliche Erscheinung des Auferstandenen, daß es überhaupt ein äußerer Vorgang gewesen sein müsse, ist damit noch keineswegs bewiesen. Man könnte, wenn man auf supranaturalem Boden bleiben

(Darmstadt 1976) 439, vgl. 457. Vgl. ferner *H. S. Reimarus,* Apologie oder Schutzschrift für die vernünftigen Verehrer Gottes, hg. von G. Alexander (Frankfurt 1972) Bd. 2, 180f: da das System Jesu (zeitliche Erlösung Israels und Aufrichtung einer neuen Theokratie) »übel ausfiel: so ist das neue System der Apostel aus Noth, wegen ihrer fehlgeschlagenen Hoffnung, von ihnen erdichtet worden. Es bestand darin, daß Jesus eben dazu gekommen sey, daß er leyden und sterben sollte, um die Sünde der gantzen Welt zu büssen; und sey aber nach vollbrachtem Versühnungs-Amte vom Tode wieder lebendig auferstanden, und nach 40 Tagen gen Himmel gefahren, von wannen er bald in den Wolken kommen werde, Gericht zu halten und dann sein herrlich Reich anzufangen.« – Die Betrugshypothese wird bereits von Mt 27, 62–28, 15 sowie Joh 20, 1–18 vorausgesetzt und zurückgewiesen; im 2. Jahrhundert wird sie von Kelsos vertreten, gegen den sich *Origenes* wendet (Contra Celsum II 55).

[15] *D. F. Strauß,* Das Leben Jesu kritisch betrachtet, 2 Bde. (Tübingen 1835/36) Bd. II, 654.

wollte, etwa mit Spinoza eine im Innern der Jünger auf wunderbare Weise bewirkte Vision annehmen ... Um aus dem Zauberkreis des Supranaturalismus in betreff dieser Erscheinungen herauszukommen, haben Andere nach natürlichen äußeren Veranlassungen gesucht, welche die Meinung erregen konnten, Jesus sei auferstanden und als Auferstandener gesehen worden.«[16] Strauß selbst will dann nach natürlichen *inneren* Veranlassungen dieser Art suchen, die zu Visionen führen konnten.

Supranaturalismus oder Naturalismus – es ist offensichtlich, daß die Frage nach dem entscheidenden Neuanstoß für die Entstehung des Osterglaubens ein historisches »Grenzproblem«[17] bildet, bei dem unweigerlich grundlegende systematische Voraussetzungen des Wirklichkeits- und Geschichtsverständnisses ins Spiel kommen und unversehens wirksam sind. Alles hängt daran, »ob und in welcher Weise man eine metahistorische Dimension anerkennt und wie man sie dem Bereich des historisch Feststellbaren zuordnet«[18]. Auf dieser Ebene der grundlegenden systematischen Voraussetzungen also fallen die Vorentscheidungen, die dann auf der Ebene der historischen Auseinandersetzung durchschlagen und diese weitgehend bestimmen.

III. Die Auskunft der neutestamentlichen Zeugen

Es liegt nahe, zuerst die neutestamentlichen Zeugen selbst danach zu fragen, worin *sie* das den Osterglauben auslösende »Etwas« sehen, worauf sie also selber ihre einhellige Überzeugung zurückführen, der gekreuzigte Jesus sei auferweckt worden. Ihre Auskunft verdient unvoreingenommene Aufmerksamkeit und sorgfältige Prüfung auf ihre Glaubwürdigkeit hin. Wir versuchen, die uns erreichbaren frühen neutestamentlichen Zeugen also erst einmal ausreden zu lassen, ehe wir ihnen ins Wort fallen, etwa mit dem Einwurf, dies oder jenes könne so unmöglich geschehen sein, weil es für uns unvorstellbar oder undenkbar sei.

---

[16] *Strauß*, Das Leben Jesu kritisch betrachtet II, 654f. – Die zweite Erklärungsweise ist nach Strauß die des Rationalismus, der er (in subtilerer Form) zunehmend selbst verfällt.

[17] *H. Schlier*, Über die Auferstehung Jesu Christi (Einsiedeln 1968) 69.

[18] *W. Kasper*, Jesus der Christus (Mainz 1974) 153.

1. Überblick über die verschiedenen Texte

Die frühesten bekenntnishaften Aussagen von der Auferwekkung Jesu durch Gott (Auferweckungsformel) bringen in der Regel nicht zum Ausdruck, worauf sich diese Behauptung der Auferweckung Jesu stützt. Immerhin gibt es einige Hinweise. Schon alte vorpaulinische Tradition (1 Kor 15, 5–7; vgl. Lk 24, 34; Apg 13, 28.30f; 1, 3 und 10, 39f) beruft sich nämlich in knappen Andeutungen (ὤφϑη = er erschien) auf ein bestimmten Personen in ihrer Welt widerfahrenes Geschehen (»Erscheinungen« des Auferstandenen) als Auslöser des Glaubens an die Auferstehung Jesu; möglicherweise läßt sich dieser vorpaulinischen Tradition auch vorsynoptische Überlieferung (Q: Lk 10, 21f/Mt 11, 25–27; vgl. Mt 16, 16f)[19] zur Seite stellen. Paulus bestätigt dieses ganz frühe Zeugnis für seine Person aus eigener Erfahrung (1 Kor 15, 8–10; 9, 1; Gal 1, 12.15f; vgl. Phil 3, 8–12; 2 Kor 4, 4–6; 5, 16). Die Evangelien halten es fest und veranschaulichen es variantenreich in ihren Erscheinungserzählungen.[20]

Demnach hat – um das Ergebnis vorweg anzudeuten – die historisch konstatierbare Wende im Jüngerverhalten ihre Ursache in einer neuen Erfahrung der Jünger (in einer Wende in der Jüngererfahrung selbst). Diese aber führt sich auf die Begegnung eines bestimmten Anderen (ab extra) als ihre Ursache zurück: auf die (Selbst-) Bekundung des erhöhten Gekreuzigten, also auf eine neue – sich durch die auferweckte Menschheit Jesu vermittelnde – Gotteserfahrung. Sie brachte den durch den Fluchtod Jesu am Kreuz in der Grundstruktur ihres Sich-Verstehens und Sich-Verhaltens radikal Erschütterten jene nicht selber herstellbare Gewißheit, daß Gott sich durch sein machtvolles Rettungshandeln zu dem als Messiasprätendent hingerichteten Jesus bekannt hatte; und dies beantworteten sie dankend und lobpreisend mit dem Gottesbekenntnis: »Gott hat Jesus von den Toten auferweckt«. »Der von der Überlieferung beanspruchte Emp-

[19] Vgl. dazu *P. Hoffmann,* Die Offenbarung des Sohnes, in: Kairos 12 (1970) 280–288; *ders.,* Studien zur Theologie der Logienquelle (Münster ²1975) 102–142.

[20] *L. Goppelt,* Theologie des NT I (Göttingen 1975, ³1978) 287f, weist darauf hin, daß in 1 Kor 15 und in den Evangelien jeweils die Osterzeugen eigens genannt werden, an denen sich die Kirche ihrer jeweiligen Zeit orientierte; in (vor-)paulinischer Zeit also: Kephas, die Zwölf, Jakobus, alle Apostel und Paulus (1 Kor 15), in nachapostolischer Zeit die Zwölf bzw. Elf, die bei Mt und Lk nun mit den Aposteln gleichgesetzt werden (Evangelien).

fang eines offenbarenden Impulses kann jedenfalls prinzipiell als voll ausreichende Erklärung dafür gelten, daß die Jünger wieder nach Jerusalem zogen und hier ein intervenierendes Handeln Gottes am Gekreuzigten, nämlich dessen Auferweckung und Erhöhung in den Himmel, behaupteten.«[21] – Eine genauere Betrachtung mag das Angedeutete erläutern. Wir halten dabei zunächst einmal den geläufigen Ausdruck »Erscheinungen« fest, weil er weiter ist als andere (etwa »Visionen«) und den Blick auf die zu klärende Sache nicht vorschnell einengt, sondern offenhält.

2. Die vorpaulinische Tradition 1 Kor 15, 3–5.6f

Es ist gut, sich vorweg folgendes klarzumachen: »Von der reichen urchristlichen Überlieferung, über die Paulus selbstverständlich verfügte – seine Briefe bilden ja nur die Spitze des Eisbergs – ist uns außer dem autobiographischen Bericht in Gal 1 lediglich 1 Kor 15, 3–8 durch Zufall erhalten, weil die mysteriengläubigen Korinther an der allgemeinen Auferstehung zweifelten. Es ist nicht mehr als eine stenogrammartig geraffte, chiffrenartige Zusammenfassung. Aber gerade in dieser äußersten Knappheit ist der Text einzigartig.«[22]

Die im 1. Korintherbrief auf uns gekommenen vorpaulinischen Traditionsstücke 1 Kor 15, 3–5.6f bilden in der Tat den Schlüssel zum Verständnis der »Erscheinungen« des Auferweckten und damit zur Beantwortung der Frage, was die Jünger zur Überzeugung von der Auferweckung Jesu geführt hat. Die Verse 3–5 bilden eine in sich geschlossene traditionelle Formel; von ihnen heben sich die Verse 6 und 7 durch die Satzkonstruktion ab, dennoch stellen auch diese alte Tradition dar, einzig Vers 6b (Verstorbensein nur einiger der über 500 Brüder) ist sicher eine paulinische Ausweitung. Die Formel setzt LXX-Sprache voraus, ist also in einer griechischsprechenden judenchristlichen Gemeinde entstanden (was eine aramäische Vorlage nicht ausschließt); in Frage kommen vor allem Antiochien als frühes hellenistisch-judenchristliches Zentrum und insbesondere Jeru-

---

[21] A. Vögtle, Der verkündende und verkündigte Jesus »Christus«, in: J. Sauer (Hg.), Wer ist Jesus Christus? (Freiburg 1977) 72f.

[22] M. Hengel, Ist der Osterglaube noch zu retten? in: ThQ 153 (1973) 252–269, hier 268.

salem als ursprünglich doppelsprachige Urgemeinde mit einer griechischsprechenden judenchristlichen Gruppe. Sachlich, vom Inhalt her, weist die Tradition auf jeden Fall nach Jerusalem. Für unseren Zusammenhang sei nun folgendes hervorgehoben.

a) Zur Zuverlässigkeit der Angaben über »Erscheinungs«zeugen

In der von Paulus zitierten Tradition werden als Empfänger von Erscheinungen nacheinander genannt: Kephas, die Zwölfe, die um 55 n. Chr. bis auf wenige Verstorbene noch befragbaren[23] mehr als 500 Brüder, der vor Ostern von Jesus distanzierte Herrenbruder Jakobus, schließlich alle Apostel; Frauen, die man möglicherweise dazurechnen muß, fehlen, weil sie damals im jüdischen Raum keinen Zeugenwert besaßen. Alles spricht dafür, daß nicht nur Paulus und die von ihm zitierte Tradition, sondern *die Genannten selber davon überzeugt* waren, Jesus nach seinem realen Tod (vgl. das beglaubigende »begraben«) als in neuer Lebendigkeit Gegenwärtigem, das heißt als Auferstandenem begegnet zu sein. Dafür kann unter anderem dies angeführt werden: Paulus hat ca. 34/37 n. Chr. Petrus und Jakobus immerhin 15 Tage lang in Jerusalem besucht (vgl. Gal 1, 18f); von den Zwölfen kennt er sicher Petrus und Johannes (vgl. Gal 2, 9), von den übrigen Zeugen sicher Jakobus und eine Reihe der mehr als 500 (vgl. 1 Kor 15, 6); außerdem arbeitete er jahrelang mit Jerusalemern, nämlich Barnabas und Markus, zusammen (vgl. Apg 4, 36; 11, 22f; 12, 12; 13, 2ff. 13; 15, 37ff) und hielt bis zuletzt zur Urgemeinde Kontakt (vgl. Gal 2, 1.10; 1 Kor 16, 1–4; 2 Kor 8f; Röm 15, 25f. 31).[24] Die von ihm festgehaltene Tradition 1 Kor 15, 3–5.6f kann daher – mindestens in ihrem Inhalt – nicht dem widersprechen, was er von den Genannten selber erfahren hat. Er selbst weist auch ausdrücklich auf die Übereinstimmung seines Zeugnisses mit dem der anderen hin (vgl. 1 Kor 15, 11); im Argumentationsgang von 1 Kor 15 ist für Paulus gerade dieses gemeinsame Zeugnis aufgrund gemeinsamer Erscheinungszeugenschaft ausschlaggebend.

---

[23] So auch *H.-H. Schade*, Apokalyptische Christologie bei Paulus (Göttingen 1981) 197.

[24] Zum letztgenannten Aspekt vgl. *D. Georgi*, Die Geschichte der Kollekte des Paulus für Jerusalem (Hamburg 1965).

b) Vorläufige Bestimmung der
»Erscheinungs«aussage

Es ist unmöglich, die Erscheinungsaussage (ὤφϑη + Dativ) formgeschichtlich auf eine bloße – urchristliche Autoritätsträger beglaubigende – literarische »Legitimationsformel« zu reduzieren (die einen Rückschluß auf den Vorgang der Legitimierung selbst, die Erscheinungen also, nicht gestatte).[25] Dagegen steht unter anderem schon der Vers 6 (Erscheinung vor mehr als 500 Brüdern), der mit Sicherheit keine Begründung urchristlicher Autoritäten intendiert.[26] Ferner weist das (ein zeitliches Nacheinander der Erscheinungen signalisierende) viermalige εἶτα bzw. ἔπειτα (danach) sowie das betonte ἐφάπαξ (auf einmal) bei den 500 Brüdern auf konkrete Ereignisse und Erlebnisse hin. Überdies ist es höchst fraglich, ob die Erscheinungsaussage je isoliert existiert hat; in 1 Kor 15, 5ff; Lk 24, 34; Apg 10, 39f; 13, 28.30f; vgl. 1, 3 kommt sie stets verbunden mit der vorausgehenden Auferweckungsaussage vor (nur in der lukanischen Darstellung des paulinischen Damaskuserlebnisses Apg 9, 17 und 26, 16 begegnet sie scheinbar isoliert). Vor allem aber will die Erscheinung vor Petrus und den Zwölfen im wohl ältesten Stück der Tradition 1 Kor 15, 3–5 nicht urchristliche Autoritäten, sondern eindeutig die Realität der Auferweckung Jesu beglaubigen; es geht um eine glaubwürdige Zeugenreihe für die Wirklichkeit dieser Auferweckung.[27] Ebenso will dann auch Paulus durch Rekurs auf die Erfahrungen der Erscheinungszeugen das für seine Argumentation in 1 Kor 15 grundlegende Datum der Auferweckung Jesu bekräftigen (vgl. Vers 6b und 11).[28]

---

[25] Diese Reduktion bei *R. Pesch,* Zur Entstehung des Glaubens an die Auferstehung Jesu. Ein Vorschlag zur Diskussion, in: ThQ 153 (1973) 201–228, hier 213ff. Dagegen bes. *A. Vögtle(–R. Pesch),* Wie kam es zum Osterglauben? (Düsseldorf 1975) 44ff. – Pesch hat diese Sicht später aufgegeben und ausdrücklich korrigiert: siehe unten IV. 5.

[26] Das gilt ebenso für die in den Evangelien erzählten Erscheinungen vor Frauen.

[27] Vgl. oben Kap. 2, II. 1b; ferner u. a. *U. Luz,* Das Geschichtsverständnis des Paulus (München 1968) 333 Anm. 61, und besonders *Vögtle,* Osterglauben 47, sowie *P. Hoffmann,* Auferstehung Jesu Christi, in: TRE IV (1979) 491f.

[28] *Schade,* Apokalyptische Christologie 199f, zeigt für den paulinischen Argumentationszusammenhang in 1 Kor 15: »so ist der Schluß zwingend, daß die Erscheinungen eine notwendige argumentative Funktion in bezug auf die ab V. 12 weiterverwendete Aussage von der Auferweckung von den Toten haben; und hier kommt nur eine Funktion in Frage: sie bestätigen die Auferweckung Jesu von den Toten«. Paulus kommt es nicht nur darauf an, »daß etwas gemeinsam bezeugt wird, sondern vor al-

Die Erscheinungsaussage bezeichnet also das den Glauben an Jesu Auferweckung verursachende, vergangene und abgeschlossene (Aorist ὤφθη), von den Jüngern erfahrene Geschehen: *Weil* er von Gott »zur Erscheinung gebracht/sichtbar gemacht wurde« (passivum divinum) bzw. weil er »sich zur Erscheinung brachte/sich sehen ließ/ erschien« (deponential),[29] wird seine Auferweckung bekannt. Aus dem Inhalt der Erscheinungen ergibt sich für die Genannten wie für Paulus als unmittelbar notwendige (und nicht nur als mögliche) Folgerung: »Er ist auferweckt« (Vers 4b). Initiierendes und handelndes Subjekt des ganzen Geschehens ist somit Gott bzw. der Christus Jesus (nicht die deutende Subjektivität der Jünger). Die Jünger sind Empfänger der Erscheinungen, was indes ihre aktive Beteiligung mit ihren Wahrnehmungskräften nicht aus-, sondern einschließt (sie sehen den, der sich sehen läßt). Das Moment des Sehens ist in ὤφθη von der LXX-Sprache her deutlich enthalten und darf nicht zugunsten eines reinen Wortempfangs abgeschwächt werden.[30] Es handelt sich also um »eine neue Begegnung mit dem Auferstandenen in und aus der Autorität Gottes heraus«, »um ein Sichtbarwerden des gekreuzigten und von Gott in das endzeitliche Leben berufenen Jesus«.[31] Der konkrete Modus dieses Sichtbarwerdens bleibt freilich im Dunkeln.[32] Auf jeden Fall aber ist die Erscheinungsaussage Niederschlag von wirklich Erlebtem, also jener ursprünglichen Erfahrung der Jünger, die den Ursprung des Osterglaubens darstellt.

lem darauf, *was* da gemeinsam bezeugt wird, nämlich die Auferstehung Jesu nach einem *ganz bestimmten* Verständnis: als die wirkliche, durch Erscheinungen dokumentierte Auferstehung von den Toten« (199).

[29] Beide Übersetzungen, das theologische Passiv und das faktitive Deponens, sind möglich; da in der vorausgesetzten LXX-Sprache der deponentiale Gebrauch entscheidend ist, dürfte er vorzuziehen sein. – Nicht möglich ist die rein passivische Übersetzung (er wurde gesehen »von« Kephas usw.), da sie ein »von« verlangen würde. Vgl. *Vögtle*, Osterglauben (s. Anm. 25) 38f.

[30] Dazu *Vögtle*, Osterglauben 40ff, und *Hoffmann*, Auferstehung (TRE IV) 492f (gegen *W. Michaelis* in: ThWNT V 358–361). *Vögtle* 43 und *Hoffmann* 491 zeigen, daß das Moment des sinnlichen Sehens auch im entsprechenden ra'ah des hebräischen AT enthalten ist.

[31] *P. Stuhlmacher*, Kritischer müßten mir die Historisch-Kritischen sein! in: ThQ 153 (1973) 244–251, hier 249. Ebd.: »Hier, in der Wiederbegegnung und Neubegegnung mit dem Gekreuzigten aus der Autorität des Gottes heraus, der, wie das 18-Bitten-Gebet bekenntnisartig formuliert, die Toten auferweckt, liegt die Wurzel des christlichen Auferweckungsglaubens.«

[32] Dazu unsere Analysen in diesem Kap. unter VI.

c) Nähere inhaltliche Bestimmung der »Erscheinungs«aussage

Deutlicheren Aufschluß über die inhaltliche Bedeutung der Erscheinungsaussage (ὤφθη + Dativ) gibt die Erkenntnis, daß hinter ihr höchstwahrscheinlich die alttestamentliche Theophanie- oder Gotteserscheinungsformel steht.[33] Da 1 Kor 15, 3–5.6f griechisch abgefaßt ist, und zwar unter Verwendung von LXX-Sprache, muß uns hier der Gebrauch der Theophanieformel in der LXX besonders interessieren. In der LXX aber bezeichnet die Gotteserscheinungsformel *nicht* prophetische oder apokalyptische *Visionen* (Gesichte und Offenbarungen),[34] sondern die sich manifestierende Heilsgegenwart Gottes;[35] und zwar zum einen Gottes Heilsgegenwart in der vergangenen Väterzeit bis zu David und Salomo (z. B. Gen 12, 7[36]: »Da erschien der Herr dem Abraham und sprach zu ihm«; hebr. wajera el = LXX ὤφθη mit Dativ = er erschien, ließ sich sehen), zum andern

---

[33] Vgl. *Vögtle,* Osterglauben 44ff; *Hoffmann,* Auferstehung (TRE IV) 491ff; *H.-W. Bartsch,* Inhalt und Funktion des urchristlichen Osterglaubens, in: H. Temporini – W. Haase (Hg.), Aufstieg und Niedergang der römischen Welt, Teil II, Bd. 25/1 (Berlin – New York 1982) 794–843, besonders 804ff. 820ff. – *Goppelt,* Theologie des NT 283 Anm. 14 und 290 Anm. 27, weist mit Recht darauf hin, daß die ὤφθη-Aussagen klar von hellenistischen Erzählungen über das Erscheinen entrückter Heroen oder göttlicher Menschen abzuheben sind (in deren Terminologie müßte es nicht ὤφθη, sondern φανείη heißen). Die fiktionalen hellenistischen Erscheinungstexte sind kein Einwand gegen die Realität der Begegnungen des auferstandenen Jesus. Wenn in unterschiedlichen Kontexten anscheinend Ähnliches ausgesagt wird, so ist zu prüfen, was genau von wem warum und mit welchen Grundlagen gesagt wird!

[34] Zu diesen vgl. etwa *H. F. Fuhs,* Sehen und Schauen. Die Wurzel hzh im Alten Orient und im AT. Ein Beitrag zum prophetischen Offenbarungsempfang (Würzburg 1978). Hier 256: Erstmals bei Jer und Ez findet sich eine Betonung des Worthaften und eine merkliche Distanzierung vom Schauen.

[35] Dies hat *Bartsch,* Osterglauben (s. Anm. 33), sehr gut herausgearbeitet; vgl. zum Folgenden seinen Beitrag. – Es ist deutlich zu unterscheiden zwischen ὤφθη + Dativ als Theophanieterminologie zur Bezeichnung der Heilsgegenwart Gottes in der Väter- und Endzeit einerseits und prophetischen Gesichten/Visionen (ὅρασις, ὅραμα: Num 24, 3f; Jes 1, 1; 13, 1; Ez 1, 1.28 u. ö.) als Bezeichnung für den Empfang der (Wort-!)Offenbarung Gottes sowie apokalyptischen Visionen (ἀποκάλυψις) andererseits. Interessant ist, daß in äthHen differenziert wird zwischen Gesichten des Sehers (ich schaute Gesichte/ich *sah:* 39, 4.6.10; 40, 1 u. ö.) und der auflösenden Interpretation im Sinne der noch nicht erfüllten Verheißung (»wenn der Auserwählte *erscheinen* wird«: 52, 9; vgl. 69, 29 u. a.); auch 4 Esra unterscheidet ausdrücklich zwischen dem vorläufigen Offenbarungsgeschehen (ἀποκαλύπτειν) und dem endgültigen Heil (das »erscheinen« wird). Vgl. *Bartsch,* Osterglauben 828–833. Von daher ist bezüglich der Verwendung des Begriffes Offenbarung für die Erscheinungen Jahwes im AT und des Auferstandenen im NT Vorsicht geboten.

[36] Ferner Gen 17, 1; 18, 1; 26, 2.24; 35, 9; Ex 3, 2.16 u. ö.; 2 Kg 22, 11 u. ö.

aber die für die zukünftige Endzeit verheißene Heilsgegenwart Gottes (z. B. LXX Ps 83, 8[37]). Diese väter- und endzeitliche Heilsgegenwart Gottes ist für die LXX ein Geschehen, das sich dem Menschen nicht nur über seine Innerlichkeit (Geist, Seele, Bewußtsein) vermittelt, sondern den ganzen leibhaftigen Menschen ergreift und auch seine Sinne affiziert.

Für das nähere Verständnis hochbedeutsam ist nun der Umstand, daß die LXX in 1 Kön 11, 9 das Ende aller Erscheinungen Jahwes feststellt: der Sündenfall Salomos, das Abgleiten in orientalisch-despotische Herrschaft und der damit verbundene Abfall zu anderen Göttern, hat das Erscheinen Jahwes, seine Heilsgegenwart, endgültig beendet.»Jahwe erscheint nicht mehr in der Weise, wie er den Vorvätern und David/Salomo erschien. Dies ist um so auffälliger, als die Bibel von Gesichten der Propheten, von den gewaltigen Visionen Ezechiels und Jesajas berichtet. Aber niemals wird wie von Abraham oder Salomo von einem Propheten gesagt: ὤφθη κύριος αὐτῷ.«[38] In der nachsalomonischen Geschichte Israels gibt es daher der LXX zufolge kein Erscheinen Jahwes mehr.»Erst im Zusammenhang apokalyptisch verstandener Ereignisse kann die Formel wieder verwandt werden.«[39] Sie kennzeichnet dann das zukünftige Endzeitgeschehen als Wiederkehr der einstigen Heilsgegenwart Gottes. Wenn daher in 1 Kor 15, 5.6f die Begegnung des auferstandenen Messias Jesus durch ὤφθη mit Dativ als Gotteserscheinung ausgedrückt wird, so wird sie nicht lediglich als irgendein Offenbarungswiderfahrnis, sondern als *das* Ereignis charakterisiert, das die endzeitlich-endgültige Heilsgegenwart Gottes manifestiert, mit dem also die endzeitliche Heilsgegenwart Gottes Wirklichkeit geworden ist. So beginnt mit dem in der »Erscheinung« begegnenden auferstandenen Jesus die schon durch den irdischen Jesus gebrachte Nähe der Gottesherrschaft definitiv als gegenwärtige Wirklichkeit;[40] und der damit in Vollzug befindliche eschatologische Prozeß bestimmt verändernd das ganze Leben der Zeugen.

---

[37] Ferner LXX Ps 101, 17; LXX Jes 33, 10f; 35, 2; 66, 18; 2 Makk 2, 8 u. ö.

[38] *Bartsch,* Osterglauben 824.

[39] Ebd. 825f.

[40] *Goppelt,* Theologie des NT 283f: »In den Ostererscheinungen erneuert sich demnach für die Jünger das Nahekommen Gottes durch Jesus, das Skopus des Erdenwirkens war. In ihnen redet Jesus sie erneut an Gottes Statt an und gewährt ihnen seine damit Gottes Gemeinschaft.«

d) Die Frage nach der originären Bezeichnung der Ostererfahrung

Darüber, welche eventuell semitische Urform hinter dem ὤφθη steht, sind wir durch die uns überlieferten Texte nicht unterrichtet. Dem ὤφθη der LXX und des Neuen Testamentes entspricht jedenfalls im hebräischen Alten Testament die Niphal-Bildung von ra'ah. Auf einem anderen Weg hat Paul Hoffmann die eventuell originäre urgemeindliche Bezeichnung für die erste Ostererfahrung zu erschließen versucht. Seine Hypothese[41]: Paulus könnte in Gal 1, 12.15f mit der Wendung von Gottes »Offenbaren« des auferweckten Sohnes (hebr. galah = ἀποκαλύπτεται) bewußt und gezielt das seinen galatischen Gegnern entscheidende Kriterium für die Legitimität der (gegen ihn ausgespielten) Jerusalemer Apostel und damit die originäre Bezeichnung für deren Ostererfahrung ansprechen. Diese eventuell authentische Bezeichnung hätte – apokalyptische Sprache aufgreifend und zugleich sprengend – mit der Offenbarung (apokalypsis) des (Menschen-)Sohnes gemeint: Gottes *eschatologische* Enthüllung der nicht erst zukünftigen, sondern schon *gegenwärtigen* Hoheitsstellung des Gekreuzigten, der in der baldigen Parusie aller Welt offenbar wird, aber jetzt schon die Weltzeit unwiderruflich wendet und Menschen zu Zeugen verwandelt (vgl. auch 1 Thess 1, 10 und Lk 10, 21f/Mt 11, 25–27). 1 Kor 15, 5.6f wäre dann – auf LXX-Sprache zurückgreifende – Gräzisierung dieser ursprünglichen Aussage. Dieser hypothetische Rekonstruktionsversuch läßt sich freilich vorerst nicht weiter erhärten. Die früheste hebräische oder aramäische Bezeichnung für die Ostererfahrung bleibt daher weiter im Dunkeln.

e) Ergebnis

Es hat sich gezeigt: das ὤφθη in 1 Kor 15, 5 und 6f ist (nachträglicher, aber früher) Reflex und Ausdruck einer sehr inhaltsreichen Erfahrung, welche die Wurzel des Osterglaubens bildet. Inhalt dieser ursprünglichen Ostererfahrung ist: (1) Jesu ereignishaftes (abgeschlossener Aorist ὤφθη) Erscheinen aus der Macht *Gottes* heraus; (2) sein damit manifestes Auferweckt- und Erhöht*sein* (duratives Perfekt ἐγήγερθαι) in eine ganz neue Einheit mit Gott, aus der heraus er überhaupt nur – wie der unsichtbare

---

[41] *Hoffmann,* Auferstehung (TRE IV) 494f.

Jahwe selbst – sich erkennbar gegenwärtig setzen (erscheinen) und sich Zeugen schaffen kann; und (3) dies als endgültiger Beginn der Endzeit, der gnädigen und heilvollen Selbstzuwendung Gottes. – Sekundär, aber unabdingbar folgt aus der Erscheinung des Auferweckten die Sendung der Zeugen (das Legitimationsmoment); insofern haben die Erscheinungen – als endgültige Manifestation des Evangeliums von der rettenden Gegenwart Gottes durch Jesus – in der Tat glaubenschaffende, apostolats- und kirchengründende Bedeutung. (Diese unumkehrbare Folge von Begegnung des Auferstandenen aus freier Initiative einerseits und Beauftragung der Jünger durch ihn andererseits ist im übrigen auch, wie wir sahen, in den Erscheinungserzählungen der Evangelien unverrückt festgehalten.)

3. Das Zeugnis des Paulus von seiner eigenen Erfahrung und die Darstellung der Apostelgeschichte

Paulus bestätigt das von ihm tradierte Zeugnis der Urzeugen für seine Person aus eigener Erfahrung (vgl. sein Damaskus-Erlebnis).

a) Unterschiedliche Terminologie

Er greift die ihm in 1 Kor 15, 5.6f vorgegebene Erscheinungsterminologie als adäquate Bezeichnung seines eigenen Damaskus-Erlebnisses auf (1 Kor 15, 8: ὤφϑη κἀμοί). Auch wenn seine eigene Ostererfahrung – wegen seines anderen, nämlich vermittelten Verhältnisses zum irdischen Jesus und wegen des erheblichen (durch Jahre getrennten) zeitlichen Abstandes der ihm zuteil gewordenen von den ursprünglichen Ostererscheinungen – nach dem eigenen Urteil des Paulus aus dem Rahmen der übrigen Ostererfahrungen als ein Sonderfall herausfällt, so geht er doch von der qualitativen Gleichheit der Erfahrungen aus.

Seine eigene Ostererfahrung kann er aber auch in ganz anderer Terminologie als ihm widerfahrene (vgl. die passivischen Wendungen) personale Erkenntnis Jesu Christi charakterisieren; er ist vom auferweckten Christus ergriffen worden, hat ihn seinerseits aber noch nicht voll ergriffen (Phil 3, 8–14). Oder er kann sie, wo er zu direkter Auseinandersetzung mit Bestreitern seiner Legitimität als Apostel und zu argumentativer Verteidigung herausgefordert ist, nun auch mit bewußtem Bezug auf die

Sprache prophetischer Berufungsvisionen (Gesichte) als aposto-
latsbegründendes »Sehen« des Herrn bezeichnen (1 Kor 9, 1;
vgl. Jes 6, 1.5; Jer 1, 12). Oder er kann seine Ostererfahrung
nochmals anders, nämlich mit Bezug auf Jahwes Berufungswor-
te an Propheten, als »Offenbarung« oder besser »Aufdeckung«
(ἀποκάλυψις) des auferweckten Sohnes durch Gott und so als
Empfang des Evangeliums bzw. als Erwählung und Berufung
zum Heidenapostel (Gal 1, 12.15f; vgl. Jes 49, 1ff; Jer 1, 5) bezeichnen.

b) Der einheitliche Sinngehalt

Soviel ist aus den Texten klar ersichtlich: Paulus hat das Geschehen vor Damaskus nicht als eigentliche *Bekehrung,* sondern
als *Berufung* verstanden,[42] und zwar in deutlicher Anknüpfung
an prophetische Berufungsberichte. Das Sehen des Kyrios und
die »Aufdeckung Jesu als des Sohnes Gottes und des Inhalts seines Evangeliums (beinhalten) das Auferwecktsein Jesu als wesentliches Moment«[43]. Paulus hat also nach seinem eigenen
Zeugnis als letzter und unzeitiger Zeuge der Erscheinungen des
Auferstandenen (1 Kor 15, 8) den (durch die Auferweckung erhöhten) Herrn gesehen (1 Kor 9, 1). Dieses Sehen hat ihm die
Erkenntnis Jesu Christi gebracht (Phil 3, 8). Der Inhalt dieser
Erkenntnis ist nach Gal 1, 16 Jesus als Gottes Sohn. Die durch
die Erscheinung des auferstandenen Jesus vermittelte Erkenntnis bringt also die fundamentale Lebenswende für Paulus (vgl.
Phil 3, 7–12).

Zwar ist Paulus die Behauptung der Auferweckung Jesu und
der Messianität Jesu durch die ihm vorgegebene urchristliche
Verkündigung schon bekannt (der urchristliche Osterglaube
liegt der Entstehung seines Osterglaubens schon voraus). Aber
eben diese Behauptung der Auferweckung und Messianität eines vom Gottesgesetz *Verfluchten* ist, *weil* sie wider das Gesetz
ist (Dtn 21, 23; Gal 3, 10–14), für den stolzen Pharisäer Paulus,

---

[42] Diese Unterscheidung ist nicht bedeutungslos. Beide Kategorien haben eine *unter-schiedliche Struktur,* die für die Sicht der Sache ausschlaggebend werden kann. Sub-jekt meiner Bekehrung bin ich selbst (wobei eine subjektiv vermittelte göttliche Wirk-samkeit nicht ausgeschlossen sein muß), Subjekt meiner Berufung ist ein anderer (der mich so anspricht, daß sein Ruf als ein auf mich von außen zukommender er-fahren wird).

[43] *Vögtle,* Osterglauben (s. Anm. 27) 65. – Vgl. auch *G. Bornkamm,* Paulus (Stuttgart ³1977) 44ff.

dessen ungebrochener Ruhm das Gesetz Gottes ist, unvollziehbar. Der gekreuzigte Messias ist ihm ein Skandal (1 Kor 1, 23), eben deshalb verfolgt der »Eiferer für die väterlichen Überlieferungen« die Anhänger dieses Christus (Gal 1, 13f; vgl. Phil 3, 6).[44] *Allein* dadurch, daß *Gott* ihm den Gekreuzigten als den Auferstandenen, als den erhöhten Menschensohn bzw. inthronisierten Sohn Gottes, aufdeckt und dieser ihm als solcher begegnet, wird der untadelige Pharisäer Paulus überwunden. Damit hat Paulus diesen Gekreuzigten als Messias zu akzeptieren, er wird zum Inhalt seines Evangeliums; und damit ist für ihn aber auch die Behauptung der verfolgten Christen von der Auferweckung des Gekreuzigten verifiziert. Gott selbst hat mit seiner souveränen Tat an Paulus die Wende in seinem Leben herbeigeführt.

c) Unterscheidung zwischen Ostererfahrung und späteren visionären Erlebnissen sowie Geisterfahrungen

Im übrigen unterscheidet Paulus seine späteren visionären Erlebnisse, die »Visionen und Offenbarungen des Herrn«, die ihm offenbar weiterhin zuteil wurden (vgl. 2 Kor 12, 1–7; aber auch 1 Thess 4, 15; 1 Kor 15, 51; Gal 2, 2; Röm 11, 25),[45] grundsätzlich von seinem Damaskus- und Ostererlebnis. Dieses bezeichnet er ausdrücklich als die *letzte* Ostererscheinung (1 Kor 15, 8); jene stellt er nirgends als Wiederholungen dessen hin, was ihm in dieser grundlegenden, radikal umwandelnden ersten Begegnung mit Jesus als dem Messias, Gottessohn und Herrn widerfahren war; auf diese allein gründet er sein zentrales Evangelium und sein Sendungsbewußtsein.

Auch andere neutestamentliche Autoren heben entsprechend die Ostererscheinungen als etwas dem Ursprung und Anfang Vorbehaltenes, also Unwiederholbares, von späteren ekstatischen Visonen und Geisterfahrungen ab (vgl. Apg 7, 55f; Apk

---

[44] *Schade*, Apokalyptische Christologie bei Paulus 110ff, zeigt, daß aus den paulinischen Aussagen nicht zwingend gefolgert werden kann, Paulus habe die christlichen Gemeinden wegen ihrer (grundsätzlichen?) Gesetzeskritik verfolgt. Schon das Skandalon des gekreuzigten Messias-Christus war Anlaß genug, Paulus zum Vorgehen gegen die Christen zu reizen.

[45] Vgl. hierzu u. a. *K. H. Schelkle*, Im Leib oder außer des Leibes. Paulus als Mystiker, in: ThQ 158 (1978) 285–293; *A. T. Lincoln*, Paul the Visionary, in: NTSt 25 (1979) 204–220. – *H. Conzelmann*, Der erste Brief an die Korinther (Göttingen 1969) 180 (zu 1 Kor 9, 1): für den Apostelbegriff ist die Beauftragung durch den auferstandenen Herrn konstitutiv, nicht jede Vision kann diese Würde verleihen.

1, 10ff; 4, 2ff u.a.). Außerdem kann gesagt werden: die älteren neutestamentlichen Überlieferungen trennen durchweg zwischen den Erscheinungen des Auferstandenen und dem Empfang des Geistes: »Waren diese auf einen abgeschlossenen Kreis von Zeugen beschränkt (1 Kor 9, 1; 15, 8), so war von jenem grundsätzlich kein Christ ausgeschlossen (Gal 3, 2ff; 1 Kor 12–14)«; in Joh 20, 29; Eph 4, 10; 1 Petr 1, 10f, wo der Geist als Gabe des auferstandenen Christus erscheint, haben wir es wohl mit einem »Reflex der Pfingsttradition« zu tun.[46]

d) Das paulinische Damaskus-Erlebnis in der Darstellung der Apostelgeschichte

Weil sie bis in die Gegenwart hinein eine starke Wirkung ausübt, muß hier wenigstens kurz auf die spätere Darstellung der Apostelgeschichte vom Damaskus-Erlebnis des Paulus eingegangen werden.[47] Lukas kann ja aufgrund der von ihm in Apg 1, 21f aufgestellten Kriterien (Auferstehungszeuge und Apostel kann nur sein, wer auch Zeuge des gesamten Erdenwirkens Jesu war) Paulus nicht unter die *Apostel* rechnen. Und da aufgrund seiner Konzeption die Ostererscheinungen mit der Himmelfahrt abgeschlossen sind (Apg 1, 9ff), kann Paulus auch keine letzte Erscheinung des Auferstandenen, sondern lediglich eine Christusvision vom Himmel her widerfahren sein (Apg 9, 3 gegen 1 Kor 15, 8). Diese hebt Lukas dann freilich doch – seiner Tradition folgend – aus sonstigen himmlischen Visionen als einen besonderen Akt der Selbstkundgabe des Auferstandenen und Erhöhten heraus (Apg 26, 14–18), durch welche Paulus zum besonderen *Zeugen* des Auferstandenen im Hinblick auf die Heidenmission berufen wird (Apg 26, 16; vgl. 22, 15).[48] Nähert sich Lukas insoweit den Selbstaussagen des Paulus wenigstens an, so unterscheidet sich seine Darstellung des Damaskuserlebnisses von der paulinischen in auffälliger Weise. Lukas zeichnet das

---

[46] Beide Zitate aus *J. Roloff,* Die Apostelgeschichte (Göttingen 1981) 39f.

[47] Zum Folgenden vgl. *G. Lohfink,* Paulus vor Damaskus (Stuttgart 1965); *Chr. Burchard,* Der dreizehnte Zeuge. Traditions- und kompositionsgeschichtliche Untersuchungen zu Lukas' Darstellung der Frühzeit des Paulus (Göttingen 1970) 51–135; *Roloff,* Apostelgeschichte z. St.

[48] *Burchard,* Der dreizehnte Zeuge 119–124: Lk stellt Pauli Damaskuserlebnis nicht als letzte Ostererscheinung, sondern als Zeugenerwählung dar und bestimmt das Verhältnis des Paulus zu den zwölf (»Aposteln«) etwa folgendermaßen: »Paulus ist nicht einer von ihnen, aber er ist dasselbe wie sie« (ebd. 136).

paulinische Damaskuserlebnis nämlich mit Motiven volkstümlicher hellenistisch-jüdischer Bekehrungserzählungen (vgl. etwa den Roman »Joseph und Asenet«) als eine *Bekehrung,* ausgelöst durch eine umstürzende *Licht*erscheinung vom Himmel her (Apg 9, 3f; vgl. 22, 6f; 26, 13f).[49] Damit aber unterscheidet er sich eindeutig von der Selbstdarstellung des Paulus. Dieser versteht sein Damaskus-Erlebnis keineswegs als bloße Bekehrung. (Auch in den frühen Erscheinungsaussagen und in den Erscheinungserzählungen der Evangelien fand sich ja keinerlei Bekehrungs- und ihr zuzuordnende Lichtterminologie.) Das ureigene paulinische Verständnis des Damaskus-Ereignisses läßt sich also in der lukanischen Darstellung *nicht* greifen.

4. Schematische Zusammenfassung und Darstellung der historisch konstatierbaren Sachverhalte

Die schematische Darstellung auf Seite 158 versucht (im Rückblick auf das im zweiten Kapitel und in diesem dritten Kapitel bisher Erarbeitete), die wichtigsten historisch konstatierbaren Sachverhalte zusammenzustellen, soweit sie für die Frage nach der Auferstehung und den Erscheinungen Jesu relevant sind.

Zur Erläuterung: Jesu Ende am Kreuz führte zur Heimkehr der Jünger nach Galiläa. Welches Geschehen (X) aber löste ihre plötzliche Rückkehr nach Jerusalem und die Behauptung der Auferweckung Jesu aus, wie sie in der uralten Auferweckungsformel vorliegt? Die Antwort geben frühe Erweiterungen dieser Formel, die von »Erscheinungen« wissen (1 Kor 15, 5.6f; Lk 24, 34 u. ä.). Dieses Zeugnis wird u. a. von Paulus aufgenommen und weitergegeben. Die (vor-)markinische Tradition hält es in der Ansage Mk 16, 7b fest. Die Großevangelien entfalten es in Erscheinungserzählungen (aus denen dann der sekundäre Markus-Schluß ein historisierendes Resümee bildet). Die Grabeserzählungen sind alle von ihrer ältesten Fassung bei Markus (bzw. von einer vormarkinischen Vorlage) abhängig, deren Herkunft ungeklärt ist.

---

[49] *Burchard,* Der dreizehnte Zeuge 88; *Roloff,* Apg 144f. Roloff versteht daher die Erzählung von der Bekehrung des Paulus Apg 9, 1–22 als »ekklesiologisch ausgerichtete Bekehrungslegende«, deren überlieferungsgeschichtlicher Ansatzpunkt möglicherweise in einer Aussage wie Gal 1, 23 zu sehen ist (146).

Auferstehung und Erscheinungen Jesu:
Historisch konstatierbare Sachverhalte

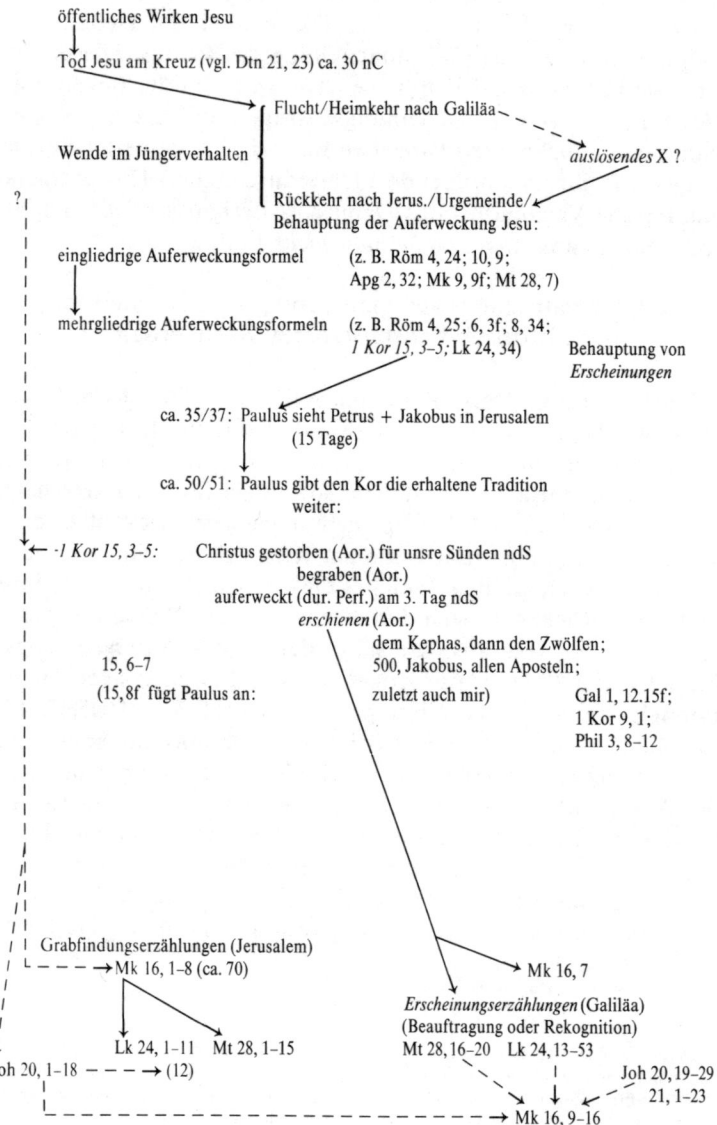

öffentliches Wirken Jesu

Tod Jesu am Kreuz (vgl. Dtn 21, 23) ca. 30 nC

Flucht/Heimkehr nach Galiläa

Wende im Jüngerverhalten

auslösendes X ?

Rückkehr nach Jerus./Urgemeinde/
Behauptung der Auferweckung Jesu:

eingliedrige Auferweckungsformel   (z. B. Röm 4, 24; 10, 9;
                                     Apg 2, 32; Mk 9, 9f; Mt 28, 7)

mehrgliedrige Auferweckungsformeln (z. B. Röm 4, 25; 6, 3f; 8, 34;
                                     1 Kor 15, 3–5; Lk 24, 34)   Behauptung von
                                                                    Erscheinungen

ca. 35/37: Paulus sieht Petrus + Jakobus in Jerusalem
           (15 Tage)

ca. 50/51: Paulus gibt den Kor die erhaltene Tradition
           weiter:

← *1 Kor 15, 3–5:*   Christus gestorben (Aor.) für unsre Sünden ndS
                      begraben (Aor.)
                      auferweckt (dur. Perf.) am 3. Tag ndS
                      erschienen (Aor.)
                                    dem Kephas, dann den Zwölfen;
15, 6–7   500, Jakobus, allen Aposteln;
(15, 8f fügt Paulus an: zuletzt auch mir)   Gal 1, 12.15f;
                                                         1 Kor 9, 1;
                                                         Phil 3, 8–12

Grabfindungserzählungen (Jerusalem)
└ – – – →Mk 16, 1–8 (ca. 70)   Mk 16, 7

                                                Erscheinungserzählungen (Galiläa)
                                                (Beauftragung oder Rekognition)
          Lk 24, 1–11   Mt 28, 1–15   Mt 28, 16–20   Lk 24, 13–53
Joh 20, 1–18 – – – → (12)   Joh 20, 19–29
                                                                         21, 1–23
└ – → Mk 16, 9–16

5. Weltbildlich-hermeneutische Schwierigkeiten mit der neutestamentlichen Auskunft

Die Auskunft der frühen neutestamentlichen Zeugen besagt, der Osterglaube sei aufgrund einer – zur Erfahrung des irdischen Jesus und seines Kreuzestodes hinzukommenden – neuen Erfahrung der Jünger zustande gekommen und diese neue Erfahrung habe ihre Ursache in der Begegnung und Selbstbekundung (»Erscheinung«) des gekreuzigten Jesus als des Auferstandenen. Ob und wie diese Begegnung und Selbstbekundung zu denken sei, ist damit noch nicht geklärt, sondern allererst zur Aufgabe erhoben.

Nun läge es nahe, diese frühe Auskunft der neutestamentlichen Zeugen zu akzeptieren, wenn dem – von der anderweitigen Vorentscheidung eines radikalen Atheismus einmal abgesehen – nicht weltbildliche und hermeneutische Schwierigkeiten entgegenstünden. Eben die Vorstellbarkeit, ja radikaler noch: die Denkbarkeit der Erscheinung eines Auferstandenen ist für viele nicht gegeben.

a) Schwierigkeiten im antik-griechischen Denken

Solche Schwierigkeiten sind nicht ganz neu. Ihnen begegnete die christliche Verkündigung beispielsweise schon beim Übergang in den Horizont griechischen Denkens, für das eine leibliche Auferstehung weithin unverständlich und undenkbar war bzw. als schlechte Mythologie erschien. Dies zeigt schon die Areopagrede Apg 17, 31f, welche die athenischen Populärphilosophen über die von Paulus behauptete Auferweckung vom Tode geringschätzig oder spöttisch hinweggehen läßt. Schärfer noch kommt dies in der Christentumskritik des Platonikers Kelsos (um 178 n. Chr.) zum Tragen.[50] Und so versteht es sich, daß bereits der neuplatonische Philosoph Porphyrios (ca. 233–305) – wie später dann Reimarus (1694–1768) – die Berichte der Evan-

---

[50] Die antichristliche Angriffsschrift des Platonikers *Kelsos* »Wahre Lehre« (um 178) ist zum größten Teil in der Gegenschrift des Origenes erhalten; für unsern Zusammenhang vgl. bes. *Origenes,* Contra Celsum V 14; zum Hintergrund *C. Andresen,* Logos und Nomos. Die Polemik des Kelsos wider das Christentum (Berlin 1955); *K. Pichler,* Streit um das Christentum. Der Angriff des Kelsos und die Antwort des Origenes (Frankfurt – Bern 1980).

gelien über die Erscheinungen Jesu, die voller Ungereimtheiten seien, für Erfindungen und Mythen erklärt hat.[51]

b) Spezifisch neuzeitliche Schwierigkeiten

Die weltbildlichen und hermeneutischen Schwierigkeiten bekommen indes seit dem ausgehenden 18. Jahrhundert eine neue Qualität. Das Programm der Aufklärung, sich von tradierten Vorgaben kritisch zu emanzipieren und selbst, autonom, zu denken, gibt der historisch-kritischen Forschung mächtigen Aufschwung. Diese verbindet sich vielfach mit einem deistischen Rationalismus, dem ein göttliches Wirken in der Welt undenkbar war, und später dann auch mit dem mechanistischen und materialistischen Weltbild damaliger Naturwissenschaft und des heraufziehenden Positivismus, für die es nur diese eine »natürliche« Wirklichkeit gab. Seither begann man in der historisch-kritischen Forschung, wie andere geschichtliche Phänomene so auch die Entstehung des Osterglaubens rein geschichtsimmanent, nämlich aus dem Zusammenhang und der Analogie mit anderen feststellbaren Geschehnissen, »vernünftig« zu erklären. »Vernünftig«, das hieß: entsprechend den – selbst geschichtlich bedingten, aber nicht als solche erkannten – Denkmöglichkeiten der jeweiligen Vernunft. Wo immer nun dieses Wirklichkeitsverständnis absolut gesetzt wurde, blieb für die von den neutestamentlichen Zeugen behauptete Wirklichkeit der Auferstehung und der Erscheinungen des Auferstandenen kein Platz mehr. Was die neutestamentlichen Zeugen behaupteten, mußte dann wenn nicht absichtlichem Betrug, so doch einem unbewußten Selbstmißverständnis der Zeugen bezüglich ihrer eigenen Erfahrung entspringen. Der haltbare Kern ihrer Behauptung konnte dann nur ein vernünftig und natürlich erklärbarer Sachverhalt sein. Die behauptete Wirklichkeit der Auferstehung und der Erscheinungen wurde demnach reduziert auf eine – aus historisch verifizierbaren Vorgegebenheiten und Vorgängen – erklärbare, rein natürliche Wirklichkeit.

Im folgenden Abschnitt wenden wir uns solchen (reduktionistischen) Konzepten zu, welche die Entstehung des Osterglaubens ohne die Annahme von außergewöhnlichen Vorkommnis-

---

[51] Die Fragmente von *Porphyrios'* Schrift »Gegen die Christen« wurden von A. von Harnack in den Abhandlungen der Preußischen Akademie der Wissenschaften ediert: (Berlin 1916) H. 1 und (Berlin 1921) H. 1 und 2.

sen nach Karfreitag zu erklären versuchen. Solche Konzepte schließen den Glauben an die reale persönliche Auferstehung Jesu nicht notwendig aus, wie sich zeigen wird.

IV. Darstellung und Kritik historisch-genetischer Erklärungsversuche

Die Problemstellung und die Gesichtspunkte, welche die reduktionistischen Deutungen bis heute bestimmen, sind in aller Klarheit und Schärfe bereits bei David Friedrich Strauß (1808–1874) formuliert. Es gibt kaum einen wichtigen Gedanken in den neueren reduktionistischen Deutungsversuchen, der nicht in irgendeiner Form schon im 19. Jahrhundert und speziell bei ihm zu finden wäre. Ein gleiches gilt für den Gedankengang seines Erklärungsversuches im ganzen: in so oder so modifizierter Form kehrt er immer von neuem wieder. Das wirft die Frage auf, ob dieser Erklärungsversuch in der Tat so gut begründet und daher überzeugend sei oder ob er nicht vielmehr innerhalb des ihm zugrunde liegenden und inzwischen das Bewußtsein weiter Kreise prägenden Wirklichkeitsverständnisses und innerhalb eines entsprechenden – Straußens Betrachtungsweise perpetuierenden – wissenschaftlichen Traditionsprozesses so etwas wie eine interne Plausibilität und Selbstevidenz erlangt hat. In jedem Falle muß eine ernsthafte Auseinandersetzung mit reduktionistischen Deutungen des Osterglaubens und seiner Entstehung beim Straußschen Konzept einsetzen. Wenden wir uns daher zunächst einigermaßen ausführlich diesem Konzept aus dem 19. Jahrhundert zu, ehe wir kurz zwei neuere protestantische (Bultmann und Marxsen) und schließlich wieder detaillierter zwei neueste katholische Erklärungsversuche (Schillebeeckx und Pesch) analysieren.

1. Die psychologische Erklärung der Erscheinungen durch David Friedrich Strauß

Die beiden Bände »Das Leben Jesu kritisch bearbeitet« (Tübingen 1835/1836),[52] die Strauß als Repetent am Evangelisch-Theo-

---

[52] Im Folgenden zitiert als LJkr[1] (1. Auflage).

logischen Stift in Tübingen verfaßt hatte, setzten seiner theologischen Laufbahn ein jähes Ende. In späteren Jahren verfertigte er eine populäre Fassung »Das Leben Jesu für das deutsche Volk bearbeitet« (Leipzig 1863),[53] die bis zum Ersten Weltkrieg eine Vielzahl von Auflagen erlebt hat. In beiden Werken befaßt sich Strauß ausführlich auch mit der Entstehung des Osterglaubens.

a) Die hermeneutischen Prinzipien von Strauß

Strauß will wie die ganze Jesusgeschichte so auch die Ostergeschichte konsequent historisch, das heißt rein aus dem »Wechselspiel endlicher Kräfte«, erklären. »Einzig mit diesem Wechselspiel endlicher Kräfte hat es die Geschichte zu thun; ihr Grundgesetz ist das der Causalität, kraft dessen von jeder erscheinenden Wirkung eine in dem Zusammenhang der natürlichen Kräfte begriffene Ursache vorausgesetzt und gesucht wird; das Eingreifen einer in diesen Complex nicht gehörigen übernatürlichen Ursache würde den Zusammenhang des Geschehens zerreißen und jede Geschichte unmöglich machen.«[54]

Dieses Verständnis der Geschichte als Wechselspiel endlicher Kräfte hält Strauß für allgemeingültig; es sei, sagt er später, »so sehr Bewußtsein der neuen Welt geworden, daß im wirklichen Leben die Meinung oder Behauptung, eine übernatürliche Ursache, eine göttliche Wirksamkeit, habe irgendwo unmittelbar eingegriffen, geradezu als Unwissenheit oder Betrug betrachtet wird«[55]. Weil somit jedes »unmittelbare Eingreifen des Göttlichen in das Menschliche seine Wahrscheinlichkeit verliert«, müssen für ihn alle außerordentlichen und übernatürlichen Züge in der Bibel ungeschichtlichen und mythischen Charakter haben.[56] Mythen aber sind für Strauß »nichts Andres, als geschichtsartige Einkleidungen urchristlicher Ideen, gebildet in der absichtslos dichtenden Sage«[57].

---

[53] Im Folgenden zitiert als LJdtV, und zwar nach der unveränderten 18. Auflage (Stuttgart o. J., um 1910).

[54] LJdtV I, 2.

[55] LJkr I⁴ (4. Auflage 1840) 81.

[56] LJkr¹ I, 2; vgl. hierzu auch *F. Courth*, Das Leben Jesu von David Friedrich Strauß in der Kritik Johann Evangelist Kuhns (Göttingen 1975) bes. 79–85.

[57] LJkr¹ I, 75. – Bei alledem ist zu beachten, daß Strauß von der irrtümlichen Annahme ausgeht, die biblischen Schriften beanspruchten in allen erzählenden Partien in gleicher Weise, Geschichte zu berichten. So fragt er stets einseitig nach den berichteten Inhalten. Die eigentümlich verschiedenen literarischen Genera der Texte und ihr literarisches wie ihr traditionsgeschichtliches Verhältnis zueinander bleiben völlig au-

b) Ablehnung einer dem Osterglauben vorausliegenden
Realität von Auferstehung und Erscheinungen Jesu

Die Auferweckung und die Erscheinungen Jesu als wirklich geschehen anzunehmen ist für Strauß ausgeschlossen: »Wenn wir
ein so unerhörtes Wunder als wirklich geschehen annehmen
sollten, müßte es uns auf eine Art bezeugt sein, daß die Unwahr-
heit eines solchen Zeugnisses schwerer denkbar wäre, als die
Wirklichkeit dessen, was es bezeugte.«[58] Doch das genaue Gegenteil sei der Fall: (1) Erstens stammten alle Zeugnisse nicht
von Augenzeugen (daß sie sich auf Mitteilung von und auf
Übereinstimmung mit Augenzeugen stützen, würdigt Strauß
nicht); (2) zweitens stimmten die Evangelienberichte unter sich
nicht überein (Strauß geht von der irrtümlichen Annahme aus,
sie wollten allesamt buchstäblich Geschehenes berichten; die
verschiedenen literarischen Genera der Texte und ihr traditionsgeschichtliches Verhältnis zueinander bleiben außerhalb seines
Blickes); (3) drittens widersprächen sie sich in ihrer Beschreibung von Wesen und Wandel des Auferstandenen (z. B. wider-
spreche sein Eindringen durch verschlossene Türen seiner Be-
tastbarkeit nach Art eines natürlichen Leibes).

Doch es sind kaum nur diese (im übrigen widerlegbaren)
Gründe, die es Strauß und vielen in seinem Gefolge verwehren,
»ein so unerhörtes Wunder als wirklich geschehen« anzunehmen. Der eigentliche Grund liegt tiefer, nämlich auf der Ebene
eines prinzipiellen Vorurteiles. Dieses deutet sich in folgender
Bemerkung wenigstens an: »Der Saz: Ein Todter ist wiederbelebt worden, ist aus zwei so widersprechenden Bestandtheilen
zusammengesezt, daß immer, wenn man den einen festhalten
will, der andere zu verschwinden droht. Ist er wirklich wieder
zum Leben gekommen, so liegt es nahe, zu denken, er werde
nicht ganz todt gewesen sein (sc. was Strauß mit Recht abweist);

ßerhalb seines Blickes. Diesem bleibt die eigentliche Aussageabsicht der Texte verstellt. *Courth,* Das Leben Jesu von Strauß 85: »Die Entscheidung für den Mythos als
literarisches Genus der Hl. Schrift ist also bereits vor jeder literarkritischen Analyse
gefallen. Die Bibel muß wegen ihres übernatürlichen Gehaltes von mythischem Charakter sein.« Ebd. 86: »Strauß glaubt, seine kritische Analyse des biblischen Textes
dann erfolgreich beendet zu haben, wenn es ihm gelungen ist, supranaturalistische
Züge aufzuweisen, und wenn er einander widersprechende Parallelen bei den einzelnen Evangelisten anführen kann.« Die eigentliche hermeneutische Aufgabe hat der
große Kritiker nicht erkannt.

[58] LJdtV I, 149. Die folgenden drei Punkte ebd. 152.

war er aber wirklich todt, so hält es schwer, zu glauben, daß er wieder lebendig geworden sei.«[59] Abgesehen davon, daß Strauß hier Auferstehung als Wiederbelebung, nicht als Gewährung radikal neuen Lebens versteht – beides ist für ihn nicht nur schwer zu glauben, sondern ganz und gar undenkbar.

Wenn Strauß der Auferstehung und den Erscheinungen »Wirklichkeit als historischer Fakta« (was für ihn heißt: als geschehener Wirklichkeit überhaupt) bestreitet, so bleiben sie ihm doch als »ewige Wahrheiten« (die freilich rein anthropologisch zu verstehen seien) erhalten.[60] Das scheinbar Historische, Tatsächliche sei bloße Hülse einer immer schon feststehenden übergeschichtlichen Idee: Auferstehung heiße, daß die im Menschen generell gesetzte (und in Jesus anschauliche) Einheit von Göttlichem und Menschlichem zum allgemeinen Bewußtsein der jungen Gemeinde gelangt sei. Später verläßt er diese formal-idealistische Position und wechselt ganz zu einem (von Anfang an mitspielenden) psychologisierenden Realismus und einer liberal-bürgerlichen Humanitätsreligion über: der historische Jesus sei die Vollgestalt des in jeder Hinsicht gebildeten humanen Menschen, die aufgrund des fiktiven Glaubens an seine Auferstehung weitertradiert werde.

c) Das Programm einer psychologischen Erklärung
der Erscheinungen

Die konsequente historische Erklärung aus dem »Wechselspiel endlicher Kräfte«, das gegen ein eingreifendes (oder auch nur mitwirkendes) Handeln Gottes überhaupt resistent ist, bedeutet nun übertragen auf die Ostertexte: »Hier stehen wir . . . an der entscheidenden Stelle, wo wir den Berichten von der wunderbaren Wiederbelebung Jesu gegenüber entweder die Unzulänglichkeit der natürlich-geschichtlichen Ansicht für das Leben Jesu bekennen, mithin alles Bisherige zurücknehmen und unser ganzes Unterfangen aufgeben, oder uns anheischig machen müssen, den Inhalt jener Berichte, das heißt die Entstehung des Glaubens an die Auferstehung Jesu, ohne ein entsprechendes wunderbares Factum begreiflich zu machen.«[61]

[59] LJkr¹ II, 645.
[60] LJkr¹ I, VII; zum folgenden ebd. I, 52ff. 74 und II, 732.
[61] LJdtV I, 148.

Strauß wendet sich entschieden gegen jene »Apologeten, welche die Welt bereden möchten, ohne die Anerkennung, daß Jesus wirklich auferstanden, sei die Entstehung der christlichen Gemeinde nicht zu erklären. Nein, sagt der Historiker mit Recht, nur das muß anerkannt werden, daß die Jünger fest geglaubt haben, Jesus sei auferstanden; das reicht aber auch vollkommen hin, ihr weiteres Auftreten und Wirken begreiflich zu machen.«[62] Die Frage freilich, wodurch die Jünger zu diesem festen Glauben kamen, ist damit nicht beantwortet. Dazu räumt Strauß immerhin soviel ein: »Worauf jener Glaube beruhte, was das Thatsächliche an der Auferstehung Jesu war, das ist eine offene Frage, die der Forscher so oder so beantworten mag, ohne daß dadurch der Ursprung des Christenthums schwerer oder leichter begreiflich würde.«[63]

Mit dieser Auskunft wäre jedoch das Programm, »die Entstehung des Glaubens an die Auferstehung Jesu ohne ein entsprechendes wunderbares Factum begreiflich zu machen«, nicht verwirklicht. Deshalb unternimmt Strauß den Versuch einer »psychologischen Erklärung der Erscheinungen des auferstandenen Jesus«[64].

d) Die Ausführung der psychologischen Erklärung der Erscheinungen

Als Modell, von dem er ausgeht, dient Strauß das Damaskus-Erlebnis des Paulus. Dieses könne man »als eine Vision betrachten, die zwar Paulus einer äußeren Ursache zugeschrieben . . ., die aber gleichwohl nur in seinem Innern vorgegangen wäre«[65]. Wenn er von einer Offenbarung des Sohnes *in* ihm (Gal 1, 16: ἐν ἐμοί) spreche, so lege er »ja selbst das Hauptgewicht bei der Sache auf das Innere«. Selbst wenn »er sich dabei den erhöhten Christus wirklich und äußerlich gegenwärtig, die Erscheinung als eine im vollen Sinn objective dachte«, hindere nichts, diese »als eine lediglich subjective, als eine Thatsache seines innern Seelenlebens zu betrachten«. Auch sonst seien ja »gewisse überschwengliche Seelenzustände bei ihm nichts Seltenes«,[66] und so

[62] Ebd.
[63] LJdtV I, 148f.
[64] LJkr¹ II, 657.
[65] LJdtV I 154.
[66] Alle Zitate aus LJdtV I, 155; das folgende ebd. I, 156.

dürfe es nicht wundern, wenn aus dem, was tief »sein Gemüth erregte, ... Tag und Nacht mit ihm umging: ... zuletzt eine Offenbarung, ein vermeintlicher Befehl des im Traum oder Wachen sich kundgebenden Christus wurde«.

Entsprechend sei also seine Bekehrung »auf natürliche Weise« zustande gekommen: Einerseits habe Paulus in seinem pharisäischen Gerechtigkeitseifer keine nachhaltige Befriedigung gefunden; andererseits habe er von den neuen Messiasgläubigen günstige Eindrücke bekommen (sie zeigten »einen stillen Frieden, eine ruhige Freudigkeit auch im Leiden, die das fried- und freudelose Eifern ihres Verfolgers beschämte«). Dies habe »sein Gemüth in eine Spannung und in einen inneren Kampf« versetzt, »den er wohl einige Zeit gewaltsam, und vielleicht selbst durch verdoppeltes Eifern gegen die neue Sekte, unterdrücken konnte, der sich aber zuletzt in einer entscheidenden geistigen Krisis entladen mußte«.[67] Paulus habe sich »in Stunden des Unmuths und inneren Unglücks« die Frage gestellt: »wer hat denn am Ende Recht, du oder der gekreuzigte Galiläer, von dem diese Menschen schwärmen? Und war er einmal so weit, so ergab sich bei seiner leiblichen und geistigen Eigenthümlichkeit leicht eine Ekstase, in welcher ihm eben der Christus, den er bisher so leidenschaftlich verfolgt hatte, in all der Herrlichkeit, von der seine Anhänger zu sagen wußten, erschien.«[68]

Dieses an Paulus (dem die Vorstellung der Auferweckung Jesu schon vorgegeben war) gewonnene Modell überträgt Strauß nun auf die ersten Jünger (die diese Vorstellung erst hätten »produciren« müssen[69]) und zieht »Rückschlüsse auf den Ursprung des Glaubens an die Auferstehung Jesu«: »Hatte es mit der Christuserscheinung, welche den Uebergang des Apostels Paulus vom pharisäischen Judenthum zu der neuen Messiasgemeinde vermittelte, diese Bewandtniß, und waren diejenigen Erscheinungen, welche den Aufgang des Glaubens an Jesus als den auferstandenen Christus in den älteren Jüngern begleiteten, von wesentlich gleicher Art mit jener: so sind auch sie lediglich innere Vorgänge gewesen, die wohl den Betheiligten als äußere sinnliche Wahrnehmungen sich darstellen mochten, aber von

---

[67] Alle Zitate – außer das in Klammern Gesetzte (LJdtV I, 156) – aus LJkr¹ II, 656f.
[68] LJdtV I, 156f.
[69] LJkr¹ II, 658.

uns als Thatsachen des aufgeregten Gemüthslebens, als Visionen zu begreifen sind.«[70]

Näherhin stellt Strauß sich das folgendermaßen vor: Jesus »hatte während seines mehrjährigen Zusammenseins mit ihnen (sc. den Jüngern) immer mehr und entschiedener den Eindruck des Messias auf sie gemacht: sein Tod aber, den sie mit ihren Messiasbegriffen nicht reimen konnten, hatte diesen Eindruck für den Augenblick wieder vernichtet«. Doch in der Ruhe ihrer Heimat Galiläa konnte, nachdem der erste Schrecken vorüber war, »ihr darniedergeschlagener Glaube an Jesum sich wieder in den ersten Regungen erheben«. Und so »entstand in ihnen von selbst das psychologische Bedürfniß, den Widerspruch der lezten Schicksale Jesu mit ihrer früheren Ansicht von ihm aufzulösen, in ihren Begriff vom Messias das Merkmal des Leidens und Todes mitaufzunehmen«[71]. Das freilich war nur möglich, wenn der – in der damaligen jüdischen Erwartung nicht vorgesehene – Tod des Messias nicht als Niedergang ins Schattenreich, sondern als Erhebung zu Gott und Eingang in die messianische Herrlichkeit gefaßt wurde. Um aber so weit zu kommen, bedurfte es einer längeren (weit über das nächste Pfingstfest hinausreichenden) »Zeit der stillen Vorbereitung in Galiläa«[72]. In dieser langen Zeit hätten die Jünger miteinander nach Licht und Gewißheit gerungen. Sie hätten die Schrift nach Andeutungen eines leidenden und sterbenden Messias »um- und umgewühlt«;[73] dies meint Strauß aus Lk 24, 26f. 44ff[74] entnehmen zu dürfen. Insbesondere dieses Forschen in der Schrift habe ihren Glauben neu beleben helfen. Mit der Überzeugung nun, daß Jesus ungeachtet seines Todes der Messias sei, war dann auch gegeben, daß er – mehr noch als Henoch und Elija[75] – leiblich zu Gott er-

[70] LJdtV I, 157; ähnlich auch schon LJkr¹ II, 657.

[71] Die drei Zitate der Reihe nach aus LJkr¹ II, 658.661.659.

[72] LJkr¹ II, 662; die Angabe der Apg, daß die Jünger schon nach sieben Wochen, am nächsten Pfingstfest, in Jerusalem Jesu Auferstehung verkündeten, erklärt Strauß kurzerhand für »historisch werthlos«. Später in LJdtV (1863) läßt er die Annahme eines längeren Zeitabstandes zwischen Kreuzigung Jesu und Behauptung seiner Auferstehung wieder fallen, wohl wegen ihrer mittlerweile offensichtlich gewordenen historischen Unhaltbarkeit.

[73] D. F. Strauß, Der alte und der neue Glaube. Ein Bekenntniß (1872, Bonn ¹⁵1903) 47.

[74] LJkr¹ II, 659f sowie LJdtV I, 157f. – Diese Stellen sind indes Reflex des späteren Gemeindegottesdienstes; sie setzen Gemeinde bereits voraus, ihr Zustandekommen erklären sie gerade nicht. Vgl. oben Kap. 2, II. 2b (3) sowie unten Kap. 4, III. 2.

[75] LJdtV I, 158.

hoben, also auferstanden sei. So hätten die Jünger nach Karfreitag in einem längeren Prozeß des inneren Ringens und intensiven Suchens in der Schrift sich allmählich »zur Production der Vorstellung von der Wiederbelebung ihres getödteten Meisters emporgearbeitet« und so sein Werk vor dem Zerfallen gerettet.[76]

Zugleich sei es aber auch gut denkbar, »daß diese Eindrücke bisweilen bei Einzelnen, namentlich Frauen, und bei ganzen Versammlungen bis zur wirklichen Vision sich steigerten«[77]. Zumal bei einer Frau wie Maria von Magdala sei »von der innern Aufregung bis zur Vision kein großer Schritt«; und wenngleich die Jünger Jesu nicht gerade visionäre Anlagen hatten, so meint Strauß doch, in der Zeit nach Jesu Tod bei ihnen »eine Gesammtstimmung, eine Steigerung des Gemüths- und Nervenlebens voraussetzen zu dürfen, welche die besondere Disposition des Einzelnen ersetzte«[78]. Freilich gelte, daß sich »die Stimmung der Jünger erst nach Verfluß einiger Zeit bis zu der Höhe erhoben hatte, welche dazu gehörte, daß dieser oder jener Einzelne und ganze begeisterte Versammlungen den erstandenen Christus sich auf visionäre Weise vergegenwärtigten«[79].

Strauß bestreitet nicht, daß die Jünger der redlichen Überzeugung waren, den Auferstandenen wirklich gesehen und mit ihm gesprochen zu haben; ihre Behauptung der Auferstehung war kein absichtlicher Betrug. Um so mehr aber habe sie auf unwillkürlicher »Selbsttäuschung«[80] (Projektion) beruht. Der Enthusiasmus, in den sie sich hineinsteigerten, habe die Visionen als rein subjektive, psychogene Phänomene ohne gegenständliche Realität erzeugt.

Aus Lk 24, 30f. 35 und Joh 21, 13 sowie aus der Annahme, daß in den ältesten Zeiten die häufige Wiederholung des Mahles Jesu »den kräftigsten Trost und Zusammenhalt der kleinen Urgemeinde bildete«, legt sich schließlich für Strauß »die Vermuthung nahe, daß es hauptsächlich auch die erhöhte Stimmung bei diesem Mahle gewesen sein möge, welche in einzelnen Fäl-

---

[76] Der alte und der neue Glaube 46 (Zusammenfassung der Darstellungen in LJkr und LJdtV).

[77] LJkr¹ II, 660; ebd. 663 weiß Strauß (woher?), daß »ohne Zweifel Weiber die ersten Visionen gehabt hatten«; vgl. ähnlich LJdtV I, 159.

[78] LJdtV I, 159.

[79] LJkr¹ II, 662.

[80] Der alte und der neue Glaube 47; ähnlich LJdtV I, 149 und 159.

len das Andenken an den Entrissenen zur vermeintlichen Erscheinung auch vor größeren Versammlungen steigerte«[81].

e) Kritische Auseinandersetzung

(1) *Historisch kritische Methode und Geschichtslosigkeit Gottes*. – Die Straußsche Ablehnung einer Auferstehung Jesu überhaupt, die letztlich in dem grundlegenden Vorurteil gründet, ein neues Leben eines wirklich Toten sei undenkbar, hängt mit seinem Begriff des Göttlichen und dieser wiederum mit seinem Geschichtsbegriff zusammen. Wenn das Göttliche eine rein überzeitliche ewige Idee, eine universale, jederzeit durch das Denken erkennbare ideale Wirklichkeit[82] darstellt, dann kann ihr nur die konkrete Geschichte als der Zusammenhang und das (zufällige) Wechselspiel endlicher Kräfte gegenübergestellt werden; tertium non datur. Dann kann aber auch in dem Moment, wo diese ewige ideale Wahrheit des Göttlichen (wie bei Strauß selbst am Ende[83]) aufgegeben wird, nur noch – monistisch – diese so verstandene gottlos (und Gott los-) gewordene Geschichte übrigbleiben.

Hier bestätigt sich, was Eberhard Jüngel am Beispiel Baruch Spinozas (1632–1677) nachgewiesen hat, nämlich daß es paradoxerweise in der ursprünglichen Intention der historisch-kritischen Methode liege, Gott selbst aus aller geschichtlichen Bedingtheit herauszuhalten, daß sie »eine dem durchgängigen Interesse an der Ungeschichtlichkeit Gottes dienende Methode« sei.[84] Ihr sei, da sie alles Geschichtliche nur aufgrund allgemeiner Daten und Prinzipien erkläre, es also nur insoweit verstehen könne, als sie das Besondere gerade seiner Besonderheit beraube, das Wahre eben das Allgemeine.[85] Die Bibel (und der christ-

---

[81] LJdtV I, 160.
[82] Vgl. etwa die Bemerkung in *Strauß'* Rez. von W. Böhmer, Theologische Auslegung des paulinischen Sendschreibens an die Kolosser, in: Jahrbuch für wissenschaftliche Kritik (Berlin 1835) Bd. II, 40, daß »das reine Sublimat religiöser Ideen, aus jenen Schriften herauspräpariert, *kein anderes ist, als* was auch die Philosophie . . . als das Wahre erkennt«.
[83] Vgl. *Strauß*, Der alte und der neue Glaube.
[84] *E. Jüngel*, Anthropomorphismus als Grundproblem neuzeitlicher Hermeneutik, in: Ders. u. a. (Hg.), Verifikationen. Festschrift G. Ebeling (Tübingen 1982) 499–521, hier 513.
[85] Ebd. 512ff. 519f – Man könnte mit *R. Schaeffler*, Fähigkeit zur Erfahrung (s. Anm. 7) 36f hinzufügen, daß auch das neuzeitliche (transzendentale) Bewußtsein in absoluter Geschichtsüberlegenheit lebt: es ist durch die Notwendigkeit seiner Form allem

liche Glaube) enthalte jedoch ein grundlegend anderes Verständnis. Sie versteht ja Geschichte vom Wirken Gottes in dieser Geschichte her. Die Rede vom geschichtlichen Handeln Gottes ist hier nicht bloße Einkleidung oder beliebiger deutender Überbau, sondern einzig angemessener Ausdruck gemachter Erfahrung einer von außen andrängenden und Neues schaffenden Wirklichkeit. Daher konfrontieren die biblischen Texte mit dem Gott, der die Menschen in sehr konkreten, besonderen Ereignissen anspricht. Mit Jüngels Worten: »Die Wahrheit ist konkret«; sie verdient »nicht *trotz* ihrer Geschichtlichkeit, sondern *in* ihrer Geschichtlichkeit Wahrheit genannt zu werden«.[86] Um den Anspruch der biblischen Zeugnisse überhaupt wahrnehmen zu können, muß die historisch-kritische Methode daher ein Mehr (nicht ein Weniger) an historisch kritischem Problembewußtsein entwickeln.

Gerade die neutestamentlichen Osteraussagen stellen in verschärfter und unausweichlicher Form vor die Frage, ob wir – statt die Entstehung des Osterglaubens ohne ein »wunderbares Factum« begreifen zu wollen – nicht doch eher (in Strauß' eigenen Worten) »die Unzulänglichkeit der natürlich-geschichtlichen Ansicht über das Leben Jesu« insgesamt bekennen müssen.[87]

(2) *Problematische Einzelannahmen.* – Straußens Versuch, die Entstehung des Osterglaubens ohne ein »wunderbares Factum« rein historisch-genetisch bzw. psychologisch zu erklären aus einem Prozeß des sich wieder erhebenden Glaubens, des inneren Ringens, des Suchens in der Schrift und des Reflektierens, in welchem die Jünger sich allmählich zur Vorstellung von der Auferstehung des getöteten Jesus emporarbeiteten und ihr neu sich regender Glaube in einer innerlich aufgeregten, erhöhten, enthusiastischen Gesamtstimmung bis zu Visionen sich steigerte, hat bis heute und in zunehmendem Maße viele beeindruckt. Er dürfte im ganzen die Sicht der Dinge enthalten, die dem allgemeinen szientistisch-positivistischen Bewußtsein in heutigen spätbürgerlichen Gesellschaften entgegenkommt und ihm als

geschichtlich Kontingenten, allem Wechsel der Entscheidungen und Inhalte, immer schon überlegen, kann nichts Neues mehr erfahren, ist überraschungs- und verblüffungsresistent.

[86] *Jüngel,* Anthropomorphismus 520.
[87] Siehe oben bei Anm. 61.

plausibel einleuchtet. Aber dieser Erklärungsversuch ist selber in hohem Maße problematisch. Er arbeitet mit einer Reihe von Annahmen, die sich – beim heutigen Stand der Kenntnis urchristlicher Texte und ihrer Traditionsgeschichte – nicht aufrechterhalten lassen. Hier sei zunächst nur auf folgendes hingewiesen.[88]

α) In bezug auf das paulinische Damaskus-Erlebnis, das Strauß als Modell dient, ist zu sagen: Nirgends im Neuen Testament erfahren wir etwas von einem inneren Ringen und langsamen Reifungsprozeß des Paulus; er spricht vielmehr von einer plötzlichen Wende (durch Gottes souveräne Tat heraufgeführt). Und schon gar nicht erfahren wir etwas von einem persönlichen Ungenügen des Paulus am Gesetz, das er durch doppelten Eifer überdeckt hätte. »Die eigenen Worte des Paulus weisen in die entgegengesetzte Richtung. Die Begegnung mit dem gekreuzigten und auferstandenen Christus und der Ruf Gottes trafen ... einen stolzen Pharisäer, dessen ungebrochener Ruhm seine Zugehörigkeit zum erwählten Volk, das Gesetz Gottes und seine eigene Gerechtigkeit waren«[89] (vgl. Phil 3, 4–7; Gal 1, 13f u. a.).

β) Die Rückübertragung des an Paulus gewonnenen (und selbst schon verzeichneten) Modells auf die ersten Jünger ist erst recht unstatthaft. Die vorpaulinischen Zeugnisse 1 Kor 15, 3–7 müssen primär von sich selbst her begriffen werden, was Strauß völlig unterläßt, wie er überhaupt das literarische und traditionsgeschichtliche Verhältnis der Überlieferungen zueinander außer acht läßt. Das ὤφθη bezeichnet – wie sich zeigte – auf keinen Fall »lediglich innere Vorgänge«.

γ) Daß der darniedergeschlagene vorösterliche Glaube der Jünger sich nach Karfreitag selbst wieder erhoben habe, widerspricht – wie weiter unten ausführlicher dargetan wird[90] – dem gesamten Duktus aller neutestamentlichen Osterzeugnisse. Sie wissen nichts von einem anfänglichen Prozeß des Ringens, Reflektierens und Schrifterforschens, der schließlich zur Ostergewißheit geführt hätte. Im Gegenteil, der mit der Hinrichtung am Fluchholz gegebene Bruch wird scharf gezeichnet, das Zum-

---

[88] Weitere kritische Überlegungen unten 4 und 5 (zu Schillebeeckx und Pesch).

[89] *Bornkamm*, Paulus 46. – Auch ist dem ἐν ἐμοί in Gal 1, 16 nicht zu entnehmen, daß es sich bei Paulus um einen rein inneren Vorgang gehandelt hat; ἐν ἐμοί ist mit »mir« zu übersetzen. – Vgl. im übrigen oben III. 3.

[90] Vgl. unten S. 187f und 200f sowie 208–212.

Glauben-Kommen erscheint durchweg als Wirkung einer nicht selbst produzierten, sondern ihnen widerfahrenden neuen Gegenwart des Gekreuzigten, einer überraschenden »Be-gegnung« des Auferstandenen. Aufgrund *dieser* Initiative des »Erscheinenden« kehren sie binnen kurzem, auf jeden Fall vor dem nächsten Pfingstfest (nicht erst lange nach diesem, wie Strauß in Konsequenz seiner Erklärung fordern muß), nach Jerusalem zurück; erst aufgrund dieser Begegnung des Gekreuzigten als in ganz neuer Weise Lebendigen beginnen sie die Schrift neu zu lesen (nicht umgekehrt) und nehmen die Feier des Mahles Jesu wieder auf; Lk 24, 26f. 44f erklärt nicht, wie Strauß (unter durchgängiger Mißachtung des literarischen Genus der Texte) möchte, das Zustandekommen von Gemeinde und Osterglauben, sondern setzt sie und den späteren Gemeindegottesdienst mit Schriftlesung und Eucharistie bereits voraus.

δ) Nach Strauß wären die Visionen Produkte des neu sich regenden und erhebenden Glaubens und der erhöhten Stimmung gewesen. Der Enthusiasmus, in den die Jünger sich hineinsteigerten, habe die Visionen als rein subjektive psychogene Phänomene erzeugt. Petrus und Paulus hätten also schon geglaubt, *ehe* sie Jesus als Auferstandenen sahen. Dem steht entgegen, daß Paulus nach seinen eigenen Selbstaussagen sein Damaskus-Erlebnis nicht als schon Glaubender hatte, sondern als Verfolger; durch dieses Erlebnis wurde er überwunden und kam zum Glauben. Ebenso wollen die neutestamentlichen Zeugnisse sagen, daß die ersten Jünger durch einen Anstoß von außen zum Glauben kamen. Nach den Texten folgte die Begeisterung erst auf die Erscheinungen, nicht umgekehrt! Strauß selbst erkennt durchaus, daß die ersten Jünger keine »Visionäre« waren. Er nimmt indes nicht ernst, daß die Erscheinungstexte auch für die unmittelbare Zeit nach Karfreitag gerade nicht in Richtung von enthusiastisch-produktiven, eigentlich visionären Elementen (»Ekstase«) weisen.[91]

(3) *Die nach wie vor »offene Frage«.* – Am Ende bleibt zu fragen, ob das von Strauß gegen die Betrugshypothese vorgebrachte Argument nicht auch seine eigene Hypothese von dem aus psychischer und reflexiver Verarbeitung neu sich erhebenden (Auferstehungsüberzeugung und wirkliche Visionen erzeugen-

---

[91] Genaueres hierzu unten VI.

den) Jüngerglauben treffen muß. Muß man nicht sagen, daß auch ein solcher sich selbst neu erhebender und hochsteigernder Glaube »unmöglich zu einer so standhaften Verkündigung der Auferstehung Jesu unter den größten Gefahren hätte begeistern können«? Und wenn gilt, »daß der ungeheure Umschwung von der tiefen Niedergeschlagenheit ... zu der Glaubenskraft und Begeisterung, mit welcher sie ... ihn als Messias verkündigten, sich nicht erklären ließe, wenn nicht in der Zwischenzeit etwas ganz außerordentlich Ermuthigendes vorgefallen wäre, und zwar näher etwas, das sie von der Wiederbelebung des gekreuzigten Jesus überzeugte«[92] – dann muß ernsthaft in Frage gestellt werden, ob dies außerordentlich Ermutigende jener sich selbst neu regende und produktive Glaube der Jünger selbst gewesen sein kann. Kann es dem Historiker wirklich genügen, »*daß* die Jünger fest geglaubt haben«? Muß nicht noch einmal genauer, tiefer nachgefragt werden, »*worauf* jener Glaube beruhte«, jener feste Glaube? In der Tat, das ist nach wie vor »eine offene Frage«![93]

2. Rudolf Bultmann: Historische Kritik und Kerygmatheologie

Die neuere Diskussion um die Auferstehung und die Entstehung des Osterglaubens entbrannte am heftigsten an dem von Rudolf Bultmann (1884–1976) 1941 scharf formulierten Programm der sogenannten Entmythologisierung der neutestamentlichen Verkündigung. Bultmann nahm einerseits das Erbe der historischen und rationalistischen Kritik auf und führte es selbst in meisterhafter Weise weiter. Andererseits aber suchte er zugleich, Einflüsse der frühen dialektischen Theologie festhaltend, zu bewahren, was ihm als das Wesentliche am christlichen Kerygma erschien. Beide Momente, das historische und das theologische, unterschied er scharf und verband sie zugleich in einer existentialen Hermeneutik und Interpretation.

---

[92] *Strauß*, LJkr¹ II, 654 (siehe oben II. 2 bei Anm. 15).
[93] *Strauß*, LJdtV I, 148 (siehe oben Punkt c bei Anm. 62 und 63).

a) Das Verständnis der Auferstehung Jesu

Die Auferstehung Jesu ist nach Bultmann kein beglaubigendes Mirakel, dessen Zeugen die Jünger waren und das ihren Glauben hervorrief; sie ist kein objektivierbares Faktum, auf das hin der Fragende nun sicher an Jesus als den Christus glauben kann.[94] Vielmehr ist die Rede von der Auferstehung mythologische Rede, das heißt, sie stellt das Wirken Gottes als eine jenseitige Kausalität vor, die sich in die Kausalkette der weltlichen Ereignisse einfügt und sie unterbricht.[95] Um aber ihre eigentliche Intention zur Geltung zu bringen, ist die mythologische Rede von der Auferstehung Jesu zu entmythologisieren und existential zu interpretieren – als »Ausdruck der Bedeutsamkeit des Kreuzes«. Sie besagt, daß »der Kreuzestod Jesu nicht als ein menschliches Sterben ins Auge gefaßt werden soll, sondern als das befreiende Gericht Gottes über die Welt . . ., das als solches den Tod entmächtigt«;[96] und sie fragt den Hörer, ob er das mit Jesu Sendung gegebene neue Existenzverständnis annehmen will, »ob er sich als Mitgekreuzigten und damit auch als Mitauferstandenen verstehen will«, um so von seinem pervertierten Streben, sein Leben (Selbst) zu gewinnen, erlöst zu werden und dieses Leben, gerade indem er es verliert, als Geschenk zu empfangen[97].

Die zentrale These lautet also: »der Auferstehungsglaube ist nichts anderes als der Glaube an das Kreuz als Heilsereignis, an das Kreuz als Kreuz Christi«, das heißt als das eschatologische Handeln Gottes selbst.[98] Dem historischen Kreuz ist diese Bedeutung nicht anzusehen; vielmehr wird es im Verkündigungswort (Kerygma) der Gemeinde als solches eschatologisches Geschehen proklamiert. Damit ist das Kerygma selbst Teil des eschatologischen Heilsgeschehens. So gilt: »Christus, der Gekreuzigte und Auferstandene, begegnet uns im Worte der Ver-

---

[94] *R. Bultmann*, NT und Mythologie. Das Problem der Entmythologisierung der ntl. Verkündigung (1941), in: H.-W. Bartsch (Hg.), Kerygma und Mythos Bd. 1 (Hamburg ⁴1960) 15–48, hier 44f.
[95] *R. Bultmann*, Zum Problem der Entmythologisierung, in: H.-W. Bartsch (Hg.), Kerygma und Mythos Bd. 2 (Hamburg 1952) 179–208, hier 180–184.
[96] *Bultmann*, NT und Mythologie 44.
[97] Ebd. 47; vgl. *R. Bultmann*, Theologie des NT (Tübingen ³1958) 294.
[98] *Bultmann*, NT und Mythologie 46.

kündigung, nirgends anders. Eben der Glaube an dieses Wort ist in Wahrheit der Osterglaube.«[99]

Wie das Verkündigungswort so gehört auch die Kirche, in der es weiterverkündigt wird, zum eschatologischen Geschehen. Deshalb konnte Bultmann später auch sagen: »der Glaube an die Kirche als Trägerin des Kerygmas ist der Osterglaube, der eben in dem Glauben besteht, daß im Kerygma Jesus Christus präsent ist . . ., daß es *sein* Wort ist, das den Hörer im Kerygma trifft. . . . An den im Kerygma präsenten Christus glauben, das ist der Sinn des Osterglaubens.«[100] So verstanden hat Bultmann die Formel akzeptiert, in der seine Auffassung durch Karl Barth zusammengefaßt worden war: Jesus ist in das Kerygma hinein auferstanden.

b) Die Frage nach der Entstehung des Osterglaubens

Das Osterereignis selber ist für Bultmann »kein äußeres Geschehen, sondern das innere: der Sieg, den Jesus gewinnt, indem sich aus der Überwindung des Anstoßes (sc. des Kreuzes) im Menschen der Glaube (sc. an das Kreuz als Heilsereignis) erhebt«[101]. Von daher kann er feststellen: »Das Osterereignis, sofern es als historisches Ereignis neben dem Kreuz genannt werden kann, ist . . . nichts anderes als die Entstehung des Glaubens an den Auferstandenen, in dem die Verkündigung ihren Ursprung hat.«[102] Die Jünger haben die durch die Kreuzigung Jesu neu und radikal gestellte Entscheidungsfrage mit ihrer Entscheidung für die Legitimität der Sendung Jesu beantwortet; sie mußten das Ärgernis des Kreuzes überwinden, und sie haben es getan im Osterglauben.

Wie sich diese Entscheidungstat im einzelnen vollzog, wie der Osterglaube genauerhin entstand, »ist in der Überlieferung durch die Legende verdunkelt und ist sachlich von keiner Bedeutung«[103]. Immerhin: »Der Historiker kann seine Entstehung

---

[99] Ebd. 46.
[100] *R. Bultmann*, Das Verhältnis der urchristlichen Christusbotschaft zum historischen Jesus (Heidelberg 1960) 27. Ebd. die folgende Formel.
[101] *R. Bultmann*, Theologie des NT 410; hier faßt Bultmann in einer Johannesdeutung seine eigene Sicht kurz zusammen.
[102] *Bultmann*, NT und Mythologie 46.
[103] *Bultmann*, Theologie des NT 47.

bis zu einem gewissen Grade begreiflich machen durch Reflexion auf die ehemalige persönliche Verbundenheit der Jünger mit Jesus; für ihn reduziert sich das Osterereignis auf ihre visionären Erlebnisse«,[104] in denen sich jene Neuentscheidung der Jünger möglicherweise verdichtet hat. Dies war auch schon der Kern der These von David Friedrich Strauß gewesen.

Ganz anders als dieser nimmt Bultmann aber nun eine Wertung dieser Vorgänge von der Vorentscheidung des christlichen Glaubens her vor. Für ihn bedeutet das historische Ereignis der Entstehung des Osterglaubens (also der Entscheidung der Jünger für die Sendung Jesu und für das Kreuz als Heilsereignis) in paradoxer Identität »die Selbstbekundung des Auferstandenen, die Tat Gottes, in der sich das Heilsgeschehen des Kreuzes vollendet«[105]. Die Entstehung des Osterglaubens (das historische Osterereignis) stellt demnach selbst ein eschatologisches Ereignis dar und ist als solches Gegenstand des Glaubens. Ostern ist Gottes Tat – nicht eigentlich an Jesus, sondern an den Jüngern, ist das Ereignis des Glaubens an das Kreuz als Heilsereignis und an den im Kerygma vom Kreuz präsenten Christus. Dem historisch faßbaren Ereignis des Osterglaubens liegt – außer den ebenfalls historisch faßbaren Ereignissen des irdischen Jesus und seiner Kreuzigung – kein anderes, diesen Osterglauben begründendes Ereignis voraus. Vielmehr ist Ostern nichts anderes als das Ereignis des Glaubens selbst (angesichts des Ärgernisses des Kreuzes).

c) Kritische Bemerkungen

Die Frage, wodurch der rätselhafte Glaube »an den im Kerygma präsenten Christus« entsteht und begründet ist, bleibt bei Bultmann letztlich unbeantwortet. Und dies nicht lediglich aus historischer Verlegenheit, sondern mit voller theologischer Absicht: »Der christliche Osterglaube ist an der historischen Frage nicht interessiert.«[106] »Es wäre nämlich eine Verirrung, wollte man hier zurückfragen nach dem historischen Ursprung der Verkündigung, als ob dieser ihr Recht erweisen könnte. Das würde bedeuten: den Glauben an Gottes Wort durch historische Untersu-

---

[104] *Bultmann,* NT und Mythologie 47.
[105] Ebd.
[106] Ebd.

chung begründen zu wollen. Das Wort der Verkündigung begegnet als Gottes Wort, demgegenüber wir nicht die Legitimationsfrage stellen können, sondern das uns nur fragt, ob wir es glauben wollen oder nicht.«[107] Wie aber ist hier der Beliebigkeit zu entkommen? Wir werden zu prüfen haben, in welchem Verhältnis historische Rückfrage nach dem Ursprung des Osterglaubens und sachliche Begründung des Osterglaubens zueinander stehen.

An dieser Stelle ist auf folgendes hinzuweisen: Bultmann verlagert die Diskussion über das Wesen der Rede von der Auferstehung auf die Thematik Kreuz und Kerygma: Die vom Neuen Testament durchweg betonte Vor- und Überordnung des auferstandenen und erscheinenden Jesus Christus vor und über dem österlichen Glauben an ihn droht sich aber zu verflüchtigen, wenn der Ausdruck »Auferstehung Jesu« nur die reine Bedeutsamkeit des Kreuzes und nicht selbst geschehenshafte Realität, das heißt eine von Gott (durch ein neues Handeln am gekreuzigten und begrabenen Jesus selbst) »ontologisch realisierte Bedeutsamkeit«[108] bezeichnet. Darum hat Karl Barth gegenüber Bultmann energisch darauf bestanden, daß Ostern nicht nur das noetisch-hermeneutische Geschehen der Entstehung des Glaubens (also Gottes Tat an den Jüngern) ist, sondern – dem zugrunde liegend – die ontologisch neue Tat Gottes am gekreuzigten Jesus selbst.[109]

Bultmann hat es – aus Sorge vor einer unzulässigen Objektivierung des eschatologischen Handelns Gottes und vor einer falschen Absicherung des prinzipiell nicht absicherbaren Glaubensentschlusses – vermieden, die theologische Frage nach der besonderen Eigenart der Auferstehung und der Erscheinungen Jesu als der dem historisch faßbaren Osterereignis (Auftreten des Osterglaubens) zugrunde liegenden Wirklichkeit zu stellen. Das ist das entscheidende Defizit seiner Konzeption. Deren re-

---

[107] Ebd. 46.

[108] *J. Mouroux*, Le Mystère du Temps (Paris 1962) 124f, stellt einander gegenüber: Bultmanns Verständnis von Auferstehung als »une pure signification proclamée dans la pure parole de la Croix, découverte et ›réalisée‹ par l'homme dans cette même parole« und ein Verständnis von Auferstehung als »une signification ontologiquement réalisée: la nouvelle création dans sa cellule germinale«.

[109] *K. Barth*, Die Kirchliche Dogmatik IV/1 (Zürich 1953) 336; vgl. dazu unten Kap. 5, I. 1 und III. 1.

duktionistischen Charakter signalisiert schon formal die wiederholt verwendete Redefigur »nichts anderes als«.

3. Willi Marxsen: Historische Kritik und weitergehende Sache Jesu

Willi Marxsen (geb. 1919) hat mit seinen Thesen über »Die Auferstehung Jesu als historisches und als theologisches Problem« (1964) für einige Jahre eine zum Teil heftige Diskussion ausgelöst. Ähnlich wie Bultmann unterscheidet Marxsen scharf zwischen der historischen und der theologischen Ebene: »Der Glaube kann nicht historische Fakten setzen.«[110] Aber auf das Historische kommt es für den Glauben auch nicht an. Das Mehr des Glaubens gegenüber dem rein Historischen liegt auch für Marxsen auf der Ebene der Bedeutsamkeit oder, wie er sagt, der Interpretation.

a) Das Widerfahrnis des Sehens und seine Interpretamente

»Historisch läßt sich nur feststellen (das aber sicher!), daß Menschen nach dem Tode Jesu ein ihnen geschehenes Widerfahrnis behaupteten, das sie als Sehen Jesu bezeichneten.«[111] Dieses nicht näher bestimmte Widerfahrnis des Sehens habe bei den Jüngern zunächst eine Interpretation nach *vorne* ausgelöst, nämlich die Funktion der Sendung, die Sache (Botschaft) Jesu weiter zu verkündigen (»die ›Sache Jesu‹ geht weiter«[112]). Dann aber sei das Widerfahrnis des Sehens auch in einem nachträglichen *Rück*schluß durch das (freilich kulturbedingte und deshalb austauschbare)[113] personale Interpretament der Auferstehung Jesu erklärt worden (»Jesus ist auferstanden«); letzteres stellt also eine bloß nachträgliche und auswechselbare Reflexionsaussage dar. Die Behauptung eines Widerfahrnisses des Sehens (ὤφθη) ist das historisch Letzterreichbare, die Auferstehungsaussage (ἠγέρθη) ist spätere Interpretation. »So ist also die Frage nach der Auferstehung Jesu zuletzt keine Frage nach einem *Ereignis*

---

[110] *W. Marxsen*, Die Auferstehung Jesu als historisches und als theologisches Problem (Gütersloh 1964) 10.
[111] Ebd. 20.
[112] Ebd. 25.
[113] Ebd. 28ff.

nach Karfreitag, sondern es ist die Frage nach dem irdischen Jesus und (unlösbar damit verbunden!) die Frage, wie *seine* Sache später erfahrene Wirklichkeit wurde und heute erfahrbare Wirklichkeit werden kann.«[114] »Nicht die Auferstehung ist das entscheidende Datum . . ., sondern Jesus.«[115]

b) Kritik

Der Begriff des Widerfahrnisses wird von Marxsen sehr unreflektiert verwendet. Er bezeichnet ein gleichsam undefinierbares, dumpfes Faktum, dem jedes Moment einer personalen Begegnung und eines von Anfang an als solchen erfaßten Inhalts abgeht, das deshalb erst nachträglich so oder anders interpretiert werden müsse. Nun ist diese Auflösung des Zusammenhangs zwischen dem Widerfahrnis des Sehens und dem Interpretament »Jesus ist auferstanden« weder grundsätzlich hermeneutisch noch vom neutestamentlichen Befund her zu rechtfertigen. Nach den neutestamentlichen Erscheinungstexten haben die Jünger nicht irgend etwas Unbestimmtes gesehen, sondern den gekreuzigten Jesus als in bestimmter Weise Lebendigen und Gegenwärtigen. Die Erscheinungsaussage (ὤφθη) steht nicht isoliert für sich allein da, sondern ist immer zurückbezogen auf eine vorausgehende Auferweckungsaussage (ἠγέρθη).[116] Die Jünger behaupten nicht nur ein Widerfahrnis, sondern das Widerfahrnis (besser: die Begegnung) des lebendigen Gekreuzigten und damit ein Geschehen an Jesus selbst, das dem ihnen widerfahrenen Sehen logisch und ontologisch vorausgeht. Wenn also die Jünger wirklich eine sie überraschende und bezwingende Erfahrung gemacht haben, dann hatte diese einen bestimmten Inhalt und eine Quelle, die in einem ursprünglichen (noch nicht weiter reflektierten) Verstehen wahrgenommen wurde. Diese ursprüngliche Einsicht (und damit eine originäre und nicht erst nachträgliche sprachliche Deutung) läßt sich von der Erfahrung nicht trennen, sie ist ihr integrierender Bestandteil. Darum ist das Interpretament »Jesus ist auferstanden« primär durch den *Inhalt* der ursprünglichen Ostererfahrung (des widerfahrenen Sehens) bestimmt.

---

[114] Ebd. 35 (Hervorhebung im Original).
[115] Ebd. 33.
[116] Siehe dazu oben in diesem Kap. 3, III. 2b.

c) Modifizierte Sicht

In einer etwas späteren Arbeit »Die Auferstehung Jesu von Nazareth« (1968) hat Marxsen den Begriff des Widerfahrnisses zu vermeiden versucht. Hier vertritt er folgende Sicht: Nach Karfreitag war Simon der erste, der zum Glauben an Jesus, das heißt an die Weitergeltung der Verkündigung Jesu, kam. Dieser Glaube des Simon hatte gemeindebildende Funktion. In der Urgemeinde wurde behauptet, daß dieser Glaube des Simon seine Wurzel in einem Sehen Jesu hatte (Protophanie des Petrus), dieses Sehen also den Glauben und die Sendung des Petrus auslöste. Was es mit diesem Sehen auf sich habe, lasse sich historisch nicht mehr erkennen. Es sei aber auch für den Glauben der anderen Jünger und »für meinen Glauben an Jesus . . . völlig unerheblich, *wie* Petrus nach Karfreitag zu seinem Glauben an Jesus kam. . . . Entscheidend ist doch, daß man jeweils in *denselben* Glauben gestellt wird.«[117] »Das Zum-Glauben-Kommen ist das Wunder« und die eigentliche Wirklichkeit von Ostern, nicht aber die Auferstehung Jesu.[118] Man erfuhr es als wunderbar, daß der irdische Jesus (sic!) auch nach seinem Tod noch in den Glauben stellte. Als »Ermöglichungsgrund für dieses Zum-Glauben-Kommen« erkannte man schließlich: »Der tote Jesus lebt. Er ist also nicht im Tode geblieben.«[119] Und dies sagte man mit Hilfe der Vorstellung von der Auferstehung der Toten aus. Die Rede von der Auferstehung Jesu basiert also auf einem nachträglichen Rückschluß vom eigenen Glauben aus. Sie stellt ein geschichtlich bedingtes und letztlich verzichtbares »Interpretament unter anderen«[120] dar, das den Wundercharakter, »das Prae Gottes beim Zustandekommen des eigenen Glaubens« festhalten soll[121]. Das Reden von der Auferstehung Jesu ist »ein In-

[117] *W. Marxsen*, Die Auferstehung Jesu von Nazareth (Gütersloh 1968) 129. Ebd. 128 betont Marxsen, »daß der nachösterliche Glaube (der Glaube an den Auferstandenen) keine anderen Inhalte hat als der vorösterliche Glaube, in den Jesus rief«. Dieser Auffassung ist zu widersprechen: vgl. unten Kap. 5.

[118] Ebd. 130; vgl. 142 und 144.

[119] Ebd. 141; vgl. 130f: Man wußte sich »von *dem* Jesus in den Glauben gerufen, der hier auf Erden gewirkt, der in den Glauben gerufen hatte und dann am Kreuz gestorben war. Wenn der aber in den Glauben rufen *konnte* (und *daß* er das konnte, erfuhr man ja in der Wirklichkeit des eigenen Glaubens), dann erfuhr man damit *zugleich*, daß er nicht tot, sondern lebendig war. Eben das konnte man dann ausdrükken, indem man sagte: Er ist auferstanden« (Hervorhebungen im Original).

[120] Ebd. 141.

[121] Ebd. 142.

terpretament, das ausdrücken will: Mein Glaube hat ein Woher; und dieses Woher heißt Jesus«[122]. »›Jesus ist auferstanden‹ heißt nichts anderes als: Der gekreuzigte Jesus ruft heute in den Glauben.«[123] »Die ›Sache Jesu‹ geht weiter.«

d) Kritik

Diese Sicht, in der sich Historismus und Rationalismus mit einer pietistischen Gläubigkeit verbinden, stellt eine Modifikation der präziseren und konsistenteren Konzeption Bultmanns dar. Und wie deren Vorentscheidungen schleppt sie auch deren Fragwürdigkeiten mit sich. Bedenklich stimmt schon die bereits bekannte reduktionistische Redefigur »heißt/ist nichts anderes als«. Die eigentliche Wirklichkeit von Ostern ist wieder das Ereignis des Glaubens. Die Frage nach seiner Entstehung bleibt auch hier am Ende unbeantwortet (»wie auch immer«[124]). Jesus lebt in der Verkündigung und im Entstehen von Glauben weiter (wie Platon oder Goethe in ihren Verehrern?), und das dem Neuen Testament so entscheidende Datum der Realität der Auferstehung Jesu wird hier völlig nebensächlich. Zwar ist nicht mehr von Visionen die Rede, dafür aber umso häufiger von jenem vage bleibenden »Sehen«, das in den frühen vorpaulinischen und paulinischen Texten ja nur an einer einzigen Stelle (1 Kor 9, 1), und dort veranlaßt durch Rückgriff auf prophetische Berufungssprache, zu finden ist. Auf dieses vage Sehen wird die ganze differenzierte und reiche neutestamentliche Rede von den sogenannten Erscheinungen reduziert. Und auch wenn Marxsen am Ende auf den Ausdruck »Widerfahrnis« verzichtet, wird er doch die mit ihm verbundene Problematik nicht los: Seinen Ausführungen liegt immer noch die unhaltbare Voraussetzung zugrunde, als führe ein Weg *hinter* die Sprache zu einer Erfahrung sozusagen im sprachlosen Reinzustand zurück und als sei Interpretation etwas später zur Erfahrung Hinzukommendes und nicht auch schon ursprünglich mit ihr Gegebenes.

---

[122] Ebd. 145.
[123] Ebd. 130. Vgl. *Marxsen*, Die Auferstehung Jesu als historisches und als theologisches Problem (1964) 27: »Der Auferstandene ist er, weil er (identisch mit dem Irdischen) auch heute noch mit demselben (alten) Anspruch *kommt*.«
[124] *Marxsen*, Die Auferstehung Jesu von Nazareth (1968) 130: »Wenn man (wie auch immer) nach Karfreitag zum Glauben an Jesus kam . . .«

4. Edward Schillebeeckx: Ein als Gnade erfahrener Bekehrungsprozeß, literarisch dargestellt als Erscheinung

Edward Schillebeeckx (geb. 1914) hat 1974 in seinem großen Jesusbuch eine Deutung der Ostererfahrung vorgelegt, die auf die Annahme von Erscheinungen oder Visionen verzichtet. Er hält ausdrücklich an der persönlichen Auferstehung Jesu als einem realen Geschehen von Gott her fest.[125] Der Auferstehung Jesu kommt eine »logische und ontologische Priorität« vor der Ostererfahrung der Jünger und damit vor dem Auferstehungsglauben ·zu: Ohne persönliche Auferstehung Jesu gibt es keine Ostererfahrung. Umgekehrt gilt aber auch (epistemologisch): Ohne die österliche Glaubenserfahrung fehlte den Jüngern jedes Organ für die Auferstehung Jesu.[126]

a) Interesse und Intention

Schillebeeckx geht es in seiner Hypothese darum, die geschichtliche (und empirisch greifbare) Vermitteltheit der Offenbarungsereignisse am Ursprung des Osterglaubens aufzuweisen. Die Ostererfahrung, in der Jesu Auferstehung zugänglich wird, sei kein »supranaturalistischer ›Hokuspokus‹«, kein »›Eingriff‹ in den ›normalen‹ Lauf der Geschichte«.[127] Sie vollziehe sich vielmehr in (unter Umständen überraschenden, »diskontinuierlichen«, aber) allemal erfahrbaren, der historischen Analyse zugänglichen menschlichen Vorgängen und geschichtlichen Ereignissen, die freilich »wie jedes historische Phänomen doppeldeutig, ambivalent sind und nach Interpretation verlangen«[128].

Herkömmlicherweise sehe man den Osterglauben in Erscheinungen des Auferstandenen grundgelegt. Dabei werde häufig das visuelle Element dahin verstanden, als habe der auferstandene Christus sich physisch und empirisch feststellbar gezeigt. Diese Sicht läuft nach Schillebeeckx genau auf die problematische und unannehmbare Vorstellung mirakulöser göttlicher In-

---

[125] E. Schillebeeckx, Jesus. Die Geschichte von einem Lebenden (niederländ. 1974; erw. dt. Ausgabe Freiburg 1975) 572ff; ferner ders., Christus und die Christen. Die Geschichte einer neuen Lebenspraxis (Freiburg 1977); ders., Die Auferstehung Jesu als Grund der Erlösung (Freiburg 1979) 93f.
[126] Schillebeeckx, Jesus 573; vgl. ders., Auferstehung 94.
[127] Ders., Jesus 576 bzw. 562.
[128] Ebd. 563.

terventionen in den weltlichen Wirkzusammenhang hinaus.[129] Er möchte den Erscheinungen (bzw. den visuellen Elementen) »die schwere dogmatische Bedeutung« nehmen, Grundlage des ganzen christlichen (Auferstehungs-)Glaubens zu sein, und deshalb in einer »historisch-genetischen Analyse«[130] als Quellort des Osterglaubens »normalere«, generalisierbare menschliche Vorgänge aufweisen, die als Erschließungssituationen für eine neue (disclosure-)Erfahrung Jesu begreifbar sind[131].

Da die Auferstehung Jesu selbst ein zwar reales, aber metempirisches Geschehen ist, das nicht mehr unserer menschlichen Geschichte angehört, für die Jünger deshalb auch nicht erlebbar war,[132] ergibt sich die Frage: Wie kamen die Jünger »zu dem Wissen, daß Jesus auferstanden war und nicht nur auferstehen wird am Ende der Zeiten?«[133] Was ist in der Zeit zwischen dem Tod Jesu (bzw. der Zerstreuung der Jünger) und der Verkündigung der Auferstehung (bzw. der erneuten Sammlung der Jünger) geschehen?

b) Grundgedanke und Argumentation

Schillebeeckx gibt eine »erste Antwort«: Ein (kognitiver) »Bekehrungsprozeß« der Jünger, ihre »große Umkehr« ist geschehen.[134] Dies ist die historisch feststellbare Realität. Dies ist aber zugleich, im Sinne einer zweiten Antwort, die geschichtliche Vermittlung der (nicht historisch feststellbaren) Offenbarungsgnade des auferstandenen Jesus.[135] – So kamen die Jünger also zum Osterglauben. Im einzelnen entwickelt Schillebeeckx dabei folgenden Gedankengang.

Die Jünger hatten Jesus verleugnet und im Stich gelassen, und zwar aus »Kleingläubigkeit«. Von einem völligen Zusammenbruch ihres Glaubens an Jesus könne man dagegen nicht sprechen.[136] Deshalb war ein Ansatzpunkt für eine neue Bekehrung zu Jesus gegeben. Petrus, der Jesus verleugnet hatte, sei »als erster (männlicher) Jünger ›zur Bekehrung‹ gekommen«,

---

[129] *Ders.*, Auferstehung 89f. 98.
[130] Ebd. 89.
[131] *Ders.*, Jesus 574 sowie 562.568.
[132] Ebd. 336 sowie *ders.*, Auferstehung 91.
[133] *Ders.*, Auferstehung 89; vgl. Jesus 335f.
[134] *Ders.*, Jesus 336f. 572, sowie Auferstehung 90f.
[135] *Ders.*, Auferstehung 90f.
[136] *Ders.*, Jesus 338.342.348.

wie aus Lk 22, 32 hervorgehe.[137] Er habe Jesus als den messianisch-eschatologischen Propheten bzw. als den Messias (an-)erkannt (christologische Identifizierung) und die Nachfolge Jesu von neuem aufgenommen. Aufgrund seiner Bekehrung habe er dann die Initiative ergriffen, die Jünger wieder zu sammeln.

Dieser ganze Prozeß sei als ein überraschendes Gnadengeschehen von Gott und Jesus her erfahren worden. Schillebeeckx sieht nämlich in den neutestamentlichen Texten die Auferstehung Jesu mit der Gabe der Sündenvergebung verbunden (Joh 20, 22f; Lk 24, 47; Mt 28, 19; Apg 26, 18; 1 Kor 15, 17f; Röm 4, 25b), und er sieht darin einen Hinweis darauf, daß zuerst Petrus nach Jesu Tod die Erfahrung von Vergebung für sein Versagen, das heißt die Erfahrung eines erneuten Heilsangebotes Jesu, gemacht habe. Über diese Erfahrung hätten die Jünger »untereinander diskutiert«, was Schillebeeckx dem Zweifelsmotiv in einigen späteren Ostererzählungen entnehmen möchte (Mt 28, 17; Lk 24, 11.37–41; Joh 20, 9.25.27).[138] In diesem »Kommunikationsprozeß«[139] und möglicherweise »langen Reifungsprozeß« seien sie dann zu dem »Glaubenskonsens« und der »Glaubensevidenz« gekommen: Der Herr lebt, *er* bietet uns erneut Vergebung und Heil an, *er* sammelt uns wieder. »In ihrer aktuellen Erfahrung der ›Umkehr zu Jesus‹ ... erfahren sie die aktuelle Vergebungsgnade Jesu; darin erfahren sie Jesus als den Lebenden. Ein Toter schenkt keine Vergebung. ... Plötzlich ›sahen‹ sie es.« Die Erfahrung von Vergebung *in* der eigenen Lebenserneuerung sei also die »Matrix, in welcher der Glaube an Jesus als den Auferstandenen geboren wurde«[140]. Durch die in ihrer Bekehrung gemachte Erfahrung der erneuten Gegenwart und Gemeinschaft Jesu sei es zu der Glaubensgewißheit gekommen, daß er wirklich auferstanden ist.[141]

---

[137] Ebd. 344. – In diesem (historisch nicht mehr rekonstruierbaren) Bekehrungsprozeß spielten viele Faktoren eine Rolle: die produktive Erinnerung an Jesu Leben, an seine Botschaft vom barmherzigen, unbedingt verzeihenden Vater und an Jesu Heilsangebot gerade für Sünder; die Reue über ihr panikartiges Versagen; die einstige Vermutung, Jesus sei der eschatologische Prophet; das Nachdenken über den leidenden Gerechten bzw. Propheten in der Schrift. Vgl. ebd. 337f. 341f (und Auferstehung 93.97).

[138] Ebd. 345f.

[139] Ebd. 344.

[140] Ebd. 346.

[141] Ebd. 573; vgl. *ders.,* Auferstehung 92.94.

Später habe man dann die österliche Bekehrungs- und disclo-sure-Erfahrung mit den Mitteln jüdischer Bekehrungsgeschich-ten (Bekehrung als Erleuchtung von oben, oft in einer Lichtvi-sion dargestellt) als »Bekehrungsvisionen« dargestellt: In der Bekehrung zu Jesus ist dieser selbst es, der – durch die von ihm geschenkte Gnade der Bekehrung (= Erleuchtung) – sich als der auferstandene Christus zu »sehen« gibt.[142] Die ganze Rede von Erscheinungen sei daher späteres Darstellungsmittel für den Gnadencharakter der Jüngerbekehrung und ihrer disclosure-Er-fahrung. So unterscheidet Schillebeeckx die Rede von Erschei-nungen als Darstellungsmodell einerseits und das, »was mit Er-scheinungen gemeint ist«, andererseits;[143] »*was* damit gemeint ist, ist eben kein Modell, sondern lebendige Wirklichkeit«,[144] die wirkliche Ostererfahrung der Jünger.

Zweierlei bringe also das Neue Testament bezüglich dieser Ostererfahrung klar zum Ausdruck: (1) Der Glaube an die Auf-erstehung Jesu ist »keine Erfindung von Menschen, sondern ei-ne Offenbarungsgnade« Gottes durch Jesus selbst; (2) diese Gnade ist »kein plötzlicher ›Einfall von oben‹, also kein Hokus-pokus«, sondern durch psychische und reflexive/kognitive Vor-gänge im Menschen vermittelt.[145] Für Schillebeeckx ist der Auf-erstehungsglaube deshalb keine »bloße Interpretation« des Le-benswerkes Jesu, sondern setzt »neue Glaubenserfahrungen nach dem Tod Jesu« voraus; deren Kernpunkt sei die überra-schende »Erfahrung der erneuten Gegenwart Jesu«.[146] Die neue Sammlung der Jünger »*ist* die Frucht der neuen Gegenwart des jetzt verherrlichten Jesus«[147].

Versuche, die Ostererfahrung dadurch verständlich zu ma-chen, daß man die Christuserscheinungen als Verdichtung ur-christlicher pneumatischer Erfahrungen begreift, weist Schille-beeckx ausdrücklich ab; hier werde ja vorausgesetzt, was erst er-klärt werden muß (nämlich die schon versammelte Gemeinde), während die mit den neutestamentlichen Erscheinungsaussagen gemeinte Wirklichkeit doch gerade den Ausgangspunkt der er-neuten Sammlung der Jünger (also »das allererste Gründungsge-

---

[142] *Ders.*, Jesus 338–340.342.345.
[143] Ebd. 296; vgl. ausführlicher *ders.*, Auferstehung 88ff.
[144] *Ders.*, Jesus 345; vgl. Auferstehung 89f.
[145] *Ders.*, Auferstehung 90.
[146] *Ders.*, Jesus 573; vgl. 348 sowie Auferstehung 94f.
[147] *Ders.*, Auferstehung 97.

schehen der Gemeinde«) markiere.[148] Dennoch formuliert Schillebeeckx mitunter Sätze, die der von ihm abgelehnten Position nahekommen: Kernpunkt des österlichen Bekehrungsprozesses sei »die Erfahrung der neuen (pneumatischen) Gegenwart des auferstandenen Jesus in der wiederversammelten Gemeinde«. Oder: »Die Ostererfahrung liegt im Erfahrungsgeschehen der erneuten Sammlung der Jünger... kraft des auferstandenen Christus selbst: ›Wo zwei oder drei in seinem Namen versammelt sind, ist Jesus in ihrer Mitte‹; dieser neutestamentliche Text ist... vielleicht die sauberste, adäquate Wiedergabe der Ostererfahrung.«[149]

Fragt man, worin dieses Schwanken seinen Grund hat, so stößt man auf eine ungenügende Unterscheidung von ursprünglicher (Gemeinde gründender) Ostererfahrung der ersten Jünger und späterem (Gemeinde bereits voraussetzendem) Zum-Glauben-Kommen der Jünger »zweiter Hand« (Kierkegaard). Dahinter steht das Interesse, die Struktur der ursprünglichen Ostererfahrung zu »generalisieren«,[150] um sie dem heutigen Zeitgenossen zu vermitteln und plausibel zu machen: Für Schillebeeckx besteht kein »wesentlicher« Unterschied zwischen der Art, wie die ersten Jünger am Anfang, und der Art, wie wir zum Glauben an den auferstandenen Jesus kommen; auch wir könnten im Blick auf das (uns allerdings – dies ist der einzige Unterschied – durch das apostolische Zeugnis vermittelte) Leben Jesu die Erfahrung einer Existenzerneuerung von Jesus her machen, in der die Glaubensgewißheit mitgegeben sei, daß Jesus lebt.[151] Dieses Interesse an der Generalisierbarkeit der ursprünglichen Ostererfahrung der ersten Jünger hatte Schillebeeckx ja auch zu der Annahme veranlaßt, daß bei der Entstehung des Osterglaubens außergewöhnliche, so nicht wiederholbare Erlebnisse und Vorgänge eine auslösende Rolle nicht gespielt haben könnten.

c) Kritische Prüfung

Es kann kein Zweifel darüber bestehen, daß Schillebeeckx' Grundanliegen, die menschlich-geschichtliche Vermitteltheit der »Erscheinungen« des Auferstandenen ernst zu nehmen, berech-

---

[148] Ders., Jesus 337.
[149] Die beiden Zitate aus ders., Auferstehung 95, bzw. Jesus 573.
[150] Ders., Jesus 574.
[151] Ebd. 574.306.

tigt ist; darauf werden wir später zurückkommen. Es bleibt indessen zu fragen, ob Schillebeeckx die Durchführung dieses Anliegens gelungen ist. Ich beschränke mich auf die entscheidenden Punkte.

(1) *Ein Bekehrungsprozeß?* – Das Neue Testament zeichnet die ursprüngliche Ostererfahrung *nicht* als einen Bekehrungsvorgang. Am Ende (1979) muß Schillebeeckx selbst zugeben, daß – außer an ganz wenigen Stellen – »keine Bekehrungsterminologie zu finden ist«[152]. Wie steht es mit diesen wenigen Stellen?

Schillebeeckx geht von der dreifachen Darstellung des paulinischen Damaskus- als Bekehrungserlebnisses in der Apostelgeschichte aus; dort sei ein Bekehrungsgeschehen (Apg 9 und 22) schließlich zu einem Sendungsgeschehen (Apg 26) umgeformt. Dies dient ihm als Modell und veranlaßt ihn, in den Berichten von den Erscheinungen vor Petrus und den Zwölfen eine ähnliche Entwicklung anzunehmen, also ein ursprünglich stärker pronunziertes Bekehrungsgeschehen, das dann in den Hintergrund geraten sei.[153] – Dagegen ist nun zu sagen: Aus dieser späteren hellenistischen Darstellung des Damaskus-Erlebnisses in der Apostelgeschichte zu schließen, dieses sei in der Tat ein rein kognitiver, innerer Bekehrungsvorgang gewesen, und diese Folgerung dann auch noch auf die den Urzeugen zuteil gewordenen ersten Ostererlebnisse auszudehnen – dies stellt die Entwicklung der Überlieferung auf den Kopf.[154] Weder die frühe vorpaulinische Tradition (die Schillebeeckx übrigens als solche nicht würdigt) noch Paulus in seinen Selbstaussagen noch die Erscheinungserzählungen der Evangelien weisen in diese Richtung. Daß auch die letzteren in ihrer Darstellung *nicht* (wie Apg 9 und 22) dem – hellenistischen Gemeinden bekannten und daher naheliegenden – Modell der Lichtvision folgen, spricht für ihre Ursprungstreue.

Der *einzige* Hinweis auf einen nicht völlig aufgegebenen Glauben und eine Bekehrung des Petrus im ganzen NT liegt *Lk 22, 31f* vor: (V.31) »Simon . . ., (V.32a) ich habe für dich gebetet, daß dein Glaube (deine Bekenntnistreue) nicht aufhöre; (V.32b) und du, wenn du dich einst bekehrt haben wirst, stärke deine

---

[152] *Ders.,* Auferstehung 99.
[153] Ebd. sowie schon *ders.,* Jesus 337.
[154] Hierzu *Goppelt,* Theologie des NT 289f und 297 mit Anm. 36.

Brüder.« Dieses Wort scheint nun zunächst ganz für Schillebeeckx' Auffassung zu sprechen. Eine genauere Prüfung ergibt freilich folgendes: Durchgehaltener Glaube und spätere Bekehrung des Petrus stehen in Spannung zueinander. Das intransitive ἐπιστρέφειν (sich bekehren) in V.32b findet sich bei den Synoptikern nur in einem LXX-Zitat Mk 4, 12par sowie bei Lukas zweimal (17, 4; 22, 32b) und in seiner Apostelgeschichte achtmal, ist also für den Sprachgebrauch des Lukas charakteristisch. Es steht in Spannung zur vorangehenden Aussage von der nicht wankenden Bekenntnistreue (Glaube) des Petrus (V.32a). Die Verse 31 und 32a gehen, so nehmen viele Exegeten mit guten Gründen an, möglicherweise auf eine dem Lukas vorliegende Sondertradition zurück, welche nichts von einer Verleugnung des Petrus wußte, sondern den Ehrennamen Kephas (Fels) sich damit erklärte, daß alle Jünger außer eben Petrus abgefallen seien. Lukas war es dann, der diese Sondertradition durch das für ihn bezeichnende ἐπιστρέφειν (Bekehrung des Petrus) von Vers 32b mit der ihm bekannten Verleugnung durch Petrus auszugleichen suchte.[155] Das bedeutet: Lk 22, 31f erlaubt keine historischen Rückschlüsse auf den Ursprung des Osterglaubens. Selbst derjenige aber, der die hier vorgelegte Exegese nicht zu teilen bereit ist, muß jedenfalls soviel zugeben: Eine historische Rekonstruktion der Ostererfahrung darf sich nicht – gegen den gesamten Duktus aller anderen neutestamentlichen Texte – allein auf dieses (zumindest nicht unproblematische) Logion stützen.

(2) *Was ist das Primäre an der Ostererfahrung?* – Schillebeeckx meint: die Erfahrung von Vergebung bzw. von neuem Heilsangebot; er verweist auf die Verbindung von Auferstehung Jesu und Sündenvergebung. Untersucht man die herangezogenen Texte (Joh 20, 22f; Lk 24, 47; Mt 28, 19; Apg 26, 18; 1 Kor 15, 17f; Röm 4, 25b) genauer, so ergibt sich freilich zweierlei: Erstens sprechen diese nirgendwo davon, daß die ersten Jünger

---

[155] Vgl. *R. Bultmann*, Die Geschichte der synoptischen Tradition (Göttingen ⁶1964) 287f mit Erg.-Heft (²1962) 42; *E. Fuchs*, σινιάζω, in: ThWNT VII (1964) 290f; ausführlicher *G. Klein*, Die Verleugnung des Petrus. Eine traditionsgeschichtliche Untersuchung, in: ZThK 58 (1961) 285–328, hier 298–311. – Gerade E. Fuchs' Argumentation ist hier von Gewicht, weil er ansonsten – wie dann Schillebeeckx (und Pesch) – einen Zusammenbruch des Jüngerglaubens an Karfreitag bestreitet; vgl. etwa *E. Fuchs*, Glaube und Erfahrung. Zum christologischen Problem im NT (Tübingen 1965) 18f, oder *ders.*, Jesus – Wort und Tat (Tübingen 1971) 50.55.100f.

nach Karfreitag eine neue Vergebungserfahrung gemacht hätten, sondern davon, daß sie durch den ihnen erscheinenden Auferstandenen gesandt sind, die Auferstehung Jesu und die Vergebung der Sünden (durch Jesu Tod und Auferstehung) zu bezeugen. Zweitens sind alle diese Texte bereits theologische Reflexionsversuche, die die Bedeutung der Auferstehung Jesu nach *einer* (unter anderen) Seiten hin explizieren. *Implizit*, so ergibt sich, ist damit die ursprüngliche Ostererfahrung wohl auch eine Erfahrung von Vergebung. Aber nicht diese ist ihr primärer Aspekt, sondern die den Jüngern widerfahrene Selbstbekundung und neue Gegenwart des auferstandenen Jesus. Sie ist das Ersterfahrene, und sie ist nicht das (aus einer Vergebungserfahrung) erst sekundär Erschlossene.

Ganz grundsätzlich und unabhängig von Schillebeeckx' Versuch erhebt sich die Frage, ob von diesem Ersterfahrenen und die Ostererfahrung überhaupt erst Begründenden nicht in einer ausgearbeiteten Weise (nicht objektivierend, aber das »Objektive« auch nicht auflösend) so geredet werden kann, daß der – die Texte verkennende – Eindruck vermieden wird, es handle sich dabei um einen bloß willkürlichen theologischen Überbau, um eine bloß subjektive Versicherung und Deutung.

(3) *Diskussions- und Reifungsprozeß?* – Selbstverständlich kann man annehmen, daß die Jünger, nachdem das Schreckliche des Karfreitags ihnen zunächst die Sprache verschlagen hatte, da und dort auch über das Geschehene gesprochen haben. *Nirgendwo* aber findet sich ein Hinweis auf Debatten oder (eventuell gar längere) Prozesse der Kommunikation und Reifung, in denen es allmählich zu einer Konsensbildung unter den Jüngern dahingehend, daß Jesus leben müsse, gekommen wäre.

Das *Zweifelsmotiv*, auf das Schillebeeckx zur Begründung hinweist, liefert diese Begründung nicht. Es entstammt nämlich einer späteren Zeit neutestamentlicher Gemeinden, in der das Zweifeln gegenüber der behaupteten Auferstehung Jesu eine sehr reale Reaktion war; daher tritt es – wie früher gezeigt[156] – in manchen ursprünglich vom Beauftragungsmotiv geprägten Erscheinungserzählungen *nachträglich* hinzu, und zwar meist zusammen mit dem Beweis der Identität des Erscheinenden als

---

[156] Vgl. oben Kap. 2, II. 2b (4) sowie *A. Vögtle*, Was Ostern bedeutet. Meditation zu Mt 28, 16–20 (Freiburg 1976) 36–40.

apologetisches Motiv. Der Zweifel, sogar der erklärte Unglaube der »Jünger« (= Gemeindeangehörigen) und dessen Überwindung zum Glauben (ohne »gesehen« zu haben) ist nach Mt 28, 17; Joh 20, 24–29 usw. die Situation der zweiten Generation christlicher Gemeinden. Davon, daß er die ersten Jünger beseelt habe, noch bevor sie zum Osterglauben gekommen sind, ist nirgendwo die Rede; eher soll das Umgekehrte gesagt werden: Der mit einer Erscheinung Beschenkte kommt *sofort* zum Glauben als der einzig angemessenen (aber dennoch freien) Reaktion.[157]

(4) *Erscheinungen als bloße literarische Darstellungsform?* – Anders als Schillebeeckx meint, sind Erscheinungen nicht erst ein späteres Darstellungsmodell (für die österliche Bekehrung der Jünger). Die traditionskritische Analyse zeigt vielmehr, daß von Erscheinungen schon ganz früh die Rede ist, und zwar in knappen, nüchternen Wendungen noch ohne jede erzählerische Veranschaulichung. Diese frühen Aussagen, die – wie früher aufgewiesen – eine ursprüngliche Begegnung des Gekreuzigten von Gott her ausdrücken wollen, hat Schillebeeckx hinter den späteren, von ihm so genannten »Erscheinungs*berichten*« verdrängt und nicht genügend gewürdigt. Das ist um so merkwürdiger, als er sonst alle möglichen Texte und Eventualitäten berücksichtigt. Dieses Vorgehen verrät einerseits eine unzureichende Beachtung der Traditionsgeschichte, andererseits läßt es die Vermutung aufkommen, daß hier auch ein systematisches (dogmatisches) Vorurteil am Werk ist.

Dieses kommt beispielsweise in einer späteren Selbstkorrektur zum Vorschein: Schillebeeckx muß seinen exegetischen Kritikern zugeben, daß im Neuen Testament tatsächlich schon früh vom Sehen (Erscheinungen) die Rede ist, und er räumt nachträglich ein, daß diese Rede von Erscheinungen »nicht einmal ein bloßes Modell zu sein braucht, sondern auch ein historisches Geschehen implizieren kann«[158]. So weit, so gut. Die weitere Argumentation jedoch ist aufschlußreich: »In Anbetracht der Mentalität des Menschen in der antiken Kultur... *scheint es mir nicht einmal notwendig* zu sein, in dieser Ostererfahrung bei den ersten Christen visuelle Elemente *zu leugnen*. Die Ostergnade ergriff Herz und Sinne, und die Sinne durch Herz und Geist.

---

157 Dazu unten Kap. 4, II. 1 und 2.
[158] *Schillebeeckx,* Auferstehung 95 Anm. 14.

... Aber um diese visuellen Nebenerscheinungen geht es nicht«,[159] sie bilden die »visuelle Redundanz« des entscheidenden kognitiven Elements[160]. Aufschlußreich ist diese Argumentation wegen ihrer formalen Struktur: Könnten wir diese visuellen Elemente nicht als rein zeitbedingte, für uns redundante Nebenerscheinungen verstehen, so müßten wir sie als historisch tatsächliche leugnen. Warum eigentlich? Weil nicht sein kann, was nicht sein darf? Auch hier scheinen also die systematisch-dogmatischen Prämissen zu bestimmen, was als historische Faktizität (diesmal nicht gefordert, sondern allenfalls noch) zugelassen wird.

Es ergibt sich: Schillebeeckx hält ohne Zweifel entschieden an der realen persönlichen Auferstehung Jesu fest. Das muß in aller Deutlichkeit festgehalten werden. Auch seine Intention, die geschichtliche Vermitteltheit der ersten Ostererfahrung aufzuzeigen und die Ostererfahrung dem heutigen Leser zugänglich zu machen, ist ganz und gar berechtigt. Die Durchführung dieser Intention aber ist in wichtigen Punkten zu kritisieren. Schillebeeckx' Erklärung der Entstehung des Osterglaubens wird den neutestamentlichen Texten und ihrer Traditionsgeschichte nicht gerecht. Sie basiert auf einer teilweise unhaltbaren Exegese und auf etlichen Mutmaßungen; diese wiederum scheinen bestimmten systematischen Vorentscheidungen, die durchaus fragwürdig sind, zu entspringen.

5. Rudolf Pesch: Der irdische Jesus als Begründer des Osterglaubens der Jünger

Kurz vor Schillebeeckx hat – bei gegenseitiger Unabhängigkeit – Rudolf Pesch (geb. 1936) einen in manchem ähnlichen Vorschlag zur Frage unterbreitet (1973), der eine rege Diskussion entfachte und eine zum Teil substantielle Kritik (insbesondere durch Peschs Lehrer Anton Vögtle) auslöste. Aufgrund dieser Kritik nahm Pesch sukzessive an seinem Vorschlag einige Veränderungen vor (1975; 1982/1983). Wenden wir uns zuerst Peschs ursprünglichem Vorschlag zu.

---

[159] Ebd. 96.
[160] Ebd. 90.97. – Hier mit kultureller Bedingtheit zu argumentieren geht an der Sache vorbei. Die sog. »visuelle Redundanz« ist ja schon für die Jünger »zweiter Hand«

a) Interesse und Intention

Pesch ist von der Sorge geleitet, der Glaube an Jesus Christus könne, wenn er fundamental auf – sei es mirakulöse oder auch vage, entrealisierte – »Erscheinungen« gegründet wäre, heute der kritischen Vernunft nicht mehr glaubwürdig gemacht werden. »Denkende Zeitgenossen werden ... dem Christen sein Bekenntnis ›Jesus ist von den Toten auferstanden‹ nicht auf die Versicherung hin ›abkaufen‹, der so bekannte Glaube stamme von Gott selbst, er sei geoffenbart.«[161] Die Frage sei doch, wie der angenommene Offenbarungsvorgang »sich vor der historischen Vernunft ausweisen lasse« bzw. wie dem Einwand zu entkommen sei, es handle sich schon am Ursprung des Osterglaubens »nur um subjektive Behauptung von ›Offenbarung‹«.[162] Eine »historisierende Mythologisierung« des Ursprungs des Osterglaubens, eine »Mythologie des Erhöhten« und ein »theistisch-supranaturalistisches Offenbarungs- und Vermittlungsschema« seien für modernes kritisches Bewußtsein nicht akzeptabel.[163] Dabei will Pesch an der Auferweckung als einem wirklichen Handeln Gottes am gekreuzigten Jesus durchaus festhalten. Ihm geht es nur um die Frage, wie es zur Kenntnis von diesem Handeln Gottes gekommen ist. Diese Kenntnisnahme muß sozusagen historisch-empirisch ausweisbar sein.

So will Pesch versuchsweise ohne ein »Widerfahrnis des Sehens« (Marxsen) auskommen, also gänzlich »auf die Annahme von Erscheinungen verzichten«[164] und den christlichen Glauben allein auf den historisch zugänglichen vorösterlichen Jesus gründen. Nicht dubiose supranaturale Erscheinungen des Auferstandenen seien die Ursache des Glaubens an die Auferstehung Jesu, dieser Glaube habe vielmehr im vorösterlichen Jesus selbst seinen Ursprung. Auf die Frage: »warum findet Jesus über seinen Tod hinaus Glauben?«[165] wird geantwortet: Das liegt an Jesus selbst, an seiner Einmaligkeit und seinem besonderen

---

im selben Kulturraum nicht mehr gegeben, nicht erst für uns Heutige. – Zur Sache vgl. unten VI. 2b (2).

[161] *R. Pesch,* Zur Entstehung des Glaubens an die Auferstehung Jesu. Ein Vorschlag zur Diskussion, in: ThQ 153 (1973) 201–228.270–283, hier 201f.

[162] Ebd. 209f.

[163] Diese drei Zitate ebd. 218 (vgl. 274), 275, 227 (letzteres Übernahme einer Formulierung M. Secklers durch Pesch).

[164] Ebd. 221.

[165] Ebd. 273.

»eschatologischen Profil«[166]. Die Entstehung des Glaubens an die Auferstehung Jesu müsse also entscheidend »durch Jesus ... vermittelt sein: Durch den Glauben, den er gestiftet hat«[167]. Ausweisbare Vermittlung des Glaubens an die Auferstehung Jesu durch den irdischen Jesus selbst: das ist Peschs zentrales Anliegen.

b) Grundgedanke und Argumentation

Der durch Jesus begründete Glaube der Jünger sei mit dem Karfreitag nicht zusammengebrochen, sondern habe sich durch die Kreuzeskatastrophe hindurchgehalten; dies gelte zumindest für den Glauben des Petrus, wie Pesch Lk 22, 31f meint entnehmen zu können.[168] Und dieser durchgehaltene Glaube der Jünger (bzw. des Petrus) sei der auslösende Faktor des Osterglaubens.

Pesch fragt: War es angesichts der Kreuzigung Jesu überhaupt möglich, daß die Jünger den Glauben an ihn durchhielten?[169] Und er versucht, diese Möglichkeit zu erweisen. Sein Argumentationsgang hat eine Reihe von Voraussetzungen (die Pesch freilich zu erarbeiten bestrebt ist):

Wenn Jesus selbst messianischen Anspruch erhoben *und* bei seinen Jüngern den Glauben an ihn als den Messias zu wecken vermocht hatte (Mk 8, 27–30 stelle ein Messiasbekenntnis der Jünger vor Jesu Tod dar),[170] *wenn* darüber hinaus für die Jünger in ihrem durch Jesus begründeten Glauben »der Streit um Jesu Messianität vor Ostern entschieden« war[171] (gemeint ist: schon vor dem Karfreitag); *wenn* ferner Jesus ihnen seinen Tod spätestens beim Abschiedsmahl »heilsbedeutsam artikuliert« und ihnen so die Möglichkeit einer Bewältigung seines Todes gegeben hatte;[172] *wenn* weiter den Jüngern zeitgenössische jüdische Vorstellungen von der Auferweckung auch eines Einzelnen, und zwar a) von dem endzeitlichen Martyrium und der (rechtferti-

---

[166] Ebd. 275; vgl. 226f.

[167] Ebd. 226.

[168] Ebd. 219f; vgl. auch *R. Pesch*, Zwischen Karfreitag und Ostern. Die Umkehr der Jünger Jesu (Zürich – Einsiedeln – Köln 1983) 82.

[169] *Pesch*, Entstehung (1973) 220.

[170] Ebd. 221.

[171] Ebd. 227 (Pesch überzieht dabei M. Hengels Formulierung, der nur von einer Lebendigkeit – nicht von einem Entschiedensein – dieses Streits vor Jesu Tod spricht); vgl. ähnlich *Pesch*, Zwischen Karfreitag und Ostern 66.

[172] *Pesch*, Entstehung (1973) 220; vgl. Zwischen Karfreitag und Ostern 67.

genden) Auferstehung prophetisch-messianischer, eschatologischer Gestalten wie Henoch und Elija (1973)[173] oder doch wenigstens b) von der Erhöhung des (leidenden) Menschensohnes (1975)[174] vorlagen und ihnen Deutungskategorien für das Todesgeschick Jesu bereitstellten –

dann konnten die Jünger den Tod Jesu als das Geschick des eschatologisch-messianischen Propheten bzw. des Menschensohnes verstehen und in glaubenslogischer Schlußfolgerung aus den vorösterlichen Prämissen bzw. in »christologischer Reflexion«[175] die Legitimität des messianischen Anspruchs Jesu (seine einzigartige eschatologische Bedeutung) nun im Angesicht des Todes Jesu in einer neuen Weise »proklamieren mit der Botschaft: Er ist auferweckt«[176].

Hier wird die Auferweckungsaussage als Interpretament für die definitive eschatologische Bedeutung Jesu angesichts seines Todes verstanden. Freilich ist sie anders als bei Marxsen kein beliebiges, austauschbares Interpretament eines nicht weiter bestimmbaren Widerfahrnisses mehr, sondern »Interpretation der Wirklichkeit Jesus selbst«[177]: Wer nämlich diese eschatologische Bedeutung Jesu angesichts seines Todes festhalten wolle, müsse »damit gerade seine den Tod überwindende Bedeutung, seine Herrschaft über den Tod: seine Auferstehung«, bekennen; daß *Jesus* vom Tod festgehalten werde, sei eine »Unmöglichkeit« (Apg 2, 24).[178]

Dieser Glaube an die Auferweckung Jesu sei dann aber die *Voraussetzung* dafür gewesen, daß die vorpaulinische Erscheinungsaussage (ὤφθη mit Dativ) überhaupt erst möglich wurde, und zwar nicht als Auskunft über die Ursache des Glaubens an die Auferweckung Jesu, sondern als ekklesiologische Aussage; das ὤφθη sei nämlich »Legitimationsformel«, also lediglich die

---

[173] *Pesch,* Entstehung (1973) 222ff.

[174] *R. Pesch,* Die Passion des Menschensohnes, in: R. Pesch – R. Schnackenburg (Hg.), Jesus und der Menschensohn. Festschrift A. Vögtle (Freiburg 1975) 166–195, hier 190; diese Version behält Pesch in allen folgenden Arbeiten bis heute bei.

[175] *Pesch,* Entstehung (1973) 227.

[176] Ebd. 225.

[177] *R. Pesch,* Zur Entstehung des Glaubens an die Auferstehung Jesu. Ein neuer Versuch, in: FZPhTh 30 (1983) 73–98, hier 84 (in einer kurzen Rekapitulation seines Vorschlags von 1973).

[178] *Pesch,* Entstehung (1973) 226 mit Anm. 88; auch diesen Gesichtspunkt der Unmöglichkeit, daß der gottverbundene Jesus die Verwesung schaue, behält Pesch in der Folgezeit stets bei.

literarische Form, mit der die Autorität des Petrus und anderer (als durch den Auferweckten legitimiert) bekräftigt wurde.[179]

In der These vom kontinuierlich durchgehaltenen Glauben der Jünger (zumindest des Petrus) ist der Glaube an die Auferstehung Jesu somit bloßes Resultat der glaubenslogischen Reflexion der Jünger, die bestimmte Erfahrungen mit dem irdischen Jesus und bestimmte zuhandene Vorstellungskategorien zur Voraussetzung hat.

c) Nachfolgende Modifikationen

Zu einigen Modifikationen seines Vorschlags wurde Pesch durch zweierlei veranlaßt: Einmal durch die Argumente seiner Kritiker, zum andern durch seine eigene Zuwendung zur Integrierten Gemeinde (1977) und die dort gemachten Erfahrungen.

(1) Bereits 1975 schließt Pesch nicht mehr aus, »daß wir mit ekstatischen Christusvisionen des Petrus und der Zwölf zu rechnen haben, also der Legitimationsformel eine legitimierende Erfahrung entspricht«. Freilich bleibt er dabei, daß der Glaube an den auferstandenen Jesus eher als Grundlage der Christusvision *vorauszusetzen* denn aus ihr abzuleiten ist. Ja, es »dürfte auch nach wie vor die Möglichkeit, daß die ὤφθη-Formel ... reine Legitimationsformel ist, nicht auszuschließen sein. Die Verkünder der Auferweckungsbotschaft mochten in dem Maße zur Legitimation veranlaßt sein, wie ihre Verkündigung ekstatische Christusvisionen auslöste«;[180] also Legitimation durch Erfolg. Die Bejahung »einer faktischen Erscheinung Jesu, d. h. einer Vision eines Erscheinungsempfängers«, sieht Pesch nur dann als möglich an, »wenn die Entstehung des Osterglaubens ohne diesen Glauben erst initiierende Erscheinungen nicht geklärt werden kann«.[181] Das aber nimmt er vorerst nicht an.

(2) Sieben Jahre später (1982), in einem Aufsatz zu Mk 16, 1–8, heißt es dann jedoch: Der Glaube an die Auferweckung Jesu »ist, so wird Mk 16, 7 angedeutet, der Prophetie Jesu (beachte den Rückverweis auf Mk 14, 28) und den Erscheinungen des Auferstandenen verdankt«. Die Formulierung: der »durch

---

[179] Ebd. 212–218.280f; zur Kritik vgl. oben III. 2b.
[180] Beide Zitate aus *R. Pesch*, Materialien und Bemerkungen zu Entstehung und Sinn des Osterglaubens, in: A. Vögtle(–R. Pesch), Wie kam es zum Osterglauben? (Düsseldorf 1975) 156.
[181] Ebd. 152.

die *Erscheinungen* des Auferstandenen gewonnene Glaube daran, daß Gott Jesus auferweckt hat«,[182] klingt wie eine Zurücknahme der früheren Position.

Daß sie auch so gemeint ist, zeigt Peschs »neuer Versuch« (1982/83). Seine neue These lautet nun: »Die Visionen des Auferstandenen – die ich in Korrektur meiner früheren Auffassung als historische Ereignisse für zureichend gesichert halte – waren Visionen, in denen Jesus den Zeugen als Menschensohn erschien und in denen den Jüngern die mit Jesu Menschensohnworten – und nicht, wie ich ebenfalls zu korrigieren habe, mit Traditionen vom Martyrium und der Auferweckung eschatologischer Propheten – gegebene Verheißung seiner Auferweckung als erfüllt offenbart wurde. ... Jesu Menschensohnworte und die Menschensohnvisionen der Jünger sind (vielleicht nicht allein) historische Vorgaben, welche die Entstehung des Osterglaubens, soweit sie historisch zugänglich ist, erklären.«[183]

Ähnlich heißt es in dem Bändchen »Zwischen Karfreitag und Ostern« (1983)[184]: Daß Jesus auferweckt und erhöht ist, »wurde den Jüngern in den Erscheinungen des Auferstandenen evident«. »Mit historischen Urteilen angemessener Sicherheit kann man davon ausgehen, daß die Erscheinungen des Auferstandenen den Jüngern in ekstatischen Visionen zukamen.« In diesen Visionen, »in denen sie den gekreuzigten Jesus als den zur Rechten Gottes inthronisierten Menschensohn schauten, ging ihnen endgültig auf, daß Jesus der Messias war, daß ... seine Sendung universal-eschatologische Bedeutung hatte und sich durch sie selbst ... fortsetzen sollte.« Die Ostererscheinungen waren für die Jünger »Evidenz-Erlebnisse von höchster Qualität und Gewißheit. Ihnen war die Auferstehung Jesu erwiesen.« Wir sagten: Das klingt wie eine Zurücknahme der früheren Position.

(3) Nun muß freilich genauer nachgefragt werden, wie Pesch die Erscheinungen versteht, wodurch es also zu dieser Evidenz kam. Zunächst unterscheidet Pesch eine »de jure-Evidenz vor Ostern« und eine »de facto-Evidenz nach Ostern«: In Jesu Gesandtsein von Gott, das »vorläufig dem vorösterlichen Glauben

---

[182] Die beiden Zitate aus *R. Pesch*, Das »leere Grab« und der Glaube an Jesu Auferstehung, in: IkaZ 11 (1982) 6–20, hier 17 und 12.
[183] *Pesch*, Entstehung (1983) 87f.
[184] Die folgenden vier Zitate (der Reihe nach) aus *Pesch*, Zwischen Karfreitag und Ostern 73, 61, 73 sowie 61.

erkennbar war«, lag »die de jure-Evidenz seiner Auferweckung beschlossen« (die Evidenz der Unmöglichkeit, daß er vom Tod festgehalten würde); schon mit Jesu Leben und Sterben war daher den glaubenden Jüngern »seine Auferweckung als Verheißung der Treue Gottes ... erkennbar«[185]. Angesichts des Todes Jesu nun »hielten die Jünger an Jesu Anspruch fest«[186]. »Die Erscheinungen des *Auferstandenen* – nur so darf von den Ostervisionen gesprochen werden – sind dann als der Ort des Durchbruchs der de facto-Evidenz zu bestimmen.«[187]

Wie ist dies näherhin zu verstehen? Peschs (möglicherweise durch Schillebeeckx' These vom Bekehrungsprozeß, sicher aber durch die Theologie der Integrierten Gemeinde angeregte) Antwort lautet: als Umkehr der Jünger. »*Zwischen* Karfreitag und Ostern schuf Gott den Jüngern Jesu die Umkehr.« »Umkehr, das hieß für Jesu Jünger: glauben, daß Gott aus dem toten Leib Jesu ... den lebendigen Leib seiner Gemeinde schaffen wollte«, und sich hierfür zur Verfügung stellen. »Die Sache Jesu war verloren, wenn die Jünger sich nun nicht zum ›Leib Christi‹ machen ließen, durch die er als das ›Haupt‹ reden und handeln könnte.« »In den Visionen als Formen ganzmenschlicher Ergriffenheit haben die Jünger sich davon ergreifen, dafür engagieren lassen.« »*In* ihrer Umkehr« erschien ihnen also Jesus; »in ihren Gesprächen, in der Betrachtung seiner Geschichte« im Horizont der Schrift sprach er zu ihnen; in ihrer »einmütigen Gemeinschaft« und in ihrem »›Tun‹ der Wahrheit« (das heißt in ihrer ungeteilten Nachfolge) »leuchtete den Jüngern ein, daß Jesus, der de jure auferstehen mußte ..., de facto auferstanden war, *da* sein Geist sie verwandelt und zum neuen Volk Gottes gemacht hatte«.[188] Peschs Verständnis der Erscheinungen bleibt ambivalent. Sind sie – durch die (angebliche) Auferstehungsprophetie Jesu angeregtes – Produkt ihres festgehaltenen Glaubens bzw. ihrer (von Gott gewirkten) Umkehr?

(4) »In den Ostererscheinungen geschah neue Berufung der Jünger, ihre definitive Verpflichtung auf den lebendigen Chri-

[185] *Pesch,* Entstehung (1983) 86f.
[186] Ebd. 96.
[187] Ebd. 86 (die Parenthese ist wohl gegen Marxsens Rede von den Erscheinungen *Jesu* gerichtet).
[188] Die Zitate dieses Abschnittes alle (der Reihe nach) aus *Pesch,* Zwischen Karfreitag und Ostern 7, 86, 73, 74, 81f und 75 (vgl. 64–68); Hervorhebungen von mir.

stus und seine Sache, deren Recht zu beweisen nun Sache der Jünger geworden war.«[189] Die Beweisführung für die Auferstehung Jesu und somit für den (durch sie offenbaren[190]) Sinn des Todes Jesu war demnach eine *praktische*. Alles nicht ungeteilte, halbherzige »Weiterführen der Sache Jesu« übersehe, »daß die Beweislast für die Rede von der Auferstehung Jesu denen zufällt, die sie im Munde führen, daß sie einen Wechsel gezogen haben, den Gott zwar deckt, aber nur mit ihrem ganzen eigenen Leben«. Die Beweislast »für den Sinn des Todes Jesu im Zeugnis von seiner Auferweckung lag auf dem ganzen Leben der Jüngergemeinde«. Der Auferweckung Jesu »eigentlicher ›Beweis‹ ist die Erweckung der neutestamentlichen Gemeinde« als einer lebendigen, innerlich kraftvollen und glaubensstarken Gemeinde.[191]

Auf die entscheidende Frage, »ob sie (sc. die Jünger) aufgrund des Gekreuzigten *begründet* würden glauben können«,[192] wird geantwortet, »daß der Glaube an die Auferweckung Jesu nicht auf die historische Vergewisserung durch ein ›leeres Grab‹ (sc. und durch Erscheinungen?) angewiesen ist, sehr wohl aber auf die geschichtlich-gegenwärtige Beglaubigung durch den ›Leib‹ des Auferstandenen, seine Gemeinde, seine Kirche – und deren ›Lebendigkeit‹«[193]. Die Antwort zeigt, daß Peschs früheres Interesse an einem historisch (bzw. allgemeiner: empirisch) greifbaren geschichtlichen Substrat der Osteroffenbarung nicht geschwunden ist; nur der Schwerpunkt dieses Interesses hat sich verlagert. Der eigene Weg zu und mit der Integrierten Gemeinde hat für Pesch die Frage der *praktischen* Beglaubigung der Auferstehung Jesu ins Zentrum treten lassen.

(5) In bezug auf die Frage der historischen Vergewisserung der Entstehung des Osterglaubens bleibt – wie die Annahme einer vorösterlichen de jure-Evidenz der Auferstehung Jesu zeigt – das frühere Interesse an einer Begründung des Osterglaubens

---

[189] Ebd. 73f.
[190] Ebd. 75.
[191] Die drei Zitate ebd. 41, 82, 88 (vgl. auch 90f).
[192] Ebd. 70. – Gegen Pesch ist zu sagen, daß die lebendige Praxis der Gemeinde nicht »Beweis« und »Begründung« für den Glauben an die Auferstehung Jesu sein kann, sondern nur *Hinweis* und *Zeichen!* Vgl. hierzu die kritischen Überlegungen zur Praxis als Wahrheitskriterium bei *C. Boff*, Theologie und Praxis. Die erkenntnistheoretischen Grundlagen der Theologie der Befreiung (Mainz – München 1983) 307ff.
[193] *Pesch*, Das »leere Grab« 19.

durch den irdischen Jesus selbst (das Pesch zunächst auf »Erscheinungen« ganz hatte verzichten lassen) erhalten. »Durch die auf die Geschichte Jesu ... selbst gegründete Geschichte der Jünger« wird den Jüngern die Erkenntnis der Auferstehung und damit der Sinn des Todes Jesu (von Gott) zugespielt.[194] Weil die Jünger, an Jesus festhaltend, *zwischen Karfreitag und Ostern* auf den ihnen vom irdischen Jesus gezeichneten Weg umkehrten, *kamen sie zum Osterglauben,* konnten sie sein Geschick deuten.[195]

Auch die These vom durchgehaltenen Glauben kehrt – in freilich überraschender Form – wieder. Vom sekundären Markusschluß (Mk 16, 9ff) sowie von der in ihm aufgegriffenen späten Perikope Joh 20, 1.11–18 (Erscheinung vor Maria von Magdala)[196] her kommt Pesch nämlich zu der Behauptung: »Es spricht viel, ja, beachtet man die den Jüngern stärker zugeneigte Tendenz der Überlieferung, alles dafür, daß die Frauen, vorab Maria von Magdala, zuerst zum Osterglauben kamen, daß sie an Ostern einen Vorsprung vor den Jüngern besaßen, weil sie zwischen Karfreitag und Ostern *auf dem Weg Jesu geblieben* waren.«[197] Die »Ersterscheinung vor Maria von Magdala« sei durch die Hervorhebung des ersten amtlichen Zeugen Petrus (1 Kor 15, 5) verdrängt worden; den Frauen sei für die Bildung der neuen Gemeinde »eine konstitutive Rolle zugefallen«, sie seien wahrscheinlich die »Erst-Deuterinnen« des Geschicks Jesu gewesen.[198] Sind die *Erscheinungen* also am Ende die mit Gewißheit und Evidenz verbundene *Deutung des Geschicks Jesu* durch seine Jüngerinnen und Jünger? Peschs Aussagen bleiben in vieler Hinsicht zweideutig.

d) Kritische Prüfung

Pointierter und entschiedener noch als Schillebeeckx sucht Pesch den Osterglauben in vorösterlichen Vorgaben und Prozessen begründet zu sehen, vor allem in der Originalität des irdischen Jesus selbst und in dem durch ihn gestifteten Glauben der Jünger an ihn. Mit Recht wendet er sich gegen jede Begründung

---

[194] *Pesch,* Zwischen Karfreitag und Ostern 64.
[195] Vgl. ebd. 77f.
[196] Zu Joh 20, 1.11–18 vgl. oben Kap. 2, II. 2a bei Anm. 98.
[197] Ebd. 77.
[198] Ebd. 77f.

des Christusglaubens »aus der Glaubenserfahrung der Auferstehung Jesu allein«[199] und bringt den irdischen Jesus als konstitutive und notwendige Bedingung für das Zustandekommen und
die Begründung des Osterglaubens zur Geltung. Doch genügt es
ihm nicht, einer Isolierung der sogenannten Erscheinungen von
der Gesamterfahrung der Jünger mit Jesus entgegenzuwirken;
vielmehr bestreitet er zunächst besondere Erscheinungen Jesu
nach Karfreitag bzw. mißt – in der späteren Modifikation seiner
Sicht – den nun angenommenen ekstatischen Visionen keine eigentliche verursachende Funktion für den Osterglauben bei. Der
Osterglaube ist durch den irdischen Jesus und den von ihm geweckten Jüngerglauben begründet, er kommt – so die spätere
Akzentverlagerung – in der mit (Menschensohn-)Visionen verknüpften Umkehr der Jünger nach Karfreitag zum Durchbruch
und ist durch die lebendige Gemeinde praktisch zu beglaubigen
(besser: zu bewähren). Vermittlung des Osterglaubens durch den
irdischen (historisch greifbaren) Jesus mit seiner Auferstehungs-
vorhersage (Menschensohnworte) und – so die spätere Ergän-
zung – durch die (empirisch greifbare) Praxis der Gemeinde.
Diese auf den ersten Blick beeindruckende Sicht ist nun aber in
ihren entscheidenden Argumentationsschritten und damit als
ganze unhaltbar. Ich beschränke mich wieder auf die entscheidenden Punkte, wobei für manches auf die zu Schillebeeckx
schon vorgebrachte Kritik zurückverwiesen werden kann.

(1) *Durchgehaltener Glaube bzw. Umkehr der Jünger?* – Die
These vom kontinuierlich durchgehaltenen Glauben der Jünger
(1973) hat – wie wir sahen – den gesamten Duktus der neutestamentlichen Zeugnisse gegen sich. Diese wissen nichts von einem
durchgehaltenen Glauben. Im Gegenteil: Das gesamte Neue Testament akzentuiert den Kreuzestod Jesu als markanten, Diskontinuität schaffenden Bruch. Die Verleugnung des Petrus und
die Flucht und Rückkehr der Jünger nach Galiläa sind historisch nicht zu bestreiten;[200] sie sind aber auch in ihrem *Zäsur*-
charakter ernst zu nehmen. Darüber hinaus behauptet das Neue
Testament durchgängig ein neues Handeln Gottes am Gekreu-

---

[199] *K. Rahner,* Bemerkungen zur Bedeutung der Geschichte Jesu für die Katholische
Dogmatik, in: G. Bornkamm – K. Rahner (Hg.), Die Zeit Jesu. Festschrift
H. Schlier (Freiburg 1970) 273–296, hier 281.
[200] So auch *R. Pesch* selbst: Das Markusevangelium II (Freiburg 1977) 403.451.

zigten und die überraschende Begegnung des Auferstandenen, die erst den erneuten Glauben hervorruft (dies gilt übrigens auch für Maria von Magdala, vgl. Joh 20, 13.15). Hätte es sich wirklich um Kontinuität im Jüngerglauben gehandelt, so bliebe dieser Gesamtduktus der neutestamentlichen Zeugnisse unverständlich bzw. er müßte durch allerlei Entschärfungen verharmlost werden. Demgegenüber muß man sich klarmachen: Die Hinrichtung Jesu am Kreuz, also die Vernichtung dessen, der das Kommen (der) Gottes(-herrschaft) doch gerade an sein Dasein geknüpft hatte, und seine öffentliche Zur-Schau-Stellung als von Gott Verfluchter haben den Jüngerglauben radikal getroffen, im Kern erschüttert und einen unüberspringbaren epistemologischen *Bruch* verursacht. Der frühere Glaube der Jünger existierte, so muß man annehmen, nur noch in der Erinnerung, nicht mehr als aktueller Vollzug. Es ist kaum denkbar, daß die Jünger, die »Sinnkrise des Karfreitags«,[201] nämlich das Ärgernis des Kreuzestodes Jesu, von sich selbst her und ohne weiteres bewältigen bzw. überwinden konnten.[202]

Auch die gemilderte These von der allmählichen Umkehr der Jünger »zwischen Karfreitag und Ostern« (1983) läßt sich – wie oben gegenüber Schillebeeckx gezeigt – nicht halten; sie interpretiert die ursprüngliche Ostererfahrung recht willkürlich von einem im Neuen Testament allein in der späten Darstellung des paulinischen Damaskus-Erlebnisses in der Apostelgeschichte aufgenommenen hellenistisch-jüdischen Topos sowie von der problematischen Stelle Lk 22, 31f bzw. von heutigen nachösterlichen Umkehrerfahrungen her. Dabei ist aber zu bedenken: Die Strukturkongruenz zwischen ursprünglicher Ostererfahrung des *Anfangs* und späterem Zum-Glauben-Kommen, das diesen Anfang voraussetzt, ist begrenzt.

(2) *Überzogene vorösterliche Voraussetzungen.* – Die von Pesch gemachten besonderen Voraussetzungen sind allesamt nicht in der Weise und in der Eindeutigkeit gegeben, wie es für eine triftige Argumentation erforderlich wäre.

α) Vorgegebener Glaube an Jesu Messianität? – Der »Streit um Jesu Messianität« mag schon vor Ostern *lebendig* gewesen sein (zumal Jesus indirekt den Anspruch erhoben hatte, der

---

[201] *Pesch*, Zwischen Karfreitag und Ostern 65.
[202] Dies hat *Vögtle*, Osterglauben (s. Anm. 180) 69–85, deutlich gemacht.

eschatologische Gottesbote und Bringer der Gottesherrschaft zu sein). Nichts berechtigt jedoch zu der forcierten, überzogenen Annahme, daß dieser Streit schon »entschieden« war. Im Gegenteil, Jesu Vernichtung am Kreuz machte für die Jünger sein Gott-Gesandtsein fraglich und alle angebliche »de jure-Evidenz seiner Auferstehung« zunichte. Das urchristliche Messiasbekenntnis setzt denn auch – neben Jesu implizitem Anspruch (der endgültige Bote Gottes zu sein) und neben seiner Hinrichtung als angeblicher (sprich: falscher) Messiasprätendent (vgl. der Kreuzestitel) – bereits den Auferstehungsglauben voraus.[203] Damalige jüdische Vorstellungen machten nämlich das Urteil unmöglich, daß ein Gekreuzigter der Messias (der Bringer des Heils) sei. Ein solches Urteil setzt – selbst wenn Jesus *vor* der Kreuzigung sich messianisch artikuliert haben sollte – einen Überschuß an neuer, nicht selbst herleitbarer Erfahrung nach der Kreuzigung voraus.

β) Vorgegebene und verstandene Sühnedeutung des Todes Jesu? – Man mag, obwohl es in der Exegese umstritten ist, annehmen, daß Jesus am Vorabend seines Todes diesen Tod als universale Sühne heilsbedeutsam gedeutet hat.[204] Daß die Jünger Jesu Todesdeutung damals auch verstanden haben, läßt sich hingegen mit nichts belegen.[205] Der Umstand, daß die Sühnedeutung zwar in der Abendmahlstradition begegnet, in der synoptischen Jesusüberlieferung sonst (und im alten Material der Apostelgeschichte) aber nicht aufgegriffen und reflektiert ist, sich dort vielmehr deutlich andere Anläufe finden, den Tod Jesu vom Alten Testament her als sinn- und heilvoll zu verstehen, spricht eher für das Gegenteil. Eher gilt also: Die *Jünger* waren »mit dem Gedanken an die Heilsbedeutung des Todes voröster-

---

[203] Erst von Jesu Ausgang (Tod und Auferstehung) her wird – unter den genannten Voraussetzungen – Jesu wahre Messianität offenbar und das Messiasbekenntnis möglich; dies versuchte etwa auch Mk mit seiner Theorie vom Messiasgeheimnis festzuhalten. Die von Pesch gegen einen nachösterlichen Ursprung des Messiasbekenntnisses vorgebrachte Argumentation, wenn die Jünger »Jesus erst nachträglich als Messias ›etikettieren‹, dann sind sie die Produzenten seiner Messianität« (Zwischen Karfreitag und Ostern 67), ist kurzschlüssig und falsch. Sie wäre nur unter zwei Voraussetzungen haltbar: 1) daß der irdische Jesus in der Tat nicht der Messias gewesen wäre, 2) daß die Jünger ihn nach seinem Tod eigenmächtig, das heißt ohne eine triftige neue Erfahrung von Gott und dem Auferstandenen her zum Messias erklärt hätten.
[204] Vgl. oben Kap. 2, I. 3b.
[205] Gegen *Pesch,* Materialien (s. Anm. 180) 158.167.

lich überfordert«,[206] haben ihn unverstanden mit der Abendmahlstradition festgehalten und erst später über andere Wege
verstandesmäßig eingeholt. Peschs Behauptung, daß spätestens
am Gründonnerstagabend »die Jünger auf Jesu Tod vorbereitet
und in der Lage waren, aufgrund der Proexistenz Jesu, seiner
Glaubensstiftung im Geist Jesu Auferweckung zu glauben«,[207]
ist allzu eilfertig, weit überzogen und unhaltbar. Später (1983)
äußert sich Pesch denn auch selbst zurückhaltender dahingehend, daß der »zuvor verschlossen gebliebene ureigene Sinn seines Todes ... den (sc. aufgrund ihrer Umkehr!) neu zum Glauben Kommenden offenbar« wurde.[208]

γ) Vorgegebene Vorstellungen von der Auferstehung eines
Einzelnen? – Die Vorstellung von Martyrium und Auferstehung
messianischer eschatologischer Gestalten wie Henoch und Elija
läßt sich erst für spätere Zeit, nicht aber für Jesus und seine Jünger voraussetzen; sämtliche Belege führen in nachchristliche
Zeit, die frühesten sind gegen 100 n. Chr. anzusetzen.[209] Pesch
mußte außerdem selbst eingestehen, daß diese Vorstellung im
Neuen Testament nirgends zur Erfassung des Geschicks *Jesu,*
also auf die Auferstehung Jesu, angewandt wird[210] und daher
keine kritikfähige traditionsgeschichtliche Brücke zu den Auferstehungsaussagen sein kann. – Er gab daher den Rückgriff auf
diese Vorstellung auf und schlug einen anderen Weg ein, den
Weg über die Menschensohnvorstellung und Jesu Menschensohnworte: Jesus habe sich selbst als den (leidenden und kommenden) Menschensohn verstanden und artikuliert. Da aber der
Menschensohn in der apokalyptischen Literatur die auf den
Thron der Herrlichkeit Gottes erhöhte und zum Gericht kommende Figur darstellt, habe Jesus mit seinen Menschensohnworten zugleich seine Auferstehung verheißen. Peschs wiederum allzu rasche Kombination: »Mit Jesu Menschensohnworten ist die
Verheißung seiner Auferstehung ... gegeben, so daß der Auferstehungsglaube, soweit seine Entstehung historisch zugänglich
ist, aufgrund dieser Vorgabe zureichend erklärt werden

---

[206] *H. Schürmann,* Jesu ureigener Tod (Freiburg 1975) 61.
[207] *Pesch,* Materialien 168.
[208] *Pesch,* Zwischen Karfreitag und Ostern 75 (vgl. oben bei Anm. 190).
[209] Vgl. dazu oben Kap. 1, III. 1c bei Anm. 48.
[210] Vgl. *Pesch,* Passion (s. Anm. 174) 190.

kann.«[211] Jesus selbst habe also den Jüngern schon vorösterlich die vorstellungsmäßigen Inhalte ihres nachmaligen Auferstehungsglaubens an die Hand gegeben; dieser habe in Jesu Verheißung seinen Grund und sei deshalb nicht willkürliche Projektion der Jünger.

Zur Kritik ist vor allem folgendes zu sagen: *Erstens* könnte die Behauptung der Jünger, diese eventuelle Verheißung sei in Erfüllung gegangen, soll sie nicht doch willkürliche Projektion sein, nicht ihrer eigenen glaubenslogischen Reflexion entspringen, sondern nur auf einer Erkenntnis basieren, die ihnen durch ein ihnen fremdes, »gegenständliches«, von außerhalb ihrer selbst sich ihnen aufdrängendes Geschehen zuteil wurde; von sich aus hätten sie aufgrund einer Verheißung Jesu ja bestenfalls die Hoffnung hegen können, »daß im bevorstehenden Endgericht Gott selbst das Recht Jesu und die Wahrheit seiner Zusage der Nähe Gottes bei den Menschen erweisen werde. Bis dahin aber war mit seinem Tod alle Gewißheit dahin.«[212] *Zweitens* gab es in der jüdischen Tradition wohl die Verbindung von Menschensohn und Sitzen auf dem Thron der Herrlichkeit, nicht aber die Verknüpfung von Menschensohn und Leiden, sowie Menschensohn und Auferstehung. Daß Jesus diese Verknüpfungen hergestellt habe, ist aus der synoptischen Jesusüberlieferung aber gerade nicht zu entnehmen. Unter den kritischen Exegeten ist strittig, ob Jesus überhaupt vom Menschensohn gesprochen hat; am unwahrscheinlichsten ist, daß die Worte vom leidenden Menschensohn auf ihn selbst zurückgehen; Lk 12, 8f par u. ä. führen vielfach zu der Annahme, daß er vom zum Gericht kommenden Menschensohn gesprochen hat, freilich ohne sich mit diesem zu identifizieren. Peschs Deutung von Lk 12, 8f par im Sinne einer Selbstidentifikation Jesu[213] ist eine klare Überinter-

---

[211] So in einem hektografierten Manuskript: »Jesu Menschensohnworte und seine Auferstehung« Teil II S. 2, das Pesch anläßlich eines Vortrags beim Rhein-Main-Exegeten-Treffen am 3. 6. 1978 in St. Georgen/Frankfurt verteilt hat. – Der Vordersatz des Zitates wird von Pesch in der Folgezeit festgehalten: vgl. *Pesch,* Entstehung (1983) 94f. Peschs historische Argumentationen haben freilich oftmals ziemlich spekulativen Charakter.

[212] So *U. Wilckens,* in: J. Feiner – L. Vischer (Hg.), Neues Glaubensbuch (Freiburg 1973) 206.

[213] *R. Pesch,* Über die Autorität Jesu, in: R. Schnackenburg – J. Wanke (Hg.), Die Kirche des Anfangs. Festschrift H. Schürmann (Leipzig 1977) 25–55; etwas vorsichtiger *ders.,* Entstehung (1983) 94f.

pretation des Spruches, der selbst gerade keine Identität herstellt und dem es gar nicht um das Verhältnis Jesus – Menschensohn, sondern um das Verhältnis Hörer – Jesus und Hörer – Menschensohn im Gericht geht. Die Identifizierung Jesu mit dem Menschensohn (und zwar zunächst mit dem kommenden Menschensohn), die seine Erhöhung in den Himmel voraussetzt, erfolgte erst nachösterlich in der Logienquelle, und zwar veranlaßt durch eine neue Offenbarung (Mt 11, 27/Lk 10, 22 ist eventuell Reflex der Ostererfahrung in Q).

Das gesicherte Ergebnis kann mit Worten Martin Hengels so zusammengefaßt werden: »Es gab keine jüdische Lehre von der Einsetzung zum Messias und Menschensohn durch die Auferstehung und Erhöhung eines *Toten*.«[214] »Die Auferstehung des gekreuzigten Messias ist ein *Novum* in der jüdischen Tradition«,[215] ja ein Novum auch gegenüber der Verkündigung Jesu selbst. Die Frage, wie die Jünger dazu kamen, dieses Novum der bereits geschehenen Auferweckung des Gekreuzigten zu behaupten, kehrt also am Ende wieder!

In allen Punkten konnte festgestellt werden, daß Pesch – aus dem Interesse an einer Erübrigung der »Erscheinungen« – bezüglich der von ihm gemachten Voraussetzungen seine exegetischen Analysen und Argumentationen weit überzieht. Das Zustandekommen des Osterglaubens ist aus einem Selbstverständnis Jesu als kommender Menschensohn und sühnender Gottesknecht bzw. aus dem vorösterlichen Glauben seiner Jünger an ihn und auch aus all dem zusammen *nicht* herleitbar. Es gibt keinen direkten Übergang vom Gekreuzigten zur Gemeinde – ohne einen wie immer zu denkenden österlichen Neuanstoß. So ist zu fragen: Ist nicht doch der Fall gegeben, daß wenigstens kaum zu sehen ist, wie die Entstehung des Osterglaubens »ohne diesen Glauben erst initiierende Erscheinungen« überhaupt erklärt werden soll?[216] Am Ende werden auch für Pesch besondere Erscheinungsphänomene (allerdings als Visionen verstanden) historisch glaubwürdig.

(3) Zur Möglichkeit außergewöhnlicher »Erscheinungen« des Anfangs. – In seinem ersten Vorschlag (1973) besteht Pesch ener-

---

[214] *M. Hengel*, Der stellvertretende Sühnetod Jesu, in: IkaZ 9 (1980) 15.
[215] *M. Hengel*, Ist der Osterglaube noch zu retten? in: ThQ 153 (1973) 268.
[216] Siehe oben Anm. 181.

gisch und nicht zu Unrecht auf einer historischen Vergewisserung der Entstehung des Osterglaubens. Aber er versäumt es, sich der Tragweite und Grenzen historisch-kritischer Methode selber zu vergewissern. Diese ist nämlich von ihrer Herkunft her durch einen Trend zur Reduktion auf das Allgemeine und Gleiche bzw. auf das Vorgegebene belastet und tut sich schwer, das Besondere, Einmalige, das nie Dagewesene und unableitbar Neue überhaupt angemessen zu würdigen. Pesch selbst verfällt diesem Trend einigermaßen unreflektiert, wenn er zwar – sozusagen auf der »rein« systematisch-dogmatischen Ebene des Glaubens – das Einmalige und Außergewöhnliche der Auferstehung (als Jesus selbst betreffender Todesüberwindung) akzeptiert, dann aber – sozusagen auf der Ebene geschichtlicher Greifbarkeit – die »Erscheinungen« als den entsprechend einmaligen und außergewöhnlichen Eintritt des Auferstandenen in die geschichtliche Erfahrung nicht gelten läßt. Als ob all das, was je auf der Ebene geschichtlicher Greifbarkeit geschah, sich auch historisch, das heißt in erkennbarer Korrelation mit feststellbaren anderen Geschehnissen, müßte verifizieren lassen, ansonsten aber seinen Anspruch auf Wirklichkeit aufgeben müßte.[217]

Zwar gibt das Neue Testament über die Entstehung des Osterglaubens nur spärliche Auskunft: Die frühen vorpaulinischen und paulinischen Erscheinungsaussagen bilden (wenn man ihnen nicht, wie etwa John E. Alsup, einen Traditionsstrang von Erscheinungserzählungen als ebenfalls früher Gattung zur Seite stellen will) eine kleine Textgruppe; aber diese weist doch – gegen Pesch (1973) – primär auf eine ursprünglich zuteil gewordene Erfahrung/Begegnung hin, und es kann ihr keine andere Textgruppe entgegengestellt werden, die in andere Richtung weisen würde. Daher sind diese Erscheinungsaussagen in ihrem Anspruch, eine wirklich neue, nicht ableitbare Erfahrung des Anfangs (nämlich eine Begegnung des Auferstandenen und seine Heilsgegenwart) zu reflektieren, die den Osterglauben auslöste, ganz ernst zu nehmen. Dies scheint Pesch freilich auch in seinen neuen Versuchen (1983) nicht genügend zu tun, da er

---

[217] Vgl. *R. Schaeffler*, Fähigkeit zur Erfahrung 30: »Daß etwas ist, ist noch kein zulänglicher Grund dafür, daß es auch von uns erfahren werden kann.« »Nicht alles, was wir nicht erfahren können, ist deshalb schon nicht-existent.« (Freilich, »auch dort, wo wir vom Nicht-Erfahrbaren Aussagen machen, rechtfertigen wir diese dadurch, daß wir, und sei es auf sehr vermittelte Weise, auf Erfahrung Bezug nehmen«.)

die »Visionen« des Auferstandenen (als angebliche Menschensohnvisionen) stets von Jesu (angeblicher) Prophetie seiner Auferstehung (Menschensohnworte) abhängig macht, so daß sie zu Produkten des (schon vorausgesetzten) Jüngerglaubens zu werden drohen. Die Erscheinungsaussagen sind in ihrem spezifischen Anspruch ernst zu nehmen, und dies auch dann, wenn *wir* diese Erfahrung nicht wiederholen können und sie uns eben deswegen verdächtig erscheint, weil sie sich der Korrelation, Analogie und Strukturkongruenz mit uns bekannten Erfahrungen nicht fügt und daher nicht mehr voll aufhellbar und plausibel zu machen ist.

In den letzten Jahren wird Peschs Sicht zunehmend durch heutige Erfahrungen von Umkehr und lebendiger Gemeinde, vor allem in der Integrierten Gemeinde, geprägt. Es fällt auf, wie sehr er seine neue Sicht – jedenfalls in dem Bändchen »Zwischen Karfreitag und Ostern« – aus der (eine spätere Gemeindesituation spiegelnden) Emmauserzählung und dem (historisierenden, der Integrierten Gemeinde aber offenbar wichtigen) sekundären Markusschluß herleitet. Hätte Pesch diese Texte »nur« in einer Relektüre (vom Leben der Integrierten Gemeinde her) neu zum Sprechen gebracht, wäre nicht viel einzuwenden. Aber er zieht auch historische Schlußfolgerungen aus seiner (unter dieser Rücksicht dann doch sehr willkürlichen) Relektüre. Nachdem Pesch einst also einen Vorschlag vorgelegt hatte, der eine »historisierende Mythologisierung« des Ursprungs des Osterglaubens vermeiden sollte, liest sich sein jüngster Vorschlag in dem genannten Bändchen auf weite Strecken wie eine »historisierende Mythologisierung« der Genese eben der Integrierten Gemeinde. Die historisch unzulässige Rückprojizierung späterer Umkehrwege und Gemeindebildungen sowie die vor allem theologisch untragbare Vermischung von Ostern und Pfingsten kommt nicht zuletzt im folgenden Satz zum Ausdruck: »Ihr (sc. der Jünger) Weg ›zwischen Karfreitag und Ostern‹ wird zum Weg ›zwischen Ostern und Pfingsten‹«, dem Weg der Gemeindebildung.[218] Im Neuen Testament ist demgegenüber die Vorordnung der Auferstehung und Erscheinungen vor der Geistsendung und Gemeindebildung deutlich gewahrt: Nicht nur bei Lukas (24, 44–49; Apg 2, 32ff), auch bei dem Ostern und Pfingsten

---

[218] *Pesch,* Zwischen Karfreitag und Ostern 84; vgl. 95f.

eng zusammenbindenden Johannes ist es der Auferstandene und Erscheinende, der den Jüngern erst den Geist mitteilt und sie zu Gemeindebildung und Mission sendet (20, 19–23).

Zusammenfassend kann man sagen: Bezüglich der Frage nach der Entstehung des Osterglaubens besteht bei Pesch die Tendenz zu einer zweifachen Problemverlagerung: Zum einen zurück in die Zeit vor Ostern, nämlich in die (ja in der Tat grundlegende) Geschichte des irdischen Jesus hinein; zum anderen nach vorn in die Zeit nach Ostern und Pfingsten, in frühkirchliche und heutige gemeindliche Glaubenserfahrungen hinein. Das der Jüngerumkehr (onto-)logisch voraus- und zugrundeliegende Osterereignis selbst bleibt am Ende doch noch einmal ausgespart. Und wenn Pesch »die Entstehung des Osterglaubens, soweit sie historisch zugänglich ist, erklären«[219] wollte, so ist ihm dies in zufriedenstellender oder gar in überzeugender Weise *nicht* gelungen.

V. Systematischer Ertrag

1. Das Ungenügen historisch-genetischer Erklärungsversuche

a) Die durchgängig behauptete Selbstkundgabe des Auferstandenen

Allen Versuchen, das Zustandekommen der Auferstehungsaussage *ohne* außergewöhnliche österliche Erlebnisse (»Erscheinungen«) *allein* aus alttestamentlich-jüdischen und jesuanischen Vorgaben sowie aus psychischen oder reflexiven Verarbeitungsprozessen in den Jüngern zu erklären (psychogene Visionen; allmähliche Bekehrung und Reifung; Reflexion, Deduktion aus zuhandenen – eventuell auch von Jesus artikulierten – Vorstellungen, Konsensbildung), steht grundlegend und entscheidend das dem Neuen Testament zentrale Moment der unableitbaren *Selbstbekundung* des Auferweckten entgegen. Der Ausdruck »Erscheinung« steht für dieses Moment der freien Selbstbekundung des Auferweckten (bzw. und in eins damit: seiner Kundgabe durch Gott). Dieser Ausdruck signalisiert ja gerade eine Aktivität Gottes und des von ihm her neu gegenwärtigen Gekreuzig-

---

[219] *Pesch*, Entstehung (1983) 87.

ten, der seinen Jüngern als Lebendiger real (personal) gegenübertritt und an ihnen handelt.

b) Der epistemologische Bruch des Karfreitags

Auch in verschiedenen einzelnen Hinsichten haben diese historisch-genetischen Erklärungsversuche an den neutestamentlichen Quellen wenig Anhalt. Von enthusiastisch-produktiven, ekstatisch-visionären Elementen ist in den Erscheinungstexten gerade keine Rede; die Jünger waren – anders als Paulus – keine »Visionäre«. Die Thesen vom durchgehaltenen Glauben bzw. von der allmählichen Bekehrung der Jünger haben den gesamten Duktus der neutestamentlichen Zeugnisse gegen sich: Fluchttod Jesu als epistemologischer Bruch, Jüngerflucht, überraschende Begegnung des Auferstandenen, durchgängige Behauptung von Gottes Handeln am Gekreuzigten. Ein Hinweis auf Debatten und allmähliche (gar noch längere) Reifungsprozesse findet sich in den Osteraussagen nirgends.

c) Die Disparatheit und Unzulänglichkeit der vorgegebenen Erwartungen

Die altestamentlich-jüdische (und auch jesuanische) Hoffnung auf Gottes rettende Macht angesichts des Todes hat der Osterglaube gewiß zur Voraussetzung; sie bildet seinen vorläufigen Verstehenshorizont. Und doch ist der Osterglaube aus dieser Hoffnung nicht deduzierbar; keine der konkret voraussetzbaren jüdischen Erwartungen »paßt« direkt.

Die bereitliegende jüdische Vorstellung der Entrückung bzw. Aufnahme in den Himmel hätte Jesus ein isoliertes Individualgeschick zuteil werden lassen und ihn von der Erde und den Seinen entrückt; diese Vorstellung wird in der nachösterlichen Zeit gerade nicht auf Jesus, sondern auf die bei der Parusie noch nicht verstorbenen Christen angewandt (1 Thess 4, 17; vgl. Mt 24, 40f/Lk 17, 34f); erst in den späteren lukanischen Himmelfahrtsgeschichten findet sie auch Anwendung auf Jesus.[220] Auch die Vorstellung von der rechtfertigenden Erhöhung des leidenden Gerechten und die hellenistisch-jüdische Vorstellung von der rehabilitierenden Auferweckung der Märtyrer in den Himmel (von der im übrigen unklar ist, ob sie für die ersten aramä-

---

[220] Vgl. oben Kap. 1, III. 1c und Kap. 2, II. 1a mit Anm. 79.

ischsprechenden Jünger überhaupt vorausgesetzt werden darf[221])
hätte sich auf ein Individualgeschick beschränkt.

Eine jüdische Vorstellung von der Erhöhung und Einsetzung
eines Toten zum Menschensohn gab es nicht, und selbst die Vorstellung von der Identifizierung des vor dem Tode entrückten
Henoch mit dem himmlischen Menschensohn ist möglicherweise erst für die Zeit nach 70 n. Chr. zu sichern.[222] Die apokalyptische Vorstellung vom himmlischen Menschensohn, der als
eschatologischer Richter und Retter kommen wird, wurde erst
aufgrund der gemachten Ostererfahrung in der Frühzeit als Ver-
stehenshilfe verwendet für die an palästinische Hörer gerichtete
Verkündigung der Parusie des erhöhten Herrn, den man möglicherweise ursprünglicher noch ohne Menschensohnterminolo-
gie im Maranatha-Ruf anflehte; die Menschensohnvorstellung
hat die Ostererfahrung also keineswegs hervorgebracht, sondern
bereits vorausgesetzt.[223]

Die aufs engste mit der eschatologischen Naherwartung verbundene Vorstellung von der Auferstehung der Toten meinte die
endzeitliche Auferweckung der *vielen* Gerechten, wohl als Rückkehr auf die erneuerte *Erde* zur Teilnahme an der eschatologischen Endzeit; demgegenüber ist die Behauptung der vorzeitig
schon erfolgten, singulär-exzeptionellen Auferweckung des gekreuzigten Jesus und mit ihr des endgültigen Beginns der Endzeit (ohne daß erkennbar etwas wie Neugestaltung der Erde und
Totenauferstehung geschehen ist) ein absolutes Novum, das alle
vorgegebenen jüdischen Denkschemata durchkreuzt. »Daß einer, der in Jerusalem hingerichtet, sogar von den maßgebenden
jüdischen Autoritäten dem Tod überantwortet wurde, durch die
Erhöhung in den Himmel zu noch ausstehendem eschatologischen Handeln qualifiziert wird, spottete nun einmal jeder Form
jüdischer Heilsführererwartung. Was die Jesusanhänger verkündeten, war für jüdisches Empfinden so absurd, daß es gerade
auch von den damaligen Führungskreisen, zunächst jedenfalls,
überhaupt nicht ernst genommen worden sein dürfte.«[224]

[221] Vgl. oben Kap. 1, III. 2a letzter Satz.
[222] Vgl. oben Kap. 1, III. 1c mit Anm. 49 und 50.
[223] Vgl. *Vögtle*, Der verkündende Jesus (s. Anm. 21) 75f.
[224] Ebd. 75.

d) Die begründete Annahme eines »von außen« kommenden Neuanstoßes

Die Entwicklung nahm also eher den umgekehrten Weg: Nicht Deduktion der Osterbotschaft aus vorgegebenen Erfahrungen und Vorstellungen, sondern »von außen« kommender (das heißt nicht aus den Jüngern und ihren Vorgegebenheiten entstandener) inhaltsreicher Neuanstoß (neue Zuwendung Gottes in neuer Zuwendung Jesu). Dieser erzwang sich in und unter den Jüngern eine schöpferische Neufassung der apokalyptischen Auferstehungsvorstellung, nämlich die Aussage von der singulär schon erfolgten Auferweckung Jesu als dem einzigartigen und für alle entscheidenden Heilsereignis.

Sollte die Osterverkündigung nur eine durch Imagination, schriftgelehrte Reflexion, Deduktion und Konsensbildung entstandene Deutung des Kreuzestodes o. ä. sein, so wäre erstaunlich, daß die sonst in vielem unterschiedlich denkenden Jünger und Urchristen alle – ohne irgendwo erkennbare Meinungsverschiedenheiten und Diskussionen – im Entscheidenden zu derselben gewissen Überzeugung (er selbst ist auferweckt, erhöht, gegenwärtig und lebt) gekommen sind und diese zum nie erschütterten Fundament ihres weiteren Lebens gemacht haben. Ohne die »außerordentliche Ermutigung« (D. F. Strauß) eines unmittelbar evidenten Neuanstoßes läßt sich die einheitliche Wucht und Schubkraft des österlichen Neuanfangs, der ungeheure dynamische Impuls in der Urgemeinde der ersten zwei bis vier Jahre vor der Berufung des Paulus, jedenfalls kaum erklären. Dieser geradezu explosionsartige Neuanfang lebt ja davon, daß er das, worauf er baut und woraus er seine Dynamik bezieht, schon als eindeutig sich aufdrängende Wirklichkeit voraussetzen kann und nicht erst selber erstellen muß.

So gilt (auch historisch gesehen), was Karl Rahner einmal bemerkt hat: Es ist nicht leicht möglich, das postulierte, den Osterglauben auslösende ›Etwas‹, also die ursprüngliche Ostererfahrung, »ernsthaft zu erklären, auch ohne daß sie die Wirklichkeit zum Gegenstand gehabt hätte, die sie zu haben meint«[225]. Strenggenommen bleibt – das sollte man nicht verschleiern – die Entstehung des Osterglaubens ein Rätsel und eine »offene Fra-

---

[225] *K. Rahner*, Kirchliche Christologie zwischen Exegese und Dogmatik, in: Ders., Schriften zur Theologie IX (Einsiedeln 1970) 197–226, hier 225.

ge« (Strauß); alle vorgelegten historisch-genetischen Erklärungen erwiesen sich als unzulänglich. Die neutestamentliche Auskunft verdient demgegenüber ernsthaftes Gehör. Nichts berechtigt dazu, sie als unglaubwürdig abzutun und in der Überheblichkeit des Modernen vorzugeben, *wir* verstünden die Erfahrung des Anfangs besser als diejenigen, die sie gemacht und artikuliert haben, oder diese hätten gar auch sonst bekannte Phänomene falsch interpretiert und seien einem Selbstmißverständnis erlegen.[226]

Im Gegenteil kann man mit guten Gründen die Auffassung vertreten: Der Osterglaube beruht auf einem einzigartigen Neueinsatz, der durch die »Erscheinungen« des Auferstandenen begründet wird. Für diese »Erscheinungen« gilt, was Blaise Pascal einst von Prophezeiungen und Wundern sagte: Sie »sind nicht solcher Art, daß man sagen kann, sie seien vollkommen überzeugend, aber sie sind auch nicht solcher Art, daß man sagen kann, man müsse ohne Vernunft sein, um sie zu glauben. Also gibt es Klarheit und Dunkelheit. . . . Aber die Klarheit ist derart, daß sie die Augenscheinlichkeit des Gegenteils übertrifft oder ihr zum mindesten gleichkommt; derart, daß es keine Vernunftgründe gibt, die uns bestimmen können, ihr nicht zu folgen, was also nur die Konkupiszenz und die Bosheit des Herzens bewirken kann. Und da das so ist, ist einmal genug Klarheit vorhanden, um zu verdammen, und nicht genug, um zu überzeugen; damit deutlich ist, daß es in denen, die ihr folgen, die Gnade und nicht die Vernunft bewirkt, daß sie ihr folgen, und daß es in denen, die sie fliehen, die Konkupsiszenz und nicht die Vernunft bewirkt, daß sie sie fliehen.«[227]

2. Das berechtigte Interesse an der geschichtlichen Vermittlung der Ostererfahrung

Berechtigt an jenen historisch-genetischen Erklärungsversuchen ist das Interesse, die menschlich-geschichtliche Vermitteltheit der österlichen Offenbarungsereignisse ernst zu nehmen.

[226] Es könnte ja auch umgekehrt sein, daß unser allgemeines neuzeitliches Bewußtsein in einigen Hinsichten einer entscheidenden Blickverengung unterliegt, in einem Verblendungszusammenhang befangen ist und uns in die Irre führt – wenn wir es nicht aufbrechen.
[227] *B. Pascal*, Pensées, Fragment 564, zitiert nach der dt. Ausgabe von E. Wasmuth (Heidelberg 1963) 256f.

a) Die Voraussetzungen der Ostererfahrung
in den Jüngern

In der Tat hat die Ostererfahrung Voraussetzungen in den Jüngern, ohne die sie nicht zu denken ist: Den alttestamentlichen
Glauben an Gottes todüberwindende Macht und seine verläßliche Treue zu seinen Getreuen; jüdische Erwartungen für die toten Gerechten und Märtyrer sowie entsprechende Kategorien
(von denen indes, wie wir sahen, keine auf die dann gemachte
Osteraussage direkt »paßt«); die einzigartigen Erfahrungen der
Jünger mit dem irdischen Jesus (der den Herrschaftsantritt des
barmherzigen Gottes der Verlorenen an sein vollmächtiges Wirken geknüpft und darin erfahrbar gemacht hatte) und deren jähes Ende durch seine Hinrichtung am Kreuzespfahl; ihre Erinnerung, bleibende Wertschätzung Jesu und gewiß auch Beschäftigung mit Jesus und seinem Geschick; ihre kognitiven, psychischen, sinnlichen (etwa eidetischen, auditiven) wirklichkeits-
wahrnehmenden Fähigkeiten. Das alles geht ohne Zweifel in die
Ostererfahrung der Jünger ein und wird durch sie aktiviert.

b) Diese Voraussetzungen als (zu transformierender)
medialer Kontext und kategorialer Horizont der
Ostererfahrung

Jedoch: Aus all diesen Voraussetzungen in den Jüngern ergab
sich noch nicht der Glaube an die schon erfolgte Auferweckung
des Gekreuzigten. Warum nicht?

Adolf Kolping lehnt eine Glaubenskontinuität seitens der
Jünger ab und betont die aus der Situation der Jünger »völlig
unerwartbare« Wende im Jüngerverhalten.[228] Er vertritt dann
aber die Auffassung, daß sich der Glaube an die Auferstehung
Jesu wohl aus den genannten Voraussetzungen in den Jüngern
ergeben habe – nur eben nicht mit zwangsläufiger Notwendigkeit, sondern in völliger Kontingenz. Er meint, daß diese Voraussetzungen zwar *faktisch* zur Wandlung der Jünger geführt haben, aber »nicht *zwangsläufig*...realisiert« wurden und nicht
notwendig zu der »Wandlung in den Jüngern« »führen *mußten*«.[229] Diese Wandlung der Jünger sei insoweit »völlig kontin-

---

[228] *A. Kolping,* Fundamentaltheologie III/1 (Münster 1981) 668 mit Anm. 25; gegen
Pesch, Entstehung (1973).
[229] Ebd. 597 (Hervorhebungen von mir); vgl. 647–650.662f.

gent« und darin »Wunder« gewesen.[230] Für Kolping ist also das »Wunder« von Ostern eine aus der Situation der Jünger durchaus – nur nicht mit zwingender Notwendigkeit – herleitbare Erfahrung!

Diese Sicht genügt freilich nicht. Die Kontingenz[231] ist weit radikaler zu fassen: Die in den Jüngern gegebenen Voraussetzungen konnten höchstens eine Empfänglichkeit und Bereitschaft für ein eventuelles »Widerfahrnis«, oder besser: für eine eventuelle Begegnung, schaffen. Und sie konnten den ganz bestimmten Kontext und kategorialen Horizont bilden, in dem diese eventuelle Begegnung ihre bestimmte Bedeutung haben und zeigen konnte, das heißt als Begegnung des geretteten Jesus identifiziert werden und evident sein konnte (bei Kaiphas oder Pilatus etwa war weder diese Bereitschaft noch dieser Kontext so gegeben). Aber die Wandlung der Jünger herbeiführen konnten diese Voraussetzungen selber und alleine nicht; die Veränderung ihrer bisherigen Orientierungen, die Wende vom Nichtverstehen zum Verstehen, vom Unglauben zum Glauben, von todverfallener zu neuer Existenz, das war nicht Sache ihrer eigenen Entscheidungsmacht. Hier lediglich mit kreativen menschlichen Aufbrüchen (die sie oder *wir* dann unter Umständen auf Gottes Wirken zurückführen) zu argumentieren wird den neutestamentlichen Zeugnissen in keiner Weise gerecht. Nach dem Neuen Testament ergibt sich die Wandlung der Jünger nämlich nicht aus der Verarbeitung ihrer neuen Lage mittels mitgebrachter Voraussetzungen, sondern aus der nicht selbst erzeugten, unver-

---

[230] Ebd. 650; vgl. 597.662.

[231] *Chr. Hartlich*, Historisch-kritische Methode in ihrer Anwendung auf Geschehnisaussagen der Hl. Schrift, in: ZThK 75 (1978) 467–484, hier 475, wendet sich gegen den »bei vielen Theologen hochbeliebten Ausdruck der Kontingenz« und sagt: »Versteht man unter einem kontingenten Ereignis ein Ereignis, das jeder feststellbaren Verknüpfung mit anderen feststellbaren Ereignissen entnommen ist, so ist ein solches Ereignis zwar denkbar möglich, aber nicht als wirklich geschehen behauptbar.« Abgesehen davon, daß für unsern Zusammenhang gerade nicht »jede feststellbare Verknüpfung mit anderen feststellbaren Ereignissen« fehlt, kann dieser Satz Hartlichs im Endeffekt nur heißen: Ein kontingentes Ereignis (ob derart rigoros verstanden oder nicht) ist nicht im Rahmen der Möglichkeiten historischer Methodik »als wirklich geschehen behauptbar«. Diese ist freilich nur ein wichtiges methodisches Verfahren, aber keineswegs das absolute Kriterium für das wirkliche Geschehensein von Ereignissen. Die Behauptung eines kontingenten Ereignisses als wirklich geschehen ist darum nichts prinzipiell Unvernünftiges. Sie muß auf ihre Glaubwürdigkeit hin geprüft werden und stellt bei positivem Prüfungsergebnis einen dringenden Appell zur Glaubensentscheidung dar.

mutet und überraschend auf sie zukommenden und sie hinreißenden Begegnung des Auferstandenen. Darin hat sie ihre Ursache.

Der Auferstandene aber bediente sich in seiner Begegnung, um sich im Erfahrungszusammenhang der Jünger zu zeigen, ihrer sensitiven, psychisch-imaginativen, kognitiven Fähigkeiten als (zweitursächlichen) *Mediums* und ermöglichte über deren Aktivierung und Umstrukturierung (Verwandlung) Evidenz der Wahrnehmung und schöpferische Neufassung der vorgegebenen Vorstellungen. Er *bediente* sich also nicht nur dieser Vorgegebenheiten, er führte zugleich eine *Veränderung* der Jünger in der Grundstruktur ihrer Subjektivität (ihres Selbst- und Weltverständnisses und -verhältnisses) herbei und schuf *so* neue Existenz, Glaube, Gemeinde, Mission. Die genannten Voraussetzungen in den Jüngern sind nur als durch die Begegnung des Auferstandenen zu verwandelnde der mediale Kontext und kategoriale Horizont der Ostererfahrung.

c) Der Hiatus zwischen Karfreitag und Gemeindeentstehung

Der Osterglaube ist also nicht bruchlos aus den in den Jüngern gegebenen Voraussetzungen und Möglichkeiten herleitbar. Es bleibt ein für die Jünger unüberbrückbarer Hiatus »zwischen Karfreitag und Ostern«, zwischen dem Kreuz und der Gemeindeentstehung. Für die Entstehung des Osterglaubens und der Kirche sind jene genannten Voraussetzungen zwar notwendige (mediale), aber nicht hinreichende (produktive) Bedingung. Über sie hinaus bedurfte es eines neuen, aus Vorgaben und Situation *nicht* herleitbaren, radikal kontingenten Impulses: Der (Selbst-)Bezeugung des auferweckten Gekreuzigten. Dieser radikal kontingente Impuls geschah im *Medium* der mitgebrachten, nun aktivierten *und* neustrukturierten, also veränderten Grundstruktur der Jünger; gerade mittels dieses sich verändernden Mediums konnten sie *ihn* als den Auferweckten wieder-»sehen« (identifizieren). Das Moment des Offenbarwerdens, der Selbstkundgabe, muß also in seiner ganzen nicht deduzierbaren und nicht reduzierbaren Kontingenz sorgfältig bewahrt und darf nicht unterderhand uminterpretiert werden.[232]

---

[232] Dies betont mit Recht *K. Lehmann, Zur theologischen Rede über Tod und Auferste-*

3. Der inhaltliche Kern und Grund der Ostererfahrung

Nach glaubwürdiger Auskunft des Neuen Testaments geht der Osterglaube nicht auf eine Weiterentwicklung der vorösterlichen Gegebenheiten durch die Jünger, sondern auf eine für sie überraschende, unmotivierte, von außerhalb ihrer selbst zustoßende (fremde), radikal neue göttliche Initiative zurück: auf die Bekundung des Gekreuzigten als des Auferstandenen durch Gott bzw. auf die Selbstbekundung des Auferstandenen von Gott her. Diese hat den Charakter der *Begegnung* (ab extra), der (von den Jüngern) *erlittenen* Begegnung.

Neuzeitliches Verstehen neigt nun tendenziell dazu, von der Frage nach dem wahrnehmenden Subjekt auszugehen und von ihm her das Wahrgenommene zu bemessen. Dieses dem Subjekt-Objekt-Verhältnis abgewonnene Modell ist aber schon untauglich, wenn es um zwischenmenschliche Begegnungen, um Subjekt-Subjekt-Verhältnisse (personale Begegnung und Erkenntnis) und die durch sie ausgelöste Veränderung der Grundstruktur und Grundorientierungen der Subjekte geht. Erst recht ist es unbrauchbar, wo ein den Horizont des menschlichen Subjekts prinzipiell sprengendes, seine Grundstruktur radikal verwandelndes personales Begegnungsgeschehen zur Frage steht. Ein solches aber wird von den neutestamentlichen Texten behauptet. Ihr Interesse liegt daher überhaupt nicht beim wahrnehmenden (und *seine* Bedingungen der Wahrnehmbarkeit stellenden) Subjekt als solchem, sondern primär und eindeutig beim wahrgenommenen »Gegenstand«, genauer: beim »Begegnenden« (dem auferstandenen Jesus, der auf sie zukam), und sekundär dann bei dem, was *er* an den wahrnehmenden Subjekten (den Jüngern) gerade *verändert* hat (neue Existenz, Glaube, Sendung, Gemeinde).

Es ist von grundlegender Bedeutung, zu sehen, daß die österliche Wende sich – nach übereinstimmender Meinung der Zeugen – nicht auf das beschränkt, was in und mit ihnen vor sich gegangen ist. Ostern reduziert sich für sie nirgendwo auf ihr definitives Zum-Glauben-Kommen, die Auferstehungsaussage ist nicht nur Spiegelung und mythologischer Ausdruck eines Ge-

---

hung Jesu Christi, in: W. Kasper (Hg.), Christologische Schwerpunkte (Düsseldorf 1980) 108–134, hier 127.

schehens in der Subjektivität der Jünger. (Die Rede vom »aufgehenden Licht« oder von disclosure-Erfahrungen *allein* und *ohne*
das Moment der neuen Begegnung des Anderen wird der Sache
nicht gerecht.[233]) Eigentlicher Kern und Grund der österlichen
Wende (und damit Grund auch des Geschehens an und mit den
Jüngern) ist vielmehr das, was – »mit unbezweifelbarer Klarheit
für alle Beteiligten«[234] – an und mit *Jesus* selber geschehen ist:
die endgültige heilvolle Manifestation Gottes im neu gegenwärtigen (und das heißt auferweckten, erhöhten, lebendigen) Jesus
bzw. dessen überraschendes Hervortreten (Selbstbekundung)
aus der Verborgenheit und Vorbehaltenheit Gottes in die geschichtliche Erfahrung der Jünger hinein.[235] (Man kann dies eine neue – sich durch die auferweckte Menschheit des Gekreuzigten vermittelnde – Gotteserfahrung nennen.) Dies ist der entscheidende Sachverhalt, der in dem Wort »Erscheinungen« –
mit seiner Betonung der Aktivität Gottes bzw. des neu gegenwärtigen Jesus – zum Ausdruck kommt. Und dieser Sachverhalt
impliziert das (onto-)logisch vorausgegangene Geschehen, das
die Jünger (im gegebenen Erfahrungskontext) unmittelbar als
Auferweckung und Erhöhung Jesu deuteten und bezeichneten.
In seiner Selbstmanifestation erweist sich der Gekreuzigte als
der (von Gott her) Gegenwärtige und Gemeinschaft Anbietende,
also Lebendige; das heißt, er erweist sich – so die unmittelbar
sich aufdrängende Deutung – als der von Gott Auferweckte und
Erhöhte (und so definitiv als der mare-Kyrios und Messias-Christus).

In der »Erscheinung« vermittelt sich der Auferstandene ursprünglich und grundlegend in die Geschichte hinein. Dieser
grundlegend *eine* Vorgang und Sachverhalt muß für die Jünger,
soweit sie sich ihm nicht versagten, im Kontext ihrer bisherigen

---

[233] Dies ist zu *Schillebeeckx* (s. o. IV. 4) ebenso zu sagen wie zu *R. Schaeffler,* Fähigkeit
zur Erfahrung (s. Anm. 7). Schaeffler 24: »diese Veränderung des Horizontes und
Kontextes können die Jünger nicht sich selber zuschreiben, sondern erfahren sie als
erleuchtendes Licht, das ihnen aufging und sie in einen anderen Horizont versetzt
hat.« Das ist gut neuzeitlich ganz von der Subjektivität aus gedacht und in die in ihr
mitgegebenen Bedingungen der Möglichkeit hinein- und zurückgefragt. Der
Schwerpunkt ist damit auf charakteristische Weise verschoben: das dem NT Primäre in re *et cognitione* (die freie Begegnung und Selbstbekundung des Anderen) wird
das zumindest kognitiv Sekundäre.
[234] *Lehmann,* Zur theologischen Rede 116. – Zum Ganzen vgl. unsere Ausführungen in
diesem Kap. oben III. 2.
[235] Ähnlich schon *G. Koch,* Die Auferstehung Jesu Christi (Tübingen 1959) 176 u. ö.

Orientierungen (verfügbares Vorwissen und Vorverständnis) und Erfahrungen sowie im Zuge der Verwandlung dieser Orientierungen und Erfahrungen (durch jene neue Erfahrung) eindeutig, von ihm selbst her evident und deshalb spontan (also vor aller weiteren Reflexion) verständlich gewesen sein, ohne daß er deswegen schon in all seinen Implikationen voll begriffen, entfaltet und gedeutet gewesen wäre. Durch dieses Hervortreten Jesu von Gott her, durch seinen Übergang und sein Eintreten in die geschichtliche Erfahrung der Jünger hinein und die dadurch bewirkte elementare Unterbrechung ihres bisherigen Existenzverlaufs wird Jesu neue lebendige Gegenwart überhaupt erst ursprünglich erkennbar und so auch geschichtlich wirksam; sonst wäre sie rein verborgen, unerkannt und geschichtlich-praktisch bedeutungslos geblieben.

So schafft der Auferstandene selber durch das grundlegende Geschehen seiner neuen Begegnung jene geschichtliche »Beziehungswirklichkeit«,[236] zu der diejenigen, denen er erscheint, hinzugehören, und zwar als Zeugen. Sie sind bestimmte, konkrete Zeugen einer neuen, geschichtlich konkreten Wirklichkeit, die von Gott her zu ihnen kommt, die daher selbst die Bedingungen ihrer Erkenntnis (zumindest mit) stellt und die man nicht unter schon vorgegebene Bedingungen stellen kann. Sonst nämlich würde sie als neu ankommende Wirklichkeit qualitativ anderer, neuer Art überhaupt nicht zugelassen, sie würde dem vorgegebenen »Schema dieser Welt« (Röm 12, 2) angepaßt, somit aufgelöst und könnte geschichtlich gar nicht vorkommen.[237] Auch diejenigen, die das eigentümlich einmalige Hervortreten dieser neuen Wirklichkeit des Auferstandenen in die ursprüngliche Erfahrung der Jünger hinein nivellieren, reduzieren und so wegerklären wollen, zehren noch einmal davon, daß die Jünger sie einstmals als sie selbst haben vorkommen und sich von ihr radikal haben ergreifen lassen; denn sonst gäbe es weder christlichen Glauben noch eine Kirche.

Nicht subjektive Erlebnisse, Erkenntnisse oder Deutungsvor-

---

[236] Ebd. 206 u. ö. – Koch sagt mit Recht: »Die Jünger haben nicht auf Grund eines Entschlusses oder auf Grund einer inneren Wandlung an Jesus Christus geglaubt. Sie haben geglaubt auf Grund der widerfahrenen Begegnung« (199). »Sie erleiden die Zuwendung des Christus« (197).

[237] Vgl. hierzu *Chr. Link*, In welchem Sinne sind theologische Aussagen wahr? in: EvTh 42 (1982) 518–540, hier 530ff.

gänge waren also das weiter zu bezeugende Geschehen (die Jünger laden nicht zur Wiederholung irgendwelcher von ihnen durchlaufener Reflexions- und Verarbeitungsprozesse ein, sondern zum Glauben). Das elementare, weiter zu bezeugende Geschehen ist vielmehr ausschließlich das mit *Jesus* und von ihm aus Geschehene: Das in seiner neuen Begegnung unmittelbar offenbar werdende Auferweckt-, Erhöht-, Lebendig- und Gegenwärtigsein Jesu; die Einheit Gottes mit dem auferstandenen Gekreuzigten und umgekehrt. Mit Karl Rahner darf angenommen werden, daß die Jünger »in der Erfahrung den *Grund* ihrer Erfahrung als solchen von dem Erfahrungs*vorgang* als solchem absetzen und sagen konnten: *er* zeigt sich uns und wird nicht durch unser Erlebnis gesetzt«[238].

Den österlichen Neuanstoß bildet mithin weder ein anonymes, inhaltsleeres oder unklares »Widerfahrnis«, das erst noch der nachträglichen, auswechselbaren Deutung bedurft hätte (gegen Marxsen), noch ein sich selbst neu erhebender Glaube der Jünger (gegen Strauß), sondern die bestimmte Selbstoffenbarung des Auferstandenen. Diese Osteroffenbarung war eine den Jüngern unerwartet und von außen widerfahrende, insofern »gegenständliche« Erfahrung, die einen bestimmten und unmittelbar erfaßten Inhalt hatte, welcher indes *nachträglich* bezüglich seiner Implikationen reflektiert und entwickelt werden konnte und mußte. Hier, in diesem nachträglichen Explizieren, ist der Ort für Reflexion, Diskussion, Schrifterforschung und verschiedene legitime Interpretationen (ähnlich wie es etwa verschiedene musikalische Interpretationen ein und desselben Werkes eines Autors gibt, die nicht willkürlich erfunden, sondern an den von *ihm gesetzten* Noten orientiert sind).

VI. Der fragliche Modus der Osteroffenbarung: Visionen?

Die Frage nach der näheren Bestimmung des Vorgangs der österlichen Offenbarungserlebnisse stellt noch einmal ganz eigene Probleme. Die exegetische und theologische wie die populäre Literatur bietet gerade in dieser Frage ein verwirrendes Bild: alle nur denkbaren Erklärungen von grob naturalistischen Rema-

---

[238] *K. Rahner*, Auferstehung Jesu, in: SM I 418 (Hervorhebung von mir).

terialisierungen des Auferstandenen über parapsychologische Phänomene, über innere Wahrnehmungen (mit den inneren Sinnen) bis zu neu gewonnenen reflexiven Einsichten usw. sind hier zu finden. Vor allem der Begriff der Vision (wörtlich = Schau, Schauen, Sehen) erfreut sich seit längerem und neuerdings wieder einer großen Beliebtheit, wenn man die Ostererscheinungen mittels einer konkreteren Vorstellung begreiflich machen will.

1. Vorläufige Abgrenzungen

Wir grenzen zunächst diejenigen Vorstellungen bezüglich der Ostererscheinungen aus, die von den Texten und der in ihnen sich anzeigenden Sache her offensichtlich nicht in Frage kommen.

a) Keine objektivierbaren sinnlichen Wahrnehmungen

Ausscheiden muß die ältere vulgäre Vorstellung, die an äußerlich faßbare und objektivierbare, körperliche Begegnungen im Sinne gelegentlicher Materialisierungen eines sonst immateriell-unsichtbaren Wesens denkt: Der Auferstandene habe buchstäblich physikalisch vor den Augen der Jünger gegessen, sich von ihnen betasten lassen usw.; dieses Mirakel des physisch sich zeigenden wiederbelebten Leichnams Jesu habe den Osterglauben erzeugt. – Doch die Motive des Betastens, Essens usw. (Lk 24, 39–43; Joh 20, 20.25–27), aus denen diese Vorstellung sich herleiten will, haben einen anderen Sinn: Sie sind Stilmittel, die – unbeschadet der radikal anderen, nicht materiell-körperlichen Leibhaftigkeit des Auferstandenen – zur Abwehr der hellenistischen Auffassung eines leiblosen Auferstehungslebens (Unsterblichkeit der Seele) gerade die leibliche Realität und Identität des auferstandenen Gekreuzigten herausstellen sollen.[238a] Und in den frühen Erscheinungstexten finden sich keinerlei Anzeichen eines derart naturalistisch-objektivistischen, gleichsam physikalischen Sehens (als hätten die Jünger den Auferstandenen gesehen, wie man sonst mit den Augen äußerlich wahrnimmt).

[238a] Zur Frage der Leiblichkeit des auferstandenen Gekreuzigten vgl. unten Kap. 5, III. 3.

b) Keine Visionen im rein psychologischen Sinne

Ausscheiden muß ferner die seit D. F. Strauß zu findende und in neuerer Zeit populär werdende Auffassung, es handle sich um rein psychologisch erklärbare Visionen, also um bloße Produkte der Einbildungskraft bzw. des Unterbewußtseins der Jünger: Ihre emotiv-reflexive Auseinandersetzung mit dem Kreuzestod Jesu (er und seine Sache kann nicht tot sein!) ließ tief in ihnen das Bild eines Jesus, der wieder bei ihnen war, entstehen bzw. schlug um in die Gewißheit, daß er lebe, und diese Gewißheit brach sich Bahn in psychogenen Visionen, in denen sie das Ersehnte und Erträumte dann auch (halluzinatorisch) sahen.[239] Diese Auffassung hat, wie sich zeigte, an den neutestamentlichen Quellen keinen Anhalt. In den frühen Erscheinungsaussagen und in den Erscheinungserzählungen der Evangelien ist von einem visionären Sehen, von enthusiastisch-produktiven Elementen im Sinne eines rein psychologischen Visionsbegriffes gerade nichts zu finden. Es gibt keinerlei Hinweise darauf, daß die frühe Christenheit den Osterglauben auf innere, seelische Vorgänge zurückgeführt hätte. Und der Ernst, der religiöse Anspruch der Texte wird bei einer rein psychologischen Erklärung ohnehin verfehlt.

2. Von Gott bzw. dem Auferstandenen gewirkte imaginative Visionen?

Dennoch wird der – freilich theologisch modifizierte – Begriff der Vision in der exegetischen und theologischen Diskussion immer wieder verwendet, um die Ostererscheinungen historisch und vorstellungsmäßig begreiflich zu machen. So ist seine Brauchbarkeit für diesen Zusammenhang zu prüfen; wir versuchen dies zuerst in eher systematischen Überlegungen, dann im folgenden 3. Punkte unter erneuter Befragung der neutestamentlichen Aussagen.

a) Die religionsgeschichtliche Vielgestaltigkeit des Phänomens der Vision

Es ist nicht zu bestreiten, daß es in der Religionsgeschichte überhaupt und speziell in Israel, im Urchristentum und dann in der

---

[239] Einen derartigen Begriff von Vision verwendet z. B. *Hartlich*, Geschehnisaussagen (s. Anm. 231) 475f.

Kirchengeschichte eine Fülle visionärer Phänomene – und zwar nicht nur als literarische Stilmittel, sondern immer wieder auch als reale visionäre Erlebnisse – gegeben hat. Dieses religionsgeschichtliche Phänomen der Vision ist außerordentlich vielgestaltig und sehr komplex. Wie überall findet man auch hier alle möglichen Spielarten, und es ist ganz abwegig, sämtliche Visionen als pathologische, halluzinatorische Phänomene zu werten, das heißt als Sinnestäuschungen und Trugwahrnehmungen, denen keine gegenständliche Realität entspricht, die solche vielmehr nur wahrzunehmen meinen.[240] Die großen Visionäre, vor allem der christlichen Mystik, sind gegenüber ihren visionären Erlebnissen selbst äußerst kritisch und haben eine scharfe kritische Selbstbeobachtung und eine differenzierte theoretische Selbstauslegung ausgebildet.[241] Darin unterscheiden sie drei Arten von Visionen[242]:

(1) Größter Skepsis begegnen *körperliche* Visionen, das heißt solche, in denen der Visionsgegenstand die *äußeren* Sinnesorgane affiziert (Sehen mit leiblichen Augen). Bei solchen körperlichen Visionen ist natürlich zu bedenken: Der Realitätseindruck des Visionsgegenstandes auf den Visionär ist keine einfache und unmittelbare Bewußtseinstatsache, sondern ein Urteil des Visionärs, das daher die Wahrnehmung auch falsch interpretieren kann.

(2) Der Normalfall, dem die klassische Mystik auch nochmals relativ gleichgültig und abwertend gegenübersteht, sind *imaginative* (sinnlich-einbildliche) Visionen, das heißt solche, in denen die *inneren* Sinne affiziert sind und ein Sinnenbild des inneren Vorstellungsvermögens bewirkt wird; der Gegenstand ist (vermeintlich oder wirklich) in seinem eigenen Selbst anwesend, nur eben nicht mit äußerlich-sinnlich wahrnehmbarer, körperlicher Realität (Sehen mit geistigem Auge, aber eventuell durch das leibliche Auge). Auch hier ist die Wahrnehmungsevidenz ein (spontanes, implizites) Urteil des Visionärs, das nie das An-sich,

---

[240] Vgl. hierzu *E. Benz*, Die Vision. Erfahrungsformen und Bilderwelt (Stuttgart 1969) 86ff.

[241] Ebd. 89. – Den großen Visionären waren manche ihnen nicht mehr kontrollierbare, ihrer Umgebung beobachtbare (parapsychologische) Begleiterscheinungen aufs äußerste peinlich und absolut unwichtig.

[242] Zum Folgenden vgl. *K. Rahner*, Visionen und Prophezeiungen (Freiburg 1958) 32ff. 48ff.

sondern nur die Bewußtseinsgegebenheit des Gegenstandes treffen und das darum irren kann.

(3) *Rein geistige* (intellektuelle) bildlose Visionen ohne Erregung der Sinne und der Phantasie sind im strengen Sinne keine Visionen mehr.

Wenn wir für die Ostererscheinungen die erste Art (wegen der unter Punkt 1.a bereits angeführten Gründe) und die dritte (wegen des für die Ostererscheinungen nicht ausklammerbaren sinnlich-imaginativen Elementes) ausscheiden, so ergibt sich die Frage, ob sich das aus imaginativen Visionen der Kirchengeschichte gewonnene Modell auf die Ostererscheinungen zurückprojizieren läßt.

b) Die Problematik des Modells der gottgewirkten imaginativen Vision

Setzen wir einmal voraus, es gäbe »echte« imaginative Visionen,[243] das heißt wirklich ganz von Gott gewirkte Visionen eines sonst unserer Wahrnehmung entrückten »Gegenstandes« (Gott, Christus, Heilige, Verstorbene), in denen sich Gott aber, um sich selbst oder anderes zu zeigen, der natürlichen psychophysischen Struktur des visionären Subjekts (mit seinen imaginativen, eidetischen Fähigkeiten) *so* bedient, daß die Vision auch wirklich *ganz* der Akt dieses Subjektes ist. Wir können solche von Gott gewirkten Visionen durchaus auch mit Karl-Heinz Weger[244] so verstehen, daß Menschen, die sich radikaler als andere auf Gott einlassen und sich in ihrem Leben ganz Gott exponieren und überantworten, auch zu einem viel intensiveren Gottesverhältnis gelangen und Gott tiefer, direkter erfahren als der Durchschnittsmensch (der erst durch Reflexion auf das von ihm in aller Erfahrung implizit und unbewußt Miterfahrene zu einer expliziten Erfahrung Gottes kommen kann); sie erfahren Gott – im Laufe des Wachstums ihres Lebens mit Gott – unter Umständen so intensiv, daß sie ihn »sehen« (Vision) und es für sie nicht erst einer Reflexion bedarf, um von der Wirklichkeit des »Gesehenen« überzeugt zu sein. Setzen wir dies alles einmal voraus, so sind nun zwei Aspekte zu bedenken und im Blick auf die Oster-

---

[243] Vgl. zum Folgenden ebd. 41ff. 55ff.
[244] Vgl. *K.-H. Weger*, Auferstehung. Zumutung oder Fundament des Glaubens? in: StdZ 193 (1975) 219–227, bes. 223.

erscheinungen zu prüfen: (1) Wo am Visionär ist dann die primäre Ansatzstelle für den von Gott ausgehenden Anstoß zur imaginativen Vision? (2) Wodurch wird der Inhalt der Vision konstituiert?

(1) *Die Ansatzstelle für eine gottgewirkte imaginative Vision.* – Nach dem Zeugnis und der Theologie der großen Mystiker setzt bei imaginativen Visionen die göttliche Einwirkung in der Regel tiefer an als in der (inneren) sinnlichen Sphäre. Das primär und direkt von Gott Bewirkte ist nicht die imaginative Vision als solche (also die Erregung der sinnlichen Fähigkeiten); diese ist nur begleitende Folge, Echo und »Ausstrahlung einer viel ›zentraler‹ treffenden göttlichen Einwirkung«,[245] nämlich der Einwirkung der – heiligmachenden oder außerordentlichen mystischen – Gnade des Gottesgeistes (»eingegossene Beschauung«) unmittelbar auf den geistigen Kern oder das »Herz« (im biblischen Sinne) der Person. Diese zentrale göttliche Einwirkung hat eine – somit sekundär gottgewirkte – psychogene Ausstrahlung auf die innere Sinnlichkeit, in der Vorstellungen mit Wahrnehmungscharakter auftreten.[246] Das Sinnlich-Bildliche ist also gar nicht der eigentliche Kern des Erlebnisses, sondern bloß abhängige Funktion der eigentlichen göttlichen Einwirkung, oder mit anderen Worten: »das außerordentliche, aber nicht außernatürliche psychophysische Echo einer normalen Entwicklung des übernatürlichen Lebens«,[247] also des Lebens mit dem Gott, der über alle Bilder erhaben ist. Die normalen (auch psychologischen) Gesetze der menschlichen Natur brauchen dazu weder teilweise noch ganz aufgehoben zu sein.

Läßt sich dieser Aspekt des Modells nun auf die Ostererscheinungen übertragen? Die Schau (Vision) des auferweckten Jesus ist nach allem, was wir ausgeführt haben, nicht denkbar als imaginatives Echo der *Entwicklung* des Lebens der Jünger mit Gott bzw. Jesus »zwischen Karfreitag und Ostern«; der Bruch des Karfreitags ist als Bruch in ihrem Leben mit Jesus und seinem Gott ganz ernst zu nehmen. Allenfalls wäre diese Schau (Vision) des auferweckten Jesus als imaginatives Echo eines radikal und qualitativ *neuen* Einwirkens der Gnade Gottes

---

[245] *Rahner*, Visionen 56.
[246] Ebd. 56f.
[247] Ebd. 45.

bzw. des Auferweckten auf die innerste Mitte der Jünger begreifbar; das heißt, sie müßte als *Wunder im strengen Sinn*, als Einwirken Gottes, das die produktiven und imaginativen Möglichkeiten der Jünger (indem es sie aufgreift) gerade sprengt, gedacht werden. »So abgedroschen der Gemeinplatz klingen mag: Wenn die ›Wunder‹-Frage, die Transzendierung des Bereichs des historisch-analogisch Wahrscheinlichen, an einem Punkt brisant werden und fundamentale Bedeutung gewinnen kann, dann eben bei der Frage nach der Entstehung . . . des Osterglaubens.«[248] Weger und ihm folgend Gerhard Lohfink wollen denn auch an der »Ursächlichkeit des auferstandenen und verklärten Christus, der aus der ihm eigenen Dimension von Gott offenbar gemacht wird«, der sich aber »nur über die psychogenen Imaginationen« der Jünger wahrnehmbar machen kann, durchaus festhalten.[249] Die Frage ist angebracht: Läßt sich dies nicht unmißverständlicher ohne den so vieldeutigen, so belasteten Visionsbegriff, dem heute ein ausgesprochen subjektiver Zug anhaftet, entfalten?

(2) *Die Konstituierung des (auch sinnlich gegebenen) Inhalts einer gottgewirkten imaginativen Vision.* – Wenn bei imaginativen Visionen das Imaginative sekundäres Echo des eigentlichen Kernvorgangs, dessen Ausstrahlung und Begleiterscheinung in der Sinnlichkeit des Menschen ist, dann ist der imaginierte, sinnlich gegebene Inhalt der Vision nicht nur vom Kernvorgang der göttlichen Einwirkung allein bestimmt, sondern zugleich von allen situativen und subjektiven Bedingtheiten des Visionärs.[250] Alle in ihm schon gegebenen Voraussetzungen fließen in den Inhalt der Vision mit ein (so daß dieser mit Schiefheiten, Irrtümern, Geschmacklosigkeiten usw. durchsetzt ist). Läßt sich der sinnenfällige Inhalt der Vision gar aus jenen Vorgegebenheiten im Visionär gänzlich ableiten und produzieren, so ist dieser In-

---

[248] *A. Vögtle*, Osterglauben (s. Anm. 25) 34.

[249] *G. Lohfink*, Der Ablauf der Osterereignisse und die Anfänge der Urgemeinde, in: ThQ 160 (1980) 162–176, hier 167. Ebd.: »wie jede Vision ganz und gar das Werk des Menschen ist, kann sie gleichzeitig ganz und gar das Werk Gottes sein, der dann die produktive Einbildungskraft des Menschen gerade dazu benutzt, sich mitten in der Geschichte offenbar zu machen.« – Ähnlich auch schon *Weger*, Auferstehung 224f.

[250] In diesem Sinne verstand Schillebeeckx die Ostererscheinungen als »visuelle Nebenerscheinungen« bzw. »visuelle Redundanz« eines allein ausschlaggebenden kognitiven Vorgangs; siehe oben IV. 4c (4).

halt als ganzer errabel, also fragwürdig, und die Gottgewirktheit der Vision selber nicht mehr erweisbar. Die großen Visionäre stellen daher den ihnen selber höchstens sekundär bedeutsamen imaginierten Inhalt ihrer Visionen nochmals radikal in Frage und überstellen ihn anderen zur Prüfung.[251]

Auf die Ostererscheinungen angewandt: Ihr *auch sinnlich gegebener Inhalt* ist die Manifestation des Gekreuzigten als durch die Macht Gottes Lebendigen und seine Heilsgegenwart aus dieser Macht Gottes heraus. Diese Selbstbekundung der getöteten Menschheit Jesu als lebendiger in die geschichtlich-sinnliche Erfahrung der Jünger hinein ist aber, wie wir sahen, *selber der zentrale Kern* der Ostererfahrung. Er ist nicht von den Jüngern produziert[252] und auch nicht nur ein imaginatives sekundäres und irrtumsfähiges Echo in der Sinnlichkeit der Jünger. Das schließt nicht aus, daß die unmittelbare Deutung dieses zentralen Erfahrungskerns (mittels der – freilich entscheidend umgebogenen – Kategorie der Auferstehung u. ä.) Vorgegebenheiten und Fähigkeiten in den Jüngern aktiviert und umstrukturiert. Der Historiker kann zwar nicht gänzlich ausschließen, daß dieser zentrale Inhalt und Kern der Ostererfahrung noch einmal Produkt einer Selbsttäuschung der Jünger ist (mag dies auch einigermaßen unwahrscheinlich sein). Der Glaubende und Theologe aber muß dies ausschließen. Schon bei prophetischen, durch späteres Eintreffen bestätigten Visionen (vgl. etwa Am 7, 1–9; Jer 1, 11–14)[253] muß – in der Sicht des Glaubens – auch der bildhafte Inhalt der Vision als in seiner Sinnspitze positiv von Gott intendiert und insoweit inspiriert angenommen werden.[254] Dies gilt auch und erst recht für den bildlichen Inhalt der Ostererscheinungen: Die-

---

[251] Vgl. *Rahner*, Visionen 51f. 62f.
[252] *Lehmann*, Zur theologischen Rede (s. Anm. 232) 124, hält den Visionsbegriff für »nicht völlig unbrauchbar« in unserem Zusammenhang. Aber mindestens eines der drei von Lehmann genannten Merkmale erfüllt der Visionsbegriff gerade nicht eindeutig, nämlich dieses: »2. Das in der Vision Geschaute produzieren wir nicht selbst, vielmehr sind wir von ihrem Gehalt ›hingerissen‹ und überwältigt.« Derartiges Hingerissensein gibt es durchaus auch bei selbstproduzierten Bildern! Darum gilt auch von dem in der Vision Geschauten, daß es »in seinem gehaltlichen Moment und im Charakter der Selbstbekundung gemindert« sein kann (ebd. 126).
[253] Prophetische Offenbarungen sind nicht immer mit wirklichen Visionen verbunden, oft handelt es sich um verbale Eingebungen. *F. V. Reiterer*, Ekstase-Besessenheit-Vision. Anmerkungen aus der Sicht des AT, in: Kairos 25 (1983) 156–175, zeigt, daß »sich die klassischen Propheten nur nebenbei auf Visionen berufen, gewöhnlich aber Wortoffenbarungen empfangen« (173).
[254] Vgl. *Rahner*, Visionen 63.81f.

226

ser muß – wiederum in der Sicht des Glaubens – zumindest in seinem Sinn als durch die neue Begegnung Jesu selbst ermöglicht und erzwungen (abgenötigt) verstanden werden.[255] Er ist auch nicht einfach nur sekundäre, austauschbare, errable Deutung; *er ist die offenbarte Sache von Ostern selbst,* verbunden mit einer untrüglichen Evidenz und Gewißheit seines göttlichen Ursprungs auf seiten der Urzeugen.

c) Die Unvergleichlichkeit des österlichen »Sehens«

Unter beiden betrachteten Aspekten also hat das »Modell« der imaginativen gottgewirkten Vision so starke Mängel, daß man mit seiner Anwendung auf die Ostererscheinungen äußerst zurückhaltend sein sollte. Nicht von ungefähr sind in den Erscheinungstexten ekstatische, eigentlich visionäre Elemente eben nicht zu finden. Das österliche »Sehen« ist offenbar von ganz unvergleichlicher Art; die Texte bezeugen, daß es sich bei den Erscheinungen um etwas Exzeptionelles gehandelt hat. Auch eine Erweiterung des Visionsbegriffs hilft hier nicht weiter: Eine Befreiung des Begriffs der Vision aus der ihm anhaftenden Verengung, etwa derart, »daß er die Bedeutung eines wirklichkeits- oder zukunftserschließenden geistigen Durchbruchs annähme«,[256] dehnt den ohnehin vieldeutigen und schillernden Begriff dermaßen aus, daß er als Begriff aufgelöst wird, ohne daß für unseren Zusammenhang etwas Entscheidendes gewonnen wäre. Da sich überdies unter den gegenwärtigen Voraussetzungen ein Mißverständnis des Begriffs »Vision« im Sinne primärer oder gar bloßer Produktivität menschlicher Imagination kaum vermeiden läßt, empfiehlt es sich, diesen besser nicht zu verwenden.

---

[255] Der Inhalt der Ostererscheinungen kann nicht lediglich als vom Unbewußten usw. produziertes Bild verstanden werden, das – aufgrund einer göttlichen Lenkung – die Wahrheit des auferstandenen Christus nicht verfehlt. Gegen *Lohfink,* Ablauf 167: »Die Ostererfahrungen der Jünger sind *theologisch* gesprochen wirklich und wahrhaft Erscheinungen des Auferstandenen, in denen Gott seinen Sohn geoffenbart hat (Gal 1, 15). *Psychologisch* gesprochen sind sie jedoch zugleich Visionen, in denen die produktive Imaginationskraft der Jünger über das Unterbewußtsein die Anschauung des Auferstandenen konstituiert hat.« Solche Addition zweier Betrachtungsweisen entgeht nicht der möglichen Konsequenz, daß die erstgenannte Betrachtungsweise als bloßer Überbau abgetan wird.

[256] So *A. Schmied,* Ostererscheinungen – Ostererfahrung, in: Theologie der Gegenwart 19 (1976) 46–53, hier 53.

3. Überprüfung anhand der neutestamentlichen Aussagen

Untersucht man die neutestamentlichen Aussagen unter dem hier gefragten Aspekt nochmals genauer, so ergibt sich erst recht die dringliche Empfehlung, auf den Gebrauch des Visionsbegriffes im Zusammenhang der ersten Ostererlebnisse zu verzichten; ebenso aber erweist sich auch der Begriff der Epiphanie als ungeeignet.

a) Visionen?

Zwar ist überhaupt nicht zu leugnen, daß im frühen Christentum ekstatische und pneumatische Visionen eine Rolle gespielt haben; »davon zeugen sowohl die Berichte von tatsächlichen Visionen, deren historische Wirklichkeit wir keine Ursache zu bezweifeln haben« (vgl. nur Apg 2, 16f; 7, 55f; 2 Kor 12, 1ff; Apk 1, 10; 4, 2), »als auch Schilderungen visionärer Erlebnisse, die wir als fiktiv beurteilen müssen« (vgl. etwa Apg 10, 9ff).[257] Doch darf die Bedeutung dieser visionären Erlebnisse für das frühe Christentum nicht überschätzt werden. Zweierlei ist zu beachten: Die *entscheidenden* Punkte des urchristlichen Glaubens gründeten sich *nicht* auf visionäre Erlebnisse.[258] Zum anderen aber sind die urchristlichen ekstatischen und pneumatischen Visionen des erhöhten Christus, von denen wir wissen können, allesamt als erst pfingstliche oder nachpfingstliche Erfahrungen anzusetzen. (Bei allem inneren Zusammenhang stehen Ostern und Pfingsten ja in einer nicht umkehrbaren Folge). Die österlichen Erscheinungen des Auferstandenen sind dagegen gerade *nicht als Visionen gefaßt*.[259] Nirgendwo findet sich eine Spur da-

---

[257] *J. Lindblom,* Gesichte und Offenbarungen. Vorstellungen von göttlichen Weisungen und übernatürlichen Erscheinungen im ältesten Christentum (Lund 1968) 66.

[258] Ebd. 66.

[259] Ebd. 102f. 111; vgl. 32ff. – Siehe auch oben in diesem Kap., III. 3c. – Gänzlich unbegründet und willkürlich ist jedoch Lindbloms Klassifizierung dieser (nach-)pentekostalischen ekstatischen Visionen als »Christophanien« (77.113). Nirgends nämlich werden *diese* Visionen mit dem Stamm -phan charakterisiert, während dieser hellenistische Term für das Erscheinen von Gottheiten oder von entrückten Heroen wenigstens im sekundären Mk-Schluß (einer Zusammenfassung der in andern Evv stehenden Ostererscheinungen aus dem 2. Jahrhundert), nämlich Mk 16, 9, die Erscheinung vor Maria Magdalena bezeichnet. Mit ἐμφανίζω o. ä. wird Apg 10, 40 die sichtbare Erscheinung des Auferstandenen, Mt 27, 53 die der auferstandenen Toten bezeichnet. Die johannische Literatur gebraucht φανερόω häufig für die Selbstoffenbarung Jesu in seinem Wirken und entsprechend im Nachtragskapitel 21, 1.14

von, daß man sie als solche sich vorgestellt und verstanden hätte; weder in den frühen Erscheinungsaussagen noch in den Erscheinungserzählungen der Evangelien sind ekstatische und eigentlich visionäre Elemente zu finden: Von Gesichten, geheimnisvollen Lichtphänomenen oder Stimmen, Tag- oder Nachtträumen, ekstatischen Verzückungen usw. ist nicht die geringste Andeutung zu finden.

b) Epiphanien?

Auf der anderen Seite ist es aber auch unzulässig, die eigentlichen ersten Ostererlebnisse mit Johannes Lindblom als »Christusepiphanien«, das heißt als »ein realistisch-anthropomorphes In-die-Erscheinung-treten eines übernatürlichen Wesens« auf Erden zu begreifen.[260] Lindblom verweist auf »den starken Realismus der Schilderungen« in den Erscheinungserzählungen der Evangelien;[261] der Auferstandene werde als »hier auf Erden auf(tretend), in dem historischen Milieu, anthropomorph, obwohl im verwandelten Leibe, mit Menschen wie ein Mensch verkehrend«[262] gedacht. Da in 1 Kor 15, 3–8 über das Wie der Erscheinungen nichts ausgesagt sei,[263] überträgt er *diese* so verstandene Vorstellung der Christusepiphanie[264] kurzerhand zurück auf die frühesten Erscheinungsaussagen. Man ist erstaunt, daß derartige Kurzschlüsse auch heute noch unterlaufen. Möglich sind sie nur, wenn man, wie Lindblom, die literarischen Genera der Texte (frühe Bekenntnisaussagen bzw. spätere legendenartige Veranschaulichungen) sowie die differenzierte urchristliche Traditionsgeschichte weitestgehend mißachtet. Weder wollen die Erscheinungserzählungen der Evangelien als realistische »Schilderungen« des anthropomorphen Auftretens eines himmlischen Wesens auf Erden verstanden werden, noch ist von ihnen aus ein Rückschluß auf das Wie der ursprünglichen Ostererlebnisse erlaubt.

Überdies ist Lindbloms Verwendung und inhaltliche Bestimmung des Terminus »Epiphanie« höchst fragwürdig. Dieter Lühr-

---

(wie sonst nur noch – in Abhängigkeit hiervon – der sekundäre Mk-Schluß Mk 16, 12.14) für die Erscheinungen des Auferstandenen.

[260] *Lindblom*, Gesichte 104 Anm. 35.
[261] Ebd. 103; vgl. 91.
[262] Ebd. 111.
[263] Ebd. 107.
[264] Die er dann noch im Sinne von Halluzinationen verstehen will: Ebd. 113.

mann hat gezeigt, daß epiphaneia im Hellenismus und im hellenistischen Judentum in religiösen Zusammenhängen die ganz
bestimmte terminologische Bedeutung von geschichtlich faßba-
rem, helfendem oder rettendem Eingreifen (des) Gottes zugunsten seines Volkes (seiner Verehrer) hat, wobei das Moment der
sichtbaren Erscheinung der Gottheit (entgegen dem später üb-
lich gewordenen Gebrauch des Wortes »Epiphanie«) gerade keine
konstitutive Rolle spielt; dieses helfende Eingreifen kann aber
durchaus sichtbare *Folgen* haben.[265] Im Neuen Testament
kommt das Wort nahezu ausschließlich in den späten Pastoral-
briefen, die sich einer gehobenen hellenistischen Gräzität beflei-
ßigen, vor, und zwar nur für das künftige Erscheinen Christi bei
der Parusie. Im Zusammenhang von Ostertexten begegnet der
Terminus »Epiphanie« dagegen überhaupt *nie*. Es gibt von daher
keinerlei Veranlassung, die Ostererscheinungen als Christusepiphanien zu bezeichnen.[266]

c) Keine nachvollziehbare Vorstellung über das Wie der Ostererfahrung

Die frühen wie späteren neutestamentlichen Aussagen über die
»Erscheinungen« des Auferstandenen ermöglichen allesamt
»keine nachvollziehbare Vorstellung« über die Art und Weise,
wie die als Erscheinungen oder Offenbarungen des Auferstandenen bezeugten österlichen Urerlebnisse sich vollzogen haben.[267]

(1) Das alte und wohl auf die Urgemeinde zurückgehende
ὤφθη der vorpaulinischen Bekenntnisformel 1 Kor 15, 3–5.6f,

---

[265] *D. Lührmann*, Epiphaneia. Zur Bedeutungsgeschichte eines griechischen Wortes, in:
G. Jeremias u. a. (Hg.), Tradition und Glaube. Festschrift K. G. Kuhn (Göttingen
1971) 185–199; vgl. *R. Bultmann – D. Lührmann*, Art. ἐπιφαίνω, in: ThWNT IX
(1973) 8–11. – Insoweit sind auch die Arbeiten von *E. Pax*, Epiphaneia (München
1955) bzw. Epiphanie, in: RAC V (1962) 832–909, zu korrigieren. – Zu einem heutigen allgemein-religionswissenschaftlichen Epiphanie-Begriff vgl. *G. Oberhammer*
(Hg.), Epiphanie des Heils. Zur Heilsgegenwart in indischer und christlicher Religion (Wien 1982) 7.222f.

[266] Dies hätte auch *Schillebeeckx*, Auferstehung 95 Anm. 14, zu beachten, der Lindbloms Terminus Christus-Epiphanie ungeprüft übernimmt.

[267] *Vögtle*, Osterglauben (s. Anm. 25) 68; vgl. 56f. 59. Ebd. 129: »so begründet die These sein mag, der Osterglaube der Jünger beruhe ›auf einem Geschehen ...‹, das nicht
aus den Jüngern erklärt werden kann, sondern das selbst ihren Glauben erst entstehen läßt‹: jenes ›Geschehen‹ bleibt für uns eine Unbekannte, die uns eine entsprechend einsichtige Erklärung, wie jenes ›Geschehen‹ zur Artikulation des Osterglaubens führte, verwehrt.« – Vögtle bleibt mit dieser Auffassung im Recht gegen
Kolping, der den »möglichen Hergang einer Erscheinung des Auferweckten« meint
rekonstruieren zu können (Fundamentaltheologie III/1, 650–659).

bei dem nicht prophetische oder apokalyptische Visionen, sondern die Gotteserscheinungsformel der LXX und damit die patriarchenzeitliche und die endzeitliche (nun im auferstandenen Gekreuzigten definitiv durchbrechende) Manifestation der Heilsgegenwart Gottes im Hintergrund steht, meint durchaus die (Selbst-)Bekundung des Auferstandenen über ein Erlebnis, welches das Moment des Sichtbarmachens und Gesehenwerdens (wenngleich nicht notwendig mit den äußeren, körperlichen Augen) enthält; von Wortoffenbarung ist hingegen explizit gerade nicht die Rede.[268] Adolf Kolping schließt daraus: »Der ursprüngliche Erscheinungsakt ist ›wortlos‹ gewesen.«[269] Dieser Schluß auf ein ursprünglich »wortloses Erscheinen bzw. bloßes Schauen«[270] ist indes voreilig und nicht begründet. Aus dem Schweigen in bezug auf Worte, Sprechen, Hören (Audition) darf nicht ohne weiteres auf deren Nichtvorhandensein geschlossen werden; dies zumal, wenn man bedenkt, daß die Funktionen des Schauens und Hörens in der biblischen Sprache gerade nicht in sich ausschließender Weise getrennt sind (Jes 1, 1; 2, 1; 13, 1; 30, 10; Jer 38, 21; 45, 21 LXX; Am 1, 1; Hab 1, 2; 2, 2 u. a. können z. B. von einem »*Sehen*« der Offenbarungs*worte* sprechen).[271] Die mit dem Vorgang der österlichen Erscheinung gegebene Wahrnehmungsevidenz auf seiten der Urzeugen könnte also durchaus auch der Unterscheidung von Sehen und Hören vorausliegen.[272] Dessenungeachtet bleibt die Feststellung gültig, daß man aus dem ὤφθη keine Schlüsse auf die spezifische Natur der Erscheinungen des Auferstandenen ziehen darf; über das Wie wird eben nichts ausgesagt.

(2) Die möglicherweise ebenfalls in die Urgemeinde zurückreichende Terminologie, die Paulus in Gal 1, 12.15f verwendet,

---

[268] Vgl. oben in diesem Kap., III. 2 sowie *Vögtle,* Osterglauben 40–59; *Hoffmann,* Auferstehung (TRE IV) 492, und *Lindblom,* Gesichte 86–89, gegen *Michaelis* in: ThWNT V (1954) 328–335.

[269] *Kolping,* Fundamentaltheologie III/1, 652.

[270] Ebd. 654.

[271] Dazu neuerdings die Arbeit von *H. F. Fuhs,* Sehen und Schauen (s. Anm. 34) v. a. 56.

[272] Auch wenn ein Verständnis der »Erscheinungen« als Visionen sich als wenig hilfreich erwiesen hat, so ist doch die Bemerkung von *E. Benz,* Vision (s. Anm. 240), interessant, daß es sich auch bei mystischen Visionen der Kirchengeschichte nicht nur um die Öffnung des inneren *Auges* handelt; dessen dominierende Tätigkeit werde von der Tätigkeit aller andern (inneren, geistlichen) Sinne begleitet und mitorchestriert. Das mag auch für andere Formen tieferer Wahrnehmung gelten.

spricht davon, daß Gott seinen Sohn (Jesus Christus) aufgedeckt bzw. geoffenbart habe (ἀποκαλύπτειν – galah). Im hebräischen Alten Testament kann galah Gottes erfahrbares »Sich-Zeigen oder Sich-Offenbaren in einem Reden und in einem Handeln bezeichnen, aber das geschieht nur selten und überwiegend im Abstand der Reflexion«[273]. Genauerhin kann galah den prophetischen Empfang des Geschichte setzenden Gotteswortes (1 Sam 2, 27; 3, 7.21; 9, 15; Am 3, 7; Dan 10, 1; vgl. Dtn 29, 28), gelegentlich auch die visionäre Schau Gottes (Num 24, 4.16: der Seher Bileam) oder seiner Endgeheimnisse (Dan 2, 19 und 22), ferner einmal eine Gotteserscheinung (die Theophanie Gen 35, 7), aber auch Gottes Wirken in der Geschichte und im Schicksal eines Menschen (Jes 40, 5; 53, 1; 56, 1) bezeichnen.[274] Dieses Nebeneinander setzt sich über die LXX, die galah überwiegend mit ἀποκαλύπτειν wiedergibt, und die Apokalyptik (vgl. etwa Dan 10, 1 mit 2, 19.22 oder 1 QH 1, 21) bis ins Neue Testament hinein fort (Röm 1, 16f; 2 Kor 12, 1.7).[275] Von daher ist in Gal 1, 12.15f das Visionäre, das Sehen, nicht *notwendig* eingeschlossen;[276] Paulus wird der gekreuzigte Jesus als der auferstandene und erhöhte Christus offenbart, und in dieser Offenbarung empfängt Paulus das (in Worten jedenfalls zu explizierende und zu verkündigende) Evangelium.

(3) Ausdrückliche Verben des »Sehens« begegnen erstmals und ein einziges Mal bei Paulus in 1 Kor 9, 1 (ἑώρακα; veranlaßt durch den Rückgriff auf die Sprache prophetischer Berufungsvisionen Jes 6, 1.5; Jer 1, 12), dann aber mehrfach in den Grabes- und Erscheinungserzählungen der Evangelien: Mk 16, 7/Mt 28, 7 (ὄψεσθε als Verheißung); Mt 28, 17 und Joh 20, 20.29 (ἰδόντες); Lk 24, 39 (ἴδετε); Joh 20, 18.25.29 (ἑώρακα). Sie bezeichnen selbstverständlich eine visuelle Wahrnehmung, die Art des Sehens aber – ob mit äußeren oder inneren Augen usw. – wird nicht konkretisiert. Was »sieht« denn schon etwa Jesaja, auf den Paulus wohl anspielt, in seiner Berufungsvision

[273] C. *Westermann* – R. *Albertz*, glh aufdecken, in: THAT I (1978) 418–426, hier 425.
[274] Vgl. außer Westermann – Albertz auch H.-J. *Zobel*, glh, in: ThWAT I (1973) 1018–1031, bes. 1023ff.
[275] Vgl. D. *Lührmann*, Das Offenbarungsverständnis bei Paulus und in paulinischen Gemeinden (Neukirchen 1965).
[276] Gegen *Hoffmann*, Auferstehung Jesu Christi (TRE IV) 496, der meint, die Oster-Apokalypsis sei »in einer der apokalyptischen Vision analogen Weise« erfolgt. – Über die Art und Weise bekommen wir gerade keinen Aufschluß.

»mit seinen Augen« (Jes 6, 5) von dem auf seinem erhabenen Throne sitzenden Jahwe, wenn Jahwes *Säume* den ganzen Tempel füllen, in dem Jesaja ist (Jes 6, 1)! Betont ist in den Ostertexten dieses Sehen als solches kaum; außerdem spricht der sich den Jüngern zu sehen gebende Auferstandene diese (außer in 1 Kor 9, 1) auch ausdrücklich an und redet zu ihnen Worte, die den Stempel späterer theologischer, ekklesiologischer, apologetischer, missionarischer Entwicklung tragen.[277] – Wenn man die Erscheinungserzählungen der Evangelien mit John E. Alsup und Leonhard Goppelt von den anthropomorphen Theophanie-Erzählungen des Alten Testaments (vgl. Gen 18, 1–33; Ex 3, 2–10; Ri 6, 11–21; 1 Sam 3, 1–14; vgl. Tob 5, 4–8; 12, 11–21; JosAs 14, 5–9; 4 Esra 14, 1–5) her verstehen darf,[278] deren Form und Sprechweise sie übernehmen, dann wollen sie weder äußerlich-physische noch visionäre Erlebnisse berichten, sondern ihrerseits die neue, definitive Zuwendung Gottes zu den Menschen im auferstandenen Jesus bezeugen, das heißt, sie handeln von einer neuen Offenbarung.

4. Ergebnisse

So ergibt sich vom neutestamentlichen Befund her folgendes recht deutlich:

a) Die als Erscheinungen oder Offenbarungen des auferstandenen Gekreuzigten bezeugten Urerlebnisse können weder als Christusvisionen noch als Christusepiphanien bezeichnet werden. Will man unbedingt ein Fremdwort für sie wählen, so bietet sich noch am ehesten der Begriff der Christophanien an; aber auch auf ihn kann besser verzichtet werden, da der hellenistische Wortstamm -phan vorwiegend in den Kontext kosmisch-sakraler bzw. mythisch-ewiger Gegenwart des Göttlichen gehört.

b) Eine Konkretisierung des *Wie* dieser Erscheinungen oder Offenbarungen des auferstandenen Gekreuzigten ist uns nicht

---

[277] Vgl. *Vögtle*, Osterglauben 55f; auch *Goppelt*, Theologie des NT 283 Anm. 14.

[278] *J. E. Alsup*, The Post-Resurrection Appearance Stories of the Gospel-Tradition (Stuttgart 1975) 239ff; *Goppelt*, Theologie des NT 291ff. Zum unterschiedlichen Gebrauch des Terminus Theophanie vgl. *Jörg Jeremias*, Theophanie. Die Geschichte einer atl. Gattung (Neukirchen ²1977) 1f.

möglich. Die Texte erlauben in der Tat »keine nachvollziehbare Vorstellung« (Anton Vögtle) über die Art des Vorgangs, weil sie uns darüber einfach keine Auskunft geben. Sie interessieren sich nur für das überwältigende Daß und Was der Osteroffenbarung, deren Wie tritt völlig hinter dem Daß des »Wahrhaft ist der Herr auferstanden und erschienen« (Lk 24, 34) zurück. – Dieses weitestgehende Schweigen der Texte über das Wie des Vorgangs macht es uns unmöglich, das um so klarer hervortretende und entscheidende Daß der Begegnung und Selbstbekundung (Erscheinung, Selbstoffenbarung) des auferweckten Gekreuzigten noch in einer kritisch ausweisbaren Weise zu hinterfragen. Alle diesbezüglichen Versuche haben den Charakter von subjektiven oder zeitgeistbedingten Mutmaßungen. Jede positive Antwort auf die Frage nach dem Wie der Erscheinungen – gleichviel ob diese von supranaturalistischem oder psychologisierendem Interesse geleitet sei – überschreitet auf jeden Fall die Grenzen des historisch und theologisch Wißbaren. Man kann gewiß sagen: Die Erscheinungen »braucht man sich keineswegs mirakulös vorzustellen«, sozusagen »als exorbitante Mirakel, die die Jünger einfach ›umhauten‹«.[279] Nur ist mit solcher negativen Feststellung eine konkrete, positive Vorstellung noch keineswegs eröffnet; sie eben ist uns nicht möglich. – Über die durch den historischen Textbefund gezogenen Grenzen hinaus ist noch auf ein systematisches Problem aufmerksam zu machen: Es ist grundsätzlich fraglich, ob sich ein Offenbarungsvorgang, sei es ein prophetischer oder der österliche, im Sinne einer nachvollziehbaren Vorstellung aufhellen läßt. Sucht man nämlich erklärend gänzlich »hinter« ihn zu kommen, so reduziert man ihn eben auf irgendwelche bestimmbaren vorgegebenen Faktoren und verfehlt so gerade das, was er doch grundlegend und zentral zu sein beansprucht, das heißt seinen Charakter als Offenbarung von unableitbar Neuem, also von nicht aus uns zugänglichen Erfahrungen Entwickelbarem.[280] Dies zwingt bei aller Wißbegier zu grundsätzlicher Bescheidenheit.

[279] W. Kasper, Der Glaube an die Auferstehung Jesu vor dem Forum historischer Kritik, in: ThQ 153 (1973) 229–241, hier 239.
[280] Der von einer Offenbarung Betroffene (Jeremia; Petrus usw., evtl. wir) aber befleißigt sich einer existentiell-praktischen Einstellung (Zeugnis), in der er die ihn betreffende Erfahrung in ihrem Gehalt, sekundär aber auch sein Getroffensein und seine innere Evidenz (nicht objektivierend feststellt, sondern) bezeugt. Anders kann die Offenbarung von der Sache her an Dritte nicht weitergegeben werden.

c) Das *Daß und Was* der Erscheinungen aber tritt mit um so größerer Klarheit hervor. Das vom Historiker postulierte, den Osterglauben mit seiner ganzen Dynamik auslösende, rätselhafte ›Etwas‹ ist nach den als glaubwürdig erwiesenen neutestamentlichen Zeugnissen das gegenüber Leben und Sterben Jesu neue und ganz außergewöhnliche Erlebnis der Begegnung und Selbstbekundung des Auferweckten selber. Dieses Erlebnis hat zur Erkenntnis seiner Auferweckung einerseits, zur radikalen Wende im Leben der Jünger (neue Existenz im Glauben, Sendung, Gemeinde) andererseits geführt. In diesem Sinne gilt die Feststellung Anton Vögtles: »Der von der Überlieferung beanspruchte Empfang eines offenbarenden Impulses kann jedenfalls prinzipiell als voll ausreichende Erklärung dafür gelten, daß die Jünger wieder nach Jerusalem zogen und hier ein intervenierendes Handeln Gottes am Gekreuzigten, nämlich dessen Auferweckung und Erhöhung in den Himmel, behaupteten. Daran darf mit gutem Gewissen festgehalten werden, obwohl die verfügbaren Quellen es uns nicht ermöglichen, das den Osterglauben begründende Offenbarungsgeschehen in seinem konkreten Wie zu fassen.«[281]

d) Wir haben die österlichen Erscheinungen des Auferstandenen mit den Begriffen der *Begegnung* und der *Selbstbekundung* in Begegnung zu fassen versucht. Diese Begriffe sind geeignet, sowohl das primäre und konstitutive, zentrale Moment der Nichtableitbarkeit und Nichtrückführbarkeit (als der Kehrseite der freien Selbstbekundung) als auch das sekundäre und unabdingbare Moment der tiefgreifenden positiven Veränderung der von der Begegnung Betroffenen in ihrer Grundstruktur formal angemessen festzuhalten. Transzendentale Kategorialität vermag hingegen nur das zweite, sekundäre Moment zureichend zu erfassen; zu seiner Beschreibung ist sie hilfreich.

e) Die Begegnung des auferstandenen Gekreuzigten wird von den Urzeugen behauptet. Sie läßt sich für uns nicht direkt nachprüfen. Aber das Umfeld dieser Behauptung konnten wir historisch ein Stück weit sichten: die Vorgegebenheiten und vor allem die tiefgreifenden und folgenreichen Auswir-

---

[281] *Vögtle*, Der verkündende Jesus (s. Anm. 21) 72f.

kungen der behaupteten Begegnung im Verhalten und im weiteren Leben der Jünger. Insoweit ist durchaus eine *Verankerung der behaupteten Begegnung im empirisch-historisch Kontrollierbaren* gegeben, ist ein empirisch-kontrollierbares Substrat zu greifen und so etwas wie eine empirisch-historische Probe möglich. Das Zeugnis der Jünger erwies sich so als keineswegs unglaubwürdig. Es wird daher zum Appell an unsere Freiheit, ihm Glauben zu schenken. Und solche Glaubensentscheidung ist keineswegs willkürlich, sondern hat ihre guten Gründe. – Was wir in diesem Kapitel zu erbringen versucht haben, war *kein Beweis* für die »Erscheinungen« des auferstandenen Jesus. Aber es war – gegenüber allem Ausweichen vor der Konkretheit des neutestamentlich Bezeugten – ein Aufweis der (Nicht-Un-)Möglichkeit dieser »Erscheinungen« als »näheren«, unmittelbaren Auslösers des Osterglaubens (was die Bedeutung des Lebens und Sterbens Jesu als »entfernterer«, aber unabdingbar grundlegender Bedingung des Osterglaubens in keiner Weise schmälert). Nicht mehr und nicht weniger!

Viertes Kapitel
Die Frage
nach der zureichenden Grundlage
des (Oster-)Glaubens

Zu Beginn des vorigen Kapitels wurde auf die Notwendigkeit hingewiesen, methodisch zu unterscheiden zwischen der mehr historischen Frage nach dem ursprünglichen (eventuell zufälligen) Zustandekommen des Osterglaubens nach Karfreitag einerseits und der mehr prinzipiell-fundamentaltheologischen Frage nach der bleibend gültigen sachlichen Grundlage des (Oster-) Glaubens andererseits. Es wurde vermerkt, daß erst geklärt werden müsse, ob das, was die Osterüberzeugung der Urgemeinde ausgelöst hat, auch die Begründung für einen heutigen (Oster-) Glauben abgeben kann. Unter Osterglaube ist dabei inhaltlich – im Sinne des letzten, fünften Kapitels – der Glaube nicht an eine isoliert gefaßte, sondern an die in ihren verschiedenen Dimensionen erfaßte Auferstehung Jesu zu verstehen: also der christliche Glaube an den sich (durch eine gegenüber Jesu Leben und Tod neue Tat) selbst neu und definitiv bestimmenden Gott, an die definitive Bestimmung des irdischen und gekreuzigten Jesus als des auferweckten und erhöhten Kyrios, an seine gegenwärtige Wirksamkeit im Pneuma. Welches ist der Sachgrund, der die unbedingte Geltung dieses christlichen Glaubens begründet?

I. Der Sachgrund des (Oster-)Glaubens

1. Zur Unterscheidung von geschichtlichem Ursprung und zureichendem Grund des Glaubens

Gotthold Ephraim Lessing (1729–1781) hat in seiner Schrift »Über den Beweis des Geistes und der Kraft« (1777) scharf den Unterschied herausgestellt, der besteht zwischen außergewöhnlichen Erlebnissen wie Wundern, Weissagungen oder Ostererscheinungen, die ich selbst erlebt habe (Evidenz des Augenzeugen), und solchen, von denen ich nur durch geschichtliche Zeugnisse weiß, daß andere sie erlebt haben wollen. Während also die ersten Jünger Jesu die »Beweise des Geistes und der Kraft« selbst erfahren haben, besitzen wir Späteren an Stelle dieser außergewöhnlichen Erlebnisse und ihrer unmittelbaren Evidenz »nichts als Nachrichten« *über* sie. Der »garstige breite Graben«, der uns von den Heilsereignissen und ihrer Evidenz trennt, scheint unüberspringbar.[1] Wie sollen wir – diesseits dieses Grabens – einen hinreichenden Grund für die unbedingte Entscheidung und Gewißheit des (Oster-)Glaubens heute finden? Auf die uns nicht mehr zugänglichen, für uns nicht wiederholbaren, vergangenen außergewöhnlichen Erfahrungen der ersten Jünger läßt sich Glaubensevidenz für uns heute allein nicht gründen.

In diesem Sinne können in der Tat die Ostererscheinungen der bleibende und hinreichende Sachgrund des (Oster-)Glaubens *nicht* sein.[2] Die Ostererscheinungen in ihrer besonderen Form sind zwar (in ihrer engen Verflochtenheit mit den vorösterlichen Gegebenheiten des Lebens Jesu usw.) der einmalige geschichtliche Ursprung und *ursprüngliche Erkenntnisgrund* des Osterglaubens. Aber sie sind keineswegs die unbedingte Grundlage des (Oster-)Glaubens, und zwar weder im Sinne des bleibenden (ja nicht einmal des anfänglichen, ursprünglichen) *Sach*grundes noch im Sinne des späteren, bleibenden (wohl aber des ursprünglichen) *Erkenntnis*grundes. Zwischen dem einmaligen geschichtlichen Ursprung des (Oster-)Glaubens in der Ostererfahrung und dem in diesem geschichtlichen Ursprung geschichtlich-konkret sich bezeugenden unbedingten Grund des Osterglaubens will wohl unterschieden sein. Dieser unbedingte Grund des Osterglaubens (der trinitarische Gott) bezeugt sich in jenem geschichtlichen Ursprung des Osterglaubens (den »Erscheinungen« des Auferweckten von Gott her) erstmals *vollends* und definitiv, er bezeugt sich hier aber eben gerade nicht analogielos einmalig.

---

[1] *G. E. Lessing*, Über den Beweis des Geistes und der Kraft (1777), in: Ders., Werke Bd. 8 (Darmstadt 1979) 9–14, hier 9.12.13.

[2] Insofern haben Schillebeeckx und Pesch etwas Richtiges erkannt, wenn sie die Bedeutung der Ostererscheinungen geringer veranschlagen, als herkömmliche schultheologische Auffassungen das tun.

2. Die erforderliche Offenbarkeit der neuen Tat Gottes am Gekreuzigten

Das besagt nun freilich keineswegs, daß der Osterglaube – wie Hansjürgen Verweyen meint – nur zufällig (nämlich wegen der »psychologischen Barrieren«, die der Kreuzestod eben damals bildete) auf »besondere Widerfahrnisse« nach Jesu Tod zurückgehe und daß er »schon während des Lebens des irdischen Jesus hinreichend begründet« sei.[3] Daß das *abschließende* und *endgültig* entscheidende Urteil über Jesus als den Christus Gottes bereits »am irdischen Jesus, nicht erst aufgrund der österlichen Begebenheiten, gewonnen« worden sei,[4] hat sich schon früher als unhaltbare Auffassung erwiesen. Im jetzigen Zusammenhang ist noch deutlicher herauszustellen, daß der Osterglaube (im Sinne jenes abschließenden und endgültig entscheidenden Urteils über Jesus) nicht schon im Erdenleben Jesu hinreichend *begründet* ist und daß nicht einfach der irdische »Jesus selbst ... Grund unseres Glaubens und unserer Hoffnung«[5] ist. Es geht also nunmehr um den systematisch zureichenden Grund (nicht um Entstehung und Ursprung) des Osterglaubens.

[3] *H. Verweyen*, Die Ostererscheinungen in fundamentaltheologischer Sicht, in: ZkTh 103 (1981) 426–445, hier 429.

[4] Ebd. 432. – Natürlich ist es richtig, daß Jesu Leben und Lebenshingabe schon in sich selber Bedeutung und Sinn haben, ihnen ein solcher Sinn nicht erst nachträglich durch eine »Zutat Gottes« angesonnen wird (ebd. 430f; *ders.*, Christologische Brennpunkte, Essen 1977, 75). Aber genau dies kann doch (auch vom NT) nur erkannt und gesagt werden, weil die todüberwindende Bedeutung von Leben und Tod Jesu durch die Auferweckung erst bleibend und universal in Kraft gesetzt und insoweit durch die Osteroffenbarung erkennbar gemacht ist. Die definitive Erkenntnis der »Inkarnation« des Gottessohnes in Jesus (Joh 1, Phil 2, 6–8) ist ja gerade eine *Folge* von Ostern, sie setzt den Osterglauben schon voraus; sie kann deshalb nicht so gegen eine besondere Osteroffenbarung ausgespielt werden, als würde sie diese erübrigen (Verwechslung von Sach- und Erkenntnislogik). Und aus der markinischen Konzeption (Mk 15, 39) etwa läßt sich nur unter Mißachtung aller Erkenntnisse von Traditions-*und* Redaktionsgeschichte herleiten, daß die »letztgültige Evidenz über die Gottessohnschaft Jesu ... in der Konfrontation mit Jesu Todesschrei ..., nicht in einer nachfolgend über Jesus wahres Geschick aufklärenden Erscheinung des Auferstandenen« gewonnen sei (Brennpunkte 85; vgl. *ders.*, Ostererscheinungen 438f); die redaktionelle Konzeption neutestamentlicher Autoren darf nicht einfach historisiert werden.

[5] So *R. Pesch*, Zur Entstehung des Glaubens an die Auferstehung Jesu, in: ThQ 153 (1973) 227: die Glaubensgewißheit »bezieht der Christ von Jesus selbst; er ist Grund unseres Glaubens und unserer Hoffnung – und er ist der Offenbarungsmittler in Person«. Das gilt in der Tat, aber eben nur aufgrund von Ostern! (Verweyen schließt sich Peschs Auffassung von 1973 im großen ganzen an.)

Der Osterglaube kann, soll er nicht grundlose Illusion sein, nach dem skandalösen Ende (Scheitern) Jesu gar nicht in Jesu Leben und Sterben allein, sondern nur noch in einem darüber hinausgehenden neuen Handeln Gottes (bzw. in dem, was es bewirkt und offenbar macht) seinen prinzipiell zureichenden Grund finden. Dies bedarf einer kurzen Erläuterung: Jesus hatte den Herrschaftsantritt und die Gegenwart des unbedingt liebenden Gottes an sein persönliches Auftreten geknüpft, sie symbolisch realisiert und ihre Vollendung verheißen. Das alles schien durch seinen Tod illusorisch geworden. In dieser äußersten Infragestellung konnte die zugesagte Gegenwart und die verheißene Treue Gottes nur durch die Erfahrung des *auferweckten* Jesus als realisiert gelten.

Grundsätzlicher formuliert: *Jesu* Bedeutung und Botschaft kann nach *seinem* Tod ohne *ihn* (ohne seine neue Präsentation und Präsenz) nicht mit hinlänglichem Grund festgehalten werden. Wenn nämlich Gottes eschatologischer Herrschaftsantritt (seine unbedingt liebende Zuwendung und Nähe bei den Verlorenen) an die personale Gegenwart Jesu geknüpft ist, dann hat Gott seine Sache in der Welt so an Jesus gebunden, daß er in der Welt mit ihm steht und fällt. Wenn aber nun dieser Jesus, an dem die gnädige Nähe Gottes bei den Verlorenen solchermaßen geschichtlich hängt, selber verloren (getötet und verflucht) ist, dann ist Gottes eschatologische Herrschaft und Nähe in der Vernichtung Jesu mit zunichte geworden. Dann aber kann kein Mensch – und sei es auch einer, der den Glauben an Jesus durchhalten wollte – diese eschatologische Herrschaft und Nähe Gottes (bzw. die Auferweckung Jesu, durch die sie von neuem etabliert würde) aus sich selber, aus eigener Bewußtseinsleistung, als schon *gegenwärtige* Wirklichkeit setzen oder mit der »Logik des Glaubens und der Hoffnung«[6] auf sie schließen. Bestenfalls könnte er die eschatologische Nähe Gottes (bzw. die Auferweckung Jesu) als eine zukünftige *erhoffen*.[7]

---

[6] *P. Schoonenberg,* Wege nach Emmaus. Unser Glaube an die Auferstehung Jesu (Graz 1974) 37.

[7] Auf dieser Linie hätte die Überwindung des Totseins Jesu für die Jünger (und alle Späteren) höchstens eine gewagte Hoffnung sein können, zu der sie sich entschließen konnten. Sie konnten die jesuanische Botschaft vom Nahegekommensein des Gottes der Verlorenen nun auf den verlorenen Jesus selber anwenden und für ihn hoffen. Aber sie konnten die Überwindung seines Totseins nicht von sich aus als Realität set-

Die Botschaft *Jesu* kann nach seinem Tod nicht einfach weitergehen: sie könnte dann nur noch in ihren begründungsbedürftigen, wenngleich nicht gering zu schätzenden Elementen (Ethik und Hoffnung) weiter verkündigt werden, das heißt etwa als utopischer Impuls, Idee und Postulat, als Erwartung des zukünftigen Reiches und angestrengte Bemühung (jüdisch oder marxistisch).[8] Sie wäre aber um ihren begründenden Kern (Gottes vergebende und rettende Herrschaft als auch schon gegenwärtige und in der Gegenwart andrängende Wirklichkeit) gebracht. Dieser Kern der Botschaft Jesu – der rechtfertigende und rettende Gott (nicht nur als Gedanke, Postulat, Perspektive, sondern:) als wahrhaft nahegekommene Realität, die neu und anders zu leben ermöglicht und einlädt – wäre zur Illusion geworden. In der Diskontinuität des Kreuzes (die ja nicht nur den Jüngerglauben, sondern Jesus selbst, sein Verhältnis zu Gott, ja Gott selber betrifft) hätte Jesu Botschaft ihre Identität verloren; aus ihr wäre etwas anderes geworden, und nur dieses andere hätten die Jünger »auf eigene Faust« weiter vertreten können.

Diese aber (und mit ihnen das gesamte Urchristentum) vertreten gerade nicht etwas derart anderes, sondern zweierlei: zum einen der Sache nach genau die volle, identische Botschaft Jesu *mit* ihrem begründenden Kern, zum anderen die Auferstehung Jesu nicht als Hoffnung, sondern als bereits eingetretene Wirk-

---

zen. Jesus ist nicht auferweckt, weil die Jünger das erhoffen (glauben). Aus dem vorösterlichen Jesus und den bereitliegenden Hoffnungsvorstellungen ließ sich allenfalls der Wunschgedanke herleiten, er möge doch nicht verloren und Gott möchte doch in Wahrheit der Gott der Verlorenen sein, nicht aber die faktisch geschehene Auferweckung Jesu selber. Vorösterlicher Jesus und jüdische Erwartungen sind wohl notwendige, aber nicht hinreichende Bedingung für das Aufkommen der Überzeugung von der erfolgten Auferweckung Jesu. Als Realität konnten die Jünger die Auferweckung Jesu nicht selbst setzen und sich selber zusagen. Entweder war diese als Realität ihnen *vorgesetzt* und eröffnet, oder sie war eine Illusion (bzw. bloßer Hoffnungsinhalt). Im NT aber wird nicht von einer erhofften, sondern schon erfolgten Auferstehung Jesu gesprochen.

[8] *Schoonenberg*, Wege 26ff, und ihm folgend *H.-W. Winden*, Wie kam und wie kommt es zum Osterglauben? (Frankfurt – Bern 1982) 176ff, nehmen als historische Brücke zwischen Karfreitag und dem eigentlichen Osterglauben vermutungsweise an, daß die Jünger an Jesus nach seinem Tod als Propheten festhielten, seine Lehre predigten und seine Rechtfertigung durch Gott am Ende der Tage erwarteten. Das wäre eine Möglichkeit für den Jesusanhänger, der sich mit dem Glauben an die Auferstehung Jesu schwertut. Aber diese Möglichkeit ist eben »noch nicht der Auferstehungsglaube« (*Schoonenberg* 28); seine Entstehung setzt eine neue Initialzündung voraus (ebd. 30ff; *Winden* 177). Und für eine solche historische Brücke gibt es im NT keinerlei Anhaltspunkte.

lichkeit. Soll dies beides wahr sein und bleibende Gültigkeit haben, so nur aufgrund der – über Jesu Leben und Sterben hinausgehenden[9] – *neuen* Tat Gottes am getöteten Jesus (Auferwekkung Jesu) und aufgrund ihrer Offenbarung (im Erscheinen des Auferstandenen). In der Diskontinuität des Kreuzes konnte nur Gottes neuschaffendes, auferweckendes Handeln am Gekreuzigten (zurückgreifend auf ihn und ihn endgültig in Geltung setzend) Kontinuität, Identität *seiner* Zuwendung zu uns herstellen und den endgültigen, nicht mehr zerstörbaren Grund des Glaubens legen. Nur der Gekreuzigte als der Auferstandene vermochte (und vermag) den Glauben an ihn aufrechtzuerhalten.

3. Der zu Ostern offenbare trinitarische Gott als zureichender Grund des (Oster-)Glaubens

Durch die Botschaft, das Handeln und das Sterben Jesu werden auch heute viele Menschen angesprochen, überzeugt und auf einen neuen Weg gebracht. Seine unfaßliche Art, Mensch von Gott her und »Mensch für andere« (Dietrich Bonhoeffer) zu sein, fasziniert und lädt ein. So vermag der *irdische* Jesus auch heute Glauben zu wecken. Aber er tut es doch vermittelt durch Glaubende und Gemeinden, denen er sich zuvor schon als der *Lebendige* erwiesen hat. Grundsätzlicher betrachtet ist zu sagen: Der vorösterliche (irdische und gekreuzigte) Jesus ist für den (Oster-)Glauben ohne Zweifel notwendige Voraussetzung und Basis, aber (zumal wegen seines Todes) nicht *zureichender Grund*.[10] Das Lebenswerk Jesu wird deshalb nicht weniger wichtig. Auch eine von ihm isolierte Auferstehung Jesu kann nämlich

---

[9] Das heißt *nicht* notwendig: als zeitlich »nach« Jesu Tod zu denkendes Geschehen; die Auferweckung Jesu kann durchaus als ein Geschehen *im* Tode Jesu gedacht werden; vgl. *W. Kasper,* Jesus der Christus (Mainz 1974) 175f, im Anschluß an K. Rahner.

[10] Dies ist gegen die liberale Position zu sagen. Vgl. etwa *W. Herrmann,* Der geschichtliche Christus, der Grund unseres Glaubens, in: ZThK 2 (1882) 232–273, bzw. 258f, der zwischen Glaubensgrund und Glaubensgedanken/Glaubensinhalt unterscheidet und meint, was nur für den Glauben wirklich sei (Jesus als der auferstandene und verherrlichte), also Inhalt des Glaubens sei, könne niemals der Grund des Glaubens sein. Oder *Chr. Hartlich,* Historisch-kritische Methode, in: ZThK 75 (1978) 478: »Die Auferweckung Jesu ist nicht Grund, sondern Inhalt des christlichen Glaubens.« Vgl. dazu unten II. 1. – *K. Rahner,* Grundkurs des Glaubens (Freiburg 1976) 236, macht deutlich, daß »praktisch und konkret alle Glaubensgründe auch Glaubensgegenstände sind, wenn auch ... nicht jeder Glaubensgegenstand Glaubensgrund ist«.

nicht der letzte Grund des Glaubens sein.[11] Zureichender Grund des Glaubens *wird* vielmehr der irdische und gekreuzigte Jesus *als* der österlich Auferstandene und im Geist neu Gegenwärtige. Der irdische und gekreuzigte Jesus ist also durchaus bleibende Grundlage des (Oster-)Glaubens, aber erst *als* der auferweckte, gegenwärtige Christus, als der Christus praesens. Der irdische und nun erhöhte, also der *ganze* Jesus Christus ist der bleibend konstitutive Grund von Glaube und Kirche.[12]

Die Gewißheit des Glaubens ist dabei durchaus »sinnlich-geschichtlich vermittelt«[13]. Aber ihre Begründung kann sie nicht vom Kommen Gottes im »Fleisch« des irdischen und sterbenden Jesus (Inkarnation des Sohnes) *allein* her erfahren.[14] Zur Begründung des Glaubens bedarf es darüber hinaus der angesichts des »sinnlich-geschichtlichen« Scheiterns Jesu am Kreuz noch einmal neu sich auf ihn und darin auf uns beziehenden und sich (»sinnlich-geschichtlich vermittelt«) bezeugenden *Wirklichkeit* Gottes. Mit anderen Worten: Es bedarf zur Begründung des Glaubens der neuen personalen Gegenwart des erhöhten Jesus als des mit dem Vater im Geist vereinten, im Geist sich gegenwärtig setzenden, diesen vermittelnden und dadurch Glauben und Verstehen ermöglichenden Sohnes. Er tritt den österli-

---

[11] Dies ist gegen eine verbreitete Rede von der Auferstehung Jesu als dem Grund des Osterglaubens zu sagen. Vgl. etwa *Kasper,* Jesus der Christus 166 (freilich mit nachfolgenden Erweiterungen).

[12] *E. Schillebeeckx,* Die Auferstehung als Grund der Erlösung (Freiburg 1979) 112, äußert die Befürchtung, daß wenn das irdische Lebenswerk Jesu und die Ostererfahrung als »zweifache Quelle der Glaubenserkenntnis« betrachtet würden, jenes in den Hintergrund gerate. Wir nehmen diese Befürchtung als nicht völlig unbegründet ernst. Unsere dargelegte Sicht dürfte sie aber gegenstandslos machen. Wir sprechen nicht additiv von einer zweifachen Quelle, sondern denken an einen Gesamtprozeß mit Kontinuität und Diskontinuität. Christologie und christlicher Glaube sind im Gesamtgeschick Jesu begründet.

[13] *Verweyen,* Osterscheinungen 433.

[14] Gegen *Verweyen* ebd. – Wenn *R. Pesch,* Zur Entstehung des Glaubens an die Auferstehung Jesu. Ein neuer Versuch, in: FrZPhTh 30 (1983) 86, sagt: »das neutestamentliche Auferstehungszeugnis setzt voraus, daß Gottes Handeln am gekreuzigten Jesus ... im Blick auf Gottes Verhältnis zu Jesus notwendiges Handeln war«, in Jesu Leben und Sterben schon das »Adynaton« (die Unmöglichkeit) seines endgültigen Totseins und »die de jure-Evidenz seiner Auferstehung beschlossen« lag – so sind zum einen Sach- und Erkenntnislogik verwechselt. Die vom Verhältnis Gottes zu Jesus her gegebene Notwendigkeit der Auferstehung Jesu ist eine erst aufgrund des kontingent-faktisch auftretenden Osterglaubens sich erschließende Sachlogik (vgl. dazu unten Kap. 5, II. 3b). Zum andern ist die Diskontinuität des Kreuzestodes nicht genügend ernst genommen, die eine neue Initiative Gottes und die neue Präsenz seines Mittlers verlangt.

chen Urzeugen zuerst und ursprünglich in der *außergewöhnlichen* Form der »Erscheinungen« gegenüber (und tritt so – grundlegend identifiziert – in die geschichtliche Erfahrung überhaupt ein); danach aber tritt er ihnen wie uns Späteren als der jeweils Mitzeitliche in der *gewöhnlichen* Form von Wort, Sakrament, Glaubensgemeinschaft und nicht zuletzt von Ärmsten und Geringsten gegenüber. Ohne diese neue Art seines Kommens und seiner Gegenwart im Geist,[15] an der *unsere* Glaubensgewißheit entsteht (weil sein Geist auch heute erfahren werden kann), wäre für uns die Gewißheit des Glaubens eine nur (von den Urzeugen) geborgte, die in bloß vorgestellter Wirklichkeit gründet und darin keinen tragfähigen Grund findet, also ein frommes, letztlich kraftloses Postulat.[16]

Inkarnationstheologisch allein ist der (Oster-)Glaube demnach nicht zu begründen, sondern nur – durch den kreuzestheologischen Bruch hindurch – zugleich *pneumatologisch*,[17] mit anderen Worten: nur im vollen Sinne ökonomisch-trinitätstheologisch. Der trinitarische Gott, der sich mit Ostern (und dem theologisch damit verbundenen Pfingsten) definitiv offenbar macht, ist der eigentliche, unbedingte und letzte Grund des Glaubens.

Genaugenommen muß man also noch weiter ausholen: Unbedingter Gewißheitsgrund des Glaubens ist Gott allein. Und zwar der Gott, der – in der ganzen Menschheitsgeschichte unklar ersehnt, erkannt und verkannt – in der konkreten Geschichte Israels als der eine einzige Gott und Herr von Welt und Geschichte durch Verheißung, Anspruch und Gericht sich zu erkennen gab; der in Geschichte und Person des konkreten Jesus von Nazareth seine Herrschaft unbeschränkter, sich selbst mitteilender, darin rechtfertigender und rettender Güte für die Verlorenen ins Werk zu setzen begann; und der nun mit der – in der konkreten Ostererfahrung offenbaren – Auferweckung und Erhöhung Jesu diese Herrschaft im einenden und lebenschaffenden Pneuma endgültig antritt gegen die Mächte trennender und

---

[15] Dazu unten Kap. 5, IV. 1.
[16] Vgl. *G. Koch*, Die Auferstehung Jesu Christi (Tübingen 1959) 207.
[17] Dies bringt das NT verschiedentlich zum Ausdruck: »Ohne mich (bzw. den heiligen Geist) könnt ihr nichts tun« (Joh 15, 5.26f), weder recht beten (Röm 8, 26) noch Jesus als den Kyrios anerkennen (1 Kor 12, 3); aber Jesus läßt die Seinen ja »nicht als Waisen zurück«, sondern sendet ihnen den Geist (Joh 14, 16ff; 16, 7ff; Lk 24, 49; Apg 1f) bzw. sagt ihnen seine Gegenwart für alle Zeit zu (Mt 28, 20), so daß, wo zwei oder drei in seinem Namen versammelt sind, er bei ihnen ist (Mt 18, 20) usw.

lebensfeindlicher Zerstörung (Sünde und Tod). Unbedingter Grund des Glaubens ist damit die in der sinnlich-konkreten Geschichte Israels und Jesu sich offenbarende und nun in der kontingenten, sinnlich-geschichtlich vermittelten Osteroffenbarung sich in die Geschichte hinein unwiderruflich festlegende unbedingte Treue-Wahrheit Gottes.

Nochmals anders gesagt: Unbedingter Grund des Glaubens ist das, *was* zu Ostern offenbar geworden ist, nämlich der *Initiator und Inhalt* der Osteroffenbarung selbst: der mit dem gekreuzigten und erhöhten Jesus im Pneuma endgültig vereinte (das heißt für uns Menschen bleibend geöffnete) Gott bzw. der endgültig mit Gott im Pneuma vereinte (das heißt Gottes Zuwendung zu uns gewährleistende) auferweckte Jesus (der Christus praesens). Kein anderer als dieser eine Gott des irdischen, gekreuzigten und auferweckten Jesus bzw. als dieser von ihm her gegenwärtige gekreuzigte Gottessohn kann zureichender Glaubensgrund sein.[18] Ohne ihn, und das heißt: ohne seine sich selbst bekundende neue Begegnung, gibt es keinen christlichen Glauben.

II. Zum Verhältnis von Grund, Gegenstand, Akt und Gemeinschaft des Glaubens

1. Grundsätzliche Verhältnisbestimmung

Der Gott, der Jesus auferweckt und zum Kyrios erhöht hat, bzw. der auferweckte Jesus, der mit Gott endgültig im Pneuma vereint ist, ist wesentlich Glaubens*gegenstand,* auf den sich der Glaubens*akt* bezieht. Er ist, wie gezeigt, aber zugleich Glaubens*grund,* der dem Glaubensakt überhaupt erst seinen ihn konstituierenden und legitimierenden Grund gibt.

Der (Oster-)Glaube, also der christliche Glaube überhaupt, findet seinen Grund – wie wir sahen – in Jesus von Nazareth *als*

---

[18] Vgl. *W. Kasper,* Der Gott Jesu Christi (Mainz 1982) 99: »Der Glaube kann ... nur durch seinen Gegenstand, die Offenbarung Gottes in Jesus Christus, begründet werden.« Ebd. 159: »Der letzte Grund des Glaubens ist also die offenbare Wahrheit Gottes selbst. Es ist die Wahrheit Gottes selbst, die dem Menschen im Glauben einleuchtet und ihn überzeugt ... in der und durch die geschichtliche Offenbarungsgestalt.«

dem Auferweckten und mit Gott im Pneuma endgültig Vereinten und so Gegenwärtigen (Christus praesens). Dieser auferweckte und gegenwärtige Herr ist – als das neutestamentliche Evangelium – jeder Glaubenserfahrung sachlogisch vorgegeben, geht ihr mit logischer und ontologischer (nicht notwendig zeitlicher) Priorität voraus[19] und ruft sie erst hervor. Der Glaube ist Antwort. Und doch ist der Glaubensgrund dem Glauben nicht äußerlich; vielmehr wird er seinerseits erst in dem (durch ihn hervorgerufenen und ihm antwortenden) Akt des Glaubens wahrgenommen und als glaubensbegründend erfahren. Der Glaubensgrund wird nur *im* Glauben erreicht und übt doch innerhalb seiner eine begründende Funktion aus.[20] Jesus als der Auferstandene übt die Funktion des Glaubensgrundes nur aus, indem er als solcher wahrgenommen wird, das heißt, indem wir uns auf ihn einlassen und seine Lebensbewegung und vorwärtsweisende Dynamik mitvollziehen. Eine neutrale Beobachterrolle ist nicht möglich. Die ursprüngliche Ostererfahrung ist daher ebensowohl eine Erfahrung zum Glauben wie eine Erfahrung im Glauben.[21] Außerhalb des Glaubens sinnvoll von Jesus, dem Auferstandenen, sprechen zu wollen wäre soviel, wie wenn ein von Geburt an Blinder von Farben spräche.

Der gemeinte Sachverhalt läßt sich auch in einfacherer Weise darstellen[22]: Daß Jesus auferweckt und in Gottes Herrlichkeit erhöht ist, stellt eine Realität dar – für den, der glaubt; es ist also Gegenstand oder Inhalt des Glaubens. Aber es ist, so weiß der Glaubende, eine Realität auch unabhängig vom Glaubenden. Nicht erst der Glaubende stellt die Auferstehung Jesu her (die Auferstehung Jesu ist kein Geschöpf des Glaubens); nicht erst, indem wir oder andere glauben, ist Jesus der Auferstandene. Vielmehr schuf umgekehrt der allem Glauben zuvor Auferweckte durch seine Begegnung als der auferstandene Gekreuzigte (das heißt durch sein Evangelium, dessen Inhalt er selbst ist) erst den Glauben der Jünger. Jesus ist darum nicht in der Weise

[19] Vgl. *E. Schillebeeckx,* Jesus (Freiburg 1975) 573f.
[20] Vgl. *Rahner,* Grundkurs 237.
[21] *Kasper,* Jesus der Christus 166, hebt die Ostererfahrung als »Erfahrung im Glauben« von »Glaubenserfahrungen«, die bereits Auswirkung und Ausdruck des Glaubens sind, ab.
[22] Das Folgende nach *H. Kessler,* Fragen um die Auferstehung Jesu, in: BiKi 22 (1967) 18–22, hier 22.

in den Glauben und die Verkündigung der Kirche hinein auferstanden, daß er darin aufginge und nur darin weiterlebte. Er
transzendiert vielmehr Glauben und Verkündigung und Kirche,
ist ihnen vorgegeben und ist der Herr über ihnen. Und so ist er
ihr Grund.

2. Der Glaube der Urzeugen als Ort des ursprünglichen Ankommens des Auferstandenen in der Geschichte

Der als Auferstandener begegnende Jesus also konstituiert den
Glauben der Jünger. Ohne seine Gegenwart und Begegnung gibt
es damals wie heute keinen (Oster-)Glauben. Erst die Begegnung und Zusage seiner Liebe begründet Vertrauen und Vertrauensgewißheit. Der (Oster-)Glaube ist durch die »Beziehungswirklichkeit« Jesus Christus konstituierter Glaube.[23]

Aber *in* diesem von ihm konstituierten Glauben der Jünger
bringt sich der Gekreuzigte als der Auferstandene auch allererst
zu *geschichtlicher Gegebenheit*. Der Glaube der »apostolischen«
Urzeugen ist daher (als konstituierter) in gewisser Weise mitkonstitutiv für die Osteroffenbarung des Auferstandenen, ist (als
derart konstituiertes neues freies Gottes-, Selbst- und Weltverhältnis) der Ort und das Medium seines *ursprünglichen* Ankommens in der Welt und in der Geschichte. Wenn niemand geglaubt und glaubend (im ganzen Engagement des Glaubens) geantwortet hätte, könnten wir von Jesu Auferweckung (und damit
vom entscheidenden, eschatologischen Sieg der Gnade Gottes in
der Welt) nichts wissen, gäbe es sie jedenfalls für die geschichtliche Welt, für uns also, auch nicht. »In *diesem* Sinn kann man
ruhig und muß man sagen, daß Jesus in den Glauben seiner Jünger hinein aufersteht.«[24] Aber man kann sicher nicht sagen, daß
der Glaube (oder das Zustandekommen des Glaubens und der
Glaubensgemeinschaft) der Jünger selber die »Erscheinung«
des auferweckten Jesus sei;[25] damit wäre nämlich Konstituieren-
des und Konstituiertes in unzulässiger Weise vermischt und somit verwechselt. Der auferstandene Jesus verschwindet nicht in
den Glauben (und die Glaubensgemeinschaft) hinein.

---

[23] Vgl. *Koch*, Auferstehung 207.
[24] *Rahner*, Grundkurs 263.
[25] Zu derartigen Auffassungen vgl. den folgenden 3. Punkt.

Für Kelsos und für Reimarus war es das Allerverdächtigste, daß die Ostererfahrung nur glaubenden und keinen neutralen Zeugen zuteil wurde.[26] Was dem ungläubigen Skeptiker verdächtig, ist dem reflektiert Glaubenden von der Sache her notwendig. Wenn die Auferstehung Jesu das bisher nie Dagewesene, absolut Neue, wenn sie nichts *in* der alten Schöpfung, sondern Neu-Schöpfung bedeutet, dann sprengt sie alle Erfahrungsmöglichkeiten der alten Schöpfung.[27] Dann aber kann auch die absolut neue Realität des Auferstandenen, die in den Erscheinungen andringt und sich kundtut, als das, was sie ist, überhaupt nur in einem Akt wahrgenommen werden, der auch den Wahrnehmenden selbst über seine alte Existenz hinausreißt, ihn existentiell-praktisch ergreift, in die neue Wirklichkeit (neue Schöpfung) hineinzieht und ihn also in der Grundstruktur seiner Existenz verändert.[28] Es vollzieht sich eine Wende der Wahrnehmung *und* der gesamten Existenz in einem.

Die neue Wirklichkeit des Auferstandenen, die den Jüngern begegnete, erwirkte, um als solche überhaupt erfaßt zu werden, sich selbst in ihnen eine neue Auffassungsgabe, indem sie sich in ihnen Glauben schuf: oculata fide viderant, sagt Thomas von Aquin; sie »sahen« mit den neuen »Augen des Glaubens« (Pierre Rousselot).[29] Dies darf indes nicht intellektualistisch verengt und mißverstanden werden. Ihre *ganze* Existenz wurde von der neuen Wirklichkeit des auferstandenen Jesus in seinem Geist erfaßt, so daß sie sich unerwartet – wie Paulus dann die neue Existenz beschreiben sollte – »in Christus« bzw. »im Pneuma« und so als »neue Schöpfung« vorfanden (vgl. 2 Kor 5, 17).

Unerwartet und doch nicht unfrei. Zwar gab es da für die ersten Jünger keine Wahlfreiheit, nicht die Distanz freier Wahl: Sie konnten und wollten nicht anders, als gläubig vertrauend zu

---

[26] Für Kelsos vgl. *Origenes,* Contra Celsum II 63 (GCS II 184f): wenn Jesus wirklich seine göttliche Macht hätte zeigen wollen, »hätte er ja gerade seinen Gegnern erscheinen müssen«. Hier wird ein unpersonales, objektiv konstatierbares Mirakel gefordert. Zu Reimarus vgl. oben Kap. 3, II. 2.

[27] Vgl. dazu *Kessler,* Fragen (s. Anm. 22) 21f.

[28] Das Schauen setzt die Fähigkeit zu sehen voraus; Erscheinungen sind nur im Glauben zu empfangen, sonst sind sie Phantasmata. So bereits *Origenes,* Contra Celsum II 64 und 65 (GCS II 185, 30ff und 187, 17ff); *Chrysostomus,* Apg Hom I 4 (PG 60, 19, 8–15). – Die Wende der Wahrnehmung und der Existenz zu beschreiben ist das legitime Anliegen von Schillebeeckx in seinen Versuchen.

[29] *Thomas von Aquin,* STh III q. 55 a. 2 ad 1; vgl. auch q. 54 a. 1 ad 2 und 3; *P. Rousselot,* Die Augen des Glaubens (1910; dt. Einsiedeln 1963).

antworten. Sie *konnten* nicht anders: Die Begegnung und Selbst-offenbarung ihres geliebten Meisters war für sie im Akt der Begegnung und Erfahrung eindeutig und unwiderstehlich. Er nahm sie für seine (also Gottes) Sache ganz neu in Beschlag und nahm sie in die von ihm ausgehende Dynamik hinein. Aber gerade darin waren sie alles andere als unfrei; sie *wollten* gar nicht anders: Sie waren für ihn und seine Sache nach wie vor empfänglich, und überdies bekamen sie durch seine neue Begegnung und die von ihm ausgehende Dynamik der Liebe eine ganz neue Freiheit zugespielt. Darum ließen sie sich spontan und frei-wil-lig von ihm erfassen.[30] Und so »sahen« sie überhaupt erst richtig.

In ihrer Ostererkenntnis wirken Gnade und Freiheitsentscheidung auf kaum analysierbare Weise zusammen. Ihre Erkenntnis (und Gewißheit) war eine durch die augenblickliche Begegnung Jesu als des Auferstandenen hervorgerufene und eine *in* ihrer spontanen Antwort des Vertrauens und der Liebe erst wirklich aufgehende Erkenntnis (eine Vertrauensgewißheit). Da – der Dialektik aller Offenbarung entsprechend – der Auferstandene in seinem Erscheinen zugleich der Sich-Entziehende und nicht Verfügbare blieb, hat ihre Antwort den Charakter der *Entscheidung* und des Wagnisses.[31] Sosehr aber ihre Antwort eine totale existentielle Entscheidung in Freiheit (und nicht unter Zwang)

---

[30] Das in der Neuzeit vorherrschende – einseitig am individuellen und aktiven Subjekt orientierte – Verständnis von Freiheit steht der Erfassung dieses Sachverhalts im Wege. Nur ein Modell interpersonaler, kommunikativer Freiheit vermag hier Zugänge zu erschließen. Was nämlich für das Entstehen des (Oster-)Glaubens gilt, läßt sich in ähnlicher Weise beim Zustandekommen zwischenmenschlicher Liebe erfahren. Auch da gibt es vielfach im Ernst nicht mehr die Distanz freier Wahl: ich kann und will nicht anders, als meinerseits lieben, das heißt, ich bin dabei alles andere als unfrei, bekomme im Gegenteil eine neue Freiheit zugespielt, so daß ich mehr ich selbst bin und aus mir selbst heraus tätig sein kann. So hat auch derjenige, der die kostbare Perle der Gottesherrschaft gefunden hat oder dem Gekreuzigten als Lebendigen begegnet ist, keine andere Wahl. Er befindet sich diesem Fund gegenüber nicht in der Haltung einer derartigen Autonomie, die ihm erst distanziert-neutrale Kenntnisnahme und dann die Überlegung erlaubte, ob er sich auf ihn einlassen soll oder nicht. Dabei ist er nicht unfrei, sondern gerade erst recht befreit zu sich selbst und zugleich beansprucht, die neue Freiheit weiterzugeben. Vgl. hierzu auch die Darstellung von *E. Kunz*, Glaube – Gnade – Geschichte. Die Glaubenstheologie des Pierre Rousselot (Frankfurt 1969) 129: »Wenn der Mensch so von Gott ergriffen ist, daß er gar nicht mehr überlegt, ob er sich für ihn entscheiden soll oder nicht, ist die Freiheit am größten, weil der Mensch dann am tiefsten er selbst ist und am tiefsten aus sich heraus tätig ist.«

[31] So mit Recht *Winden,* Osterglauben (s. Anm. 8) 272f.

darstellte, so sehr war diese *Freiheit* ihnen doch durch den begegnenden Grund ihres Vertrauens und ihrer Liebe erst *eingeräumt.* Und dieser Grund war Jesus: der, dem sie bis Karfreitag buchstäblich nachgefolgt waren und der sich ihnen nun in ganz neuer Weise als lebendig erwies. Von ihm (der im Akt der Ostererfahrung selber eindeutig identifizierbar war) ließen sie sich frei-willig (personal) ergreifen, um ihn dann ihrerseits auf dem Weg einer neu ermöglichten Existenz und Gemeinschaft (wo diese Eindeutigkeit nicht mehr gegeben war) mehr und mehr zu ergreifen (vgl. Phil 3, 12–14).

Waren die ersten Jünger also als Privilegierte des Anfangs uns gegenüber »im Vorteil«? Ja und Nein. Nein, insofern sie keiner zwingenden, ihre Freiheitsentscheidung erübrigenden Demonstration des Auferstandenen unterlagen, sondern einer Selbstkundgabe und Einladung der Liebe begegneten und auf sie hin erneut eine Beziehung radikalen Glaubensvertrauens einzugehen wagten. Ja, insofern sie (und nicht wir) mit dem irdischen Jesus direkten Umgang haben und zugleich denselben Jesus als bleibend lebendig in einer nur ihnen gewährten besonderen Weise erfahren durften. Dies aber gerade nicht im Sinne eines persönlichen Privilegs und Vorteils, sondern grundlegend für uns alle: sie sind nichts als eben die *Urzeugen* für ihre gesamte Mit- und Nachwelt.[31a]

Auf dieser Basis des ursprünglichen Ankommens des auferstandenen Gekreuzigten bei den apostolischen Urzeugen ist für alle Zukunft die »Er-fahrung« der in Leben, Tod, Auferstehung und Geistgegenwart Jesu endgültig und unwiderruflich zu uns kommenden Wahrheit Gottes möglich. Sie ist indes nur denen möglich, die sich existentiell-praktisch auf sie und ihre »neue Welt« im Glauben, das heißt in der »Erneuerung des Sinnes« (Röm 12, 2) und als »neue Schöpfung« (2 Kor 5, 17), einlassen, so miteinander das Experiment oder die »Fahrt« des Glaubens wagen und dabei »er-fahren«, daß der Gegenstand und Grund ihres Glaubens, auf den sie sich eingelassen haben, wirklich trägt.

[31a] *Chrysostomus,* 1 Kor Hom 38, 4 (PG 61, 327): Das Schauen erleichtert den Glauben nicht, vielmehr bedurfte es »vielen Glaubens, um nicht durch das Paradoxon der Schauung verwirrt zu werden«. Dagegen haben die andern, die nachher sehen und hören dürfen, keine geringe Stütze durch das Zeugnis des bzw. der Urzeugen.

3. Die zusammengerufene neue Gemeinschaft des Glaubens (Ek-klesia) als Zeichen und Medium der fortwährenden Gegenwart des Auferstandenen in der Geschichte

Wir sagten, der Glaube der apostolischen Urzeugen sei (als konstituierter) mitkonstitutiv für die Osteroffenbarung des Auferstandenen, er sei Ort und Medium seines *ursprünglichen Ankommens* in der Geschichte (aber nicht sein In-Erscheinung-Treten in der Geschichte selber). Nunmehr können wir hinzufügen: *Sekundär,* nämlich als Folgewirkung, ist die durch die Begegnungen des Auferstandenen (die den antwortenden Glauben der Jünger hervorriefen) zusammengerufene neue Gemeinschaft der Jünger im Glauben das innergeschichtlich manifeste Zeichen und Medium der *fortwährenden Gegenwart* des Auferstandenen in der Geschichte (aber nicht sein ursprüngliches In-Erscheinung-Treten selber).

Nicht haltbar, und zwar weder historisch-exegetisch noch systematisch haltbar, dürften alle Versuche einer gewissermaßen ekklesiogenen und ekklesiozentrischen Erklärung der ursprünglichen Ostererfahrung sein. Sie entspringen dem Interesse an einem empirisch greifbaren Substrat der Ostererfahrung, an einer entsprechenden objektiven, feststellbaren und auch heute vorfindlichen Wirklichkeit. Im Vordergrund steht damit das Interesse an der heutigen Nachvollziehbarkeit. So gehen diese Versuche aus von denjenigen späteren Erscheinungsgeschichten, die von »Ostererscheinungen beim Mahl«[32] bzw. von »Wiedererkennung ... in Gemeinschaft«[33] handeln. Aus diesen möchten sie entnehmen, daß nach Karfreitag die Gemeinschaft der Jünger empirisch greifbar angedauert habe, daß sie, vor allem bei der Versammlung zum Mahl, sich als (auf eine ohne Glauben an Jesu Auferstehung nicht erklärliche Weise) verwandelte, neu begründete Gemeinschaft erfahren und so *im* Entstehen und Sich-Ereignen von Kirche Jesus als lebendig und auferstanden wiedererkannt hätten.[34] In diesem Sinne nimmt man hier an: Das

---

[32] *M. Kehl,* Eucharistie und Auferstehung. Zur Deutung der Ostererscheinungen beim Mahl, in: GuL 43 (1970) 90–125.

[33] *Schoonenberg,* Wege 37.

[34] So oder ähnlich *Kehl,* Eucharistie 118f; *Schoonenberg,* Wege 39ff. 60ff; *Schillebeeckx,* Jesus 573; *P. Knauer,* Der Glaube kommt vom Hören. Ökumenische Fundamentaltheologie (Graz 1978) 98f.

gemeinsame Mahl der Jünger konnte zur sinnenfälligen Vermittlung der Selbstbekundung des Auferstandenen werden, es konnte also »bereits von sich aus zu einer ›Erscheinung‹ des Auferstandenen werden«;[35] nach Jesu Tod kam es »nicht durch bloße Reflexion . . . zum Glauben an ihn als Auferstandenen, sondern durch das Widerfahrnis von Gemeinschaft um Jesu willen«;[36] Jesus »ist in seine Gemeinde auferstanden«[37]. Demnach soll das Zustandekommen der neuen Gemeinschaft (Kirche) selber die ursprüngliche österliche Erfahrung, selber die »Erscheinung« (oder zumindest der Ort der Erscheinung) des Auferstandenen sein. Offenbar möchte man sich hier nicht auf eine Ostererfahrung berufen, die sich heutiger Vorstellbarkeit entzieht; deshalb sagt man: Der Auferstandene bekundet sich selbst (unter Umständen sakramental vermittelt) im intersubjektiven Gegenüber der Jünger. Wenn dies für die spätere Kirche gelte, so sei es auch für den Ursprung von Kirche, für die ursprüngliche Ostererfahrung also, anzunehmen.

Nun zeigen aber die genaueren exegetischen Untersuchungen zu denjenigen Erscheinungserzählungen, die hier herangezogen werden, daß diese eine *spätere* Situation der *schon bestehenden* Gemeinde und ihres Gottesdienstes spiegeln, schon eine reflexe Ekklesiologie enthalten und deshalb derart weitreichende Rückschlüsse auf die ursprüngliche Ostererfahrung nicht zulassen.[38] Überdies sprechen die ältesten Erscheinungsaussagen gerade nicht von einem Erscheinen in Gemeinschaft, sondern im Gegenteil an erster Stelle von einem Erscheinen vor einem Einzelnen (Petrus; eventuell – wenn man den Frauenlisten Mk 15, 40.47; 16, 1 par in diesem Zusammenhang historischen Wert beimißt – auch Maria von Magdala).

Das bedeutet, daß in dieser ekklesiogenen Erklärung der Ostererfahrung zwei methodisch zu unterscheidende Dinge vermengt werden: Die – einer analogen Erfassung sich entziehende – ursprüngliche Ostererfahrung (des anfänglichen In-Erscheinung-Tretens des Auferstandenen in die geschichtliche Erfahrung überhaupt hinein) und die – der zweiten und allen folgen-

---

[35] *Kehl*, Eucharistie 119.
[36] *Knauer*, Glaube 99.
[37] *Schoonenberg*, Wege 63. Vgl. *Schillebeeckx*, Jesus 573: »Die Ostererfahrung liegt im Erfahrungsgeschehen der erneuten Sammlung der Jünger.«
[38] Siehe dazu oben Kap. 2, II. 2b (3) und die dort Anm. 136 genannte Literatur.

den christlichen Generationen offenstehende – spätere Gemeindeerfahrung (der bleibenden Gegenwart des Herrn). Das erst zu Begründende und zu Erklärende – nämlich die erneute Sammlung der Jünger zur Gemeinde, das Entstehen der Kirche – wird also bereits vorausgesetzt (als sinnlich greifbare Basis der Ostererfahrung), während die mit den neutestamentlichen Erscheinungsaussagen gemeinte Wirklichkeit doch gerade den Ursprung und Ausgangspunkt der erneuten Sammlung der Jünger markiert.[39] Die logische und ontologische (nicht unbedingt zeitliche[40]) Differenz von Konstituierendem (erscheinender Auferweckter als Begegnungswirklichkeit) und Konstituiertem (primär Glaube des Petrus usw., erst sekundär neue Sammlung und Glaubensgemeinschaft der Jünger) verschwimmt. Der Osterglaube bildet Gemeinschaft, aber er bildet sich ursprünglich nicht aus der bestehenden Gemeinschaft heraus.[41]

Mit aller Klarheit ist festzuhalten: Das ursprüngliche Zur-Erscheinung-Kommen des auferstandenen Christus besteht *nicht* darin, daß die (empirisch greifbare) Gemeinde entsteht. Das Entstehen von Kirche ist nicht *ursprüngliches* Medium (Basis) oder ursprüngliches realsymbolisches Zeichen (erst recht nicht schon vorauszusetzender Ursprung) der Ostererscheinungen, sondern deren *Folgewirkung:* Es ist das durch die österlichen »Erscheinungen« des Herrn – und *vermittelt* über den Glauben und die Sendung der apostolischen Urzeugen – allererst hervorgerufene sinnenfällige, realsymbolische Zeichen und Medium der *fortwährenden* Gegenwart des auferstandenen Jesus Christus. Der erscheinende Christus ruft die Zeugen zur neuen Gemeinde zusammen; *er* verwandelt sie in seinen »Leib« als seine künftige zeichenhafte (und nicht nur rein verborgene) Daseins-

---

[39] Dies bemerkt *Schillebeeckx* mit Recht – siehe oben Kap. 3, IV. 4b Anm. 148.

[40] Die Vorstellung von einem dem Osterglauben zeitlich vorausgehenden mysteriös-mirakelhaften Ereignis haben wir bereits abgewiesen. Dagegen wird man zwischen dem durch die österliche Begegnung unmittelbar gewirkten Glauben der Urzeugen einerseits und der Versammlung der Gemeinde andererseits eine zeitliche Differenz ansetzen müssen. Es sei denn, man wollte argumentieren, Petrus oder Maria von Magdala oder wer immer die erste »Erscheinung« empfangen habe, habe das damit offenbare Evangelium, dessen Inhalt der auferstandene Gekreuzigte und sein Gott ist, sozusagen mit den Ohren der zusammenzurufenden Gemeinde gehört und damit die Kirche im Werden dargestellt.

[41] Gegen *Winden,* Osterglaube 293, der sich hier der Position der Anm. 34 genannten Autoren anschließt.

form auf Erden, und *er* bleibt der Herr dieser seiner geschichtlich-sakramentalen Vermittlungsgestalt.

III. Die Differenz zwischen apostolischen Urzeugen und späteren Jüngern

1. Die qualitative Einmaligkeit der ursprünglichen Ostererfahrung

Der Unterschied zwischen erster Ostererfahrung und späterer Bekehrungs- und Glaubenserfahrung, zwischen ursprünglichen Zeugen der Ostererscheinungen und späteren Jüngern »zweiter Hand« (Sören Kierkegaard)[42] darf weder eingeebnet noch übersteigert werden. Die Ostererfahrung der Urzeugen ist einmalig und inkommensurabel: a) weil die Urzeugen den irdischen Jesus gekannt hatten und ihn deshalb als den Auferstandenen (aus dem Tode befreiten, zu Gott erhöhten und sie als Zeugen sendenden) identifizieren, ihn in seinem unverwechselbaren Stil wiedererkennen (wieder-»sehen«) konnten; b) weil ihre Ostererfahrung die exzeptionelle, geschichtlich einzigartige und später so nicht wiederholbare Durchbruchserfahrung des *Anfangs* darstellt.

Ganz allgemein läßt sich zeigen, daß der Anfang (zumal der qualitativ neue) nicht einfach nur das erste Moment einer Abfolge weiterer vergleichbarer Momente ist, sondern – als das selber nicht einholbare Maß – alles Folgende in sich enthält und es ermöglicht.[43] Er hat damit in bestimmten Hinsichten eine qualitativ (nicht nur quantitativ) andere Struktur als das Folgende. So hat auch die ursprüngliche Ostererfahrung als Durchbruchserfahrung des Anfangs – in den schon genannten und noch zu erläuternden Hinsichten – eine qualitativ andere Struktur als alle spätere christliche Glaubenserfahrung. Aller spätere (Oster-) Glaube der Kirche ist fundamental auf das Zeugnis der ursprünglichen apostolischen Offenbarungsträger und -zeugen

---

[42] Zum »gleichzeitigen Schüler« und zum »Schüler zweiter Hand« vgl. *S. Kierkegaard,* Philosophische Brosamen (1844) Kap. IV und Kap. V.

[43] So *W. Kasper,* Jesus der Christus 167, im Anschluß an *A. Darlap,* Anfang, in: LThK I (²1957) 525–529.

(auf das apostolische Fundament) angewiesen und durch seine Überlieferung bedingt und vermittelt. Der Anfang (die ursprüngliche Ostererfahrung) selber ist dagegen nicht durch solche Überlieferung vermittelt.

Diese Durchbruchserfahrung des Anfangs läßt sich auch noch in anderer Weise beschreiben[44]: nämlich als jene neue transzendentale Erfahrung, die die Bedingungen der Möglichkeit von Erfahrung selbst verändert, die also den bisherigen Horizont der Erkenntnis und des Handelns aufbricht und ihn grundlegend neu strukturiert; und dies sowohl für jene Urzeugen (geschichtlich-existentiell) wie für die Menschheit insgesamt (geschichtlich-ontologisch). Dieser durch die ursprüngliche Durchbruchserfahrung grundlegend veränderte (innovierte) Horizont wird durch die urgemeindliche Verkündigung (von der geschehenen Auferweckung Jesu als dem definitiven Endzeitanbruch und von seiner Erhöhung zum Herrn, dem die Zukunft gehören wird) konkret eröffnet in Gestalt des Zuspruchs (Angebots) und Anspruchs einer neuen, alternativen »Welt«. Sie ermöglicht und erfordert ein verändertes Sich-Verstehen und Sich-Verhalten, die »Umprägung zur Neuheit des Denkens« (Röm 12, 2) und des Lebens als »neue Schöpfung« (2 Kor 5, 17). Alle späteren Glaubenserfahrungen – auch alle späteren »Visionen und Offenbarungen des Herrn« (2 Kor 12, 1) – bewegen sich so bereits *in* dem durch die ursprüngliche Ostererfahrung grundsätzlich veränderten und durch die Osterverkündigung konkret eröffneten Horizont.

Dieses Verständnis der ursprünglichen Ostererfahrung macht auch begreiflich, warum diese sich nicht auf eine »Ersterscheinung« (sei es vor Petrus oder vor Maria von Magdala) reduzieren läßt. Denn als eine im beschriebenen Sinne transzendentale Erfahrung, die einen grundsätzlich neuen transzendentalen Horizont und neue Interaktion eröffnet, kann sie am Ursprung nicht lediglich die bloße Erfahrung eines Einzelnen sein. Als solche könnte sie diesen Horizont, die neue »Welt« der Jünger und des christlichen (Oster-)Glaubens, gar nicht konstituieren. Dies kann sie nur als eine intersubjektiv austauschbare, das

---

[44] Das Folgende ist angeregt durch die Arbeiten von *H. Peukert*, Wissenschaftstheorie – Handlungstheorie – Fundamentale Theologie (Düsseldorf 1976), und *R. Schaeffler*, Fähigkeit zur Erfahrung (Freiburg 1982).

heißt als eine von mehreren Subjekten – insofern im Keim ekkle-sial – gemachte Erfahrung (nicht als eine einem Einzelnen nur autoritätshörig abgekaufte).

Aus dem Dargelegten ergibt sich: Uns Späteren ist eine ad-äquate Erfassung der ursprünglichen Ostererfahrung nicht mög-lich. Sie bleibt für uns unlöslich mit diesen Urzeugen verbun-den, ist ihrer Struktur nach selbst »ursprüngliches Zeugnisge-schehen«[45]. Dennoch gibt es für uns bedingte Zugangs- und Ver-stehensmöglichkeiten. Denn in bestimmten anderen Hinsichten ist die ursprüngliche Ostererfahrung durchaus der späteren Glaubenserfahrung strukturell vergleichbar: Auch die Urzeugen waren, wie wir gesehen haben, nicht vom Glauben dispensiert (etwa durch eine – unabhängig von allem personalen Engage-ment – zwingende Evidenz), sondern gerade zum frei-willig ant-wortenden Glauben gerufen.[46]

2. Das Zum-Glauben-Kommen und die eigene Glaubensevidenz der Späteren

Die apostolischen Urzeugen konfrontieren uns nicht mit etwas ganz Vertrautem, sondern mit dem uns in vieler Hinsicht Frem-den. Ihr Zeugnis ist eine Zu-mutung. Wenn wir es uns sollen zu eigen machen können, dann muß es auch uns eine ungewohnte, neue Erfahrung zumuten, eine *eigene* Erfahrung, die *wir* ma-chen können.

Manche neutestamentlichen Erscheinungserzählungen ant-worten bereits auf die Frage, wie denn die *Späteren,* die nicht Urzeugen der »Erscheinungen« waren (die ihn nicht »sahen«; Joh 20, 29; 1 Petr 1, 8), von der bereits bestehenden Gemeinde getragen zum Glauben an den Auferstandenen kommen können (vgl. die Figur der Emmaus-Pilger und des Thomas).[47] Zumal die Emmaus-Erzählung ist hier äußerst aufschlußreich: Nicht das Wissen über »Jesus von Nazareth, der ein Prophet war, mächtig in Tat und Wort vor Gott und allem Volke« (Lk 24, 19); nicht die Nachrichten vom leeren Grab (Lk 24, 22f); ja nicht ein-mal die Übermittlung des Osterkerygmas, daß er lebe (Lk

---

[45] *K. Kienzler,* Logik der Auferstehung (Freiburg 1976) 155.
[46] Siehe oben II. 2.
[47] Vgl. Anm. 38.

24, 23c), führen die späteren Jünger allein schon zum Osterglauben, sondern erst das innere »Erkennen« aufgrund der unmittelbaren eigenen Begegnung mit dem auferstandenen Herrn beim eucharistischen Mahl. Da handelt er jetzt, und er tut dies wie früher während seines Erdenlebens (vgl. Lk 9, 16; 22, 19), nämlich als Vorsteher und Geber des Mahles. Er, der hereingebetene *Gast,* nimmt den Platz des Tisch*herrn* ein, spricht den Segen über das Brot und fährt fort, es ihnen zu geben (fortdauerndes Imperfekt ἐδίδου!): »Da gingen ihnen die Augen auf, und sie erkannten ihn« (Lk 24, 31; vgl. 24, 35), wobei »erkennen« den vollen biblischen Sinn des existentiellen Erkennens in Liebe und Vertrauen hat. Und da verstehen sie auch erst voll die Schrift (Lk 24, 32). Der Ort des Brotbrechens ist also auch der Ort der Auslegung und des Verstehens der Schrift (Lk 24, 26.45f): »An dieser Stelle des gemeinsamen Mahles, wo die neue Botschaft laut wird, lernt der Glaubende Jesus erkennen und bekennen als den Nazarener, als den Propheten, als den Messias (Christus) und als seinen Herrn – das ist die Reihenfolge der Titel in der Emmausperikope«[48] (Lk 24, 15.19.26.34). An diesem Ort ist die Gemeinde – »als Trägerin des Kerygmas« (Bultmann)[49] – bereits *da* und bezeugt, »noch bevor die zwei Emmauspilger von ihrer Erfahrung berichten«,[50] ihnen das urapostolische Zeugnis: »Der Herr ist wirklich auferweckt worden und dem Simon erschienen« (Lk 24, 34).

Auch für die späteren Jünger zweiter Hand gibt es demnach eine (wenngleich vermittelte) *Unmittelbarkeit* der personalen Begegnung mit dem auferstandenen Herrn und ein entsprechendes existentielles Erkennen des auferstandenen Herrn, so daß ihr Glaube kein bloß heteronomer Autoritätsglaube und seine Gewißheit keine nur entlehnte, sondern eine in eigener, existentieller Erfahrung gründende ist. Zwar »erscheint« der Herr nicht mehr, wie er dem Simon Petrus »erschienen ist«; dafür tritt er unscheinbar hinzu (Lk 24, 15f; vgl. Joh 21, 4), wandert mit und *gibt sich* im »Raum« der Gemeinde (vgl. Mt 18, 20), und zwar in Glaubenspredigt und Herrenmahl (Lk 24, 30–32; vgl. Joh 21, 12f; auch Gal 3, 2.26; 4, 6 mit 2 Kor 3, 17f) – und beim ge-

---

[48] *Ch. Perrot,* Emmaus oder die Begegnung mit dem Herrn, in: ThG 26 (1983) 19–25, hier 24.
[49] Vgl. oben Kap. 3, IV. 2a.
[50] *Perrot,* Emmaus 24.

meinsamen Tun seiner Worte (vgl. Joh 8, 31f; 3, 21; Mt 28, 20; 18, 20) – *als gegenwärtig zu erfahren.* Ja, man kann sagen: Überall, wo das Zusammenleben von Menschen in den »Leib Christi« verwandelt wird, wo also das neue Leben, das Jesus präsentiert und inauguriert hatte (vgl. z. B. Lk 15 und Mt 5), verkündet, real möglich und also praktisch wird (vgl. Joh 14, 12; Mk 11, 23 par), dort manifestiert sich der lebendige Christus und macht neu Hinzukommenden Glauben an ihn möglich.[51]

Die späteren Jünger Jesu können demzufolge aus ihrer eigenen (wenngleich nur analog-ungleichen) Erfahrung des lebendigen, gegenwärtigen Herrn heraus dem (in der einmaligen ursprünglichen Ostererfahrung wurzelnden) Zeugnis der Urapostel zustimmen[52] und bekennen: »Der Herr ist wahrhaft auferstanden« (Lk 24, 34). Und die apostolischen Urzeugen mit ihrer zunächst alles Vertraute und Plausible sprengenden Botschaft vom auferstandenen Gekreuzigten muten uns genau diese eigene Erfahrung zu. Eine Erfahrung, die wir – um den Preis des Einsatzes unserer Existenz, des Eintretens in die Geschichte Jesu und damit in die Praxis lebendiger Gemeinde – machen können. Diese Zu-mutung bleibt!

3. Ergebnis: Die Glaubwürdigkeit des urapostolischen Osterzeugnisses heute

Abschließend können wir somit auf die Frage nach dem Erweis der Glaubwürdigkeit des apostolischen Zeugnisses von der Auferstehung Jesu (in welchem der Grund unseres Glaubens definitiv zum Vorschein kommt) folgendes sagen: Wir Späteren müssen den Urzeugen *ihr* Zeugnis zwar abnehmen, und das ist anstößig. Aber wir müssen es nicht in heteronomer oder gar blinder Autoritätshörigkeit einfach unbesehen abnehmen, sondern wir können uns intellektuell redlich und verantwortet auf dieses Zeugnis (bzw. genauer: auf den in ihm bezeugten Grund unsres Glaubens und unserer Hoffnung) mit dem ganzen und unbedingten Engagement unserer Existenz einlassen. Denn »wir sel-

---

[51] Hier liegt das Recht der Auffassungen von Schillebeeckx, Pesch und den in Anm. 34 Genannten.
[52] Vgl. *A. Schmied,* Auferstehungsglaube heute und die ursprüngliche Ostererfahrung. Zugänge zum apostolischen Osterzeugnis, in: ThG 20 (1977) 43–50, bes. 48f.

ber sind nicht einfach und schlechterdings außerhalb der Erfahrung der apostolischen Zeugen«[53]. Wir haben gute *eigene* Gründe, dieses Zeugnis zu akzeptieren. Und dies in mehrfacher Hinsicht:

a) Prinzipiell-anthropologisch: Aufweis radikaler Hoffnung als vorauszusetzender (vorläufiger) Horizont für das Osterzeugnis

Erstens nämlich können wir – wie in der Einführung dieses Buches dargelegt – in prinzipiell-anthropologischen Überlegungen die radikale Infragestellung menschlicher Freiheit, Liebe und Solidarität durch die Grenze des Todes sowie unser radikales Verwiesensein über diese Grenze hinaus aufzeigen. Wir können also eine zutiefst zum Menschsein des Menschen gehörende radikale Hoffnung aufweisen, mag diese konkret auch vielfach verzerrt und verkümmert sein. In dem – vielleicht durch oberflächliche Hektik verdeckten – Grunde unseres Wesens schwelt das Verlangen nach Rechtfertigung und Rettung nicht nur unser selbst, sondern auch des unschuldig Leidenden, des wahrhaft solidarischen und des von uns geliebten Anderen. Die Botschaft von der Auferweckung des gekreuzigten Jesus spricht deshalb gar nicht von einem Mirakel, das – schlechterdings unerwartbar und unverstehbar – in einen dafür nicht aufnahmefähigen Horizont hineinplatzte. Mag das apostolische Osterzeugnis uns zunächst noch so unvertraut und befremdlich sein, wir vernehmen in ihm dennoch nicht etwas, was *gänzlich* außerhalb unseres Erwartungs- und Erfahrungshorizontes liegt. Die Osterbotschaft trifft uns als solche, die immer auch Wesen der Erwartung von Vollendung sind (der Vollendung des geliebten, solidarischen, entrechteten und nun toten Anderen und unser selbst). Und sie sagt uns zu, daß dieser Erwartung eine endgültige Erfüllung entsprechen wird, ja, daß diese Erfüllung schon eine reale Verankerung hat und gegenwärtig wirksam ist. In der Botschaft von Leben, Tod und Auferstehung Jesu kommt uns somit etwas entgegen, was uns – auch wenn es unsere Vorstellungen durchkreuzt und sprengt – nichts *absolut* Fremdes ist, sondern eine Antwort auf unsere radikale Hoffnung zu geben vermag. Konkret freilich bleibt diese Botschaft immer eine Zumutung, weil sie unserer

---

[53] *Rahner,* Grundkurs 270.

vorhandenen Wirklichkeit *wider*spricht und ihr *mehr* zuspricht, als diese von sich selbst her aufzuweisen vermag und als wir herstellen, überschauen und kontrollieren können.

b) Kontingent-geschichtlich: Historisch-kritisch ausweisbares Wissen als Voraussetzung für die Erkenntnis der Glaubwürdigkeit des Osterzeugnisses

Zweitens können wir – wie im ersten, zweiten und vor allem dritten Kapitel gezeigt – auf der kontingent-geschichtlichen Ebene entscheidende Aspekte der Geschichte Jesu und seiner Jünger vor wie nach Karfreitag historisch-kritisch sichern. Dabei ist eine derart einschneidende und folgenschwere Veränderung in der Existenz der Jünger zu erkennen, daß – bei ihrer nicht zu bestreitenden Ehrlichkeit und Selbstlosigkeit – ihre zeugnishafte Behauptung, diese Veränderung gehe auf eine neue Begegnung und Selbstkundgabe des Gekreuzigten als des Auferstandenen zurück, nicht unglaubhaft erscheint. Jedenfalls ist die ursprüngliche Ostererfahrung kaum »ernsthaft zu erklären, auch ohne daß sie *die* Wirklichkeit zum Gegenstand gehabt hätte, die sie zu haben meint«[54]. Die Evidenz der Auferstehung Jesu ist mithin zwar »nicht eine ›historisch gesicherte‹, wohl aber, was doch mehr ist, eine sich geschichtlich überzeugend aufdrängende. Es ist die Evidenz eines sich unbefangen von sich selbst her zeigenden Phänomens.«[55]

So kann mit historischen Mitteln der Osterglaube zwar nicht historisch begründet und rational bewiesen werden; seine *Glaub*würdigkeit aber kann durchaus erwiesen werden. Ein historisch ausweisbares Wissen (von den alttestamentlich-jüdischen Hoffnungen, von Jesu Botschaft, Anspruch und Kreuzigung, von der Jünger Flucht und überraschender erneuter Lebenswende, von der Traditionsgeschichte des Osterzeugnisses) ist unabdingbare *Voraussetzung,* um den Osterglauben theologisch zu legitimieren; denn Gott handelt und offenbart sich in sinnlich-geschichtlich vermittelter Weise. Aber ein solches historisch ausweisbares Wissen ist nicht selber der Grund des Glaubens. Historische Kritik versichert uns jener geschichtlichen Ge-

---

[54] *K. Rahner,* Kirchliche Christologie zwischen Exegese und Dogmatik, in: Ders., Schriften zur Theologie IX (Einsiedeln 1970) 225.
[55] *H. Schlier,* Über die Auferstehung Jesu Christi (Einsiedeln 1968) 69f.

gebenheiten, die erweisen, daß der Glaube an die Auferstehung Jesu nicht eine willkürliche Setzung darstellt, sondern in realem Geschehen wurzelt und an ihm entsteht.

In diesem Zusammenhang erscheint das Zeugnis der ersten Jünger von einem grundlegenden, strukturverändernden Offenbarungswiderfahrnis (Offenbarung bzw. Begegnung und Selbstbekundung des auferweckten Gekreuzigten in »Erscheinungen«) als durchaus glaubwürdig. Es verdient als zutreffende Angabe über das vom Historiker postulierte, den Osterglauben auslösende ›Etwas‹ ganz ernst genommen zu werden. Die neutestamentlichen Texte zeigen, um die treffliche Zusammenfassung Karl Rahners zu zitieren, »daß man sich der Eigenart der Ostererfahrung bewußt war: (1) von ›außen‹ gegeben, nicht von einem selbst erzeugt, anders als die durchaus bekannten visionären Erlebnisse, (2) sich streng auf den Gekreuzigten mit seiner ganz bestimmten Individualität und seinem Schicksal beziehend, so daß *dieses* als gültig und gerettet erfahren wird . . ., (3) im Glauben allein gegeben und dennoch diesem Glauben Grund und Recht gebend, (4) nicht immer neu zu erwarten und erzeugbar, sondern einer bestimmten Heilsgeschichtsphase vorbehalten und darum notwendig andern weiterzubezeugen und somit diesen Zeugen eine einmalige Aufgabe verleihend. Es wird also eine Erfahrung streng sui generis bezeugt, die anders ist als die Erfahrungen eines religiösen Enthusiasmus, einer Mystik, die erweckbar und wiederholbar sind. Man kann diesen Zeugen den Glauben verweigern. Aber man kann dies nicht tun, indem man vorgibt, man verstehe ihre Erfahrung besser, während diese Zeugen ein uns auch sonst bekanntes religiöses Phänomen (sc. mystisch-visionäre Erlebnisse) falsch interpretiert hätten.«[56]

c) Inhaltslogisch: Immanente Logik und argumentative Kraft des Inhalts des Osterzeugnisses

Außerdem hat drittens die Botschaft von der Auferstehung Jesu aus ihrem inneren Zusammenhang mit der Programmatik des irdischen Wirkens Jesu und mit dem Schöpfungsglauben heraus eine eigene innere Überzeugungskraft. Das sei hier – im Vorverweis auf das fünfte Kapitel – zunächst nur angedeutet.

---

[56] *Rahner,* Grundkurs 271f (Hervorhebung im Original, Numerierung von mir).

d) Experientiell-pneumatisch: Erfahrung der lebendigen Gegenwart und Wirksamkeit des erhöhten Herrn (in der Glaubensgemeinschaft) als Bestätigung des Osterzeugnisses

Viertens können wir – wie zuletzt in diesem Kapitel gezeigt – in der lebendigen Gemeinschaft (der in Jesu Namen Versammelten) selber die je eigene existentielle Erfahrung der lebendigen und siegreichen Gegenwart Jesu (in seinem »Geist«) machen. Die erlebte Gemeinschaft und Solidarität im Namen Jesu (Mt 18, 20) ist *für uns* in der Tat das leibliche Medium, durch das der Auferstandene sich als lebendig und gegenwärtig zu erfahren gibt; sie ist der eigentliche Ort der Ostererfahrung heute. Dort wo in diesem Sinne Kirche als »Leib« Christi sich ereignet, scheint etwas auf von der Wirklichkeit und Präsenz des lebendigen Herrn; dort wird die Glaubenserfahrung, daß Jesus lebt, möglich. Durch dieses gegenwärtig erfahrene Wirken Jesu, des erhöhten Herrn, auf dem gemeinsamen Weg seiner Jünger wird die Botschaft von der Auferweckung Jesu heute bestätigt. Für die Christen der zweiten und aller folgenden Generationen, also auch für uns, ist darum die Erfahrung des Geistes Jesu in der lebendigen Glaubensgemeinschaft (der »Beweis des Geistes und der Kraft«) erst die *hinreichende* Bedingung für die Erkenntnis der Auferstehung und Gegenwärtigkeit Jesu. Darin hatte Lessing recht; nicht recht hat er mit seiner Meinung, daß dieser Beweis (besser: Erweis) »itzt gänzlich weggefallen« sei und es ihn heute nicht mehr gebe.[57] Wir Späteren können dem urapostolischen Zeugnis von der Auferstehung Jesu (und von einer ursprünglichen Erfahrung des Auferstandenen) aus unserer *eigenen* Erfahrung der lebendigen Gegenwart und Wirksamkeit des Herrn zustimmen, und zwar aus eigenem (und nicht nur entlehntem) Recht und Grund. Unsere eigene Erfahrung trägt die Glaubwürdigkeit dieses Zeugnisses ebenso mit, »wie sie umgekehrt nur in diesem ganz zu sich selbst kommt«[58] und sich selbst richtig versteht.

---

[57] *Lessing*, Beweis des Geistes (s. Anm. 1) 11.
[58] *Rahner*, Grundkurs 271.

e) Existentiell-voluntativ: Freiheit und Ernst persönlicher Entscheidung als Grenze aller Vermittelbarkeit des Osterzeugnisses

Fünftens ist freilich einzuschränken: Der anthropologische Aufweis eines Verstehenshorizontes, der historische Ausweis geschichtlicher Grundlagen und der Hinweis auf (hoffentlich) erfahrbare lebendige Gemeinschaft im Namen Jesu – sie alle zusammen ersparen mir nicht die Freiheit des Glaubens an die Auferstehung und Wirklichkeit des Gekreuzigten. Wie vernünftig und einleuchtend alle Argumente für die Glaubwürdigkeit und Annehmbarkeit des einmütigen Zeugnisses der Jünger von Jesu Auferstehung auch sein mögen, dieses Zeugnis stellt uns zu jeder Zeit erneut vor die ernste Frage der persönlichen Entscheidung. Es stellt uns vor die Entscheidung, ob wir diesem Zeugnis (bzw. dem in ihm Bezeugten) Glauben und Vertrauen schenken oder verweigern wollen. Die Annahme bzw. Ablehnung des Osterzeugnisses (und damit die Erkenntnis und Erfahrung seiner Wahrheit) enthält damit ein nicht mehr rationalisierbares Moment der Freiheit. Genau hier liegt die Grenze aller Vermittelbarkeit des Osterzeugnisses. Dieses bleibt eine Zu-mutung an mich selbst in meiner unvertretbaren Einmaligkeit; eine Zu-mutung, die den Mut zum Glauben (also zum unbedingten Engagement bei nur sehr bedingter rationaler Gewißheit) verlangt, die aber auch neue »Welt« und neue Lebensmöglichkeiten eröffnet.

f) Symbolisch-praktisch: Praktische Bewährung des Osterzeugnisses durch die Solidarität der Glaubenden als Zeichen der Glaubwürdigkeit

Schließlich aber gilt: Dieser Mut und die neue Freiheit zum Glauben wachsen uns am ehesten in der lebendigen, tragenden Gemeinschaft derer zu, die in die Geschichte Jesu eintreten, ihm auf dem Weg seiner Praxis folgen, dabei seine Lebendigkeit (bzw. seinen »Geist«) erfahren und selbst ein *praktisches Zeugnis* seiner Lebendigkeit (den »Erweis des Geistes und der Kraft«; 1 Kor 2, 4) geben. Daher kommt der praktischen Bewährung des Glaubens an den auferstandenen Gekreuzigten durch die liebende Solidarität der Glaubenden (untereinander und mit den Erniedrigten dieser Welt) allergrößte Bedeutung zu. Sie ist zwar *kein Beweis* für die Wirklichkeit und Wahrheit der Auferstehung. Aber sie ist ein motivierender Hinweis für den, der zu sehen und zu hören bereit ist. Sie bildet für ihn das praktische und konkrete Zeichen, das ihm die bezeugte Auferstehung (und lebendige Wirksamkeit) des Gekreuzigten *glaubhaft* machen kann. So stellt die österliche Praxis der Gemeinden und Glaubenden das – *nach* der Verkündigung der Botschaft selbst – vielleicht stärkste Motiv der Glaubwürdigkeit der Osterbotschaft dar. Die Botschaft selbst und die ihr entsprechende Praxis (nicht anthropologische und historische Aufweise) sind es, die anziehend und einladend wirken und die zum Glauben an den auferstandenen und lebendigen Herrn führen. Der *argumentative* Disput (auf der prinzipiell-anthropologischen wie auf der kontingent-geschichtlichen Ebene) bringt kaum jemanden zum Glauben. Aber er wird in dem Moment wichtig und unverzichtbar, wo es um die Selbstvergewisserung der Glaubenden über die Fundamente ihres Glaubens sowie um dessen Vermittlung an andere und seine vernünftige Verantwortung gegenüber anderen geht. Und darum geht es jederzeit, weil wir stets bis an die Enden der Erde *Zeugnis* (vgl. Apg 1, 8; Mt 28, 19f) und *Rechenschaft* von unserer Hoffnung zu geben haben (vgl. 1 Petr 3, 15).

Ein mögliches Mißverständnis muß abgewehrt werden: Nicht erst die Praxis der Gemeinden und Glaubenden stellt den Gegenwartsbezug des Auferstandenen und die Wahrheit seiner Auferstehung her. Die Wahrheit der Auferstehung und die Gegenwart des auferstandenen Gekreuzigten verwirklicht sich vielmehr längst vor uns und immer wieder auch gegen uns. Die Glaubenspraxis stellt die Wahrheit des Osterglaubens nicht her, sondern setzt sie voraus. Sie ist nicht Bedingung, sondern Folge der Wahrheit der Auferstehung Jesu.[59] Auch noch so überzeugende österliche Praxis kann diese Wahrheit nicht beweisen. Aber die Wahrheit der Auferstehung Jesu *bewährt* sich konkret in solcher Praxis. Sie wird durch überzeugende »Früchte« des Glaubens im Erfahrungszusammenhang unseres Lebens und unserer Welt glaubwürdig. Diese praktischen Früchte des Osterglaubens sind die Spur, die sich der Auferstandene in der Welt schafft, die *Spur einer neuen Freiheit,* die in der Solidarität der Liebe wirksam wird. So ist die ernsthaft vollzogene österliche Lebenspraxis nicht nur für andere ein Glaubwürdigkeitsmotiv,

---

[59] Hierzu ist nochmals auf die treffliche Argumentation von *C. Boff,* Theologie und Praxis (Mainz – München 1983) 307ff zu verweisen.

das anfanghaft zum Glauben hinführen kann. Vielmehr liefert sie auch den Glaubenden selbst eine Bekräftigung auf ihrem Weg des Glaubens und der Nachfolge. Auf diesem Weg gibt sich die Wahrheit zu erfahren und macht sie frei (Joh 8, 31f; vgl. 3, 21; 7, 17). Die österliche Praxis bringt den Erweis, daß die fragliche österliche Wirklichkeit *trägt* und im heutigen Lebenskontext fruchtbar, mehr noch: lebensnotwendig ist. Davon wird im letzten Teil des nun folgenden fünften Kapitels deutlicher zu sprechen sein.

Fünftes Kapitel
Inhalt und Bedeutung unseres Glaubens an die Auferstehung Jesu (Systematische Entfaltung)

Ein angemessenes Verständnis der Auferstehung Jesu kann, das ist deutlich geworden, von vornherein nur in den weitesten Horizonten entfaltet werden, die überhaupt denkbar sind. Denn es geht in der Auferweckung des Gekreuzigten um den endgültigen Anbruch der erlösenden Herrschaft Gottes in seiner Schöpfung; es geht um den Sieg seiner Liebe über den Tod, seiner Gerechtigkeit über das Unrecht; es geht also um die Wirklichkeit und Möglichkeit eines neuen Lebens in universaler Solidarität. Das Geschehen der Auferweckung des Gekreuzigten reicht deshalb – in seinen Gründen wie in seinen fortdauernden Auswirkungen – in das ewige Leben des trinitarischen Gottes selber hinein und stellt den entscheidenden Wendepunkt seines Rettungsunternehmens mit der ganzen Schöpfung dar. Zugleich aber reicht es damit so sehr in die abgründigen Tiefen des Elends der Menschen und jeder Kreatur, daß – so unglaublich das dem oberflächlichen Betrachter erscheinen mag – schlechthin alles Leben und Leiden in dieser Welt davon betroffen ist.

Wenn die Auferstehung des Gekreuzigten »das zentrale Thema« und den »Nerv« des christlichen Glaubens darstellt, wenn sie das »christlich-theologische Axiom« ist und von ihr her Licht auf alles andere und das Ganze fällt,[1] dann hat eine systematische Entfaltung unseres Glaubens an die Auferstehung Jesu – wenigstens in nuce – die Grundstruktur des christlichen Glaubens überhaupt sichtbar zu machen. Sie hat nicht nur Christologie im Fragment zu sein, sondern Theologie im Fragment. Und dies gerade dadurch, daß sie die Struktur und den Gehalt des Osterbekenntnisses erhellt. Wenn es aber in der Lebenshingabe und Auferweckung Jesu um nicht weniger als die Umwandlung der Menschen, ihrer Gesellschaft und des Kosmos geht, so hat

---

[1] Vgl. die Aussagen von K. Rahner und K. Barth in der Einführung dieses Buches bei Anm. 7, 8 und 11.

diese Erhellung in der Weise zu geschehen, daß der universale und existentielle Bezug des Osterbekenntnisses und seine lebensverändernde, handlungsorientierende Bedeutung hervortreten.

Ehe diese Aufgabe in Angriff genommen werden kann und um ihr wenigstens entfernt gerecht werden zu können, sind – gleichsam in einer Ouvertüre – nochmals einige mehr formale, hermeneutische Überlegungen vonnöten.

I. Hermeneutische Vorüberlegungen

Es ist nämlich zu bedenken, daß der eigentliche *Inhalt* der Aussage von der Auferstehung Jesu nur vermittelt durch die spezifische *Form* dieser Aussage greifbar wird. Diese spezifische Form der Aussage ist nichts Zufälliges, sondern – wie sich zeigen wird – dem Wesen der Sache selbst entsprechender, also charakteristischer Ausdruck. Mindestens drei formale Merkmale sind dabei zu beachten.

1. Die Osteraussage als perfektische Realitätsbehauptung

Die Aussage von der Auferstehung Jesu hat die Form einer Geschehnisaussage, genauer: einer perfektischen Realitätsbehauptung.[2] »Der Herr ist wirklich auferweckt worden« (Lk 24, 34a), bekennt die Urchristenheit. Und die christlichen Kirchen sind bis heute »die Gemeinschaft derer, die einander zurufen: ›Christus ist auferstanden!‹ und die einander antworten: ›Er ist wahrhaftig auferstanden!‹ Daß der Gekreuzigte auferstanden ist, das ist der immerwährende Inhalt ihres Dankes gegen Gott und ihrer Botschaft an die Menschheit.«[2a]

---

[2] So mit Recht *H.-G. Geyer*, Die Auferstehung Jesu Christi. Ein Überblick über die Diskussion in der gegenwärtigen Theologie, in: W. Marxsen – U. Wilckens – G. Delling – H.-G. Geyer, Die Bedeutung der Auferstehungsbotschaft für den Glauben an Jesus Christus (Gütersloh 1966) 91–117, hier 115f. – Die Ausdrücke »Wirklichkeit« und »Realität« werden im Folgenden synonym gebraucht, desgleichen »Tatsachen« und »Fakten«.

[2a] *E. Schlink*, Ökumenische Dogmatik (Göttingen 1983) 353.

a) Behauptung der geschehenen Wirklichkeit der Auferstehung Jesu

Die Überzeugung von der bereits geschehenen und andauernden Wirklichkeit der Auferstehung Jesu bestimmt den christlichen Glauben, wie wir sahen, von allem Anfang an. Schon früheste urgemeindliche (Maranatha-Ruf, Auferweckungsformel) und vorpaulinische (Bekenntnisformel 1 Kor 15, 3ff u. a.) Traditionen behaupten das wirkliche Geschehensein und die Wirklichkeit der Auferstehung Jesu und sichern diese Behauptung durch gewichtige und damals zum großen Teil noch befragbare Erscheinungszeugen ab. Das Neue Testament wie später das altkirchliche Credo bringen so unterschiedliche Aussagen wie »gestorben, begraben, auferstanden« in *eine* Reihe und beanspruchen damit für die Auferweckung Jesu ebenso Realität wie für sein Sterben und sein Begräbnis, genauer noch: in keinesfalls geringerem Maße als für diese.[3]

Vom Neuen Testament und vom Credo der Kirche wird somit jeder bloßen Interpretationshypothese radikal der Boden entzogen (etwa: Auferweckung und Erhöhung seien bloße Kategorien der Deutung des Todes oder des erneuten Zum-Glauben-Gekommen-Seins der Jünger nach Karfreitag,[4] ohne daß ein wirklich erfolgtes Handeln Gottes am toten Jesus selbst anzunehmen sei). Die Rede von der Auferstehung Jesu macht auch nicht lediglich ein vorgegebenes Hoffnungsbild, ein mythologisches oder archetypisches Symbol an Jesus bzw. an seinem Tode fest, um damit Jesu Leben oder Tod zu deuten. Sie greift vielmehr ein vorgegebenes sprachliches Symbol, dieses verändernd,

---

[3] Nach *J. Schniewind,* Die Leugner der Auferstehung in Korinth, in: Nachgelassene Reden und Aufsätze, hg. von E. Kähler (Berlin 1952) 110–139, ist etwa in 1 Kor 15, 3ff gemeint »die Realität eines wirklichen Sterbens und der, man möchte sagen, datierbare Zusammenstoß des Eingreifens Gottes ... mit den Geschehnissen unseres Zeitlaufs« (122). – Die Sterbensaussage ist natürlich nicht nur Feststellung eines Faktums, sondern zugleich Bekenntnis seiner Heilsbedeutung; das gleiche gilt für die Auferweckungsaussage.

[4] Zu derartigen Auffassungen bei Bultmann bzw. Marxsen vgl. oben Kap. 3, IV. 2 und 3. – Außerdem *K. Rahner,* Kirchliche Christologie zwischen Exegese und Dogmatik, in: Ders., Schriften zur Theologie IX (1970) 224: »Wenn wir dies (sc. daß sie den Auferstandenen erfahren haben) den Aposteln und Paulus nicht abnehmen wollen, dann ist das unser freier Entschluß, aber wir können auf keinen Fall sagen, so wie Bultmann und andere die Auferstehung verstehen, hätten die Apostel sie selber auch verstanden. Die Zeugen der Auferstehung haben gemeint, daß sie eine Wirklichkeit des Auferstandenen erfahren, unmittelbar und radikal und unablösbar von der Heilsbedeutung dieses Ereignisses für uns.«

auf, um ein gegenüber Jesu Leben und Tod neues, eigenes Ereignis (im Sinne eines real eingetretenen Geschehens) zu bezeichnen. Daß es der Anspruch der neutestamentlichen und der kirchlichen Texte von der Auferstehung Jesu ist, ein derart wirkliches Ereignis zu bezeugen, sollte nicht mehr bestritten werden (auch dann nicht, wenn man ihrer Überzeugung nicht zu folgen vermag). »Auferstehung« ist daher nicht zuerst Deutung des *Todes* Jesu, sondern unmittelbare, prophetische Deutung des gegenüber dem Tod Jesu *neuen* Sachverhalts der neuen Lebendigkeit Jesu von Gott her, den die Jünger in den Erscheinungen wahrgenommen haben. Die Aussage von der Auferstehung Jesu ist daher kein bloßes Reflexionsurteil, sondern ein Realitätsurteil in dem Sinn, daß es einen vom urteilenden Subjekt unabhängigen Sachverhalt eigener Art bezeichnet.

b) Problematik der Unterscheidung von verifizierbaren und
    nicht verifizierbaren Geschehnisaussagen und
    der Reduktion letzterer auf bloß deutende Aussagen

Von dem wirklichen Geschehensein und der Wirklichkeit der Auferstehung Jesu zu sprechen macht freilich – wie schon mehrfach bemerkt – dem neuzeitlichen, speziell auch dem historisch-kritischen Denken erhebliche Schwierigkeiten. Dieses hat ja – angesichts sich widerstreitender und gleichermaßen als wahr behaupteter Geschehnis- und Wirklichkeitsurteile in allen möglichen Bereichen – generell und mit Recht die Frage nach notwendigen Bedingungen der Wahrheit in solchen Urteilen gestellt. Als notwendige Bedingung der Wahrheit von Aussagen über äußere, objektive Gegenstände gilt ihm deren Verifizierbarkeit (Überprüfbarkeit). Von daher wird der Ausdruck »Wirklichkeit« (wie der Ausdruck »Tatsache«) vielfach exklusiv »für methodisch gesicherte, festgestellte, nachgewiesene Wirklichkeit«[5] (für sogenannte Tatsachen) reserviert; als wirklich und tatsächlich gilt dann nur, was objektiv nachweisbar und überprüfbar ist. In der Welt solcher Tatsachen kommt aber ein Geschehen von Gott her, ein Handeln Gottes, nicht vor, weil es sich *als solches* nicht allgemein nachprüfbar erweisen läßt. Und ganz gene-

---

[5] So beispielsweise der vermeintlich »präzise« Wirklichkeitsbegriff von *Chr. Hartlich*, Historisch-kritische Methode in ihrer Anwendung auf Geschehnisaussagen der Hl. Schrift, in: ZThK 75 (1978) 467–484, näherhin 480.

rell können dann »Geschehnisaussagen, die grundsätzlich der Verifizierbarkeit durch uns insofern entzogen sind, als sie überhaupt aus dem Bereich der nach unseren eigenen Erkenntnisbedingungen feststellbaren Wirklichkeit fallen«, nicht »wirkliche Wahrheit« in diesem verengten Sinn von tatsächlichem (= feststellbarem) Geschehen beanspruchen. Dies gilt folgerichtig auch für die Osteraussagen. Der Historiker »kann sie nur als bloße Geschehnis*meinungen* vergangener Menschen behandeln, nicht aber als Aussagen, die wahr sind« (in diesem verengten Sinn von feststellbarer Tatsachenwahrheit).[6]

Läßt er sich als Theologe, der er möglicherweise zugleich ist, auf diesen verengten Begriff von verifizierbarer Tatsachenwahrheit ein und will er den neutestamentlichen Osteraussagen als Geschehnisaussagen dennoch eine (andere) Art von Wahrheit zusprechen, so behilft er sich vielfach mit folgendem Ausweg: Er begreift solche objektiv nicht verifizierbaren Geschehnisaussagen (hier: die Aussage von der Auferstehung Jesu) gar nicht mehr als Geschehnisaussagen, sondern als Interpretamente, als deutende Aussagen über andere, ihrerseits verifizierbare Geschehnisse (hier: über Jesu Tod oder der Jünger Zum-Glauben-Gekommen-Sein nach Karfreitag). Auferstehung gilt dann als Chiffre für die Heilsbedeutung des Todes Jesu bzw. für das Wunder des Zum-Glauben-Gekommen-Seins der Jünger.

Dieser Ausweg ist aber durch die – nun durchaus feststellbare, verifizierbare – Tatsache, daß das Neue Testament von der Auferweckung Jesu durchweg und eindeutig Geschehnisaussagen macht (genauer: von der Auferweckung selber als einem realen Geschehen spricht), verbaut. Redlicher erscheint da der zuvor genannte Weg, die von der Auferweckung Jesu gemachten Geschehnisaussagen als »bloße Geschehnismeinungen vergangener Menschen (zu) behandeln«, die »nicht die Faktizität des als Faktum Ausgesagten«[7] bereits sicherstellen. Allerdings gilt es dann – das kann nicht deutlich genug hervorgehoben werden – zu bedenken, daß Wirklichkeit (und in einem gewissen Sinn auch Faktizität) eben nicht auf direkt feststellbare, nachweisbare Wirklichkeit (Fakten) einzuengen ist, es also auch Wirklichkeit und wirklich Geschehenes geben kann und gibt,

---

[6] *Hartlich,* Geschehnisaussagen 473.
[7] Ebd. 476.

die nicht objektivierbar und historisch verifizierbar sind.[8] Der wissenschaftliche (hier speziell: der historische) Zugang zur Wirklichkeit ist ein durchaus wichtiger, ja unentbehrlicher, aber auch ein bloß begrenzter Zugang zur Wirklichkeit.

c) Die Notwendigkeit eines wenigstens indirekten Bezugs auf überprüfbare Erfahrung

Wir sagten, daß sich die Wirklichkeit (und Faktizität) nicht auf allgemein zugängliche, objektiv feststellbare Wirklichkeit (und harte Fakten) eingrenzen läßt. Es kann, wie wir aus unserer Erfahrung wissen, Wirkliches und wirklich Geschehenes geben, das nicht objektivierbar und historisch verifizierbar ist.

Nun müssen sich allerdings *Aussagen* über derart Wirkliches und wirklich Geschehenes (hier: über die Auferstehung des gekreuzigten Jesus) – sollen sie dem Verdacht rein subjektiver oder epochaler Weltbildabhängigkeit entgehen und überhaupt an andere vermittelbar, sinnvoll und wahrheitsfähig sein – sehr wohl in einer bestimmten Weise ausweisen können: nämlich durch einen möglichen Bezug auf (auch für Nichtgläubige) überprüfbare Erfahrung. Dieser Bezug auf überprüfbare Erfahrung kann aber durchaus ein sehr vermittelter sein.

Wenn also sinnvoll von einer Realität (hier: der Auferweckung Jesu) gesprochen werden soll, die selber nicht in die überprüfbare Erfahrung fällt, so muß wenigstens der Zusammenhang angegeben werden können, der die Rede von dieser Realität mit beschreibbaren und überprüfbaren Erfahrungen verbindet.[9] In diesem Sinn kommt aber – wie im zweiten und dritten Kapitel ausführlich gezeigt – der Behauptung der »Erscheinungen« und der Auferstehung Jesu gerade im Kontext historisch-kritisch nachweisbarer geschichtlicher Gegebenheiten ein hohes Maß an Glaubwürdigkeit zu.

---

[8] Das Objektivitätspostulat bzw. Verifikationskriterium (dessen ursprüngliche neopositivistische Dogmatisierung in der wissenschaftstheoretischen Diskussion freilich längst aufgegeben ist und das nur noch in einer erheblich abgeschwächten Form als Kriterium für Wirklichkeitserkenntnis gelten kann) schließt Wirklichkeiten, die nicht verifizierbar sind, aber dennoch existieren mögen, aus der wissenschaftlichen Diskussion aus. Freilich wird dabei vorgegeben, man könne eine Wirklichkeit oder einen Gegenstand durch ein methodisches Instrument untersuchen, das selbst durch seine eigene Konstruktion entscheidet, was Wirklichkeit oder Gegenstand sei. Das zeigt die Bedingtheit und Partikularität wissenschaftlicher Zugangsweisen zur Wirklichkeit.

[9] Vgl. dazu etwa *R. Schaeffler*, Fähigkeit zur Erfahrung (Freiburg 1982) 19ff.

Die Auferstehung Jesu wird – das war unser erster formaler Aspekt – vom Neuen Testament und vom Credo der christlichen Kirchen als wirkliches Geschehnis und als perfektische (das heißt andauernde) Realität behauptet. Freilich – und das will nun zweitens genau beachtet sein – nicht als ein isolierbares, objektivierbares, historisch feststellbares Faktum, das die Position des sprechenden und des hörenden Subjektes unberührt ließe. Die Behauptung der Auferstehung Jesu ist vielmehr eine Behauptung ganz eigener Art: eine Behauptung von glaubenden (zur behaupteten Sache in einer existentiellen Beziehung stehenden) *Zeugen,* eine Glaubensaussage. Sie gilt einer Wirklichkeit, die nur im Glauben erfahren und im Zeugnis bezeugt werden kann, die aber doch beiden (onto-logisch) vorausliegt und sie begründet. Aber gerade so fordert sie den bezeugenden Sprecher und den Hörer existentiell ein.

2. Die Osteraussage als qualifizierte Zeugnisaussage

Wiederum ist die *Form* der Aussage von der Auferstehung Jesu aufschlußreich. Die Osteraussage hat die Form des Zeugnisses (nicht der neutralen Sachaussage und Information).[10] Und zwar ist sie Zeugnisaussage in einem radikalen, qualifizierten Sinn.

a) Existentielles Zeugnis vom Grund der Veränderung der Existenz

Die Osteraussage spricht von einer Wirklichkeit, die nicht zuerst von neutralen Zuschauern nur festgestellt, zur Kenntnis genommen und dann nachträglich erst im Glauben angenommen worden wäre, die vielmehr im Gegenteil von allem Anfang an das existentielle Beteiligtsein der Wahrnehmenden erfordert hat und erfordert. Dies deshalb, weil sie anders – als eben durch die Mitte der Zeugen hindurch – gar nicht »erscheinen« konnte und kann. Die österliche Begegnung des auferstandenen Gekreuzigten läßt also keine objektivierende Distanz zu, weil sie sich ganz und gar an den Glauben wendet. Sie wird überhaupt nur im Eingehen eines unbedingt vertrauenden Engagements und damit in der grundlegenden Veränderung der Jünger zu (Oster-)Zeugen

---

[10] Zur Zeugnisform des Sprechens von der Auferstehung Jesu vgl. auch *K. Kienzler,* Logik der Auferstehung (Freiburg 1976).

als das wahrgenommen, was sie selber (objektiv) ist; und nur so ist sie überhaupt geschichtlich *gegeben*. Deshalb gehört das persönliche (Glaubens-)Zeugnis der Jünger, die von Stund an mit ihrer ganzen Existenz für die Wahrheit des Bezeugten in den »Zeugenstand«[11] treten (und diesen strenggenommen nicht mehr verlassen), zur Struktur der österlichen Begegnung und der Rede von dem begegneten Auferstandenen. Anders als über die existentiell bürgende Person der Urzeugen und über ihr existentiell verbürgtes Zeugnis ist die behauptete Wirklichkeit der Auferstehung Jesu nicht zugänglich.[12] Dies gilt unbeschadet der Möglichkeit, daß es für Spätere zu – freilich durch das Zeugnis der Urzeugen vermittelter – eigener, unmittelbarer Erfahrung und Evidenz des auferweckten Gekreuzigten kommt.[12a]

Die Osteraussage ist also nicht neutrales Referat, sondern Realitätsbehauptung im Zeugenstand, ist mit dem Einsatz der eigenen Existenz und Lebenspraxis gemachte (existentiell-praktische) Behauptung einer sonst nicht zugänglichen Wirklichkeit.[13] Deshalb können bei ihr bezeugte Wirklichkeit und die Person des Zeugen letztlich nicht voneinander getrennt, wohl aber müssen sie klar unterschieden werden. Im Osterzeugnis ist so zugleich die totale Betroffenheit der Osterzeugen durch den Sich-ihnen-Bezeugenden und die durch diesen in ihnen bewirkte radikale Veränderung mitgegeben; durch diese Veränderung sind sie einander in der Weise Jesu zugewandt und bilden die neue Gemeinschaft der Glaubenden und Zeugen. Gerade so aber verweisen die Osterzeugen mit ihrer ganzen Existenz von sich selber weg auf den auferweckten Gekreuzigten und auf das Auferweckungshandeln Gottes als den *Grund* der Veränderung: (konkret) der Veränderung ihrer eigenen Existenz und (prinzipiell und intentional) der Veränderung der ganzen Welt. *Diesen Grund der Veränderung bezeugen sie;* er bildet den vermittelba-

---

[11] Daß eine theologische Aussage im strengen Sinn nie eine fremde, sondern stets eine eigene Aussage, nicht historisches Referat, sondern »gleichsam eine Äußerung im Zeugenstand, und zwar in eigener Sache« ist, zeigt *G. Ebeling,* Schrift und Erfahrung als Quelle theologischer Aussagen, in: ZThK 75 (1978) 99–116, hier 103.

[12] Hier und im Folgenden nehme ich z. T. Anregungen auf von *E. Arens,* Elementare Handlungen des Glaubens, in: O. Fuchs (Hg.), Theologie und Handeln (Düsseldorf 1984) 80–101, hier 93–96.

[12a] Dazu oben Kap. 2, II. 2b (3) und Kap. 4, III. 2.

[13] Zu diesem Begriff von »behaupten« vgl. *H. Peukert,* Wissenschaftstheorie – Handlungstheorie – Fundamentale Theologie (Frankfurt ²1978) 326f Anm. 18.

ren Inhalt ihrer Ostererfahrung. Deshalb ist das Zeugnis der Osterzeugen keineswegs etwas bloß Subjektives, sondern etwas Intersubjektives; mehr noch: es ist »in bestimmter Weise objektiv, indem es sein Objekt deiktisch präsentiert«[14].

Die erfahrene Wirklichkeit (der Gegenwart des Auferstandenen) geht dem Zeugnis der Zeugen voraus; sie eröffnet dieses erst. So behauptet beispielsweise Paulus in seinem persönlichen Zeugnis eine Wirklichkeit, die *ihn* ganz ergriffen hat, die *er* aber noch keineswegs voll ergriffen hat, die ihm also voraus ist und nach der er sich ausstreckt (vgl. Phil 3, 12f). Die Wirklichkeit, die die Jünger angeht und in Beschlag nimmt, entzieht sich ihnen zugleich auch wieder ins Offene der Nichtfeststellbarkeit (vgl. Mt 28, 16ff; Lk 24, 31; Joh 20, 1ff). Durch die Jünger und ihr Zeugnis in Wort und Tat hindurch entwirft sie sich vorweg in die Gegenwart hinein, um diese auf das Neue hin zu verändern.

Die Wahrheit der im Zeugnis behaupteten Realität der Auferstehung Jesu kann freilich bestritten werden. Und sie wird immer wieder bestritten; die Auferstehungsbotschaft bleibt eine umstrittene Botschaft. Dies gerade auch deswegen, weil für uns als Jünger »zweiter Hand« (Kierkegaard) ein unmittelbarer Bezug zu der von dieser Botschaft behaupteten Wirklichkeit nur vermittelt durch das Zeugnis der Urzeugen, der Jünger erster Hand, möglich ist. Und ferner deswegen, weil die volle, endgültige Bewahrheitung des Auferstandenen noch aussteht; nur die verhüllte zeichenhafte Vergegenwärtigung in der Gemeinde der Glaubenden (und vermittelt durch sie auch in anderen und in uns selbst) ist uns gegeben.

b) Jenseits von Objektivismus und Subjektivismus

Die Behauptung der Auferstehung Jesu als Zeugenaussage ernst zu nehmen hat erhebliche Konsequenzen für das Verständnis der Sache selbst. Von daher verbietet sich nämlich jedes objektivistische wie jedes subjektivistische Verständnis der Auferstehung Jesu. Ein traditionalistisch-fundamentalistischer *Objektivismus* sieht ja die Auferstehung Jesu als das große (mirakelhafte) Ereignis: von Gott gewissermaßen isoliert an Jesus vollzogen und aufgrund des leeren Grabes sowie der augenscheinlich und handgreiflich verstandenen Erscheinungen unabhängig und au-

---

[14] *Arens,* Elementare Handlungen 95.

ßerhalb von jeder Glaubenserfahrung konstatierbar und bewiesen (obzwar nicht mathematisch genau). Hier wird im Ansatz des Verstehens vom existentiellen Betroffen- und Eingefordertsein, von der Veränderung der Urzeugen (und dann auch der ihnen Glaubenden) abgesehen, und es wird – scheinbar selbstsicher (in Wirklichkeit aber auf verfehlte *Sicherungen* abzielend) – die neutrale, objektive Kenntnisnahme supranaturaler Fakten beansprucht. Im Gegensatz dazu reduziert ein neuzeitlich-modernistischer *Subjektivismus* die Auferstehung Jesu auf die bloße Auferstehung des *Glaubens* an ihn in den Jüngern und wagt nicht mehr zu vertreten, daß Jesus selbst persönlich auferstanden, auf neue Weise lebendig und gegenwärtig ist (Jesus ist hier nur in den Glauben der Jünger hinein »auferstanden«). Hier schließt man im Ansatz des Verstehens – wiederum scheinbar selbstsicher – ein veränderndes göttliches Handeln am Toten und damit am *Ganzen* der Welt aus und nimmt die Todverfallenheit als unaufhebbar hin; man bescheidet sich mit den im Zusammenhang der vorhandenen, feststellbaren Realität allgemein plausiblen Möglichkeiten, seien diese nun mehr innerlich (Angebot eines neuen innerweltlichen Existenzsinns und Appell zur Entscheidung für ihn) oder zugleich öffentlich (Appell zu sozialem, politischem Einsatz).

Beide Verständnisse werden der Komplexität der im Zeugnis behaupteten Sache nicht gerecht. Und beide entziehen sich den Zu-mutungen zu erleidender – und zugleich befreiender – Verwandlung durch die bezeugte Wirklichkeit der Auferstehung Jesu. Die beiden hier auseinanderfallenden Aspekte, der objektive und der subjektive, können nicht voneinander getrennt werden: wirkliches Geschehen bzw. (in bestimmter Weise) objektive Wirklichkeit einerseits und Einbezogensein der gläubigen (und diesen Glauben auch öffentlich realisierenden) Subjektivität andererseits gehören so sehr zusammen, daß das eine ohne das andere für uns nicht *gegeben* sein kann. Darum kann, auch wenn Jesu persönlich-leibliche Auferstehung in logischer und ontologischer (nicht notwendig zeitlicher) Priorität jeder Glaubenserfahrung und jedem Zeugnis von ihr vorausgeht, außerhalb der Glaubenserfahrung und außerhalb des Zeugeseins nicht sinnvoll von Auferstehung Jesu gesprochen werden.[15]

---

[15] Von der ersten Ostererfahrung sagt *K. Rahner,* Auferstehung Jesu, in: SM I (1967)

c) Der störende und einladende Charakter des Osterzeugnisses

Dementsprechend hat die Zeugnisrede von der Auferstehung Jesu nicht primär die Absicht zu belehren, sondern zur Umkehr und zu der Wende der Existenz zu bewegen, die der in der Auferstehung des Gekreuzigten geschehenen Wende der Welt entspricht. Die Zeugnisrede zielt also darauf, uns vom gekreuzigten und auferstandenen Jesus zu überzeugen und für ihn zu gewinnen; sie lädt uns ein, in seine Geschichte mit einzutreten und selbst zu Zeugen für ihn zu werden. Das Zeugnis von der Auferstehung Jesu tritt demnach in unsere Ungläubigkeit bzw. Glaubenslosigkeit störend und einladend ein: störend, weil es unsere gewohnten, plausiblen Erfahrungs- und Handlungszusammenhänge unterbricht und aufbricht; einladend, weil es ein Mehr an Wirklichkeit zuspricht, das unsere bisherige Welt erweitert und neu orientiert, und uns zum Wagnis und Weg des Glaubens ermutigt. Von diesem Mehr, dieser neuen Wirklichkeit, wird nun aber mit eigentümlichen und merkwürdigen sprachlichen Mitteln gesprochen.

3. Metaphorische oder Erschließungsmodell-Sprache

Die im Zeugnis behauptete und vermittelte neue Realität wird in der Form metaphorischer, analogischer Rede bzw. in der Sprachform von Erschließungsmodellen zum Ausdruck gebracht.

a) Metaphorische Rede als eigentliche Rede

Einer langen – von der aristotelischen Rhetorik geprägten – Tradition galt metaphorische (übertragene, bildhafte) Rede als defiziente, uneigentliche (bloß illustrierende, ausschmückende, auf emotionale Wirkung abzielende) Redeweise, die keine neue Wirklichkeit erschließt.[16] Sie schien ersetzbar durch eigentliche,

---

405 mit Recht: »Glaube und Erfahrung, Bezeugung und Bezeugtes liegen hier vom Wesen der Sache her in einer einmaligen Weise ineinander, ohne daß deshalb diese Einheit eine undifferenzierte Einerleiheit würde und man so sagen dürfte, wir erreichten nichts als das Zeugnis selber und allein und nicht seine eigene Struktur, in der die Differenz zwischen Erfahrung und ›objektiv‹ Erfahrenem erkennbar ist.«

[16] Zum Folgenden ist wichtig *E. Jüngel,* Metaphorische Wahrheit, in: Ders., Entsprechungen (München 1980) 103–157.

wörtlich zu nehmende Redeweise, die – in der strengen Form der Aussage – vorhandene Wirklichkeit mit eindeutigen Wörtern abzubilden versucht. Neuere Sprachwissenschaft hat zu einer Revision dieses herkömmlichen Verständnisses der Metapher genötigt. Danach ist metaphorische Rede gerade eine besondere Weise eigentlicher, Wirklichkeit treffender und erschließender Rede.[17] Sie arbeitet mit der Dialektik von Vertrautheit und Verfremdung: durch den ungewöhnlichen Gebrauch eines vertrauten Wortes bricht sie die Fixiertheit auf das definitorisch Festgestellte auf, eröffnet neue Seiten der Wirklichkeit bzw. erschließt überhaupt neue Wirklichkeit (Horizonterweiterung) und spielt uns so neue Möglichkeiten der Weltwahrnehmung und des Existierens zu. Echte Metaphern – etwa im Gedicht – sind deshalb unübersetzbar. Das »heißt nicht, daß man sie nicht umschreiben kann; aber die Umschreibung ist unendlich und erschöpft die Neueinführung von Sinn nie«[18]. Echte Metaphern sagen also etwas Neues aus, was anders nicht ebenso angemessen ausgesagt werden kann.

Die Sprache des christlichen Glaubens ist nun (wie übrigens jede religiöse Sprache) durch und durch metaphorisch geprägt; man kann auch mit Ian T. Ramsey sagen: sie erschließt mit Erschließungs- (nicht Abbild-)Modellen neue, noch unvertraute Wirklichkeit.[19] Sie spricht durchaus von beobachtbarer und beschreibbarer, vorhandener Wirklichkeit, dies aber so, daß sie dieser gegenüber ein Mehr zur Sprache bringt, das nicht beob-

---

[17] Unsere Sprache hat überhaupt durchgehend eine metaphorische Struktur. Nicht allein die in besonderer Affinität zum Menschen stehenden »geistigen Realitäten« werden metaphorisch zur Sprache gebracht: vgl. animus (Wind), spiritus/pneuma (Hauch), Geist (indogermanische Wurzel: außer Fassung bringen, entsetzen), Angst (räumliche oder soziale Enge) usw. Auch Leibmetaphorik findet vielfältige Verwendung in Ausdrücken wie Handeln (verhandeln, vorhanden usw.), Stehen (bestehen, aufstehen, verstehen usw.), Haupt, Herz, Geschmack usw. – Die metaphorische Struktur der Sprache birgt die Möglichkeit zur Innovation und zum Ausschreiten ins noch Unerkundete. Vgl. *Jüngel*, Metaphorische Wahrheit 133ff. – Metaphorisch heißt also *nicht* uneigentlich oder weniger wirklich.

[18] *P. Ricoeur*, Stellung und Funktion der Metapher in der biblischen Sprache, in: EvTh Sonderheft (München 1974) 45–70, hier 49.

[19] Zu *I. T. Ramsey* vgl. jetzt in dt. Übersetzung *ders.*, Modelle und Qualifikatoren, in: M. Kaempfert (Hg.), Probleme der religiösen Sprache (Darmstadt 1983) 152–183. Abbildmodelle (picturing models) sind solche, die ein vorgegebenes oder geplantes Original kopieren (Modelleisenbahn oder Baumodell eines Architekten); Erschließungsmodelle (disclosure models) sind hingegen solche, die zum Verstehen dessen verhelfen können, was sich in einer besonderen Erschließungserfahrung überhaupt erst enthüllt hat.

achtbar und beschreibbar ist (empirical and more). Sie muß dazu – da unsere Sprache andere nicht kennt – weltliche, zur Bezeichnung weltlicher Dinge gebräuchliche Wörter und Prädikationen verwenden (die freilich nicht selten selbst einen primär religiösen Ursprung haben, wie z. B. das Wort »Leben«). Und sie sagt mit ihnen, eben durch metaphorische (übertragene) Verwendung, im Horizont der Welt etwas aus, was diesen Horizont übersteigt: nämlich daß Gott, der nicht zum Sein der Welt gehört, gerade als solcher in die Welt eingeht, in ihr ankommt, sie so in die Krise führt und von Grund auf verändert, ihr neue Möglichkeiten zu-kommen läßt; und dies entscheidend und mit endgültiger Wirkung im Leben, Sterben und Auferstehen Jesu Christi als der Wende der Welt (hin zu Rechtfertigung und Erlösung).[20]

b) Die Metaphern oder Sprachmodelle: Auferstehung, Erhöhung, Leben

Das Neue Testament spricht von dem Geschehen an und mit dem getöteten Jesus, das wir gemeinhin als Auferstehung Jesu bezeichnen, mit drei großen Metaphern oder Sprachmodellen: Auferstehung, Erhöhung, Leben. Diese sind hier kurz zu charakterisieren.[21]

(1) Die Verben »auf(er)wecken« (ἐγείρειν) und »auf(er)stehen« (ἀνιστάναι) bezeichnen ursprünglich einen Akt des Aufrichtens oder Aufstehens, etwa vom Schlaf oder aus Krankheit oder Niederlage (so auch z. B. Mk 1, 31; 9, 27). In Wundererzählungen von Totenerweckungen wird dann der Tote als schlafend bzw. im Grabe liegend vorgestellt; wenn er auferweckt, aufgerichtet wird und sich erhebt bzw. aus dem Grab hervortritt, so bedeutet dies, daß er wieder lebendig ist im realen (biologischen) Sinne, allerdings auch, daß er den (biologischen) Tod erneut vor sich hat. Indem nun aber die Ausdrücke »Auferweckung, Auferstehung« – übrigens ohne Bedeutungsunterschied – im nachexilischen Judentum und dann im Christentum auf eine zukünftige, noch nicht eingetretene Wirklichkeit angewandt werden, nämlich auf die eschatologische leibliche Auferstehung der Toten

---

[20] Dazu *Jüngel*, Metaphorische Wahrheit 103–110.144–157.
[21] Zum Folgenden *X. Léon-Dufour*, Résurrection de Jésus et message pascal (Paris ²1972) 29–79.

(etwa Jes 26, 19; Dan 12, 2),[22] werden sie nicht gewöhnlich gebraucht (die Toten schlafen nicht und können somit auch durch kein Geschöpf geweckt werden), sondern im eigentlichen und präzisen Sinne metaphorisch gebraucht. Sie sprechen nun in vorausweisenden Bildern und erschließenden Modellen der vorhandenen, erfahrbaren Wirklichkeit (den Toten bzw. Todverfallenen) ein über diese hinausgehendes Mehr (ein Leben ganz anderer Art) zu, das ihr von sich aus nicht erreichbar ist, sondern ihr von anderswoher zukommt und sie verändert.

Diese mittels der Metapher bzw. des Erschließungsmodells »(leibliche) Auferstehung der Toten« getroffene Behauptung und Zusage eines Neuen, einer unverfügbaren und unabsehbaren Veränderung des vorhandenen und erfahrbaren Wirklichen, bringt »Unruhe in das Sein der Welt«[23] und stört den gewohnten Erfahrungszusammenhang. Diese Störung wird dann mit der (ur-)christlichen Zeugnis- und Bekenntnisaussage »Gott hat Jesus von den Toten auferweckt« noch einmal erheblich verschärft. Wird hier doch etwas Unerhörtes behauptet: das für die vielen Toten in der endzeitlichen Zukunft Erwartete (und insofern auch noch relativ Fernliegende) sei einem einzelnen Men-

[22] *Auferstehen, aufleben* usw. besagt für die Bibel des AT wie des NT ein *Auferwecktwerden* durch Gott; so bereits Jes 26, 19. Vgl. insgesamt *R. Schnackenburg,* Zur Aussageweise ›Jesus ist (von den Toten) auferstanden‹, in: BZ NF 13 (1969) 1–17, bes. 9ff. – Im NT hat sich als Verbalform ἐγείρω zur Bezeichnung der Auferweckung *Jesu* durchgesetzt: 75 Belege, für ἀνίστημι 33, für ζωοποιέω 10 (vgl. *P. Hoffmann,* Auferstehung Jesu Christi, in: TRE IV 478–513, hier 480), während als Substantiv durchgehend ἀνάστασις verwendet wird (40 Belege). Sie wird allemal als Tat Gottes verstanden. – *J. Chmiel,* Semantics of the Resurrection, in: Studia Biblica, ed. by E. A. Livingstone (Sheffield 1979) Bd. I 59–64, stellt in der Entwicklung vom alt- zum neutestamentlichen Sprachgebrauch eine durch die behauptete Auferweckung Jesu veranlaßte Reduzierung der 5 hebräischen semantischen Felder qûm, ᶜûr, qîṣ, hayah, ᶜamad, die nicht klar auf die Auferstehung der *Toten* bezogen seien, auf die 2 griechischen Felder ἐγείρω und ἀνίστημι und damit auf die Antithese von Tod und Auferstehung fest. Dabei übersieht er indessen, daß in etlichen Texten als drittes semantisches Feld ζάω begegnet (Röm 14, 9; Apk 2, 8; 2 Kor 13, 4; Röm 6, 10; Apk 1, 8; ζωοποιέω: 1 Petr 3, 18). Ferner wird die v. a. von *Léon-Dufour,* Résurrection, herausgearbeitete Erkenntnis von 2 bzw. 3 semantischen Schemata, nämlich Auferstehung, Erhöhung und Leben, vernachlässigt.

[23] *Jüngel,* Metaphorische Wahrheit 104f. – In der Konzeption I. T. Ramseys ließe sich der beschriebene Sachverhalt folgendermaßen ausdrücken: In der Aussage/Zusage »die Toten werden auferstehen« dienen die Ausdrücke »auferwecken/auferstehen« als Erschließungsmodelle, die – ausgehend vom bekannten Sachverhalt der Aufrichtung aus einer liegenden Position, versehen mit der Qualifikation »am Ende der Zeiten« – eine neue, uns noch nicht erfahrbare Wirklichkeit erschließen, die den Toten von Gott geschenkt werden wird. Doch ist in dieser Beschreibung das Moment der Veränderung nicht genügend artikuliert.

schen in einzigartiger Weise bereits vorweg geschehen, sei für Jesus und so für diese Welt bereits eine gegenwärtige (und zu gewärtigende) Wirklichkeit. Dies muß unsere Selbstverständlichkeiten und Plausibilitäten in Frage stellen und durcheinanderbringen.

Die Metapher bzw. das Sprachmodell »Auferstehung der Toten/vom Tode« beharrt auf einer leiblichen Identität des auferweckten Toten. Aber dieses Sprachmodell kann – da es vorstellungsmäßig an einer Kontinuität von Vorher (frühere Seinsweise vor dem Tod) und Nachher (neue Seinsweise nach dem Tod) orientiert ist – für sich genommen noch im Sinne der Rückkehr eines wiederbelebten Leichnams in die Lebenszusammenhänge irdischer (unter Umständen eschatologisch erneuerter) Zeit mißverstanden werden. Es bedarf daher der Präzisierung. Sie kann auf verschiedene Weise erfolgen, etwa durch den Gedanken der radikalen Verwandlung (in himmlische Gestalt usw.: 1 Kor 15, 35–53) oder durch die absichtlich widersprüchliche Art der Darstellung der Ostererscheinungen (der Auferstandene erscheint zwar wie ein Wiederbelebter, und doch unterliegt er nicht den normalen zeitlichen Bedingungen; er erscheint und verschwindet, er zeigt sich im Entzug).

(2) Der Präzisierung dient auch das Sprachmodell der »Erhöhung«.[24] Es ist wohl nicht weniger alt und ursprünglich als das der »Auferstehung«. Impliziert ist es, wie sich zeigte, schon im Maranatha-Ruf. Explizit greifbar wird es in verschiedenem Vokabular: Gott hat den Erniedrigten »erhöht« (Phil 2, 8f; vgl. Apg 2, 32f u. a.), ihn »hinaufgenommen« (1 Tim 3, 16), zu seiner Rechten und zum Herrn »eingesetzt« (Röm 10, 9; 8, 34; vgl. Apg 2, 36 u. a.), »verherrlicht« (Apg 3, 13.15 u. a.) und so weiter. Zu beachten ist: Erhöhung stellt nicht einen zweiten, ergänzenden Akt *nach* der Auferstehung dar, sondern ein anderes, und zwar ergänzendes und verdeutlichendes Sprachmodell (Metapher) für *dieselbe* Sache. Es bricht ausdrücklich mit der bloßen Kontinuität und hebt mit Hilfe des räumlichen Schemas von Oben und Unten die radikale Andersartigkeit der neuen und

---

[24] Vgl. dazu auch noch *G. Bertram*, ὕψος, in: ThWNT VIII 600–619; *ders.*, Erhöhung, in: RAC VI 22–43; *E. Schweizer*, Erniedrigung und Erhöhung bei Jesus und seinen Nachfolgern (Zürich ²1962); *A. Vögtle*, Erhöht zur Rechten Gottes, in: Or 45 (1981) 78–80.

bleibenden Seinsweise (Erhöhung) des Gekreuzigten (Erniedrigten) hervor.

Mit »Auferstehung« allein ist also noch nicht alles Wesentliche aussagbar; das Erhöhungsmodell betont die Herrschaft und die Herrlichkeit Jesu Christi; es entnimmt die Auferstehung vollends der Vorstellung einer Wiederkehr ins irdische Leben und rückt sie »aus aller Ähnlichkeit umlaufender Vorstellungen über Auferstehung«[25]. Die gegenseitige Interpretation beider Sprachmodelle kann man mit Heinrich Schlier so umschreiben, daß »Auferstehen im Zuge der Erhöhung zu Gott und Erhöhung in der Kraft der Auferstehung geschieht«[26]. Anders gewendet: Die Auferstehung ist an ihrem Ursprung Erweckung, an ihrem Ziel Erhöhung und Herrlichkeit.

(3) In nochmals anderer Weise wird die Auferstehungsmetapher durch das Sprachmodell »*Leben*« (ζωή, nicht βίος) präzisiert und damit zugleich in hellenistisches Denken übersetzt. Von dem am Kreuz gestorbenen und begrabenen Jesus wird nämlich nicht nur gesagt, daß er »auflebte« (Röm 14, 9; Apk 2, 8; vgl. 1 Petr 3, 18), daß er »am Leben« (Röm 6, 10; 2 Kor 4, 10f; 13, 4; Apg 25, 19; Lk 24, 23; Mk 16, 11; Joh 14, 19) und »lebendig« ist (Lk 24, 5; Apg 1, 3; Hebr 7, 25; Apk 1, 18). Vielmehr wird verdeutlicht: er »stirbt nicht mehr« (Röm 6, 9; vgl. Apg 13, 34), er ist »für immer lebendig« (Hebr 7, 24f; vgl. 7, 16; 13, 8; 1 Kor 15, 45ff; Apk 1, 17f).

Mit dem Begriff des Lebens geschieht hier also eine auffällige Bedeutungsveränderung. Gemeinhin gilt ja als »Leben« der Prozeß des mit der Geburt beginnenden und mit dem Tod endenden zeitlichen Daseins. Der Tod ist die Negation dieses Lebens, und im Leben wird der Tod negiert. Hier aber geht es um den Eintritt und Übergang von diesem im (physischen, biologischen) Tod endenden Leben zu einem radikal neuen, nicht mehr biologisch zu fassenden, nämlich ewigen und endgültigen Leben, das von jenseits des Todes her zuteil wird. Der gewöhnliche Ausdruck »Leben« dient also als erschließendes (nicht als abbildendes!) Modell, das dadurch, daß das Leben als »ewig« quali-

---

[25] *G. Koch*, Die Auferstehung Jesu Christi (Tübingen ²1965) 56.

[26] *H. Schlier*, Über die Auferstehung Jesu Christi (Einsiedeln 1968) 22. Vgl. auch *X. Léon-Dufour*, Das Sprechen von Auferstehung, in: A. Fuchs (Hg.), Jesus in der Verkündigung der Kirche (Linz 1976) 26–49, hier 30–35.

fiziert wird, eine neue, uns noch nicht erfahrbare, einer anderen Ordnung angehörende Wirklichkeit bezeichnet. Die übliche Bedeutung des Wortes »Leben« wird wohl vorausgesetzt, ist aber überstiegen und aufgehoben; man darf in dem Satz »der getötete Jesus lebt für immer« nicht das uns bekannte (physisch-biologische) Leben meinen und muß doch an dieses denken.[27] Die neutestamentlichen Zeugnisse lassen überhaupt keinen Zweifel daran, daß Jesus nicht zu einem erneuten Leben im alten Lebenszusammenhang erweckt wurde, sondern in einem völlig neuen Leben ist, daß er von daher den alten Lebenszusammenhang, in dem wir stehen, aufbricht und für Neues eröffnet.

c) Verbindliche Metaphern als Verweis auf eine qualitativ neue Wirklichkeit

Die Auferstehung Jesu, die in den Erscheinungen ursprünglich offenbar geworden ist, stellt eine ganz einizigartige, exzeptionell-eschatologische Realität dar. Daß von ihr in Metaphern die Rede ist, bedeutet nicht, daß sie weniger wirklich ist als feststellbare Realitäten. Das genaue Gegenteil ist der Fall: sie ist Wirklichkeit im Sinne eines qualitativen Mehr gegenüber den Realitäten dieser Welt und deren Möglichkeiten. Gerade deshalb aber entzieht sie sich für die noch diesseits des Todes Stehenden der begrifflichen Erfaßbarkeit und Aussagbarkeit. Und deshalb kann von ihr anders als in metaphorischen bzw. analog-ungleichen Prädikationen nicht sachgemäß gesprochen werden. *Alle* verwendeten Ausdrücke (Auferweckung, Erhöhung, Leben; aber auch Geschehen, Handeln, Realität usw.) sind metaphorisch bzw. analog-ungleich[28] zu verstehen. Sie dienen zur Bezeichnung eines Sachverhalts, der den üblichen Bedeutungsumfang dieser Ausdrücke qualitativ überschreitet und für den zugleich auch nur Teilmomente des üblichen Inhalts dieser Ausdrücke gelten. Die Ausdrücke verweisen auf eine qualitativ und radikal neue Art von Wirklichkeit, die nicht wie die Gegebenheiten dieser

---

[27] So im Anschluß an eine treffende Bemerkung von *Jüngel,* Metaphorische Wahrheit 154.
[28] Die theologische Analogielehre, kurz gefaßt in der Formel des IV. Laterankonzils von 1215 (DS 806), weiß, daß alle Aussagen über eine Ähnlichkeit zwischen Gott und Welt die je größere Unähnlichkeit beider einschließen, also stets über sich selbst hinaus auf den je größeren, wirklichen Gott verweisen.

Welt Sein zum Ende und zum Tode hin ist, sondern – paradox genug – ein »Sein vom Tode her«[29] und von jenseits des Todes her. Die so behauptete neue Wirklichkeit des Gekreuzigten ist Anfang und Zukunft schlechthin, mit der Gegenwart dieser Welt sich verschränkend und sie in heilsame Unruhe versetzend. Deshalb muß von ihr auch in metaphorischen Geschichten erzählt werden.[30]

Weil aber das bezeichnete Geschehen der Auferstehung Jesu einzigartig ist, sind wir bleibend auf die ursprüngliche (»inspirierte«) Deutung angewiesen, die es sich bei den Urzeugen durch die »Erscheinungen« des Auferstandenen selber erwirkt hat. Das Geschehen und die Wirklichkeit von Ostern ist mit dieser – in den genannten sich gegenseitig interpretierenden Metaphern gegebenen – Deutung fortan unlösbar verknüpft.[31] Nur so bleibt es weltlicher Manipulation und Beliebigkeit entzogen und in seinem störenden wie einladenden Charakter erhalten. Wir können diese ursprüngliche (»inspirierte«) Deutung der Wirklichkeit von Ostern nicht willkürlich ersetzen; sie ist für uns verbindlich. Wohl müssen wir sie übersetzen und umschreiben, aber das ist ein unendlicher Prozeß, der immer wieder bei den ursprünglichen Metaphern selber ansetzen und zu ihnen zurückkehren muß.

Der Inhalt dieser Deutung und damit die wahre Bedeutung der Auferstehung Jesu ist nunmehr genauer und im Zusammenhang zu entfalten. In einem notwendig vorläufigen Versuch, wie sich jetzt versteht.

II. Das theodramatische Fundament: Gottes über die Welt entscheidende Tat der Auferweckung Jesu

Entgegen jener christologischen Engführung, welche die landläufige Sicht der Auferstehung Jesu beherrscht, muß zunächst

---

[29] *Chr. Link,* In welchem Sinne sind theologische Aussagen wahr, in: EvTh 42 (1982) 518–540, hier 528.

[30] Weiterführende Überlegungen zum innovatorischen Charakter der Gleichnisse Jesu als fiktional-metaphorischer, narrativer Texte bei *E. Arens,* Kommunikative Handlungen. Die paradigmatische Bedeutung der Gleichnisse Jesu für eine Handlungstheorie (Düsseldorf 1982) bes. 338ff.

[31] Vgl. dazu oben, Kap. 3, VI. 2b (2).

einmal die ursprüngliche Theo-Dramatik und grundlegende Theo-Logik der Auferstehung Jesu herausgearbeitet werden.

Sowohl das Wirken des irdischen Jesus als auch die urgemeindliche Osterverkündigung waren ja theozentrisch ausgerichtet. Jesus hatte nicht sich selbst zum Inhalt seiner Verkündigung gemacht, sondern von sich weg auf Gott und Gottes nahegekommene Herrschaft verwiesen (»Gottes Herrschaft ist zu euch gelangt«); nur indirekt hatte er sich als den entscheidenden Bringer der Gottesherrschaft mitthematisiert. Auch die frühesten und sich durchhaltenden Osteraussagen (»Gott hat Jesus von den Toten auferweckt«) machen primär eine neue Aussage über *Gott*[32]: Gott hat hier gehandelt, und zwar entscheidend (eschatologisch). Gott hat sich effektiv als der Gott Jesu erwiesen, als der Gott, der den Verlorenen wirklich annimmt, festhält und rettet. Er bricht mit seiner Lebensmacht definitiv in unsere Welt ein, die Nähe der Gottesherrschaft beginnt unwiderruflich gegenwärtige Wirklichkeit zu werden, das neue Leben faßt in der Welt unumstößlich Fuß und greift trotz aller Triumphe des Todes und seiner Helfershelfer um sich. Die Auferweckung Jesu bildet das alles entscheidende Handeln Gottes, durch das er sich selbst endgültig offenbart und die Wende der Weltzeit herbeiführt. Von nun an ist Endzeit.

Will man von diesem alles entscheidenden Handeln Gottes reden, so ergibt sich sofort eine fundamentale Schwierigkeit: Können wir heute überhaupt noch davon sprechen, daß Gott wirkt und handelt? Erhört Gott denn Gebete, wirkt er Wunder, handelt er im Weltgeschehen, erweckt er die Toten? Und was heißt es, mit dem neuen, christlichen Gottesprädikat zu bekennen, er habe Jesus von den Toten auferweckt?

1. Was heißt: Gott handelt?[33]

a) Schwierigkeiten mit der Rede vom Handeln Gottes

Die Vorstellung vom Wirken oder Handeln Gottes bereitet jenem Denken, welches in der Gegenwart dominiert und die großen lebenspraktischen Entscheidungen bestimmt, erhebliche

---

[32] Siehe Kap. 2, II. 1a.
[33] Zum Folgenden ausführlicher *H. Kessler*, Der Begriff des Handelns Gottes. Überle-

Schwierigkeiten. Bis zum Beginn der Neuzeit konnte aufs Ganze gesehen einigermaßen unproblematisch vom Wirken Gottes gesprochen werden. Dies änderte sich mit dem Zusammenbruch der antik-mittelalterlichen Weltordnung, mit dem Aufstieg des Bürgertums und seinem Versuch, die Welt in Theorie (Aufklärung, Wissenschaft usw.) und Praxis (Technik, Kapitalismus usw.) von Grund auf selbst zu gestalten. Nun wird das »ich denke« und »ich handle« zum Ausgangspunkt, von dem aus das Subjekt alles durch sich selber (vorstellend und herstellend) sicherstellt, in der Autonomie des Denkens und Handelns.[34] (Diese sollte sich freilich auf lange Sicht dann zu subjektlosen und subjektfeindlichen Prozessen verselbständigen.)

Zunächst erscheint dabei Gott noch als denknotwendig: er wird (bei Descartes) gedacht als der, den das ego cogito zu seiner Sicherung braucht (nicht als der, der er ist und der selber handelt). Oder er wird (bei Kant) als Bedingung der Denkmöglichkeit unseres (sittlichen) Handelns postuliert. Gott wird also tendenziell abgedrängt in die transzendental gründenden Bedingungen des autonomen Denkens und Handelns des Menschen; er sinkt zu dessen bloßem Horizont herab. (Bis dahin, daß Gott für tot und nichtig erklärt wird, ist dann kein großer Schritt mehr.)

Mit einem solchen Gott aber, der letztlich nur Funktion und Resultat unseres Denkens (bzw. postulierte Bedingung der Denkmöglichkeit unseres Handelns) ist, läßt sich's ungestört agieren. Er kann uns nicht in die Quere kommen; vielmehr bestätigt er uns, wie wir sind. Anders wäre das mit einem eigenen Willen und einer freien Aktivität Gottes.[35] Sie könnten die ver-

gungen zu einer unverzichtbaren theologischen Kategorie, in: H.-U. von Brachel – N. Mette (Hg.), Kommunikation und Solidarität. Beiträge zur Diskussion des handlungstheoretischen Ansatzes von Helmut Peukert (Fribourg – Münster 1985). – Aus der neueren Diskussion verdienen Beachtung: *G. D. Kaufman*, On the Meaning of ›Act of God‹, in: HThR 61 (1968) 175–201; *I. T. Ramsey*, Models for Divine Activity (London 1973); *R. Schulte*, Gottes Wirken in Welt und Geschichte, in: H. Waldenfels (Hg.), Theologie – Grund und Grenzen. Festgabe H. Dolch (Paderborn 1982) 161–176; *P. Eicher*, Gott handelt durch sein Wort, in: Ders., Bürgerliche Religion. Eine theologische Kritik (München 1983) 201–227.
[34] Vgl. hierzu die Analysen bei *E. Jüngel*, Gott als Geheimnis der Welt (Tübingen 1977) 138ff. 227ff.
[35] Aufschlußreich in dieser Hinsicht ist etwa die Auffassung, daß schon der Begriff von einem *Willen* Gottes »alle Religion verdirbt«. So *I. Kant*, Von einem neuerdings erhobenen vornehmen Ton in der Philosophie (1796), in: Werke in zehn Bänden, hg. von W. Weischedel, Bd. 5 (Darmstadt 1968) 390 Anm. (A 414). Ähnliche Aussagen in

meintlich unbeschränkte Autonomie gefährden: etwas Unberechenbares käme ins Spiel, der Mensch könnte sich, seine Welt und sein Handeln nicht mehr rein von sich selbst her (und ohne den Andern) entwerfen.

Die einseitige Dominanz wissenschaftlich-instrumenteller Rationalität in unserer modernen westlichen Gesellschaft verstärkt die genannten Schwierigkeiten. Als Maßstab gilt ihr die jederzeit überprüfbare Objektivität (Nachprüfbarkeit). Naturgeschehen und Geschichte werden, wie wir sahen, wissenschaftlich aus dem Wechselspiel prinzipiell überprüfbarer endlicher Kräfte erklärt. Ein Rückgriff auf göttliche Eingriffe ist dazu nicht mehr nötig. In der Welt der natur- und geschichtswissenschaftlichen »Tatsachen« kommt daher ein Handeln Gottes nicht vor; in ihr scheint man nur mit schlechtem Gewissen noch an Gottes Wirken in den Geschehnissen glauben zu können. Jedenfalls können wir nach Immanuel Kant von einem Handeln Gottes gar nicht wissen: wie sollen wir denn erkennen und beweisen, daß es Gott ist, der in einem Geschehen zu uns spricht und an uns handelt?[36] Und noch weiter gehend: Wenn Bibel und Kirche von Taten Gottes sprechen, so seien das lediglich vergangene (und letztlich angemaßte) Vorstellungen, »bloße Geschehnismeinungen vergangener Menschen«[37]. Die abschließende Schlußfolgerung: Wir müßten uns bescheiden mit unserem eigenen Handeln – auch im Hinblick auf (einen vielleicht noch vorausgesetzten) Gott.

Während also für die konkreten Religionen und insbesondere für den jüdisch-christlichen Glauben gerade und primär »Gott der Handelnde in der Beziehung zum Menschen« ist, gilt vom heute vorherrschenden wissenschaftlich-instrumentellen Denken: Wenn es überhaupt etwas von Gott weiß, so doch »nur vom Tun des Menschen in der Beziehung zu Gott, nichts vom Tun Gottes«[38]. Von daher verstehen sich verschiedene reduktionistische Uminterpretationen: Das namenlose, in Chiffren sich

---

der Religionsschrift und in der Kritik der praktischen Vernunft. Für Kant ist Gott ein verständiges und moralisches Wesen als Welturheber (1793, Kritik der Urteilskraft B 415), dessen höhere Mitwirkung zur moralischen Vollkommenheit nötig ist (1794, Religionsschrift B 62; B 203f; B 261).

[36] *I. Kant*, Der Streit der Fakultäten (1798), in: Werke Bd. 9, 333 (A 102) und 312–315 (A 66–70).

[37] *Hartlich*, Geschehnisaussagen (s. Anm. 5) 473.

[38] *G. van der Leeuw*, Phänomenologie der Religion (Tübingen 1933, ²1956) 3.

anzeigende »Umgreifende«[39] ist ein Gott ohne Subjekthaftigkeit und ohne Eigenaktivität. Handeln Gottes (in Jesus usw.) gilt als mythisches Symbol für mitmenschliches Handeln.[40] Das ganze Weltgeschehen wird als ein umfassender evolutiver Prozeß der Anpassung an die »letztgültige Realität« (Gott) begriffen, die selber statisch und unbewegt gedacht ist.[41]

Übrigens sind solche Versuche einer Entmythologisierung bzw. Eliminierung der Rede vom Handeln Gottes letztlich nur Spiegel einer weit verbreiteten bürgerlich-christlichen (und amtskirchlichen) Praxis. Denn faktisch macht diese Gott weithin zum Statisten, der (semi-deistisch) nur geschehen läßt, was die Natur und wir tun, und dem sie selber nichts zutraut. *Wir* handeln, und wir vertrauen auf *unser* Handeln oder doch auf das Handeln unserer Wissenschaftler, Technologen, Politiker, Militärstrategen usw. – und dies, obwohl wir aus Erfahrung wissen, daß wir darauf nicht einfachhin vertrauen dürfen.

b) Voraussetzungen der Rede vom Handeln Gottes

Der Begriff des Handelns läßt sich allgemein folgendermaßen definieren: Handeln heißt intentional (= absichtlich) eine Veränderung (= Transformation von Zuständen) in der (objektiven, sozialen oder subjektiven) Welt bewirken oder verhindern.[42] Das ausschlaggebende Moment in dieser Definition ist die Intention des Handlungssubjekts. Denn sie erst leistet die Verbindung der verschiedenen Phasen einer Handlung und ermöglicht es, diese als Einheit zu verstehen. Die auf das Handlungsziel gerichtete Intention umfaßt also den ganzen dahin führenden Weg der Handlung (Handlungsvorsatz, Mittel) mit; sie schafft einen Handlungsbogen. Wegen dieser gewollten Intention kann Handeln – im Unterschied zum weiteren Oberbegriff

---

[39] So bei *K. Jaspers,* Chiffren der Transzendenz (München 1970).

[40] So oder ähnlich *F. Buri,* Entmythologisierung oder Entkerygmatisierung der Theologie, in: Kerygma und Mythos Bd. 2, hg. von H.-W. Bartsch (Hamburg 1952) 85–101; *H. Braun,* Jesus (Stuttgart ²1969); *F. Kambartel,* Theo-logisches, in: ZEE 15 (1971) 32–35.

[41] So (trotz sonst guter Ansätze) ziemlich kurzschlüssig *G. Theißen,* Biblischer Glaube in evolutionärer Sicht (München 1984) 71f. 141.142f u. ö.

[42] Vgl. in diesem Sinne beispielsweise *G. H. von Wright,* Handlung, Norm und Intention (Berlin – New York 1977) 83ff. Die Konzeption von Wrights ist mit dieser Definition nicht übernommen; anders als er verstehen wir Welt nicht nur im Sinne der objektiven, sondern zugleich auch der subjektiven und der sozialen Welt.

des Verhaltens – zwar dem Menschen, nicht aber dem Tier zugeschrieben werden. Handeln setzt die Einheit eines Ich als Subjekt voraus. Je nach dessen Einstellung ergeben sich dann zwei
zu unterscheidende Handlungstypen: instrumentelles Handeln
(objektivierende Einstellung zu gegebenen Sachverhalten und
bewußt instrumenteller Eingriff in diese) oder kommunikatives
Handeln (bewußte Aufnahme einer interpersonalen Beziehung
zu mindestens einem andern Subjekt).

Läßt sich ein derartiger Handlungsbegriff auf Gott anwenden? Die Rede vom Handeln Gottes hat *zwei Voraussetzungen.*
(1) Ein bestimmtes Gottesverständnis: Gott ist der eine, einzige
und zugleich lebendige, der als Freiheit (Subjekt), und zwar als
absolute Freiheit, und das heißt: in sich selber kommunikativ
(trinitarisch), zu denken ist. Erst damit wäre Gott als eigenes,
selbständiges Willens- und Aktivitätszentrum gedacht (etwa entsprechend Ex 3, 14). Erst dann ist er nicht »nur Ende, Resultat«
des Denkens; denn »was man wirklich Gott nennt . . ., ist nur
der, welcher Urheber seyn, der etwas anfangen kann«[43]. (2) Die
qualitative Andersartigkeit, insbesondere die Universalität des
Handelns Gottes (die den gewöhnlichen Handlungsbegriff
sprengt; wir sprachen ja vom metaphorischen, analog-ungleichen Charakter der Rede vom Handeln Gottes, die auf ein qua-
litatives *Mehr* verweist): Gottes »Handeln« darf *nicht* nach Art
beschränkt endlichen, weltlichen Handelns gedacht werden.
Gott wirkt anders und in allem. Die ganze Bibel lebt von der Erfahrung und Überzeugung, daß Gott in allem, im Großen des
Weltgeschehens wie im unscheinbar Kleinsten, am Werk ist und
daß er in der Geschichte da und dort besonders »spricht« und
»handelt«. Selbstverständlich ist dies – weil es keine bruta facta
ohne alle Deutung gibt – immer auch Deutung; aber es ist in Erfahrung ursprünglich verankerte und durch neue Erfahrung der
Gemeinschaft bewährte Deutung.

Nun macht der Gedanke der *All*gegenwart und *All*wirksamkeit Gottes zunächst, so scheint es, geringere Schwierigkeiten als
der seiner besonderen Gegenwart und Wirksamkeit in bestimmten Ereignissen und Personen. Welcher Art ist das besondere

---

[43] *F. W. J. Schelling,* Philosophie der Offenbarung (1858, Darmstadt 1974) Bd. 1, 172.
Ebd. 173: »Von einem Entschluß, einer Handlung oder gar einer That (sc. Gottes)
weiß das reine Denken nichts«.

Handeln Gottes, von dem die Glaubenserfahrung spricht, und woran ist es erkennbar?

c) Ansatz und Kern christlicher Rede vom Handeln Gottes

Fragen wir zunächst noch einmal allgemein: Wie kann denn das Handeln eines anderen *Menschen erkannt* werden?[44] Gewiß nicht einfach an feststellbaren Wirkungen; denn diese könnten ja von ihm nicht beabsichtigte Nebeneffekte oder durch Dritte verursachte Effekte sein. Vielmehr ist es nötig, die *Intention* zu erkennen, die eine andere Person bei ihrem Handeln auf andere zu leitet; wir müssen sehen, was genau sie mit einem bestimmten Geschehen gewollt hat. Der gängige Weg aber, die bestimmte Absicht einer andern Person in Erfahrung zu bringen, ist die direkte Frage an sie und ihre Antwort in Form einer sprachlichen Äußerung. Die Wahrhaftigkeit und Glaubwürdigkeit der geäußerten Intention dürfen wir so lange unterstellen, als sie mit der gewöhnlichen Handlungsweise des Anderen in Einklang steht. Unverstellt aber können wir Intention und Handeln eines Andern nur wahrnehmen, wenn wir an ihm teilnehmen, das heißt in eigenem kommunikativen Handeln.

Nun sprechen Bibel und Kirche von einer ganz bestimmten Intention *Gottes* in seinem Handeln: »Ich will euer Gott sein, und ihr sollt mein Volk sein« (Bundesformel); »Gott will, daß alle Menschen gerettet werden« (1 Tim 3, 4); er will Versöhnung und Gemeinschaft aller Menschen mit Gott und untereinander (Lumen Gentium 1). Wie kommt es zur Erkenntnis dieser Intention Gottes? Durch die – in der Lerngeschichte Israels zunehmend deutlicher und in Jesus von Nazareth eindeutig werdende – Erfahrung Gottes und der (Selbst-)Zusage seiner Liebe; die Liebe Gottes aber wird dort erkannt und erfahren, wo aus ihr – in einem entsprechenden kommunikativen Handeln – zu leben versucht wird.

Konzentrieren wir uns gleich auf die Selbstzusage Gottes in der Gotteserfahrung und im Handeln Jesu. Wir sahen früher schon: Jesus erfährt in sich die unbedingt gütige, aktive Selbstzuwendung Gottes, und zwar als allen geltend. Aber Jesus verkündet diese Zuwendung Gottes nicht nur; in seinem Handeln

---

[44] Zum Folgenden vgl. *Wright,* Handlung 140ff.

überschreitet sich Jesus auf Gott und die Andern zu, und so nimmt die Selbstzusage Gottes an alle *Tat*charakter an. Sie wird real anschaulich und erfahrbar, so daß sich Menschen unbedingt angenommen wissen und von daher leben, das heißt sich und andere besser annehmen und versöhnend handeln können. So kommt und handelt Gott durch Jesus (durch sein Wort, seine Tat, sein Leiden und Sterben). Ja gerade dort, wo Gottes Intention und Handeln am allertiefsten verborgen sind, nämlich in der äußersten Dahingabe Jesu am Kreuz, erkennt sie der Glaube endgültig. Nicht weil er dies dem Kreuz als solchem entnehmen könnte, sondern aufgrund der neuen Erfahrung des Gekreuzigten als des Auferstandenen (als der wahrhaft von Gott bestätigten und zu bleibender Geltung erhobenen Liebe, die sich selbst überschreitet und den Anderen gibt).

Von daher ergibt sich für den Christen das entscheidende *Kriterium* für die Erkenntnis von Gottes Handeln in der Geschichte überhaupt: die *Konformität mit Jesu Handeln* des Sichselbst-Überschreitens auf Gott und die Anderen zu in uneigennütziger und unbeschränkter Solidarität oder – neutestamentlich gesprochen – in Agape. »Die Agape stammt aus Gott« (1 Joh 4, 7), und: »Ubi caritas, ibi deus est – et agit«. Überall dort in der Welt, wo Menschen das möglich wird, wozu sie von Haus aus nicht neigen, nämlich nicht egoistisch bei sich zu bleiben, sondern sich zu übersteigen und Menschen für andere zu werden, handelt Gott durch Menschen. Das ist der intentionale Kern dessen, was Handeln Gottes heißen darf. Und von hier aus fällt Licht auf die vielfältigen Gestalten und Dimensionen des Handelns Gottes.

2. Grundgestalten des Handelns Gottes[45]

Wir unterscheiden vier nicht aufeinander reduzierbare Grundgestalten bzw. kategoriale Ebenen des Handelns Gottes. Diese vier Ebenen des Handelns Gottes bilden zugleich vier aufsteigende Stufen der Selbstoffenbarung und Selbstdefinition Gottes. Die eigentliche Intention des gesamten Handelns Gottes wird erst auf der dritten Stufe, dem schon angedeuteten Kern des Han-

---

[45] Die folgenden Ausführungen nach *H. Kessler,* Begriff des Handelns Gottes (s. Anm. 33).

delns Gottes erkennbar. Von Stufe zu Stufe wird das Handeln Gottes immer voraussetzungsreicher und komplexer. Im gleichen Maße wachsen die Schwierigkeiten des Verstehens für uns, aber auch die Herausforderungen an uns.

a) Gottes unvermitteltes Schöpfungshandeln
Gemeint ist die freie Setzung der Welt als ganzer ihrem gesamten Seins- und Möglichkeitsbestand nach. Dabei ist keinerlei Kreatur vorausgesetzt, weder als Material (Chaos, formlose Materie) noch als Mittel (Demiurg, Schöpfungsmittler). Vielmehr wird Kreatur überhaupt allererst gesetzt; ausgedrückt wird dies biblisch als Erschaffung allein durch das voraussetzungslos ins Dasein rufende Wort (vgl. besonders Gen 1; 2 Makk 7, 28; Röm 4, 17) und seit dem 2. Jahrhundert durch die Formel »creatio ex nihilo« (Schöpfung aus dem Nichts). Durch seine absolute Alleinwirksamkeit also bringt Gott unmittelbar und ohne jede kreatürliche Vermittlung (ohne alle Sekundär- und Instrumentalursachen) das Gesamt der Welt hervor. Deswegen hängt die Welt als ganze restlos unmittelbar von Gott selbst ab.[46]

Dieser Schöpfungsakt kann, weil er nicht kreatürlich vermittelt ist, in keinem Sinne Gegenstand sinnlicher Anschauung und empirischer Wissenschaft sein. Er ist ihnen entzogen und liegt ihnen immer schon zugrunde. Aber der Blick auf ihn wird dort eröffnet, wo der Wissenschaftler als Mensch weiterfragt nach dem »Anfang«, bzw. dort, wo die radikale Kontingenz der Welt bewußt wird (etwa in der Frage Schellings und Heideggers: Warum ist überhaupt etwas und nicht vielmehr nichts?). Zum Gegenstand haben Sinnlichkeit und Wissenschaft nur die Welt selber, theologisch gesprochen: die Wirkungen des göttlichen Schaffens.

Die Intention des Handelns Gottes ist auf der Stufe des Schöpfungshandelns vom Wesen der Sache her noch völlig verhüllt. Erst von der dritten Stufe (genauer: vom Kern göttlichen Handelns in Leben, Tod und Auferstehung Jesu) her kann sie erkannt und kann gesagt werden: Gott schafft die Welt, quia vult condiligentes (weil er Mitliebende will).[47] Gott schafft den Gegenstand seiner *Liebe*. Seine Schöpferallmacht ist zugleich Güte,

[46] So *B. Weissmahr*, Philosophische Gotteslehre (Stuttgart 1983) 129–137.
[47] *Johannes Duns Scotus*, Opus Oxoniense III d.32 q.1 n.6.

die sich selber so zurücknimmt, daß das Geschöpf frei sein kann und er um es »freit«, auf seine Erwiderung »wartet«.[48] Erst von Jesus her wird also erkennbar: Die Intention Gottes ist von Anfang an die universale Gemeinschaft der Liebe; sie ist die Bestimmung und der Sinn der Welt. Vom Schöpfungsakt an ist deshalb Gottes Handeln als kommunikatives Handeln zu verstehen, das auf interpersonale Beziehungen hinauswill und sie seinerseits (einseitig) auch eingeht.

b) Kreatürlich vermitteltes allgemeines und ständiges Schöpferwirken Gottes

Glaubende Menschen erfahren die Welt existentiell als Schöpfung, das Wachstum und die Pracht der »Lilien auf dem Feld« und der »Vögel des Himmels« als Walten des Schöpfers. Man könnte, theoretischer gefaßt, von der indirekten Ko-Präsenz Gottes als Schöpfer und Urgrund in allem Weltlichen und bleibend restlos vom ihm Abhängigen sprechen (Allgegenwart und Allwirksamkeit) oder, umgekehrt gewendet, von der weltlichen Wirklichkeit als Ort der göttlichen Manifestation und Epiphanie (sakramental-symbolische Struktur der Primärwelt).

Gott wirkt also – kreatürlich vermittelt – *in allen* seinen Geschöpfen.[48a] Und zwar ist dieses allgemeine und ständige Schöpferwirken Gottes (creatio continua) so zu denken, daß es überhaupt erst die natürliche Eigendynamik der Welt ermöglicht und die autonome Eigenaktivität der Naturevolution wie der Freiheitsgeschichte freisetzt. Zur Erhellung kann die – kategorial freilich nicht unproblematische – Unterscheidung (des Thomas von Aquin) zwischen Erstursache und Zweitursachen dienen.[49] Gott ist die Erstursache, das heißt der ständige, transzendental ermöglichende, aktiv wirksame Grund dafür, daß überhaupt endliche Kräfte wirken können; aber diese endlichen Kräfte wirken selbst und autonom aus sich selbst, entsprechend den in ihnen liegenden Möglichkeiten (Eigenwirken als Zweitursachen).

---

[48] *S. Kierkegaard,* Tagebücher (München 1949) 216f. 405.
[48a] Hier tauchen freilich spezifische Probleme auf, die an dieser Stelle nicht weiterverfolgt werden können: Da eine »Handlung« etwas Abgrenzbares mit Anfang und Ende meint, ist hier der normale Handlungsbegriff so sehr gesprengt, daß es schwierig wird, von einem »Handeln« Gottes zu reden. Und doch scheint dies unumgänglich.
[49] Vgl. dazu *H. Kessler,* Die theologische Bedeutung des Todes Jesu (Düsseldorf 1970, ²1971) 200ff. – Zur Problematik der thomanischen Kategorien vgl. unten Anm. 53.

Die theologische Tradition unterschied nun zwei Aspekte dieses allgemeinen Schöpferwirkens Gottes: Die Erhaltung der Welt (in ihrer Eigendynamik) und die Lenkung alles Geschehens in der Welt. Bringt man dies – und von hier an greifen wir auf die dritte Stufe vor – in Beziehung mit der Intention des göttlichen Handelns (universale Gemeinschaft der Liebe), so ergibt sich eine uns nicht mehr durchschaubare »Paradoxie des göttlichen Handelns«[50]: Gott erhält dann ja auch die Grausamkeiten in der Natur und trägt auch noch den Menschen im Mißbrauch seiner Freiheit, den Sünder in seinem Frevel an Gott und an Gottes Geschöpfen (vgl. Mt 5, 45b), den Mörder in seinem Morden, und er fährt trotz der Bittgebete der Opfer um Bekehrung und Ende des Mordens nicht mit starker Hand drein. So bricht hier die eigentliche Theodizeefrage auf: Wird Gott durch das Unrecht widerlegt, oder wird Gott das Unrecht überwinden? Indem er das Gute gebietet und das Böse aushält, wirkt er jedenfalls vorerst scheinbar am Unrecht dieser Welt mit und gerät in scheinbaren Widerspruch zu sich selbst.

Und doch gehen Menschen, die die Auferweckung des Gekreuzigten bekennen, so weit, in ihrem *eigenen* Leiden zu behaupten: Auch wenn Gott seine Allmacht so zurückgenommen hat, daß er sich scheinbar aus dem Weltlauf zurückgezogen hat, so bleibt er doch der Herr in allem. Noch inmitten der Triumphe der Unterdrücker hält er an der intendierten Bestimmung der Welt fest.

Der Wille und das Walten Gottes sind also nicht geradewegs mit dem sichtbaren Weltlauf in Einklang zu bringen und an ihm (als Teleologie) ablesbar. Vielmehr treten sie zur Logik der Evolution und der Geschichte (Durchsetzung des Stärkeren, Bestangepaßten usw.) oftmals in Widerspruch, wie von Leben, Tod und Auferstehung Jesu (dritte Stufe) her deutlich wird. Von daher wird es unmöglich, Erfolge (Siege, Gesundheit, langes Leben) mit Gottes Segenshandeln, das Gegenteil aber mit Gottes Gerichtshandeln gleichzusetzen; es kann sich auch umgekehrt verhalten. »Der wellt laufft« ist – mit Martin Luther gesprochen – oft genug »Gottes mummerey, darunter er sich verbirgt«.[51] Solches unter dem Gegenteil verborgene Handeln Got-

---

[50] *E. Schlink,* Ökumenische Dogmatik (Göttingen 1983) 22. u. ö.
[51] *Martin Luther,* Der 127. Psalm ausgelegt an die Christen zu Riga in Liefland (1524), in: WA 15, 373.

tes hat aber mit der Hegelschen »List der Vernunft« in der Geschichte[52] so gut wie nichts zu tun. Die Geschichte kann, solange Leiden, Unrecht und Sünde existieren, nicht als ein Ganzes begriffen werden. Wie Gottes Erhaltung und Lenkung der Welt in ihrem Eigenwirken und Gottes lebenermöglichendes Gnaden- und Heilshandeln (das opus proprium Gottes) zusammenhängen, läßt sich nicht mehr spekulativ durchschauen und begrifflich synthetisieren. Die Aussage von der letzten Einheit des Handelns Gottes bleibt eine existentiell zu vollziehende Glaubens- und Bekenntnisaussage im Widerspruch zu den Widersprüchen der Welt.

c) Durch menschliche Akteure vermitteltes besonderes (innovatorisches) Handeln Gottes

Wie sich zeigte, werden die übrigen Formen des göttlichen Handelns in ihrem Sinn erst von diesem besonderen Heilshandeln Gottes her verständlich. Dieses innovatorische Gotteshandeln geschieht vermittelt durch menschliche Akteure, die sich Gott (im Glauben) öffnen, die ihm in sich und in ihrem Handeln freien Willens so Raum geben, daß Gott kommen und *durch* sie (als Instrumentalursachen) wirken kann. Hier geht es also nicht mehr nur um ein Wirken der geschöpflich-menschlichen Akteure aus eigener Initiative und Kraft und im Rahmen eigener kreatürlicher Möglichkeiten (um die durch die Erstursache ermöglichte Eigenaktivität der »Zweitursachen«). Hier geht es darüber hinaus darum, daß menschliche Akteure, die sich Gott frei überantworten, (nun als »Instrumentalursachen«) durch Gottes Urheberschaft und Kraft zu einer Wirkung erhoben werden, welche ihre eigenen Fähigkeiten übersteigt und doch ihre eigene Wirkung ist.[53] Daß Menschen sich derart in der Grundstruktur ihrer Existenz von Gott betreffen, verändern und zu neuen Möglichkeiten des Daseins für andere (der Agape bis hin zur Feindesliebe) befreien lassen, ist das eigentliche »Wunder« des Wirkens Gottes in dieser Geschichte.

Dies begegnet vielfach in der Menschheits- und Religionsge-

---

[52] *G. W. F. Hegel,* Die Vernunft in der Geschichte (1830, Hamburg 1955) 105.

[53] Dieser wesentliche Unterschied zwischen dem Wirken der Geschöpfe als Zweit- und als Instrumentalursachen wird von *B. Weissmahr,* Gottes Wirken in der Welt. Ein Diskussionsbeitrag zur Frage der Evolution und des Wunders (Frankfurt 1973), verkannt. – Freilich, zumindest heute ist die thomanische Terminologie von causa prin-

schichte, besonders in der Geschichte Israels, das sich *rigoros* von daher versteht. Im Exodus als Gottes Befreiungstat durch Mose bricht die biblische Grunderfahrung des befreienden und Neues (Freiheit in Solidargemeinschaft) schaffenden Handelns Gottes auf, der wirksam da ist, wie er will (Ex 3, 14), und der auf gegenseitige Gemeinschaft (Bund) aus ist. In einzigartiger Konzentration und Definitivität begegnet solches durch menschliche Akteure (als Instrumentalursachen) vermitteltes Gnaden- und Heilshandeln Gottes dann in der Gestalt und Geschichte Jesu von Nazareth. Wo dieser Mensch handelt, braucht Gott nicht unvermittelt einzugreifen, weil er vermittelt durch dessen menschliche Freiheit und Liebe handeln kann. In Jesu vorbehaltloser Offenheit für Gott und Selbstüberschreitung auf die Andern zu geschieht Gottes Kommen und Handeln (Selbsterniedrigung und -mitteilung) so unüberbietbar und – wie von Ostern her offenbar wird – so endgültig (eschatologisch), daß es letztlich nur als Menschwerdung (des Sohnes) Gottes begriffen werden kann. Gott selbst kann im Dasein Jesu für die Anderen (bis zum Äußersten der Lebenshingabe) ganz für die Andern wirksam (annehmend, versöhnend, befreiend) da-sein und handeln (neues Leben der Agape schaffen). Im lebendigen Zeugnis von Christen und Christengemeinden wird dieses alles entscheidende, weil endgültige innovatorische Handeln Gottes durch Jesus weitergetragen.

Freilich, dieses durch menschliches Handeln vermittelte Gotteshandeln erfolgt – wie von der Auferweckung des Gekreuzigten her ersichtlich ist – oft verborgen unter dem Gegenteil: Zentral in der Niedrigkeit des irdischen und in der Ohnmacht des gekreuzigten Jesus; da ist kein machtvolles Eingreifen zu sehen, alles Entscheidende geschieht in der uneingeschränkten, gewaltlosen Dahingabe Jesu an Gott und an die andern Menschen.

cipalis (Hauptursache) und causa instrumentalis (Instrumentalursache) überhaupt mißverständlich. Weil sie nämlich die Ebene des Personalen und der Interaktion in Freiheit terminologisch nicht erreicht, kann sie das Zu- und Miteinander von befreiender Freiheit Gottes und (zu einer bestimmten Art von Handeln) befreiter Freiheit des Menschen – jedenfalls für heutiges Verständnis – kaum noch zum Ausdruck bringen. Für dieses Zu- und Miteinander gilt: je mehr sich der Mensch Gott übereignet und in die Abhängigkeit von Gott begibt, desto freier und eigenständiger wird er. Eine entfernte Analogie dazu stellt das zwischenmenschliche Verhältnis der einander freimachenden Liebe dar; hier kann etwas Ähnliches erfahren werden, so daß der eine sich aus der Abhängigkeit vom andern gar nicht emanzipieren möchte, weil er in ihr frei und ganz er selbst sein kann.

Dann aber auch in der Mehrdeutigkeit des Geistwirkens; Gottes Kraft bzw. die Kraft der Auferstehung Jesu wirkt in der Schwachheit etwa des Paulus oder der korinthischen Gemeinde (vgl. 1 Kor 1, 26ff; 2, 3ff; 2 Kor 12, 9f; Phil 3, 7ff). Gott handelt also in der Niedrigkeit und Machtlosigkeit derer, die sich ihm öffnen und gerade so (in der von Gott gewirkten Agape) für andere dazusein beginnen. In der Agape nimmt der Mensch ja seine Eigenmacht zurück und verzichtet auf Selbstdurchsetzung, um den Anderen zur Geltung kommen zu lassen. In dieser Machtlosigkeit des Für-andere-da-Seins gewinnt Gott Macht und Raum in der Welt. In diesem Sinne ist Gott selbst »ohnmächtig und schwach in der Welt, und gerade so und nur so ist er bei uns und hilft uns«[54]. Das alles aber können wir nur sagen von der Auferweckung des Gekreuzigten her.

Gegen Mißverständnisse (etwa eine falsche Mystifizierung des Leidens und des Mißerfolgs) muß noch angemerkt werden: Gott handelt nicht einfach durch menschliches Leiden, sondern er handelt durch solches Tun und Leiden, das innerlich von diesem Grundakt der Agape erfüllt und formiert ist. Wo also aus Agape zu anderen agiert, gelitten und gestorben wird (und das kann nicht von außen angesonnen werden, dazu kann sich nur der handelnde Mensch selbst bestimmen), da kann vom Handeln Gottes gesprochen werden. Wo aber ein Geschöpf nur leiden muß durch andere und daran zerbricht, da leidet Gott – gewiß auf unbegreifliche Weise aktiv – mit; und da haben *wir* (!) kein Recht, ein Handeln Gottes im eigentlichen Sinne zu projizieren, sondern nur noch die Pflicht, solches Leiden abzuschaffen oder wenigstens zu mildern und *darin* Gottes Handeln Raum zu verschaffen.

d) Nicht durch menschliche Aktivität vermitteltes, radikal innovatorisches Auferweckungs- und Vollendungshandeln Gottes

Während das geschichtliche Heilshandeln Gottes sich innerhalb des begrenzten raum-zeitlichen Rahmens der irdischen Welt bewegt, geht es auf dieser letzten Stufe um das innerhalb dieses Rahmens grundsätzlich Unerreichbare. So entsprechen den drei

---

[54] *D. Bonhoeffer*, Widerstand und Ergebung. Briefe und Aufzeichnungen aus der Haft (München 1961) 242.

bisher erörterten Stufen göttlichen Handelns empirisch greifbare Sachverhalte (Dasein der Welt, Eigendynamik der Weltdinge, Werke der Humanität und Solidarität). Diese werden auch bei Nichtvoraussetzung Gottes nicht gegenstandslos, so daß der Schein rein natürlicher Erklärungsmöglichkeit entstehen kann. Anders bei der Rede von der Auferweckung und Vollendung der Toten: sie wird ohne die Anerkennung eines Gottes (genauer: eines der Welt und ihren Möglichkeiten gegenüber absolut freien und souverän handlungsmächtigen Gottes) eo ipso sinnlos. Ohne Gott gibt es keine Auferstehung der Toten. Im Judentum war denn auch, wie wir früher gesehen haben, die Hoffnung für die Toten eine innere Konsequenz und Explikation des Glaubens an Gott (an seine unbegrenzte Schöpfermacht, Lebensfreundlichkeit und Gerechtigkeitsliebe, seine unzerstörbare Treue zu seinen Geschöpfen und den ihm Vertrauenden).

Nun setzt ja Auferweckung der Toten den Tod der kreatürlichen Subjekte, das Ende ihrer und aller weltlichen Möglichkeiten voraus. Sie kann demzufolge nur als streng von außen kommendes, nicht mehr durch kreatürliche Aktivitäten vermitteltes, exklusives Handeln Gottes am Toten gedacht werden. Die Auferweckung der Toten ist die ausschließliche Prärogative Gottes. Sie stellt einen radikalen Neuanfang dar (vergleichbar nur der Schöpfung), jedoch keinen absoluten Neuanfang (also doch keine »Schöpfung aus dem Nichts«). Denn Gott fängt nicht völlig neu an, er *steht zu* den vorausgehenden Stufen seines Handelns und knüpft an sie an: In seinem Auferweckungshandeln *greift* er auf die Toten (die zu reinen »Objekten«[54a] gewordenen Subjekte) und auf die an ihr Ende gekommene Welt *zurück,* um radikal Neues zu schaffen; und zwar so, daß er die irdisch (und sei's noch so fragmentarisch) gelebte Gemeinschaft mit Gott und die gelebte Agape gegenüber Menschen und Geschöpfen zu einer nochmals freien, alles übertreffenden Vollendung führt[55]. Gott schafft sich nicht nur den Gegenstand seiner Liebe, er richtet ihn auch wieder auf und vollendet ihn. Dies alles entnehmen wir wiederum der Auferweckung Jesu.

[54a]Gemeint ist, daß die Toten ihrer Subjekthaftigkeit und Aktivität verlustig sind, nicht daß ihr Leichnam ein bloßes Objekt sei, dem keine Achtung entgegenzubringen wäre.

[55] Die irdisch vielleicht nur in Ansätzen gelebte, von Schuld, Unvermögen und äußeren

Auf dieser vierten (in der Auferstehung Jesu schon erreichten und offenbarten) Handlungsstufe kommt demnach erst vollends zum Vorschein, wer Gott ist und worauf Menschen sich einlassen, wenn sie sich auf Gott (die absolute Freiheit der Liebe, den unbedingt Liebenden und dementsprechend wirksam Handelnden) einlassen. In Auferweckung und Vollendung (Reich Gottes) will die Intention, welche Gottes Handeln in, mit und an der Welt vom Ursprung an und auf allen Ebenen leitet, zu ihrem Ziel kommen, will die Gnade Gottes zu ihrem endgültigen Sieg und Triumph kommen. Die Auferweckung Jesu bildet den Anfang des Ins-Ziel-Kommens von Gottes Handeln.

3. Die Auferweckung Jesu als das alles entscheidende (erlösende) Handeln Gottes

a) Exklusive Tat Gottes am toten Jesus als Erweis der Lebenswirklichkeit und Göttlichkeit Gottes

Was wir von der Auferweckung der Toten gesagt haben, das gilt nicht weniger von der Auferweckung *Jesu* von den Toten: Auferweckung kann es nur als streng von außen kommendes, der Komponente menschlichen Mit-Tuns entbehrendes, exklusives Handeln Gottes *am* Toten geben; genauer: am gerade auch bezüglich seines Subjekt- und Person-Seins Toten. Hier fehlt jegliche Komponente menschlichen Tuns. Wirken und Sterben Jesu sind immer auch menschliches Tun Jesu, und sein Leiden und Tod ist auch die Tat anderer Menschen an ihm. Bei der Auferweckung hingegen fällt jedes Wirken von menschlicher Seite weg. Der wegen der sündigen Verweigerung der Menschen gekreuzigte Jesus ist selber *tot,* und angesichts seines Totseins sind auch diejenigen, die ihn liebten, ohnmächtig. Die Auferweckung Jesu ist dem Zusammenhang menschlicher Entscheidung und Aktion restlos entnommen und nur noch exklusiv Gottes alleinige Entscheidung und Tat. Daher spricht auch das neutestamentliche Zeugnis im Unterschied zum Handeln Gottes *durch* den irdischen Jesus vom Handeln Gottes *am* gekreuzigten und toten Jesus.

Jesu Auferstehung ist die Machttat Gottes allein. Der deut-

Widerständen behinderte Liebe wird also nicht nur eingesammelt, aufbewahrt und verewigt. Sondern das fragmentarisch Begonnene wird voll entfaltet und vollendet.

sche Ausdruck »Auferstehung«, der eine Eigenaktivität des Menschen Jesus insinuiert, darf uns hier nicht irreleiten. Für die alt- und neutestamentliche Sprache sind auferstehen und auferwecktwerden, wie wir sahen, synonym; weil *Gott* sie erweckt, stehen die Toten auf. Von der Machttat Gottes an Jesus spricht das Neue Testament vielfältig: »er (Jesus) wurde gekreuzigt aus Schwachheit, aber er lebt vermöge der Kraft (dynamis) Gottes« (2 Kor 13, 4); »Gott der Vater« hat ihn auferweckt (Gal 1, 1; Röm 6, 4), und zwar durch seine Herrlichkeitsmacht, durch seinen Geist (Röm 1, 4; 8, 11; 1 Petr 3, 18). Von dieser unfaßlichen Macht läßt sich, wenn überhaupt, so nur mit den äußersten Übersteigerungen unserer Sprache reden: Gott hat an Jesus die »überschwengliche Größe seiner Macht..., die Energie der Kraft seiner Stärke ... wirksam werden lassen, als er ihn von den Toten auferweckte und zu seiner Rechten setzte über jede Gewalt und Macht« (Eph 1, 19f; vgl. Kol 2, 12). Von einer Selbstauferstehung Jesu weiß das Neue Testament hingegen nichts.[56] Die Auferstehung ist nicht die Tat Jesu, sondern die reine, freie Gnadentat des Vaters durch seinen Geist am Sohn. Dieser ist hier gerade nicht aktiv, sondern als der bis zum Tod Gehorsame »reiner Gegenstand und Empfänger der Gnade Gottes«[57] (vgl. Phil 2, 9; Hebr 5, 7f).

Freilich muß nun hinzugefügt werden: Darin, daß Gott *Jesus* auferweckt, liegt gerade keine Willkür Gottes und keine Überrumpelung der menschlichen Freiheit Jesu. Die Gnadentat des Vaters bezieht sich zurück auf das solidarische und gehorsame Leben und Sterben des Sohnes. Sie geschieht gar nicht an der Freiheit und Grundausrichtung des irdischen und des sterbenden Jesus vorbei oder gar ihr zuwider. Der Mensch Jesus lebte ja in einer einzigartigen Relation des Vertrauens zu Gott (derart, daß durch sie Gott selbst zu den Menschen kommen und handeln konnte). Im Tode aber war, auch für Jesus, die Möglichkeit solcher Beziehung zu Gott erloschen und zu Ende. Ja, umgekehrt und radikaler noch betrachtet: im Tode entglitt er Gott selbst, entfiel er auch für Gott als Bezugspunkt und Partner ei-

---

[56] Dies stellt *K. Barth*, Die kirchliche Dogmatik IV/1 (Zürich 1953) 334, mit Recht fest. Unter welchen Voraussetzungen man später gleichwohl und mit gutem Grund von einer Selbstauferstehung Jesu Christi (des ewigen Gottessohnes) sprechen konnte, wird uns noch beschäftigen müssen: vgl. unten S. 349.

[57] *Barth*, Kirchliche Dogmatik IV/1, 335.

ner Relation *Gottes* zu ihm (es sei denn, Gott ließ ihn im Tode nicht los). Und so konnte Gott auch *durch* Jesus als Toten nicht mehr handeln und in der Welt seine Herrschaft der Güte ausüben (es sei denn, er gewährte ihm im Tode neues Leben). Wenn Gott also *ihn* auferweckte, so griff er die im Leben und Sterben Jesu selber liegende Dynamik (auf Gott und die Menschen zu) auf und vollendete sie.

Eine Kontinuität freilich gibt es zwischen menschlicher Aktivität und Auferweckung durch Gott nicht. Zwar hat Jesus sein Sterben innerlich positiv gefüllt mit vertrauender Hingabe an den unbegreiflichen Gott und mit Einsatz für die Menschen. Aber deswegen ist sein Tod nicht einfach »ein solcher, der von seinem eigensten Wesen aus in die Auferstehung *sich* aufhebt, in diese hineinstirbt«[58]. Jesus starb – genau gesprochen – nicht »in die Auferstehung hinein«, sondern in Gott hinein; er ließ sich in den unverfügbaren Gott hinein los, von dem er die endgültige Annahme und Auferstehung erhoffte und der sie ihm dann auch wirklich schenkte. Nicht der Mensch Jesus überwindet (aufgrund seiner bis ins Sterben hinein durchgehaltenen liebenden Selbstüberschreitung auf Gott und die Andern hin) den Tod, sondern Gott hält diesen Jesus im Tode fest, überwindet die Negativität des Todes durch seine neuschöpferische Machttat allein und nimmt den Menschen Jesus in die endgültige Lebensgemeinschaft und Einheit mit Gott auf. Ganz unhaltbar ist deswegen auch die Aussage, »die menschliche Gottes- und Nächstenliebe Jesu bis zum Äußersten« sei »die geschöpfliche Kraft, die auf der Ebene der innerweltlichen Ursächlichkeit die Auferstehung Jesu ... bewirkt hat (oder durch deren Vermittlung Gott die Auferstehung Jesu ... bewirkt hat)«.[59] Hier gibt es eben keine derartige Instrumentalursächlichkeit mehr. Nicht menschliche Liebe, nur Gottes Liebe ist stärker als der Tod. Und weil

---

[58] Gegen *K. Rahner*, Grundkurs des Glaubens (Freiburg 1976) 262. Dieser Gedanke Rahners hängt zusammen mit seiner problematischen (weil die Selbstverfügungskraft der menschliche Freiheit überschätzenden) Deutung des Todes als »personale Selbstvollendung« bzw. »tätige Vollendung von innen«: *K. Rahner*, Zur Theologie des Todes (Freiburg 1958) 29f.

[59] Gegen *B. Weissmahr*, Kann Gott die Auferstehung Jesu durch innerweltliche Kräfte bewirkt haben? in: ZkTh 100 (1978) 441–469, näherhin 456. Die Antwort auf die im Titel enthaltene Frage muß – gegen Weissmahr – eindeutig »nein« lauten. Anders verhält es sich hingegen mit den »Erscheinungen« und der Gegenwart des Auferstandenen: sie sind durch Jesu auferweckte Menschheit vermittelt.

Gottes Liebe in diesem menschlichen Leben der Liebe ganz dasein konnte, darum ließ *sie* es nicht zu, daß dieses Leben vom
Tode überwältigt wurde. Gott läßt sich den ihm (ob hypostatisch
oder gnadenhaft) verbundenen Menschen nicht durch den Tod
aus der Gottesgemeinschaft reißen.

Der Sieg über den Tod kann nur als das freie Geschenk Gottes (des Vaters) an denjenigen begriffen werden, der sich in einer
äußersten Öffnung seiner selbst restlos vertrauend auf Gott zu
überschreitet und ihm sich anheimgibt. Jesus geht, indem er –
ohne jeden anderen Halt und ohne Vorbehalt – sich der unverfügbaren Freiheit Gottes und damit für andere öffnet, frei in den
Tod; das ist seine Handlung. Ihr kommt das neue Handeln Gottes als Antwort entgegen: die endgültige Annahme und Rettung
Jesu im Tod. So kommt es zur endgültigen Begegnung der Freiheit Gottes und der Freiheit Jesu im äußersten Vollzug seiner
Freiheit: Lebenshingabe und Aufgang neuen Lebens zugleich
im Tode Jesu. Und so kommt die im Leben und Sterben Jesu
sich ereignende Selbsthingabe an Gott und an uns in der Auferweckung zu ihrem Ziel und zu ihrer Vollendung.

Die Auferweckung Jesu ist also die exklusive Tat Gottes allein. Verglichen mit den andern Großtaten Gottes (Schöpfung,
Exodus-Befreiung, Wirken der Propheten und Jesu usw.) ist sie
jene »dichteste Konkretion ..., jener ausgesprochene Sonderfall
des Handelns Gottes, woran das, was ›Handeln Gottes‹ besagt,
erst in letzter Radikalität abzulesen ist, weil jede andere Deu-
tungsmöglichkeit ... ausgeschlossen«[60] wird. Die Auferstehung
Jesu kann nicht mehr als bloße Interpretation auch sonst empirisch greifbarer – und eventuell auch ohne Gott natürlich erklärbarer – Sachverhalte (etwa des Kreuzestodes) begriffen werden,
sondern nur noch und *restlos* als Tat Gottes. Ohne Gott und seine Tat wäre sie als ganze gegenstandslos und illusorisch. Darum
bildet sie den schärfsten Ausdruck der Lebens-»wirklichkeit«
Gottes. In ihr erweist er sich als der, dem Auferweckung vom
Tode möglich ist, ohne daß für ihn ein Zwang bestünde, also *als
der* (freie) *Herr*. Das Auferweckungshandeln Gottes an Jesus
(und dann auch an den Toten überhaupt) ist also der äußerste
Erweis der Göttlichkeit Gottes (vgl. 1 Kor 15, 34b; Mk 12, 24:

---

[60] *J. Blank*, Paulus und Jesus (München 1968) 179.

wer nicht realisiert, daß Gott nicht ein Gott von Toten, sondern von Lebendigen ist und lebendig macht, der kennt weder die Schrift noch die Kraft Gottes und irrt total).[61]

Der Gott Jesu und des Osterglaubens ist nicht einfach nur der unbedingte Grund der bedingten Welt und dessen, was in ihr »drin« ist und aus ihr entwickelt werden kann. Er bewirkt, was nicht »drin« ist. Nur derjenige ist Gott (und keine überflüssige Verdoppelung der ohnehin vorhandenen und sich entwikkelnden Wirklichkeit), welcher der exterritorial Andere jenseits unserer Totalität und unserer Systeme ist,[62] imstande, sie aufzubrechen und in sie verwandelnd, Neues schaffend einzubrechen. »Gott . . ., was man wirklich Gott nennt, . . ., ist nur der, welcher Urheber seyn, der etwas anfangen kann«[63] – auch noch mit Gewesenem, mit Totem, nämlich indem er ihm neues Leben und Zukunft schenkt. Nur derjenige, der den wahrhaft revolutionären »Tigersprung ins Vergangene«[64] »schafft«, verdient den Namen »Gott«. Ein Gott aber, der auf Golgatha und in unserem Ende nicht noch einmal Handlungsmöglichkeiten hat, ist nicht als Gott gedacht und ernst genommen.

Auferstehung ist deshalb alles andere als ein verzichtbarer »Zusatzmythos« (Niklas Luhmann).[65] Mit ihr steht vielmehr der biblisch-christliche Gottesglaube als ganzer auf dem Spiel. Nur der Gott, der die Toten rettet, kann auch die Sünder rechtfertigen, ein Zusammenhang, den Paulus genau erkannt hat (Röm 4, 2ff. 16ff). In beiden Fällen, bei den Toten wie bei den Sündern, ist wohl noch etwas vorhanden; freilich nur noch etwas

---

[61] Darum ist die Leugnung der Auferstehung der Toten für *Justin* eine »Schmähung Gottes« (Dial 80, 4), für *Johannes Chrysostomus* ein »teuflisches Dogma« (1 Kor Hom 17, 3).

[62] Dies betont Emmanuel Levinas immer neu, vgl. etwa *E. Levinas,* Totalité et Infini. Essai sur l'extériorité (Den Haag 1961).

[63] *Schelling,* Philosophie der Offenbarung (s. Anm. 43) Bd. 1, 172. – Der alte *J. W. Goethe* bemerkt einmal in seinen Gesprächen mit Eckermann (am 13. 2. 1829): »Die Gottheit . . . ist wirksam im Lebendigen, aber nicht im Toten; sie ist im Werdenden und sich Verwandelnden, aber nicht im Gewordenen und Erstarrten.« (*J. P. Eckermann,* Gespräche mit Goethe in den letzten Jahren seines Lebens, Gütersloh 1960, 226). Recht hat er damit nur zum geringeren Teil: Zwar ist Gott nicht im Toten, sofern es tot ist und tot bleibt. Aber er ist sehr wohl im Toten, Erstarrten wirksam, insofern er eben dieses verwandelt und ihm einen ganz neuen Anfang ermöglicht und Zukunft verschafft.

[64] *W. Benjamin,* Über den Begriff der Geschichte, in: Illuminationen. Ausgewählte Schriften (Frankfurt ²1980) 251–261, hier 259.

[65] Siehe in der Einführung dieses Buches unter 2b.

Totes (Abgeschlossenes, in sich Erstarrtes und Aussichtsloses), aber nichts mehr, woraus von ihm selbst her noch etwas (Lebendiges und Hoffnungsvolles) zu machen wäre. In der Auferweckung aber wird der verstorbene Mensch sich (und den andern) als ganzer aus lauterer Gnade und Liebe neu geschenkt. Dies entspricht genau der Rechtfertigung des sündigen Menschen allein aus Gnade und im Glauben, welche deswegen zum Vorzeichen (Angeld) und zur Inauguration der Auferstehung der Toten wird.[66]

Die Logik der Auferstehung (wie der Vergebung) ist also radikale Theo-Logik. Diese Logik zu akzeptieren widerstrebt jedoch dem Bewußtsein, dem die Wirklichkeit an den Grenzen seines selbst entwerfbaren Horizontes (an den Grenzen der Nachprüfbarkeit und der Machbarkeit) endet. Einen Gottes*begriff*, so sahen wir, mag solches Bewußtsein unter Umständen noch akzeptieren. Er irritiert es kaum. Ein *Handeln* Gottes dagegen irritiert es sehr wohl. Selbst hier aber scheint vielen eher noch ein Handeln Gottes *durch* uns (bei dem wir die Akteure bleiben, die Mitverfügung und Kontrolle behalten) akzeptabel als ein Handeln Gottes *an* uns als Toten (wo wir alle Verfügung aus der Hand geben und dem Andern überlassen mußten). Ein solches Auferweckungshandeln Gottes an uns ist vielen gerade deswegen unheimlich, weil es sich der Absehbarkeit, Berechenbarkeit und Kontrolle entzieht. Der Vollzug jener radikalen Theo-Logik der Auferstehung (und der Rechtfertigung) ist nicht mehr *allgemein* (philosophisch) vermittelbar; er verlangt eine konkrete epistemologische und lebenspraktische Umkehr. Mit einem Auferweckungshandeln Gottes existentiell zu rechnen erfordert die Abkehr vom reinen Verfügungswissen und -handeln und die Einübung in die Dankbarkeit (Sich-beschenken-Lassen, Sich-Verdanken), in die Liebe (Sich-Überschreiten auf Gott und die Andern hin) und in die universale Solidarität. Mit ihm zu rechnen macht aber auch umgekehrt zu solcher Dankbarkeit und Liebe frei.

---

[66] Vgl. hierzu *F. Froitzheim*, Christologie und Eschatologie bei Paulus (Würzburg 1979) 234. Ebd. 237: Die Rechtfertigung aus Gnade vollendet sich in der freien Gabe des ewigen Lebens (Röm 5, 10.17f. 21; 1, 17; Gal 3, 11).

b) Eschatologische Tat der Selbstdefinition und Selbstmitteilung Gottes an die Welt

Mit dem Hinweis auf das exklusive Handeln und den Erweis der Lebenswirklichkeit Gottes ist nun aber der theo-logische Gehalt der Auferstehung Jesu keineswegs schon zureichend erfaßt. Das Spezifische der Auferstehung *Jesu* liegt nämlich darin, daß sie die *eschatologische* Tat Gottes ist. Sie stellt die Tat Gottes dar, durch die Gott *sich* der verlorenen Welt gegenüber *endgültig festlegt* und definiert als der Gott liebender, vergebender und rettender Nähe. Und durch die Offenbarung des Auferweckten (in den »Erscheinungen« und in der Erfahrung seiner bleibenden Gegenwart) tut Gott der Welt diese unwiderrufliche Selbstfestlegung und Weltzuwendung auch kund, offenbart er seine Gerechtigkeit und Liebe. Damit tut er zugleich seine letzte Absicht (Intention) mit der Schöpfung kund, und zwar so, daß er sie schon anfanghaft in die Tat umsetzt.

Dies bedarf der Erläuterung. Ostern besagt ja nach dem urgemeindlichen Zeugnis zunächst dies, daß der Gott, der den gekreuzigten Jesus auferweckt hat, sich dadurch mit dem anstößigen Gottesbild identifiziert hat, für das Jesus mit seiner ganzen Existenz eingetreten war. Jesu Gottesbild: Gott wird Herr, indem er diejenigen, die nichts mehr zu erwarten haben als den Tod, aus unerwartbarer, zuvorkommender und uneingeschränkter Güte annimmt (und indem diese sich von ihm annehmen lassen).[67] Außerhalb der Güte *dieses* Gottes sind alle verloren und (im Grunde jetzt schon) »tot«; nur *er* macht »Tote« lebendig (vgl. Lk 15, 24.32). Seine Nähe und Gegenwart schafft für die Verlorenen also eine neue Lebenssituation. Wenn nun Gott mit diesem von Jesus (bis in den Tod hinein) behaupteten Gott sich selbst eben dadurch identifiziert, daß er Jesus auferweckt, dann erweist und definiert sich Gott selbst damit effektiv und end-gültig als die »Wirk-lichkeit«, die die Verlorenen tatsächlich rettet. Genau derselbe Gott, in dessen Namen Jesus anderen die Erfahrung und die Hoffnung vermittelte, geliebt und bejaht zu sein, ist es, der sich in der Auferweckung Jesu als wahrer »Liebhaber des Lebens« (Weish 11, 26) erweist.

Durch die Auferweckung Jesu bestimmt sich Gott also selber

---

[67] Daß die Annahme zustande kommt, verlangt gewiß dies, daß die Anzunehmenden sich annehmen und in die Bewegung des Annehmenden hineinnehmen lassen.

der Welt gegenüber definitiv als derjenige, der seinen Geschöpfen die Treue hält und dessen Liebe stärker ist als der Tod. Er gibt das Unterpfand und die Garantie dafür, daß er in der Tat aus Knechtschaft und Ungerechtigkeit befreit (Ex 3ff; Ps 12, 6), die Armen und Geringen nicht für immer vergißt (Ps 9, 19), sondern sich mit ihnen identifiziert (Mt 25, 31–45), sie aus Staub, Kot und Tod aufrichtet (1 Sam 2, 8), ihnen Gerechtigkeit und Teilhabe am Reich Gottes verschafft (Lk 6, 20par). Gott bestimmt sich in der Auferweckung Jesu der Welt gegenüber definitiv als derjenige, der seinen (ausschließlichen) Herrschaftsanspruch auf diese Erde und ihre Bewohner nicht aufgegeben, sondern zu realisieren begonnen hat (Lev 25; Jes 25, 6–8; Ps 22, 28–32); der der irdisch begonnenen Jahwegemeinschaft wirklich bleibenden Bestand über den Tod hinaus verschafft (Ps 49; 73); der, summarisch gesagt, die »Macht des Anti-Bösen«[68] ist, welche vor der so spürbaren Übermacht des Bösen nicht kapituliert, sondern sie bricht und das wahre Leben in universaler Gerechtigkeit und Güte herbeizuführen beginnt. Der »Ich werde (wirksam) da sein, als der ich da sein werde« (Ex 3, 14) bestimmt sich also nun endgültig uns gegenüber als der, der in Jesus Christus annehmend, befreiend und rettend für uns da war, da ist und da sein wird.

Daß Gott sich der Welt gegenüber endgültig als diese Wirklichkeit, als der Gott Jesu, definierte und erwies, das war nur möglich durch eine endgültige (eschatologische) *Tat*. Eine bloß äußerliche Ansage (Kundgabe) der Legitimität des irdischen, aber nun toten und tot bleibenden Jesus oder eine bloße Ansage (Verheißung) seiner künftigen Rehabilitierung genügten zu solchem Selbsterweis der Göttlichkeit des Gottes Jesu nicht. Dies wird sofort einsichtig, sobald wir einen früher aufgezeigten Zusammenhang noch einmal in Erinnerung rufen und bedenken: Wenn Jesus wirklich, wie er beanspruchte, der qualifizierte Agent der nahegekommenen Gottesherrschaft, also der Repräsentant und das Realsymbol der erbarmenden Nähe Gottes selber war (und diese somit an ihn geknüpft war), dann war im Tod Jesu Gott selbst gestorben – nicht einfach schlechthin zwar, aber bezüglich seiner qualifizierten Präsenz in dieser Welt. Es ging

---

[68] So *E. Schillebeeckx*, Jesus. Die Geschichte von einem Lebenden (Freiburg 1975) 569.

dann darum, ob Gott noch so, wie er es im irdischen und sterbend sich hingebenden Jesus gewesen war, überhaupt noch in der ihn abweisenden Welt und für sie dasein konnte. Es ging um Gottes qualifiziertes Da-sein und Wirken in der Welt über Jesu Tod hinaus, um seine befreiende, rechtfertigende und rettende Zuwendung als eine bleibend *gegenwärtige Wirklichkeit*. Nur durch die Auferweckung und neue »Präsentierung« Jesu war es möglich, daß Gott selbst effektiv und bleibend »erstand« – eben bezüglich dieser qualifizierten Heilsgegenwart für die Welt, die durch Jesu einzigartiges Menschsein möglich war.

Hier wird – das sei kurz eingeschoben – nochmals eine andere Seite jener *Theo-Logik* nun speziell der Auferstehung *Jesu* sichtbar: Daß *Jesus* vom Tode festgehalten wurde, das war – wenn der von ihm beanspruchte Gott wirklich Gott und wirklich in ihm da war – eine Unmöglichkeit, ein ἀδύνατον (Apg 2, 24). Freilich tritt diese der Auferstehung Jesu zugrunde liegende Theo-Logik erst *nachträglich* (a posteriori) zur bereits geschehenen, offenbarten und geglaubten Auferstehung Jesu zutage. Denn erst aufgrund von dieser wurde und wird erkannt, daß Jesu Gott wirklich Gott und wirklich in ihm da war. (Man kann also nicht umgekehrt aus einem in Wahrheit erst *nach*österlichen Glaubenswissen über die Inkarnation Gottes in Jesus die *Entstehung* des Osterglaubens herleiten; das wäre ein zirkuläres Verfahren.[69])

Kehren wir zu unserem Hauptgedanken zurück: die Rettung und Bewahrung der (Gott und uns ganz geöffneten) Menschheit Jesu ist von grundlegender Bedeutung für Gottes eigenes rettendes Verhältnis zur Welt. Durch die Auferweckung Jesu trat Gott aus seiner Verborgenheit auf Golgatha hervor, »brach sein Schweigen«[70] und sprach *das abschließende und nicht mehr rücknehmbare Wort seiner Selbstzusage*. Gott tritt irreversibel seine Herrschaft uneingeschränkter Güte an (die unsere ungute Selbstverfangenheit richtet und zurechtbringt). Nicht irgendein

---

[69] Das ist etwa gegen *Schleiermacher* (s. u. Anm. 89), gegen *R. Pesch* (s. o. Kap. 3, IV. 5 bei Anm. 178.185 und 203) sowie gegen *H. Verweyen* (s. o. Kap. 4, I. 2 und 3) zu sagen.

[70] Die Formulierung von dem »aus dem Schweigen hervortretenden Wort« Gottes, bei *Ignatius von Antiochien,* Magn 8, 2 wohl auf die Inkarnation bezogen, wird von *E. Biser,* Paulus – der letzte Zeuge der Auferstehung (Regensburg 1981) 39 (vgl. 44.46) mit Recht auf den Auferstandenen angewandt.

Wunder also, das sich jenseits einer sich gleichbleibenden Welt ereignet hätte, ist die Auferstehung Jesu. Vielmehr bildet sie den endgültigen Durchbruch der erlösenden Selbstzuwendung Gottes zur sonst verlorenen Welt; »wär' er nicht erstanden, so wär' die Welt vergangen«, sagt das Kirchenlied.[71]

Weil aber die Auferweckungstat Gottes an Jesus Gottes endgültige Selbstzuwendung zur Welt darstellt, darum ist sie auch die eigentliche *Wende der Weltzeit*. Sie macht die im Wirken Jesu begonnene »Wende der Welt«[72] definitiv, ohne freilich schon unmittelbar die Vollendung der Welt als ganzer zu bringen. Die alte Welt und Menschheit ist unwiderruflich schon in ihr Ende gekommen, auch wenn sie sich diesen Sachverhalt noch immer hartnäckig verbirgt. Die Endzeit der Gnade ist angebrochen, die wahre »Neuzeit« des Lebens aus der Gegenwart der Gnade ist eröffnet. Ostern ist der von Gott schon gesetzte *definitive Beginn des neuen Lebens*. Dieses hat (trotz aller Triumphe der alten Herren der Welt, des Todes und seiner Helfershelfer) Fuß gefaßt und erfüllt immer neu Menschen, die sich von ihm ergreifen lassen. Die Nähe der Gottesherrschaft, die der irdische Jesus gebracht hatte, ist unumstößlich gegenwärtige Wirklichkeit geworden. Die (alle Zertrennung und Zerstörung überwindende) Güte Gottes »steht«. Und sie lädt uns ein, uns und unsere Welt von ihrer Bewegung erfassen und verwandeln zu lassen.

c) Konsequenzen für unser Gottesverhältnis

Es hat sich gezeigt: Die Ostererfahrung ist primär eine neue *Gottes*erfahrung, die durch die auferweckte Menschlichkeit Jesu vermittelt ist und in der Kraft des Geistes (durch die Jesus auferweckt wurde) gemacht wird. Hier bringt sich die eschatologische Wirklichkeit, die zuletzt über alle Geschichte entscheidet, bereits mitten *in* der Geschichte definitiv zur Erscheinung. Wir können deshalb nicht davon ausgehen, daß wir von anderswoher, und sei's vom irdischen Jesus her, schon hinreichend wüßten, wer

---

[71] So das alte Lied »Christ ist erstanden von der Marter alle«: Gotteslob Nr. 213.

[72] In etwas anderem (nämlich nicht existential enggeführtem) Sinne nehmen wir damit eine Formulierung von *F. Gogarten,* Jesus Christus Wende der Welt (Tübingen 1966), auf. – Vgl. auch *G. Bornkamm,* Paulus (Stuttgart ³1977) 44: Die Osteroffenbarung (Gal 1, 15f) deckt auf »ein objektives, weltenwendendes Geschehen, das durch Gottes souveränes Handeln eine neue Weltzeit heraufgeführt hat und im Evangelium verkündet wird«.

Gott ist. Wer Gott in Wahrheit ist, können wir nur von der Auferweckung des Gekreuzigten, von Kreuz und Auferweckung her lernen. Denn dort hat sich Gott end-gültig für uns definiert und bekanntgemacht.

Diese definitive geschichtliche Offenbarung Gottes in der Auferweckung des Gekreuzigten weist vor allem zwei strukturelle Merkmale auf: Sie hat (1) eine trinitarische Struktur und ist (2) von der Dialektik und Sequenz von Kreuz und Auferstehung geprägt.

(1) »Wir glauben an den, der Jesus, unsern Herrn, von den Toten auferweckt hat« (Röm 4, 24) »durch seinen Geist« (Röm 1, 4; 8, 11). Dies ist das *neue* Glaubensbekenntnis der Christen. Seitdem Gott das neue Gottesprädikat »der Jesus von den Toten auferweckt hat« (nicht mehr nur: »der die Toten lebendig machen wird«) zukommt, seitdem kann von Gott – will man nicht anachronistisch werden – nicht mehr angemessen gesprochen werden ohne *Jesus.* Das Wirken Gottes in der Welt kann jetzt nicht mehr ohne das Bei-Gott-Sein dieses Menschen gedacht werden. Gott will nicht anders unser Gott sein denn durch und mit Jesus, also als der Gott des irdischen, gekreuzigten und erhöhten Jesus. Und da Gott ihn »durch seinen Geist« erweckt und erfahrbar gemacht hat, kann von Gott auch nicht mehr ohne den *Geist* Gottes gesprochen werden. In ihm kommt Gott bei den Urzeugen und bei uns an. Der Osterglaube hat demnach von Anfang an *trinitarische* Implikationen. Der Sache nach ist in ihm unausdrücklich enthalten, was wir im christologischen Teil (III.) und im pneumatologischen Teil (IV.) zu entfalten haben.

(2) In der Auferweckung des Gekreuzigten offenbart sich Gott als derjenige, der mitten im Leiden und Kreuz präsent ist, und zwar so, daß er dem üblichen Gang der Dinge widerspricht und ihn aufbricht. Es wird offenbar, daß Gott seine Macht und Herrschaft über Leiden und Tod nicht von irgendwo außerhalb ausübt, sondern indem er selbst ins Leiden eintaucht. Nur ein Gott, der *selber leidet,* kann in einer Welt des Leidens helfen; dies aber so, daß er als die Macht der *Liebe,* die Leben schenkt und dem Leben dient, zur Herrschaft kommt. Es wird offenbar, daß Gott auch und gerade dort zu finden ist, wo wir ihn am wenigsten erwarten: im Leiden und Kreuz. Dies nicht, um das Kreuz und die vielen Kreuze dieser Erde zu rechtfertigen, sondern um sie zu überwinden. Man kann nicht sagen, *im* Kreuz *lie-*

ge das Leben (die Auferstehung), *in* der Schwachheit liege die Kraft Gottes. Kreuz und Auferstehung gehören zwar engstens zusammen, aber sie bilden gerade keine paradoxe Identität, sondern eine unumkehrbare *Sequenz.* Das besagt: Kreuz, Ohnmacht, Erniedrigung sind – für die Glaubenden – nicht das letzte Wort; in ihnen wird die Kraft des Lebens und der Liebe Gottes *wirksam,* um über sie hinauszuführen (vgl. 2 Kor 4, 7ff; 13, 3f). Paulus in höchster Bedrängnis: »Wir haben bei uns selbst den Bescheid erhalten, den Tod erleiden zu müssen, damit wir nicht auf uns selbst das Vertrauen setzen, sondern auf Gott, der die Toten erweckt, der uns aus solchem Tod errettet *hat* und erretten *wird*« (2 Kor 1, 9f). Der Glaube an die Auferweckung Jesu enthält darum die Gewißheit, von Gott so real angenommen, geliebt und gehalten zu sein, daß auch Bedrängnis und Tod dagegen kein Einwand mehr sein können. An die Auferstehung Jesu glauben heißt: darauf setzen, daß der Gott Jesu *die* Realität und keine Illusion ist (ja, daß eher die uns umgebende Welt eine Illusion darstellt als er). Es bedeutet: auf Gott als die uns (mir und jedem Anderen, ganz besonders den Armen, Vernachlässigten und Geschundenen) zugetane Realität setzen und ihn als solche Realität für alle Leidenden in eigener solidarischer Praxis in Anspruch nehmen.

An die Auferweckung Jesu zu glauben bedeutet also einen radikalen *Bruch* mit unseren Denk- und Verhaltensgewohnheiten. Dies sei in einer grundlegenden Hinsicht erläutert. Unser säkularisiert-spätbürgerliches Christentum lebt ja weithin mit einer Abstraktion von Gott: mit der Abstraktion eines nur noch jenseitig gedachten oder utopisch behaupteten Gottes. Gott gilt als der Ferne, Jenseitige, als der sogenannte Transzendente. An den *Grenzen* unseres Lebens, so scheint es, beginnt sein Revier; mitten im Leben hat er keinen Platz, ist er u-topisch; die Gegenwart, das Diesseits, die Gesellschaft, der Alltag erscheinen gottleer. Diesem verbreiteten Gottesbild widerspricht, wie wir sahen, der Glaube an die bereits geschehene und in ihrem Effekt andauernde Auferweckung des gekreuzigten Jesus diametral. Von dieser her weiß die Gemeinschaft der Glaubenden einerseits um die souveräne Andersheit Gottes gegenüber unseren Systemen: wir haben mehr zu erwarten, als in unseren Systemen »drin« ist, und dies nicht erst im Tod (da auch!), sondern schon in diesem Leben. Denn andererseits macht Jesu Auferweckung auch die *Gegenwart* einer allumfassenden personalen Liebe offenbar, die uns umfängt und unter allen Umständen nahe ist und aus der wir leben dürfen. Gott ist nicht ein in sich geschlossener Kreis, sondern die unendlich aufgespannte Weite und unauslotbare Tiefe des trinitarischen Lebens der Liebe, in dem Platz ist für alle. Wir kommen immer schon in dieser unendlich aufgespannten, für alle offenen Liebe Gottes vor (vgl. Apg 17, 27f).[72a] Doch in ihr vorkommend sperren wir uns mehr oder weniger gegen sie. Nur einer hat sich in keiner Weise gesperrt. In ihm konnte Gott – menschlich-geschichtlich vermittelt – ungehindert für uns dasein. In ihm wollte er sich bis ins Leiden und Sterben hinein entäußern, um – derart »außer sich« – uns auch dort nahe zu sein. Indem er *ihn* nicht der Vernichtung überließ, sondern auferweckte, ist Gott bleibend in unsere Leidensgeschichte und in unser leibliches Leben eingetreten. Er ist uns nicht fern. Seit der Auferweckung Jesu dürfen wir in unserem konkreten Alltag mit dem auf uns zukommenden Gott und mit seiner realen Nähe (mit dem heiligen Geist) rechnen. Wir dürfen mit einem Gott rechnen, der auch heute (auf ganz unterschiedliche, den Situationen und Menschen angepaßte Weise) wirklich zu uns spricht, sich – wenn wir nur aufmerksam sind – erfahren läßt, der uns neue Lebensmöglichkeiten auftut und uns in Bewegung bringt auf die Andern (insbesondere auf die Armen und Leidenden) zu.

So ist mit der Auferweckung Jesu die konkrete Welt mit ihren Tagesaufgaben zum Ort der Begegnung mit Gott *und* zum praktischen Austragungsort des (irreversiblen!) Herrschaftsantritts der Liebe Gottes – gegen alle Mächte des Todes und der Zerstörung – geworden. Gottes Tat der Auferweckung Jesu vom Tode ernst zu nehmen heißt: jedes in sich geschlossene, sich absolut setzende Denken und Handeln aufbrechen, sich für den jeweils Anderen in seiner – vielleicht befremdlichen und störenden Andersheit – offenhalten, ihn nicht ignorieren, verbrauchen, schließlich vernichten, sondern *praktisch bejahen* – in einem dem Handeln Jesu konformen solidarischen Handeln. Ebensosehr aber heißt es noch etwas anderes: sich an diesem Gott *freuen,* ihn für seine »überreich gewordene Gnade« *loben* (2 Kor 4, 15), ihm, der »uns den Sieg über den Tod gibt«, *danken* (1 Kor

---

[72a]Für erste Vorstellungshilfen vgl. Anm. 19 der Einführung des Buches.

15, 57). Osterglaube bedeutet Freude an Gott, darum Fröhlichkeit und Gotteslob.

III. Die christologische Konzentration:
Der auferweckte Gekreuzigte als Mitte und Paradigma
des christlichen Glaubens

Nachdem wir die grundlegende Theodramatik und Theologik der Auferweckung Jesu kräftig herausgestellt haben, müssen wir nun auch die in ihr liegende christologische Konzentration und Kontraktion herausarbeiten.

Mit der Auferweckung und Erhöhung Jesu ist nämlich Gottes eschatologisches Wirken ganz *in einer Person kontrahiert und konzentriert:* im gekreuzigten und auferweckten Jesus. Das alles umgreifende und selber unumgreifbare, unfaßliche Geheimnis Gottes tritt uns – wie in der Gottesvision der Hildegard von Bingen – allein in der Gestalt eines Menschen, des Menschen Jesus, anschaulich und faßbar entgegen. Genauer noch: in der Gestalt des gekreuzigten und auferweckten Jesus. In *ihm* ist Gott uns bleibend zugewandt und für uns da; durch ihn handelt er an uns und für uns. Die Auferweckung des gekreuzigten Jesus wird darum – vor dem Hintergrund seiner irdischen Geschichte – zum »Einstiegspunkt und Deutehorizont« der Christologie.[73] Mehr noch: Der auferweckte Gekreuzigte wird zum eigentlichen *Paradigma* des christlichen Glaubens;[74] er ist sein *Schlüssel* zur Wirklichkeit, zum Verständnis der Wirklichkeit Gottes wie des Menschen und seiner Welt. Gottes eschatologisch offenbarte und alles in neues Licht rückende Wahrheit hat nun für immer ein menschliches Gesicht: das Antlitz Jesu Christi (vgl. 2 Kor 4, 6). Gott ist kein menschenloser Gott; er will für ewig den Menschen bei sich haben und selber auf ewig Mensch sein.

Dieser überaus bedeutsame Sachverhalt läßt sich ansatzweise bereits dem frühesten Osterzeugnis entnehmen. Denn schon darin, daß Gott in singulärer Weise gerade den seiner Botschaft we-

---

[73] So mit Recht L. *Boff,* Die Anliegen der Befreiungstheologie, in: Theologische Berichte Bd. 8 (Einsiedeln 1979) 71–103, hier 99.

[74] Es geht also um die *Person* des auferweckten Gekreuzigten, nicht um ein »Prinzip Auferstehung«, wie L. *Scheffczyk,* Auferstehung. Prinzip des christlichen Glaubens (Einsiedeln 1976), insinuiert.

gen gekreuzigten Jesus von den Toten auferweckt und ihn an seine Seite erhoben hatte, um ihn aus dieser Macht heraus »erscheinen« zu lassen – schon darin lag die Wende zu direkter Christologie begründet. In der Auferweckung hat Gott, der Vater, gehandelt, aber in den österlichen »Erscheinungen« wird der *Sohn* erkannt und wird Jesus selbst zum *Inhalt des Evangeliums*. Vor aller Entfaltung einer direkten Christologie wird hier der (aus der Lebensmacht Gottes heraus) Begegnende *als* der irdische und gekreuzigte Jesus identifiziert; und umgekehrt wird die Identität des (Irdischen und) Gekreuzigten *mit* dem Auferweckten (und von Gott her Gegenwärtigen) erkannt. Mit dieser österlichen Erkenntnis beginnt erst die »christliche« Geschichte. Das (offenbare) Ereignis der Auferweckung des Gekreuzigten bildet den Ausgangspunkt des christlichen Glaubens und der christlichen Reflexion.[75] Diese sieht sich nun genötigt, das Ungeheuerliche, das zu Ostern offenbar geworden ist, zu bedenken. Die Ostererfahrung erst veranlaßt zu expliziter Christologie (und zu christologisch zentrierter Soteriologie).

Nun war die österliche Erfahrung und Einsicht außerordentlich inhaltsreich. Sie enthält mindestens die folgenden Momente: die neue heilende Präsenz Jesu (von der Seite Gottes her); damit aber Jesu Gerettet- und Erhöhtsein; und damit wiederum das Bestätigtsein seines irdischen Wirkens und seiner Lebenshingabe am Kreuz. Diese Aspekte galt es zu entfalten (vgl. etwa die Zusammenfassungen in Röm 8, 34f; Eph 1, 20–23; 1 Petr 3, 18–22 und dann im römischen Taufbekenntnis DS 30). Sie gilt es entsprechend auch heute zu entfalten, in ihrem Zusammenhang und in ihrer Bedeutung für uns verständlich zu machen. Keiner dieser Aspekte darf, will man das im Neuen Testament und im Credo Bezeugte festhalten, gänzlich unterschlagen werden. Wohl aber kann für den subjektiven Glaubensvollzug *ein* Aspekt im Vordergrund stehen und der Ausgangspunkt zur allmählichen (vielleicht lebenslangen) Annäherung an die andern sein.

---

[75] So auch *B. Forte*, Jesus von Nazaret: Geschichte Gottes – Gott der Geschichte (Mainz 1984) 83f.

1. Die Auferweckung als Inkraftsetzung und Vollendung des Lebens und Sterbens Jesu in ihrer Heilsbedeutung

Man kann immer wieder hören, der Ausdruck »Auferstehung Jesu« sei ein Interpretament für die endgültige (eschatologische) Bedeutung der Lebenspraxis oder des Kreuzestodes Jesu. Er besage also, daß das Kreuz Heilsereignis sei, oder auch, daß Jesu Lebenspraxis bleibende Bedeutung habe und weiterlebe in denen, die sich heute an ihm orientieren.[76] Nun darf eine solche Orientierung an Jesus nicht geringgeschätzt werden. Es ist schon etwas, wenn Menschen wirklich in die Lebenspraxis Jesu eintreten; es ist am Ende vielleicht sogar das Entscheidende (vgl. Mt 25, 31–46). Und doch behauptet das Neue Testament nicht allein eine »Auferstehung der Lebenspraxis Jesu« und eine Erkenntnis der Bedeutsamkeit des Kreuzes, sondern die Auferstehung Jesu selber, und jene beiden erst von dieser her. Der Osterglaube hat nicht nur die hermeneutische Funktion, Jesu und seines Todes Bedeutsamkeit zu erschließen.

a) Hat die solidarische Lebenspraxis und Lebenshingabe Jesu in sich selber Sinn und Gültigkeit?[77]

Eine restlos solidarische Lebenspraxis, wie sie Jesus realisiert hat und die unter den Bedingungen der bestehenden Welt den gewaltsamen Tod nach sich gezogen hat, hat für denjenigen, dem sie heute einleuchtet und der sie als Maßstab für sich akzeptiert hat, ganz gewiß in sich selber Sinn und Gültigkeit. Diese Gültigkeit bekommt sie für ihn nicht erst im nachhinein durch eine nachträgliche Bestätigung von seiten irgend jemandes, und sei es von seiten Gottes. Eine solche Lebenspraxis und Lebenshingabe wirkt auf viele, selbst auf manche Atheisten,[78] durch sich selbst überzeugend und einladend.

Zwei Fragen stellen sich hier sofort: (1) Glaubt derjenige, der die bleibende Gültigkeit der Lebenspraxis Jesu als solcher anerkennt, damit nicht auch an die Nicht-Vergeblichkeit und einen

---

[76] Siehe in der Einführung dieses Buches 2a (3) sowie in Kap. 3, IV. 2 und 3.

[77] Das Folgende ist angeregt durch *E. Schillebeeckx*, Christus und die Christen. Die Geschichte einer neuen Lebenspraxis (Freiburg 1977) 777f.

[78] Dazu etwa *M. Machovec*, Jesus für Atheisten (Stuttgart 1972), und die hervorragende Darstellung und Auseinandersetzung bei *Th. Pröpper*, Der Jesus der Philosophen und der Jesus des Glaubens (Mainz 1976).

letzten Sinn alles Einsatzes für andere und alles Widerstandes gegen Übel und Unrecht? Wie aber will er (angesichts des tausendfachen Scheiterns solcher Lebenspraxis an Weigerung und Gewalttat anderer) seine Zuversicht begründen – ohne *den* Gott, den Jesus zuversichtlich beansprucht hat und der Jesus rückwirkend durch die Auferweckung bestätigt hat? Wenn er diese Begründung durch den Jesus auferweckenden Gott Jesu nicht ausdrücklich zu geben vermag, so wird er unausdrücklich doch auf die letztendliche Beglaubigung solcher Lebenspraxis hoffen; und damit wird er auf den Gott hoffen, von dem Christen bekennen, daß er den am Kreuz scheinbar Gescheiterten durch die Auferweckung bereits beglaubigt *hat* und so den Sieg des lebenschaffenden Guten über das lebenzerstörende Böse »endgültig« bekräftigt hat. Und die zweite Frage: (2) Ist denn die Lebenspraxis Jesu überhaupt möglich ohne den Gott, von dem her und auf den zu Jesus lebt? Jesus ist ja »der Mensch für andere« (Dietrich Bonhoeffer) gerade deswegen, weil er der Mensch von Gott her und auf Gott zu ist.[79] Wenn also der Gott und »Vater« Jesu der ermöglichende Grund seines Lebens und seiner Dahingabe ist, wie soll dann solche Lebenspraxis möglich sein und Sinn haben ohne den Bezug zu diesem Gott?

Die Wertung des Lebens und Sterbens Jesu als bleibend gültig, gar als heilsbedeutsam, ist nur dann berechtigt, wenn sie keine bloß menschliche Wertung darstellt, sondern auf der *Geltung* dieses Lebens und Sterbens *vor Gott* basiert. Seine eigene Wertung und Bestätigung aber kann Gott nur selbst geben und offenbar machen.

b) Jesu Rettung und Vollendung als Inkraftsetzung des in seinem Leben und Sterben intendierten Sinnes

Fragen wir noch einmal: Ist die österliche Erkenntnis der *endgültigen* (Heils-)Bedeutung von Kreuz und Leben Jesu denkbar als Erkenntnisleistung (oder als göttliche Inspiration) *der Jünger?* Die Antwort kann nur lauten: Eine solche Erkenntnisleistung (oder auch eine göttliche Inspiration) der Jünger – ohne Rettung Jesu *selbst* aus dem Tod – wäre kein zureichender Grund für heutigen Glauben an Jesus. Die endgültige Bedeutung des Lebens und Sterbens Jesu kann nach *seinem* Tod nicht

---

[79] Vgl. hierzu *H. Kessler*, Erlösung als Befreiung (Düsseldorf 1972) 73ff.

festgehalten werden ohne *ihn,* ohne daß es mit ihm selbst weitergeht.

Was sollte die österliche Erkenntnis sonst unterscheiden vom bloß illusionären Bekenntnis zu einer zwar idealen, aber letztlich zum Scheitern verurteilten Lebenspraxis? Rein historisch gesehen ist Jesus ja »mit seinem Lebensprojekt tatsächlich gescheitert«[80]. Jesu Behauptung Gottes als der *unbedingt* rettenden Wirklichkeit für die Verlorenen scheint durch seinen eigenen Untergang und sein eigenes Verlorensein gründlich widerlegt. Dieser Gott jedenfalls hätte dann in Leben und Tod Jesu nicht zu unserem Heil gehandelt, und Jesus wäre nicht sein endgültiges Wort an uns.

Ja, man muß es noch schärfer fassen[81]: Jesus hatte Gottes erbarmende und heilende Nähe für die Andern an seine eigene Person gebunden. Wenn er nun selber vernichtet und vergangen ist, dann ist auch diese besondere Nähe Gottes für uns zunichte und zur reinen Vergangenheit geworden. Von der Botschaft Jesu blieben dann nur ihre begründungsbedürftigen Elemente, nämlich die Moral und die utopische Hoffnung, übrig. Ihr begründender Kern aber wäre zerstört: Gottes vergebende, befreiende und rettende Herrschaft als schon *gegenwärtige* Wirklichkeit. Dieser Kern kann nur wahr sein, wenn Jesus selber nicht tot geblieben ist. Man kann also die eschatologische Bedeutung Jesu, seiner Botschaft und seines Todes nicht ernsthaft annehmen, ohne zugleich die Auferweckung Jesu anzuerkennen.

Und zwar ist die Auferstehung Jesu »eine dem Kreuzesgeschehen gegenüber selbständige, neue Tat Gottes« (und »nicht nur dessen noetische Kehrseite«).[82] Das muß freilich nicht heißen: ein gegenüber dem Tod Jesu zeitlich späteres Geschehen (»am dritten Tag« ist ja keine chronologische Zeitangabe, sondern symbolisch-theologischer Hinweis auf Gottes rettendes Eingreifen und die Heilswende[83]). Sie kann vielmehr durchaus

[80] *E. Schillebeeckx,* Jesus. Die Geschichte von einem Lebenden (Freiburg 1975) 568: »Rein historisch ist Jesus in seinem Lebensprojekt tatsächlich gescheitert. Deshalb können seine Botschaft und Praxis, wie wesentlich sie auch sind, nicht das letzte Wort sein, zumindest wenn sie für uns Grund wirklicher Hoffnung sein können wollen. Gerade auf diese Frage antwortet das Evangelium mit dem Glauben an die Auferstehung Jesu.«
[81] Zum Folgenden vgl. oben Kap. 4, I. 2 und in diesem Kap. 5, II. 3b.
[82] *Barth,* Kirchliche Dogmatik IV/1, 335.
[83] Siehe oben Kap. 2, II. 1b mit Anm. 95.

begriffen werden als das, was *im* Tod Jesu selbst geschehen ist[84]: die Überwindung des Todes. Gott gab der Sache diejenige Wendung, die die allein mögliche sein konnte, wo *er* Subjekt des Geschehens und Handelns war: im Augenblick des Todes untergriff er Jesus so, daß Jesus nicht ins Nichts fiel, sondern (als er selbst) endgültig gerettet wurde. Somit ist die Auferweckung Jesu Gottes Aufstand und Sieg gegen die Negativität des Todes Jesu (und prinzipiell des Todes überhaupt). Anders als der menschliche Akt des Sterbens, der nochmals positiv mit Sinn gefüllt werden kann (und von Jesus mit Hingabe an Gott und die Menschen gefüllt wurde), ist der Tod als solcher ja immer etwas Negatives und Sinnwidriges: Abbruch des Lebens, Ende der Gemeinschaft. Der Tod ist von sich aus und als solcher nichts Sinn- und Heilvolles, das Jesus hätte anstreben können. Das menschliche Leben Jesu endete von sich aus auf dem Nullpunkt, in der Beziehungslosigkeit des Todes, und nur Gottes radikales Festhalten an der Beziehung zu ihm konnte dem begegnen. Der solidarischen Lebenspraxis Jesu und seiner getanen und erlittenen Übergabe an Gott den Vater kam die Annahme dieser Hingabe und die rettende Aufnahme Jesu durch den Vater entgegen. So hat der Tod (trotz seiner Negativität) *ihn* nicht von seinem Gott scheiden können. Der Durchbruch des neuen Lebens im Tode ist Wirklichkeit geworden: »Verschlungen ist der Tod (der Alles-Verschlinger) vom Sieg (vom Leben). Tod, wo ist dein Sieg?« (1 Kor 15, 54f; vgl. 2 Kor 5, 4c). Es gibt ein neues Leben und neue Gemeinschaft im Tode bzw. aus dem Tode. Vielmehr: *Gott* gibt sie. Es gibt daher auch ein erlöstes Sterben: sich glaubend, hoffend und liebend in den Gott hinein loslassen, der uns nicht ins Bodenlose fallen läßt, uns vielmehr dem Untergang, der Leere und Absurdität entreißt und in sein erfüllendes Leben aufnimmt.

Nach dem neutestamentlichen Zeugnis (das ja in der Osterbegegnung wurzelt) hat Gott sich also in der *Tat* zu Jesus bekannt. Er hat sich zu ihm bekannt nicht nur so, daß er einem persönlich Toten wieder Jünger erweckte, sondern daß er ihn selber aus dem Tode auferweckt und gerettet hat.[85] Nur eine derart »per-

---

[84] Vgl. *K. Rahner*, Dogmatische Fragen zur Osterfrömmigkeit, in: Ders., Schriften zur Theologie IV (1961) 157–172, hier 166.

[85] Für *Rahner*, Grundkurs 262, besagt die Auferstehung Jesu »die endgültige Gerettetheit der konkreten menschlichen Existenz (Jesu) durch Gott und vor Gott, die blei-

sönliche« Auferstehungsinterpretation wird dem neutestamentlichen Zeugnis gerecht. Gott heißt nicht nur Ideale gut; er identifiziert sich auch nicht nur mit der Lebenspraxis Jesu, sondern mit ihrem Subjekt, mit der Person Jesu. Wenn aber Gott sein bestätigendes Ja zu Leben, Sterben und Person Jesu spricht, so ist dies kein nur äußerlich zustimmendes, beipflichtendes Ja zu einem Vergangenen, einzig in Ertrag und Wirkungsgeschichte noch Gegenwärtigen. Wenn Gott zu einem Toten Ja sagt, dann tut er das auf seine, nämlich göttliche, und das heißt *kreative* Weise. Dann sagt er nicht nur: dieser Mensch hatte recht, auch wenn er jetzt tot und vergangen ist. Sondern dann erweckt er ihn vom Tod, entreißt ihn der Sinnlosigkeit und bringt das in seinem Leben und Sterben Begonnene zur Vollendung.

Das ist der entscheidende Punkt: Die Auferweckung ist kein bloß deklarativer Akt, sie ist ein kreativer Akt. Sie besagt nicht nur rückblickende Bestätigung des Vergangenen, auch nicht nur auf Dauer stellende Verendgültigung der Existenz Jesu, sondern ihre Erfüllung und *Vollendung;* zum intendierten Ziel bringende Vollendung und darum wirkliche Zukunft verleihende Vollendung. Es trifft die Sache nicht, wenn man nur von einer Fortdauer seiner Botschaft und Lebenspraxis spricht. Es trifft sie aber auch noch nicht, wenn man nur von einem Fortleben des irdischen und gekreuzigten Jesus spricht. Es muß mehr gesagt werden: Jesus ist »zur Vollendung gekommen« (Hebr 5, 9). Durch die schlechthin neuschöpferische Tat Gottes ist er in Gottes eigenes Leben aufgenommen und findet in der völlig neuen Existenzweise bei Gott die endgültige Identität seines Menschseins und die Erfüllung seiner irdischen Geschichte. Ohne die vollendende Auferstehung aber wäre das in Lebenspraxis und Lebenshingabe Jesu Begonnene ein Torso und letztlich sinnlos geblieben. In Jesus ist ja Gottes versöhnende und befreiende Liebe angetreten gegen alle Feindschaft, Knechtschaft und Zerstörung. Daher gibt erst die Vollendung, die in der Auferweckung Jesu anfänglich, aber unumstößlich etabliert wird, dem Leben und Sterben Jesu den von ihnen intendierten (und partiell realisierten, aber durch Jesu Ende am Kreuz radikal in Frage gestellten) Sinn. Erst die Auferweckung *setzt* das versöhnende und erlösen-

bende reale Gültigkeit der menschlichen Geschichte, die weder ins Leere weitergeht noch untergeht«, »die bleibende, gerettete Endgültigkeit . . . Jesu«.

de Werk Jesu *endgültig in Geltung* (ohne die Auferstehung Jesu keine Erlösung durch das Kreuz); und erst sie bringt das Werk Jesu, wie gleich darzulegen sein wird, *als* bleibend geltendes *zur Erkenntnis.*

Indem also Gott selber – rettend und vollendend – auf Leben und Sterben Jesu »zurück-kommt«, erweist er deren endgültige Heilsbedeutung und macht so für die Kirche und für jeden Glaubenden den »Rück-Bezug« auf den irdischen Jesus *verbindlich.*[86] Gerade durch die Auferweckung *führt uns* Gott in die irdische Geschichte und in das Geschick Jesu *zurück* und weist uns in sie ein. Die richtige Betonung der Auferstehung Jesu führt deshalb keineswegs zu einer Minderbewertung seines befreienden Wirkens und seiner Botschaft von der nahegekommenen Gottesherrschaft, sondern zu ihrer entschiedenen Wahrnahme und Ernstnahme. Nicht trotz Ostern hat die Urkirche an der irdischen Geschichte Jesu so energisch festgehalten, sondern gerade wegen Ostern. Der Glaube an die Auferweckung Jesu zwingt erst zur Rückfrage nach *Jesus.* Und in diesem Sinne wehrt gerade die Ernstnahme der Auferweckung – *in* ihrem Rückbezug auf Leben und Kreuz Jesu – aller einseitigen und falschen (gnostischen, schwärmerischen, triumphalistischen) Auferstehungschristologie.

c) Die österliche Erkenntnis des »Gott war in Christus versöhnend am Werk« (2 Kor 5, 19)

Nur deswegen also, weil sie die Rettung und Vollendung Jesu samt seiner irdischen Geschichte darstellt, ist die Auferweckung auch die Bestätigung dieser irdischen Geschichte Jesu. Nur weil die Auferweckung Jesu eine *ontische* Seite hat (die Wirklichkeit der persönlichen Auferweckung Jesu), hat sie auch eine *noetische oder hermeneutische* Bedeutung (bringt sie Gottes Absicht und Ziel im sonst vieldeutigen Wirken Jesu und in der Finsternis von Golgatha ans Licht). So ist sie das Offenbarwerden dessen, was *im* Leben und Sterben Jesu selbst schon geschehen ist und wer Jesus selber ist. Was es damit in Wahrheit auf sich hat, kann erst vom Glauben an die Auferweckung Jesu her unmißverständlich erkannt werden. Ostererfahrung und Osterglaube (die ja selbst durch die »erlittene« Begegnung des Auferstandenen

---

[86] Vgl. *N. Walter*, Historischer Jesus und Osterglaube, in: ThLZ 101 (1976) 321–338.

begründet sind) beseitigen erst das Un- und Mißverständnis der Jünger, lassen das Entscheidende verstehen, bilden also den ausschlaggebenden *Erkenntniszugang* zu Leben, Kreuz und Person Jesu von Nazareth.

Die Lebenspraxis Jesu hat ja nicht nur recht gegensätzliche Stellungnahmen zu ihr ausgelöst (vgl. Lk 11, 15/20: er wirkt im Namen Beelzebuls/im Namen Gottes), sie hat auch bei damaligen und späteren Jüngern Jesu selbst Unverständnis und Abwehr ausgelöst (vgl. Mk 3, 21; 8, 32 u. a.). In der Kreuzigung hatten dann Menschen (die Gegner Jesu, die verschlossene »Welt« im johanneischen Sinn) ihr Urteil über Jesus gesprochen, ihn zum Fluchtod verurteilt und öffentlich ins Unrecht gesetzt; die Sache schien ausgestanden und vorbei. Doch in der Auferweckung von den Toten proklamierte dann Gott sein Gegen-Urteil: Er gab dem Gekreuzigten recht. Gott bekennt sich zu Jesus und gibt zu erkennen: Jesu liebende Solidarität mit den Leidenden und den Sündern war und ist Gottes eigener Wille und Entschluß.

So geschieht durch die »Erscheinungen« des Auferstandenen die »Vermittlung der Erkenntnis: daß *Gott* war in Christus (2 Kor 5, 19), d. h. daß Gott selbst in dem Menschen Jesus am Werk gewesen war, geredet, gehandelt, gelitten hatte und in den Tod gegangen war und ... in dieser seiner tiefsten Erniedrigung – eben dort, wo es mit diesem Menschen ganz und gar zu Ende war – als ... Gott gehandelt und sich erwiesen hatte«[87]. Durch die in der Begegnung des Auferstandenen gründende Ostererfahrung ist also definitiv *offenbar:* Gott selbst hat *in Jesus* (und nirgendwo sonst) eschatologisch gehandelt; und *Jesus* war und ist der eschatologische (alles Frühere überbietende und von allem noch Kommenden nicht mehr überholbare) Bote und Heilbringer Gottes, der Messias, Gottes Wort und Sohn selber; *sein* Leben und Kreuz und er selbst sind als universal heilsbedeutsam in Kraft und Geltung gesetzt.[88] *Erst von daher* kann gesagt werden, daß Jesu gesamtes Menschsein die endgültige und

---

[87] *Barth,* Kirchliche Dogmatik IV/1, 332.
[88] Insofern ist in der Tat »der Auferstehungsglaube ... der Glaube an das Kreuz als Heilsereignis«, wie *R. Bultmann,* NT und Mythologie, in: H.-W. Bartsch (Hg.), Kerygma und Mythos Bd. 1 (Hamburg ⁴1960) 46, formuliert. Falsch aber ist seine Auffassung, daß der Auferstehungsglaube »nichts anderes« sei als dies (ebd.). – Zur Sache vgl. oben Kap. 3, IV. 2a und c.

erschöpfende Selbstaussage Gottes in die Geschichte hinein ist, also die Inkarnation des Wortes oder Sohnes Gottes (Joh 1, 14).[89]

Diese effektive Bestätigung Jesu durch die Auferweckungstat Gottes war, wie wir früher gesehen haben, für Gott innerlich folgerichtig, wenn er der Gott Jesu sein und bleiben wollte; es mußte ihm am Herzen liegen, daß sein »Heiliger nicht die Verwesung schaut« (Apg 2, 27; 13, 35; Zitat aus Ps 16, 10). Und für uns war diese effektive Bestätigung auch erkenntnisnotwendig. Denn eben jenes »Gott war in Christus« (2 Kor 5, 19) war ja durch den Kreuzestod (als Scheitern und als Gottesfluch) zutiefst fraglich geworden. Daß *Gott* in dem gekreuzigten Jesus ist, ist ja in der Erniedrigung und Vernichtung Jesu unter dem geradezu grauenvollen Gegenteil verborgen und für alle Augen unsichtbar. Die Auferweckung Jesu erst macht für die zum Glauben Erweckten offenbar, daß Gott sein Gottsein gerade in der *Passion,* in der äußersten Dahingabe und Ohnmacht *dieses* Menschen bewährt. Sie macht also erkennbar, was es mit *diesem* Gekreuzigten und mit *Gott* in diesem Gekreuzigten ist.

Und mit *uns!* Denn im Hinblick auf uns wird ein Zweifaches aufgedeckt[90]:

(1) Daß wir *als* Sünder und Gott-lose, die sich der Solidarität und dem Angebot Jesu verweigern, im Unrecht sind. Das Kreuz ist das Gericht über *den* Menschen, der den einzigen *wahren*

---

[89] Deshalb müssen wir *D. F. Schleiermacher,* Der christliche Glaube (Berlin ²1831), hg. von M. Redeker (Berlin 1960) Bd. 2, ganz entschieden widersprechen, wenn er sagt: »Die Jünger erkannten in ihm den Sohn Gottes, ohne etwas von seiner Auferstehung und Himmelfahrt zu ahnden, und dasselbe können wir auch von uns sagen« (82). Und: »Der Glaube an diese Tatsachen (sc. der Auferstehung und Himmelfahrt) ist sonach kein selbständiger zu den ursprünglichen Elementen des Glaubens an Christum gehöriger, so daß wir diesen nicht könnten als Erlöser annehmen oder das Sein Gottes in ihm erkennen, wenn wir nicht wüßten, daß er auferstanden und gen Himmel gefahren wäre« (84). – Schleiermacher fährt dann fort: »Dieser Glaube ist auch nicht aus jenen ursprünglichen Elementen abzuleiten, so daß wir schließen könnten, weil Gott in Christo war, so hätte er müssen auferstehen und gen Himmel fahren« (84). Aus Leben und Sterben Jesu allein ist in der Tat nicht erschließbar, daß Jesus auferstehen mußte. Freilich gilt dies in einem anderen Sinne, als Schleiermacher meint: Erst *weil* wir *aufgrund* der Auferweckung Jesu und des Osterglaubens erkannt haben, *daß* Gott wirklich in Jesus war, können wir *im nachhinein* (aposteriorisch) sehen: Daß *Jesus* vom Tode festgehalten wurde, war eine Unmöglichkeit (Apg 2, 24). Das ist also eine der Auferstehung Jesu zugrunde liegende Theo-Logik, die erst nachträglich (a posteriori) zur bereits geschehenen und offenbarten Auferstehung Jesu zutage tritt.

[90] Zum Folgenden *Barth,* Kirchliche Dogmatik IV/1, 282ff. 326ff. 378.

Menschen, den Gott und den Mitmenschen wirklich ganz entsprechenden Menschen, (und damit Gott selbst) nicht erträgt, und zwar deswegen, weil er sein eigener Gott und für sich selbst sein will. Mit *diesem* Menschen ist es zu Ende; er ist schon gerichtet, auch wenn die Weltgeschichte seiner (oft folgenreichen) Taten faktisch weiterläuft (vgl. Joh 16, 8–11). Das Kreuz ist das *Nein* Gottes zu diesem Menschen, der wir immer auch selber sind.

(2) Unter jenem Nein des Kreuzestodes ist, da dieser innerlich mit der Hingabe Jesu für seine versagenden Freunde und für seine Feinde und darin mit der Liebe Gottes zu uns gefüllt ist, schon das *Ja* verborgen. Die Auferweckung Jesu als Annahme und Inkraftsetzung dieser Hingabe für uns stellt somit auch den bejahenden Schritt Gottes auf uns zu, das endgültige Ja Gottes zu uns dar: unsere Rechtfertigung. Jesus wurde auferweckt *für uns:* »dahingegeben um unserer Übertretungen willen, auferweckt um unserer Gerechtsprechung willen« (Röm 4, 25). Von daher ist Jesus eigentlich auch nicht mehr »Ja und Nein« zugleich, sondern das ganz und gar uneingeschränkte »Ja und Amen« Gottes zu uns (2 Kor 1, 19f). Dieses Ja des Erbarmens und der Gnade ist die in Leben und Leiden Jesu schon angezielte Absicht Gottes; die Auferweckung bringt es endgültig an den Tag und setzt es in Kraft und Geltung. Seit Ostern steht darum fest: Es gibt zwar eine Gott-losigkeit von Menschen, aber keine Menschen-losigkeit Gottes.[90a] Von Ostern her gilt: »Ist Gott für uns, wer mag noch gegen uns sein? . . . Gott ist es ja, der uns gerechtspricht« in Dahingabe und Auferweckung Jesu. »Wie sollte er uns in ihm nicht auch alles schenken? . . . Wer will uns scheiden von der Liebe . . . Gottes, die in Christus Jesus, unserm Herrn ist?« Keine Gewalt und keine Not vermag dies, auch nicht der Tod (vgl. Röm 8, 31–39). Wir dürfen als von Gott Angenommene und Versöhnte leben, versöhnend und andere annehmend.

Fassen wir das Wesentliche in zwei Sätzen zusammen: Erst mit der Auferweckung des gekreuzigten Jesus ist (für den Glauben) ein für allemal offenbar, daß ein Leben für Gott und für die anderen unzerstörbaren *Sinn hat,* ja, daß die gelebte Gemeinschaft der Liebe mit Gott und mit den anderen Menschen

---

[90a] Vgl. ebd. IV/3, Erste Hälfte (1959) 133.

und Geschöpfen das erste und letzte Ziel Gottes mit der ganzen Welt und darum der Sinn des Lebens ist. Erst von Ostern her (und im Glauben) wird Jesus von Nazareth definitiv und unzweideutig als der Christus und Sohn Gottes erkennbar; es wird deshalb zum einen Gott als der Vater Jesu Christi, zum andern der Mensch als der – grundsätzlich – real versöhnte und angenommene, und das heißt der Heilige Geist als der bei uns angekommene versöhnende Gott offenbar.

2. Exkurs: Die Leiblichkeit der Auferstehung

In dem soeben Dargelegten war die Leiblichkeit der Auferweckung bereits vorausgesetzt. Sie muß nun explizit bedacht werden. Nach den neutestamentlichen Zeugnissen ist die (in den »Erscheinungen« ursprünglich offenbar gewordene) Auferstehung Jesu als leibliche zu begreifen. Entsprechendes gilt für die künftige Auferstehung der Toten. Beide Male geht es, wie sich zeigen wird, nicht lediglich um ein weltbildbedingtes Akzidens (etwa derart, daß für Juden und Judenchristen ein neues Leben ohne Leib eben unvorstellbar gewesen sei), sondern um den Kern der Sache selbst. Doch was ist dann mit Leiblichkeit und demgemäß mit leiblicher Auferweckung gemeint?[91]

a) Zur Bedeutung von Leiblichkeit

(1) *Leiblichkeit in biblischer Sicht.* – Zunächst sind, um anscheinend unausrottbaren Mißverständnissen vorzubeugen, einige Abgrenzungen vorzunehmen. Nicht gemeint ist jene (einer langen platonisch-cartesianischen Tradition eigene) dualistische Entgegensetzung zweier heterogener, zusammengefügter Wesensbestandteile des Menschen, nämlich von Leib (= materiell-vergänglicher Körper)[92] und Seele oder Vernunft (= geistig-un-

---

[91] Zum Folgenden vgl. außer den einschlägigen Artikeln in ThWNT, THAT, EWNT vor allem *H. W. Wolff,* Anthropologie des AT (München 1973); *G. Stemberger,* Der Leib der Auferstehung. Studien zur Anthropologie und Eschatologie des palästinischen Judentums im ntl. Zeitalter (Rom 1972); *H. Conzelmann,* Der erste Brief an die Korinther (Göttingen 1969); *K. A. Bauer,* Leiblichkeit – das Ende aller Werke Gottes. Die Bedeutung der Leiblichkeit des Menschen bei Paulus (Gütersloh 1971); *H. Kaiser,* Die Bedeutung der leiblichen Daseins in der paulinischen Eschatologie (Diss. Heidelberg 1974); *H.-H. Schade,* Apokalyptische Christologie bei Paulus (Göttingen 1981) 69–82.191–210.

[92] Der antike Grieche hat Körper und Leib sprachlich nicht unterschieden.

sterbliches eigentliches Selbst)[93]. Die biblische Anthropologie ist vielmehr ganzheitlich. Sie bezeichnet mit Leib, Seele, Fleisch, Herz usw. nicht Teile des Menschen, sondern jeweils den einen, ganzen Menschen unter verschiedenen Aspekten; alle diese Ausdrücke können für »ich« stehen. So bedeutet das hebräische nephesch (und entsprechend das griechische psyche in der LXX und im NT),[94] das wir häufig mit »Seele« übersetzen, den Lebensodem, das von Gott geschenkte Leben (im Gegensatz zum Tod), also: den (gerade *leibhaftig* existierenden) ganzen Menschen *als* lebendiges (gottbezogenes) Wesen, als Lebewesen; ein Gegensatz zum Materiell-Körperlichen ist nirgends enthalten. Mit dem Wort basar (griechisch sarx),[95] das wir gewöhnlich und ungenau mit »Fleisch« wiedergeben, wird der Mensch in der Hinfälligkeit und Sterblichkeit (u. U. auch in der Sünd-Anfälligkeit) seines zeitlichen Daseins charakterisiert (vgl. z. B. Jes 40, 6f; Ps 90, 6.12; Dtn 5, 26; Röm 7, 18.20). Während nun aber Menschsein ohne Hinfälligkeit und Anfälligkeit für Sünde (Widerspruch zu Gott) – mindestens im späten Alten Testament und im Neuen Testament – durchaus denkbar ist (weil es von Gott erhofft wird), kann es – darin haben sich Israel und das Urchristentum nicht beirren lassen – Menschsein ohne *Leiblichkeit* gerade nicht geben. Leiblichkeit (verschiedene hebräische Ausdrücke, z. T. auch basar; griechisch sōma in LXX und NT) ist keine vorläufige, sondern eine endgültige Bestimmung des Menschen; sie ist das unaufhebbare »Ende aller Werke Gottes«[96].

Sōma (Leib)[97] hat schon in der LXX – anders als im profan-

[93] Von Platon stammt das bekannte Bild, die Seele (= Geist) sei im Leib (= Körper) wie in einem Kerker und Grab, aus dem sie befreit werden müsse. Descartes reduzierte die lebendige Leiblichkeit des Menschen auf einen bloß objekthaften, maschinenartigen Körper (res extensa), dem er das Cogito als denkende Sache (res cogitans) fast beziehungslos gegenübersetzte. Heute spricht man bisweilen noch von einem psycho-physischen »Parallelismus«; aber vermag ein solcher die spezifisch menschliche (durch und durch vom »Geist« geprägte, »durchgeistigte«) Leiblichkeit zu erklären?

[94] Vgl. *C. Westermann*, nephesch, in: THAT II 71–96, bes. 84–88. Ebd. 95f: im vorplatonischen Sprachgebrauch hat auch psyche (ähnlich wie nephesch) die Grundbedeutung »Atem, Leben«; die LXX greift diese Grundbedeutung (also nicht den platonisch-dualistischen Sprachgebrauch) auf!

[95] Vgl. *G. Gerlemann*, basar, in: THAT I 376–379; *E. Schweizer* u. a., σάρξ, in: ThWNT VII 98–151.

[96] So die anticartesianische These des altwürttembergischen Theologen Friedrich Christoph Oetinger (1702–1782); vgl. *Bauer*, Leiblichkeit 28f, Anm. 124.

[97] Zum Folgenden vgl. *R. Bultmann*, Theologie des NT (Tübingen ³1958) 193–203.217;

griechischen Sprachgebrauch – eine *mehr als* physisch-körperliche Bedeutung. Es bezeichnet den Menschen, soweit er sich (1) als *Ganzheit* und (2) im *Gegenüber* zu anderen (Mitmenschen, Gott, Mächten) erfährt, es umschreibt aber nie die irdische Sphäre im Gegensatz zur himmlischen. Das aramäische gupha heißt Leib im Sinne der Person als ganzer. Auch im Neuen Testament bezeichnet Leib (sōma) nicht einen (von der Seele oder dem Geist abtrennbaren) Teil des Menschen,[98] sondern den Menschen in seiner unteilbaren Einheit als Person. Leib ist nicht nur die äußere Körperlichkeit, sondern die Person als ganze, das eigentliche Ich: Hingabe des Leibes meint – anders als für Griechen – völlige Hingabe seiner selbst (Mk 14, 23; Hebr 10, 5.10; 1 Petr 2, 24); der Leib (nicht nur die Innerlichkeit) ist ein Tempel des heiligen Geistes (1 Kor 6, 19f); die Sünde soll nicht mehr in unserem »sterblichen Leibe« (das heißt in »uns selbst«) herrschen (Röm 6, 11–13), vielmehr sollen wir unseren Leib (= uns selbst im ganzen) dem Herrn zur Verfügung stellen (Röm 12, 1), so daß »der Leib dem Herrn gehört« und der Herr dem Leib (1 Kor 6, 13); es geht um die Erlösung des Leibes (Röm 8, 23). Zumal bei Paulus meint Leib den Menschen in der Ganzheit dessen, was ihn konkret ausmacht, das heißt, was er gelebt hat, was zu ihm gehört und was ihn bestimmt.

Leib – so können wir zusammenfassen und ergänzen – ist nicht der Mensch als abgegrenztes, in sich geschlossenes und für sich begreifbares Individuum, sondern der Mensch (1) als ganze Person (Selbst und Ich), und zwar (2) in der Gesamtheit seiner konkret gelebten Beziehungen zur Mit- und Umwelt (Mitmenschen, Geschichte, Natur). Diese Beziehungen sind durchaus wechselseitig: Als Leib ist der Mensch mit der übrigen Welt verwoben und gehört diese (in unterschiedlicher Weise) zu ihm selbst; er *ist* die Welt auf partielle, fragmentarische Weise. Als Leib lebt der Mensch aber auch in wechselseitiger Kommunikation mit seiner Mit- und Umwelt: subjekthaft begegnet er ihr

---

E. Schweizer, σῶμα, in: ThWNT VII 1024–1064; *ders.,* σῶμα, in: EWNT III, 771–775; *Bauer,* Leiblichkeit passim, bes. 185; *Froitzheim,* Christologie (s. Anm. 66) 236ff; *J. A. Ziegler,* Soma in the Septuagint, in: NovTest 25 (1983) 133–145. – Zur komplizierten Frage der hebräischen Äquivalente von sōma vgl. ThWNT 107f und 1042f.

[98] Zu scheinbaren Ausnahmen wie Mt 10, 28 vgl. *Schweizer,* ThWNT VII, 1055, sowie *G. Dautzenberg,* Seele im biblischen Denken, in: K. Kremer (Hg.), Seele (Leiden-Köln 1984) 186–203, hier 196f.

und beeinflußt sie durch seine leiblichen (guten oder bösen) Werke, zugleich ist er objekthaftes Einflußfeld für sie (und für fremde Mächte), so daß er nie einfach nur sich selbst gehört; immer wird er von einem Herrn bestimmt: entweder von der Macht der Sünde und des Todes (im eigensüchtigen, habgierigen, lügnerischen Leben) oder von dem Herrn Jesus Christus bzw. von Gott (in Gerechtigkeit und solidarischer Liebe).

(2) *Leiblichkeit in der Sicht neuerer Anthropologie.*[99] – Diese biblische Sicht der Leiblichkeit wird durch die neuere Anthropologie eher gestützt als negiert. Auch nach dieser ist Leiblichkeit einerseits für Menschsein konstitutiv, andererseits ist sie keineswegs einfach mit Körperlichkeit (Materialität) gleichzusetzen.

Die Analyse des Phänomens zeigt zunächst: Der Leib ist nicht die sozusagen materielle Unterschicht unseres menschlichen Lebens; »was wir Leib nennen, ist schon mehr als ein materielles Ding. Es hat schon eine zum Seelischen gehörige Schicht, die ... von vornherein – also anschaulich – als zu dem Ganzen des Leibes selbst gehörige apperzeptive Schicht dasteht. Wir müssen also erst davon abstrahieren, um den bloßen materiellen Leib zu erhalten«,[100] den Körper. Der eigene Leib und der Leib des Andern sind dasjenige, was wir in der ursprünglichen Einstellung des »natürlichen« (lebensweltlichen, interpersonalen) Lebens erfahren; sie *bedeuten* immer schon etwas für uns. Der Körper und erst recht die Materie sind demgegenüber schon »naturalistisch«-physikalische Abstraktionsprodukte, gewonnen durch ein Absehen von der ursprünglichen Ganzheit, also von allen Bezügen der Bedeutsamkeit für uns (des Aus-

---

[99] Zum Folgenden vgl. C. *Bruaire*, Philosophie du corps (Paris 1968); L. *Landgrebe*, Die Phänomenologie der Leiblichkeit und das Problem der Materie, in: ders. (Hg.), Beispiele. Festschrift E. Fink (Den Haag 1965) 291–305; H. *Plessner*, Philosophische Anthropologie (Frankfurt 1970); H. *Coenen*, Leiblichkeit und Sozialität, in: PhJb 86 (1979) 240–261; G. *Haeffner*, Philosophische Anthropologie (Stuttgart 1982) 88–105. – Aufschlußreich ist auch die Entwicklung, die das *deutsche Wort Leib* durchlaufen hat und seine entsprechende Mehrschichtigkeit. Es ist zeitlich zuerst (1) Synonym von »Leben« (vgl. Leibrente, beileibe nicht), bezeichnet dann (2) jemand als er selbst, persönlich (vgl. Leibarzt, -wache, -speise; NN leibhaftig) und meint in seiner heute vorherrschenden Bedeutung (3) das sinnenfällige, primäre Daseinsmedium eines Menschen (evtl. auch eines Tieres). Vgl. Deutsches Wörterbuch, begründet von den Gebrüdern Grimm, Bd. VI (1885) Sp. 580–611.

[100] So E. *Husserl*, Ideen III, Husserliana V 118; zitiert nach *Landgrebe*, Leiblichkeit 297.

drucks von Subjektivität, der Beziehung usw.). Insbesondere »Materie«, jenes scheinbar Klare und Handfeste, ist einer der ungeklärtesten Begriffe.[101] Was Materie eigentlich ist, weiß keiner. Den »Begriff Materie bilden wir nach einer ganz entfernten Selbsterfahrung: daß wir einen Leib haben, der ›aus etwas besteht‹, der Widerstand leistet und von der Erde angezogen wird. Wenn wir von der unendlichen Fülle von Mannigfaltigkeiten abstrahieren, die ›wir‹ sonst auch noch sind, dann können ›wir‹ uns auch als ›Stück Materie‹ bezeichnen.« In der ursprünglichen menschlichen Erfahrung aber ist »die ganze erfahrene Wirklichkeit von der Art . . ., daß wir sie subjektiv zu uns selbst in Beziehung gesetzt haben. Insoweit wir sie überhaupt verstehen, verstehen wir sie nach Analogie unserer Selbsterfahrung«;[102] und diese ist Erfahrung des sozial-intersubjektiven Zusammenhangs und der personalen Subjektivität zugleich und aneinander.

Sehen wir genauer zu, so ergibt sich ein recht komplexes Wechselverhältnis zwischen Leiblichkeit, Subjektivität (Selbstsein und Selbstbewußtsein), Sozialität (Miteinander-Sein) und Weltlichkeit (In-der-Welt-Sein). Der Mensch ist nicht zuerst Mensch (im Sinne von: Geist, Seele, Selbst, Ich) und hat dann auch noch einen Leib und einen Bezug zur Welt. Vielmehr besteht das Ich überhaupt nur im Modus der Leiblichkeit; der Mensch hat nicht nur einen Leib, er ist so unlöslich in seinem Leibe, daß er sein Leib *ist*. Durch seinen bestimmten Leib aber hat er einen konkreten Weltbezug. Ursprünglicher Gegenstand seiner Wahrnehmung ist dabei die Leiblichkeit des Anderen (zuerst der Mutter): er erfährt sich verflochten und *verbunden* mit anderer Leiblichkeit und, über sie vermittelt, dann auch mit Dingen und schließlich mit dem Universum (also gerade nicht als abgeschlossenes, selbstherrliches Individuum); zugleich aber erfährt er sich als durch all dies auch *begrenzt*. Ja, er erfährt seinen eigenen Leib selbst als Grenze: dieser begrenzt ihn derart,

---

[101] *W. Stegmüller,* Hauptströmungen der Gegenwartsphilosophie Bd. 2 (Stuttgart 1975) 341f, nennt es den »Treppenwitz des Jahrhunderts«, daß der Grundbegriff des Materialismus, die Materie, »ausgerechnet der schwierigste, unbewältigtste und rätselhafteste Begriff dieses Jahrhunderts blieb«.

[102] Beide Zitate aus *R. Löw,* Evolution und Erkenntnis. Tragweite und Grenzen der evolutionären Erkenntnistheorie in philosophischer Absicht, in: K. Lorenz – F. M. Wuketits (Hg.), Die Evolution des Denkens (München 1983) 331–360, hier 354 und 355.

daß er ihn einerseits von anderen unterscheidet und ihn »definiert« (als offenes Individuum), ihn andererseits aber auch festhält und hindert. Gerade darin erfährt der Mensch sich als ein Mehr (als freies Ich, Geist, Selbstbewußtsein usw.), das nicht im Leibe aufgeht, sondern einen Leib wirklich auch *hat,* ihn zum Werkzeug machen kann und über diesen hinaus – letztlich unbegrenzt – offen ist.

Aufgrund dieser Doppelbewandtnis ist der Leib des Menschen *Ort und Medium der Kommunikation* mit anderen: Selbstausdruck und Selbstüberschritt zu den Andern hin wie auch Einfallstor und Empfänger für die Andern. In den Dimensionen der Leiblichkeit werden auch die Machtkämpfe ausgetragen. Und so sammelt sich im Leib (und zumal im Gesicht) – in seiner Haltung und Gestalt, in seinen Wunden, Narben und Falten, aber auch in seinem Leuchten und Glanz – die ganze *Geschichte* eines erlittenen und gestalteten Lebens an (mit all seinen gelungenen und seinen zerstörten Beziehungen und mit all seinen unerfüllten Sehnsüchten). Dies alles ist dem Leib des Menschen eingeprägt, es macht diesen konkreten Menschen mit aus. Nur weil er konkreter Leib ist, existiert der Mensch als unverwechselbare Person mit den Anderen in der Welt. Da wir Leib sind, gehören wir zueinander und zur gesamten übrigen Schöpfung, und diese gehört zu uns; ihr Wohl und Wehe ist auch das unsere.[103] Leibloses, und das heißt weltloses Menschsein wäre ein Widerspruch in sich selbst.

b) Allgemeines zur neutestamentlichen Sicht der Auferstehungsleiblichkeit

Weil es Menschsein ohne Leib nicht geben kann[104] und weil der Schöpfer selbst den ganzen (in der Leibhaftigkeit seines Daseins, seiner Bezüge und Sehnsüchte – unvollkommen – sich realisierenden) Menschen meint und *ihm* Unvergänglichkeit schenkt, darum muß diese geschenkte Unsterblichkeit genauerhin Auferweckung der Toten (= der Menschen als ganzer, in ih-

---

[103] Dies ist geradezu unübertrefflich zur Sprache gebracht in der Rede des Häuptlings *Seattle* vor dem Präsidenten der USA im Jahre 1855: »Wir sind ein Teil der Erde« (Olten – Freiburg 1982).

[104] Selbst die Toten in der Scheol kümmern ja nach israelitischem Denken in einem zwar leblosen, aber keineswegs leiblosen Schattendasein ihres früheren Daseins dahin; siehe oben Kap. 1, I. 2b.

rer Leibhaftigkeit), also leibliche Auferstehung heißen. Auferstehung des Leibes bedeutet neutestamentlich Auferstehung des Menschen *als Person* (»unsere sterblichen Leiber« bzw. »wir« werden auferweckt: Röm 8, 11 bzw. 1 Kor 6, 14). Und sie bedeutet Auferstehung dieses Menschen in der ungeschmälerten *Ganzheit* seiner mitmenschlichen und mitgeschöpflichen *Bezüge*. In diesem Sinn ist der somatische Charakter der Auferstehung für das Neue Testament unverzichtbar.[105]

Daher wird jede *Spiritualisierung* der Auferstehung (im Sinne einer bloßen Unsterblichkeit der Seele, einer Rettung allein des geistigen Personkerns, während der Leib beim Tode wegfällt) abgewiesen. Das neue Leben ist kein rein geistiges, und auch der neue Leib darf nicht auf einen rein geistigen Leib, eine ideelle Gestalt oder ähnliches verkürzt werden.[106] Dies würde ja auf einen letzten Dualismus hinauslaufen; die nichtgeistige Schöpfung würde abgestreift und preisgegeben (auch unsre eigene Geschichte mit ihren Bezügen und Werken wäre verloren). Der Schöpfer jedoch gibt von seinen Geschöpfen nichts verloren. Auferstehung ist deshalb etwas anderes als Befreiung eines todüberdauernden Selbst aus der Fessel todgeweihter Körperlichkeit. Sie hat als ihren Ansatzpunkt gerade den Tod selbst, betrifft also die sterblichen Leiber und bildet gerade so den unumschränkten Herrschaftsantritt Gottes *in seiner Schöpfung*.

Abgewiesen wird aber auch der Gedanke einer *Rematerialisierung* der Auferweckten bzw. der Reanimation der Leichen. In

---

[105] In einer transzendentalphilosophischen Analyse kommt *E. Heintel,* Über Unsterblichkeit und Auferstehung, in: Radius 1978, 35–40, zu dem Ergebnis: Der Gedanke eines Lebens nach dem Tode »muß der individuellen Identität und dem Zusammenhang zwischen hier und jenseits entsprechen und der Totalbetroffenheit vom Tode gerecht werden. Diesen Kriterien aber genügt zuletzt nur der Begriff einer individuell-leiblichen Auferstehung. Dieser Begriff scheint mir durchaus gedanklich vermittelt zu sein.« Philosophie kann also »Kriterien angeben, ohne die der Sinn von Unsterblichkeit überhaupt nicht denkbar ist, keineswegs verfügt sie aber in irgendeiner Weise der Argumentation über die Wirklichkeit des ewigen Lebens«. Diese dürfen wir »der Instanz überlassen . . ., die in ihrem Heilshandeln für den Glauben eine Antwort auf die sonst bodenlose Sinnfrage des Menschen bietet« (39f). – Von einem ganz anderen, nämlich materialistischen Ansatz her ergibt sich für *Th. W. Adorno,* Negative Dialektik (Frankfurt 1970), daß »Hoffnung leibhaftige Auferstehung meint und durch deren Vergeistigung ums Beste sich gebracht weiß.« »Hoffnung . . . heftet sich . . . an den verklärten Leib« (391).

[106] *Schade,* Apokalyptische Christologie 205: Auch in 1 Kor 15, 35ff ist sōma nicht als »Form« zu verstehen. – Eine derartige Auffassung wird oft Origenes unterstellt; vgl. dazu aber *P. Trummer,* Anastasis. Beitrag zur Auslegung und Auslegungsgeschichte von 1 Kor 15 in der griechischen Kirche bis Theodoret (Wien 1970) 109–112.

den Erscheinungserzählungen etwa begegnet der auferstandene Gekreuzigte den Jüngern in einer Leiblichkeit total anderer Art, die den materiellen Bedingungen nicht mehr unterworfen ist, der aber die Spuren seiner Lebens- und Leidensgeschichte für andere bleibend eingeschrieben sind. Nach dem Sadduzäergespräch (Mk 12, 18–27) kehren die auferweckten Toten nicht wieder in natürlich-irdische (und sei's erneuerte) Verhältnisse zurück (Mk 12, 25). Hier wie bei Paulus (1 Kor 15, 35ff u. a.) wird die naiv-volkstümliche Vorstellung abgewehrt, die Toten stünden just in ihrem ehemaligen (u. U. krüppelhaften) Leib oder überhaupt in einem materiell-körperlichen Leibe (u. U. mit wenigstens einem identischen Rest der Leibesmaterie, einem vermeintlich unzerstörbaren Rückenwirbel) wieder auf.[107] Solche Vorstellungen einer Rekonstruktion des verwesenden Körpers verfallen von der Erkenntnis der Auferstehung (und Erhöhung) Jesu her mit Recht der Kritik. Die Erfahrung des auferweckten und gegenwärtigen Herrn bewirkte erst eine entschiedene Abkehr von allen Vorstellungen einer der irdischen Existenz analog-gleichen Auferstehungsexistenz (auf einer erneuerten Erde oder dergleichen).

Die neutestamentliche Behauptung von der Auferstehung des Leibes bringt demgegenüber den *Totalanspruch* Gottes auf den Menschen und seine Welt zur Geltung und entsprechend den Totalanspruch unserer Hoffnung auf Rettung des ganzen Menschen (in seinem Verbundensein mit anderen und aller Kreatur und mit seiner eigenen Geschichte). Dies aber so, daß das gelebte (und unter Umständen zuwenig gelebte, vorenthaltene, vorzeitig abgebrochene, vertane, gescheiterte) Leben nicht einfach nur als solches eingesammelt und »für immer festgeschrieben«, sondern daß es in seinen positiven Ansätzen, aber auch in seinen

---

[107] Zu solchen rabbinischen und volkstümlichen Vorstellungen vgl. *P. Hoffmann*, Die Toten in Christus (Münster ³1978) 156ff. – Auch scholastische und neuscholastische Theologie reflektierte darüber, wieviel Leibesmaterie noch vorhanden sein müsse, damit auch schwer Verstümmelte, dem Kannibalismus zum Opfer Gefallene usw. am Jüngsten Tag mit einem vollständigen und heilen, zugleich aber dem irdischen identischen Leib auferstehen könnten. Dabei konnte man zu der Ansicht kommen, »daß der Auferstehungsleib aus einem sehr geringen Teil der früheren Leibesmaterie gebildet werden kann. Gott vermag das etwa Fehlende irgendwie aus anderen Stoffen zu ergänzen«: so *F. Diekamp* – *K. Jüssen*, Katholische Dogmatik nach den Grundsätzen des heiligen Thomas (Münster ¹¹1954) Bd. 3, 432. Daß jeder Versuch, das Problem der Identität auf diesem Wege zu lösen, in die Irre führt, wird sogleich deutlicher werden.

unerfüllten Möglichkeiten und ungestillten Sehnsüchten ausgeführt und *vollendet* wird.

Halten wir fest: Es geht nicht um ein abstrakt-physikalisches Leibverständnis (materielle Körperlichkeit), sondern um ein konkret-personales (der ganze Mensch mit seinen Bezügen und seiner Lebensgeschichte). Leibhaftige Auferstehung besagt Rettung nicht des physischen Körpers, sondern des leibhaftigen Menschen durch Gottes umgestaltende, vollendende Macht. Das bedeutet (1) die Vollendung des ganzen Menschen in seiner Selbigkeit (es tritt kein Ersatz oder Doppelgänger an seine Stelle) und deswegen (2) die Vollendung (und nicht nur festschreibende Verewigung) der einmaligen Lebensgeschichte dieses selben Menschen mit all seinen Beziehungen zu Mitmenschen und zur Schöpfung überhaupt. Diese werden nicht als bedeutungslos abgestreift. Der vollendete, heile Mensch ist nicht aus dem Zusammenhang von Gemeinschaft, Geschichte und allen Kreaturen herausgelöst, sondern hat im Gegenteil zu ihnen einen neuen Bezug und ein tieferes Verbundensein gewonnen. So erst hat der ganze Mensch eine Zukunft, kann er mehr als je zuvor ganz er selbst sein, das Bild und Gleichnis Gottes. Und so erreicht Gottes Schöpferabsicht mit ihm ihr Ziel. Die Auferweckung des Leibes ist daher Ausdruck der Treue Gottes zu seiner Schöpfung.

c) Die paulinische Sicht der Auferstehungsleiblichkeit Jesu und der Toten

In dem großen Auferstehungskapitel 1 Kor 15 setzt Paulus (wie früher schon in 1 Thess 4, 13–18) einen Zusammenhang zwischen der schon geschehenen Auferstehung Jesu und der künftigen Auferstehung der Toten voraus und versucht ihn der korinthischen Gemeinde zu demonstrieren.[108] Vor allem durch den

---

[108] *Schade,* Apokalyptische Christologie 193–195, zeigt einleuchtend die Argumentationslogik des Paulus auf: Die Korinther akzeptieren die Auferstehung Jesu, nicht aber eine zukünftige Totenauferstehung; sie denken dualistisch (der Tod betrifft nur den niederen Teil des Menschen, der höhere Teil hat aufgrund der Auferstehung Jesu jetzt schon das neue Leben). Für die Korinther (wie Paulus sie sieht) ist Jesu Auferstehung also durchaus heilswirksames Ereignis, von dessen rettender Wirkung die Gemeinde betroffen ist. Aber sie bewirkt ein in der Gegenwart schon erfülltes Heil, die zukünftige Totenauferstehung bestreiten sie. – Nun widerlegt Paulus 1 Kor 15, 12–13 die Behauptung, Auferstehung Toter gebe es nicht, durch die Auferstehung Jesu als Gegenbeispiel; bei Geltung des Satzes »Christus ist von den Toten

Einsatz der Adam-Christus-Typologie (1 Kor 15, 20-23.45-49) erreicht er die volle Parallelisierung der Auferstehung Christi und der Gläubigen. Christus ist der zweite und endgültige Mensch (Adam), der Prototyp der Gläubigen, der Schicksalsträger der neuen Menschheit. *Was »Auferstehung« heißt, kann daher letztgültig nur von ihm her gesagt werden* (nicht von überlieferten apokalyptischen und anderen Vorstellungen her). Was Paulus somit von der Leiblichkeit der auferweckten Toten sagt, ist von der Auferstehung Christi her gewonnen. Es setzt diese voraus: Weil er – als der Erstling (1 Kor 15, 20.23; vgl. Kol 1, 18; Apg 3, 15; 26, 23) – leiblich auferstanden ist, werden auch die Gläubigen – nach seinem Bilde (1 Kor 15, 48f; Phil 3, 20f; Röm 8, 29) – leiblich auferstehen, und zwar in einem Leib, der nicht mehr nach der Art der gegenwärtigen Welt beschaffen ist, sondern ganz anders: »pneumatisch« ist.

Daß die Auferstehung Jesu als leibliche verstanden werden muß, ist bereits in der von Paulus zitierten Formel 1 Kor 15, 3–5 impliziert: nämlich darin, daß Jesus als ganzer tot war und daß er als der Auferweckte sichtbar geworden ist. Paulus selbst setzt – wie schon bemerkt – die leibliche Auferstehung Jesu in seiner Argumentation 1 Kor 15, 35ff grundlegend voraus. Und er spricht mindestens in Phil 3, 21 auch direkt vom Leib des Auferstandenen (kabod-/doxa-Leib).

Wie aber ist die Auferstehungsleiblichkeit zu denken? Paulus äußert sich darüber in 1 Kor 15, 35–58 mit großer Behutsamkeit. Er vermeidet alle vorwitzige Spekulation und wehrt aller Neugierde und bloßen Gedankenspielerei; nur das arbeitet er heraus, was in der Erfahrung des auferstandenen, erhöhten Herrn offenbar geworden und um unseres Heiles willen zu wissen nötig ist. Wir versuchen, die paulinischen Ausführungen zu systematisieren und sie in fünf Schritten darzulegen.

(1) Paulus setzt durchgehend die *Selbigkeit (Identität)* des gestorbenen und des auferweckten Menschen voraus, jedoch ohne sie zu vergegenständlichen. Er orientiert sich am Tod unter dem

auferweckt« (V. 12a. vgl. V. 4) ist der Satz »Es gibt keine Totenauferstehung« (V. 12b) logisch falsch. Die Möglichkeit aber, nunmehr, um die Leugnung einer Totenauferstehung festhalten zu können, auch logisch konsequent die Auferstehung Jesu zu leugnen, schneidet Paulus den Korinthern dadurch ab, daß er sie auf die hypothetischen Konsequenzen einer solchen Leugnung der Auferstehung Jesu hinweist: sie zerstören damit die Basis, auf die sie selbst stehen. Paulus packt sie also bei ihrer Heilsgewißheit (V. 14–19).

Aspekt seiner Überwindung: Die sterblichen sōmata selber sind Objekt des Auferweckungshandelns Gottes (vgl. Röm 8, 11); eben *dasselbe,* was gesät wird und sterben muß, wird auferweckt – freilich in einem anderen Leib (1 Kor 15, 36 u. ö.). Keinesfalls wird an die Stelle des Verstorbenen ein anderes, zweites, absolut neues Geschöpf gesetzt (im Sinne einer absoluten creatio ex nihilo). Vielmehr hält Gott sein dem Tod anheimgefallenes Geschöpf, indem er ihm neues leibliches Leben schenkt und es vollendet, in seiner Selbigkeit fest. Die Vorstellung der Verwandlung (1 Kor 15, 51f) versucht diese in der Diskontinuität (Nichtidentität) gewährte Kontinuität (Identität) auf ihre Weise zum Ausdruck zu bringen.

(2) Mit Hilfe verschiedener Bilder stellt Paulus die *Diskontinuität* zwischen dem gestorbenen und dem auferweckten Leib und damit die völlige Andersartigkeit des Auferstehungsleibes heraus. Bezeichnend ist etwa, wie er das Bild vom Samenkorn aufgreift und es – jedenfalls für moderne Betrachtungsweise – in seiner inneren Logik geradezu zerbricht.[109] Er sagt nicht: aus dem Samenkorn (Keim) entwickelt sich in organischem Zusammenhang die Pflanze (Entfaltung). Im Gegenteil, ihm geht es um den Bruch und die radikale Diskontinuität: wenn das Samenkorn nicht zuvor *stirbt,* wird es nicht lebendig *gemacht* (V. 36; vgl. Joh 12, 24f); Auferstehung setzt den Tod jeder menschlichen und weltlichen Möglichkeit voraus. Ferner: das Samenkorn erhält eine völlig *andere* (nicht schon im Keim angelegte) Form, einen anderen Leib als Gottes *Geschenk* (V. 37f); in seiner Schöpferkraft hat Gott ja generell die Fähigkeit zur Schaffung verschiedener Leiber, also auch eines radikal neuen Leibes (V. 39–41). Vom Bild zur Sache übergehend, beschreibt Paulus sodann in vier Antithesen die radikale Andersheit des auferweckten Leibes gegenüber dem gestorbenen (V. 42b–44a): dieser ist vergänglich, armselig und schwach, weil er eben irdisch ist (belebter Staub: Gen 2, 7); jener dagegen ist unvergänglich, herrlich und stark (voll doxa und dynamis), weil er »pneumatisch« ist. Was dies besagt, wird gleich zu erläutern sein.

---

[109] Für Paulus ist das Bild vom Samenkorn jedoch gerade deshalb brauchbar, weil antikes Denken Same und Pflanze nicht wie wir heute in einem organischen Zusammenhang von Keim und Entfaltung sah. Antikes Denken dachte aber auch nicht an ein Sterben des Samenkorns, worauf es Paulus so sehr ankommt: vgl. *Schade,* Apokalyptische Christologie 205.

(3) Identität und Kontinuität der Person *gründen* demzufolge nicht in einem den Tod überdauernden Selbst (unsterbliche Seele o. ä. als Identitätsträger),[110] das aus der Fessel vergänglicher Körperlichkeit befreit würde. Sie gründen auch nicht auf einem sich durchhaltenden körperlichen Substrat (materiell-numerische Selbigkeit des Körpers als Sicherung der Personidentität). Jeder Gedanke an eine im menschlichen Wesen selbst begründbare Kontinuität mit der Unverweslichkeit wird abgeschnitten: »Fleisch und Blut kann das Reich Gottes nicht erben« (1 Kor 15, 50). Von »unten«, vom Menschen her gibt es keinen direkten Übergang zum neuen Leben, sondern nur Abbruch, Diskontinuität und die Entgegennahme der Gabe eines Andern. Identität und Kontinuität der Person gibt es vielmehr nur »von oben her«. Sie gründen allein im auferweckenden Akt Gottes, das heißt in des Schöpfers und Vaters Macht und Treue zu seinem Geschöpf und (ihm verbundenen) Kind; ihm hatte der Gekreuzigte sich ganz überlassen, von ihm wurde er aufgefangen. Nur im Glauben an die Auferweckung des Gekreuzigten und von ihm her können wir daher von einem Hinübergehen sprechen: Der Sterbende gibt sich ganz aus der Hand und – sozusagen über den ihm unermeßlichen Abgrund hinweg – ganz Gott in die Hand.

---

[110] *G. Haeffner*, Jenseits des Todes. Überlegungen zur Struktur der christlichen Hoffnung, in: StdZ 193 (1975) 773–784, stellt fest: Der Mensch stirbt tatsächlich »ganz« (und nicht nur zu einem Teil). Aber wer im Ernst meine, »im Tod werde der Mensch in dem Sinn ›ganz‹ zerstört, daß er schlechthin aufhöre zu sein, der kann dann auch nicht mehr von einer ›Auferweckung‹, sondern nur noch von der Erschaffung eines anderen Menschen an der Stelle des ersten sprechen, mag dieser neue dem alten noch so ähnlich sein« (777). »Nur wenn der Gestorbene (*als Toter,* nicht als aus sich heraus lebenerfüllte, durch die Trennung vom Leib befreite Seele) noch *ist,* und zwar individuelle Person, kann er auferweckt werden, in dem doppelten Sinn, daß nur dann die Identität der Person gewahrt ist und daß ein so Totseiender nur durch jemand anderen, den Schöpfer, neues Leben erhalten kann« (779). – Dem von Haeffner richtig gesehenen Dilemma (ganz tot, doch nicht schlechthin vernichtet) entkommen wir, wenn wir eine Auferstehung *im* Tod annehmen dürfen. Das gänzliche Totsein, das von seiten des Menschen her festzustellen ist, wird eben im Augenblick des Totseins selbst von der auferweckenden Tat Gottes untergriffen, so daß der Mensch in seinem Tode eben nicht ins Nichts fällt, sondern als identische Person bewahrt wird, gerade indem er das neue Leben erhält. Zum Denkmodell einer Auferstehung im Tod in der neueren Theologie vgl. die knappe Information bei *H. Vorgrimler,* Hoffnung auf Vollendung. Aufriß der Eschatologie (Freiburg 1980) 151–155, und bei *F.-J. Nocke,* Eschatologie (Düsseldorf ²1985) 115–121; ausführlicher *G. Greshake – G. Lohfink,* Naherwartung – Auferstehung – Unsterblichkeit (Freiburg ³1978), und *W. Breuning,* Gericht und Auferweckung von den Toten, in: MS V (Einsiedeln 1976) 844–890.

Der neue Leib ist dem gestorbenen Menschen rein von Gott geschenkt (1 Kor 15, 38ff; 2 Kor 5, 1), aber wirklich *ihm,* so daß er – für sich selbst und für die Anderen – wiedererkennbar ist. Auferstehung bedeutet somit wesentlich das *Geschenk neuer leiblicher* (das heißt ganzer, heiler, solidarischer und vollendeter) *Existenz.* Die Menschen werden sich und einander in heilgewordener und vollendeter Ganzheit neu und nun endgültig geschenkt.

(4) Wenn das Verwesliche (»Fleisch und Blut«) die Unverweslichkeit nicht direkt erben kann (1 Kor 15, 50), dann ist der im Grab verbleibende und verwesende Leichnam – anders als zum Teil in apokalyptischen und rabbinischen Vorstellungen[111] – keine Einrede mehr gegen einen neuen Leib; daran ändert auch Apg 2, 27.31 nichts, denn »die Verwesung nicht schauen« meint (als Relektüre von Ps 16, 10) unspezifisch das Gerettetwerden aus dem Tod. Das Auferstehen hat mit der Leiche nicht direkt und unbedingt etwas zu tun. Der Auferstehungsleib wird ja nicht einfach aus den materiell-körperlichen *Resten* gebildet[112] (er ist vielmehr ein radikal neuer Leib, individuell und doch entgrenzt zu universaler Solidarität und allkosmischem Bezug, also auch Materie-Bezug). Darum ist der Gedanke des *leeren Grabes* kein notwendiger Bestandteil des christlichen Auferstehungsglaubens (sondern eher veranschaulichendes Symbol). Paulus läßt denn auch nirgendwo erkennen, daß er ein leeres Grab annähme. Gleichwohl ist für ihn – anders als für die Gnostiker des 2. Jahrhunderts, die sich für ihre Ablehnung einer Erlösung des Leibes (als eines Teils der materiellen Welt) gerne auf 1 Kor 15, 50 berufen – die Auferstehung unabdingbar eine

---

[111] Schon für 2 Makk 7 war jedoch Gott bei der (himmlischen?) Neuschöpfung des Leibes nicht auf Gebeine oder überhaupt auf erhaltene Leibesreste angewiesen. Und darüber hinaus brauchte für manche frühjüdischen Texte die leibliche Auferstehung nicht den im Grab liegenden Leichnam einzubeziehen. Vgl. oben Kap. 2, III. 2a und 3 mit Anm. 65.

[112] Dies bedeutet – systematisch gesehen – keineswegs, daß in der Auferstehung der Materie-Bezug entfiele, im Gegenteil. Nur sind Materie und Raum-Zeit als solche (und unveränderte) unvollendbar; sie müssen, um vollendet zu werden, in eine grundlegende Verwandlung einbezogen werden (vgl. hierzu *Vorgrimler,* Hoffnung 103f. 132.144.152f. 170f). Gerade so aber gilt, was *K. Rahner,* in: Schriften zur Theologie VII (1966) 180 sagt: »Wir Christen sind also die sublimsten Materialisten: wir können und dürfen uns keine Vollendung des Geistes und der Wirklichkeit überhaupt denken, außer wir denken auch die Bleibendheit der Materie und ihre Vollendung.«

leibliche (sie betrifft also, in einer für uns kaum näher bestimmbaren Weise, auch die Materie). Die Leiblichkeit hat nicht nur vorübergehende, zeitliche, sondern bleibende und ewige Bedeutung.

Übrigens konnte Paulus, weil Fleisch (sarx) für ihn im Unterschied zu Leib (sōma) das Schwache, Vergängliche, auch Sündhafte meinte, wie das ganze Neue Testament nirgendwo von einer *»Auferstehung des Fleisches«* sprechen. Diese Redeweise bildet sich erst seit der Mitte des 2. Jahrhunderts heraus, und zwar aufgrund der Konfrontation mit der Gnosis. Da diese nur eine symbolisch-geistige Auferstehung im Glauben vertrat, wurde im Gegenzug nun schärfer die den ganzen Menschen betreffende Realität der Auferstehung hervorgehoben.[113] Die Auferstehung des Fleisches wird jetzt primär inkarnationstheologisch (also von der Fleischwerdung = Menschwerdung her) und nicht ostertheologisch begründet; schon daraus ergibt sich, daß auch sie die »Auferstehung der Toten« (wie das heutige ökumenische Credo zutreffend übersetzt), also der leiblich verfaßten Menschen, und keine isolierte Körperlichkeit meint.

(5) Auf die Frage nach der näheren Bestimmung der Auferstehungsleiblichkeit (1 Kor 15, 35) antwortet Paulus mit verschiedenen, sich gegenseitig erläuternden Aussagen: »auferweckt wird ein pneumatischer Leib« (V. 44a); »wir werden das Bild des Himmlischen tragen« (V. 49b); »dieses Sterbliche muß Unsterblichkeit anziehen« (V. 53–54a; vgl. 2 Kor 5, 1–4: mit der von Gott gemachten himmlischen Behausung überkleidet werden); »der Herr Jesus Christus wird als Retter unsern Niedrigkeitsleib verwandeln in die Gleichgestalt mit seinem Herrlichkeitsleib« (Phil 3, 20f; vgl. Röm 8, 29). Hier sind die Grenzen des Vorstellbaren und Sagbaren erreicht; die Metaphern versuchen über diese Grenzen hinaus auf die unbegreifliche neue Wirklichkeit zu verweisen. Was ist ein »pneumatischer Leib«?[114] Sicher kein »geistiger« Leib, wie oft mißverständlich übersetzt wird. Ebensowenig ein Leib, der aus himmlischer

---

[113] Vgl. 2 Clem 9, 1; Barn 5, 6f; *Justin,* Dial 80, 5; Taufbekenntnis der römischen Gemeinde um 200; *Hippolyt,* Dan 2, 28, 4; *Tertullian,* De carnis resurrectione, usw. – Zur Sache *J. Schmid,* Auferstehung des Fleisches (Biblisch), in: SM I 396; *R. Staats,* Auferstehung (Alte Kirche), in: TRE IV 517f. 523f.

[114] Vgl. *Conzelmann,* Erster Korintherbrief 336; *Bauer,* Leiblichkeit 101–105; *Froitzheim,* Christologie 224–229; *Schade,* Apokalyptische Christologie 204ff.

Pneumasubstanz besteht. Pneumatisch ist nicht eine Material- und Substanzbezeichnung, sondern eine Qualitätsbezeichnung: Der neue Leib (= der Mensch selbst in seinem Sein und seinen Bezügen) ist radikal anders (aber kein anderer), und dies deshalb, weil er ein durch das Pneuma (= die lebenschaffende Macht und Gegenwart Gottes und nun Christi) neu gewirkter und von diesem Pneuma restlos bestimmter Leib ist. Als sōma pneumatikon ist der auferweckte Mensch in der *Ganzheit* seines Seins und seiner Bezüge von der lebenschaffenden Gegenwart Gottes und Jesu Christi geprägt, daher nicht mehr das der Sünde und dem Tod verfallene, somit zwiespältige Ich, sondern heil geworden und zu vollkommener Liebe befreit. Als pneumatischer Leib wird somit das den Glaubenden verheißene unverwesliche (auf Mitmenschen und Mitgeschöpfe hin geöffnete) Auferstehungsleben mit Christus in der Lebensmacht Gottes bezeichnet.

Dasselbe Auferstehungsleben kann als »Tragen des Bildes des Himmlischen« (= des erhöhten Jesus Christus) bzw. als »Gleichgestaltetwerden mit dem Herrlichkeitsleib (Leib der doxa) des Herrn Jesus Christus« charakterisiert werden. Dies besagt: Die auferweckten Glaubenden werden an der Auferstehungsherrlichkeit, das heißt an dem unzerstörbaren Leben Jesu Christi (des Repräsentanten der neuen Menschheit) in der »innergöttlichen« Herrlichkeit selber teilnehmen. Sie werden daheim sein beim Herrn (2 Kor 5, 8), in neuer Gemeinschaft mit ihm (1 Thess 4, 17) und so mit dem Vater und mit der ganzen Schöpfung.[115]

d) Systematische Weiterführung

(1) Für Paulus wie für das ganze Neue Testament »hat« der auferweckte Herr durchaus einen ihm eigenen (individuellen) Leib. Das geht unter anderem aus dem Nebeneinander von Auferweckung Jesu und Auferweckung der übrigen hervor. Zugleich aber ist der auferweckte Jesus der Anfang (Erstling) und das Unterpfand der zukünftigen Auferstehung seiner »vielen Brüder« und Schwestern (Röm 8, 29). Die (leibliche) Auferweckung Jesu (in seinem ganzen und vollendeten Menschsein) hat also ihre *christologische Paradigmatik:* Er ist der erste, in ihm werden alle le-

---

[115] Vgl. ähnlich Joh 14, 3; 17, 24; 12, 26: Wo Jesus ist, werden auch die Seinen bei ihm sein, in seines Vaters vielen Wohnungen.

bendig gemacht (1 Kor 15, 20.22f); er ist unser älterer Bruder, was ihm widerfuhr, wird uns widerfahren; seine Auferstehung ist das Anheben unseres neuen Lebens und unserer Auferstehung. – Mit der leiblichen Auferweckung Jesu hat Gott indes auch unmißverständlich seinen eschatologischen Anspruch auf unsere Leiber (und damit auf unsere Welt) angemeldet; er wird vorläufig eingelöst durch unsern irdisch-leiblichen Gehorsam und (Gottes-)Dienst im Alltag der Welt (Röm 12, 1), endgültig aber durch die zukünftige Auferweckung und Vollendung unserer sterblichen Leiber (Röm 8, 11). Damit wahrt Gott sein Schöpferrecht. Denn *die Entscheidung* über den Sieg des Lebens Gottes oder des Todes (und seiner Helfer) *fällt am Leib*. Der Leib (und damit die Gemeinschaft und die reale Geschichte) ist das Ziel aller Wege Gottes.

(2) Der Mensch Jesus von Nazareth ist leiblich, das heißt als er selbst und in seinen Relationen (zu Gott und zu uns), auferweckt und bleibend gerettet. Nun hat aber der auferweckte Jesus nicht nur einen »pneumatischen Leib« (1 Kor 15, 44a), sondern er *ist* selbst zum »lebendigmachenden Pneuma« geworden (1 Kor 15, 45b; vgl. 2 Kor 3, 17f). Sein Leib (das heißt er selbst in seinem Für-uns-Sein) ist zum bleibenden Ort der neues Leben schaffenden und ermöglichenden Selbstzuwendung Gottes zu uns geworden. Wir können dies in folgender Weise verstehen: An ihn, der sich restlos Gott überantwortet und frei von allem Eigennutz für die Andern gelebt und sein Leben hingegeben hatte, hat Gott sich definitiv mit der ganzen Lebensmacht und -fülle seines Geistes mitgeteilt und so *sein* Dasein und Sterben für die Andern zum Ziel gebracht. Darum aber ist nun die Menschheit des auferweckten, erhöhten Kyrios so sehr vom Pneuma geprägt, daß sie die lebenschaffende Macht Gottes geradezu in sich versammelt und verkörpert und so selber lebensspendend und heilsvermittelnd für alle andern wirkt. Neben der christologischen Paradigmatik gibt es also auch eine *christologisch-soteriologische Differenz:* Das neue Leben (in der irdischen Vorläufigkeit des »in Christus« wie in der endgültigen Vollendung »mit Christus«) ist *seine* Frucht und Gabe. Mehr noch, es ist an seine Präsenz gebunden: das Leben ist Christus (Phil 1, 21; Gal 2, 20); der leiblich auferweckte Herr ist »die Auferstehung und das Leben« selber (Joh 11, 25; nur daraufhin kann dasselbe auch vom inkarnierten Logos ausgesagt werden).

(3) Der auferweckte, zu Gott erhöhte Herr ist von Gott her – vermittelt durch seine neue Leiblichkeit – auf neue Weise auch bei *uns* und bei der Welt (im Sinne der sozialen, subjektiven und objektiven Welt). Er hat also seinen spezifischen *Bezug zur Welt* keineswegs verloren, sondern zu ihr im Gegenteil einen noch tieferen, einen intensiveren und universaleren Bezug gewonnen. Und zwar so, daß er sich nicht in diesen Bezug hinein auflöst, sondern unverwechselbare Person bleibt. Der zu Gott auferweckte Jesus ist, was *ihn* betrifft, der ganzen Menschheit (und der Schöpfung insgesamt) solidarisch verbunden und personal gegenwärtig. Denn sein Leib, durch den er der Intention nach immer schon universal auf alle hin geöffnet war, ist nunmehr aus den physikalisch-biologischen Grenzen des sterblichen Daseins befreit. Daher ist das *Weltverhältnis* des auferstandenen Jesus nicht mehr beschränkt und gebrochen, sondern *entschränkt* und vollendet: ihm kommt Weltoffenheit ohne jede Einschränkung zu. Sein Leib ist zum Ort und Medium einer grenzenlosen Solidarität und Kommunikation, einer universalen Ausstrahlung und Nähe, eines Daseins für wirklich alle geworden.[116] So geht von dem auferweckten, erhöhten Kyrios eine *Dynamik und Aktivität* aus, die darauf abzielt, die zerspaltene Menschheit und die tief verwundete Schöpfung zu einen und zu heilen. Alle will er an sich ziehen (Joh 12, 32), sie versöhnen und verbinden (Kol 1, 20f; Eph 1, 10; 2, 14–16). Alle will er in die Bewegung hineinnehmen, an der sein verherrlichter Leib (= seine verherrlichte Menschheit) schon vollkommen teilhat: in die Bewegung des innergöttlichen Lebens gegenseitiger Liebe.

Mit den beiden letzten Punkten haben wir bereits vorgegriffen auf spätere Abschnitte, in denen es um die neue, universale Gegenwart und Wirksamkeit des erhöhten Herrn gehen wird.

---

[116] Vgl. zu diesem Aspekt *E. Pousset,* Croire en la résurrection, in: NRTh 106 (1974) 147–166.366–388; *R. Virgoulay,* Phénoménologie du corps et théologie de la résurrection, in: RevSR 54 (1980) 323–336; 55 (1981) 52–75. Bedeutsam ist hier auch der Gedanke Karl Rahners, daß die Person im Tode zwar ihre abgegrenzte Leiblichkeit verliere, aber nicht akosmisch, sondern allkosmisch werde, das heißt sich dem All öffne. *K. Rahner,* Zur Theologie des Todes (Freiburg 1958) 19–26; 26: »Der Verklärungsleib scheint so zu einem Ausdruck der bleibenden Allweltlichkeit der verklärten Person zu werden.« Vgl. auch *K. Rahner – H. Vorgrimler,* Kleines theologisches Wörterbuch (Freiburg [10]1976) 410f.

3. Die Auferweckung als Erhöhung Jesu zu bleibender Einheit mit Gott und Heilsmittlerschaft für uns

Durch die Auferweckung – so sagten wir – ist Jesus endgültig gerettet und in Gottes unzerstörbarem Leben geborgen. Er ist schon dort angekommen, wohin wir noch unterwegs sind. Zwei Fragen stellen sich hier sogleich ein. Einmal: Ist der auferweckte Jesus bei Gott in unterschiedslos gleicher Weise, wie es auch andere Menschen sein werden oder sind? Ist er nur unser Vorläufer, erster Fall eines Lebens bei Gott, das den Tod hinter sich hat (aber uns entrückt ins Jenseits, so daß wir mit ihm hier und jetzt vorläufig nicht zu rechnen haben)? Zum andern: Findet Jesus im unendlichen Geheimnis Gottes nur seine individuelle Erfüllung, sozusagen für sich selbst und privat (als Lohn für seinen Gehorsam und Dienst)? So denken gewiß viele.[117] Und die Fragen so zu stellen hat durchaus heuristischen Wert. Es wird nämlich – auf dem Hintergrund des bisher Dargelegten – sofort deutlich: Als bloße Rettung einer Privatperson oder nur als erster exemplarischer Fall von Totenauferstehung wäre die Auferweckung Jesu gründlich mißverstanden. Die Unzulänglichkeit jeder isolierten und nicht weiter qualifizierten Rede von der Auferstehung Jesu zeigt sich an.

Von seinem eigenen Bedeutungsgehalt her verlangt das Bekenntnis zur Auferweckung Jesu nach einer weiter gehenden (christologischen und soteriologischen) *Explikation*. Im Neuen Testament (und teilweise auch im Credo) wird sie zunächst einmal gegeben durch die Aussagen von der Erhöhung (bzw. Himmelfahrt) und vom Sitzen zur Rechten Gottes (bzw. der »Herr«-schaft Jesu) einerseits, durch die Entfaltung seiner fortdauernden heilsmittlerischen Aktivitäten (Eintreten für uns usw.) andererseits.

Der innere Zusammenhang dieser beiden Aussagereihen mit der Auferstehungsaussage läßt sich leicht verständlich machen. Leibliche Auferstehung besagt ja, wie wir sahen, daß die ganze Person in der Totalität ihrer Relationen endgültig gerettet und vollendet ist. Das Wesen der Person Jesu aber machte gerade das unvergleichlich enge Verhältnis zu Gott und sein radikales Dasein für die Andern aus (er war nicht privat für sich, sondern

---

[117] Siehe dazu oben in der Einführung des Buches 2a (2).

ganz für Gott und die Andern da). Wenn also *er* leiblich auferweckt ist, dann ist das von der Sache her überhaupt nur so möglich, daß er in die äußerste Gottesnähe und in endgültige Heilsmittlerstellung eingesetzt ist, mit anderen Worten: daß er *für uns* auferweckt und an die *Seite Gottes* gerückt ist. Dies sind keine zur Auferweckung Jesu noch hinzukommenden Aspekte, sondern Erläuterungen ihres eigenen Bedeutungsgehalts.

a) Die Auferweckung als Erhöhung Jesu zu bleibender Einheit mit Gott: Ausgangspunkt der christologischen Reflexion

Das gegenwärtige Wirken des Auferstandenen, das in den Osterbegegnungen erfahren wurde und das dann in anderer Weise im Leben der christlichen Gemeinden erfahren werden konnte und kann, ließ und läßt die Auferweckung *Jesu* nur als Erhöhung in die ausgezeichnete Position äußerster Gottunmittelbarkeit und Anteilhabe an Gottes eigener Macht begreifen. Das aber überstieg von vornherein alle damals geläufigen Vorstellungen von Auferstehung und auch von Erhöhung (des Gerechten aus Erniedrigung).

Die alte Umschreibung des den Osterglauben auslösenden Impulses mit der alttestamentlichen Gotteserscheinungsformel (er »erschien«) hält auf ihre Weise die ursprüngliche Erfahrung fest, daß der auferweckte Jesus aus der Lebensmacht *Gottes* den Jüngern begegnet ist, aus der heraus er sich überhaupt nur neu gegenwärtig setzen und begegnen konnte. Die ursprüngliche Ostererfahrung beinhaltet also nicht allein die Erkenntnis, daß Jesus gerettet ist, daß in seinem Leben und Sterben Gott selbst gehandelt hat zu unserem Heil, sondern viel ursprünglicher noch die unmittelbare Einsicht, daß der Erniedrigte in ganz einzigartiger Weise erhöht ist: so nämlich, daß er Anteil hat an *Gottes eigener* Zukunfts-, Gegenwarts- und Aktionsmacht.[118] Von daher ist mit ihm als Zukünftigem und als Gegenwärtigem zu rechnen.

---

[118] Dies gilt, auch wenn (wie *P. Hoffmann,* Auferstehung, in: TRE IV 487, sagt) in der ältesten eingliedrigen Auferweckungsformel selbst »weder eine zukünftige oder gegenwärtige Hoheitsstellung Jesu noch das Verhältnis der Auferweckung Jesu zur allgemeinen Totenauferstehung explizit in den Blick genommen« wird. Denn die Formel setzt den »israelitischen Glauben an Gottes Macht über Leben und Tod (vgl. Dtn 32, 39)«, der »in der apokalyptisch-pharisäischen Erwartung der endzeitlichen

Dies wird dann auch in den christlichen Gemeinden erfahren. Schon die früheste Urgemeinde versammelt sich (als Gemeinde Jahwes!) im Namen Jesu (eines Menschen!). Sie wendet sich in ihrem uralten Flehruf Maranatha (»unser Herr, komm!«) an den erhöhten und als gegenwärtiges Gegenüber gewußten Jesus; sie setzt also die Erhebung eines Menschen an die Seite Gottes zu schlechthin einmaliger, geradezu göttlicher, rettender Bedeutung voraus.[119] Und sie tauft auf *diesen* Namen des Herrn Jesus. Sieht man das alles im Kontext des Schemá (Dtn 6, 4: »Höre, Israel, der Herr, dein Gott, ist ein einziger«) und der Heiligung des Namens (Ex 20, 7; Kaddisch-Gebet), so kann man nur urteilen: das alles ist für Menschen, die wissen, was das Schemá meint und was »der Name« heißt, etwas ganz und gar Ungeheuerliches. Der christliche Gottesglaube bündelt sich in der Person des auferweckt-erhöhten Jesus. Die Gemeinde der Glaubenden hält sich an ihn.

Was so im Glauben erfahren und gelebt wurde, das galt es dann auch – der Verschiedenheit der Situationen und Verstehenshorizonte gemäß – zu artikulieren. Und dies sowohl innerhalb der Gemeinden (zu gegenseitiger Selbstvergewisserung, liturgischem Lobpreis und katechetischer Unterweisung) wie auch gegenüber nichtchristlichen Zeitgenossen (für Missionsverkündigung und Verteidigung). Dabei galt es stets auch, nach Ausdrucksformen zu suchen, die dem Inhalt des Osterglaubens sich möglichst adäquat annäherten und ihn situationsgemäß zu explizieren vermochten. Skizzieren wir die wichtigsten Ausdrucksformen in Kürze.

(1) In der allerfrühesten Zeit der aramäischsprechenden palästinischen Gemeinden war der Blick voll eschatologischer Hochspannung in die Zukunft gerichtet. In eine sehr nahe geglaubte Zukunft, in welcher der auferweckte Jesus von Gott (vom Himmel) her allen Menschen erscheinen und Gottes ewige Herrschaft aufrichten werde. Nun gab es in der Vorstellungswelt des damaligen Judentums nur *eine* eschatologische Heilbringerge-

---

Totenerweckung ... exemplarischen Ausdruck gefunden hat«, voraus (*Hoffmann,* Auferstehung 486) und individualisiert diese allgemeine Erwartung durch singuläre Beziehung auf Jesus. Eben diese Individualisierung aber ist *Folge einer* eminent gehaltvollen und eben im Kern auch christologischen *Erfahrung,* die dann in förmlichen Erhöhungsaussagen expliziert werden konnte.
[119] Vgl. oben Kap. 2, II. 1a bei Anm. 82–84.

stalt, die im Himmel weilt und in Zukunft als Richter und Retter in Funktion treten wird: den *Menschensohn* der apokalyptischen Erwartung (Dan 7, 9f. 13f; äthHen 46; 62, 5–14; 69, 26–29). Also griff man diese verfügbare – vielleicht auch von Jesus verwendete – Vorstellung vom endzeitlichen Tätigwerden des himmlischen Menschensohnes auf, übertrug sie auf den erhöhten Jesus (identifizierte also nun beide) und konnte damit für jüdische Hörer verständlich aussagen: Der Gekreuzigte ist der endgültige Heilbringer, der bei Gott weilt und mit dessen Offenbarwerden *in Zukunft* alle Welt zu rechnen hat. Belege für diese Sicht sind etwa die Worte vom kommenden Menschensohn in einer zweiten »theologisch deutenden Schicht«[120] der Logienquelle oder das in 1 Thess 1, 9f erhaltene Schema hellenistisch-judenchristlicher Missionspredigt[121]. Die christologische Ausnahme kommt hier klar zum Ausdruck: Nur der auferweckte und in den Himmel erhöhte Jesus ist zum Menschensohn-Retter eingesetzt. Indessen, mit der (außerhalb Palästinas überdies noch unverständlichen) Menschensohnvorstellung konnte man zwar die Zukunft des Erhöhten ausdrücken, nur undeutlich aber, daß auch schon mit seiner *gegenwärtigen* Herrenstellung und Wirkmächtigkeit zu rechnen ist.

(2) Dies gelang sehr viel besser, sobald man die Auferweckung und Erhöhung Jesu als *Inthronisation* zum messianischen Herrscher verstehen lernte: zum davidischen Messias-König, der schon jetzt Herr und als solcher für die Gegenwart unmittelbar relevant ist. Diese Sichtweise legte sich von zwei Seiten her nahe: Einmal von der Kreuzesinschrift her (Hinrichtung Jesu als falscher Messias), die man nun positiv aufnehmen konnte (Gott hat ihn durch die Auferweckung als wahren Messias erwiesen und eingesetzt).[122] Zum anderen aufgrund einiger messianisch

---

[120] *H. Schürmann,* Beobachtungen zum Menschensohn-Titel in der Redenquelle, in: R. Pesch – R. Schnackenburg (Hg.), Jesus und der Menschensohn. Festschrift A. Vögtle (Freiburg 1975) 124–147, hier 146 Anm. 119.

[121] Vgl. *G. Friedrich,* Ein Tauflied hellenistischer Judenchristen. 1 Thess 1, 9f, in: ThZ 21 (1965) 502–516; *J. Becker,* Auferstehung der Toten im Urchristentum (Stuttgart 1976) 32–41, sowie *Hoffmann,* Auferstehung 488, zeigen, daß hinter 1 Thess 1, 10 die frühe palästinische Menschensohn-Christologie steht; im hellenistischen Kontext wird der dort unverständliche »Menschensohn« zum »Sohn Gottes«. Ganz entsprechend wird bei Paulus aus der Parusie des Menschensohnes die des Kyrios (1 Thess 2, 19; 3, 13; 4, 15; 5, 23; Phil 4, 5 u. ö.). – Zur Sache vgl. auch oben Kap. 2, II. 1a bei Anm. 85 und Kap. 3, V. 1c mit Anm. 223 sowie unten in diesem Kap. 5, IV. 3a.

[122] Der Messias/Christus-Titel erfuhr so eine spezifisch christliche Neuinterpretation:

gedeuteter Schrifttexte wie Ps 2, 7 (Jahwe spricht zum König am Thronbesteigungsfest: Mein Sohn bist du, heute habe ich dich gezeugt) oder Ps 110, 1 (Es spricht der Herr zu meinem Herrn: Setze dich zu meiner Rechten).[123] Im Rahmen dieser Inthronisationsmetapher konnte daher gesagt werden: Durch die Auferweckung bzw. Erhöhung hat Gott den gekreuzigten, verworfenen Jesus *zum Messias* (= Christus: Apg 2, 36; vgl. 5, 31) und in diesem Sinne (des messianischen Status) zum *Sohn Gottes* (Röm 1, 4; Apg 13, 30.33) oder zum *Herrn* (= Kyrios: Apg 2, 36; Phil 2, 11; Röm 10, 9; 14, 9), also zum Throngenossen Gottes selbst,[124] »gemacht« oder »eingesetzt«.

Und so konnte man auch statt nur vom neuen Leben Jesu bei Gott – in Anlehnung an Ps 110, 1 – metaphorisch von seinem *Sitzen zur Rechten Gottes* sprechen (z. B. Apg 2, 33; 5, 31; Röm 8, 34; Eph 1, 20f; 1 Petr 3, 22; Hebr 1, 3; Mk 16, 19). Damit ließ sich herausstellen, was den erhöhten Jesus von anderen unterschied. Denn nach jüdischer Vorstellung ist zum Beispiel der Ort der verherrlichten Märtyrer nur in der *Nähe* des Thrones (= Sinnbild der Herrschermajestät) Gottes, die Seelen der verstorbenen Gerechten gar werden *unter* dem Thron aufbewahrt,

---

der gekreuzigte (und auferweckte) Messias. – Ganz generell verändern die christologischen Titel, indem sie auf Jesus übertragen werden und damit seine Geschichte samt Kreuz und Auferstehung in sich aufnehmen, von der Wirklichkeit Jesu her ihre herkömmliche Bedeutung. Die Titel empfangen ihr Maß von Jesus her, nicht umgekehrt.

[123] Es sei ausdrücklich betont, daß nicht Ps 110, 1 den Gedanken und die Überzeugung von dem gegenwärtigen Erhöhtsein und der Hoheitsstellung Jesu hervorgebracht hat. Vielmehr wurde die Auferweckung Jesu von den frühesten Zeiten an als himmlische Erhöhung und Verherrlichung verstanden, und der Einfluß von Ps 110, 1 (und der Inthronisationsvorstellung überhaupt) ist späteren Datums als die ältesten Formulierungen dieses Glaubens. Vgl. *Ph. Vielhauer*, Ein Weg zur neutestamentlichen Christologie? Prüfung der Thesen Ferdinand Hahns, in: Ders., Aufsätze zum NT (München 1965) 141–198, bes. 162–175; ferner *J. Dupont*, ›Assis à la droite de Dieu‹. L'interprétation du Ps 110, 1 dans le NT, in: E. Dhanis (ed.), Resurrexit. Actes du Symposium international sur la résurrection de Jésus (Vatikanstadt 1974) 340–422. – *W. Grundmann*, ἵστημι, in: ThWNT II (1964) 649, vermutet, daß das Erhöhtsein (ein Urdatum urchristlicher Christologie) zuerst unter dem Einfluß des Bildes vom Menschensohn, der vor Gott steht (äthHen 49, 2ff; vgl. Dan 7, 10–13), und dann auf einer weiteren Stufe erst unter dem Einfluß des Schriftbeweises von Ps 110, 1 interpretiert wurde.

[124] Thronen ist das besondere Vorrecht des Königs und Sinnbild der Herrschergewalt. Wenn in den Thronbesteigungspsalmen der König sich zur Rechten Jahwes setzen darf, so ist dies ganz konkret so zu verstehen, daß des Königs Thron und Thronsaal südlich an den Tempel anschloß, der König also zur Rechten Jahwes (im Tempel) thronte; vgl. *W. Grundmann*, δεξιός, in: ThWNT II (1935) 38 Anm. 9.

und die Engelheere *umgeben* den Thron.[125] Die Rechte Gottes aber ist das Symbol göttlicher Kraft und die Seite höchstmöglicher Ehrung (wie überhaupt der Platz zur Rechten eines Herrschenden dem Statthalter und Generalbevollmächtigten gebührt, der sein Amt als Funktion des Willens des Herrschenden selber ausübt und hinter dem dessen ganze Macht und Autorität steht). Innerhalb jüdischen Denkens ist das Sitzen zur Rechten Gottes das Höchste und Letzte, was von einem Wesen, das mit Gott nicht einfachhin identisch ist, gesagt werden kann. Sitzt demnach Jesus – der ja schon irdisch handelte, als stünde er selbst an Gottes Stelle – jetzt zur Rechten Gottes, so ist er in weit größerer Gottesnähe als alle andern, ja, er ist in die Position Gottes selbst eingerückt und hat teil an Gottes eigener Herrlichkeit (doxa), an Gottes Allmacht und Weltregiment. Deshalb kommt nun auch den Worten, die er auf Erden gesprochen hat, absolute Autorität zu. Dem Erhöhten ist also verborgen bereits jetzt »alle Gewalt gegeben im Himmel und auf Erden« (Mt 28, 18b; vgl. 11, 27par; Zuerkennung göttlicher Allmacht auch in Phil 3, 20f; Kol 1, 15ff). Dadurch wird weder Gottes Identität verletzt noch Jesu Christi Menschsein zerstört (Gott ist seiner so sicher, daß er dem Anderen neben und bei sich Platz gewähren, ihn zu sich erheben kann). Die *kosmisch*-universale Geltung dieser bereits gegenwärtigen Herrscherstellung des erhöhten Jesus konnte in der hellenistischen Welt auch ganz kurz und prägnant ausgedrückt werden durch die kultische Akklamation »Kyrios ist Jesus Christus« (Phil 2, 11; 1 Kor 12, 3). [Hier wäre auch auf die Vorstellung vom Aufstieg des Auferstandenen in den Himmel, ja über alle Himmel und auf die spezifisch lukanische Konzeption der Himmelfahrt nach 40 Tagen hinzuweisen; wir gehen auf sie unter Punkt b ein.]

[125] Vgl. hierzu *O. Schmitz*, Θρόνος, in: ThWNT III (1938) 164; dort auch der Hinweis, daß nur die (vielleicht erst nachchristlichen?) Bilderreden des äthHen ein Sitzen des Messias (Menschensohnes) auf dem Thron der göttlichen Herrlichkeit kennen. Nach *Grundmann*, ThWNT II 39, deutet die ältere Synagoge den Ps 110, 1 auffälligerweise auf Abraham; erst nach 250 n. Chr. beginnt sich die Deutung auf den Messias durchzusetzen, und zwar im charakteristischen Ringen mit der Abrahamdeutung: »In der Zukunft wird Gott den König, den Messias, zu seiner Rechten sitzen lassen und Abraham zu seiner Linken, und das Gesicht Abrahams wird sich verfärben, und er wird zu Gott sagen: Mein Enkel sitzt zur Rechten und ich zur Linken? Und Gott wird ihn begütigen und sagen: Dein Enkel zu meiner Rechten und ich zu deiner Rechten« (Midr Ps 18 § 29 79a). Ein schönes Beispiel für den feinen jüdischen Humor!

(3) Freilich, eine noch undifferenzierte und isolierte Inthronisationsvorstellung mußte bald als unzureichend empfunden werden, weil sie ein doppeltes *adoptianisches* Mißverständnis[126] nahelegen konnte: zum einen, als sei Jesus erst durch die Auferweckung zum Messias, Gottessohn und Herrn *gemacht* worden, dies in seinem Erdenwirken und Sterben am Kreuz also noch nicht gewesen (so daß Gott nicht »in Christus war«); zum andern, als sei Jesus von Gott lediglich zum (Adoptiv-)Sohn angenommen (etwa so, wie einst Israel, der König und der Gerechte sich als erwählten, Gott besonders zugehörigen Sohn Gottes verstehen konnten[127] oder wie im Glauben an Jesus Christus auch wir von Gott an Sohnes Statt angenommen sind[128]). Ist aber Jesus nicht der einzigartige Sohn Gottes (und dies schon irdisch gewesen und nicht erst zu Ostern geworden)?

Angesichts solcher Fragen konnten (und können) Klarstellungen im Zuge einer Erzählung des irdischen Weges Jesu hilfreich sein: Messias-Gottessohn war Jesus aufgrund seiner messianischen Geistbegabung schon seit Beginn seines öffentlichen Wirkens (vgl. die Gottesstimme bei Taufe und Verklärung Mk 1, 9–11; 9, 2–10) und gerade auch am Kreuz (vgl. das Bekenntnis des heidnischen Hauptmanns Mk 15, 39), ja schon von Beginn seines irdischen Lebens an (vgl. die späteren Kindheitsevangelien Lk 1, 26–38.54f. 69; 2, 11.25–35; Mt 1, 18–25).

(4) Sobald aber außer nach Zukunft, Gegenwart und Vergangenheit auch nach seiner Herkunft von Gott, nach dem *Woher* Jesu (und – nachneutestamentlich – nach der Wesenskonstitution Jesu) gefragt wurde, bedurfte es anderer Vorstellungshilfen und Kategorien, vor allem eines anderen Begriffs von Sohn Gottes. Schon Paulus sagt etwa: Zum Zwecke einer alle Menschen angehenden Zeitenwende (»als die Zeit erfüllt war«) »*sandte* Gott seinen Sohn«, damit die alten Herrschaftsverhältnisse (unter Gesetz, Sünde, Mächten und Tod) ein Ende nähmen und die neue Zeit der Freiheit beginne, indem »wir die Annahme an

---

[126] Dieses Mißverständnis dürfte früh aufgetreten sein. Massiv greifbar wird es im 2. Jahrhundert bei den judenchristlichen Ebioniten und im 3. Jahrhundert bei den heidenchristlichen Adoptianern (dynamische Monarchianer) und reicht von den letzteren bis zu den Arianern des 4. Jahrhunderts.

[127] Vgl. etwa Ex 4, 22f; Hos 11, 1; Jer 31, 9 (Israel); 2 Sam 7, 14; Ps 2, 7; 89, 27f; 110, 1 (der davidische König); 1 Chr 17, 13 und evtl. 4 QpDan A^a (der künftige davidische Messias); Sir 4, 10; Weish 2, 10–20; 5, 1–5 (der einzelne Fromme/Gerechte).

[128] Vgl. etwa Gal 4, 4ff; Röm 8, 15ff; 1 Joh 3, 1f.

Sohnes Statt erlangten« (Gal 4, 4f; vgl. Röm 8, 3f). Paulus bietet also bereits in aller Selbstverständlichkeit eine Christologie, die das gesamte Geschehen mit Jesus nach dem Modell hellenistisch-jüdischer Weisheitsspekulation zu denken versucht;[129] dort ist die Weisheit schon präexistent – vor Erschaffung der Welt – Gottes »Throngenossin« (vgl. Spr 8, 22–31; Sir 24, 3; Weish 8, 3; 9, 4), und sie wird dann »gesandt«, um unter den Menschen Erkenntnis, Leben und Heil zu wirken. Ohne dies ausdrücklich zu thematisieren und daraus weitere Schlußfolgerungen zu ziehen (wie dies dann Kol 1, 15–17 oder Hebr 1, 2–3 geschieht), sieht Paulus doch den Ausgangspunkt der *Sendung des Sohnes* im ewigen Sein des Sohnes bei Gott. Unter dem Vorzeichen dieses neuen Begriffes von (präexistentem) Sohn lesen sich nun auch die vorpaulinischen Aussagen von der österlichen Inthronisation Jesu zum Messias-Sohn noch einmal ganz neu (vgl. etwa Röm 1, 3f). (Entsprechendes gilt vom Messias-Sohn in vormarkinischen Texten: Schon Mk dürfte etwa aus der Himmelsstimme in der Taufperikope eine göttliche Bestätigung der singulären Sohnschaft Jesu im Sinne seiner Epiphanie-Christologie herausgehört haben.)

Paulus fand diese Sicht bereits in einem vorpaulinischen, hellenistisch-judenchristlichen Christushymnus Phil 2, 6–11 vor. Dieser hatte Jesu Weg zunächst von dem verbreiteten Denkmuster Erniedrigung – Erhöhung her zu verstehen versucht (vgl. auch Hebr 1, 3; 7, 26), diesen Weg aber dann – gleichsam in »einer liturgischen Intuition«[130] – in der *göttlichen Präexistenz* beginnen lassen. Dabei blieb die Präexistenzaussage eine dunkle Ahnung: der »in Gottes Gestalt Befindliche« trägt noch keinen Namen, und sein Verhältnis zu Gott bleibt unbestimmt. »Beides, die Namensgebung und das Verhältnis zu Gott, dem Vater, bildet erst die abschließende Pointe des Liedes.«[131] Er wird in die denkbar größte Gottesnähe versetzt und bekommt den Namen, der über jedem Namen ist, den Namen Gottes (Jahwes) selbst (»Kyrios«), damit vor ihm (wie vor Gott selbst) jedes Knie sich beuge – »zur Ehre Gottes des Vaters« (Phil 2, 10f). Diese *Über-*

---

[129] Vgl. *E. Schweizer*, Zum religionsgeschichtlichen Hintergrund der ›Sendungsformel‹, in: ZNW 57 (1966) 199–210, hier 207f; *G. Schneider*, Christologische Präexistenzaussagen im NT, in: IkaZ 6 (1977) 21–30.

[130] *F.-J. Schierse*, Christologie (Düsseldorf 1979) 92.

[131] Ebd. 90.

tragung des alttestamentlichen Gottesnamens »*Kyrios*« auf den erhöhten Jesus findet sich auch sonst (z. B. 1 Kor 1, 2; 12, 3; Röm 10, 9; 14, 9; Apg 2, 21). Die Erhöhung führt dies herbei. Erneut ein deutlicher Hinweis darauf, daß die anfängliche und dann gemeindliche Erfahrung des in die Seinsweise Gottes erhobenen Auferweckten den ausschlaggebenden Impuls für die weitere christologische (und trinitarische) Reflexion gab.

Was in Phil 2, 6f noch dunkle Intuition war, das wird später im Prolog des Johannesevangeliums zum Thema. Der Präexistente hat jetzt einen Namen (»Logos« = Wort; Sohn), und sein Verhältnis zum Vater wird bedacht: Was in dem geschichtlichen Jesus von Nazareth den Menschen begegnet, ist der *präexistente Logos-Sohn* Gottes; dieser ist schon immer »bei Gott« und selber göttlich (Joh 1, 1); er wirkt in der Schöpfung seit ihrem Anbeginn, wird aber von den Menschen nicht wahr- und aufgenommen; er und kein anderer ist in Jesus von Nazareth »*Fleisch geworden* und hat unter uns Menschen sein Zelt aufgeschlagen«, das Zelt der Gegenwart (schekinah) Gottes (Joh 1, 14). Auch diese Sicht der gläubigen Gemeinde ist aus der Erfahrung des Auferstandenen und seines Wirkens gewonnen: der – ans Kreuz und zugleich in die Herrlichkeit Gottes – *Erhöhte* (Joh 3, 14; 8, 28; 12, 32.34) »zieht alle zu sich« (Joh 12, 32), damit sie – von Ostern her – glaubend die Herrlichkeit sehen, die der Vater ihm gegeben hat, schon ehe die Welt war (Joh 17, 5.24). Darum ist er das Leben und das Licht (Wasser, Brot, Wein, guter Hirt) der Welt. – Der johanneische Sohnbegriff geht also tiefer: Er leitet sich nicht mehr von der österlichen messianischen Inthronisation (im Geist) und auch nicht von der messianischen Geistbegabung des vorösterlichen Jesus her; er gründet vielmehr in der vorzeitlichen Beziehung des Logos-Sohnes zu Gott,[132] der seinem Wesen nach »Geist« (= Pneuma) ist (Joh 4, 24) und dem der am Kreuz Erhöhte den Geist wieder übergibt (Joh 19, 30), um als der verherrlichte, im Geist mit dem Vater in allem

---

[132] Dabei wurde die hellenistisch-jüdische Vorstellung von der präexistenten Weisheit, die »Beisitzerin« des Thrones Gottes ist (Weish 9, 4) und schöpfungs- sowie offenbarungsmittlerische (z. B. Spr 8, 22–31; Sir 1, 1–9; 24, 3–34) Funktion hat, als Ausdrucksmittel verwandt, um die Herkunft Jesu Christi von Gott und sein Verhältnis zum Vater zu explizieren. Statt von der Weisheit wird nun vom Logos und Sohn gesprochen. Schon Philo von Alexandrien (ca. 13 v.–45 n. Chr.) hatte in Verknüpfung jüdischer Weisheitslehre mit hellenistischer Logosidee die Weisheit Logos und Sohn genannt.

vereinte Sohn selbst Quelle des Geistes und so des neuen Lebens seiner Jünger zu sein (Joh 20, 22; vgl. 3, 24; 7, 39; 14, 17.26; 15, 26; 16, 13).

Es ist gut, sich diesen *Weg der christologischen Erkenntnis* in der beschriebenen Weise klarzumachen: Erst vom Osterglauben her (also vom Glauben an die Erhöhung auch des Menschseins Jesu zu gottgleicher Machtstellung her) kam es allmählich zum Bekenntnis der *Inkarnation* des ewigen Gottessohnes, der schon immer an der Seite (»zur Rechten«) des Vaters ist[133] und der, was er seinem Gottsein nach immer ist, zu Ostern auch seinem Menschsein nach geworden ist, so daß sein Menschsein nicht nur vorübergehende, sondern bleibende Bedeutung hat[134]. Die »Erscheinungen« des Auferstandenen und das Wirken des Erhöhten sind der *Erkenntnisgrund* der Heilsbedeutung und Göttlichkeit schon des irdischen Jesus. Zu dieser Reihenfolge der Erkenntnis aber steht die Reihenfolge der Sache und der Geschichte selbst in einem umgekehrten Verhältnis. *Ermöglichungs- und Sachgrund* der Auferstehung und Erhöhung Jesu ist nämlich dies, daß tatsächlich »*Gott* in Christus war« (2 Kor 5, 19), also die Inkarnation des ewigen Sohnes im Menschen Jesus. Aufgrund dieser Wende der Blickrichtung kann die Auferstehung (und Erhöhung) dann als sachlogische Folge der göttlichen Inkarnation (und Erniedrigung bis zum Tod) gelten.

Beide Betrachtungsweisen könnten wir in Kürze auch so zusammenfassen: Das menschliche Gegenüber des irdischen Jesus zum Vater (»Abba«) wurde durch die Erhöhung Jesu endgültig in das innertrinitarisch-göttliche Gegenüber des Vaters zu seinem ewigen (wesensgleichen[135]) Sohn hineingenommen, weil es – wie allein von Ostern her zu erkennen und zu sagen ist – schon vor Ostern in *dieses* innertrinitarische Gegenüber hineingenommen war. Denn das innertrinitarische Gegenüber des Sohnes zum Vater hat sich – das ist eben von Ostern her zu erkennen

---

[133] Vom Osterglauben her wurde daher auch das trinitarische Bekenntnis möglich. Nicht umsonst gibt sich gerade in einem Auferstehungstext (Mt 28, 16–20) der Auferweckte, dem »alle Gewalt gegeben ist im Himmel und auf Erden«, als der »Sohn« zu verstehen, der in der Gemeinschaft des Vaters und des Geistes der Sohn ist.

[134] Lehrreich hierzu *Chr. Schönborn,* ›Gott will für ewig Mensch bleiben‹. Anmerkungen zur Auslegungsgeschichte des Glaubensartikels ›Sedet ad dexteram Patris‹, in: IkaZ 13 (1984) 1–13.

[135] So dann die in metaphysischer Kategorialität gefaßte entscheidende Präzisierung des Konzils von Nizäa (325); vgl. DS 125.

und zu sagen – in dieses menschliche Gegenüber des irdischen, sterbenden und bleibend erhöhten Menschen Jesus zum Vater hineingegeben.

Erst wenn ein derartiges Reflexionsniveau erreicht ist, wird es unumgänglich und zugleich unmißverständlich, auch von einer *Selbstauferstehung* Jesu eben als (der Inkarnation) des Gottessohnes zu sprechen. Im Johannesevangelium könnte sich eine solche Rede erstmals andeuten: »ich habe die (Voll-)Macht, mein Leben hinzugeben und es wieder an mich zu nehmen« (Joh 10, 18); doch dürfte jenes An-mich-nehmen eher im Sinne eines Empfangen vom Vater zu verstehen sein. Ohne Zweifel spricht aber dann erstmals Ignatius von Antiochien (um 110 n. Chr.) von einer Selbstauferstehung Jesu Christi aus eigener (nämlich göttlicher) Kraft; und die Kirchenväter folgen ihm diesbezüglich.[136]

Wir haben den Umbruch von der Erhöhungschristologie zur Sendungs- und Inkarnationschristologie skizziert, der sich bereits im frühen Urchristentum (nicht erst in der altkirchlichen Dogmengeschichte) vollzogen hat. Er brachte eine genauere Reflexion auf das *Verhältnis zwischen Jesus und Gott* mit sich. Dieses erweist sich als ein Verhältnis äußerster Einheit bei gleichzeitiger Differenz. Es läßt sich in dem neu bestimmten Begriff von Sohn Gottes zusammenfassen: im Begriff vom präexistenten, »eingeborenen« (Apostolisches Credo) oder »wesensgleichen« und wesenseinen (Credo von Nizäa und Konstantinopel) Sohn Gottes. Dieser begibt sich auf den Weg der Erniedrigung nach unten, inkarniert sich in dem Menschen Jesus von Nazareth, solidarisiert sich in ihm mit den Leidenden und Geringen und wird in der äußersten Erniedrigung des Kreuzes zutiefst mit den Sündern solidarisch. In seinem menschlichen Leiden und Sterben macht Jesus die Selbsterniedrigung des Sohnes Gottes auch menschlich ganz wahr, wird er in äußerster Konsequenz der *Gottes* Selbsterniedrigung ganz entsprechende, *konforme Mensch*.[137] Darum wird dieser niedrige Mensch Jesus nun seinerseits aus der letzten Tiefe und Entfremdung des Todes aufge-

---

[136] Vgl. *Ignatius von Antiochien*, Smyr 2; für die Kirchenväter z. B. *Athanasius*, De inc 31 (PG 25, 149), oder später der Neuchalcedonist *Leontius von Jerusalem*, Adv. Nest I, 19 (PG 86, 1473C–1475D). – Die Regionalsynode von *Toledo* formuliert im Jahre 675 entsprechend: virtute propria sua suscitatus e sepulchro surrexit (DS 539).

[137] Vgl. *Barth*, Kirchliche Dogmatik IV/1, 332ff.

hoben und in die Hoheit und Gemeinschaft Gottes erhoben: in das Gegenüber des Sohnes zum Vater. Auferstehung und Erhöhung sind der Eintritt auch der *Menschheit* Jesu Christi in die Herrlichkeit des Vaters, die der ewige Sohn schon vor der Weltschöpfung besaß (Joh 17, 5). Gerade so aber sind sie die Offenbarung der Kondeszendenz des Sohnes Gottes bis ans Kreuz, an dem sich seine Gottheit zu bewähren hatte.

b) Die Erhöhung des Gekreuzigten
zu unserem Herrn und Helfer:
Zur soteriologischen Aktivität des Auferstandenen

Jetzt gilt es die andere Seite derselben Sache in den Blick zu nehmen: das *Verhältnis des Auferstandenen und Erhöhten zu uns.* Es läßt sich – wiederum mit dem Apostolischen Glaubensbekenntnis – ganz kurz fassen in der Aussage: Er ist »unser Herr«. Dadurch nämlich, daß der niedrige Jesus in eine Stellung sondergleichen erhöht ist, kommt er – ohne aufzuhören, ganz Mensch und auf der Seite von uns Menschen zu sein – nun auch als Mensch endgültig auf die Seite Gottes zu stehen, erhält Anteil an Gottes eigener Herrlichkeit und Lebensmacht und tritt damit uns, der ganzen Menschheit und dem Kosmos gegenüber als der Kyrios, als »unser Herr«. Als solcher will er unser Leben und Sterben bestimmen: »Denn dazu ist Christus gestorben und lebendig geworden, damit er über Tote wie über Lebende Herr sei« (Röm 14, 9). Nun ist also von der *Aktivität des Erhöhten* auf uns zu zu reden. Dieser aktive Charakter des Auferstandenen ist nicht schon durch die auferweckende und erhöhende Tat Gottes an ihm (die ja Widerfahrnischarakter hat) bezeichnet, sondern erst durch die Entfaltung des Herrseins und Helferseins des Erhöhten.[138] Drei Momente sollen uns besonders beschäftigen.

(1) *Die eigentümliche Macht und Herrschaft des erhöhten Gekreuzigten.* – Was ist das für ein Herrsein und für eine Macht, wenn niemand anders als der *Gekreuzigte* der Herr ist? Wenn mit dem altchristlichen Hymnus »Vexilla regis prodeunt« gesagt werden muß: »das Kreuz ist des Erlösers Thron, vom Kreuz herab herrscht Gottes Sohn«[139]? Was heißt es, daß der Erniedrigte

---

[138] Ähnlich etwa *R. Virgoulay*, Phénoménologie (s. Anm. 116), in: RevSR 55 (1981) 63f.
[139] So in der dritten Strophe des Hymnus »Vexilla regis prodeunt« von *Venantius Fortunatus* (569); ähnlich auch schon *Tertullian*, Adv. Marc III 19.

der Erhöhte und der Herr ist? Es heißt doch offenbar nicht, daß er nun die Rolle wechselt, »den Spieß umdreht« und es denen, die zu seiner äußersten Erniedrigung beigetragen haben, heimzahlt, es sie büßen und spüren läßt, oder – wie die herangezogenen Inthronisationspsalmen ja fortfahren – seine Feinde »mit eisernem Zepter zerschlägt und wie Töpfergeschirr zerschmeißt« (Ps 2, 9; vgl. 110, 5f). Es heißt vielmehr, daß dieser Herr *weiß,* was Leiden (Elend, Entwürdigung, Schande, Verlassenheit, Not und Tod) ist, weil er es in nicht auszulöschender Liebe bis zur Neige ausgekostet, es ausgetragen und ausgehalten hat. Es heißt: der Durchbohrte mit den Wundmalen, derjenige, der nicht über andere sich erheben und oben sein wollte, sondern sich erniedrigte, um unten zu sein bei den Geringen und Sündern, der lieber selber leiden als irgend jemand Leid zufügen wollte – dieser ist der Herr. Und seine Herrschaft trägt bleibend die Signatur seiner Liebe, seiner Selbstentäußerung und seines Selbsteinsatzes für die Andern.

Der *irdische* Jesus hatte nicht sich selbst zu Gefallen gelebt (Phil 2, 3–6; Röm 15, 2f); er hatte für die Andern gelebt und – »niemand hat größere Liebe« – sein Leben für sie hingegeben (Joh 15, 13; Röm 5, 6–8). Dies prägt auch die Herrschaft des *erhöhten* Jesus. Der *irdische* Jesus hatte gesagt: Bei euch sei es nicht so wie bei den Herren der Welt; vielmehr wer bei euch groß und der erste sein will, der sei der letzte und der Diener und Knecht aller (Mk 10, 44). Und Jesus hatte dies selbst bis zum Ende gelebt. Nun, da der Knecht *erhöht* ist, hat er seinen Knechtsdienst nicht abgestreift, um den hohen Herrn herauszukehren. Der erhöhte Herr bleibt der Knecht, der auf alle Demonstration der Stärke verzichtet, den letzten, unscheinbarsten Platz einnimmt und – in dieser Verborgenheit – allen dient. Er bleibt der *Diener am Leben.* Er ist nicht für sich selbst, sondern allen zugute der Herr.

Damit erfahren die Kategorien der Macht und Herrschaft eine *radikale Umwertung* und end-gültige Neubestimmung. Mit dem Begriff der *Macht* bezeichnen wir gewöhnlich jenes Vermögen, in einem bestimmten (Macht-)Bereich gemäß eigener Willensintention auf andere derart bestimmenden Einfluß zu nehmen, daß sie sich nicht entziehen können. Und als Herrschaft bezeichnen wir die Ausübung solcher Macht (unabhängig davon, ob sie gerecht oder egozentrisch und repressiv ist). In diesem Sinne hat der auferweckte und erhöhte Gekreuzigte *keine* Macht und Herrschaft. Man kann sich seinem Einfluß entziehen und verweigern. Zwar ist er nicht einfach machtlos gegenüber den andern Menschen und der Welt. Aber seine Macht ist von qualitativ anderer Art. Es ist die Macht der sich entäußernden und hingebenden Liebe, die nicht unwiderstehlich zwingt und knechtet, sondern sich – scheinbar ohnmächtig – selber zurücknimmt, den Andern frei läßt und zur Geltung kommen läßt, ihn aber zugleich sucht und um sein freies, erwiderndes Ja wirbt. Diese eigenartig *paradoxe Macht* (die verborgen unter ihrem Gegenteil, nämlich unter äußerer Ohnmacht, von unten, eben als Liebe daherkommt) gewinnt mit ihrer Intention bei anderen nur Geltung, wenn diese sich ihr freiwillig selber öffnen (und damit für andere da zu sein beginnen). Und doch wohnt dieser paradoxen Macht – eben aufgrund ihres Verzichts auf eigene Selbstdurchsetzung und ihres Selbsteinsatzes für die Anderen – eine eigentümliche Überzeugungskraft, eine starke Verbindlichkeit und innere Mächtigkeit inne. Die Macht des gekreuzigten und erhöhten Jesus Christus ist daran zu erkennen, daß sie die »suchende Liebe« ist.[140] In der Machtlosigkeit des Für-andere-da-Seins gewinnt der irdische und der erhöhte Herr (und darin Gott selbst) Macht und Raum in der Welt. Seine Macht ist die Macht eines befreienden Angebots, die Macht der Bitte[141] und der Einladung zur Versöhnung mit Gott und mit den Andern. Mit dieser – durchaus verkennbaren und abweisbaren – inneren Mächtigkeit seiner solidarischen und durchbohrten Liebe bietet sich der erhöhte Herr an. Er »bittet« uns durch seine Zeugen: »laßt euch versöhnen mit Gott« und miteinander (2 Kor 5, 20); und er »drängt« die von ihm Ergriffenen zu ebensolchem Leben für die andern (2 Kor 5, 14). Was dies für eine christliche Lebenspraxis, für nachösterliche Nachfolge des Gekreuzigten bedeutet, wird noch zu bedenken sein.

(2) *Die universale Heilsmittlerschaft des erhöhten Herrn.* – Zunächst aber gilt es, das christologische Zentrum und Paradigma des christlichen Glaubens selber noch weiter zu erhellen. Dabei

---

[140] So die gelungene Formulierung bei *K. Lehmann*, Das Geheimnis von Christi Himmelfahrt, in: Lebendige Seelsorge 34 (1983) 24–29, hier 26.

[141] Vgl. *E. Jüngel*, Die Autorität des bittenden Christus, in: Ders., Unterwegs zur Sache (München 1972) 179–188. Vgl. auch in diesem Kap. 5, II. 2c bei Anm. 54.

ist es von grundlegender Bedeutung, zu sehen, daß durch die Erhöhung des Gekreuzigten zu unserem und aller Welt Herrn nicht nur seine für andere sich entäußernde, solidarische Liebe zum Maßstab und zur Sinnbestimmung der ganzen Menschheit erhoben ist. Dieser Aspekt ist ja bereits deutlich geworden. Er kann jetzt auch in folgender Weise ausgesagt werden: Die Behauptung und das Zeugnis von der Einsetzung *Jesu* zum Herrn konfrontiert die gesamte Menschheit mit dem Anspruch, daß es in der solidarischen Lebenspraxis Jesu von Nazareth um die Wahrheit und den Sinn ihres eigenen Lebens geht; allein solche (sich nach unten solidarisierende, auf die Seite der Armen tretende) Liebe bleibt, und allein das aus solcher Liebe Getane hat für immer Bestand (1 Kor 13, 8). Und doch ist noch mehr zu sagen: Die befreiende Hingabe Jesu ist durch die Erhöhung nicht nur zu universaler *Geltung* erhoben, sondern sie ist – grundlegender noch – selbst zu universaler *Gegenwart und Wirksamkeit* gebracht. Die vorösterliche Heilbringerfunktion ist zu einer gegenwärtigen Funktion des erhöhten Herrn auf Gemeinde und Welt zu transformiert.

Der erhöhte Jesus bleibt nicht untätig, er hat sich nicht zur Ruhe gesetzt. Statt in einen wohlverdienten privaten Ruhestand ist er vielmehr »in ein Höchstmaß von Wirken an der Seite dessen, der nicht schläft noch schlummert«, versetzt.[142] Die Eigenschaften des trinitarischen Gottes teilen sich seiner Menschheit endgültig mit (Idiomenkommunikation); darum wirkt er lebenspendend und neuschöpferisch. Und dies so, daß er nicht von der Welt abgewandt, sondern ihr in der Weise Gottes aufs intensivste zugewandt und fortan – entgrenzt – mit ihr als ganzer beschäftigt ist. Wo immer Gott anwesend und am Werk ist, ist Jesus Christus dabei und geschieht es vermittelt durch ihn.

Früher haben wir ja bereits von der auf alle hin entgrenzten Leiblichkeit des Auferstandenen gehandelt, durch welche dieser nun nicht mehr nur (wie der Irdische) intentional, sondern *real allen* Menschen zugewandt ist. Durch sein »Gehen« (Joh 14, 3; 16, 7ff) gerade hat er ein neues Verhältnis zu allen gewonnen. Durch Gottes Geistwirken an ihm (und die endgültige Teilhabe an Gottes Lebensmacht) sind die Grenzen seiner irdischen Leib-

---

[142] *G. Ebeling,* Dogmatik des christlichen Glaubens, Bd. 2 (Tübingen 1979) 321; vgl. 332f.

lichkeit überwunden, ist er endgültig der ganz von Gottes Geist belebte (1 Kor 15, 44) und selber lebendigmachende, Befreiung wirkende Pneuma-Mensch geworden (1 Kor 15, 45 und 2 Kor 3, 17f). Als der Auferweckte und Erhöhte ist er demnach erst der der *ganzen* Welt Nahe geworden. Er ist ihr aktiv zugewandt mit seiner allen geltenden versöhnenden und belebenden Liebe. Er ist, wie wir sahen, die unwiderrufliche und unüberholbare Selbstzusage Gottes an alle Menschen, *das* Wort Gottes, das wirkt, was es sagt und am Ende nicht leer zum Vater zurückkehren wird (Jes 55, 11).

Das alles besagt zunächst: In der erhöhten Menschheit Jesu ist die gnädige, wohlwollende Zukehr Gottes zu uns unumstößlich etabliert. Das Angebot der Freundschaft »steht«. Und diese Zuwendung Gottes zu uns hat bleibend *seine* Gestalt, die Gestalt des auferweckten Gekreuzigten mit seinen weit ausgebreiteten Armen. Er ist die ausgestreckte und angebotene Hand Gottes, die uns einlädt. Aber es besagt noch mehr: Der Gekreuzigte und Auferweckte ergreift selbst die Initiative der Liebe zu uns. Er nimmt diejenigen, die sich bitten und einladen lassen, (wie es die Anastasis-Darstellung auf dem Schutzumschlag dieses Buches zeigt[143]) selbst *aktiv* an der Hand, entreißt sie der Gewalt der Finsternis (vgl. Kol 1, 13) und zieht sie mit sich in sein neues Leben hinein (vgl. Joh 12, 32; Kol 3, 1ff), vorläufig schon jetzt und vollkommen dereinst.

Der auferstandene Herr *bewirkt* also auch *unsere Auferstehung* aus dem Tod, und zwar *in doppeltem Sinne:* Einerseits wirkt er unsere Auferweckung aus dem »Tod« der Gottlosigkeit und des Daseins in der Entfremdung von Gott, von seinen Geschöpfen und von uns selbst (»Sünde«), also unsere Versöh-

---

[143] Das erst nachneutestamentliche Motiv vom *Abstieg Christi ins Totenreich,* welches als einer der letzten Aspekte ins Apostolische Credo aufgenommen wurde, gab das zentrale Motiv ab für die bildnerische Darstellung der Auferstehung Jesu in der byzantinischen und ostkirchlichen Kunst. Es drückt dort den Sieg des auferstandenen Gekreuzigten über die Macht des Todes (dargestellt in der mythologischen Figur des – nun besiegten – Hades und in den zerbrochenen Unterwelttoren) und die Herausführung der toten Gerechten der *Vorzeit* aus. Doch kann die Aussagekraft der Darstellung erheblich weiter reichen: der Griff des Auferstandenen um das Handgelenk Adams versinnbildlicht prägnant den Erlösungsakt *überhaupt:* der neue Adam, Anführer und Geber des Lebens, rettet den alten Adam (den alten Menschen) und führt ihn aus dem Tod in seinen vielfältigen Gestalten heraus ins neue Leben (»in Christus«) schon hier und heute. – Zur Entwicklung der Anastasis-Ikone vgl. *R. Lange,* Die Auferstehung (Recklinghausen 1966).

nung, Rechtfertigung (radikales Angenommen- und Gehalten-sein von Gott) und Heiligung (neues Leben daraus) *schon hier und jetzt.* Andererseits wirkt der auferstandene Herr unsere künftige Auferstehung aus dem physischen und gänzlichen Tod, also unsere endgültige Rettung, leibhaftige Auferstehung und Vollendung *in der Zukunft.* Bereits das Neue Testament spricht von dieser zweifachen »Auferstehung« (und Befreiung) schon jetzt und dereinst: z. B. Lk 15, 24.32; Joh 5, 24; 1 Joh 3, 14; Röm 5, 6–11; 6, 5f; 13, 11; Eph 5, 14. Wir sahen ja früher schon, daß in beiden Fällen, bei den Sündern wie bei den Toten, in sich Er-starrtes, Abgeschlossenes und Verschlossenes aus lauter Gnade und Liebe zu neuem Leben erweckt wird. Die Rechtfertigung des sündigen Menschen aus Gnade und im Glauben erwies sich somit als Vorzeichen und Inauguration der Totenauferste-hung.[143a] Die mittelalterliche Scholastik hat den Sachverhalt be-grifflich zu präzisieren versucht. So ist nach Thomas von Aquin für diese zweifache Auferstehung die auferweckte und erhöhte Menschheit Jesu die eigentliche »Ur-Sache«. Und zwar nicht bloß die Exemplarursache (also das Vorbild und Unterpfand, die Bürgschaft), sondern auch die quasi-instrumentale Wirkursa-che (man könnte sinngemäß sagen: der personale Vermittler).[144] Gott, der Quell des Lebens (Ps 36, 10; Joh 5, 21), braucht den er-höhten Menschen Jesus Christus, um – ihm sein überquellendes Leben mitteilend – durch ihn vermittelt unser neues Leben und unser Heil zu wirken (in dem erwähnten doppelten Sinne der Gnade und der Glorie). Anders gesagt: Der Gottessohn wirkt vermittelt durch sein dahingegebenes und erhöhtes Menschsein dieses Heil (vgl. Joh 5, 21 mit 7, 38f).

Von dieser erlösenden Bedeutung der Auferstehung Jesu spricht das Neue Testament auf recht vielfältige Weise. Wir wol-len nur einige Beispiele geben. Der von den Bauleuten dieser

143a Vgl. oben in diesem Kap. 5, II. 3a bei Anm. 66.

144 *Thomas von Aquin,* STh III q.56 a.1, begreift die leibliche Auferstehung Jesu als die causa exemplaris und zugleich als die (in der Kraft der Gottheit quasi-instrumental wirkende) causa efficiens unserer künftigen leiblichen Auferstehung. Im darauf fol-genden a.2 macht er von biblischen Texten (wie Röm 4, 25 und 6, 4) her deutlich, daß die leibliche Auferstehung Jesu darüber hinaus auch als die (instrumentale) Wirkursache unserer – wie er sagt – »seelischen« Auferstehung, nämlich des schon jetzigen Wirkens der Gnade (Vergebung, Rechtfertigung, neuer Lebenswandel) in uns verstanden werden muß. – Vgl. in diesem Sinne auch *M. J. Scheeben,* Handbuch der katholischen Dogmatik V/2 (1882, Freiburg ²1954) § 259.

Welt verworfene (und immer wieder verworfene) Stein ist zum »Eckstein« des neuen Weltbaus geworden; in ihm und in keinem andern ist das Heil, denn kein anderer Name ist den Menschen gegeben, »durch den wir gerettet werden sollen« (Apg 4, 11f). Ihn, den Gekreuzigten, »hat Gott als Herrn und Retter an seine rechte Seite erhoben, um Umkehr und Vergebung der Sünden zu schenken« (Apg 5, 31; vgl. 26, 18; Lk 24, 47; Joh 20, 22f). So ist derjenige, der »für alle gestorben ist«, auch »für alle auferweckt« und erhöht worden (2 Kor 5, 15). Und »ohne die Auferweckung« wäre sein Sterben am Kreuz »*nicht* reales Heilsgeschehen«.[145] Seine Hingabe in den Tod ist erst aufgrund seiner Auferweckung uns zum realen Angebot von Versöhnung (2 Kor 5, 18f) und effektiver Rechtfertigung (Röm 4, 25; vgl. 1 Kor 15, 17f) geworden. So ist der dahingegebene und erhöhte Mensch Jesus Christus »für alle, die auf ihn horchen, der Urheber des ewigen Heiles geworden« (Hebr 5, 9), der »Mittler zwischen Gott und den Menschen« (1 Tim 2, 5f). In ihm, dem Erstling, Repräsentanten und Bürgen der neuen Menschheit, werden alle lebendig gemacht werden (1 Kor 15, 22; Phil 3, 21), ja, seine Auferstehung bildet sich schon jetzt im neuen Lebenswandel seiner Freunde ab (Röm 6, 4). Er ist »unser Leben«, das »in Gott verborgen ist«, aber einmal »offenbar werden wird« (Kol 3, 4). Indessen, nicht nur Wegbahner und »Anführer des Lebens« (Apg 3, 15) ist er, sondern selber der Weg (Joh 14, 6), der Geber des Lebens und der Freiheit durch seinen Geist (1 Kor 15, 45b; 2 Kor 3, 17).

Weil aber nun der Erhöhte derselbe ist wie der Irdische, können die Evangelien, besonders Johannes, dessen irdischen Weg, in den wir einsteigen dürfen, schon von daher zeichnen bzw. auch umgekehrt an diesem irdischen Weg das jetzige Heilswirken des Erhöhten veranschaulichen: Er ist »der Weg, das Licht, das Lebensbrot, der gute Hirt, der wahre Weinstock, die Auferstehung und das Leben« für die ganze Welt. Wer sich an ihn, den Irdischen, Gekreuzigten und Erhöhten, hält, findet zur Ganzheit und Fülle des Lebens. Jeder, der den Namen des auf-

---

[145] *G. Delling*, Die Bedeutung der Auferstehung Jesu für den Glauben an Jesus Christus, in: W. Marxsen u. a., Die Bedeutung der Auferstehungsbotschaft für den Glauben an Jesus Christus (Gütersloh 1966) 65–90, hier 85. – In *diesem* Sinne also muß mit *Schillebeeckx* ein enger Sachzusammenhang zwischen Auferstehung und Vergebung gesehen werden: siehe oben Kap. 3, IV. 4b (nach Anm. 137) und 4c (2).

erweckten Herrn anruft und bekennt, wird gerettet werden (Röm 10, 9.12f); den Herrn anrufen und bekennen aber schließt ein, seine spezifische Art, Herr zu sein, im eigenen Leben zum Vorschein kommen zu lassen: also gleichgesinnt wie der Christus Jesus nicht nur für sich selbst, sondern für den Andern (und so für den Herrn) zu leben (Phil 2, 3–6; Röm 15, 1ff; 14, 7f; vgl. Mt 7, 21).

Das Neue Testament macht überdies deutlich, daß Jesus, der in seinem irdischen Leben aus und für Gott und so für die Andern gelebt hat, dies auch als der auferweckte und erhöhte Herr tut: »Was er künftig lebt, das lebt er für Gott« (Röm 6, 10) – und darum für uns. Denn er ist auch jetzt *unser Stellvertreter bei Gott,* der uns die Stelle offenhält und eröffnet.[146] Bildlich ausgedrückt: er »tritt allezeit für uns ein« bei Gott (Röm 8, 34; Hebr 7, 25; 9, 24) und ist »unser Rechtsbeistand (oder: Fürsprecher) beim Vater« (1 Joh 2, 1), der uns zu Hilfe kommt, wo wir – wenn wir auf uns selbst angewiesen wären – Freispruch, Wiederannahme, Rettung vom Tod und Aufnahme in die Gemeinschaft Gottes und der Versöhnten nicht erwarten dürften. Mit dieser interzessorischen Aktivität für alle setzt er sein Eintreten für die Verlorenen in seinem irdischen Dasein und in seinem Sterben fort. In ihm liegt also beschlossen, was wir von Gott gewärtig sein dürfen. »Wer sich an ihn hält, weiß, mit wem er es zu tun hat, wenn er es mit Gott zu tun hat.«[147] Und umgekehrt: wie er einst aus seinem unvergleichlichen Gottesverhältnis heraus selber (in Person) die Nähe Gottes zu den Menschen, das Dasein Gottes bei uns und deshalb Vergebung, Versöhnung, Befreiung war, so ist er nun endgültig und unwiderruflich die Nähe Gottes zu uns und *das Dasein Gottes bei uns.* In alle Zukunft bleibt er – in der Gewaltlosigkeit und Kraft des Für-andere-da-Seins – unser Heilsmittler und »Helfer«[147a].

(3) *Der soteriologische Sinn der Metapher von der »Himmelfahrt«.* – Auf ihre Weise stellt auch die Redeweise vom Aufstieg

---

146 Zu diesem Verständnis von Stellvertretung vgl. *H. Kessler,* Erlösung/Soteriologie, in: Neues Handbuch theologischer Grundbegriffe, hg. von P. Eicher, Bd. 1 (München 1984) 241–254, hier 251f; ferner *N. Hoffmann,* Sühne. Zur Theologie der Stellvertretung (Einsiedeln 1981).

147 *Ebeling,* Dogmatik Bd. 2, 331.

147a Vgl. das Buch von *E. Biser,* Der Helfer. Eine Vergegenwärtigung Jesu (München 1973).

des Auferstandenen in den Himmel bzw. über alle Himmel (1 Petr 3, 21f; Eph 4, 10; vgl. 1 Kg 8, 27/2 Chr 2, 6: »denn der Himmel und aller Himmel Himmel vermögen Gott nicht zu fassen«) und die spezifisch lukanische Aussage von der »*Himmelfahrt*« *Jesu* (Lk 24, 51; Apg 1, 9–11) von einer Seite her die soteriologische Bedeutung der Auferstehung Jesu heraus.[148] Daß nach der redaktionell lukanischen Darstellung Auferstehung und Erhöhung nicht (wie sonst stets im Neuen Testament) in eins fallen, sondern durch die eingeschobenen – und symbolisch gemeinten – vierzig Tage auseinandertreten (Apg 1, 3),[149] braucht uns hier nicht besonders zu beschäftigen, zumal Lukas an anderen Stellen selbst die Einheit von Auferstehung und Erhöhung (Himmelfahrt) voraussetzt (nach Lk 24, 26 ging der Auferstandene sogleich in seine Herrlichkeit ein, nach Lk 24, 50–53 findet Jesu Abschied von den Jüngern bereits am Osterabend statt). Die Aufnahme in einer Wolke (= Symbol für die verborgene Gegenwart Gottes) drückt eben den endgültigen Eintritt in die uns noch verhüllte Herrlichkeit Gottes aus. Die Alte Kirche hat die lukanische Konzeption der Himmelfahrt nach vierzig Tagen »so gut wie gar nicht rezipiert«[150]. Erst mit dem im 4. Jahrhundert aufkommenden Himmelfahrtsfest kommt es zu einer nun liturgisch bedingten Differenzierung zwischen Auferstehung und Himmelfahrt, ohne daß die Einheit des Geschehens deswegen schon zerfiel.

Die Rede von Aufstieg und Auffahrt in den Himmel (bzw. über alle Himmel!) ist metaphorische Rede. (Auch im heutigen Sprachgebrauch ist »Himmel« eine Metapher für die Erfüllung tiefster menschlicher Sehnsucht; es kann sich jemand »wie im siebten Himmel« fühlen oder den »Himmel auf Erden« haben.)

---

[148] Zu den exegetischen Fragen bezüglich des Motivs der Himmelfahrt Jesu vgl. G. *Lohfink*, Die Himmelfahrt Jesu. Untersuchungen zu den Himmelfahrts- und Erhöhungstexten bei Lukas (München 1971), und dazu die ausführliche Besprechung durch F. *Hahn*, in: Biblica 55 (1974) 418–426. Zum heutigen systematischen Verständnis vgl. H. U. *von Balthasar*, Der Erstling der neuen Welt, in: IkaZ 12 (1983) 214–218; W. *Kasper*, Christi Himmelfahrt – Geschichte und theologische Bedeutung, in: IkaZ 12 (1983) 205–213; ferner *Lehmann*, Himmelfahrt (s. Anm. 140).

[149] Die »40 Tage« stellen eine lukanische Konstruktion dar. Sie sollen einerseits die qualitative *Differenz* der Ostererfahrung der Urzeugen markieren (die Himmelfahrt hat gewissermaßen die Züge einer letzten Ostererscheinung). Andererseits sollen sie – der lukanischen Heilsgeschichtskonzeption entsprechend – die *Kontinuität* zwischen Jesus-Zeit und Zeit der Kirche hervorheben.

[150] R. *Staats*, Auferstehung (Alte Kirche), in: TRE IV (1979) 519.

Als metaphorische ist die Rede von der Himmelfahrt *nicht* zusammen mit dem überholten Weltbild von drei übereinander gelagerten Stockwerken *erledigt*.[151] Sie meint nämlich überhaupt keinen kosmologischen Himmel (englisch: sky), sondern den theologischen Himmel (englisch: heaven): das unendlich weite und selige Leben des dreieinen Gottes selber ist der Himmel. Nicht wo der Himmel ist, ist Gott, sondern wo Gott ist, ist der Himmel. Das weiß auch schon die theologische Tradition, etwa Albert der Große (1200–1280): »Der Apostel sagt: ›(Christus) fuhr auf über alle Himmel‹ (Eph 4, 10). Aber jenseits aller Himmel ist kein Ort mehr, es sei denn, man bezeichne übertragenerweise den Himmel der Dreieinigkeit als Ort, denn die Dreieinigkeit wird von keinem geschaffenen oder körperlichen Ort umschlossen.«[152] Und Nikolaus von Cues (1401–1464), der Alberts Gedanken aufnimmt und weitertreibt: »Wir sprechen zwar von einem Ort der ewigen Seligkeit und des ewigen Friedens oberhalb aller Himmel, obschon er als Ort weder wahrnehmbar noch beschreibbar noch definierbar ist. Er ist sowohl das Zentrum wie die einfassende Peripherie aller Geistwesen, und er ist, weil die geistige Vernunft-kraft alles durchdringt (umfaßt), über allem. So also ist Christus über jeden Ort und jede Zeit aufgefahren, da er die Wahrheit selbst ist und nicht gleichsam am Rande (des Kosmos) sitzt, sondern im Zentrum, da er der Mittelpunkt aller vernunftbegabten Geister ist, als ihr Leben.«[153] Der erhöhte Herr ist »hoch« über allem, so daß er alles umfaßt und in sich zusammenfaßt (Eph 1, 10), und er ist zugleich allem »zutiefst« und verläßlich nahe: Er ist das *Herz* der Welt geworden.

---

[151] *R. Bultmann*, NT und Mythologie (s. Anm. 88) 17: »Welchen Sinn hat es, heute zu bekennen: ›niedergefahren zur Hölle‹ oder ›aufgefahren gen Himmel‹, wenn der Bekennende das diesen Formulierungen zugrunde liegende mythische Weltbild von den drei Stockwerken nicht teilt? . . . Kein erwachsener Mensch stellt sich Gott als ein oben im Himmel vorhandenes Wesen vor; ja, den ›Himmel‹ im alten Sinne gibt es für uns gar nicht mehr. Und ebensowenig gibt es die Hölle, die mythische Unterwelt unterhalb des Bodens, auf dem unsere Füße stehen. Erledigt sind damit die Geschichten von der Himmel- und Höllenfahrt Christi.« Es ist zu fragen, ob sie wirklich erledigt sind, wenn doch die Alten auch schon wußten, daß Gott und sein »Himmel« »über die Himmel erhaben« ist (Ps 148, 13; vgl. 2 Kg 8, 27/2 Chr 2, 6; 4 Esr 5, 11 u. a.).

[152] *Albertus Magnus*, De resurrectione tr.2, q.9, a.3.

[153] *Nikolaus von Cues*, De docta ignorantia III cap. 8; Übersetzung weitgehend nach: Nikolaus von Cues, Philosophisch-theologische Schriften, hg. von L. Gabriel, Bd. 1 (Wien 1964) 479f.

Die Aussage von der Himmelfahrt kann so den soteriologischen Aspekt der Auferstehung Jesu zum Ausdruck bringen. So etwa schon bei Hippolyt von Rom (ca. 170–235): »Christus ist als erster in den Himmel aufgestiegen und bringt den Menschen vor Gott dar.«[154] Für Leo den Großen (440–461) ist Christi Himmelfahrt Grund zum Frohlocken, weil sie »auch unsere Erhöhung ist, die Herrlichkeit des Hauptes, das vorausging, seinem Leib die Hoffnung gibt, nachzufolgen«; ja, »die Niedrigkeit unserer Natur wurde in Christus über ... alle Mächte erhoben, bis dahin, zur Rechten Gott-Vaters zu thronen«.[155] Und für den großen karolingischen Theologen Johannes Scotus Eriugena (810–877) beginnt in Jesu Himmelfahrt die ganze Menschheit und mit ihr (als Mikrokosmos) der gesamte Kosmos in das göttliche Leben heimzukehren: »was er (sc. Jesus Christus durch die Himmelfahrt) im besonderen in sich vollendet, das wird er im allgemeinen in allen vollenden. Ich sage nicht bloß in allen Menschen, sondern auch in allen sinnlichen Kreaturen. Denn als Gottes Wort die menschliche Natur annahm, ließ er keine geschaffene Substanz aus, die er nicht in jener Natur mit aufgenommen hätte.«[156]

Karl Rahner hat diese Sicht in der Gegenwart erneuert und vertieft; viele andere Theologen sind ihm darin gefolgt.[157] Die Himmelfahrt Jesu bildet »ein Moment an der Auferstehung«[158]. Sie meint nicht den Einzug Jesu in einen schon vorgegebenen Himmel, sondern schafft und *eröffnet* erst Himmel im theologischen Sinne. Denn weil Jesu leibhaftige Menschheit ein bleibender Teil der einen Welt ist, darum ist durch ihre Auferweckung und Erhöhung die Welt schon sozusagen in ihrer »Spitze« (in ihrem »Erstling«: 1 Kor 15, 20; Röm 8, 29; Kol 1, 18; Apg 26, 23; Apk 1, 5) bei Gott angelangt. Ihr »Herz« ist schon bei Gott. Darum ist in dem auferweckten und erhöhten Herrn schon »der Anfang der Verklärung der Welt als eines ontologisch zu-

---

[154] *Hippolyt*, Über das heilige Pascha, zit. nach *Staats*, Auferstehung, in: TRE IV 519, 44f.

[155] Aus zwei Himmelfahrtspredigten (sermo 73 und 74; PL 54) des *Leo I.*, zit. nach *P. Toinet*, Himmelfahrt als Erhöhung des Menschen, in: IkaZ 12 (1983) 238–243, hier 238 und 240.

[156] *Johannes Scotus Eriugena*, De divisione naturae V 24 (PL 122, 912BC).

[157] *K. Rahner*, Auferstehung Jesu, in: SM I (1967) 423f; ihm folgen u. a. Kasper und Lehmann (s. Anm. 148 und 140).

[158] *Rahner*, Auferstehung Jesu 423.

sammenhängenden Geschehens«,[159] der Anfang der Vollendung der gesamten Schöpfung, also der Anfang des »Himmels« gegeben. Theologisch gesehen ist demnach der Himmel die neue »Dimension, die entsteht, wenn das Geschöpf endgültig bei Gott ankommt«[160]. Im Himmel sein heißt dann: endgültig bei Gott (und so bei den Andern und bei sich selbst) sein. Diese Wirklichkeit ist seit der Auferweckung und Erhöhung der leibhaftigen Menschheit Jesu gegeben. Sie ist darum unsere Möglichkeit. Der Herr ist vorangegangen, uns »eine Stätte zu bereiten« im »Hause« seines Vaters, in dem »viele Wohnungen« sind, damit wir bei ihm sein können (Joh 14, 1–3). Der unumstößliche Grund unserer Hoffnung auf Auferstehung aus dem Tod und auf Vollendung mit ihm!

Da aber – wie wir sahen – der Himmel dort ist, wo Gott ist, also nicht am Rande des Kosmos, sondern im Zentrum der Wirklichkeit, wird begreiflich, warum die leibhaftige Himmelfahrt Jesu als Fortgehen und äußerlicher Abschied keine schmerzliche Trennung und keinen Abbruch der Kommunikation darstellt. Der Herr ist selber (leibhaftig) in noch intensiverer, unmittelbarer Nähe zu allem Leben und Leiden, Tun und Sterben aller Menschen, insbesondere seiner Jünger und Zeugen.[161] »Segnend verließ er sie und wurde zum Himmel aufgehoben«, und das löst »große Freude« aus (Lk 24, 51–53). »Es ist gut für euch, daß ich fortgehe; denn ... wenn ich gehe, werde ich den Beistand zu euch senden« (Joh 16, 5–7). Und zu dem, der sich auf Jesu Weg der gegenseitigen Liebe einläßt, werden der Vater und der erhöhte Herr »kommen und Wohnung bei

---

[159] Ebd.

[160] *W. Kasper*, Jesus der Christus (Mainz 1974) 178. – Gewiß ist die unendlich aufgespannte Liebe des trinitarischen Gottes gleichzeitig zu aller Zeit und so immer schon möglicher Himmel für uns. Konkret und geschichtlich offenbar aber ist sie dies erst seit Jesu Auferstehung und Erhöhung.

[161] Die ganz und gar von den »Eigenschaften«, von der Lebensmacht bzw. dem Geist Gottes durchdrungene leibliche Menschheit Jesu Christi ist allkosmisch und in diesem Sinne allgegenwärtig geworden. Darin ist *Martin Luther* (WA 23, 143, 32: »Wo nu die rechte Hand Gottes ist, da mus Christus leib und blut sein«) gegen *Johannes Calvin* recht zu geben. Letzterer war der Ansicht, Christus sei zwar leiblich in den Himmel aufgefahren und sei leiblich im Himmel, aber auch nur dort; hier bei uns sei er in keiner Weise mehr leiblich – sonst müßte er den Himmel verlassen! –, sondern allein kraft seines Heiligen Geistes (vgl. Institutio religionis christianae II 16, 14 und IV 17, 26.31). Ein recht unzulängliches Verständnis sowohl des Himmels als auch der pneumatischen und entgrenzten Leiblichkeit Jesu, wie sich aus unseren Darlegungen ergibt.

ihm nehmen« (Joh 14, 23). Er kann wie der in der Nachfolge vom Leiden gezeichnete Paulus sagen: »Christus lebt in mir« (Gal 2, 20). Christus ist *in* denen, die ihm glauben und nachfolgen (2 Kor 13, 5; Röm 8, 10; Eph 3, 17). Er ist es durch seinen Geist, der in ihnen, in ihrer *Gemeinschaft* und in ihren *Leibern* wohnt (1 Kor 3, 16; 6, 19; Röm 8, 9). »Wo zwei oder drei in meinem Namen zusammen sind, da bin ich mitten unter ihnen« (Mt 18, 20); »ich bin bei euch alle Tage« (Mt 28, 20). So bricht der Himmel in die irdische Geschichte ein. So kommt es zur »Auferstehung« schon hier und heute, zu den vielen kleinen *Auferstehungen mitten im Leben* und »mitten am Tag«,[162] wo wir wieder aufstehen dürfen, wo Christus in uns (und durch uns in unserer Welt) auferstehen und anderen schon vorweg anfanghaft den Himmel bereiten will.

c) Konsequenzen für unser Verhältnis zu Jesus Christus

Nach den Überlegungen dieses christologischen Teils ergibt sich aus der Auferweckung des gekreuzigten Jesus: Einer von uns, nämlich der mit uns solidarische Mensch Jesus, ist bleibend bei Gott und hat bleibende Heilsbedeutung für uns. Dieser – weiterhin zur Welt gehörige – Mensch Jesus gehört nun aufgrund seiner Auferweckung endgültig und untrennbar (aber auch unvermischt) zum unendlichen Geheimnis Gottes hinzu, zu dem Geheimnis also, das den Horizont und das Zentrum aller Wirklichkeit bildet und so in unsere Welt hineinwirkt. Wenn aber Jesus derart bei Gott, das heißt im Zentrum aller Wirklichkeit, verankert ist, wenn ferner die Zuwendung des unendlichen Gottes zu uns bleibend seine Gestalt hat (die Gestalt des Gekreuzigten mit seinen weit ausgebreiteten Armen und des Auferstandenen, der uns an der Hand nimmt und in sein Leben hineinzieht), dann kommt diesem einen auferweckten Menschen eine einzig-

---

[162] Vgl. *Marie Luise Kaschnitz'* Gedicht »Auferstehung«, in: Dies., Seid nicht so sicher (Gütersloh 1979) 73f:
»Manchmal stehen wir auf/ stehen wir zur Auferstehung auf/ mitten am Tage/ mit unserem lebendigen Haar/ mit unserer atmenden Haut./ Nur das Gewohnte ist um uns,/ keine Fata Morgana von Palmen/ mit weidenden Löwen/ und sanften Wölfen./ Die Weckuhren hören nicht auf zu ticken/ ihre Leuchtzeiger löschen nicht aus./ Und dennoch leicht/ und dennoch unverwundbar/ geordnet in geheimnisvolle Ordnung/ vorweggenommen in ein Haus aus Licht.«

artige, unüberholbare und endgültige Heilsbedeutung für alle andern Menschen zu.

In seiner Auferweckung und Erhöhung zum Herrn ist es also begründet, daß dieser bedingte Mensch bleibend das unüberholbare Dasein des unbedingten Gottes bei uns und unser einziger verläßlicher Zugang zum Geheimnis und zum Herzen Gottes ist. Als solcher geht er jeden Menschen jederzeit an. Und dies in zweifacher Weise: Zum einen mit seiner einstigen Lebenspraxis als Irdischer (seine sich entäußernde, sich zu den Armen und Sündern gesellende solidarische und versöhnende Liebe ist ja zu universaler Wirkung gebracht *und* zugleich zum Maßstab und Sinn allen Menschseins erhoben). Zum andern mit seiner gegenwärtigen Lebendigkeit und Aktivität als Erhöhter (als lebendigmachender Herr und Helfer bleibt er allen zugewandt und lädt alle zur Versöhnung ein).

Wenn das richtig ist, dann kommt für uns alles darauf an, zu ihm, dem irdischen, gekreuzigten und auferweckten Jesus, eine Beziehung zu finden. Eine ganz persönliche, konkrete, lebendige Christusbeziehung. Damit ist mehr gemeint, als auf dem Weg historischer Rekonstruktion oder durch Annahme einer dogmatischen Lehre erreicht werden kann.

Die historische Rückfrage auf dem Weg zurück durch die Geschichte hindurch bis zu den frühesten Quellen und zum vorösterlichen, irdischen Jesus ist ohne Zweifel wichtig und unumgänglich. Das Gesamtbild, das sie – wenngleich immer vorläufig und mit Randunschärfen – von Jesu Botschaft, Intention und Praxis gewinnt, stellt ein entscheidendes Sachkriterium dar, an dem die Kirchen und Christen zu prüfen haben, ob sie sich wirklich auf Jesus selbst beziehen und nicht unterderhand einem trügerischen, von irgend jemand projizierten oder pervertierten Bild von Jesus verfallen.[163] Aber die historische Rückfrage zielt

---

[163] Die nachösterliche Verkündigung (Kerygma) und Lehre (Dogma) haben in der vorösterlichen Geschichte Jesu ihr Sachkriterium. Dies gilt in einem doppelten Sinne und auf zwei unterschiedlichen Ebenen. Zum einen ist der österliche Christusglaube, wie wir sahen, bleibend nach rückwärts gebunden an den einmaligen und unverwechselbaren irdischen Jesus; deshalb muß er auch im Rückblick auf ihn entfaltet und vom Erdenwirken Jesu her gefüllt werden (dieser Jesus und kein anderer ist auferweckt und der Kyrios). Zum andern muß sich das Christuskerygma und -dogma sachkritisch daraufhin prüfen lassen, ob es sich berechtigterweise und in richtiger Weise auf Jesus von Nazaret bezieht; diese Prüfung kann nur mit den jeweils heute zur Verfügung stehenden Mitteln historischer Forschung (und mit der auf diesem Wege erreichbaren Wahrscheinlichkeit) erfolgen.

– in durchaus heilsamer verfremdender Distanzierung von unserer Gegenwart – auf den *vergangenen* Jesus in seiner eigenen, damaligen Zeit.[164] Sie kann den auf diese Weise in seinen charakteristischen Zügen rekonstruierten vergangenen Jesus nicht selber *gegenwärtig* und lebendig machen; der Historiker kann ihm bei seinem (auch noch einmal zeit- und subjektiv bedingten) Rekonstruktions- und Verstehensversuch allenfalls sein eigenes hermeneutisches Leben einhauchen, das ureigene Leben des als Erhöhter gegenwärtigen Jesus aber entzieht sich seiner Verfügung.

Mit einer persönlichen Beziehung zu Jesus Christus ist auch mehr gemeint als die Kenntnis einer dogmatischen Theorie von einem für sich betrachteten, objektiv-sachhaft gedachten himmlischen Christus, zu dem man nachträglich auch noch persönlich Stellung nimmt. Der gekreuzigte und erhöhte Herr will und kann nämlich gar nicht für sich allein betrachtet werden, sondern nur zusammen mit denen, für die er stellvertretend steht und da ist. Er ist kein ferner und einsamer »himmlischer« Christus, sondern der *lebendige Christus praesens.* Er ist der lebendig gegenwärtige Herr, der sich immer neu manifestiert (davon wird der folgende pneumatologische Teil handeln) und der schon längst Menschen erreicht und ergriffen *hat.* Es gab und gibt ja tatsächlich Menschen, die von ihm ergriffen sind und die in einer glaubenden, hoffenden und liebenden Beziehung zu ihm leben. Gäbe es die Begegnung des erhöhten Herrn und die gelebte Beziehung zu ihm nicht als Wirklichkeit, so wüßten wir gar nicht von ihm.

Es gibt Jesus, und zwar den erhöhten wie den irdischen, nie ohne eine (durch ihn geweckte) gelebte *Beziehung* zu ihm. So wie der irdische Jesus nicht isoliert, sondern überhaupt nur in der Relation »Jesus – glaubende Jünger« gegeben und zugänglich ist, so ist auch der erhöhte Herr nur über die von ihm begründete Relation der Urzeugen und der späteren Glaubenden zu ihm als geschichtliche Wirklichkeit für uns gegeben. Den für sich stehenden, einsamen Jesus gab und gibt es sowenig wie den für sich betrachteten himmlischen Christus. Beide sind Abstrak-

---

[164] Insoweit läuft sie der Intention der von ihr untersuchten synoptischen Texte zuwider. Diesen geht es nämlich bei aller Erinnerung an das zurückliegende Wirken Jesu gerade um dessen Gegenwartsbezug und um die Gegenwärtigkeit des Wirkens Jesu.

tionsprodukte, das eine Mal einer sich selbst mißverstehenden historischen Rückfrage, das andere Mal einer ihre eigenen Grundlagen mißachtenden dogmatischen Spekulation. (Deshalb kann es auch keine isolierte Christologie des einsamen Jesus Christus geben, vielmehr gehören Christologie und Ekklesiologie, ja umfassender noch: Christologie und Pneumatologie zusammen. Beide verweisen aufeinander: Nicht nur baut letztere auf ersterer auf, erstere ist ohne letztere auch selbst entscheidend beschnitten und um ihre eigentliche Zielperspektive und Frucht gebracht).

Es gab und es gibt also eine lebendige Beziehung zu Jesus Christus. Weil sie eine Wirklichkeit ist, darum ist sie auch eine Möglichkeit. Wirklich und möglich ist sie wegen der bleibenden Gegenwart des erhöhten Herrn, der identisch ist mit dem irdischen und gekreuzigten Jesus, identisch also auch mit seinem eigenen irdischen Lebensweg, den er in sich verwahrt und heute wirksam werden läßt. Deshalb ist Jesus *als* der Erhöhte selbst auch der Herr seiner irdischen Wirkungsgeschichte und macht sich in ihr uns selber zugänglich. Trotz des historischen Abstandes zum irdischen Jesus gibt es demnach eine persönliche Unmittelbarkeit zu Jesus Christus, die nicht nur durch historische Information – so notwendig diese sein mag – vermittelt ist, die vielmehr im sozusagen horizontalen Prozeß geschichtlichen Zeugnisses (und historischer Information) durch das gleichsam vertikale Geistwirken des erhöhten Herrn im Glauben zustande kommt.

Obwohl der erhöhte Jesus unserer unmittelbaren sinnlichen Wahrnehmung entzogen und in diesem Sinne (scheinbar) abwesend ist, ist er doch in ganz neuer Weise anwesend und aus der Ewigkeit Gottes heraus allen Menschen aller Zeiten *gleichzeitig*. Deshalb gibt es eine unmittelbare (und nicht nur historisch oder lehrhaft vermittelte) Beziehung zu ihm. Weil er also personal gegenwärtig ist, dürfen wir ihn nicht *nur* in der Vergangenheit suchen: »Was sucht ihr den Lebenden bei den Toten« (Lk 24, 5)! Wenn wir Jesus wiederfinden wollen, müssen wir ihn jetzt in der Gemeinschaft derer suchen, die sich in seinem Namen versammeln und ihm nachzufolgen versuchen. Wie aber will man ihm nachfolgen, wenn man die Erinnerung an sein konkretes Profil und seinen Stil tilgt? Der damalige Jesus ist das Medium und der Schlüssel, durch welche uns der gegenwärtige Jesus in seinem Wirken heute zugänglich und kenntlich wird.[164a] Auch heute gewinnt man nur in der *Nach*folge eine lebendige Beziehung zu Jesus. Wo wir uns also auf ihn (erinnernd und glaubend) einlassen und ihm nachzufolgen beginnen, werden wir auch unsererseits *ihm* gleichzeitig und gewinnen Anteil an seinem (heutigen) Leben. Dort beginnen wir mit Petrus, Jakobus und Johannes zusammen mit Jesus unterwegs zu sein und zu reden: mit dem älteren Bruder und Freund, mit dem Vorbild, Herrn und Helfer, der uns nahe ist. Wenn wir seine in den Evangelien festgehaltene irdische Lebensgeschichte lesen und hören (die ja nicht zur Vergangenheit geworden, sondern durch die Auferweckung bewahrt und aktuell ist und in welche die Evangelien ganz sachgerecht das Wirken des Erhöhten miteinzeichneten), dann sehen wir *ihn,* der uns dabei *gegenwärtig* ist, uns anschaut und zu uns spricht. Wir kommen dann plötzlich selber in den evangelischen Geschichten vor,[165] schreien mit dem Blinden: »Jesus, Sohn Davids, erbarme dich meiner« (Mk 10, 47), lassen uns wie Simon und die andern rufen und mitnehmen auf den Weg der Jüngerschaft (Mk 1, 16ff) und beginnen so in seine Geschichte und Lebenspraxis einzutreten; dabei lernen wir Jesus erst wirklich erkennen (vgl. Lk 24, 34; Mk 8, 29) und lieben (Joh 20, 28: »mein Herr und mein Gott«; vgl. Joh 21, 15–18), und das drängt in die direkte Anrede an ihn. Dabei hängt keineswegs alles an uns; längst ist er selbst es, der, uns zuvorkommend, die Initiative ergriffen hat, uns liebend an der Hand nimmt und uns (durch die Gabe seines Geistes) die Beziehung des Vertrauens und der Liebe zu ihm möglich macht.

Nun könnte bei manchen die Befürchtung aufkommen, sich so radikal auf den irdischen, gekreuzigten und auferweckten Menschen Jesus zu konzentrieren und auf *seinen* Weg zu begeben bedeute eine Engführung und ungebührliche Verabsolutierung. Diese Befürchtung ist unbegründet.[166] Die Beziehung zu

---

[164a] So *J. H. Cone,* Gott der Befreier. Eine Kritik der weißen Theologie (Stuttgart 1982) 76f. Ebd. 74: Eine Lektüre, die zwischen dem 1. und dem 20. Jahrhundert hin und her wechselt, verwandelt die Bibel aus einem Bericht über Vergangenes in eine direkt auf uns sich beziehende Geschichte.

[165] Die Evangelientexte wollen so gelesen und gehört werden, daß wir stets fragen: Wo kommen wir und wo komme ich in diesem Text vor? Und zwar als selbst Armer *oder* als zu den Armen Umkehrender.

[166] Zum Folgenden vgl. *K. Rahner,* Grundkurs 298–303; ferner *K. Rahner,* Was heißt Jesus lieben? (Freiburg ²1984).

ihm engt uns nicht ein und führt uns nicht von Gott, der Welt, den Mitmenschen weg. Die lebendige Beziehung zu *diesem* Menschen führt uns vielmehr gerade in eine unbegrenzte Weite, weil sie uns eröffnet für die unendliche Liebe Gottes und für die universale praktische Solidarität mit allen Menschen und Geschöpfen. Darum dürfen wir dem gekreuzigten und auferweckten Menschen Jesus gegenüber etwas tun, was andern Menschen gegenüber so nicht verantwortbar und ratsam ist: uns ihm in einem *vorbehaltlosen* Vertrauen anvertrauen und uns *ganz* an ihn halten. Das meint das Neue Testament mit dem »Glauben an Christus«.

IV. Die pneumatische Expansion ins Universale: Der Geist des Auferstandenen, österliche Lebenspraxis und das Leben der kommenden Welt

Mit der Auferweckung Jesu ist der äußerste Höhe- und Wendepunkt des Weges Gottes mit den Menschen schon erreicht. *Vor* der Auferstehung Jesu war der unwiderrufliche Sieg der Gnade (der Selbstmitteilung Gottes an die Welt) zwar in der Absicht Gottes, noch nicht aber in der Weltgeschichte selber festgemacht. Das Drama der Weltgeschichte war noch offen, sein endgültiger Ausgang als Heil oder Unheil noch ungewiß. »*Seit* der Auferstehung ist das anders; in ihr ist die Peripetie des Dramas der Weltgeschichte zum Guten, zum ewigen Heil schon geschehen. Daraus läßt sich zwar für den Einzelnen ... durch uns noch kein eindeutiger Schluß ableiten; aber die Situation der Hoffnung ist doch ... schon eine andere als vor Jesu Auferstehung«[167] – für die Welt als ganze, für uns alle und so auch für den Einzelnen.

In der Tat, seit Ostern ist nichts mehr wie früher. Der endgültige Durchbruch der erlösenden Zuwendung Gottes zu uns ist geschehen, die im Wirken Jesu begonnene Wende der Welt (das Nahegekommensein der Gottesherrschaft) ist definitiv, die Endzeit und wahre »Neuzeit« des Lebens aus der Nähe (Gnade) Gottes und in der Hoffnung auf ihren vollkommenen Sieg ist er-

---

[167] *K. Rahner,* Nachfolge des Gekreuzigten, in: Schriften zur Theologie XIII (Einsiedeln 1978) 188–203, hier 202.

öffnet. Weil die Situation grundlegend verändert ist, haben wir alles neu zu lernen: Wer von dem Neuen erfaßt, »wer in Christus ist, der ist neue Schöpfung; das Alte ist vergangen, siehe, es ist Neues geworden« (2 Kor 5, 17; vgl. Gal 6, 15). »Nicht daß ich es schon ergriffen hätte; eines jedoch: ich vergesse, was hinter mir liegt, strecke mich aus nach dem, was vor mir ist« und laufe, das Ziel des neuen Lebens und der neuen Welt vor Augen (Phil 3, 13f).

In gewissem Sinne kann man daher mit Karl Rahner sagen, daß die Auferstehung Jesu schon »die Vollendung (besser: der partikuläre, aber ausschlaggebende *Anfang* der Vollendung) des Heilshandelns Gottes an der Welt und am Menschen ist«, daß darum »alles noch Ausständige nur die Durchführung . . . des in der Auferstehung Jesu Geschehenen« darstellt.[168] Im Vergleich damit wird vieles, vielleicht das meiste von dem, womit Menschen sich sonst beschäftigen, unwichtig und zum »Un-fug«. Worauf es ankommt, ist allein dieses: das von Gott in Leben, Sterben und Auferstehung Jesu Vollbrachte an uns selbst vollbringen zu lassen und es in unserem Leben und in unserer Welt zu vollbringen. Also: den Sieg des Lebens über den Tod und über diejenigen, die das Geschäft des Todes betreiben; die Aufrichtung der Gerechtigkeit Gottes inmitten unserer und gegen unsere Ungerechtigkeiten; die niemand und nichts ausschließende Versöhnung und Schonung; das neue Leben in universaler Solidarität. Der auferweckte Herr und das Reich Gottes sind nun einmal nicht neutral gegenüber den Strukturen unseres Zusammenlebens (gegenüber Welthandelspreisen, Rüstungsproduktion, Naturzerstörung, technologischer Manipulation, materieller Verarmung und seelisch-sozialer Verelendung der Menschen). Schon in dieser Welt will der Auferstandene seine und Gottes Herrschaft vorwegentwerfen und die Schöpfung für Gott reklamieren. Er will auferstehen in unser Leben hinein.[169] So

---

[168] *Rahner*, Auferstehung Jesu, in: SM I (1967) 420; die in Klammern gesetzte Einfügung stammt von mir.

[169] Erst jetzt und auf der Basis der bisher entfalteten Aspekte ist also – von der inneren Logik der Sache her gesehen – von Jesu Auferstehung »in die Geschichte hinein« (*G. Koch*, Die Auferstehung Jesu Christi 106.154 u. ö.), »in seine Gemeinde« hinein (*P. Schoonenberg*, Wege nach Emmaus 63), »in unser Leben« hinein (*D. Sölle;* siehe oben Einführung, Anm. 15) zu reden. Jetzt aber ist auch notwendig davon zu sprechen, will man die Auferstehung Jesu nicht entscheidend verkürzen und um ihr intendiertes Ziel bringen. Und man sollte diejenigen nicht verdächtigen, die auf weite

versetzt er uns in eine Spannung auf die Vollendung hin und stellt uns in einen Kampf, der in uns und um uns ausgetragen wird. Der Glaube an die Auferstehung Jesu enthält deshalb eine Hoffnung nicht nur *über* Tod und Unrecht hinaus (eine Hoffnung für die Verstorbenen), sondern auch *gegen* Tod und Unrecht (eine Hoffnung für die Lebenden); und er entläßt aus sich eine dementsprechende Praxis der Auferstehung.[170]

Wer aber soll das in der Auferstehung Jesu schon Vollbrachte an uns und der Welt vollbringen, wenn nicht die befreiende, versöhnende, neuschaffende Kraft: *der Geist* Gottes und des Auferstandenen? Er führt das zu Ostern Geschehene an uns durch und weitet es ins Universale der Menschheit und Schöpfung aus. Die Auferstehung Jesu stellt also kein nur vergangenes, abgeschlossenes Ereignis dar. Sie enthält in sich eine universale Perspektive und Dynamik, will sie doch alle diejenigen einbeziehen, für die der Gekreuzigte gestorben und für die er fortan als der Auferstandene da ist. Der Auferstandene hat demzufolge noch eine *Zukunft* vor sich. Vieles steht noch aus, bis die Auferweckung des Gekreuzigten an uns und an der Schöpfung vom Geist durchgeführt ist, bis »Gott alles in allen« ist (1 Kor 15, 28).

Wir sehen: Die Dynamik der Auferstehung drängt weiter. Der Gekreuzigte und Auferweckte findet sein Ziel und seinen Sinn erst in der Gemeinschaft mit uns und mit der gesamten unerlösten Schöpfung. Die Christologie drängt von ihrem ureigensten Zentrum her auf eine Pneumatologie hin. Die christologische *Konzentration* hat nur Sinn im Hinblick auf eine pneumatische *Expansion*. Dabei wollen die Strukturunterschiede von Christologie und Pneumatologie beachtet sein: Es ist derselbe

---

Strecken vielleicht nur von Jesu Auferstehung in Gemeinde und Leben hinein sprechen und damit gelebtes christliches Leben und gemachte Glaubenserfahrungen artikulieren. Bei einiger Geduld und Vertrauensbereitschaft wird man ihnen zeigen können, daß sie dabei inhaltlich schon vieles von dem voraussetzen und implizieren, was wir bisher entfaltet haben. Umgekehrt dürfte für diejenigen, die orthodox »Jesus ist persönlich auferstanden« und »Herr, Herr« sagen (Röm 10, 9; Mt 7, 21), der Schritt hin zu entsprechenden Taten und erkennbaren »Früchten« (Mt 7, 20) viel weniger selbstverständlich sein. Gerade ein als *in sich* bedeutsam hingestelltes, *isoliertes* christologisches Bekenntnis der singulären Besonderheit Jesu kann dazu führen, ihn nicht in den »Geringsten« (Mt 25, 45) wiederzuerkennen.

[170] Dies betont mit Recht *J. Sobrino*, Christology at the Crossroads. A Latin American View (London ³1984) 380 u. ö. – Dieses wichtige Werk von Sobrino kommt mir leider erst jetzt am Ende der Abfassung dieses Buches in die Hand.

Gott, der in Jesus Christus und im Geist am Werk ist, aber auf je verschiedene Weise. Dem Handeln Gottes in Jesus Christus eignet geschichtliche Einmaligkeit und Partikularität, dem Wirken Gottes durch den Geist Universalität und Vielfalt (Pluralität, Polyphonie). Das an die *eine* Person des Gekreuzigten und Auferstandenen gebundene und schon ganz vollbrachte Heil wird durch seinen Geist in den *vielen* wirksam. Der Geist Jesu Christi vermittelt zwischen der geschichtlichen Positivität und Singularität des Gekreuzigten und Auferstandenen einerseits und seiner universalen Bedeutung, Gleichzeitigkeit und Gegenwart für uns andererseits. So ist nunmehr – in einer Entfaltung bisher schon implizierter und teilweise angedeuteter Aspekte – von der pneumatischen Expansion des Auferstandenen zu sprechen.

1. Die neue Gegenwart und Wirksamkeit des erhöhten Herrn im Heiligen Geist

In der alten Stiftskirche von Wechselburg bei Dresden steht ein großes Triumphkreuz (ca. 1230/1235), an dessen oberem Ende sich eine denkwürdige Darstellung findet: ein aufrechter Mensch mit einer Taube auf dem Arm.[171] Dargestellt ist wohl Jesus, der Gekreuzigte und nun Auferstandene, der – wie es Apg 2, 32f formuliert – »zur Rechten Gottes erhöht ist und den heiligen Geist vom Vater (vollends) in Empfang genommen hat, um ihn nun auszugießen« auf die anderen Menschen, seine Brüder und Schwestern. Der erhöhte Jesus Christus, selber ganz vom Gottesgeist durchdrungen und in ihm endgültig mit dem Vater vereint, sendet diesen als seinen Geist und gewährt sich darin selbst den Menschen. Genau hier setzt die christliche Erfahrung des Geistes ein. Sie ist eine (nach-)österliche Erfahrung. Um zu verstehen, worum es sich hier handelt, müssen wir nochmals ein wenig ausholen.

a) Vorbemerkungen zum Verständnis der Rede vom Geist Gottes

Das deutsche Wort »Geist« ist – spätestens seit der neuzeitlich-idealistischen Identifikation von Geist und Bewußtsein – zu ei-

---

[171] Das Wechselburger Triumphkreuz, auf das mich mein Kollege H. P. Siller aufmerksam gemacht hat, ist abgebildet in *H. Möbius,* Passion und Auferstehung in Kultur und Kunst des Mittelalters (Wien 1979) Abb. 75.

ner recht irreführenden Übersetzung geworden.[172] Wir hören »Heiliger Geist« und assoziieren vielleicht trinitarische Spekulationen oder eine blasse Denkfigur. Wir hören: »Gott ist Geist«, und denken: Gott ist immateriell, spirituell usw.; was aber müßten wir denken? Um dies zu erkennen, müssen wir vom hebräischen Wort ruach (und seiner griechischen Übersetzung pneuma) ausgehen.[173] Die Grundbedeutung von ruach (und pneuma) ist *Wehen/Hauchen:* Windhauch, Sturm; Atemhauch, Lebenskraft. Es geht also um etwas Bewegtes und Bewegendes, um eine dynamische, belebende Kraft. Ruach/Geist ist Gegenbegriff zu Leblosigkeit (Tod) und zu Bewegungsunfähigkeit (Starrheit), nicht zu Materie oder Sinnlichkeit.

Hinter dem hebräischen Wort stehen zwei elementare menschliche und religiöse Erfahrungen: (1) die tägliche, aber gerade darum oft verdeckte Erfahrung der dauernden Abhängigkeit des Lebens von fremden (numiosen) Kräften; alles Leben ist Gabe eines Fremden, mir Äußeren, das – wie die Luft, die ich einatme – fähig ist, mein Eigenstes, Innerstes zu werden und mich zu beleben. (2) Die seltenere Erfahrung einer von Zeit zu Zeit einbrechenden geheimnisvollen Wirkkraft, die – unberechenbar wie eine fremde Person und unwiderstehlich – bestimmte Menschen überkommt und außergewöhnliche ekstatische Zustände oder charismatische Taten (auch prophetische Rede) wirkt. Das Alte Testament führt beide Grunderfahrungen auf Jahwe, den einzigen Gott (neben dem es keine andern numiosen Kräfte gibt), zurück: Also ist (1) die ruach Jahwes die allgegenwärtige schöpferische Lebenskraft, die alles schafft, die am Leben erhält und zum Handeln befähigt (z. B. Ps 104, 29f; Gen 6, 3.17); wo Leben ist, ist Jahwes ruach am Werk. (2) Sie ist auch

---

[172] Die indogermanische Wurzel ǵheis bedeutet: außer Fassung bringen, in Schrecken/ Staunen versetzen, entsetzen. Die angelsächsisch-fränkische Mission greift sie auf zur Übersetzung des biblischen pneuma (bzw. spiritus). Anders die gotisch-oberdeutsche Mission, die vor jener Übersetzung zurückscheut und stattdessen das Wort »Atem« wählt, welches freilich dem Wort »Geist« schließlich weichen muß. Vgl. *P. E. Lutze,* Die germanischen Übersetzungen von Spiritus und Pneuma (Diss. Bonn 1950); *W. Betz,* Die frühdeutschen spiritus-Übersetzungen und die Anfänge des Wortes ›Geist‹, in: Liturgie und Mönchtum 20 (1957) 48–55.

[173] Zum Folgenden vgl. *E. Schweizer u. a.,* πνεῦμα, in: ThWNT VI (1959) 330–453; *ders.,* Heiliger Geist (Stuttgart 1978); *R. Albertz – C. Westermann,* ruach, in: THAT II (1979) 726–753; *Y. Congar,* Der Heilige Geist (Freiburg 1982); *W. H. Schmidt – P. Schäfer – K. Berger u. a.,* Geist/Heiliger Geist, in: TRE XII (1984) 170–254.

die gelegentlich über Menschen hereinbrechende, sie zu Außerordentlichem bewegende und »in andere Menschen verwandelnde« Kraft (z. B. 1 Sam 10, 5f; 19, 19–24; Num 11, 25–29; Ez 3, 12–14). Gegenüber solchen außergewöhnlichen Phänomenen wird man freilich seit der Krise des Exils zurückhaltender: nicht das Auffällige garantiert, daß Jahwe am Werk ist. Statt dessen werden inhaltliche Kriterien wichtiger: (3) Die ruach Jahwes wirkt die rechte Erkenntnis Gottes und seiner Wege (Gerechtigkeit und Friede) und speziell die prophetische Offenbarungserkenntnis; wie das menschliche Wort mit dem *Atem* verbunden ist, so geht das prophetische Wort auf Jahwes ruach zurück (Ez 11, 5; Jes 42, 1b; 59, 21); dieses Wort muß indes nicht gewaltig, es kann sehr leise, unauffällig sein (1 Kg 19, 11f; Ijob 26, 13f). Darüber hinaus bricht (4) die Hoffnung auf eine ganz neue, endzeitliche ruach-Verleihung durch: Wie lebenspendender Regen auf ausgedörrtes Land werde Gottes ruach auf die Menschen »ausgegossen« (Jes 32, 15ff; 44, 3f; Joel 3, 1–5), sie werde ihnen ins neue Herz gegeben, damit neue Beziehungen zu Gott und untereinander möglich würden (Ez 36, 26–29; 39, 29; 11, 19f); eine Hoffnung, die später aus dem Bewußtsein heraus, in einer prophetielosen und geistarmen Epoche zu stehen, neu belebt wird (1. Jahrhundert v. Chr.: Jub 1, 23; TestLev 18; TestJud 24). Hierher gehört auch die Erwartung eines vom Geist (ruach) erfüllten bzw. »gesalbten« Messias, der Gerechtigkeit und Befreiung bringt (Jes 11, 1–9; 42, 16; 61, 1f), und die Hoffnung auf die neubelebende Schöpferkraft (ruach) Jahwes, welche sogar die Toten zu neuem Leben erweckt (Ez 37).

Fassen wir zusammen: Die ruach Jhwh ist der spürbare Atem Gottes; seine Leben wirkende, am Leben erhaltende, Menschen über sich hinaus öffnende, ihnen neue Handlungsmöglichkeiten und Beziehungen erschließende und schließlich Leben aus dem Tod schenkende Schöpferkraft; das Medium seiner Gegenwart und seines Wirkens in den Geschöpfen. Man kann geradezu sagen, daß nach biblischer Überzeugung der Heilige Geist nichts Unsinnliches, sondern »die mit den Sinnen erfahrbare Gegenwärtigkeit und Wirklichkeit ... Gottes darstellt«[174].

---

[174] *F. J. Schierse,* Die neutestamentliche Trinitätsoffenbarung, in: MS (Einsiedeln 1967) 85–131, hier 112.

b) Die urchristliche Erfahrung des Geistes als österliche Erfahrung

Jesus selbst scheint kaum jemals vom Geist (ruach) Gottes gesprochen zu haben. Die älteste Jesusüberlieferung bezeichnet denn auch die in Jesus wirksame Gotteskraft (vgl. etwa Lk 11, 20) noch nicht mit ruach bzw. pneuma, sondern mit exusia (Vollmacht zum Handeln, innere Mächtigkeit: Mk 1, 22.27; 2, 10par) oder mit dynamis (Wirkkraft, Ausstrahlungskraft: Mk 5, 30; 6, 2.15 u. ö.). »Wo – wie Mt 12, 28 – vom ›heiligen Geist‹ die Rede ist, liegt bereits eine Angleichung an die *nachösterliche* Geisterfahrung vor.«[175] Dies gilt für die Logien, die den Geist für die Zeit nach Ostern verheißen (Mk 13, 11par; Lk 11, 13). Es gilt auch für das von den Evangelisten vor die Klammer des gesamten Erdenwirkens Jesu gesetzte Vorzeichen: Jesus *ist* der erwartete mit dem Geist »gesalbte«, ganz von ihm erfüllte und »getriebene« »Messias« (so die von der nachösterlichen Taufkatechese geprägte Taufperikope Mk 1, 9ffpar; ferner die programmatische Antrittspredigt bei Lk 4, 16ff). Das ist – wie gesagt – Vorzeichen vor der Klammer: Selbst Lukas, der das Motiv vom Geistbesitz zur Deutung des Wirkens Jesu anfangs besonders heranzieht, bringt es dann im weiteren Verlauf seines Evangeliums nicht mehr. Nach Apg 2, 33.36 hat ja erst *der Erhöhte* vom Vater den Geist in Empfang genommen, ist so zum »Christus« erhoben und teilt diese Gotteskraft auch andern mit; jetzt kann der Geist auch auf die anderen übergehen. Ähnlich ist nach Johannes *der Auferstandene* der Spender des Geistes (Joh 20, 22f); als Frucht seines in Tod und Auferstehung vollbrachten Werkes geht der Geist von ihm auf die Jünger und die Gemeinde aus (Joh 14, 16–18; 16, 13f).

Die nachösterliche Gemeinde sieht »im erhöhten Herrn das Urbild und die Quelle aller pneumatischen Begabung«,[176] und dies aufgrund der den »Erscheinungen« des Erhöhten alsbald folgenden pneumatischen Erfahrungen. Beide Phänomene, die »Erscheinungen« des Auferstandenen und die Bezeugungen des Geistes, »stehen in engstem Zusammenhang, doch sind sie keineswegs zu verwechseln. Der Auferstandene erschien nicht allen Jüngern ..., und die Ostererscheinungen hörten nach einer ge-

---

[175] Ebd. 98f.
[176] Ebd. 101.

wissen Zeit auf. Auch werden die Erscheinungen des Auferstandenen niemals zu den Geistwirkungen gerechnet, die der christlichen Gemeinde und grundsätzlich allen Gläubigen in reicher Fülle zuteil wurden. Diese Geistwirkungen umfassen eine ganze Skala von Phänomenen, angefangen von außerordentlichen Eingriffen Gottes – wie Wundern, Erleuchtungen, Ekstasen, Zungenreden, Prophetengabe – über die kirchlichen Dienste, die eigentlichen Charismen, bis zu seelischen Reaktionen wie Friede, Freude, Mut, Zuversicht und den sittlichen Tugenden, den ›Früchten des Geistes‹ (Gal 5, 22).«[177] Die urchristliche Gemeinde verstand sich als das aufgrund der Auferstehung Jesu mit dem Gottesgeist und seinen Gaben ausgestattete Gottesvolk der Endzeit.

Wir sind – infolge des Pfingstberichtes in Apg 2, 1–42 – gewohnt, anzunehmen, daß die Urgemeinde den Geist erst fünfzig Tage nach Ostern empfangen habe. In der Tat stößt die traditions- und redaktionskritische Analyse des Pfingstberichtes[178] auf einen kleinen, aber festen ursprünglichen Kern, der ziemlich zuverlässige Erinnerung an ein besonderes Geschehen am ersten »Pfingstfest« (V. 1) nach Karfreitag enthält: der (nach Flucht und Rückkehr der Jünger nach Jerusalem sowie Sammlung der versprengten Jünger Jesu zur Urgemeinde) neukonstituierte Jüngerkreis trat zum ersten Mal öffentlich in Erscheinung und bezeugte den gekreuzigten Jesus als den Auferweckten und Messias; und dies, nachdem im Jüngerkreis (nicht mehr weiter erhellbare) Phänomene aufgetreten waren, die sie als Überwältigt- und »Erfülltwerden von heiligem Geist« (V. 4a) begriffen, also als endzeitliche Ausgießung des Gottesgeistes auf Israel; daher nun ihre unerschrockene Verkündigung. Aber diese Geistbegabung blieb kein einmaliger Vorgang, sondern wiederholte sich offenbar bei anderen Gelegenheiten (vgl. dieselbe Apg 4, 31; 8, 15–17; 10, 44f; 19, 6), ja, Lukas zeichnet die apostolische Kirche als ständig – und oft gegen menschliche Pläne – vom Geist geführte (vgl. Apg 4, 8; 6, 3.5.10; 7, 55; 8, 29; 11, 28; 13, 4; 15, 28; 16, 6f; 20, 28); und Paulus hebt insbesondere auf die unscheinbaren, alltäglichen Wirkungen des Geistes im Leben der

---

[177] Ebd. 113.
[178] Dazu *Schierse*, Trinitätsoffenbarung 113f; ferner *J. Kremer*, Pfingstbericht und Pfingstgeschehen (Stuttgart 1973); *ders.*, Pfingsten – Erfahrung des Geistes (Stuttgart 1974); und besonders *J. Roloff*, Die Apostelgeschichte (Göttingen 1981) 37–47.

Gemeinden und der Christen ab. Das Kommen des Geistes in die christliche Gemeinde ist kein einmaliges spektakuläres Ereignis, und es beginnt auch nicht erst fünfzig Tage nach Ostern. Es beginnt mit Ostern selbst (vgl. Joh 20, 22), die Geistsendung ist die Frucht und Konsequenz der Auferstehung und Erhöhung Jesu (vgl. Joh 7, 39; Apg 2, 33). Eine ganz andere Frage ist freilich, wann die Urgemeinde zu der *Erkenntnis* kam, daß ihr der Geist verliehen sei. Aller Wahrscheinlichkeit nach ist ihr dies unter dem Eindruck außerordentlicher Erfahrungen zu Pfingsten erstmals bewußt geworden.

Die eigentlich christliche Erfahrung des Pneuma setzt also *mit Ostern* ein. Es ist die überraschende Erfahrung eines noch einmal völlig neuen Beschenktseins: neue Nähe Jesu (nach Scheitern und Versagen), wiedergeschenkte Gemeinschaft mit ihm und seinem Vater, Vergebung und unfaßliches Wieder-angenommen-Sein; Aufleuchten der neuen Welt und des neuen Lebens des Auferstandenen, vom Licht seiner Nähe beleuchtete irdische Welt; neue Lebensmöglichkeit und der Mut, sie zu ergreifen und zu bezeugen. Dazu die bestärkende Erfahrung, daß auf solches Zeugnis hin die kleine Urgemeinde wächst und bald auch andere Jesus-Gemeinden entstehen, daß ihnen vielfältige Geistesgaben und reiches Leben in gegenseitiger Solidarität geschenkt sind.

Das veranlaßt zur genaueren Reflexion des *Verhältnisses* von auferstandenem Herrn und erfahrenem, »ausgegossenem« Geist. Offenbar war die ruach, das pneuma Gottes schon im irdischen Jesus in einzigartiger Weise wirksam gewesen. Offenbar hatte es ihn im Tode nicht losgelassen, ihn nicht aus der Verbundenheit mit dem Vater fallen lassen; die Auferweckung Jesu wird daher auf das Wirken Gottes durch seinen Geist, seine lebenschaffende Macht, zurückgeführt (Röm 1, 4; 8, 11; 2 Kor 13, 4; 1 Kor 6, 14; 1 Petr 3, 18). Und offenbar war der auferweckte, erhöhte Herr nun so gänzlich und unwiderruflich in das pneumatische Leben Gottes eingegangen, daß er endgültig an Gottes Lebens-, Gegenwarts- und Aktionsmacht, eben dem pneuma, teilhat, über es verfügt und es sendet (Röm 1, 4; Apg 2, 32f; Mt 28, 18; Joh 7, 39; 15, 26; 16, 7). Deshalb kann Paulus[179] auch vom »Geist Gottes« (1 Kor 2, 11f. 14; 3, 16; 6, 11;

[179] Zur paulinischen Pneumatologie vgl. außer der genannten Literatur *I. Hermann,*

7, 40; 12, 3; 2 Kor 3, 3; Phil 3, 3; Röm 8, 9.11.14) und vom »Geist Christi« (Gal 4, 6; 2 Kor 3, 17; Phil 1, 19; Röm 8, 9–11) wechselweise sprechen. Er kann sogar den erhöhten und gegenwärtigen Herrn in gewisser (nicht in jeder) Hinsicht mit dem Geist gleichsetzen: Der erhöhte Herr ist nicht nur ganz vom pneuma durchdrungen (1 Kor 15, 44: sōma pneumatikon), sondern selber zu einem »lebendigmachenden pneuma«, zum eschatologischen Lebensspender, geworden (1 Kor 15, 45). Das pneuma ist gleichsam mit dem im Gläubigen wohnenden pneumatischen Christus identisch (Röm 8, 9–11). Und am prägnantesten: »Der Herr ist das pneuma (der Geist); wo aber das pneuma des Herrn ist, da ist Freiheit« (2 Kor 3, 17). Wie ist das zu verstehen?

Der erhöhte Christus ist »als der Pneuma-Mächtige gedacht, der nur durch das Pneuma, nur als Pneuma wirksam und gegenwärtig ist«[180]. Der belebend-befreiende Gotteshauch (Geist) »ist identisch mit dem erhöhten Herrn, sobald man diesen nicht an sich, sondern in seinem Handeln an der Gemeinde (sc. und an der Welt) betrachtet«,[181] also in seiner sinnlich und sozial vermittelten, darum auch irgendwie erfahrbaren, spürbaren Gegenwart und Aktivität. Das »Pneuma ist der Kyrios Christus selbst, insofern er – in dieser Weise seit der Erhöhung – sich den Menschen gewährt und von ihnen erfahren werden kann«[182]. Also keine schlechthinnige Identifikation in der Sache, sondern eine Identität in der existentiellen Erfahrung: *In der christlichen Erfahrung* sind die ruach Gottes, das pneuma Christi und der unter sowie in uns gegenwärtige erhöhte Herr *das gleiche*.[183] Freilich gibt es hier nicht umkehrbare Beziehungen: Der gekreuzigte und erhöhte Christus wirkt durch den Geist (vgl. Röm 15, 18f), nicht das Pneuma durch ihn. Der gekreuzigte und verherrlichte Christus soll in den Gläubigen Gestalt annehmen (Gal 4, 19; Röm 8, 29), nicht der Geist. Dieser bleibt ganz zurückgebunden an das einmalige Jesus-Geschehen, setzt allein das Wort und

---

Kyrios und Pneuma (München 1961); *J. S. Vos,* Traditionsgeschichtliche Untersuchungen zur paulinischen Pneumatologie (Assen 1973).
[180] *Hermann,* Kyrios und Pneuma 141.
[181] *Schweizer* in: ThWNT VI 431.
[182] *Hermann,* Kyrios und Pneuma 57.
[183] Vgl. *Congar,* Hl. Geist 53.

Werk *Jesu* einleuchtend gegenwärtig (1 Kor 6, 11; Joh 14, 26) und verbürgt *seine* bleibende Aktualität.

Der auferweckte, erhöhte Herr erreicht uns also durch seinen Geist. *Ob* er uns erreicht hat und ob *er*, der Geist Gottes und Jesu Christi (und kein anderer Geist), uns erreicht hat, das kann allein an bestimmten Wirkungen erkannt werden. Folgende Wirkungen und damit *Kriterien des Geistwirkens* nennt das Neue Testament: (1) Das Christusbekenntnis: Das Pneuma führt hin zu Jesus Christus, zur Anerkenntnis und zum Bekenntnis des gekreuzigten Jesus als des *Herrn* oder Gottessohns (1 Kor 12, 3; 2, 9f; 1 Joh 4, 1–6; Joh 14, 26; 15, 26; 16, 7–15); das Ziel des Geistwirkens ist die lebendige Christusbeziehung. (2) Das Gebet: Das Pneuma öffnet uns deshalb für den *Vater* Jesu Christi; es ist der »Geist der Kindschaft«, des unbedingten Angenommen- und Geborgenseins, nicht der Knechtschaft und Furcht (Röm 8, 14ff; 1 Joh 4, 18), und es bringt uns zum Beten (Gal 4, 6; Röm 8, 15.26f). (3) Gemeinschaft und Nächstenliebe: Zugleich öffnet uns das Pneuma für die *anderen* Menschen; es läßt nach allem trachten, was *Gemeinde* auferbaut und ihr nützt (1 Kor 12, 7; 14, 12), ja, es wirkt überhaupt die Freiheit zur tätigen Liebe, die den Andern dient und ihre Last trägt (1 Kor 13; Gal 5, 13–6, 2; Kol 1, 8; Mt 7, 15–23; 1 Joh 3, 14–18; 4, 20f); der Geist Christi will sinnlich und sozial werden, er will auf »Leben und Frieden« hinaus (Röm 8, 6). Wo demnach der Geist des Lebens (Röm 8, 2), der Liebe (Röm 5, 5) und der Freiheit (2 Kor 3, 17) waltet, dort tritt der erhöhte Christus seine Herrschaft mitten in der noch von Gewalttat und Tod erfüllten Welt an. Die Sendung des Geistes bedeutet den erfahrbaren Ausgriff und Übergriff des neuen Lebens auf uns.

c) Die vorläufige Gegenwart des Erhöhten in der Niedrigkeit irdischer Zeichen

Wir gehen also jetzt davon aus, daß der erhöhte Herr nicht in abstrakter, weltferner Jenseitigkeit, sondern im Zentrum der Wirklichkeit (bei Gott) ist und von dort her genau da ist, wo wir sind. Er ist bei uns und der ganzen Welt real präsent. Real präsent ist er aller Welt in der Weise Gottes (im Pneuma/Geist) und vermittelt durch sein universal auf alle zu geöffnetes Menschsein (seine neue Leiblichkeit als Medium grenzenloser Kommunikation). Wir setzen damit auch voraus, daß der erhöhte Herr durch seinen Geist, der »weht, wo er will« (Joh 3, 8), in verborgener und vielfach unerkannter Weise *allüberall* in der Welt und Menschheit real präsent ist, daß er auch »draußen«, außerhalb der Kirche, längst da ist und wirkt, noch ehe *wir* Christen kommen, und daß er sich nicht selten auch »draußen« seine Zeugen weckt, um durch deren Fremdprophetie seiner Kirche vernachlässigte Züge seiner selbst in Erinnerung zu rufen. »Es gibt in der von Gott in Jesus Christus versöhnten Welt keine sich selbst überlassene, keine seiner Verfügung entzogene Profanität, auch da nicht, wo sie sich, menschlich gesehen und geredet, ... der schlechthinnigen Gottlosigkeit in der gefährlichsten Weise zu nähern scheint. Man kommt, man denkt und redet nicht von Jesu Christi Auferstehung her, wenn man das Gegenteil behauptet!«[184]

Wenn wir in dieser Weise voraussetzen, daß wir die begegnende Gegenwart und Wirksamkeit des erhöhten Herrn nicht von uns aus *eingrenzen* können und dürfen, dann stellt sich doch noch einmal eine bedrängende Frage: Gibt es denn keine Orte in der Welt, an denen er sich mit erkennbarer Bestimmtheit finden läßt? Gibt es nicht Vermittlungsgestalten (»Medien«), durch die er uns bevorzugt und *kenntlich* begegnet, uns gegenwärtig ist und an uns handelt? Das Zeugnis des Neuen Testaments und aller Kirchen weiß von einer *ausdrücklichen Zusage seiner Gegenwart* durch den erhöhten Herrn selbst.

Diese Gegenwart ist zwar eine vorläufige (noch nicht vollkommene), nichtsdestoweniger aber eine wirkliche Gegenwart. Jesus Christus ist präsent – aber er ist auch noch abwesend. Er gewährt seine wirkliche, personale Gegenwart in realisierenden *Zeichen* (eine entfernte Analogie stellt die Selbstvergegenwärtigung eines räumlich abwesenden Menschen durch Brief, Bild, Geschenk, Anruf usw. dar). Obgleich wirkliche, ist sie doch noch verhüllte und unvollendete Gegenwart; sie drängt darum hin auf die volle, unverhüllte Gegenwart Christi und die Begegnung mit ihm von Angesicht zu Angesicht. So enthält seine vorläufige, aber wirkliche Anwesenheit immer auch ein spezifisches Moment von vorläufiger Abwesenheit und Selbstbeschränkung, die unserer freien Stellungnahme Raum läßt. Und doch hat diese vorläufige, noch verborgene Nähe im Heiligen Geist auch ih-

---

[184] *Barth,* Kirchliche Dogmatik IV/3 (1. Hälfte) 133.

re empirische Greifbarkeit, weil sie sich in »sakramentalen« Zeichen vollzieht. Es sind dramatische und alles andere als statische Zeichen, in denen der Herr uns aktiv und dynamisch angeht. *Als* Zeichen *seiner* Begegnung und seines Handelns sind sie indes nur dem Glauben erkennbar. – In drei Gruppen solcher dramatischer Zeichen erweist uns der erhöhte Herr – aufgrund seiner eigenen Zusage – seine besondere, erkennbare Gegenwart.

(1) *Die Gegenwart Christi durch Wort und Sakrament.* – *Grundlegend* für alles Weitere ist, daß der Auferstandene sich durch den Geist kraft der »Erscheinungen« in die Erfahrung und das *Wort* der Urzeugen hinein geoffenbart und sie zur Verkündigung gesandt hat.[185] Aufgrund ihres früheren Umgangs mit dem irdischen Jesus konnten die Urzeugen ihre Erfahrung vom auferstandenen Gekreuzigten entfalten in das Zeugnis von Jesus als dem Christus und Herrn (vgl. Apg 1, 21f; 10, 40–42; 13, 30–32). Sie konnten dies in der Kraft des Geistes, der Jesus vergegenwärtigt und ihn erst recht verstehen lehrt (vgl. Joh 14, 26; 16, 13f; 1 Kor 3, 11 mit 2, 12f; Eph 2, 20 mit 6, 17). So hat der auferstandene Herr selbst das *»Evangelium«* konstituiert. Es ist durch seinen Geist gewirkt (1 Kor 2, 10ff), der Geist ist in ihm wirksam (1 Thess 1, 5; Röm 15, 18), und die es annehmen, empfangen selbst den Geist (Gal 3, 2.5). In diesem Geist aber bringt sich der auferstandene Herr (und darin Gott) zur Erfahrung. Ohne die Auferstehung Jesu wäre das *Kerygma* (die Verkündigung des Evangeliums) ein »leeres« Wort (1 Kor 15, 14), und die es glauben, wären betrogene Betrüger. Da aber Jesus auferstanden ist und den Geist entsandt hat, ist die Verkündigung das *»Evangelium Jesu Christi«* selber (z. B. 1 Thess 3, 2; Gal 1, 7): Er ist sein Urheber und souveränes Subjekt, er ist auch sein Inhalt. In dieses Evangelium hinein hat er sich derart verläßlich eingelassen und überliefert, daß er dort, wo es verkündigt wird, fortan selber den Menschen begegnet, die sich ihm im Glauben öffnen. Er ist im Kerygma selber präsent[186] und spricht uns an:

---

[185] Vgl. hierzu H. *Schlier*, Wort (biblisch), in: HthG II (1962) 845–867, bes. 859ff; *ders.*, Auferstehung (s. Anm. 26) 39–50; *ders.*, Grundzüge einer paulinischen Theologie (Freiburg 1978) 200–215.

[186] Damit ist nicht gemeint, daß der Gekreuzigte allein ins Kerygma hinein auferstanden ist (so konnte ja Bultmanns Aussage verstanden werden: siehe oben Kap. 3 bei Anm. 99f); im Kerygma kann er vielmehr nur selbst präsent sein, weil er persönlich auferstanden und der lebendige Herr des Kerygmas ist.

Christus est, qui praedicat; Christus ist es, der sich Kraft des Geistes selbst verkündigt (2 Kor 13, 3; Röm 15, 8; vgl. Lk 10, 16par), wo dieses Evangelium lauter verkündigt (1 Thess 2, 3–12) und »nicht verfälscht« (2 Kor 4, 2) wird.[187] Die Verkünder sind nur zu *einem* (zu sonst nichts!) beauftragt und ermächtigt: *seine* Zeugen zu sein (Apg 1, 8), den gekreuzigten und auferweckten Herrn und die durch ihn gewirkte Versöhnung den konkreten Menschen in ihrer Situation vernehmbar zu bezeugen (1 Kor 2, 2–5; Phil 1, 12–18). Dafür stehen sie als Gesandte »an Christi Statt« und bittet Christus durch sie: Laßt euch versöhnen mit Gott und untereinander (2 Kor 5, 18–20). Das geistgewirkte Wort des auferstandenen Jesus (und darin Gottes) ergeht an den Einzelnen in seiner unvertretbaren Freiheit, aber es ruft die Einzelnen zueinander; es sammelt sie zur Gemeinde.

Auf dieser Grundlage der Verkündigung des Evangeliums basiert nun eine zweite Form der Nähe des erhöhten Herrn: Er vergegenwärtigt sich und handelt an uns (im Pneuma) durch das *Sakrament,* in welchem er uns umfassender in den Dimensionen unserer Leiblichkeit und Sozialität erreicht. Dies gilt in besonderem Maße für das Herrenmahl, die Eucharistie. Wir wollen uns hier im wesentlichen auf sie beschränken.

Jacques Dupont hat das *Herrenmahl* »das große Zeichen der Auferstehung« genannt.[188] In der Tat setzt die Eucharistiefeier die Auferstehung Jesu voraus: der auferweckte, erhöhte Herr macht sich gegenwärtig. Die feiernde Gemeinde knüpft also nicht einfach nur an das Abschiedsmahl Jesu an; wenn sie seinem Mahlauftrag folgt (1 Kor 11, 25c: »tut dies zu meinem Gedächtnis«), so bedeutet dies keine einfach physische Wiederholung des Tuns Jesu beim Abendmahl. Physisch ist Jesus ja nach Tod und Auferweckung nicht mehr anwesend. Vielmehr vergegenwärtigt sich der (unserer Sinneswahrnehmung entzogene) erhöhte Kyrios *sakramental.* Das Abendmahl Jesu selbst war noch kein sakramentales Mahl, sondern ein heilsverheißendes pro-

---

[187] Nicht verfälscht wird das Evangelium Jesu Christi dann, wenn *Jesus Christus* (sein Leben und Sterben, seine Auferweckung und Geistgegenwart) verkündigt wird, und zwar als die uns stets zuvorkommende barmherzige, vergebende, versöhnende, befreiende Zuwendung Gottes zu uns (*Vorrang* der Gnade vor der Moral, die sich aus ihr als *Frucht* ergibt). Das »Evangelium« ist immer »frohe und frohmachende Botschaft«.

[188] *J. Dupont,* Les pèlerins d'Emmaüs, in: Miscellanea Biblica B. Ubach (Montserrat 1953) 349–374, hier 373.

phetisches (und deprekativ heilzusprechendes) Zeichen. Ein *Sakrament* des Herrenmahls (der Eucharistie) gibt es erst aufgrund der Vollendung Jesu in Tod und Erhöhung. »Ostern bedeutet eine Transponierung der vorösterlichen Abendmahlsfeier: Der erhöhte Herr gibt sich in neuer Weise den Seinen«,[189] nämlich sakramental, das heißt in einem sinnlichen Zeichen, das auf ihn verweist und in dem er sich zugleich real, aber verhüllt und noch vorläufig vergegenwärtigt. Sinnliches Zeichen ist primär das *gemeinsame Handeln* der versammelten Gläubigen (erst sekundär und abgeleitet ist es die Gabe von Brot und Wein): Im Zuge des Gedenkens an Leben, Tod und Auferstehung des Herrn (Anamnese, memoria), des lobpreisenden Dankes an den Vater (Eucharistie) und der Bitte um Herabkunft des Heiligen Geistes, damit er Handlung und Handelnde verwandle (Epiklese), übernimmt der Herr selbst – wie bei den Emmausjüngern – den Vorsitz als Tischherr (vgl. 1 Kor 10, 21) und gewährt uns in den »eucharistierten« Gaben (Justin, Apol I 66) das »Lebensbrot« (Joh 6, 35.41.48.51), nämlich seine persönliche Zuwendung (Vergebung, Annahme, Gemeinschaft mit sich und so mit dem Vater und untereinander). Die vielen aber, die an dem einen Brote teilhaben, *werden ein* Leib (1 Kor 10, 17); sie werden »durch die gemeinsame Teilhabe am Geist« Jesu Christi zu einer »Gemeinschaft« (2 Kor 13, 13; Phil 2, 1)[190]. Das gesamte Geschehen der eucharistischen Zeichenhandlung setzt zwar schon eine Versammlung von (freilich oftmals zertrennten) Glaubenden voraus, schafft aber durch die communio der sancta erst die communio der sancti, die tiefer geeinte und geheiligte Gemeinde (una sancta; communio sanctorum). Durch seinen Geist, der die Gaben und uns verwandelt,[190a] schafft sich der erhöhte Herr seinen neuen irdischen Leib. »Die Abendmahlsgemeinschaft vermittelt die Kirchengemeinschaft und ist deren eigentliche Realisation.«[190b]

---

[189] *J. Wanke,* Die Emmauserzählung (Leipzig 1973) 125.

[190] So die einleuchtende Interpretation und Paraphrase von 2 Kor 13, 13 bei *J. Hainz,* Koinonia. ›Kirche‹ als Gemeinschaft bei Paulus (Regensburg 1982) 48.50.

[190a] Nach *Augustinus* baut sich Christus in der Eucharistie mit ihren sakramentalen Gaben seinen lebendigen Leib aus den Gläubigen auf. Was auf dem eucharistischen Tisch liegt, sind wir selbst, die verwandelt, das heißt aus der Getrenntheit in die gelebte communio übergeführt werden sollen. Vgl. etwa Sermo 272 (PL 38, 1247f).

[190b] *Hainz,* Koinonia 39. Der Satz bezieht sich auf Paulus, er trifft aber in ähnlicher Weise beispielsweise für Augustinus zu.

Auch *die anderen Sakramente* stellen Zeichenhandlungen dar, in denen der erhöhte Herr (durch sein Pneuma) selbst an uns handelt. Was Augustinus für die *Taufe* sagt (Christus est, qui baptizat[191]), gilt für alle Sakramente: Christus ist es, der gewaltlos an uns herantritt, der uns an der Hand nimmt und uns – wenn wir nur wollen – herauszieht aus sündiger Selbstverfangenheit und Verfallenheit an ängstigende Mächte, der uns an sich nimmt, uns füreinander öffnet und miteinander verbindet, der uns pflegt und heilt und uns – befreit von Angst und Einsamkeit – einen neuen Lebensanfang ermöglicht, geleitet von seinem Geist. Durch die sinnlich-zeichenhaft vermittelte (also im Glauben erfahrbare!) Lebensmacht seines Pneuma zieht der erhöhte, gegenwärtige Christus uns in sein alternatives Leben hinein.[192] Die Pneuma-Ausstrahlung des erhöhten Herrn ist gleichsam die Atmosphäre, in der die Verbindung zwischen Christus und dem in der Taufe ihm Übereigneten, aber auch die Verbindung der Getauften untereinander zustande kommt: »Wir sind in einem Geist alle zu *einem* Leib getauft ... und mit einem Geist getränkt worden« (1 Kor 12, 13). Der Geist ist uns aber erst vorläufig, als »Angeld« (2 Kor 1, 22; 5, 5; vgl. Röm 8, 23) gegeben, »bis der Herr selbst kommt« (1 Kor 11, 26b) und »wir allezeit beim Herrn sein werden« (1 Thess 4, 17; vgl. Phil 1, 23).

(2) *Die Gegenwart Christi in der Gemeinde*. – Wir sahen: Der erhöhte Herr schafft sich durch Wort und Sakrament in glaubenden Menschen bis hinein in ihre Leiblichkeit und Sozialität einen irdischen Daseinsraum: die Gemeinde.[193] Ursprünglich hat er durch seine »Erscheinungen« die Urzeugen und über sie die vielen andern Jünger zusammengerufen zur neuen ek-klesia, zur Gemeinde und Kirche. Sie ist sein bzw. seines Geistes Geschöpf. Sie ist also Folgewirkung (nicht Voraussetzung) der »Er-

---

[191] *Augustinus,* Tract. in Ioannis Ev. 5, 6.11.18; 6, 7.

[192] Der Geist des erhöhten Herrn ist es auch, der das, was im irdischen Wirken und Kreuz Jesu geschehen und durch die Auferweckung zu erlösender Kraft und Geltung gekommen ist, in jedem Gläubigen durch die Taufe aktualisiert: Jesus ist auferweckt um unserer Gerechtsprechung willen (Röm 4, 25), in der Taufe aber »seid ihr gerechtgesprochen ... durch den Geist« (1 Kor 6, 11); und »die sich (wie Jesus nach der Jordantaufe) vom Geist treiben lassen, die sind Söhne/Töchter Gottes« (Röm 8, 14ff; vgl. Gal 4, 1–7; 1 Petr 3, 18–4, 6; Joh 3, 1ff).

[193] Kirche wird primär durch Jesu Christi Wort und Sakrament (denen Apostolat und Amt funktional untergeordnet sind) begründet.

scheinungen« des Auferstandenen.[194] Fortan baut er sie in seinem Geist immer neu auf durch die Verkündigung seines Wortes und durch Taufe und Herrenmahlfeier (die beiden Hauptsakramente). Er steht dieser neuen Gemeinschaft der Glaubenden bleibend als ihr Herr gegenüber, er gibt ihr aber zugleich die ausdrückliche Zusage: »Wo zwei oder drei in meinem Namen beisammen sind, da bin ich mitten unter ihnen« (Mt 18, 20; vgl. 28, 20). Deshalb bildet die brüderlich-schwesterliche Gemeinschaft derer, die in *seinem* Namen zusammen und durch gemeinsame Teilhabe an seinem Geist verbunden (2 Kor 13, 13; Phil 2, 1) sind und die *ihm* nachzufolgen versuchen, auch einen bevorzugten Ort seiner Nähe, das sinnlich greifbare Zeichen und Medium seiner fortwährenden Gegenwart in der Welt.

Sofern also Menschen Jesus Christus in Glaube, Hoffnung und Liebe gemeinsam nachzufolgen beginnen, ist der erhöhte Christus bei ihnen, und zwar in einer Weise, die fast bis zur Identität geht: »Saulus, Saulus, warum verfolgst du *mich?*« (Apg 9, 4f). Hier gilt es freilich, um einer Vereinnahmung des erhöhten Herrn durch die Gemeinde zu wehren, genau achtzugeben: Zwischen beiden besteht keine wechselseitige Identität, vielmehr bleibt es allein der souveränen Verfügung des Herrn in seinem Geist vorbehalten, sich selbst (durch seine einseitige Identifikation) mit der Gemeinde und Kirche zu identifizieren.

Paulus reflektiert dies sehr sorgfältig, wenn er von der Gemeinde als »*Leib Christi*« spricht.[195] Zunächst verwendet er den »Leib« als Gleichnis, um das wechselseitige Angewiesen- und Verwiesensein der »Glieder«, also der Glaubenden, aufeinander zu verdeutlichen; aus dem Neben- und Gegeneinander der ichverhafteten, für sich selbst lebenden Einzelnen ist durch den Ruf des Herrn sowie in Taufe und Herrenmahl ein Mit- und Füreinander geworden, in dem der eine an der Not des andern mitleidet und sie mitträgt (1 Kor 12, 14–26; vgl. 12, 13 und 10, 17); eine neue, vom Geist Christi geprägte Wirklichkeit, die es nun auch in neuen Beziehungen zueinander praktisch zu leben gilt. Das Bild vom Leib ist also nicht Ausdruck einer – an der Bestä-

---

[194] Vgl. hierzu oben Kap. 4, II. 3.
[195] Zum Folgenden vgl. *E. Schweizer*, σῶμα, in: ThWNT VII (1964) 1064ff; *ders.*, σῶμα, in: EWNT III (1983) 776–779; *E. Käsemann*, Das theologische Problem des Motivs vom Leibe Christi, in: Ders., Paulinische Perspektiven (Tübingen ²1972) 178–210; *Schlier*, Grundzüge (s. Anm. 185) 194–200.

tigung des status quo interessierten – abstrakten harmonistischen Ideologie,[196] sondern hat praktischen Aufforderungscharakter: es macht die neue Gemeinschaft als Indikativ *und* Imperativ bewußt (so auch Röm 12, 4f). Dann aber zeigt sich, daß Leib für Paulus noch mehr ist als ein bloßer bildhafter Vergleich. Geht es doch – auch wenn der Begriff bei Paulus noch keine feste Prägung hat – um den »Leib Christi« als Realität (1 Kor 12, 12f. 27; 10, 16): Der auferstandene und erhöhte Herr selbst schafft sich durch sein Pneuma einen Leib mit vielen (sehr unterschiedenen) Gliedern.[197] Er hat also wirklich einen irdischen Leib, und die Glaubenden werden, *indem* sie in Taufe und Herrenmahl *Christus zugehörig* werden und gemeinsam an seinem Geist teilhaben (2 Kor 13, 13; 1 Kor 12, 13), in diesen Leib eingegliedert (nicht umgekehrt). Sie sind »Glieder Christi« selbst (1 Kor 6, 15), und *darum* bilden sie seinen irdischen Leib.[198] Sie sind der vom Geist erbaute und durchatmete »Tempel« (1 Kor 3, 16f).

Die Deuteropaulinen haben den paulinischen Gedanken aufgenommen und zum Bild vom erhöhten *Haupt und* dem irdischen *Leib* erweitert (Kol 1, 18.24; 3, 15; Eph 1, 22f; 4, 12.15f; 5, 23.29f). Vor allem in dieser Form wirkt der Gedanke in der christlichen Geschichte weiter. So etwa bei Augustinus, der bemerkt, wie sinnlos Ehrerweisungen gegenüber dem erhöhten Herrn seien, wenn »gleichzeitig seine Glieder auf Erden bedrängt«, verletzt, geschlagen, zertreten werden.[199] Diese lassen sich von ihm nicht trennen: »Seht, Brüder, die Liebe unseres Hauptes. Schon ist es im Himmel, und doch leidet es hienieden, solange die ecclesia hier leidet. Hienieden hungert Christus, hienieden dürstet er, ist nackt, ist fremd, ist krank, ist im Kerker. Denn was immer sein Leib hier leidet, das – sagt er – leide auch

---

[196] So freilich der antike Vergleich des Staates als eines geordneten Ganzen mit dem menschlichen Leib in der oft wiederholten Fabel des Menenius Agrippa (*Schweizer,* ThWNT VII 1037), die einmal die Revolution der arbeitenden Plebejer (Körperglieder) gegen die beherrschende Oberschicht (untätiger Magen) verhindert haben soll. So in anderer Weise aber bisweilen auch in Predigten und Verlautbarungen, welche die realen Konflikte harmonisierend überspielen.

[197] Der Leib wird nicht durch die sich vereinigenden Glieder gebildet, sondern Jesus Christus verbindet durch seinen Geist Glaubende und Getaufte mit sich, die daraufhin seinen irdischen Leib bilden.

[198] Eine ähnliche Funktion wie bei Paulus der Leib-Gedanke hat bei Johannes das Bild vom Weinstock und den Rebzweigen (Joh 15, 1).

[199] *Augustinus,* Tract. in Ep. Ioannis X 5, 9 (PL 35, 2060f).

er. ... So ist ja auch in unserem Leib das Haupt oben, während die Füße auf der Erde stehen: und doch, wenn dir jemand in einem Menschengedränge auf den Fuß tritt, ruft dann nicht das Haupt: du hast mich getreten? ... So ruft auch das Haupt Christus, das niemand tritt: *ich* hungerte, und ihr gabt *mir* zu essen.«[200] Was dies zumal für das Verhältnis von begüterten Christen der Ersten Welt und von armen Christen der Dritten Welt bedeutet, haben wir (bis in die obersten Kirchenränge hinein) offenbar immer noch zu lernen.[201]

Die umkehrende, am Leiden der ärmsten Glieder in aktiver Liebe mitleidende Gemeinde ist das bleibende Zeichen der Auferstehung Jesu.[202] Sie ist der Ort seiner Anwesenheit, wo man ihm begegnen kann. Denn überall dort, wo das Zusammenleben von Menschen in den »Leib Christi« verwandelt wird, wo also das von Jesus gelebte und ermöglichte neue Leben heute verkündet, mehr noch: real möglich und praktisch wird, dort manifestiert sich der lebendige Christus.

Die christliche Gemeinde ist berufen, Zeugnis zu geben von Gottes versöhnendem und befreiendem Handeln in Leben, Sterben und Auferstehung Jesu. Ohne Zweifel gibt sie dieses Zeugnis durch Wortverkündigung und Sakramentenspendung, durch ihren Gottesdienst und ihr Gebet. Glaubhaft aber wird dieses Zeugnis erst, wenn das Evangelium in ihrem eigenen gemeinsamen Leben praktisch wird und dort neue Verhältnisse zur Folge hat, wenn weiter die Gemeinde zur Umgestaltung unserer Welt in Solidarität gerade mit den Bedürftigen drängt. »Glaubhaft ist nur Liebe«,[203] die sowohl untereinander als auch nach außen gelebt wird. Glaubhaft sind nur die, die leben, was sie glauben, und ernst nehmen, was sie hoffen. Das Zeugnis des Wortes richtet sich immer auch gegen die faktische Gestalt der Gemeinde, ruft sie zur Umkehr, zum Zeugnis der erneuerten Existenz und der Tat. *Sofern* die Gemeinde jedoch den Ruf des Herrn hört,

---

[200] *Augustinus,* Sermo 137, II 2 (PL 38, 755).
[201] Ansonsten wären manche inoffiziellen und offiziellen kirchlichen Maßnahmen weniger von römisch-germanischer, eurozentrischer Überheblichkeit als von christlicher Demut (Dien-Mut) gegenüber den armen Mitchristen, die schwer um Befreiung ringen, geprägt.
[202] Insoweit ist *R. Pesch,* Zwischen Karfreitag und Ostern (Einsiedeln 1983), zuzustimmen; einen »Beweis« der Auferstehung Jesu (ebd. 88) stellt die erweckte, umkehrende, lebendige Gemeinde freilich nicht dar.
[203] Vgl. *H. U. von Balthasar,* Glaubhaft ist nur Liebe (Einsiedeln 1965).

von seinem Geist sich erfassen und in Bewegung versetzen läßt, ist sie – und sei es noch so gebrochen und unvollkommen (vgl. 1 Kor 1, 26–29; 2 Kor 4, 7; Mt 13, 30; Apk 2f) – die zeichenhafte, sichtbare und verspürbare Daseinsform des erhöhten Herrn auf Erden,[204] ein »mit dem Geist des lebendigen Gottes geschriebener Brief Christi« an die Welt (2 Kor 3, 3), »Zeichen und Werkzeug« (Sakrament) seines einigenden Wirkens an der Welt[205]. *Dann* ist sie – wenn auch oft arg undeutlich – der Vor-Ort seines zukünftigen vollendeten Reiches, Salz der Erde (Mt 5, 13), Licht mitten in einer verdrehten Gesellschaft (Phil 2, 15; Mt 5, 14–16).

(3) *Die anonyme Gegenwart Christi in den Armen.* – Im Wort und Sakrament begegnet uns der erhöhte Herr in kenntlich gemachter Weise; denn beide sprechen ausdrücklich von ihm und verweisen auf ihn. Ebenso kommt auch die Gemeinde ausdrücklich in seinem Namen zusammen und ist insoweit sichtbarer Hinweis auf seine lebendige Gegenwart. Nun wissen das Neue Testament und die christlichen Kirchen aber noch von einer ganz anderen, gar nicht erwarteten, anonymen Gegenwart des erhöhten Herrn: in den Geringsten, den armen Lazarussen vor unseren Türen. Die Armen in der Welt sind sein Inkognito. In ihnen ist er unerkannt, aber real präsent. Er selbst ist es, der uns dies durch sein Wort aufdeckt und zu Bewußtsein bringt.

In dem großen Bild vom Weltgericht Mt 25, 31–45[206] werden

---

[204] Dabei sollte man so nüchtern bleiben wie *D. Bonhoeffer,* Das Wesen der Kirche. Aus Hörernachschriften zusammengestellt und hrsg. von O. Dudzus (München 1971) 53: »Kirche wird nicht erfahrbar in ... Gemeinschaftserlebnissen, sondern dort, wo man weiß, daß die Gemeinschaft zwischen mir und den anderen zerbrochen ist, daß aber Christus in seinem stellvertretenden Handeln uns einander zuführt und beieinander erhält. Kirche tritt vielleicht am überzeugendsten in der Situation einer Abendmahlsgemeinde in der Großstadt in Erscheinung. Natürliche Verbundenheit spielt kaum eine Rolle. Die größten Gegensätze sind beieinander, die zwischen Militarist und Pazifist, Arbeitgeber und Arbeitnehmer und dergleichen. Es ist eine höchst paradoxe Einheit, die Gott hier in Christus gestiftet hat, eine, der man mit dem Begriff religiöser Gemeinschaft nicht beikommen kann. Mit religiösen Erlebnissen bleiben wir in der Adamsmenschheit. Armut an Glauben ist nicht zu ersetzen durch reiche Erlebnisse.«

[205] Vgl. die Kirchenkonstitution des Zweiten Vatikanischen Konzils »Lumen gentium« Nr. 1. 9. 48; in Nr. 33 und 38 ist das gleiche aber auch von jedem Glaubenden gesagt, in dem ja Christus durch den Glauben wohnt und lebt (Eph 3, 17; vgl. Gal 2, 20; Röm 8, 9f; 2 Kor 13, 5; Joh 14, 23).

[206] Zur Interpretation vgl. *G. Eichholz,* Das Rätsel des historischen Jesus und die Gegenwart Jesu Christi (München 1984) 42–54; ferner *Kessler,* Erlösung als Befreiung 81f.

»alle Völker« vor dem erhöhten, wiedergekommenen Herrn versammelt. Zu den einen sagt er: »Ich war hungrig (durstig), und ihr habt mir zu essen (trinken) gegeben; ich war fremd und obdachlos (nackt), und ihr habt mich aufgenommen (bekleidet); ich war krank, und ihr habt mich gepflegt; ich war im Gefängnis, und ihr habt euch um mich gekümmert.« Zu den andern sagt er: »Ich war hungrig, und ihr habt mir nichts zu essen gegeben« usw. Beide Gruppen fragen verwundert zurück: »Herr, wann sahen wir *dich* hungrig ...?« Zu sehen war ja nichts weiter als irgendein »Geringster«, Unbedeutender und Unansehnlicher, der für den Gang der Weltgeschichte keine Rolle spielt.[207] Daß seine konkrete Not zu sehen war, wird von niemandem bestritten. Doch daß der *Kyrios* hier zu sehen war, das eben ist die Überraschung: Wann sahen wir dich hungrig? Sichtbar war doch nur der Arme in seiner Not. Die Rückfrage beider Gruppen ist zwar ein und dieselbe, und doch bedeutet sie ganz Verschiedenes: im einen Fall ein Nichtfassenkönnen, daß man – ohne es zu wissen – dem Herrn gedient habe, im andern Selbstentschuldigung und Aufbegehren. Doch der »König« bekräftigt (V. 40.45): »Was ihr einem von diesen Geringsten (nicht) getan habt, das habt ihr *mir* (nicht) getan.« Er gibt uns damit zu verstehen, daß er jetzt schon verborgen gegenwärtig ist in den Hungrigen, Durstigen, Fremden, Nackten, Kranken, Gefangenen.

Damit sind – wie jenes »alle Völker« und das Nichtwissen um Jesu Weisungen zeigt – nicht nur die armen *Christen,* die leidende Kirche, gemeint. »So universal wie das Weltgericht ist auch die vorlaufende Identifizierung« des erhöhten Herrn mit den Armen und Verfolgten, wo immer und wer immer sie sind.[208] Seine Identifizierung mit den Geringsten macht nicht halt an den Kirchengrenzen.[209] In *allen* Armen läßt er sich fin-

---

[207] *Eichholz,* Rätsel 44, weist darauf hin, daß ἐλάχιστος denjenigen bezeichnet, der »sehr unbedeutend« und unansehnlich ist. – Viele Handschriften sagen in V. 40: »einem von diesen meinen geringsten Brüdern«; der erhöhte Herr identifiziert sich mit den Geringsten als mit seinen Brüdern.

[208] So *J. Moltmann,* Kirche in der Kraft des Geistes (München 1975) 145.

[209] Man darf die Aussage des Bildes also nicht – wie die Auslegung Augustins (s. o. Anm. 200) nahelegen könnte – auf die Glieder der Kirche eingrenzen; solche Grenzen sind gerade verlassen. Dies stellt auch *H. U. von Balthasar,* Die Gottesfrage des heutigen Menschen (Wien 1956) 207ff, sehr klar heraus. *Rahner,* Grundkurs 303, beruft sich mit Recht auf Mt 25, 40, wenn er sagt, »daß der Mensch, dem Christus in

den, und zwar auch von denen, die ihn noch nicht kennen. Was ein Mensch irgendeinem der Geplagten und Verfolgten dieser Welt getan hat, das hat er Christus selbst getan, ob er von ihm weiß oder nicht. Denn wie Jesus in seinem irdischen Leben für die (real) Armen und Verlorenen Partei ergriffen und sein Leben eingesetzt hat, so ist er auch jetzt *auf ihrer Seite*. Ihre konkrete Not hat er zu seiner eigenen Not gemacht. Der Auferstandene bleibt der gekreuzigte und arme Christus. In die Armen hinein verbirgt er sich. In den Lazarussen draußen, die wir täglich zu sehen bekommen, *wartet* er auf uns und unsere Tat der Gerechtigkeit. Er ruft uns an, abzulassen von jenem Spiel, in dem wir die Reichen bleiben wollen auf Kosten der Armen und Ärmsten, von jenem grausamen und skandalösen Spiel, in dem wir reichen Länder immer weiter rüsten (und uns vielleicht zu Tode rüsten), während über eine halbe Milliarde Menschen sich derzeit zu Tode hungern. In *jedem* von ihnen sucht *er* uns. Das ist beunruhigend, das ist störend. Doch ohne diese Störung unserer Ruhe will er uns auch in Wort, Sakrament und Gemeinde nicht begegnen. Von demselben Geist, in dem er sich dort gegenwärtig macht, um an uns zu handeln, sagt ja die Pfingstsequenz,[210] er sei der »pater pauperum«, der Vater der Armen (im ganz umfassenden Sinne). Also der Geist, der uns aus den Verhärtungen unseres Besitzindividualismus und aus der Kälte unserer Unfähigkeit, in Gemeinschaft zu leben, herausführt und zu Gerechtigkeit, zum brüderlichen Miteinanderteilen, zu gegenseitiger Interdependenz und Kommunikation bekehrt.[211]

Das von Mt 25, 31–45 her entworfene Bild ließe sich durch andere Texte bestätigen. So etwa durch Mk 9, 37par: »Wer immer ein Kind um meinetwillen aufnimmt, der nimmt mich

der ausdrücklichen geschichtlichen ... Bezeugung noch nicht begegnet ist, ihn dennoch finden kann in seinem Bruder und der Liebe zu ihm, in dem Jesus Christus sich gleichsam anonym finden läßt«. – Der Selbstidentifikation des Königs mit den Geringsten in Mt 25 entspricht in einer überraschenden Weise jene gewaltige »rabbinische Fabel« aus dem 2. Jahrhundert (Sanhedrin 98a), »welche in einer maßlosen Antizipation den Messias unter den Aussätzigen und Bettler an den Toren Roms, in die Ewige Stadt versetzt hat« (*G. Scholem,* Über einige Grundbegriffe des Judentums, Frankfurt 1970, 135), ihn also verborgen in den Ärmsten mitten unter uns ständig warten läßt.

[210] Sie wird heute *Stephan Langton* (1150–1228) zugeschrieben.

[211] Sehr wichtig in diesem Sinne *M. D. Meeks,* Gott und die Ökonomie des Heiligen Geistes, in: EvTh 40 (1980) 42–58, der zeigt, wie diametral die Ökonomie des Heiligen Geistes dem »Geist des Kapitalismus« entgegengesetzt ist.

auf.«[212] In der christlichen Geschichte begegnet das Motiv in vielerlei Gestalt. Es sei nur erinnert an die – freilich allzu bekannte – Legende von Martinus, der in dem Bettler inkognito Christus selbst kleidet. Oder an Nikolai Ljesskows tief bewegende Erzählung »Der Gast beim Bauern«, in welcher dem Bauern Timofei, der auf das Kommen des Herrn wartet und ihm Tag für Tag einen gedeckten Platz am Tisch bereithält, mitten in einer stürmisch kalten Weihnacht ein zerlumpter, verelendeter Mann zur Tür hereinstolpert, sein Feind, der ihm früher böse mitgespielt hatte und den er nun wie Christus aufnimmt und pflegt.

Hans Urs von Balthasar hat früher einmal vom »Sakrament des Bruders« gesprochen und gesagt: Der Bruder wird »zum Träger der Anrede Gottes, zum Sakrament des Wortes Gottes an mich. Dieses Sakrament spendet sich im Alltag, nicht im Kirchenraum. Im Gespräch, nicht während der Predigt. Nicht in Gebet und Betrachtung, sondern dort, wo ... es sich entscheidet, ob ich im Gebet wirklich Gottes Wort gehört habe.«[213] Wenn man diese Aussage vor dem Hintergrund von Mt 25, 31–45 liest, dann bleibt gar keine andere Konsequenz als diejenige, die heute von der Theologie der Armen, der Befreiungstheologie in ihren verschiedensten Gestalten, gezogen wird: Der Arme, Unterdrückte, Verfolgte ist der bevorzugte Ort der Gegenwart des erhöhten Christus, er ist der privilegierte Zugangsort zu ihm und seine geheime, aber reale Epiphanie. Es gibt ein *Sakrament des Armen;* es ist ein öffentliches, ein politisches Sakrament. Mißachten, verdrängen, töten wir den Armen, so mißachten, verdrängen, vernichten wir die Gegenwart des Herrn in unserem Leben.[214]

Die Armen in der Welt werden deshalb zur *Krisis unserer* gesamten christlichen und kirchlichen *Existenz*. Ohne sie können wir nicht bei Christus sein, und umgekehrt ist Christus nicht von ihnen trennbar, sondern nur mit ihnen da. Das gilt auch für die christliche Gemeinde, die das Herrenmahl feiert: Wenn sie ihren

---

[212] Mk 9, 41/Mt 10, 40–42 findet sich freilich bereits eine Konzentration auf die Jünger, in Situationen der Verfolgung (aber auch nur dann) durchaus angemessen.

[213] *Balthasar,* Gottesfrage 205.216f.

[214] So sehr eindrücklich *E. Dussel,* Herrschaft – Befreiung. Ein veränderter theologischer Diskurs, in: Concilium 10 (1974) 396–407, hier 399f. 403f. Ähnlich u. a. *Sobrino,* Christology (s. Anm. 170) 196.207.233.394, oder *L. Boff,* Anliegen (s. Anm. 73) 96.

Armen, Behinderten, Gedemütigten nicht Platz schafft am eucharistischen Tisch und am Tisch der Agape, wenn sie das eucharistische Tischtuch zwischen sich als relativ reicher Gemeinde und den armen Gemeinden in der Welt zerschneidet, dann »ißt sie unwürdig vom Brot des Herrn und macht sich schuldig am Leib des Herrn« (1 Kor 11, 27 mit 11, 20f). Glaubwürdiges Zeichen der erlösenden Gegenwart Christi kann die Kirche in ihrer Evangelisation und Sakramentenspendung nur sein, *wenn* sie die Mauern der Ungerechtigkeit abträgt und sich für die Armen engagiert. Sie ist damit selbst in einen Kampf gestellt, der sich in der Innerlichkeit *und* in der Öffentlichkeit abspielt, der also notwendig auch die politischen Strukturen betrifft.

2. Der andauernde dramatische Kampf des neuen Lebens mit den Mächten des Todes und der Zerstörung

Die Gegenwart des erhöhten Herrn in der Wirkkraft seines Geistes, von der wir sprachen, ist keine statische. Das Pneuma (Geist), durch welches er sich gegenwärtig macht und wirkt, bedeutet ja gerade eine ungemein bewegende und unbändige *Dynamik*. Eine belebende, aufatmen machende, befreiende, aber auch den gewohnten Gang der Dinge unterbrechende, Menschen über sich – auf Gott und die Andern zu – hinausführende, neue Beziehungen und Gemeinschaft schaffende Dynamik, die »das Angesicht der Erde erneuern« will (Ps 104, 30). Die Gegenwart des erhöhten Christus ist eine dynamische, seine Herrschaft eine aktive. Sie stellt einen fortgesetzten Angriff auf die Mächte des Todes, der Zertrennung und Zerstörung dar.[215]

a) Die gegenwärtige Herrschaft Jesu Christi als Kampf mit den Mächten des Todes

Gehen wir noch einmal von den neutestamentlichen Zeugnissen aus und achten wir genau darauf, *wie* sie von der gegenwärtigen Herrschaft des erhöhten Herrn sprechen. Worin besteht sein Herrschen?

---

[215] Hier wäre ausführlich vom Wirken und der Erfahrung der Gnade, von der christlichen Existenz und der Praxis christlicher Gemeinden zu sprechen. Wir müssen uns auf einige Aspekte beschränken, die sich unmittelbar aus unseren bisherigen Überlegungen ergeben.

In 1 Kor 15, 24–28[216] spricht *Paulus* davon, daß Gott für einen bestimmten Zeitraum (nämlich von der Auferweckung Jesu bis zu dessen Parusie)[217] die Ausübung seiner Herrschaft dem erhöhten Jesus Christus übertragen habe, und zwar zu einem ganz bestimmten Zweck: um alle widrigen »Mächte und Gewalten« zu entthronen (V. 24) und unsere Auferstehung zum Leben herbeizuführen (vgl. V. 21f). Mit den »Mächten«,[218] von denen in verschiedenen Begriffen die Rede ist, meint das Neue Testament ursprünglich von Gott geschaffene Größen (vgl. Kol 1, 15f), die aber dadurch, daß Menschen ihnen bestimmenden Einfluß über sich und ihre Welt verleihen und vor ihnen in die Knie gehen, sich der Menschenwelt bemächtigen und zu verführenden, versklavenden Mächten – zu den »vielen Göttern und Herren« der Welt (1 Kor 8, 5) – werden können. Sie zu entthronen ist der erhöhte Herr angetreten: »er muß herrschen, bis er alle seine Feinde unter seine Füße gelegt hat;[219] der letzte Feind, der vernichtet wird, ist der Tod« (V. 25f). Dieser ist die eigentliche Gegenmacht, die mit Hilfe der anderen und in den anderen Mächten herrscht. Ostern bedeutet zwar den entscheidenden Einbruch in seinen Machtbereich; seine universale Macht ist gebrochen, der Stachel ist ihm gezogen (1 Kor 15, 54–57). Dennoch wird er – und jetzt vielleicht erst recht – bis zuletzt toben. Gegen ihn vor allem ist der Auferstandene angetreten.

Die Niederwerfung der (unser Dasein beherrschenden, äng-

---

[216] Zum Folgenden vgl. *Conzelmann,* 1 Kor (1969) 320–327; und *J. Lambrecht,* Christus muß König sein, in: IkaZ 13 (1984) 18–26.

[217] Die stark theozentrischen paulinischen Aussagen von der zeitlichen Begrenztheit der Herrschaft Jesu Christi und von seiner Selbstunterwerfung (1 Kor 15, 25.28) haben den Kirchenvätern viele Schwierigkeiten bereitet. Beide Aussagen können ja auch zu (modalistischen) Mißverständnissen führen, wenn man übersieht, daß sie auf die universale und ewige Herrschaft (des trinitarischen!) Gottes hinzielen (V. 28d). Die Väter interpretieren die Herrschaftsrückgabe Christi mit Recht soteriologisch: Christi Herrschaft ist Heilsherrschaft, Christus übergibt dem Vater die von ihm Befreiten und Geretteten (seinen »Leib«); trinitarisch gesehen wird gerade »seiner Herrschaft *kein* Ende sein« (Credo von Konstantinopel 381, DS 150). Vgl. hierzu *P. Trummer,* Anastasis (Wien 1970) 74–79; *E. Schendel,* Herrschaft und Unterwerfung Christi. 1 Kor, 24–28 in Exegese und Theologie der Väter bis zum Ausgang des 4. Jahrhunderts (Tübingen 1971).

[218] Dazu *W. Foerster,* ἐξουσία, in: ThWNT II (1935) 568–570; *G. Delling,* στοιχεῖον, in: ThWNT VII (1964) 683–686; *H. Schlier,* Mächte und Gewalten im NT (Freiburg 1958) bes. 11–36.

[219] Paulus hat hier Ps 110, 1 (Gott spricht zum König: »Setze dich zu meiner Rechten, und *ich* lege dir deine Feinde als Schemel unter die Füße«) christologisch und universalistisch redigiert: der erhöhte Christus selbst unterwirft »alle« seine Feinde.

stigenden, lähmenden, lebenszerstörerischen) Mächte hat also mit der Erhöhung Jesu begonnen; sie beginnt nicht erst mit der Parusie, dort wird sie offenkundig. Seit Ostern ist der eschatologische Prozeß der Überwindung der Mächte im Gang (1 Kor 2, 6). Die Aktivität des erhöhten Herrn besteht vornehmlich darin, daß er im Kampf liegt mit den gott- und lebenswidrigen Mächten, im Kampf mit dem Tod und mit denen, die das Geschäft des Todes betreiben. Sein Ziel ist es, die Absicht Gottes zu realisieren: die universale Herrschaft der Liebe Gottes (V. 28) und damit unsere Auferstehung zum gemeinsamen Leben.

Paulus bedient sich bei derartigen Aussagen mitunter mythologischer Ausdrucksmittel. Es wäre aber völlig falsch, sich die aktive Herrschaft Christi mythologisch vorzustellen als einen Kampf gegen außerirdische Mächte, der sich weit weg von unserer Geschichte über unseren Köpfen abspielte. Er meint im Gegenteil ganz *reale geschichtliche Vorgänge,* in die wir verwickelt sind. Deshalb mahnt er: »Werdet nüchtern und sündigt nicht mehr . . .; seid standhaft und unerschütterlich, nehmt allezeit am Werk des Herrn *teil*« (1 Kor 15, 34a. 58). Wenn Christus gegen die todbringenden Mächte kämpft, dann dürfen Christen und Gemeinden nicht passiv bleiben. Dann müssen auch sie gegen diese Mächte kämpfen und auf diese Weise – in den Worten eines Paulusschülers gesprochen – »dem Herrn Christus dienen« und »Mitarbeiter am Reiche Gottes« sein (Kol 3, 24; 4, 11f). Was dies genauerhin heißen kann, werden wir im nächsten Unterpunkt bedenken.

Zuvor aber muß unsere Aufmerksamkeit noch kurz einer *nachpaulinischen* Tradition gelten, die dem Gesagten scheinbar widerspricht, weil nach ihr die Niederwerfung der Mächte bereits durch die Erhöhung Jesu geschehen ist. Gott hat, so kann es da heißen, den auferweckten Christus »zu seiner Rechten in der Himmelswelt gesetzt, über jede Gewalt und Macht und Kraft und Herrschaft . . .; alles *hat* er unter seine Füße gelegt und ihn als Haupt über alles der Kirche gegeben« (Eph 1, 20–22; vgl. 4, 8f; Kol 2, 10.15; 1 Petr 3, 22; ferner Joh 12, 31).[220] Hier liegt ein gegenüber Paulus verändertes (helleni-

---

[220] Zum Folgenden vgl. *J. Gnilka,* Der Epheserbrief (Freiburg 1971) bes. 63–66.95f. 206–209. – Auch der vorpaulinische Hymnus Phil 2, 6–11 verbindet die Unterwerfung der Mächte mit der Erhöhung; Zielpunkt ist dort die Akklamation der Mächte

stisches) Weltbild zugrunde: über der Erde spannen sich übereinander gestaffelte himmlische Räume als Bereich der Mächte; der Auferstandene hat durch seinen Aufstieg in den Himmel bzw. über alle Himmel diese Räume und die Gewalten des Alls durchschritten und herrscht über sie. Der Blick richtet sich also weniger nach vorn, auf die Ankunft des Herrn, als nach oben (vgl. Kol 3, 1f), auf seine schon gegenwärtig alles überragende Position als Herr über das All (Pantokrator). Dennoch wird nicht die Illusion vorgespiegelt, daß Tod und Mächte abgetan seien oder daß die irdische Geschichte der Herrschaft und dem Willen Christi schon entspräche. Nein, die Mächte und Gewalten sind noch immer »die Beherrscher dieser Welt der Finsternis« (Eph 6, 12), es gilt, ihnen zu widerstehen, gegen sie zu kämpfen, und die christliche Gemeinde ist genau in die Situation des Kampfes gegen sie gestellt (vgl. Eph 6, 10–18; 1 Petr 5, 8f).

Stärker als die erwähnten deutero- und nachpaulinischen Schriften stellt *Paulus* das Aktive, Dynamische, Zukunftsgerichtete der Herrschaft Christi heraus. Der erhöhte und gegenwärtige Herr selber kämpft gegen den Tod und die todbringenden Mächte, und er wirkt durch seinen Geist neues, anderes Leben (vgl. 1 Kor 15, 45). Darin besteht sein Herrschen. Er kämpft und wirkt indes nicht isoliert und allein. Die Gemeinden und die Christen kämpfen und wirken mit, wenn und insoweit sie sich nicht von der Selbstsucht, die zum Tode führt, leiten lassen, sondern vom Geist Gottes und Jesu Christi, der auf Leben, Friede und Gerechtigkeit aus ist (vgl. Röm 8, 1–17).

Wir sagten, in ihrer *Universalität* sei die Macht des Todes und seiner Helfershelfer bereits gebrochen, nämlich durch die Auferstehung der sich für die Andern hingebenden, Leben ermöglichenden Liebe Jesu. »Verschlungen ist der Tod im Sieg. Tod, wo ist dein Sieg? Tod, wo ist dein Stachel? Der Stachel des Todes ist ja die Sünde, die Kraft der Sünde aber das Gesetz. Gott sei Dank, der uns den Sieg gibt durch unseren Herrn Jesus Christus« (1 Kor 15, 54–57). Oder in den Worten des johanneischen Jesus: »seid getrost, ich habe die Welt überwunden« (Joh 16, 33). Es gibt nun die Möglichkeit des neuen Lebens aus der

an Jesus als den Kyrios zur Ehre Gottes des Vaters (wiederum theozentrische Ausrichtung).

Vergebung (Befreiung von Sünde) und in der Hoffnung für die Entschlafenen (Befreiung vom Tod). Wir können dem scheinbar unentrinnbaren Bann der Mächte entkommen, wir können uns von ihnen absetzen, uns ihnen widersetzen und – in den Fußstapfen Jesu (1 Petr 2, 21) – als »neue Geschöpfe« anders leben. Weil die scheinbar unbesiegliche Macht des Todes von Jesus Christus durchbrochen ist, brauchen diejenigen, die ihm durch Glaube und Taufe zugehören, sich nicht mehr von Todesfurcht einschüchtern zu lassen und nicht mehr den »Herren der Welt« hörig zu sein, die uns – direkt oder zumeist indirekt und unmerklich – mit dem Tod drohen, »die mit dem Tod uns regieren«[221].

Die Christus zugehören, haben eine Lebenswende und einen *»Herrschaftswechsel«*[222] vollzogen, den es jeden Tag neu zu aktualisieren gilt: Sie sind aus der tödlichen Knechtschaft unter der Sündenmacht in die Freiheit unter dem einen Herrn getreten, um – Gott und der Gerechtigkeit dienend – in einem neuen Leben zu wandeln (Röm 6). Ja, sie sind, soweit sie in der Liebe zu den andern durch den Tod der Selbstsucht hindurchgehen, schon vom Tod zum Leben hinübergeschritten und leben insoweit bereits jenseits der Todesgrenze (1 Joh 3, 14). Im Maße sie also Christus zugehören, sind sie »mit Christus den Mächten der Welt weggestorben« (Kol 2, 20) und hat die solidarische Liebe Jesu ihr Leben zu »beherrschen« begonnen. Im selben Maße aber sind sie auch den Anfechtungen jener Mächte und ihrer Helfershelfer ausgesetzt, die ihren Totalanspruch noch immer aufrechterhalten und denen daher Menschen mit einem anderen Herrn und anderem Lebensstil unerträglich sind; »wundert euch nicht, wenn die Welt euch haßt« (1 Joh 3, 13).

In Menschen, die sich Jesus Christus übereignet haben, hat seine sich hingebende, versöhnende, lebenschaffende Liebe ihre

---

[221] So in der 3. Strophe von *Kurt Martis* Osterlied: »Das könnte den Herren der Welt ja so passen, wenn erst nach dem Tode Gerechtigkeit käme«. Sie lautet: »Doch ist der Befreier vom Tod auferstanden, ist schon auferstanden und ruft uns jetzt alle zur Auferstehung auf Erden, zum Aufstand gegen *die* Herren, die mit dem Tod uns regieren.« Siehe Gotteslob (Limburger Diözesanteil) Nr. 837. – Vgl. auch *Moltmann*, Kirche (s. Anm. 208) 117: »Wo es Gewißheit gibt, daß der Tod seine Macht verloren hat, gibt es eine Alternative zu jenen Herrschaftssystemen, die auf der Bedrohung mit dem Tod aufgebaut sind.«

[222] So *E. Käsemann*, Kritische Analyse von Phil 2, 5–11, in: ZThK 47 (1950) 313–360, hier 358f; *ders.*, An die Römer (Tübingen ³1974) 164ff.

Herrschaft angetreten – gegen alle ihr widerstreitenden Mächte, denen sie scheinbar immer wieder unterliegt. Diese Mächte bestreiten ja ihr in Jesu Auferstehung signalisiertes Ende beständig; sie leisten anhaltenden und – wie es oftmals scheinen kann – gesteigerten Widerstand. So war Jesus – wie Blaise Pascal meditiert – nicht nur am Ölberg und Kreuz im Todeskampf: »Bis ans Ende der Welt wird Jesus in Agonie sein«, im Kampf mit dem Tod und den todbringenden Herren der Welt; »deshalb darf man während dieser Zeit nicht (wie die Ölbergjünger) schlafen«.[223] Oder in Worten Karl Barths, der die gesamte Geschichte nach Kreuz und Auferstehung als eine Kampfesgeschichte des Erhöhten gegen das Elend in der Schöpfung begreift: »Ein Drama spielt sich da ab; ein Kampf wird da durch- und ausgefochten.«[224] Jesus selbst »seufzt, weint, fleht und betet« angesichts der noch unerlösten Schöpfung; noch immer »trägt (er) die Last des noch und noch sich erhebenden Bösen, des ihm noch und noch folgenden Übels, des Alles und Alle noch und noch verfinsternden Todes«.[225] Und doch steht unumstößlich fest: »Jesus *ist* Sieger!«[226] »Die Herren der *Welt* gehen, *unser* Herr kommt!« (Martin Niemöller) Als der Sieger und als der Kommende ist er noch unterwegs und im Kampf. Deshalb ist er unser aller Hoffnung und unser Halt.

Weil aber beides Wirklichkeit ist, der gewisse Sieg *wie* der noch fortdauernde Kampf, das Kreuz *und* die Auferstehung, wird dem Christen aller Masochismus ebenso unmöglich wie aller Triumphalismus. Weder darf eine Theologie des Todes die Auferstehung absorbieren noch eine Theologie der Auferstehung das Kreuz auflösen. Kreuz und Auferstehung bilden eine differenzierte Einheit, so nämlich, daß sie eine *unumkehrbare Sequenz* bilden. Der Weg geht durch Kampf, Leiden und Kreuz, aber er geht zur Herrlichkeit (Röm 8, 18; 1 Petr 4, 12f).

---

[223] *B. Pascal,* Pensées, Fragment 553; in der dt. Ausgabe von E. Wasmuth (Heidelberg 1963) 243.

[224] *Barth,* Kirchliche Dogmatik IV/3, 192.

[225] Ebd. 379.

[226] Ebd. 188–317.

b) Die solidarische Liebe im Widerstreit mit dem Willen zur Selbstbehauptung durch Machtsteigerung

Was kann das soeben Dargelegte für uns heute besagen? Offenbar stehen zwei Mächte einander gegenüber und befinden sich in einem dramatischen Ringen: »Fleisch« und »Geist« (wie Paulus sagen kann) oder die Mächte der Welt und die so ganz andere Macht des gekreuzigten und erhöhten Jesus. Was bedeutet das in unserer gegenwärtigen Situation?

Nun, mit den *»Mächten«* meinte das Neue Testament ja all das, was die Menschen vergöttern, dem sie sinn- und maßgebenden Einfluß auf ihr Leben und das Weltgeschehen einräumen, das sich deswegen auch ihrer und ihrer Welt in allen Bereichen bemächtigen kann. Die Mächte haben atmosphärischen Charakter: sie sind wie »die allgemeine geistige Luft, in der die Menschen leben, die sie einatmen, von der sie ihr Denken, Wollen und Handeln bestimmen lassen«. Im allgemeinen Geist (z. B. Zeitgeist, Geist des Kapitalismus usw.) fängt ihre Herrschaft über die Menschen meist an. Dieser ist indes kein freischwebender Geist. Er wird von den Menschen eingeatmet und durch sie in ihre Institutionen und Verhältnisse aufgenommen. »Man richtet sich dann nach diesem Geist, man empfindet ihn als selbstverständlich.«[227] Manches hat in diesem Sinne Machtcharakter angenommen: »Geld regiert die Welt«, sagt beispielsweise ein Sprichwort.

Eine unsere gegenwärtige Welt in der beschriebenen Art atmosphärisch und strukturell bestimmende Macht scheint aber insbesondere jene selbst-herrliche *instrumentelle Rationalität* zu sein, welche die Neuzeit und Gegenwart überwiegend prägt. Sie entspringt – freilich nicht zwangsläufig – einem am Ende des Mittelalters einsetzenden tiefgreifenden Umbruch im Daseinsgefühl der Menschen.[228] Der Zerfall der Einheit-gebenden Kirche, der Verlust der Geborgenheit in Gott, der Abschied vom bisherigen Ordnung-gebenden Weltbild: sie ließen jenes Gefüge zerbrechen, das jahrhundertelang Sinn und Halt gewährt hatte. Der

---

[227] *Schlier,* Mächte 29.
[228] Das Folgende faßt kurz zusammen die genaueren Ausführungen bei *H. Kessler,* Von der Schwierigkeit zu glauben, in: KtBl 105 (1980) 67–78, hier 68–70. 73f, sowie bei *H. Peukert,* Kontingenzerfahrung und Identitätsfindung, in: J. Blank – G. Hasenhüttl (Hg.), Erfahrung, Glaube und Moral (Düsseldorf 1982) 76–102; *ders.,* Über die Zukunft von Bildung, in: FH-extra 6 (1984) 129–137.

Mensch verlor seinen Stand. Er erfuhr sich in einer radikalisierten Weise als zufällig und endlich, als einsam und verloren in den kalten, gleichgültigen Unendlichkeiten des Alls und einer zunehmend verworrenen Welt. In Kompensation dieser ängstigenden Erfahrung der Ungeborgenheit, Ausgesetztheit und Haltlosigkeit entstand nun der Versuch einer *Selbstbegründung in einer radikal autonom und als Wille zur Herrschaft gefaßten Vernunft*. Damit verband sich das Konzept von Freiheit als steigerbarer, letztlich unbeschränkter Verfügungsmacht über alles andere und als Fähigkeit zur Selbstbehauptung gegen andere durch Steigerung der eigenen Macht. Der Andere (die Natur, der Mitmensch, die andere Rasse, Interessengruppe, Nation usw.) wird entweder als Material, Mittel oder Produkt wahrgenommen, das man sich dienstbar macht und aus dem man Gewinn zieht, oder aber als Konkurrent, der durch Steigerung der eigenen Stärke auf den zweiten Platz verwiesen bzw. überwunden, mindestens aber in Schach gehalten werden muß.

Diese letztlich irrationale Grundeinstellung ist in der gesamten neuzeitlichen Entwicklung untergründig wirksam. Sie bildet auch die innere Triebkraft der verschiedenen gesellschaftlichen Subsysteme. In diesen spitzen sich die Widersprüche heute aufs äußerste zu. Das bisherige *ökonomische* System, an Produktionssteigerung und Profitmaximierung (materiellem Wachstum) orientiert, auf materialistischen Konsumismus und Hedonismus angewiesen (Trug vom durch Kaufen, Haben und maximalen Lustgewinn erlangbaren Lebensglück) und bisher schon zu zerstörerischen Exzessen neigend (brutale Selbstdurchsetzung im Konkurrenzkampf; bedenkenloses Geschäft mit *allem,* ob Rüstung, Chemie oder Gefühle und Leiden der Menschen) droht nun die Biosphäre und das Leben selber zu zerstören. Das System der *internationalen Politik* ist dominiert von der wahnsinnigen Ideologie militärischer Sicherheit durch die (immer weiter sich steigernde) Möglichkeit gegenseitiger Zerstörung; es droht über die Existenz der Konkurrenten hinaus die Existenz der Menschheit als ganzer zu vernichten. Geballt treten die Folgen dieser destruktiven Logik der Besitz-, Profit- und Machtsteigerung heute in der sogenannten *Dritten Welt* zutage (rapide Verarmung durch Abzug von Kapital und Ressourcen bei gleichzeitigem Wachstum der Bevölkerung; psychisch-soziale Verelendung und Zunahme von Gewalt durch politische Unterdrükkung und ökonomische Ausbeutung), und zwar so, daß sie morgen unaufhaltsam auf die sogenannte Erste und Zweite Welt *zurückschlagen* müssen.

Der Machtcharakter dieser destruktiven Rationalität zeigt sich übrigens nicht zuletzt darin, daß sie ihre Protagonisten trügerisch auf »Selbstheilungskräfte« setzen läßt, ihre Kritiker aber im Widerstand gegen sie lähmt (Resignation und Fatalismus), daß ihr überdies viele in den christlichen Gemeinden verfallen und auch kirchliche Amtsträger sich vor ihren Karren spannen lassen.

Man könnte die Aussagen des Paulus in 1 Kor 15, 56 auf diese destruktive Rationalität anwenden: Sie scheint ja »das Gesetz« zu sein, unter dem die Neuzeit angetreten ist und bis heute steht. Und dieses »Gesetz ist die *Kraft* der Sünde«, der Entzweiung von Gott (dem eigenen Lebensgrund), von Natur, Mitmensch und eigenem Selbst. Die Sünde aber ist »der Stachel des Todes«; alles »Trachten des Fleisches (der Selbstsucht) führt zum Tode« (Röm 8, 6). Zu dieser kritischen Analyse kommt Paulus jedoch von der positiven Gewißheit her, daß der gekreuzigte und auferstandene Jesus diese Mächte besiegt hat, daß er »uns den Sieg verleiht« über sie und daß deshalb unser *Kampf* gegen sie und für das Leben der neuen Schöpfung »*nicht vergeblich* ist« (1 Kor 15, 54–58). Während das Trachten der Selbstsucht zum Tode führt, »führt das Trachten des Geistes zu Leben und Frieden« (Röm 8, 6).

Weil es seit Jesu Auferstehung diesen Kampf und das Trachten des Geistes gibt, ist die Neuzeit und Gegenwart keineswegs von der Macht der destruktiven Rationalität *allein* bestimmt. Es gibt außer ihr auch eine *solidarische Vernunft,* und beide liegen im Konflikt miteinander. Es gibt außer jener Freiheit, die sich in falsch verstandener Autonomie selbst zu erstellen und egoistisch als Wille zur Herrschaft über Natur und Mitmenschen zu realisieren sucht, auch die andere, wahre Freiheit, die der Geist des Herrn ermöglicht (2 Kor 3, 17); eine *geschenkte, befreite Freiheit,* die sich als solche dankbar in die Hand nimmt, um sich kommunikativ in der Bejahung anderer Freiheit, das heißt in gegenseitiger Solidarität und Liebe, zu realisieren (vgl. Gal 5).

So geht es darum, daß die Gläubigen und Gemeinden »immer entschiedener am Werk des *Herrn* teilnehmen« (1 Kor 15, 58), »sich von *seinem* Geist treiben lassen«, die »Taten der

Selbstsucht« aufgeben (Röm 8, 13f) und »Früchte des Geistes« bringen (Gal 5, 22–25). Es geht – mit anderen Worten – darum, statt mit den »*Waffen des Todes*«[229] wie »Habsucht, Lüge«, dem großen Geld usw. (Kol 3, 5–9) mit den »*Waffen Gottes*« bzw. *des auferstandenen Herrn* zu kämpfen: mit dem »Evangelium des Friedens« (als »Schwert des Geistes«), mit inständigem »Gebet im Geist«, mit Vergebung und Erbarmen, mit dem Tun des »Gerechten« und dem »Suchen des Friedens« (Eph 6, 10–18; Kol 3, 10–17; 1 Petr 4, 7f; 3, 11; vgl. 2 Kor 6, 7: »Waffen der Gerechtigkeit«). Das ist ein Kämpfen ganz anderer Art als sonst. Denn derart mit dem Evangelium des Friedens kämpfen bedeutet: dieses Evangelium ins Leben ziehen und in die Tat umsetzen. Es heißt – wie sich zeigte – aus der Verbundenheit mit Gott und Jesus (im Gebet) heraus ernstlich für Gerechtigkeit kämpfen, das Unrecht unerschrocken beim Namen nennen, die Selbst-Herrlichkeit der konkreten Herren der Welt unbeirrt demaskieren, aber nicht unbarmherzig und schonungslos, sondern »mit versöhntem Herzen kämpfen« (Taizé), also ausgerichtet auf Versöhnung und Gemeinschaft, nicht auf Sieg und Herrschaft über den Andern. Im Kern besagt solches Kämpfen demnach: in Jesu Haltung und Handeln eintreten, aus sich heraus- und auf Gott und die Andern zugehen in (nicht willkürlich eingeschränkter) Solidarität oder Agape.

Überall dort, wo Menschen nicht ego-isch bei sich selbst bleiben, sondern von Jesus her und im Geist Jesu zu Menschen für andere werden, handeln – wie wir früher sahen[230] – Gott und der auferstandene Herr. Gott handelt und Christus kämpft in denen, die sich ihm öffnen und gerade so für andere dazusein versuchen. Sie lösen sich durch die Preisgabe des Primats der Selbstbehauptung aus dem Verstricktsein in den Willen zur Herrschaft über andere und damit aus der Knechtschaft der »Mächte«. In der scheinbaren Schwäche des Für-andere-Eintretens gewinnt ein »Mächtigeres«, das es gut mit uns *allen* meint, Daseinsraum und macht den zerstörenden Mächten der Selbstbehauptung gegen andere schon jetzt ihre Unentrinnbarkeit streitig.

Nun wird dieser Kampf des neuen Lebens gegen das alte

---

[229] Vgl. *F. J. Hinkelammert*, Die ideologischen Waffen des Todes. Zur Metaphysik des Kapitalismus (Fribourg – Münster 1985).
[230] Siehe in diesem Kap. 5, II. 1c und 2c.

nicht nur in unserer Innerlichkeit ausgetragen (Änderung des Bewußtseins usw.), sondern – worauf neuere politische und Befreiungstheologie mit Recht verweist – *auch* in der *Öffentlichkeit,* in der Öffentlichkeit der Kirche, der Gesellschaft und der Menschheit (Änderung ungerechter Strukturen). Das neue Leben des auferstandenen Kyrios will gewiß das Innere jedes Menschen erfassen, zugleich aber und im selben Maße will es sich auch in *nichtdestruktiven Weisen des Zusammenlebens* der Menschen untereinander und mit der Natur vorwegentwerfen. Ganz genauso wie Jesu irdisches Auftreten läßt auch seine jetzige aktive Herrschaft die politischen, ökonomischen, sozialen, kirchlichen Strukturen nicht unberührt. Sie zielt allenthalben auf die Ermöglichung gemeinsamen Lebens in gegenseitiger Anerkennung und Annahme, deshalb aber auch auf symmetrischere Formen des Zusammenlebens, die strukturell weniger zur Selbststeigerung auf Kosten anderer anhalten und in denen Gerechtigkeit und liebende Annahme strukturell weniger schwierig sind.

Indem sie aber so auf ein – nicht willkürlich begrenztes – solidarisches Miteinander und günstigere Vorbedingungen für dieses zielt, verlangt sie vorrangig zweierlei: den *Aufbau wirklicher –* vom Geist und Umgangsstil Jesu geprägter – *Gemeinden* und den *Einsatz für die real nicht Angenommenen,* Geschundenen, Unrecht Leidenden, Armen in der Welt. Die Preisgabe unserer individualistischen Unverbindlichkeit und die Selbsteinschränkung zugunsten der Ärmeren, die dafür erforderlich sind, bedeuten den Bruch mit unseren Götzen und die Bekehrung zum auferstandenen Herrn. Denn dieser bleibt der Diener am Leben *aller* und er ermächtigt zum Dienst am Leben aller in einer Gemeinsamkeit ohne Unterdrückung und Vernichtungsdrohung. »Christus und die Christen setzen sich zusammen für das Leben ein.«[231]

c) Erfahrung der Kraft seiner Auferstehung in der Gemeinschaft mit seinen Leiden (Phil 3, 10)

Die Jesus Christus zugehören und nachfolgen, sind also in einen dramatischen Kampf gestellt und deswegen auch *Leiden ausgesetzt.* Der Kampf beginnt – wir sahen es – in ihnen selbst als tägliches Absterben gegenüber der Sünde (dem selbstsüchtigen,

---

[231] *Lambrecht,* Christus (s. Anm. 216) 22.

gott- und menschenlosen, im Grunde »toten« Dasein), und er wird von da aus – im Dienst an Gottes Liebeswillen mit *allen* Menschen – politisch: als Einsatz gegen das Unrecht und für das gemeinsame, vollere Leben der Menschen. Beides ist mit Leiden verbunden, aber auch mit dem Glück neuer Freiheit (und wer dies kennengelernt hat, gibt keine Ruhe mehr, bis er sieht, daß die neue Freiheit in Solidarität miteinander sich ausbreitet). Wer demnach von Christus bestimmt (»in Christus«) sich für das neue Leben in versöhnter, solidarischer Gemeinschaft einsetzt und darum – mit versöhntem und fühlsamem Herzen, aber fest und unbeirrt – gegen Lüge, Trägheit, Hochmut, gegen rücksichtslose Besitz- und Profitgier, gegen Ungerechtigkeit und Menschenverachtung ankämpft, der kommt um das Leiden nicht herum. Das gilt für die Kirche als ganze, für jede Gemeinde und für jeden Christen. Wo sie wirklich nachfolgen, entsteht ihnen – wie ihrem Herrn – Anfeindung, Verfolgung und Leiden: »das Leiden, das aus dem Kampf gegen das Leiden erwächst«,[232] das *»Kreuz«,* das die Jünger auf dem Weg Jesu auf sich zu nehmen haben (Mk 8, 34f) und das sie so gern zu verdrängen, zu vermeiden suchen.

Viele Christen und Gemeinden in bedrängter Lage – in Osteuropa, in Südafrika, in Mittel- und Südamerika, auf den Philippinen – wissen von diesem Leiden zu berichten. Besser als viele von uns gesicherten bürgerlichen Kirchenmitgliedern vermögen sie die Worte des Apostels Paulus mitzuvollziehen: »Von allen Seiten werden wir in die Enge getrieben und finden doch noch Raum; wir wissen weder aus noch ein und verzweifeln dennoch nicht; wir werden gehetzt und doch nicht im Stich gelassen, niedergestreckt und doch nicht vernichtet. Immerzu *tragen wir das Ersterben Jesu an unserm Leib, damit auch das Leben Jesu an unserem Leibe offenbar werde.* Denn immerfort werden wir bei Leibes Leben dem Tode ausgeliefert um Jesu willen, damit auch das Leben Jesu offenbar werde an unserem sterblichen Fleisch« und sichtbar werde, »daß die überragende Größe der Kraft Gott angehört und nicht von uns stammt« (2 Kor 4, 7–11). Für den auferstandenen Herrn freimütig und praktisch Zeuge zu sein führt »in die Gemeinschaft mit seinen Leiden« und zur Ak-

[232] *L. Boff,* Das Leiden, das aus dem Kampf gegen das Leiden erwächst, in: Concilium 12 (1976) 547–553.

tualisierung seines Sterbens im eigenen konkreten Leben (Phil 3, 10b; vgl. 1 Petr 4, 12ff). Aber wer der – auch politisch folgenreichen – Nachfolge und darum diesem Leidensschicksal nicht aus dem Wege geht, in dem wird zugleich Jesu Leben – Gottes Übermaß an Kraft – wirksam. »Christus lebt *in* ihm« (Gal 2, 20); er kämpft in ihm gegen die todbringenden Mächte und macht sein Leben jetzt schon an ihm sichtbar, sei es, daß der mit Christus Leidende selbst *»die Macht seiner Auferstehung erfährt«* (Phil 3, 10a), sei es, daß andere sie an ihm erfahren (vgl. 2 Kor 4, 12). Die Offenbarung des Auferstehungslebens Jesu ist »nicht (nur) ein Ereignis in der Zukunft, nach dem Tod. Nein, dieses Leben ist jetzt schon in der Befreiung sichtbar«[233]. So werden gerade dort, wo der Einsatz für Versöhnung, Befreiung, Gerechtigkeit, Frieden usw. Nachteile, Verwundungen und Leiden einbrachte und trotzdem durchgehalten wurde, Erfahrungen der Lebendigkeit Jesu Christi, anfanghafte Auferstehungserfahrungen, geschenkt.

Die Gemeinde, die sich wirklich auf den Weg der Nachfolge begibt und sich vom Geist des Herrn leiten läßt, erfährt in den Anfechtungen und Leiden auf diesem Wege, was der Evangelist Matthäus mit der *Erzählung von der Sturmstillung* symbolhaft ausdrückt (Mt 8, 23–27): das Boot derer, die Jesus »nachfolgen« (V. 23), ist von heftigen Stürmen bedrängt, die Wellen schlagen über ihm zusammen; der Herr aber – so oft genug die Erfahrung der Jünger – ist untätig und »schläft«; sie schreien zu ihm um Hilfe und erleben: mitten in den auf seinem Weg riskierten Untergängen »steht er auf« und hilft (V. 26).

d) Der kritisch-praktische Charakter des Osterglaubens

Die Auferweckung des Gekreuzigten und seine heutige Wirksamkeit im Geist bleiben eine Wirklichkeit, der widersprochen wird, weil sie der bestehenden Welt *wider*spricht und dieser *mehr* zuspricht, als sie von sich aus aufzuweisen hat. Auferweckung und Herrschaft Jesu sprengen die endliche Geschichte und durchbrechen deren Konstante, den Tod. Darum können sie an dieser bestehenden Wirklichkeit des Todes selber nicht objektiv verifiziert und bewiesen werden. Sie stellen aber darüber hinaus

---

[233] *Lambrecht*, Christus 24.

auch einen beständigen Angriff auf die bestehende Welt des Tötens und der Ungerechtigkeit dar. Darum kann ernsthafter Einsatz von Christen und Gemeinden für mehr Gerechtigkeit und für das Leben (in allen Bereichen und Dimensionen) zum *konkreten Zeichen* der Lebendigkeit Jesu werden. Der not-wendige Widerspruch der Auferstehung und Herrschaft Jesu zur Leidensgeschichte unserer Welt muß demzufolge aufrechterhalten werden, und zwar nicht nur im vorstellenden Denken, sondern vor allem – als praktischer Widerspruch – in der existentiellen Umkehr und im veränderten Handeln.

Gewiß, was Gott in der Auferweckung Jesu getan hat und durch den Auferstandenen weiter an uns tut, ist größer und reicht weiter, als wir in unserem Handeln realisieren können. Vom Zwang, alles selbst bewerkstelligen zu müssen, werden wir durch Gottes Tat der Auferweckung und durch die aktive Gegenwart des auferstandenen Herrn in seinem Geist gerade befreit. Wir dürfen aus der zuvorkommenden Gnade und aus der Vergebung leben und immer wieder neu anfangen. So sind wir ermächtigt und zugleich aufgefordert zu den – vielleicht kleinen – Schritten eines dem alten Menschen abgerungenen, neuen Lebens, zum »Wandeln im Geist« des Herrn (Gal 5, 16–25).

Die Auferweckung Jesu ist also – das sahen wir – nicht als isoliertes Ereignis an Jesus allein, sondern zugleich als Veränderung von Menschen in der Grundstruktur ihres Existierens zu begreifen. Sie ermöglicht und *initiiert eine neue Lebenspraxis* mitten in der alten Welt (2 Kor 5, 17; Gal 6, 15). Drei in sich zusammengehörige Grundvollzüge kennzeichnen diese neue Lebenspraxis: Glaube, Hoffnung und Liebe. *Glaubend* weiß sich der Jünger Jesu Christi vom Auferwecker-Gott unbedingt und unter allen Umständen (auch in Schuld und im Tod) angenommen, geliebt und gehalten; darum ist er befreit von jener fundamentalen Angst um sich selbst, die ihn auf die vergebliche Mühe der Selbstbegründung und totalen Selbstverwirklichung festnagelt und ihn so in sich selbst verstrickt. *Hoffend* ist er des neuen Lebens mit Christus beim Vater gewiß, kann er dem eigenen Tod entgegensehen und kann – ohne Verzweiflung, Resignation und Fatalismus, aber auch ohne Vermessenheit und gewalttätige Selbstüberforderung – dem kommenden Herrn und dem Reich Gottes hier und jetzt einen Weg bereiten. Dies versucht er immer neu in der konkreten Nachfolge Jesu, das heißt, indem er sich in den Dienst am Leben der andern stellt, in persönlicher und politischer *Liebe*.

Wer an den auferweckten Gekreuzigten glaubt, wer Gott als die rettende Wirklichkeit für den getöteten Jesus behauptet, kann dies nur so tun, daß er diesen Gott zugleich – wie der irdische Jesus – als die rettende Wirklichkeit *für den andern Menschen* (wie für sich selbst: Mk 12, 31) *praktisch in Anspruch zu nehmen wagt*. Ohne wenigstens den *Versuch* zur Anerkennung und Annahme auch des Andern, die dessen Unterdrückung ausschließt und die tätige Teilnahme an seinem Leid einschließt, ist die Rettung Jesu aus dem Tod *praktisch* geleugnet (vgl. z. B. Mt 7, 15–23; 25, 31–45; 1 Joh 3, 13–18; 4, 20). Die Bekehrung zu dem Gott, der den verlorenen Gekreuzigten auferweckt und zum Herrn gemacht hat, verlangt daher auch die Hinkehr zu den Verlorenen und Opfern unserer Herrschaftsgeschichte. Solange wir uns nicht für die geschundenen Mitmenschen und Mitgeschöpfe engagieren, bleibt unsere *Rede* von der Auferstehung Jesu unglaubhaft.[233a]

3. Die Zukunft des Auferstandenen: Auferstehung seiner »vielen Brüder« und Schwestern (Röm 8, 29) und universales Reich Gottes

Die christlichen Kirchen gehen von Anfang bis heute nicht nur davon aus, daß Jesus einmal (»in Niedrigkeit«) geschichtlich greifbar da gewesen ist, und sie rechnen nicht nur mit seiner realen Gegenwart durch den Geist (»in der Verborgenheit« irdischer Zeichen), sondern auch damit, daß er der (»in Herrlichkeit«) Kommende ist, dem die Zukunft gehört. Darum blicken sie in ihrem Credo von jenem »er sitzt zur Rechten des Vaters« hoffnungsvoll nach vorn in die Zukunft: Er »wird kommen«. Und sie bekennen, daß der Geist Gottes und des Auferstandenen »die Auferstehung der Toten und das ewige Leben« bewirken werde.[234] Der Geist werde, was an Jesus bereits geschehen

---

[233a] Zu Notwendigkeit und Grenzen österlicher Praxis vgl. auch oben Kap. 4, III. 3 f.

[234] Die im dritten Artikel des Credo auf »ich glaube an den heiligen Geist« folgenden Aussagen (Kirche, communio sanctorum, Vergebung, Auferstehung, ewiges Leben) bezeichnen die Werke und Wirkungen des Geistes; sie finden ihre Begründung in entsprechenden Aussagen des zweiten Artikels. Vgl. hierzu *H. de Lubac,* Credo (Einsiedeln 1975) 82–94.

ist, auch an uns und der ganzen Schöpfung vollbringen, damit Gottes Leben – ohne Auflösung des Gegenübers von Gott und Geschöpf – alles durchpulse und Gott so am Ende wirklich »alles in allen sei« (1 Kor 15, 28).

Diese Hoffnungsaussagen sind nicht durch einen neugierigen (und doch vergeblichen) Blick in die Zukunft gewonnen. Sie gründen vielmehr in der bisherigen Glaubenserfahrung mit Jesus, dem irdischen und erhöhten, und mit seinem Gott; von diesen Erfahrungen her interpretieren sie das, was kommt. Jesus ist ja mit seiner Lebenspraxis und mit seiner realen Gegenwart in unsere Existenz eingetreten und schenkt uns durch seinen Geist die tiefgreifende Erfahrung von Versöhnung und Befreiung. Damit aber gibt er uns einen Vorgeschmack der verheißenen universalen Freiheit und Liebe. Diese der Erfahrung mit Jesus entspringende Hoffnung auf das vollendete Gottesreich universaler Gerechtigkeit ist es, die vielen Geschundenen und Geplagten dieser Erde ebenso wie vielen, die sich für sie einsetzen, die Kraft gibt, weiterzumachen, selbst dann, wenn alles aussichtslos erscheint. »Die Herren der Welt gehen, unser Herr kommt!« Umgekehrt dürfen gerade diejenigen, welche jetzt alles in ihren Kräften Stehende tun, um Unrecht und Leid zu mindern und um Leben (Überleben und menschenwürdiges Leben) zu ermöglichen, auch von ihrer Hoffnung auf das endgültige Kommen des (von Jesus verkörperten) Gottesreiches sprechen, ohne damit in den Verdacht des Verrates am Diesseits und seinen Aufgaben zu geraten. Ja, sie dürfen – der (durch Jesu Tod und Auferstehung) schon geschenkten Befreiung eingedenk und auf die universale Befreiung (durch sein »Kommen«) ausgerichtet – jetzt schon immer wieder »das Fest der Befreiung feiern« (zu Ostern und am »Herrentag«).

a) Die Parusie des Herrn und unsere Auferstehung

»Er wird kommen«: das ist ein kühner Satz und, da die Parusie scheinbar allzu lange ausbleibt, ein für viele kraftlos gewordener Satz. »Parusie« heißt »Ankunft« und »Gegenwart«.[235] Die geläufige Übersetzung »Wiederkunft« führt von der gemeinten Sa-

---

[235] Vgl. *W. Radl*, Ankunft des Herrn. Zur Bedeutung und Funktion der Parusieaussagen bei Paulus (Frankfurt – Bern 1981); *K. Lehmann*, Weltgericht und Wiederkunft Christi, in: Ders. u. a., Vollendung des Lebens – Hoffnung auf Herrlichkeit (Mainz 1979) 82–102; *F.-J. Nocke*, Eschatologie (Düsseldorf ²1985) 51–58.69–78.

che insofern weg, als sie eine jetzige Abwesenheit Jesu und Gottes unterstellt. Sachgemäßer ist es, mit Karl Barth drei Weisen der erneuten Ankunft Jesu nach Tod und Auferstehung zu beachten[236]: (1) seine kleine, aber grundlegende Ankunft (Parusie) in den sogenannten Ostererscheinungen, in denen er sich durch seine Begegnung in die Erfahrung und das Zeugnis der Urzeugen hinein geoffenbart hat; (2) seine ständige verborgene Ankunft durch den Geist (im notleidenden Mitmenschen; wo zwei oder drei in seinem Namen zusammen sind; wo sein Wort verkündet und die Eucharistie gefeiert wird); (3) seine endgültige Ankunft »in Herrlichkeit«, den machtvollen Durchbruch seiner schon jetzt gegebenen Geistgegenwart, durch den die Welt in die vollendete Gottesherrschaft verwandelt wird.

Die Erwartung der endgültigen Parusie des auferstandenen Herrn bildet somit die Konsequenz und Steigerung seiner jetzigen – noch unter Niedrigkeit und Zweideutigkeit verborgenen – Anwesenheit und Aktivität durch den Geist. Was jetzt noch verborgen und angefochten ist, muß für alle Welt offenbar hervortreten; was vorerst nur sporadisch und bruchstückhaft zum Tragen kommt, muß universale und volle Wirklichkeit werden. Die gesamte Welt wird unverhüllt dem Jesus Christus begegnen, dem sie jetzt schon verhüllt begegnen kann. Mit ihm aber, dem Bringer der grenzenlos gütigen Nähe Gottes (der Gottesherrschaft), wird die vollendete *Gottes*herrschaft endgültig ankommen und für alle Welt offenbar sein. Die »Parusie des (erhöhten) Herrn«, von der das Neue Testament spricht (z. B. 1 Thess 2, 19; 3, 13; 1 Kor 15, 23; Mt 24, 3.27; 1 Joh 2, 28; 2 Petr 1, 16; 3, 4), meint also nicht das siegerhafte In-Erscheinung-Treten eines isolierten Einzelnen, sondern das alles verändernde Hervortreten des von Jesus angesagten und zugleich verkörperten Gottesreichs.

Wenn wir mit Apg 10, 42 im Credo den erhöhten Herrn als den »kommenden Richter der Lebenden und Toten« bekennen, besagt dies vor allem dreierlei: (1) Die Geschichte der gesamten Welt wird im Sinne *Jesu* und seiner solidarischen Lebenspraxis entschieden werden; es wird ans Licht kommen, daß die liebende Hinwendung zum Anderen, insbesondere zum Bedürftigen, der Sinn des Lebens ist und daß ein Leben in Lieblosigkeit, mag

---

[236] *Barth*, Kirchliche Dogmatik IV/3, 335 ff.

es noch so erfolgreich scheinen, nichtig ist »wie ein Traum, der beim Erwachen verblaßt« (Ps 73, 20). (2) Daß *Jesus* (der restlos Liebende, der am Kreuz den Fluch der Schuld selbst übernommen hat) der Richter ist, ist die *ganze* Hoffnung, die wir Schuldigen haben können (1 Thess 1, 10; Röm 8, 31–35);[237] Gott wird in Christus beim Gericht noch einmal liebend-schöpferisch (und nicht re-agierend, vergeltend) handeln (vgl. 2 Tim 2, 13) und uns – durch die neuschaffende Glut seines Geistes – zur Gemeinschaft mit Christus und mit sich selbst bereiten. (3) So wird die Parusie Jesu die universale Manifestation seiner Auferstehung und der Kraft seines Auferstehungslebens an uns und der ganzen Schöpfung bedeuten.

Nicht schon die überlieferte apokalyptische Erwartung einer zukünftigen Totenauferstehung, sondern erst Gottes definitive Selbstfestlegung gegenüber der Welt durch die Auferweckung Jesu begründet unsere Hoffnung für die Toten und für uns selbst: »Wir wissen, daß der, welcher den Herrn Jesus auferweckt hat, auch uns mit Jesus auferwecken« und »mit ihm zusammenführen wird« (2 Kor 4, 14; 1 Thess 4, 14; vgl. 1 Kor 6, 14; 15, 12ff u. a.). Er wird es tun »durch seinen Geist, der (schon) in uns wohnt«, den wir als »Erstlingsgabe« und »Unterpfand« unserer vollen, leibhaftigen Erlösung empfangen haben (Röm 8, 11.23; 2 Kor 1, 21f; 5, 5). Die schon geschenkte Rechtfertigung verbürgt die endgültige Rettung (Röm 5, 9f). Das unbedingte Angenommen- und Gehaltensein durch Gott, das uns in der lebendigen Beziehung zu Jesus Christus (»in Christus«) jetzt schon zuteil wird, stellt die Lebensgemeinschaft mit Gott (und die Eröffnetheit für die Anderen) dar, die auch der biologische Tod nicht mehr zerstören kann, die vielmehr im Zusammensein mit dem auferweckten Herrn (»mit Christus«) beim Vater ihre Vollendung finden wird (vgl. z. B. 1 Thess 4, 17; 5, 10; Phil 3, 20f; Röm 8, 17; Kol 3, 3f; Lk 23, 43; Joh 5, 21–24; 11, 24–27; 14, 2f. 23; 1 Joh 3, 1f). Aber nicht nur Christen, auch solche, die Jesus nie gekannt haben und ihm dennoch in ihrem Dienst an den Armen nahe waren, werden – unverhofft – mit ihm am Reiche Gottes teilhaben (Mt 25, 31–45). Die von uns

---

[237] Nicht Jesus ist vom Gericht her umzudeuten (zum unbarmherzigen Rächer und dergleichen), sondern, was das Gericht überhaupt sein und bringen kann, ist ganz von Jesus her zu begreifen.

Christen erhoffte endgültige Christusgemeinschaft ist kein schön ersonnener, aber utopisch-illusionärer Wunschtraum. Sie wurzelt vielmehr in der Wirklichkeit der Auferstehung Jesu. Diese ist ihr Erkenntnis- und ihr Realgrund.

Umgekehrt betrachtet ist die Auferstehung Jesu selber noch unabgeschlossen und unvollendet. Zu ihrem intendierten Ziel kommt sie erst, wenn Sünde und Tod endgültig vernichtet sind (Jes 25, 8; 1 Kor 15, 25f), also in der Auferstehung der »vielen Brüder« und Schwestern Jesu (Röm 8, 29) und ihrem Zusammensein mit Christus beim Vater einerseits, in der Erlösung der gesamten Schöpfung andererseits. Nach Paulus wartet ja alles Geschaffene – sehnsüchtig unter seinen Leiden stöhnend – auf das offene Hervortreten der universalen, angst- und leidfreien Gemeinschaft der Söhne und Töchter Gottes, und dies deswegen, weil es seinerseits erst in ihr seine eigene Befreiung vom Verderben und Sterben finden kann (Röm 8, 19–22). Alles wartet auf den Geist Gottes und des Auferstandenen, daß er »das Angesicht der Erde erneuere« (Ps 104, 30) und »alles neu mache« (Apk 21, 5).

Die so kühnen und gewagten Sätze vom Kommen des Auferstandenen und von dem alles erneuernden Geist besagen demnach, daß die Bewegung der Liebe Gottes, die in Jesu Leben, Sterben und Auferstehung gegen die Mächte der Zerstörung angetreten ist und in Jesu Geist fortan gegen sie angeht, den Sieg davontragen wird und daß so die leidvolle Geschichte der Menschheit und der gesamten Schöpfung in Christus ihre – von vielen schon verlorengegebene – *Erlösung* finden wird. Am Ende wird, um es in Bildern zu sagen, der von der Welt Gekreuzigte mit seinen ausgebreiteten, weit offenen Armen alle empfangen; mehr noch: er wird uns alle – wie auf dem Anastasismosaik von San Marco – kraftvoll an der Hand fassen und uns (mit dem belebenden »Atem« seines Geistes) in den Zug seines Lebens hineinnehmen.

Das alles ist Verheißung und Hoffnung. Bisher sind wir nur »auf Hoffnung hin gerettet« (Röm 8, 24), und diese Hoffnung muß oft genug »wider alle Hoffnung« ihr Trotzdem setzen (Röm 4, 18). Diese Verheißung und Hoffnung ist es jedoch, die Unruhe in unser Dasein bringt und es auf ein Ziel ausrichtet. Sie bricht in den zutiefst hoffnungslosen Leerlauf einer Gesellschaft ein, die bald nur noch ununterbrochene Betriebsamkeit und Berieselung kennt: den ständigen persönlichen und gesellschaftlichen Fortschritt ohne lohnendes Ziel, die Füllung der inneren Leere durch beziehungs- und kommunikationslosen Konsum der sogenannten Kommunikationsmedien und Freizeitangebote, wahre Götzen, die erfüllte Zeit vorspiegeln.[238] Der Glaube an den auferstandenen, gegenwärtigen Herrn und die Hoffnung auf seine Zu-kunft verändern die inhaltslose Langeweile in die dicht gefüllte, geschenkte Zeit, in die vom Herrn bestimmte Zeit der Liebe. Für die Situation der von Jesus bestimmten Gemeinden und Christen ist deshalb das Wort des Erhöhten kennzeichnend: »Siehe, ich stehe vor der Tür und klopfe an« (Apk 3, 20). Er steht schon vor der Tür: »Die Zeit, in der die Menschen jetzt noch sind, ist gerade nur noch die Zeit zwischen seinem Anklopfen und Hereintreten«, das alle überraschen wird.[239] Das Anklopfen verändert für den, der es hört, die ganze Situation. Wir haben nur noch wenig Zeit.

b) Das ewige Leben und die Präsenz unserer Toten
Das Zusammensein mit Christus bei Gott, das wir mit dem Neuen Testament und dem Credo »ewiges Leben« nennen, ist für viele Christen selber eine langweilige, unattraktive Vorstellung geworden. Max Frisch beschreibt diese Vorstellung in seinem »Triptychon«[240]: eine banale, monotone, erwartungslose, entsetzliche »Ewigkeit«. Denn es ist entsetzlich, endlos der zu bleiben, der ich gewesen und geworden bin. Und es ist entsetzlich, immer das gleiche und dasselbe zu erleben. Aber nicht die Festschreibung und ständige Wiederholung des Vergangenen meint

---

[238] Der Darstellung dieser Situation gelten etwa die Werke von *Botho Strauß*, v. a.: Die Widmung (München 1977) 12.104.125f; vgl. dazu *Chr. Türcke*, Auferstehung als schlechte Unendlichkeit. Theologisches bei Botho Strauß, in: FH 37 (1982) 50–56. – *Günter Eich* sagt am Ende seines Hörspiels »Träume« (1950), daß die inhumanen, dissoziierenden, zerstörenden Kräfte in der Welt »mit der Leere unserer Herzen« rechnen; nur mit inhaltsreichen, gefestigten und barmherzigen Herzen kann man ihnen widerstehen (Gesammelte Werke II, Frankfurt 1973, 322).
[239] *Barth*, Kirchliche Dogmatik III/4 (1951) 667.
[240] *Max Frisch*, Triptychon (Frankfurt 1978): »Irgend etwas erwartet man unentwegt, solange man lebt, von Stunde zu Stunde ... Hier (nämlich in der Ewigkeit) gibt's keine Erwartung mehr, auch keine Furcht, keine Zukunft, und das ist's, warum *alles in allem* so nichtig erscheint« (80; in bewußter Verkehrung von 1 Kor 15, 28). »Was gewesen ist, das läßt sich nicht verändern, und das ist die Ewigkeit« (81). »Die Ewigkeit ist banal« (84). Die Toten agieren nicht mehr, »sie wandeln in der Ewigkeit des Vergangnen und lecken an ihren dummen Geschichten, bis sie aufgeleckt sind« (43).

das »ewige Leben«, sondern seine Verwandlung; nicht die »Verewigung« unserer irdischen Minuten, sondern ihre Vollendung. Diese Vollendung jedoch bringt nicht ein monotones Einerlei, sondern – wie das Neue Testament uns zu verstehen gibt – ständige freudige Überraschung. Vollendung heißt ja nicht, daß die Faszination zu Ende, der Schwung und Reiz dahin sind (wie etwa dort, wo wir ein Werk, bei dem wir gespannt und ganz dabei waren, in der Zeit beendet und vollendet haben). Das ewige Leben darf nicht nochmals in *zeitlichen* Kategorien gedacht werden. Es führt deshalb in die Irre, wenn wir es uns als einen *Zustand nach* der Vollendung vorstellen. »Nicht irgend ein Zustand nach der Vollendung ist Gleichnis des ewigen Lebens, sondern das Ereignis der Vollendung selber. Essen, wenn der Magen knurrt, das ist himmlisch; von der himmlischen Sattheit spricht Jesus nicht, sondern vom himmlischen Festmahl.«[241] Gleichnis des ewigen Lebens ist nicht der Zustand der Gesundheit, sondern das Ereignis der Genesung nach langer Krankheit, nicht der Zustand der gewohnten Bewegungsfreiheit, sondern das plötzliche Befreitwerden aus langer Fesselung. Der *beglückende Augenblick* der Vollendung also kann ein schwaches (noch einmal zeitliches) *Anschauungsmodell* für die (nicht zeitliche, aller Zeit überlegene) unanschauliche Ewigkeit abgeben.

Ewiges Leben meint höchste Lebensintensität und grenzenloses, ungetrübtes Glück, »Leben in Fülle« (Joh 10, 10). Einen Schimmer davon mögen wir vielleicht einmal in einer beglückenden Begegnung, auf einem gelungenen Fest oder in einer Stunde großen Beschenktseins erfahren haben. Verglichen mit dem aber, was sein wird, sind alle unsere Erfahrungen Stückwerk, unsere Bilder und Beschreibungen hilflos: »Was kein Auge geschaut und kein Ohr gehört hat und was in keines Menschen Herz emporgestiegen ist (oder: keinem Menschen in den Sinn gekommen ist), das hat Gott denen bereitet, die ihn lieben« (1 Kor 2, 9). Die Richtung indessen und die Grundstruktur, die das ewige Leben kennzeichnen, sind in Jesu Leben, Hingabe und Auferstehung bereits sichtbar geworden. Welches ist diese Grundstruktur?

Wenn Jesus das ewige Leben im vollendeten Gottesreich charakterisiert, gebraucht er Bilder vom vertraut-festlichen (Gast-,

---

[241] *J. Kuhlmann,* Was kommt nachher? in: Or 44 (1980) 62f, hier 63.

Freundes-, Hochzeits-) *Mahl,* Bilder der Freundschaft, der Zuwendung zueinander und der Freude aneinander. »Ich werde vom Gewächs des Weinstocks ... neu (mit euch) trinken im Reiche Gottes« (Mk 14, 25), die Völker werden von überall her kommen und dort mit den Erzvätern zu Tische sitzen (Mt 8, 11); niemand wird sich über den Andern erheben, jeder gern den Andern bedienen; niemand wird mehr ausgeschlossen sein, die einst Erniedrigten werden zuvorderst dabei sein (Lk 14, 7–14.16–23; 22, 24–30par; Joh 13, 1–17). Wo das heute praktiziert wird, spürt man schon etwas von der künftigen Freude: »Selig, wer am Mahl im Reiche Gottes teilnehmen wird« (Lk 14, 15). Die frühe Christenheit kennt noch weitere derart universal-kommunikative Hoffnungsbilder: das Bild von den »vielen Wohnungen in des Vaters Haus« (Joh 14, 2f), das alte Bild vom Paradies, wo der gestörte Friede zwischen Mensch und Mensch, Mensch und Natur wiederhergestellt ist (Lk 23, 42f), das großartige Hoffnungsbild von der *»neuen Stadt«* (Apk 21, 1–22, 5). In ihr walten Friede und Gerechtigkeit, sie ist Ort friedlicher Begegnung der Völker; ihre Tore können Tag und Nacht offenstehen, weil keiner mehr vor dem anderen Angst haben muß; in ihr fließt das »Wasser des Lebens, klar wie Kristall«, die Gegenwart Gottes erwärmt und erhellt sie. »Siehe da, die Wohnung Gottes bei den Menschen; er wird bei ihnen wohnen, und sie werden sein Volk sein, und Gott selbst wird bei ihnen sein. Und er wird abwischen alle Tränen von ihren Augen, und der Tod wird nicht mehr sein, noch Leid noch Klage noch Schmerz« (Apk 21, 3f).

Kennzeichen der erhofften Vollendung ist demzufolge (1) zunächst und grundlegend die *universale Gemeinschaft* der Menschen (und aller Geschöpfe) miteinander *in heilgewordenen Beziehungen.* Das ewige Leben öffnet das individualistisch-egoistisch vereinzelte Ich für alle andern in der großen familia Dei. Gewiß dürfen wir da ein beglückendes »Wiedersehen« mit unseren Lieben erleben, aber das Wiedersehen mit den anderen, den bisher Ungeliebten, die Nähe zu den bislang Fernen, wird in der großen »Gemeinschaft der Heiligen« nicht weniger erfüllend sein. Kennzeichen des ewigen Lebens ist sodann (2) das (von Gott und allen) *Erwünscht- und Geliebtsein eines jeden Einzelnen:* frei von allen Gebrechen und drückenden Lasten darf er ganz er selbst und heil sein; jetzt endlich findet er seine wahre Identität und volle Integrität (was Apk 2, 17 mit dem Empfang eines »neuen Namens« ausdrücken mag): »dann werde ich Mensch sein«, frohlockt Ignatius von Antiochien auf dem Weg zum Martyrium.[242]

Dies alles ist (3) nur möglich, weil wir »daheim beim Herrn sein« werden, wie Paulus – aus rastloser Mühe und Wanderung in der Fremde ausschauend auf ein Ausruhenkönnen in wirklicher Heimat – schreiben kann (Phil 1, 23; 2 Kor 5, 8). Das *Zusammensein mit Christus in der äußersten Nähe Gottes* wird unser Selbst- und Menschsein sowenig zerstören wie das Menschsein des auferweckten Jesus. Gott ist seiner Identität so sicher, daß er seinen Geschöpfen – ohne das freie Gegenüber der Liebe einzuebnen – einen Platz bei sich einräumen, sie zu sich erheben und neben sich mit Christus »herrschen« lassen kann (Röm 5, 17; Mt 19, 28; Lk 22, 28–30; Apk 3, 21; 22, 5; 2 Tim 2, 12). Nicht Knechte eines Fremden, der *über* sie oder gar als strenges Überich *in* ihnen herrscht, werden sie sein, sondern Freunde, Söhne und Töchter, »Miterben« (Gal 4, 7; Röm 8, 17; Apk 21, 7; vgl. Joh 17, 22.24), Mitherrscher. Gottes vollendete, universale »Herrschaft« wird folglich gerade darin bestehen, daß alle Auferweckten und Erlösten an ihr teilhaben und aufrecht gehen können. Nichts als die Liebe wird dann »herrschen«, die Liebe Gottes und die der Menschen. Die Menschen werden in das unendlich weite und bewegte Leben der Liebe Gottes so aufgenommen sein, daß sie in freiem Zu- und Miteinander nun endlich unentfremdet erlöste Menschen sein können. Und gerade so wird »Gott alles in allen sein« (1 Kor 15, 28).

Die Gewißheit der eigenen Auferstehung und des ewigen Lebens darf das Leben der Christen bestimmen. Sie kann beispielsweise, da der Christ nicht aus dem jetzigen Leben alles für sich herausholen muß, wieder – wie einst in der Alten Kirche[243] – zu der dringend nötigen *asketischen Kultur* verhelfen, zum freiwilligen Verzicht und tätigen Einsatz zugunsten der Ärmsten in der Welt. Sie kann uns dazu befreien, unser Leben in den Dienst der

---

[242] *Ignatius von Antiochien,* Röm 6, 2. – Es zeigt sich, daß die drei Gestalten von Hoffnung, von denen wir in der Einführung des Buches ausgegangen sind, nur *zusammen* und *in einem* ihre ersehnte Vollendung finden können: die Hoffnung auf endgültigen Sinn und Vollendung je meiner menschlichen Existenz, die Hoffnung auf Rettung des geliebten anderen Menschen, die Hoffnung auf vollkommene Gerechtigkeit und universale Solidarität, die keinen Menschen und kein Geschöpf ausschließt.

[243] Vgl. dazu *R. Staats,* Auferstehung (Alte Kirche), in: TRE IV (1979) 470.

Gottesherrschaft zu stellen und auf den Tod in dem Vertrauen zuzugehen, daß wir auf den Herrn und auf Gott zugehen. Sie kann auch dazu beitragen, daß wir uns beim *Sterben* eines geliebten Mitmenschen und Mitchristen nicht von der Trauer überwältigen und aus der Bahn werfen lassen. In der Kirche der ersten Jahrhunderte wurde die Totentrauer kritisiert: beim Sterben eines Mitchristen sollen – trotz des unleugbaren Schmerzes – Dankbarkeit, Gotteslob und Freude herrschen;[244] die Todestage verstorbener Christen wurden als ihre eigentlichen *Geburtstage* gefeiert, die heitere christliche Grabkunst zeigt den Tod nicht als düsteren Abbruch, sondern als Heimgang zu Christus und Gott[245].

Alle, die – bewußt oder unbewußt – in Christus gestorben sind, sind jetzt schon leibhaftig bei ihm (vgl. Phil 1, 23) und im Leben des trinitarischen Gottes. Sie sind damit nicht einfach nur in der »ewigen Ruhe« (wie ein bekanntes Gebet für die Toten nahelegt), obgleich ihre Sehnsucht nach Ausruhenkönnen von aller Mühsal Erfüllung findet. Wenn sich nämlich der auferstandene, erhöhte Herr noch im Kampf mit den zerstörenden Mächten dieser Welt und für das wahre Leben befindet, dann sind auch diejenigen, welche schon bei ihm sind, nicht untätig. In einer anderen, noch intensiveren Weise als früher *sind sie bei uns* in unseren Kämpfen und begleiten uns hilfreich auf unseren Wegen. Hier liegt der tiefe Sinn einer gelebten Beziehung auch zu Heiligen und Schutzpatronen und darüber hinaus zu all unseren anderen Verstorbenen, die zu Lebzeiten in der Hilfe für andere aufgegangen und nun als Vollendete gewiß nicht weniger solidarisch mit uns sind. Wenn wir uns unserer Toten erinnern, ihre Bilder anschauen, so dürfen wir gewiß sein, daß sie sich jetzt noch inniger um uns kümmern als damals. Daß wir dieser Unterstützung zumeist nicht gewahr werden, spricht nicht gegen sie. Wir tun gut daran, uns »unter diesen Toten Freunde und Brüder (zu) bewahren oder gar (zu) suchen«[246] und *mit* diesen (lebenden!) Toten zu leben.

---

[244] So schon der Apologet *Aristides* (um 125 n. Chr.): Apologie 15.
[245] Zum Ganzen *Staats,* Auferstehung 470–473.
[246] So der wesentlich von *J. B. Metz* verfaßte Synodenbeschluß »Unsere Hoffnung« (1975) I. 3.

c) Die Feier des Festes der Befreiung

Das neue Leben im Einflußbereich des Auferstandenen, in welchem das ewige Leben sich vorwegentwirft, will nicht nur realisiert, es will auch und sogar zuerst symbolisch repräsentiert und – *gefeiert* werden.

Ostern ist seit den Tagen der Urgemeinde das Fest der Befreiung, das Fest der Freude an Gottes Treue und Liebe zu seinen Geschöpfen, das Fest des Gotteslobs ob der Herrlichkeit des auferweckten Jesus, an der wir und alle Schöpfung teilnehmen sollen (Phil 3, 21) und deren Vorschein uns in der Freiheit zu neuem Leben zuteil wird. Seit alters rühmen darum die Osterlieder den Sieg des Lebens und der Liebe, verlachen den Tod, weil er – trotz seines Wütens – durch Jesu Auferstehung zum Spott geworden ist,[247] und provozieren die Herren der Welt. Schon das älteste uns überlieferte Osterlied zeigt das: »Tod, wo ist dein Stachel, Tod, wo ist dein Sieg!« (1 Kor 15, 55). Und bis heute heißt es: »Andere Lieder wollen wir singen, feiern das Fest der Befreiung; der Herr führt uns auf neues Land, die Träume werden wahr.«[248] Zu Jubellied und Osterlachen gesellen sich österliches Spiel und Tanz, bei dem nach Hippolyt von Rom (um 220 n. Chr.) der Auferstandene selber der »Vortänzer« und die Kirche seine »mittanzende Braut« ist.[249]

Fast noch wichtiger ist das wöchentliche Fest der Befreiung, der *Sonntag,* oder besser: der *»Herrentag«* (Apk 1, 10). Er wird schon früh gefeiert als »der achte Tag«, an dem Jesus von den Toten auferstand, und damit – in Überwindung des im Sabbat kulminierenden alten Wochenschemas – als der Anfang einer neuen Welt.[250] Seiner Bedeutung nach ist darum der Herrentag immer der »erste Tag der Woche« (Mk 16, 2par; 1 Kor 16, 2). Er soll nach Ignatius von Antiochien das ganze Leben der Christen prägen: »Zu neuer Hoffnung gelangt, halten sie nicht mehr den Sabbat, sondern leben gemäß dem Herrentag, an dem auch unser Leben aufging.«[251] Das Zentrum dieses Tages bildet die *Feier der Eucharistie* in der ganzen versammelten Gemeinde und in

---

[247] Vgl. den sogenannten risus paschalis, das Ostergelächter.
[248] Gotteslob (Limburger Diözesanteil) Nr. 934.
[249] *H. Rahner,* Der spielende Mensch (Einsiedeln ⁵1960) 44.
[250] Barn 15, 8f; *Justin,* Dial 41, 4; 138, 1; vgl. *Staats,* Auferstehung 514f.
[251] *Ignatius von Antiochien,* Magn 9, 2.

Gemeinschaft mit der gesamten »Gemeinschaft der Geheiligten«, derer, die noch Pilger auf dieser Erde, und derer, die bereits vollendet sind. Im großen Lobpreis und in der großen »Danksagung« (Eucharistie) an den Vater ist der Auferstandene in der Mitte der Seinen, sitzt mit ihnen zu Tisch und teilt sich ihnen mit, so daß seine Hingabe sie erneut zu prägen und das neue Leben der Auferstehung sie zu verändern beginnt. So wird das Herrenmahl zum Zeichen der Freiheit und der Hoffnung, zum Präludium der Vollendung.

Die Auferstehung will gefeiert werden, nicht nur an Ostern, sondern jeden Sonntag (in der Gemeinde als ganzer, in der Familie, in der Nachbarschaft usw.). Ohne die Feier des Festes der Befreiung wird die Nachfolge Christi im Alltag zur freudlosen und gesetzlichen Angelegenheit. In der festlichen Feier wird etwas antizipiert, was so im alltäglichen Leben noch nicht vorkommt[252]: die zukünftige erlöste und gelöste Gemeinschaft. Die Zwänge und Nötigungen dieser Welt werden für eine Weile außer Kraft gesetzt. Eine *Alternative* des versöhnten, geöffneten Miteinanders wird – wo es recht zugeht – bruchstückhaft sichtbar. Sie kann als *Gegenbild* ins alltägliche Leben hineinwirken, kann – ohne zur Vertröstung zu geraten – trösten, ermutigen und tiefer als zuvor in die helfende Solidarität mit den Andern, vor allem mit den Leidenden, hineinführen.

Weil das Geschenk des neuen Lebens, das die Auferweckung Jesu uns eröffnet, *größer ist und weiter reicht,* als wir in der praktischen Veränderung unseres Lebens und unserer Welt realisieren können, darum feiern wir sie. Wir freuen uns an der zuvorkommenden und tragenden Nähe Gottes, an der befreienden und motivierenden Gegenwart des auferstandenen Herrn und an den Wirkungen seines Geistes in unserer Mitte, *ehe* wir aus all diesem zu leben, zu denken und zu handeln versuchen. Seine Gnade geht unserer Praxis allemal voraus. Der Apostel hat recht: »*Freuet euch* im Herrn allezeit; abermals sage ich: Freuet

---

[252] Dazu *J. Moltmann,* Die ersten Freigelassenen der Schöpfung. Versuche über die Freude an der Freiheit und das Wohlgefallen am Spiel (München 1971). – Zugleich gilt freilich, wie *Barth,* Kirchliche Dogmatik IV/3, 1051 bemerkt, daß »nicht der Christ antezipiert in der Hoffnung, was er doch noch nicht ist und hat«, daß er wohl aber, »indem er auf Jesus Christus hoffen darf, *als ein von ihm Antezipierter existieren*« darf (Hervorhebung von mir).

euch! Laßt alle Menschen eure Freundlichkeit erfahren, der Herr ist nahe!« (Phil 4, 4f) »Seid fröhlich in der Hoffnung, geduldig in der Trübsal, beharrlich im Gebet!« (Röm 12, 12) »Saget allezeit Gott, dem Vater, Dank für alles im Namen Jesu Christi, unseres Herrn!« (Eph 5, 20)

Sechstes Kapitel
Erörterung der neuesten Kontroversen und aktuellen Fragen

Das vorliegende Buch* hat große Zustimmung in Fachkreisen und weit darüber hinaus gefunden. Die fachtheologischen (exegetischen und systematischen) Besprechungen würdigen es zum allergrößten Teil überaus positiv[1], und auch die Kritiker und Vertreter einer anderen als der hier begründeten Auffassung sparen nicht mit Anerkennung[2].

In diesem neu hinzugekommenen, Ende 1994 geschriebenen sechsten Kapitel verzichte ich um der dichteren Darstellung willen darauf, einen Überblick über alle seit 1985 erschienenen Einzelbeiträge zur Auferstehungsthematik zu geben[3]. Ich konzen-

---

* Verweise auf Seiten des vorliegenden Buches erscheinen in diesem Kapitel häufig auch im Text in folgender Form: s. o. S. = siehe oben Seite ...

[1] Aus der großen Zahl deutlich zustimmender Rezensionen seien nur die ausführlichsten eigens genannt, die von Exegeten stammen: *Josef Blank* in: Orientierung 50 (1986) 62–65; *Rudolf Schnackenburg* in BZ NF 30 (1986) 271–274; *Hans Hübner*, Kreuz und Auferstehung im NT, in: ThR 54 (1989) 262–306, hier 285–288 (mit kleinen Mißverständnissen).

[2] *Hansjürgen Verweyen* spricht in seiner Rezension, in: ZkTh 108 (1986) 71–74, hier 71, von einer »so perspektivenreichen und systematisch eindringlichen Theologie der Auferstehung«, daß es sich »nicht einfach um eine weitere Studie zur Auferstehungsthematik im engeren Sinn, vielmehr um einen von der Ostererfahrung her in Grundzügen entfalteten Gesamtentwurf von Theologie« handle. – Verweyens kritische Bemerkungen selbst beruhen jedoch auf selektiver, ungenauer Lektüre und auf Mißverständnissen. Dies ist im einzelnen aufgewiesen in: *Hans Kessler*, Irdischer Jesus, Kreuzestod und Osterglaube. Zu Rezensionen von A. Schmied und H. Verweyen, in: ThdG 32 (1989) 219–229. – Vgl. auch für die exegetischen Teile *Ingo Broer*, in: StNTU 1988 (s. Anm. 5), 82 f, 86.

[3] Beachtenswerte Literatur (in zeitlicher Reihenfolge), auf die im Folgenden z. T. zurückgegriffen wird:
J. Kremer, Die Auferstehung Jesu Christi, in: HFth II (1985) 175–196.
G. Greshake/J. Kremer, Resurrectio mortuorum. Zum theologischen Verständnis der leiblichen Auferstehung (Darmstadt 1986).
L. Oberlinner, Zwischen Kreuz und Parusie. Die eschatologische Qualität des Osterglaubens, in: Ders. (Hg.), Auferstehung Jesu – Auferstehung der Christen. Deutungen des Osterglaubens (Freiburg 1986) 63–95.
P. Carnley, The Structure of Resurrection Belief (Oxford 1987).
J. Werbick, Die Auferweckung Jesu – Gottes ›eschatologische Tat‹? Die theologische Rede vom Handeln Gottes und die historische Kritik, in: I. Broer/J. Werbick (Hg.),

417

triere mich vielmehr auf solche neuen Arbeiten zur Osterthematik, die (II.1) grundlegende Reflexionen und wichtige weiterführende Impulse zu der hier entwickelten Auffassung bieten (so vor allem Georg Essen[4]) oder die (I.1 und 2.) kritische Anfragen und Herausforderungen an meine Sicht enthalten (so vor allem Gerd Lüdemann[5] und Hansjürgen Verweyen[6]), um mit ihnen ein kon-

›Der Herr ist wahrhaft auferstanden‹ (Lk 24,34). Biblische und systematische Beiträge zur Entstehung des Osterglaubens (Stuttgart 1988) 81–131.
P. Hoffmann (Hg.), Zur neutestamentlichen Überlieferung von der Auferstehung Jesu (Darmstadt 1988). *Ders.,* Art. Auferweckung Jesu, in: NBL I (1991) 202–215.
J. Moltmann, Der Weg Jesu Christi. Christologie in messianischen Dimensionen (München 1989) 237–296.
W. Pannenberg, Systematische Theologie II (Göttingen 1991) 385–405. *Ders.,* Die Auferstehung Jesu – Historie und Theologie, in: ZThK 91 (1994) 318–328.
S. Vollenweider, Ostern – der denkwürdige Ausgang einer Krisenerfahrung, in: ThZ 49 (1993) 34–53.
I. U. Dalferth, Der auferweckte Gekreuzigte. Zur Grammatik der Christologie (Tübingen 1994).
[4] *Georg Essen,* Historische Vernunft und Auferweckung Jesu. Theologie und Historik im Streit um den Begriff geschichtlicher Wirklichkeit (Mainz 1995). Von der Existenz dieser hervorragenden und grundlegenden, 1993 in Münster eingereichten Dissertation habe ich erst im Juni 1994 erfahren. Ich danke Georg Essen dafür, daß er mir die Druckfahnen seines Buches im voraus zur Verfügung gestellt hat. – Grundlegend sind auch die in Anm. 3 genannten Arbeiten von *Wolfhart Pannenberg.* Die einschlägigen früheren Arbeiten Pannenbergs (s. o. S.24 Anm. 12) hatte ich bisher, obgleich ich mit ihm das Interesse an der historischen Prüfung der mit Ostern verbundenen Tatsachenbehauptungen und zugleich an einem theologischen Verständnis von Geschichte und Wirklichkeit teile, wenig einbezogen. Das lag vor allem daran, daß ich Pannenbergs überstarker Betonung der apokalyptischen Auferstehungshoffnung und seiner Gewichtung des leeren Grabes nicht folgen konnte. Die Anfragen jedoch, die Pannenberg stellt, will ich unten (II.2 d) aufnehmen.
[5] *Gerd Lüdemann,* Die Auferstehung Jesu. Historie, Erfahrung, Theologie (Göttingen 1994). Ferner *Gerd Lüdemann,* Zwischen Karfreitag und Ostern, in: H. Verweyen (s. Anm. 6) 13–46; diesen Beitrag, dessen Skript mir der Autor dankenswerterweise zugänglich gemacht hat, werde ich in die Darstellung und Diskussion einbeziehen. – Eine in manchem ähnliche Position vertritt Ingo Broer: *I. Broer,* ›Der Herr ist wahrhaft auferstanden‹ (Lk 24,34). Auferstehung Jesu und historisch-kritische Methode. Erwägungen zur Entstehung des Osterglaubens, in: L. Oberlinner (s. Anm. 3) 39–62. *Ingo Broer,* ›Der Herr ist dem Simon erschienen‹ (Lk 24,34). Zur Entstehung des Osterglaubens, in: Studien zum NT und seiner Umwelt, hg. von A. Fuchs, Bd. 13 (1988) 81–100. *I. Broer,* ›Seid stets bereit, jedem Rede und Antwort zu stehen, der nach der Hoffnung fragt, die euch erfüllt‹ (1 Petr 3,15). Das leere Grab und die Erscheinungen Jesu im Lichte der historischen Kritik, in: I. Broer/J. Werbick (s. Anm. 3) 31–61.
[6] *H. Verweyen,* Die Sache mit den Ostererscheinungen, in: Broer/Werbick (s. Anm. 3) 65–80. *H. Verweyen,* Gottes letztes Wort. Grundriß der Fundamentaltheologie (Düsseldorf 1991) bes. 441–480. *H. Verweyen,* Der Glaube an die Auferstehung. Fragen zur ›Verherrlichung‹ Christi, in: B. J. Hilberath u. a., Heute glauben (Düsseldorf 1993) 71–88. *H. Verweyen* (Hg.), Osterglaube ohne Auferstehung? Diskussion mit Gerd Lüdemann (Freiburg 1995): mit Beiträgen von G. Lüdemann, I. Broer, L. Oberlinner, K.-H. Ohlig, H. Verweyen; die Autoren dieses Bandes haben mir ihre Texte freundlicherweise schon vor der Publikation zugänglich gemacht, wofür ich ihnen danke.

418

struktives Gespräch über die entscheidenden Sachfragen aufzunehmen. Dieses Gespräch fortsetzend, werde ich dann (II.2) eine zusammenhängende Sicht der für die Osterthematik zentralen Aspekte entwickeln und dabei manches in diesem Buch bisher Gesagte verdeutlichen, differenzieren und weiterführen[7].

I. Auseinandersetzung mit Gegenpositionen

Die in dem von H. Verweyen (1995) herausgegebenen Band »Osterglaube ohne Auferstehung?« versammelten Autoren sind – abgesehen von L. Oberlinner, der hier allein für die Mehrheitsmeinung der Exegeten und Systematiker steht – allesamt (Lüdemann, Broer, Ohlig, Verweyen) darin verbunden[8], daß sie die Auferstehung Jesu (oder jedenfalls das von ihnen damit Gemeinte) in freilich unterschiedlicher Weise als fragwürdig oder erledigt betrachten und sie (oder jedenfalls das von ihnen damit Gemeinte) deshalb aus dem Zusammenhang der Glaubensbegründung herausnehmen, d. h. nicht zu den konstitutiven Grundlagen des christlichen Glaubens zählen.

Ich befasse mich ausführlich mit den Positionen (1) von Lüdemann und (2) von Verweyen, weil in ihnen die Probleme gebündelt erscheinen.

---

7 Welchen Stellenwert die Auferstehung für mich im Kontext der Christologie hat (und welchen sie *nicht* hat!), kann man aus meiner – bisher erst in vorläufiger Kurzfassung erschienenen – Christologie ersehen: *H. Kessler*, Christologie, in: Th. Schneider (Hg.), Handbuch der Dogmatik (Düsseldorf 1992) I 239–442; dort 283–291 und 424–433 die Auferstehungsthematik. – Zu dieser für mich wichtigen, aber auch begrenzten, indes immer wieder angefragten Thematik vgl. außerdem meine folgenden Beiträge: *H. Kessler*, Die Auferstehung des Gekreuzigten. Mitte und Maßstab christlichen Glaubens (Fribourg/Konstanz 1988); erste Fassung, in: Judaica 42 (1986) 211–230. *H. Kessler*, ›Die Kraft seiner Auferstehung in der Gemeinschaft mit seinen Leiden‹ (Phil 3,10). Zur Bedeutung des Osterglaubens heute, in: Stimmen der Zeit 206 (1988) 219–231. *H. Kessler*, Die Auferstehung Jesu Christi und unsere Auferstehung, in: J. Pfammatter/E. Christen (Hg.), Hoffnung über den Tod hinaus. Theologische Berichte Bd. 19 (Zürich 1990) 65–94. *H. Kessler*, Art. Auferstehung, in: NHthG, erweiterte Neuausgabe (München 1991) I 360–373. *H. Kessler*, Art. Auferstehung Christi, in: LThK I³ (Freiburg 1993) 1182–1190. *H. Kessler*, Das Kreuz und die Auferstehung (Vorlesungen bei den Salzburger Hochschulwochen 1994), in: H. Schmidinger (Hg.), Jesus von Nazaret (Graz 1995) 149–184.
8 Der Band ist erwachsen aus einem eintägigen Symposium (30. Juni/1. Juli 1994) in Freiburg.

419

1. Darstellung und Kritik von Gerd Lüdemanns historisch-psychologischer Erklärung von Auferstehung

a) Die Zielsetzung Lüdemanns

Gegen alle, die seiner Meinung nach die Auferstehung Jesu der wissenschaftlichen Rückfrage entziehen wollen[9], geht es Lüdemann um eine »rücksichtslos ehrliche« Beschäftigung mit der Auferstehung Jesu (34). Das bedeutet für ihn, daß die Theologie auch bezüglich der Auferstehung Jesu der »radikal historisch-kritischen Fragestellung« nicht ausweicht und deren Ergebnisse nicht »durch apologetische Schachzüge aufzufangen« versucht (31). Jenseits einer »christologisch-dogmatischen« (12f) oder »kirchlich-apologetischen« (17) Argumentation will er daher »rein historisch-empirisch« nach der Entstehung des Osterglaubens oder, wie er sich ausdrückt, »nach dem ›Wie‹ der ›Auferstehung‹ Jesu« fragen (29), mit dem Ziel, »eine Hypothese zur ›Auferstehung‹ Jesu vorzulegen, die die wenigsten Anstöße bietet und die meisten Schwierigkeiten löst« (29)[10]. Der Historiker darf nicht vor der Aufgabe kapitulieren zu ermitteln, was zu Ostern geschehen ist (210 Anm. 674). Das herauszubekommen ist das eigentliche Ziel der deshalb historischen (kaum theologischen) Untersuchungen Lüdemanns, und diese Absicht ist ernst zu nehmen.

b) Die Entstehung des Osterglaubens nach Lüdemann

Die historische Analyse der neutestamentlichen Ostertexte führt – auch nach Lüdemann – »zum Konstatieren des *plötzlich* entstandenen Osterglaubens, der sich in dem theologischen Satz ›Gott hat Jesus von den Toten auferweckt‹ niedergeschlagen

---

[9] *G. Lüdemann*, Die Auferstehung Jesu (Göttingen: Vandenhoeck und Ruprecht, 1994) 14 f; 23 f; 25 mit Anm. 62; 27. Die Seitenangaben im folgenden Text beziehen sich auf diese Ausgabe; die Neuausgabe des Buches (Stuttgart: Radius, 1994) hat leider eine andere Seitenzählung. – Die Absicht, die Auferstehung der historischen Kritik entziehen zu wollen, hat bereits *I. Broer*, Rede, in: Broer/Werbick (s. Anm. 3) 48, den Lüdemann (23 f) zitiert, in der katholischen Theologie am Werk gesehen und ebd. 49 eindringlich auf die Notwendigkeit einer verstehenden Aneignung des urchristlichen Osterglaubens hingewiesen, soll der auf ihn sich beziehende Glaube heute lebbar sein. Siehe dazu unten II.2 e.

[10] Später (117f Anm. 369) zitiert *Lüdemann* zur Verdeutlichung des Status seiner Überlegungen William Wrede: Die Hypothese ist ein »notwendiges Mittel, um auf dunklem Gebiete allmählich zu besserer Erkenntnis fortzuschreiten«, wobei »zwischen Hypothese und gesichertem Ergebnis zu unterscheiden« ist.

hat«. Dann fährt Lüdemann fort: »Aber was konkret hat die Jünger zu diesem Satz geführt? Meine Antwort: Visionen.«[11]

(1) Schlüsselstelle ist auch für Lüdemann die von Paulus zitierte, zwischen 30 und 33 n. Chr. in Jerusalem entstandene Tradition 1 Kor 15, 5–7 (54–58). Wie sind die dort aufgelisteten Erscheinungen des Auferstandenen vor Kephas, den Zwölfen, den mehr als fünfhundert Brüdern, dem Jakobus, denen Paulus die ihm selber vor Damaskus widerfahrene Erscheinung als letzte anfügt (1 Kor 15, 8), zu verstehen? Lüdemann meint sie von eben diesem Damaskuserlebnis des Paulus her aufhellen zu können. Er macht dabei die Voraussetzung, daß dieses von derselben Art war wie die vorher genannten Erscheinungen, und erklärt diese Voraussetzung deswegen für »gut begründet«, weil ja Paulus beides parallelisiert[12]. Unter der genannten Voraussetzung ergibt sich nun für Lüdemann aus den anderen Texten (1 Kor 9, 1; Gal 1, 15 f; Phil 3, 8; 2 Kor 4, 6), in denen Paulus auf sein Damaskuserlebnis zu sprechen kommt, sowie aus dem Text Apg 9, hinter dem ein Eigenbericht des Paulus stehe (89–92; anders o. S. 156 f), »die konkrete Füllung von ›er erschien‹« in 1 Kor 15, 8 (90: eine »Lichterscheinung vom Himmel«) und dann – durch Rückübertragung auf die früheren Erscheinungszeugen – auch in der vorpaulinischen Tradition 1 Kor 15, 5–7.[13]

11 *Lüdemann*, Karfreitag (s. Anm. 5 und 6) 27.
12 *Lüdemann*, Karfreitag 28 f; ähnlich *ders.*, Auferstehung 47 (dort 71 immerhin der Hinweis, daß »Paulus recht verschiedenartige Phänomene [...] unter der einen Klammer des ophthe zusammenzieht«). Die wiederholte Formulierung von der »gut begründeten Annahme« ist suggestiv und lenkt davon ab, daß ein Rückschluß von der paulinischen Sicht seines Damaskuserlebnisses auf die Ostererlebnisse der Urzeugen nicht völlig unproblematisch ist (zumal ja Paulus in Korinth Legitimationsprobleme als Apostel hatte und möglicherweise auch deswegen für sein Damaskuserlebnis dasselbe Verb »er erschien mir« verwendete, das die ihm vorgegebene Tradition für die Ostererfahrungen der Ur-Apostel gebrauchte, während er sonst in 1 Kor 9, 1; Gal 1, 15 f; Phil 3, 8; 2 Kor 4, 6 von seinem Damaskuserlebnis mit anderen Ausdrücken spricht). *K.-H. Ohlig*, Thesen zum Verständnis und zur theologischen Funktion der Auferstehungsbotschaft, in: Verweyen (s. Anm. 6) 87 f, hält deswegen diesen Rückschluß für historisch unzulässig, m. E. freilich trotz aller genannten Probleme zu Unrecht (vgl. die von mir oben S. 147 angeführten Gründe; außerdem *Pannenberg*, Systematische Theologie II 397).
13 *Lüdemann*, Karfreitag 28 f. – Ebd. 32: »Der für mich erstaunliche Sachverhalt besteht nun darin, daß die paulinische Ostererfahrung [...] ähnlich wie die petrinische strukturiert ist«, nämlich primär als Erfahrung von Vergebung und Rechtfertigung. Hier wird das Zirkuläre der Argumentation Lüdemanns sichtbar: Zuerst füllt er die petrinische von der paulinischen Ostererfahrung her, und dann staunt er darüber, daß beide ähnlich strukturiert sind!

Nun erfüllt das paulinische Damaskuserlebnis nach Lüdemann die Merkmale einer »Vision«. Auch die anderen genannten Personen haben deshalb den auferstandenen Jesus in einer »Vision« gesehen: »diese Schau wurde als außerordentliches Geschehen und als Offenbarung empfunden« (77); »in Einzel- und Gruppenvisionen wurde der hingerichtete Jesus als Lebender sichtbar«, und zwar weltbildbedingt »mit göttlicher Machtfülle und himmlischem Glanz ausgestattet«[14]. Am Ursprung des Osterglaubens stehen also Visionen.

Visionen werden definiert als »optische Erscheinungen von Personen, Dingen oder Szenen, die keine objektive Wirklichkeit haben«, die aber »nach der Auffassung der schauenden und hörenden Personen einer anderen, unsichtbaren Welt entstammen«; Visionen und Auditionen »sind Produkte der Phantasie und Vorstellungskraft« (111 Anm. 350; 77 Anm. 244). In diesem Sinne heißt »er erschien ihnen« soviel wie: sie sahen ihn in Visionen ohne außersubjektiven Realitätsgehalt[15].

Doch historische Kritik dürfe sich nicht mit diesem Ergebnis zufriedengeben und beim Unerklärlichen stehenbleiben. Sie müsse die inneren Vorgänge in den Erscheinungszeugen nachvollziehbar machen. Dies versucht Lüdemann mittels der subjektiven Visionshypothese von D. F. Strauß und C. Holsten zu erreichen, die er mit Hilfe tiefen- und massenpsychologischer Ansätze (als »konsequenter Weiterführung der historisch-kritischen Methode«: 18; vgl. 108 ff) reformuliert (77–83).

(2) So rekonstruiert er das Psychogramm des Visionärs Paulus (84–112). Dabei kombiniert er die Erblindung des Paulus nach Apg 9 mit dessen Krankheit nach 2 Kor 12,8 und diagnostiziert Paulus als ekstatisch begabten (pathologischen) Hysteriker (106). Unter der zusätzlichen Annahme, daß die ekstatischen Visionen

---

[14] *Lüdemann*, Karfreitag 29 f.
[15] Dagegen *Pannenberg*, Systematische Theologie II 396: »Weit verbreitet ist die Annahme, daß es sich bei allen Erscheinungen der Form nach um visionäre Erlebnisse gehandelt habe. Damit ist jedoch noch nichts gegen ihren Realitätsgehalt entschieden, es sei denn, im Einzelfall wären Zusammenhänge nachweisbar mit Umständen, unter denen nach allgemeiner Erfahrung Halluzinationen auftreten (wie Drogengenuß oder bestimmte Erkrankungen des Visionärs). Die Unterstellung, daß visionäre Erlebnisse in jedem Falle als psychische Projektion ohne gegenständlichen Bezug beurteilt werden müßten, kann als nicht hinreichend begründetes weltanschauliches Postulat abgewiesen werden.«

von 2 Kor 12,1–10 die »gleiche Erlebnisform« haben wie die »Damaskusvision« (105; ferner 81; 93) wird letztere nun psychologisch erklärbar. Dieser Kombination steht freilich entgegen, daß Paulus selbst einen klaren Unterschied macht zwischen seiner Damaskuserfahrung (1 Kor 15,8) und seinen späteren ekstatischen »Visionen und Offenbarungen« (2 Kor 12,1–10), von denen er, gezwungen von den Adressaten, nur wie ein »Narr« reden kann (2 Kor 11,21; 12,11), während das abgeschlossene und nach Meinung des Paulus seither nicht wiederholte (1 Kor 15,8) Sehen des Herrn, für das er (und Lukas!) übrigens nie das Wort »hórama« (= Vision; wie Apg 9,10; 16,9f; 18,9) verwendet, gerade *Grundlage* seines Apostolats ist (1 Kor 9,1; Gal 1,15f)[16].

Die Entscheidung darüber aber, ob wir über die im Innern des Paulus gelaufenen Prozesse noch Genaueres wissen können, fällt für Lüdemann am Text Röm 7,7–25, den er – ausdrücklich anders als fast alle Ausleger seit W. G. Kümmels Untersuchung von 1929 (erwähnt 107 Anm. 336) – biographisch deutet (107–112)[17]: Paulus hatte vor seinem Damaskuserlebnis einen unbewußten Konflikt mit dem Gesetz, wurzelnd in einem »unbewußten ›Christuskomplex‹«; das unbewußt Ersehnte, das im Wirken Jesu Realität geworden war, wehrte er ängstlich ab in aggressiver Verfolgung von Christen; schließlich »entlud« sich die ganze »innere Stauung« in einer »Vision Christi« (110f). Auch das sieht Paulus selbst freilich in Phil 3,4–7 sehr anders[18], aber nach Lüdemann hat er dort »nicht die ganze Wahrheit gesagt«[19]. Das Vorgehen Lüdemanns ist aufschlußreich: Für Röm 7 wählt er – zur Stützung seiner tiefenpsychologischen Hypothese der Wende des Paulus und in tiefenpsychologischer Deutung von Röm 7 selbst – die unter Exegeten fast überall aufgegebene biographische Deutung, nicht weil sie besonders gut zu den sonstigen Ausführungen des Paulus passen würde, sondern um sie gegen Pauli eigenen Selbstbericht in Phil 3 zu wenden und zu behaupten, dort habe

---

[16] Vgl. dazu mit den meisten Exegeten *E. Schweizer* in seiner Rez. des Lüdemann-Buches, in: ThLZ 119 (1994) 804–809, hier 805f, sowie meine Ausführungen oben S. 155f. Ferner *Ohlig*, Thesen (s. Anm. 12) 87 Anm. 6: »Daß Paulus ekstatische Erfahrungen kannte, ist nicht zu bestreiten. Daß sich aber die existentiell sicher sehr tiefreichende Damaskuserfahrung visionär verdichtete, muß – anders als G. Lüdemann referiert – offenbleiben.«

[17] Weiter ausgeführt in *Lüdemann*, Karfreitag 33 f.

[18] So *E. Schweizer* (s. Anm. 16) 805 sowie meine Ausführungen oben S. 171.

[19] *Lüdemann* Karfreitag 34 sowie 39.

Paulus nicht die volle Wahrheit gesagt, weil dort (und auch sonst) nämlich nichts von einem Christuskomplex und inneren Ringen des Pharisäers Saulus zu finden ist.

(3) Auch die »*Erst*vision« des Petrus (42; 71f; 112–128; 169; 206f), von der alle anderen außer der des Paulus abhängig seien, wird vor dem Hintergrund der Verleugnung und der Schuldgefühle des Petrus tiefenpsychologisch erklärt als Konfliktverarbeitung und als »ein Stück Trauerarbeit« (ähnlich wie es bei Trauernden zur »bildhaften Vergegenwärtigung des verlorenen geliebten Menschen« kommen kann: 126): »Unter dem Eindruck von Jesu Verkündigung und Tod bezog Petrus durch eine Erscheinung des ›Auferstandenen‹ das im Wirken Jesu präsente Vergebungswort Gottes noch einmal und diesmal in seiner tiefgründigen Klarheit auf sich« (125). Das Vergebungswort Jesu »wurde von ihm als etwas Lebendiges erlebt, als Begegnung mit dem ganzen Jesus selbst, bildhaft« (126), so daß »ein lebendig-vitales Bild Jesu an die Stelle des geliebten Verstorbenen trat« (128); »er hat ihn ›gesehen‹« (126). »Petri Vision beruht einerseits auf einer Störung der Realitätsprüfung, da Jesus tot ist und, gegenständlich vorgestellt, nicht eine objektive Realität ist (es handelt sich also nicht um die korrekte Wahrnehmung extrapsychischer Ereignisse). Andererseits beruht die Vision auf Wirklichkeit, da der vorgestellte Jesus den geschichtlichen Jesus verstehen hilft«: »Die Erfahrung von der uneingeschränkten Gnade Gottes, die Petrus im persönlichen Umgang mit Jesus gemacht, aber nur teilweise verstanden hatte, wurde zu Ostern unwiderruflich«[20]. Sein Schuldgefühl wurde durch die Gnadengewißheit abgelöst.

Die Erstvision des Petrus aber war der Ausgangspunkt des Osterglaubens: sie »wirkte förmlich ›ansteckend‹«, der Zwölferkreis »wurde von Kephas mitgerissen und sah ebenfalls Jesus« lebendig (210). Daß freilich alle andern Ostererfahrungen (außer der des Paulus) von der des Petrus »abhängige« und keine »originalen« Offenbarungen gewesen seien (124), ist nur dann einleuchtend, wenn man schon voraussetzt (was erst zu erweisen wäre), daß die Ostererfahrungen der verschiedenen Jünger rein durch psychische Mechanismen hervorgebracht wurden, und von

---

[20] Ebd. 42 mit Anm. 97.

vornherein ausschließt, daß sie auch und primär Einschlag von
anderswoher, nämlich (symbolisch vermittelte) Selbsterweise einer anderen Freiheit sein könnten.

(4) Die Erscheinung »vor mehr als fünfhundert Brüdern« (1 Kor
15, 6) wird schlicht mit dem Pfingstereignis (Apg 2, 1–13) gleichgesetzt. Psychologisch wird sie – diesmal durch »Anleihen« (136)
bei der (für religiöse Erfahrungen verständnislosen) Massenpsy-
chologie des Gustav Le Bon von 1911 – als mit Glossolalie-Phä-
nomenen verbundene »Massenekstase« und »Kollektivhalluzi-
nation« gedeutet, »die als Begegnung mit Christus aufgefaßt
wurde« (136): Die Pfingstpredigt des Petrus und die Erinnerungen an Jesus »führten förmlich zu einem religiösen Rausch und
einer Begeisterung, die als Gegenwart Jesu erfahren wurde, und
zwar als Präsenz des Auferstandenen, wie ihn bereits Petrus gesehen hatte« (138). Dieses Erlebnis »bündelte und bestätigte alle
bisherigen Einzelerscheinungen und verlieh der Gruppe damit einen Kraftschub ohnegleichen« (138).
Zur Kritik nur dies: Die Gleichsetzung dieser Erscheinung mit
dem Pfingstereignis ist mehr als fraglich, zumal in Apg 2, 1–13
alle Charakteristika einer Ostergeschichte (v. a. das Erscheinen
Christi) fehlen und umgekehrt in den frühen Ostertexten der
Geist keine Rolle spielt. Wenn Lüdemann dagegen einwendet,
aus der Nichterwähnung des Geistes in den ältesten Ostertexten
dürften nicht »zu weitgehende Schlüsse« gezogen werden (133),
und den an sich bedenkenswerten Satz aufstellt: »Selbst in späterem Material kann sich Ursprüngliches finden« (199 u. ö.), so
wird dieser Satz für ihn zum Freibrief, in späten Texten dann und
nur dann Ursprüngliches zu finden, wenn es in sein vorgefaßtes
Verstehensschema paßt, und aus späten Texten dann seinerseits
»zu weitgehende Schlüsse« zu ziehen, in diesem Fall aus Joh
20, 21 f für die frühe (!) »Verbindung von Christophanie und
Geistverleihung« (133; vgl. 199).
    Die Erscheinung vor dem Herrenbruder Jakobus (1 Kor 15, 7)
aber, der zu Lebzeiten Jesu nicht zum Jüngerkreis gehörte, vielmehr Jesus distanziert gegenüberstand (vgl. Mk 3, 21.31), fügt
sich überhaupt nicht in Lüdemanns Plausibilitätsschema. Deswegen weiß er zu ihr nichts zu sagen (139–141).

c) Grundsätzliche Einwände

Lüdemann will, wie wir sahen, die erklärungsbedürftige plötzliche Wende im Jüngerverhalten aus inneren Prozessen der Konflikt- und Trauerverarbeitung, die sich in Ekstasen und Visionen entluden, erklären. Deshalb sucht er, obwohl, wie er einräumt, die Quellen wenig sagen (107; 117f u. ö.), »möglichst anschaulich, nachvollziehbar« nachzuzeichnen, was sich zwischen Karfreitag und Ostern »im Innern« der Jünger »abgespielt haben kann« (126) und »dürfte«[21].

(1) Für das, was »Erfahrung von ›Auferstehung‹ war und ist«, beansprucht er den »unverstellten Blick«, den er vielen in Kirche und Theologie abspricht (18). Gegen sie beansprucht er das Vermögen, »das religiöse Leben des Paulus so wahrzunehmen und zu lassen, wie es war« (94). Die Introspektion in das Innere der Jünger und in ihre Erfahrungen meint er mittels des tiefenpsychologischen Ansatzes zu gewinnen, der indes weitreichende Voraussetzungen macht, die zum großen Teil empirisch nicht überprüft sind, der deswegen empirisch relativ wenig erklärt und dessen meta-empirischer Status ausreichend berücksichtigt werden müßte. Andere, empirisch geprüfte und im Erklärungsanspruch viel zurückhaltendere Ansätze, wie etwa den sozialpsychologischen Ansatz der kognitiven Dissonanz, zieht er nicht hinzu. Solche Ansätze empfehlen aber äußerste Behutsamkeit und Zurückhaltung bei Versuchen, von heute aus retrospektive Aussagen zu machen, und zwar schon für die Vergangenheit heutiger Individuen, erst recht über fast zweitausend Jahre hinweg. Überdies weiß jeder der Grundlagen seiner Wissenschaft bewußte Historiker[22], daß, weil wir die Welt früherer Menschen nicht einfach teilen und sie nur begrenzt rekonstruieren können, wir kaum in ihr Inneres hineinzuschauen und ihre inneren Vorgänge heute nachzuvollziehen vermögen. Ob Lüdemann, der »konsequente historische Forschung« zu treiben meint (78), nicht in »historisches Besserwissen« (16) verfallen ist, die Möglichkeiten der Historik

---

[21] So ebd. 31. – Ebd. 18: Er sei »bemüht, möglichst konkret, anschaulich und sensibel die Erfahrungen der Jünger und Jüngerinnen zwischen Karfreitag und Ostern nachzuzeichnen«. Sensibel für was? Wirklich für die Erfahrungen, die die Jünger gepackt und ihre Existenz verändert haben?

[22] Siehe dazu das Kap. 2 in: *Essen*, Historische Vernunft (s. Anm. 4) und dazu unten II.1 b.

überzogen hat bzw. hinter den Stand des historischen und psychologischen Grundlagen-Bewußtseins zurückgefallen ist?

Wie Pannenberg erhebe ich »keine prinzipiellen Einwände gegen eine Beteiligung psychologischer Erwägungen im Rahmen der Aufgabe historischer Rekonstruktion. Aber für die Heranziehung psychologischer Gesichtspunkte ist Behutsamkeit zu fordern, die der Komplexität der historischen Anhaltspunkte Rechnung trägt und nicht die Gegebenheiten gewaltsam unter ein psychologisches Schema zwingt«[23].

(2) Lüdemann beansprucht, die Vorgänge im Innern der Jünger und des Paulus zutreffender zu verstehen als diese selbst. Sie seien einem Selbstmißverständnis verfallen: Die als objektiv und real vorgestellten Erscheinungen könnten heute als lediglich innere, seelische Vorgänge ohne außersubjektiven Realitätsgehalt durchschaut werden. Daß die Jünger sie damals selbst so durchschauten, das sei »ohnehin nicht zu erwarten, da Visionäre es *immer* anders sehen« (78). Diese Begründung ist in ihrer Pauschalität haarsträubend, aus doppeltem Grund: Zum einen ist sie historisch gesehen falsch, weil große christliche Mystiker und Visionäre (Teresa von Avila u. a.) selbstkritisch ihre Visions- und Offenbarungserlebnisse einer Prüfung durch persönliche und fremde Reflexion unterzogen und Kriterien entwickelt haben, um echte religiöse Erfahrungen von Täuschungen zu unterscheiden[24]. Zum andern verschafft sich Lüdemann mit diesem fragwürdigen Kniff den Passepartout, um die Erfahrungen der Jünger gegen deren eigene Selbstinterpretation zu erklären und heute sozusagen für jedermann nachvollziehbar zu machen, auch für den, der religiös nicht aufgeschlossen ist; der wird der Sache nach sogar zum Maßstab erhoben. Soll man erwidern: Auch der Reduktionist »sieht es immer anders» (nämlich reduziert, verflacht, entleert)?

Gewiß gilt, und insoweit ist Lüdemann im Recht: Das vielen Offenbarungen und auch den österlichen Erscheinungen »eigene Erlebnis der Objektivität und Gewißheit kann man – auch wenn eine außerordentliche Offenbarung nicht auszuschließen ist – im-

23 *Pannenberg*, Auferstehung (s. Anm. 3) 322.
24 Vgl. dazu z. B. *B. Grom*, Religionspsychologie (München/Göttingen 1992) 228 f; 316 f. – Vgl. auch meine Ausführung oben S. 222 mit Anm. 241 (Hinweis auf E. Benz).

mer auch subjektiv [...] erklären«[25], zumindest prinzipiell, freilich nicht immer auch faktisch (z. B. wenn die Quellen darüber keine Auskunft geben sollten). Nur daß wir *faktisch* bei den Ostererscheinungen das konkrete Wie nicht mehr rekonstruieren können, habe ich behauptet (s. o. S. 149; 230–234), nicht daß dies *prinzipiell* unmöglich wäre [26]. Es lag mir fern, den Glauben mit dubiosen Lücken in unserem historischen Wissen und auf supranaturale Mirakel zu begründen[27].

[25] *Grom,* Religionspsychologie 315f: psychologisch z. B., wie Grom hinzufügt, »aus einer Einschränkung der weltanschaulichen Realitätsprüfung«. Vgl. ebd. 307.

[26] Oben S. 226 habe ich z. B. gesagt: »Der Historiker kann [...] nicht gänzlich ausschließen, daß dieser zentrale Inhalt und Kern der Ostererfahrung (sc. die Begegnung und Selbstbekundung des Gekreuzigten als Auferstandenen) noch einmal Produkt einer Selbsttäuschung der Jünger ist (mag dies auch einigermaßen unwahrscheinlich sein)« und hinzugefügt: »Der Glaubende und Theologe aber muß dies ausschließen.« Ähnlich habe ich oben S. 212 formuliert, für die Erscheinungen gelte das Wort von Blaise Pascal: Sie »sind nicht solcher Art, daß man sagen kann, sie seien vollkommen überzeugend, aber sie sind auch nicht solcher Art, daß man sagen kann, man müsse ohne Vernunft sein, um sie zu glauben«. – Zum diesbezüglichen Anspruch und Status meines Argumentationsgangs vgl. *H. Kessler,* Irdischer Jesus (s. Anm. 2) 225–227.

[27] Die Sorge von *I. Broer,* Entstehung (s. Anm. 5) 86, ich wollte in den Erscheinungen »den Einbruch des Supranaturalen in die Geschichte, der nach dem Glauben ja permanent geschieht, sozusagen dingfest [...] machen«, ist unbegründet und beruht auf einem Mißverständnis, das sich bei Lektüre meiner obigen Ausführungen zum Begriff des Handelns Gottes (o. S. 284ff., bes. 292–297) leicht hätte beheben lassen. Dort wird bedacht, daß Gott, der der Welt zutiefst immanent und ihr zugleich transzendent ist, *in* der Welt permanent wirkt (also gar nicht »von oben« eingreifen muß), und zwar einerseits so, daß er alle geschöpflichen Größen und ihr Zusammenspiel im Rahmen ihrer Möglichkeiten freisetzt und trägt, und andererseits so, daß er durch sein Wirken Menschen, die sich ihm öffnen, zu einer Wirkung erhebt, die ihre eigenen Fähigkeiten übersteigt und doch ihre eigene Wirkung ist (S. 294f); genau letzteres gilt auch für die sog. Erscheinungen, falls sie denn gottgewirkt, also ein Handeln Gottes *in* der Welt, gewesen sind. Dann wird (S. 296f) hinzugefügt, daß für alles Geschehen innerhalb des raum-zeitlichen Rahmens der irdischen Welt, selbst wenn der Glaube darin ein Handeln Gottes sieht, (bei Nichtvoraussetzung Gottes) der Anschein »rein natürlicher Erklärungsmöglichkeit entstehen kann«; das gilt auch für die Erscheinungen. Diese sind also für mich nicht (wie Broer, ebd. 98, meint) »sozusagen manifestes supranaturales Ereignis ohne jede Analogie«; das mache ich oben S. 246 und 250 deutlich. – Anders steht es mit der behaupteten Auferweckung vom Tod: Sie wird ohne die Anerkennung eines Gottes, der mehr vermag, als in der naturalen Welt (ihrem »Stirb und Werde«) »drin« ist, eo ipso sinnlos. Für den Erkenntniszugang bestehen also zwischen Auferweckung und Erscheinungen grundsätzliche Unterschiede! – Nebenbei: Auch anderes, was Broer (ebd. 88–90; 92; 98; 99f) mir unterstellt, stimmt nicht, so daß seine Argumentationen gegen meine Sicht diese gar nicht treffen. Ich habe z. B. nirgends bestritten, »daß die Verbalisierung der Erscheinungen mit Hilfe der Theophanieformel Ergebnis eines Reflexionsprozesses und nicht unmittelbar mit den Erscheinungen selbst gegeben war« (Broer, ebd. 90); ausdrücklich heißt es oben S. 152, das ὤφθη sei »(nachträglicher, aber früher) Reflex und Ausdruck einer sehr inhaltsreichen Erfahrung, welche die Wurzel des Osterglaubens bildet«; und genauso heißt es S. 219 – was Broer offenbar nicht mehr las (vgl. seine Anm. 11), weswegen er

Zugleich freilich habe ich behauptet, daß mit einer solchen psychologischen Erklärung (die mit Recht darauf beharrt, daß prinzipiell erklärbare psychische Mechanismen eine Rolle gespielt haben) noch nicht alles, sondern eben nur die psychische Seite der Vorgänge erklärt wäre (s. o. S. 212–215 u. ö.). Ein Verstehen der umfassenderen, ganzheitlichen Vorgänge setzt wenigstens entfernt analoge Erfahrungen voraus (s. u. II. 2 e). So hatte ich oben in einer, wie ich zugebe, viel zu knappen und in ihrem Stellenwert nicht kenntlich gemachten Zusatzbemerkung (aus der allerdings nichts weiter gefolgert wurde) darauf hingewiesen, daß sich ein prophetischer oder österlicher Offenbarungsvorgang für den, der keine wenigstens entfernt analoge Erfahrung hat, nicht nachvollziehbar aufhellen läßt; wenn man diesen Vorgang von irgendwelchen beteiligten psychischen usw. Faktoren her vermeintlich vollständig erklärt und so auf diese reduziert, hat man ihn gerade verfehlt (s. o. S. 234). Lüdemann (78 f) hat in diese Überlegung etwas anderes, als gemeint war, hineingelesen, sie als apologetische Immunisierungsstrategie (15; 78) mißverstanden und daraus weitreichende (Fehl-) Schlüsse gezogen[28]. Ich hätte indes auch viel gewöhnlichere Phänomene aus den verschiedensten Bereichen anführen können[29].

die Gesamtaussage S. 218 f mißverstand –, daß die Ostererfahrung »einen bestimmten und unmittelbar erfaßten Inhalt hatte, welcher indes *nachträglich* bezüglich seiner Implikationen reflektiert und entwickelt werden konnte und mußte«. Kennen wir nicht Erfahrungen, die durchaus deutlich sind, und doch müssen wir beim Versuch der Verbalisierung tastend suchen und wehren das eine Sprachangebot mit »nein, das trifft es nicht« ab, während wir das andere vielleicht akzeptieren können?

28 *Lüdemann*, der sich ja auf Broer (siehe vorige Anm.) bezieht: Meine Ansicht habe »letztlich einen sublimen Fundamentalismus und Biblizismus zur Konsequenz« (Auferstehung 79). – Der Vorwurf des Supranaturalismus (vgl. 83; 214; 217) und des Fundamentalismus wird von Lüdemann freilich gegen alle erhoben, die ernsthaft mit einem Geschichts- und Auferweckungshandeln Gottes (und nicht nur mit Glaubensgedanken von Menschen) rechnen und mit Ostern noch etwas anderes als psychogene Visionen verbinden. *Lüdemann*, Karfreitag (s. Anm. 5) Anm. 17: »Wer ein rätselhaftes bzw. übernatürliches oder wunderhaft begründetes ›Etwas‹ hinter den ›Ostereignissen‹ annimmt, sollte ehrlicherweise auch offen eine fundamentalistische Position zu ›Ostern‹ einnehmen.« Rätselhaft, übernatürlich, wunderhaft begründet: was soll das heißen? Ist das alles dasselbe? Lüdemann vermag anscheinend nur in der Alternative psychologisch erklärbare Visionen oder supranaturalistischer Fundamentalismus zu denken, etwas anderes jenseits dieser Alternative scheint es nicht zu geben. Deswegen wird alles, was nicht auf seiner Linie liegt, in die Ecke des Supranaturalismus bzw. Fundamentalismus gestellt.
29 Ein Flötenstück von Mozart z. B. ist gewiß eine Abfolge von Schallwellen, aber eben nur physikalisch gesehen, und mit einer solchen Erklärung ist es kaum erfaßt. Und was ist einem Farbenblinden erklärt, wenn man ihm von Lichtbrechungen im Spektrum redet? – Oder: In der Grundlagendiskussion der Naturwissenschaften wird im-

Es geht wohlgemerkt nicht darum, die Erscheinungen, wenn sie als Einschlag einer außersubjektiven Realität begriffen werden, als völlig unvergleichliche, absolut analogielose Ereignisse zu behaupten; glaubwürdige analoge Erfahrungen des Einbruchs solcher Realität werden auch heute von sehr nüchternen, selbstkritischen Menschen gemacht. Es kann aber auch nicht darum gehen, denen, welche *nicht* religiös-biblisch von der Ganzheit einer von Gott bestimmten Wirklichkeit ausgehen, d. h. die Wirklichkeit der Welt *nicht* als von Gott durchdrungen, umfangen und zugleich von ihm im freien Entschluß seiner Liebe personal angegangen wahrnehmen, nun ausgerechnet Vorgänge, welche religiös-biblische Menschen als Offenbarung dieses Gottes erfahren und behaupten, *nachvollziehbar* machen zu wollen. Das kann nur zu Reduktionen führen, die »den religiösen Ernst« (78) jener Vorgänge gerade nicht verstehen helfen. Ich bestreite Lüdemann, daß er die religiösen Erfahrungen der Jünger rekonstruiert und mehr als einige psychologische Aspekte, die dabei vielleicht mit im Spiel waren, erfaßt hat.

Ulrich Luz stimme ich darin zu, »daß die grundlegenden religiösen Erfahrungen, die am Anfang der Geschichte des Christentums standen, auf einer menschlich-psychischen Ebene stattgefunden haben und nur so, nicht unabhängig davon und ›senkrecht von oben‹, Handeln Gottes gewesen sein können«[30]. Ob Lü-

mer klarer, daß kein Phänomen rein von unten, von seinen Bausteinen (chemischen Elementen, Molekülen, Genen usw.) her, erklärt werden kann (Bottom-up-Erklärung), daß vielmehr umgekehrt eine zureichende Erklärung erst vom größeren, umfassenden Gesamtrahmen (Ganzheiten wie Organismus usw.) her, der sich die Elemente und Schichten, ihre Verschaltung und ihr Wechselspiel integriert, möglich ist (Top-down-Erklärung). – Das gilt es erst recht auf der Ebene des Geistig-Personalen zu beachten. Abgesehen davon, daß der Respekt vor dem unantastbaren Intimbereich des Andern grenzenlose Neugier verbietet und der Liebe des Andern nur Vertrauen und Gegenliebe, nicht jedoch Kontrolle und detektivische Überprüfung gerecht werden: wer etwa behauptet, psychologisch (aus sozial- oder entwicklungspsychologischen usw. Faktoren) erklären zu können, warum eine Person A eine bestimmte andere Person B liebt (z. B. weil A diese und jene Defizite hat und in B die passenden Ergänzungen findet), hat sicher etwas erklärt, aber noch nicht diese Liebe (z. B. kennt A vielleicht eine dritte Person C, die auch zu ihren Defiziten paßt und ihr bis zu Irritationen sympathisch ist, aber A liebt nicht C, sondern B). Wenn ich empirisch erklärend oder kontrollierend gänzlich »hinter« solche Phänomene (zumal personale, in denen es um Entschlüsse von Freiheiten geht) zu kommen suche, reduziere ich sie auf irgendwelche untergeordnet beteiligten Faktoren und Schichten, zerstöre und verfehle die Ganzheiten, statt sie zu erklären oder zu verstehen. Dies war mit den Bemerkungen oben S. 234 gemeint.

30 *U. Luz*, Aufregung um die Auferstehung Jesu. Zum Auferstehungsbuch von G. Lüdemann, in: EvTh 54 (1994) 476–482, hier 480.

demann dem zustimmen kann: kann er von einem Handeln Gottes oder nur von Glaubensgedanken der Menschen reden? Nur dieses oder auch jenes zu denken (!) macht einen erheblichen Unterschied in der Einstellung zur Wirklichkeit.

d) Lüdemanns Vorverständnis von Auferstehung

Lüdemann ist von vornherein – und ohne daß er darüber Rechenschaft ablegt – von einem ganz bestimmten Vorverständnis von Auferstehung und Ostern geleitet. Das zeigt etwa folgende Ausführung: »Angenommen, die Auferstehung Jesu sei kein historisches Faktum (Jesus sei also nicht auferstanden und im Grabe geblieben [...]), sondern in der Vision des Petrus und des Paulus begründet, so wäre neu zu klären, ob Ostern dann noch als ein Widerfahrnis von außen (›extra nos‹) aufgefaßt werden kann oder sich nicht vielmehr als Wunsch des menschlichen Geistes erweist« (32f). Hier und durchgehend zeigt sich eine verhängnisvolle Konfusion der Vorstellungen und Begriffe. Nur einige Hinweise:

(1) Wenn die Auferstehung Jesu kein historisches Faktum sei, dann sei Jesus überhaupt nicht auferstanden. Auferstehung wird von Lüdemann durchweg als »Wiederbelebung des Leichnams«, d. h. als prinzipiell historisch befragbare Tatsache, mißverstanden (z. B. 33; 216f)[31]. Wenn daher Jesus (gemeint ist wohl der Leichnam, der physische »Körper Jesu«: 33; vgl. 52; 69 u. ö.) im Grab geblieben ist, dann ist Jesus nach Lüdemanns Auffassung auch nicht auferstanden und die ganze urchristliche Auferstehungsauffassung überholt (217); und das will Lüdemann auch aufweisen.

Den Einwand Andreas Lindemanns, »keiner der urchristlichen Texte interpretiert Jesu Auferweckung als ›Wiederbelebung des Leichnams‹«, bezeichnet Lüdemann als »apologetisches Ausweichmanöver« und behauptet, »die Vorstellung einer Wiederbelebung des Leichnams« sei bei den urchristlichen Zeugen »doch *vorausgesetzt*!«[32]. Das nimmt er denn nicht nur bei den

---

31 Vgl. dagegen meine Ausführungen zu diesem naiv realistisch-objektivistischen Mißverständnis von Auferstehung(sleib) oben S. 25f; 123 Anm. 112; 124; 136f; 163f; 328f; 334; sowie insgesamt 322–338.

32 *Lüdemann*, Karfreitag (s. Anm. 5) 30 Anm. 58. Lüdemann bezieht sich auf eine noch

späteren Grabes- und Erscheinungserzählungen an, deren Erzähllogik und dialektische Metaphorik[33] er nicht beachtet (als ob jüdisch-biblische Menschen nur naiv-positivistisch gedacht und kein Gespür für die Bildhaftigkeit von Vorstellungen gehabt hätten). Das sucht er sogar bei Paulus zu erweisen (67–69): Zwar kann er nicht leugnen, daß Paulus nicht vom leeren Grab spricht, vielmehr die Auferstehung von »Fleisch und Blut« ausdrücklich ablehnt (1 Kor 15,50) und die *Verwesung* des alten Leibes annimmt (1 Kor 15,36f: Bild vom Samenkorn, das sterben muß); aber dann behauptet er *ohne* wirkliche Begründung – was durch die suggestive Formel »mit gutem Grund« (68) verschleiert wird – dennoch, Paulus stelle sich die Auferstehung Jesu »körperlich« vor, und unterstellt ihm den Gedanken »der körperlichen Auferstehung (in verwandelter und/oder physischer Form)« (69): »Christus wird mit einem schon verklärten Leibe das Grab verlassen haben« (68)[34]. Versuche, die paulinische Vorstellung von pneumatischer Auferstehungsleiblichkeit (1 Kor 15,44) anders, nämlich auf der Linie der paulinischen Argumentation in 1 Kor 15 selbst, zu sehen, quittiert Lüdemann wiederholt mit »das dürfte zu modern gedacht sein« (69 Anm. 214; vgl. 68 bei Anm. 211).

Lüdemann setzt also durchgehend (vgl. 213; 216f mit Anm. 691) einfach voraus, daß Auferstehung der Toten im Judentum der Zeit Jesu nicht anders denn physikalisch-körperlich als Auferstehung der ins Grab gelegten Leichname gedacht wurde. Daß dies nicht zutreffend ist, habe ich oben (S. 69–78; S. 123 Anm.112; S. 334f) gezeigt und werde es unten (II.2 c und d) genauer nachweisen.

Die urchristliche Behauptung der Auferweckung Jesu von den Toten meint gerade nicht die – dann (am leeren Grab) prinzipiell empirisch-historisch überprüfbare – Wiederbelebung des Leichnams (und eventuell dessen verklärende Transformation)[35], sondern ein radikal innovatorisches Handeln Gottes am toten Je-

---

nicht erschienene Rez. seines Auferstehungsbuches durch *A. Lindemann*, in: Wege zum Menschen 1994.

[33] Dazu oben S. 118–124, bes. Anm. 99a; S. 127–135, bes. 133f.

[34] *Lüdemann*, Auferstehung 68f; das letzte Zitat übernimmt Lüdemann von Johannes Weiß, seinem Gewährsmann.

[35] So allerdings nach wie vor *Pannenberg*: Systematische Theologie II 402–404. – Vgl. dagegen unten II.2 d.

sus[36]. Dies ist freilich derart zu denken, daß – *ohne* mirakelhaft-übernatürliche Durchbrechung der irdischen Naturzusammen-hänge (also ohne göttliche Hinwegnahme des Leichnams) – Jesus als identische, auf die andern und die Welt bezogene Person (d. h. »leibhaftig« im semitisch-biblischen Sinn) bewahrt wird, und zwar dadurch, daß er an dem radikal neuen, qualitativ andersarti-gen, unvergänglichen Leben Gottes Anteil erhält. In diesem Sinne ist »Auferweckung« (ähnlich wie »Entrückung«, »Erhö-hung«, »Aufnahme«, »in Gottes Herrlichkeit eingehen«, »zum Vater gehen« usw.) Metapher für ein Handeln Gottes, das den Übergang in eine ganz neue Dimension (die Dimension Gottes) bewirkt, einen Übergang, der selbst kein raum-zeitliches Vor-kommnis mehr sein kann. Wenn dieses von den neutestamentli-chen Zeugen behauptete Geschehen denn überhaupt stattgefun-den haben und also Wirklichkeit sein soll, dann entzieht es sich – von der Sache (also seiner Seinsweise) her – *unvermeidlich* der sinnlichen Anschauung und empirisch-historischen Feststellbar-keit.

(2) Lüdemann unterscheidet nicht klar zwischen Erscheinungen und Auferstehung, im Gegenteil, er setzt Ostern und »Auferste-hung« gleich mit den »Visionen des Auferstandenen« (35; vgl. 25 f u. ö.). Ostern meint die Visionen des Petrus (und des Paulus); sie führten zum Osterglauben, zum – mit den kritiklos zitierten Worten von D. F. Strauß – »Wahnglauben an seine (Jesu) Aufer-stehung«[37]. Deshalb kann Lüdemann sagen, die Auferstehung Jesu sei »in der Vision des Petrus und des Paulus begründet« (32 f), während die neutestamentlichen Texte genau umgekehrt die Erscheinungen des Auferstandenen im Auferweckungshan-deln Gottes begründet sehen (s. o. S. 216–219). Da aber Lüde-mann erklärtermaßen *kein* außergewöhnliches Geschehen »hin-ter« den Osterereignissen, d. h. den mit psychogenen Visionen

---

[36] Von einem solchen Handeln Gottes am getöteten Jesus sprechen die ältesten Formu-lierungen des Osterglaubens ebenso wie die späteren Ausgestaltungen, wie *Lorenz Oberlinner*, »Gott (aber) hat ihn auferweckt«. Der Anspruch eines frühchristlichen Gottesbekenntnisses, in: H. Verweyen (Hg.), Osterglaube (s. Anm. 6), gegen Lüde-mann erneut aufzeigt. – Vgl. im übrigen meine Ausführungen oben S. 108–117; S. 266–311.

[37] Die Fortsetzung bei D. F. Strauß lautet: die »historisch genommen« sich »nur als ein welthistorischer Humbug bezeichnen« läßt; so kritiklos zitiert von *Lüdemann*, Aufer-stehung 22 mit Anm. 43.

verbundenen Bekehrungsprozessen der Jünger, annimmt, braucht er auch nicht zwischen Erscheinungen und Auferstehung zu unterscheiden. Daß also noch etwas anderes geschehen sein könnte als in psychogenen Visionen begründete Bekehrungsprozesse, wird – wie noch zu zeigen sein wird: aufgrund eines dogmatischen Vorurteils – von vornherein ausgeschlossen.

So aber ergibt sich für Lüdemann zwangsläufig das (Fehl-) Urteil, daß all diejenigen, die anders als er überhaupt den Gedanken an eine eventuelle Auferstehung Jesu im Sinne eines Handelns Gottes am getöteten Jesus fassen und dann sagen, eine solche Auferstehung könne *von ihrer Seinsweise her* gar nicht Gegenstand historischer Forschung sein, daß all diejenigen schon allein damit das radikale historische Fragen nach dem »Wie der Auferstehung«, d. h. im Sinne Lüdemanns nach den Visionen als »geschichtlichem Ausgangspunkt« des Osterglaubens, »abblocken« – angeblich »aus apologetischen Gründen«[38]. Aber das ist ein Mißverständnis, das in Lüdemanns Vorverständnis und in seiner Weigerung gründet, auch nur den Gedanken an ein solches auferweckendes Handeln Gottes ernsthaft zu denken und vernünftig zu prüfen. Für diejenigen aber, die meinen, ein solches Handeln Gottes nicht von vornherein ausschließen zu dürfen, ergibt sich die Notwendigkeit, zwischen dem mit der Metapher »Auferstehung« gemeinten Geschehen und dem als »Erscheinungen« bezeichneten Geschehen zu unterscheiden, mit der – nicht aus einer Tabuisierungsabsicht, sondern aus der Sache folgenden – Konsequenz, daß eine eventuelle Auferstehung im genannten Sinne kein Vorkommnis in Raum und Zeit und deshalb nicht empirisch zugänglich wäre, wogegen die Erscheinungen durchaus raumzeitliche Vorkommnisse und deswegen prinzipiell empirisch-historisch prüfbar sind[39].

---

[38] So *Lüdemann*, Auferstehung 25 mit Anm. 62 gegen Paul Hoffmann. – Ebd. 14 f erhebt Lüdemann u. a. gegen mich den völlig verfehlten Vorwurf, ich würde eine *»Immunisierungsstrategie«* verfolgen und »eine Nachfrage nicht mehr zulassen«: »Der Vf. [...] *weigert sich* [...], nach der Art und Weise der Erscheinungen zu fragen« (15). Damit hat er mich freilich, um es friedlich zu sagen, gründlich mißverstanden. Denn anders als die Auferstehung (als Übergang in eine radikal andere Dimension) sind die sog. Erscheinungen m. E. Ereignisse *in dieser Welt* und müssen sich deshalb empirisch-historischer Prüfung unterziehen.

[39] Das hat *Essen*, Historische Vernunft (s. Anm. 4) 352–385, in aller Klarheit herausgearbeitet.

(3) Am Ende seines Buches zieht Lüdemann aus seinem den frühen Osterzeugen und Paulus unterstellten Verständnis von Auferstehung Konsequenzen. Zunächst wiederholt er: »Der Himmelsleib Jesu (und der Christen) ist ein pneumatischer, materiell vorgestellter, wenn auch verwandelter Körper« (213). Und er schreibt: »Ich bin mir [...] sicher, daß die (sic!) Menschen damals ›wörtlich‹ an die Auferstehung geglaubt haben«, nämlich daran, daß der Leib Jesu »wiederbelebt wurde« (216 Anm. 691), oder – in den Worten seines theologischen Gewährsmanns Emmanuel Hirsch – an »das leibhafte Hervorgehen des Auferweckten aus dem Grabe, die leibhafte Himmelfahrt zu einem bestimmten Orte, welcher Thron Gottes heißt« (217). So schätzen in der Tat die Fundamentalisten die Sicht des Neuen Testaments ein, und Lüdemann gibt ihnen recht. Nur zieht er daraus andere Konsequenzen als sie.

Wenn *das* die verbindliche ur-christliche Auffassung von Auferstehung wäre, dann hätte Lüdemann mit seiner Schlußfolgerung recht: »Wir können die Auferstehung Jesu nicht mehr im wörtlichen Sinne verstehen« (216), die Aussagen von der Auferstehung Jesu haben »mit der Umwälzung des naturwissenschaftlichen Weltbildes ihren wörtlichen Sinn verloren« (217). Für ihn sind daher »die (sic!) traditionellen Vorstellungen von der Auferstehung Jesu als erledigt zu betrachten und durch eine andere Sicht zu ersetzen« (217): Ostern geschah – über Trauer- und Konfliktverarbeitung, die sich in Visionen entlud – das innerliche Wiederauferstehen des Jüngerglaubens an den geschichtlichen Jesus, der hermeneutisch-noetische Durchbruch zu einer tieferen Wahrnehmung Jesu. Einen *neuen Inhalt* aber bringt Ostern nicht, denn »vor Ostern war bereits all das vorhanden, was nach Ostern endgültig erkannt wurde« (218).

Aber widerspricht dem nicht die Sicht des Neuen Testaments in all seinen Schichten diametral? Dieses behauptet doch ein dem vorösterlichen Wirken Jesu gegenüber nochmals neues, kreatives Handeln Gottes *an* dem getöteten Jesus, das unter anderem mit der Metapher »Auferweckung« zum Ausdruck gebracht wird. Das Bekenntnis zur Auferweckung Jesu hat also im Vergleich zur Gottesbotschaft und zum Tod Jesu »einen qualitativ anderen, neuen und erst jetzt, nach dem Karfreitag möglichen Inhalt«[40].

---

[40] So auch, wenngleich in etwas anderer Nuancierung als ich (oben S. 313–318 u. ö.), *L. Oberlinner*, Anspruch (s. Anm. 36) 74.

Dazu gehört nicht nur die Bestätigung des Anspruchs Jesu, im Namen und an Stelle Gottes gehandelt zu haben, sondern vor allem die bergende Rettung *Jesu* in Gott und *seine* neue Lebendigkeit, Präsenz und Zukunft von Gott her. *Deshalb*[41] nehmen die frühen Zeugen nicht einfach nur Jesu Predigt von der kommenden Gottesherrschaft und der unbedingt vergebenden Güte Gottes wieder auf, sondern machen sogleich ihn, Jesus, selbst zum Gegenstand und Thema ihrer Verkündigung: Sie erwarten den zu Gott Erhöhten als Heilbringer und Retter (vgl. maranatha; ferner 1 Thess 1,9f u. a.), wenden z. B. den von Jesus wegen seiner Mißverständlichkeit zurückgewiesenen Titel »Messias« auf den vor kurzem Gekreuzigten an, ganz *gegen* alle zuhandenen Vorstellungen, für die ein gekreuzigter Messias undenkbar war. Oberlinner kommt denn auch zu folgendem historisch-exegetischem Urteil: »Der durch die Erscheinungen des Gekreuzigten ausgelöste Glaube an Jesus als den aus dem Tod Befreiten war auch und in ganz entscheidendem Maße eine radikale Überbietung, ja eine Korrektur des vorösterlichen Glaubens der Jünger«[42].

Lüdemann hingegen schreibt: »Hier am historischen Jesus, wie er mir durch die Texte vorgegeben ist und durch historische Rekonstruktion als Person begegnet, fällt also die Entscheidung des Glaubens, nicht am auferstandenen Christus, wie ich ihn mir erwünscht habe«[43]. Dieser Satz ignoriert einerseits, daß die Texte nicht am historischen Jesus (sondern am irdischen Jesus als dem gegenwärtigen Christus) interessiert sind und die Rückfrage nach dem »historischen Jesus« nicht frei ist von Projektionen eines je-

---

[41] Diese Sequenz des Konstitutionszusammenhangs wird auch in dem Beitrag von *Ohlig*, Thesen zum Verständnis und zur theologischen Funktion der Auferstehungsbotschaft, in: Verweyen, Osterglaube (s. Anm. 6) übersehen, für den das Bekenntnis zur Auferweckung Jesu nichts anderes als eine sehr frühe und wichtige Form des Bekenntnisses zur eschatologischen Gültigkeit Jesu, also eine Form von Christologie, nicht aber deren Begründung ist (Ohlig 93; 103; vgl. 81). – Dazu, daß die offenbare »Auferstehung« Jesu keineswegs, wie Ohlig (90) erneut unterstellt, »allein« die eschatologische Geltung Jesu begründet, siehe unten I.2b (2).

[42] So der abschließende Satz von *Oberlinner*, Anspruch 79.

[43] *Lüdemann*, Auferstehung 220. – Dort Anm. 706 zitiert er Wilhelm Herrmann, der sich gegen jeden wendet, der, statt sich ganz an den geschichtlichen Jesus als »einen festeren Grund des Glaubens« zu halten, »an die Auferweckung Jesu glauben *will*, damit er eine weltüberwindende Tatsache unter den Füßen habe.« Daß es darum vielleicht manchen fundamentalistischen Christen und Theologen geht, soll nicht bestritten werden. Das zu klärende theologische Problem ist damit jedoch nicht angemessen beschrieben.

weils erwünschten Jesus[44]. Zum andern werden der auferstandene Christus und damit der Inhalt der Visionen als reine Wunsch-Projektion diskreditiert; an einer solchen könnte dann verständlicherweise keine begründete Glaubensentscheidung fallen. Ob und gegebenenfalls in welcher Weise freilich die Ostererfahrung der Jünger zu den Grundlagen christlichen Glaubens gehört, wird noch zu bedenken sein.

e) Lüdemanns »dogmatische« Prämissen

Wolfhart Pannenberg hat bemerkt: »Zu welchem Urteil jemand im Hinblick auf die Historizität der Auferstehung Jesu kommt, hängt über die Prüfung der Einzelbefunde hinaus (und mit der damit verknüpften Aufgabe der Rekonstruktion des Geschehensverlaufs eng verbunden) davon ab, von welchem Wirklichkeitsverständnis der Urteilende sich leiten läßt und was er dementsprechend für grundsätzlich möglich oder aber schon vor aller Prüfung der Einzelbefunde für ausgeschlossen hält.«[45]

(1) Gerd Lüdemann orientiert sich am *faktischen* Selbstverständnis der neuzeitlichen Historie. Was sie faktisch als geschichtliche Wirklichkeit rekonstruiert, ist Produkt menschlichen, nicht göttlichen Handelns. In einer derart konstruierten geschichtlichen Wirklichkeit kommt ein Geschehen von Gott her, ein Handeln Gottes, nicht vor, es sei denn im Sinne einer unverbindlichen subjektiven Deutung des Geschehens, also im Sinne bloßer Geschehnismeinungen vergangener Menschen (s. o. S. 22 f; 29 f; 39; 159 f; 269 f; 284–287). Falls aber heutige Menschen ein Geschichtshandeln Gottes annehmen, kann es sich nach Lüdemanns Meinung nur um Biblizisten und Fundamentalisten handeln, die supranaturalistisch mit senkrecht von oben einfallenden Mirakeln rech-

---

44 Vgl. *Oberlinner*, Anspruch 66–69; dort auch die Forderung, Lüdemann müsse ausweisen, wie er zum historischen Jesus kommt. – *I. Broer*, Der Glaube an die Auferstehung Jesu und das geschichtliche Verständnis des Glaubens in der Neuzeit, in: Verweyen, Osterglaube (s. Anm. 6) 58, stellt die Frage: »Würde sich das Bild des historischen Jesus, wenn man historisch so konsequent an das Leben Jesu heranginge, wie Lüdemann das mit der Auferstehung tut, nicht genauso verflüchtigen wie die Auferstehung?« Wenn Broer mit »konsequent« positivistisch-reduktionistisch meint, hat er recht; dann bliebe nämlich auch nur ein Jesus übrig, der allenfalls menschliche Glaubensgedanken von Gott hat, aber keine im unmittelbaren Angegangensein von Gott selbst begründete menschliche Gewißheit von einem Wirken oder Handeln Gottes in der Geschichte Israels sowie in ihm und durch ihn selbst.

45 *Pannenberg*, Systematische Theologie II 405.

nen. Eine andere Auffassung läßt das säkularistische Wirklichkeitsverständnis offenbar nicht zu. Wo es absolut gesetzt wird, bleibt natürlich erst recht kein Platz für die von den neutestamentlichen Zeugen behauptete Wirklichkeit der Erscheinungen des Gekreuzigten als Lebenden. Will man hier nicht fundamentalistisch das unglaubwürdige Mirakel des Auftritts eines transformierten (»verklärten«) Stücks Materie annehmen, so bleibt nur die eine Alternative: Was die Zeugen behaupteten, mußte sich rein aus menschlichen Vorgegebenheiten und Akten erklären lassen, so daß (reduktionistisch) gesagt werden kann: es war *nichts anderes als* ein psychogenes Produkt oder dergleichen. Anders würde »die Grundvoraussetzung der historisch-kritischen Theologie und des Bewußtseins des modernen Geistes in Frage gestellt«[46].

Ein Drittes jenseits dieser Alternative von Fundamentalismus und Reduktionismus scheint dieser moderne Geist nicht zu kennen. Es würde verlangen, über den Gedanken eines bloß deistischen Hintergrundgottes (der alles unbeeinflußt sich entwickeln läßt, wie es sich eben entwickelt) hinaus den Gedanken an einen Gott zu fassen, der selber (nicht weniger als wir) zu freiem Entschluß fähig ist, der etwas anfangen kann und der *in* der geschichtlichen Welt – ohne Durchbrechung ihrer Zusammenhänge und ohne Umgehung der menschlichen Freiheit, vielmehr durch sie hindurch – am Werk ist und im Ende ihrer weltlich-geschichtlichen Möglichkeiten (also im Tode) auch *an* der Welt zu handeln vermag. Der Gedanke an einen solchen Gott und sein Handeln ist, weil wir alle vom neuzeitlich vorherrschenden Wirklichkeitsverständnis infiziert sind, für niemanden heute, der nicht einfach schizophren in zwei Welten leben will, leicht erschwinglich. Er verlangt Arbeit an diesem vorherrschenden (inzwischen freilich von vielen vage als fragwürdig empfundenen) Verständnis der Wirklichkeit.

Das neuzeitlich-säkularistische Wirklichkeitsverständnis ist Lüdemanns dogmatische Prämisse. Es leitet ihn, mit Georg Essen formuliert, »unbefragt und unkritisch als das faktische Apriori« bzw. als »Akzeptanz- und Plausibilitätskriterium« bei seiner hi-

---

[46] So *Lüdemann*, Auferstehung 80, in Zusammenfassung der von ihm geteilten Auffassung von Carl Holsten (ebd. 80–82).

storischen Urteilsbildung zur neutestamentlichen Osterüberlieferung (vgl. 11–36; 88–93; 216–222) und präjudiziert diese[47].

Man vermißt jede konstruktiv-kritische Auseinandersetzung mit diesem Wirklichkeitsverständnis. Insbesondere fehlt eine umsichtige Reflexion auf das »Analogieprinzip« (E. Troeltsch). Dieses ist gewiß einerseits unverzichtbar: Bliebe das neutestamentlich behauptete »Ostergeschehen« schlechthin analogielos und unverständlich, so könnte es niemals als eine heutige Menschen beanspruchende Wahrheit begegnen. Andererseits aber läßt sich das Analogieprinzip von einem Common-sense-Verständnis von Wirklichkeit leiten und grenzt von daher den Möglichkeitshorizont der Geschichte faktisch auf das ein, was »man« gegenwärtig für möglich hält (das aber kann sich im Laufe der Zeit ändern)[48]. »Weil die Plausibilitäten des herrschenden Bewußtseins im historisch-hermeneutischen Prozeß der Rekonstruktion eines vergangenen Ereigniszusammenhangs u. U. ideologisch wirksam werden, muß die historische Vernunft auf ihre möglichen Verengungen und Entstellungen hin befragt werden«, und zwar »in der Instanz der autonomen historischen Vernunft« selbst[49]. Das unterbleibt bei Lüdemann.

Weil Lüdemann selbst, vor aller Untersuchung der historischen Befunde, auf der Ebene des leitenden Wirklichkeitsverständnisses schon eine gegenteilige (seinerseits dogmatische) Vorentscheidung getroffen hat, darum kommt für ihn nur eine psychologische Rekonstruktion der Ostererfahrungen in Frage, die ohne jede Annahme eines göttlichen Handelns auskommt.[50]

---

47 So *Georg Essen* in seiner Rez. von Lüdemanns Auferstehungsbuch, in: ThRev 90 (1994) 480–485, hier 484 f, die er mir freundlicherweise im voraus zur Verfügung gestellt hat. – In den folgenden Sätzen übernehme ich Essens diesbezügliche Kritik an Lüdemann.

48 *Pannenberg*, Systematische Theologie II 405, weist darauf hin, daß dieses Common-sense-Verständnis von Wirklichkeit »durchaus im Flusse ist und beispielsweise neue wissenschaftliche Perspektiven in sich aufnehmen kann, sobald sie in hinreichender Breite rezipiert worden sind«.

49 *Essen*, Rez., ebd. – Jüngst räumt *Lüdemann*, Karfreitag (s. Anm. 5) 21, zwar grundsätzlich ein: »die Kritik an der historischen Methode und deren Gefahr, geschichtliche Begebenheiten auf das Allgemeine zu reduzieren, trifft zwar zu«; und er fügt m. R. hinzu: »doch wird damit der historische Ansatz noch längst nicht aus den Angeln gehoben«. Aber die Konsequenz aus der abstrakt erkannten Gefahr wird konkret und faktisch nicht gezogen.

50 Und darum erhebt Lüdemann gegen diejenigen, die ernsthaft mit einem Geschichts- und Auferweckungshandeln Gottes rechnen, den »Supranaturalismus«-Vorwurf und belegt Positionen, die an einer geschichtlichen Selbstbekundung des Auferweckten

Diese Sicht steht aber nicht nur (was allein noch nicht gegen sie sprechen muß) im bewußten Widerspruch zur Selbstdeutung der Osterzeugen, sie kann sich vor allem auch nicht durch eine größere Kohärenz ihrer eigenen Deutung der Einzelbefunde und des Gesamtbefundes ausweisen; vielmehr ist sie das Ergebnis einer grundsätzlichen – und nicht selbstkritisch in Frage gestellten – Voreingenommenheit, die die Befunde mittels fragwürdiger Konstruktionen in ihr Schema zwingen muß.[51]

(2) Anders als die tradierten Religionen und der biblische Glaube rechnet das in der Neuzeit vorherrschende Wirklichkeitsverständnis nicht mit einem Tun Gottes, sondern nur mit unserem eigenen Tun – auch im Hinblick auf einen vielleicht noch vorausgesetzten Gott: wenn es überhaupt etwas von Gott weiß, so doch – mit dem Religionswissenschaftler van der Leeuw gesprochen – »nur vom Tun des Menschen in der Beziehung zu Gott, nichts vom Tun Gottes« (s. o. S. 284–287).

Auf der Ebene seiner (unter den Prämissen dieses Wirklichkeitsverständnisses entworfenen) historischen Konstruktion des Osterereignisses vermochte Lüdemann einen Gott und dessen Handeln konsequenterweise nicht zu finden. Von Gottes Geschichts- und Auferweckungshandeln in und an der Welt vermag seine historische Theologie nicht zu reden: ein (wie auch immer zu deutendes) Geschehen von Gott her am getöteten Jesus wird ebenso abgelehnt wie ein Geschehen von Gott her »hinter« den Visionen[52]. Da Lüdemann indes weiterhin Christ sein (217) will,

festhalten, mit dem Verdikt des »Fundamentalismus bzw. Biblizismus«. Das eine *Lüdemann*, Auferstehung 83; 212; 214; 217; *ders.*, Karfreitag (s. Anm. 5) Anm. 21 (gegen A. Vögtle); das andere *Lüdemann*, Auferstehung 79 (ferner Neuausgabe 227 Anm. 247), sowie *ders.*, Karfreitag Anm. 17; ferner der Sache nach Anm. 65 (gegen Pannenberg) und 100 (sogar gegen Ausführungen R. Bultmanns!).

51 *U. Luz*, Aufregung (s. Anm. 29) 480, spricht von »fröhlichen Konstruktionen, über die man lächeln mag«, und sagt 478 Anm. 6: »Mögliche Hypothesen, miteinander kombiniert, neigen manchmal dazu, zu Tatsachen zu werden.« – *Pannenberg*, Auferstehung (s. Anm. 3), 319: Es ist »gut, sich klar zu machen, daß nicht nur die Verteidiger der Tradition, sondern auch ihre Kritiker der Gefahr ideologischer Voreingenommenheit unterliegen«. Die Rekonstruktionen der Kritiker »können manchmal unglaubwürdiger sein – und sind es nicht selten – als die Behauptungen, die sich in den überlieferten Texten selber finden«.

52 Vgl. nur *Lüdemann*, Karfreitag (s. Anm. 5) Anm. 17; 21; 65; 100. – Zwar deutet sich ganz leise ein zaghaftes Entgegenkommnen an, wenn Lüdemann, ebd. Anm. 52, sagt, daß mit seiner Definition von Vision »ein göttlicher Ursprung nicht aus-, aber auch nicht eingeschlossen wird«. Das Entgegenkommen wird jedoch sofort und brüsk wie-

muß, was auf der Ebene des Geschichtsverständnisses unerreichbar ist, nun ein arbiträrer Glaube leisten, der nun doch die Lebendigkeit des toten Jesus behauptet. Von woher eigentlich? Nicht aufgrund eines (durch Offenbarung erkannten) Handelns Gottes an Jesus, sondern aus einem schlußfolgernden »Gedanken des Glaubens«, *unserem* Gedanken, der sich aus *unserer* Beziehung zu Gott ergibt:

»Allerdings *glaube* ich, daß dieser Jesus durch den Tod nicht der Vernichtung anheimgegeben wurde, und die *Gedanken* seines Seins bei Gott, seiner Erhöhung, seiner Auferstehung und seines Lebens ergeben sich aus *unserer* Gemeinschaft mit Gott wie von selbst«, eben als »Gedanken des Glaubens«. »Wir müssen uns an den geschichtlichen Jesus halten, dürfen aber glauben, daß er auch als der nun Lebende bei uns ist« (220). Der historische Jesus allein ist »der Grund zum Glauben«. »Von diesem Glaubensgrund sind der Satz, er sei auferstanden, was immer er meint, und z. B. Aussagen über die Zukunft der Christen als Gedanken des Glaubens, für die es wohl keine Erkenntnistheorie gibt, zu unterscheiden« (220). Wie dieser neuzeitliche Glaube sich, von den verlegen machenden Osterzeugnissen weg, auf den festeren Boden des irdischen, »historischen« Jesus zurückzieht, an ihm vermeintlich allein sich entzündet und in gläubig-theologischer Dialektik »im Abgrund des Kreuzes Jesu die Herrlichkeit Gottes« als »sonst verborgene Dimension« wahrnimmt und seine Glaubens- und Hoffnungsgedanken entwickelt, genau so soll es sich bei den Jüngern zwischen Karfreitag und Ostern auch verhalten haben[53].

Die Glaubensgedanken, die Lüdemann dann entwickelt, sind voller Ungereimtheiten. Einerseits wird nun recht unvermittelt die »Gegenwart Gottes« in Jesu und unserem Leben eingeführt (wo war sie bisher? nicht in der Welt? nur im Glauben?) und sehr schön gesagt, daß sie »die Gewißheit, auch im Tode bei Gott zu sein«, eröffnet[54]. Andererseits heißt es: »Die Gegenwart des Ewigen in Jesu Leben, das der Auferstehung gar nicht bedurfte, wird so zur Rechtfertigung der Hoffnung auf ein ewiges Leben«[55]; dem merkwürdigen Relativsatz »das der Auferstehung gar nicht

---

der zurückgenommen, wenn es unmittelbar anschließend heißt: »Theologische Schemata [...] sind m. E. künstlich und bewußt beiseite gelassen.«

[53] Vgl. die Ausführungen in *Lüdemann*, Karfreitag, 42 f.
[54] Ebd. 45.
[55] Ebd. 43.

bedurfte« ist in der Fußnote ein Verweis angefügt auf das gnostische Philippusevangelium 21a (»Diejenigen, die behaupten, daß der Herr zuerst gestorben sei und dann auferstanden, irren sich. Denn er erstand zuerst auf und dann starb er«). Offensichtlich verbindet Lüdemann mit der Metapher »Auferstehung« die abstrusesten (zwischen Apokalyptik und Gnosis wechselnden) Vorstellungen, die ihm die Akzeptanz verwehren. Und mit dem Wort »Gott« verbindet er die Vorstellung eines deistischen Hintergrundgottes, der zwar irgendwie gegenwärtig ist und den Menschen im Tode auffängt, der aber eben nicht von sich aus handelt und in das Leben von Menschen einfällt.

2. Kritik der Auferstehung und Begründung des Osterglaubens bei Hansjürgen Verweyen

Verweyen hat sich zur Osterthematik seit 1977 immer wieder in ähnlicher Weise geäußert und seine Auffassung zuletzt in einem Beitrag in dem von ihm herausgegebenen Band zur Diskussion mit Gerd Lüdemann zusammengefaßt und zugleich weiter entfaltet.[56] Lüdemann scheint für Verweyen deswegen interessant, weil Verweyen selbst so massive Vorbehalte gegen die »Auferstehung« hat, daß er sie (oder was er darunter versteht) letztlich ablehnt und sie aus dem Begründungszusammenhang des christlichen Glaubens herausnimmt. Das dahinterstehende Interesse ist, so scheint es wenigstens, zunächst ein anderes.

a) Verweyens Kritik der Jenseitshoffnung
(1) Nach Verweyen bleibt die Überlebenshoffnung des Menschen, der auf seine *eigene* Rettung im Tode hofft, dem doppelten *religionskritischen* Verdacht einer Projektion des Egoismus (der nicht sein eigenes Leben loslassen will) und einer Entwertung des Diesseits zur bloßen Probezeit für das Jenseits (Lohndenken) ausgesetzt. Dagegen setzt Verweyen die Perspektive der »reinen

---

56 Siehe die oben S. 239 Anm. 3 und 4 sowie die in diesem Kapitel in Anm. 6 genannten Beiträge Verweyens. – Die Seitenangaben im folgenden Text beziehen sich auf *H. Verweyen*, »Auferstehung«: ein Wort verstellt die Sache, in: Ders. (Hg.), Osterglaube ohne Auferstehung? Diskussion mit Gerd Lüdemann (Freiburg 1995) 105–144. – Zur Gesamtkonzeption von Verweyens Fundamentaltheologie vgl. die wohlwollende Darstellung und die Anfragen von *Th. Pröpper* und die Replik von *Verweyen*, beide in: ThQ 174 (1994) Heft 4, 272–287 und 288–303.

praktischen Vernunft«. Aus dem unbedingten (etwa im fragenden Blick des Anderen mich erreichenden) Anruf der sittlichen Verpflichtung, mich für die Verwirklichung des Guten in der Welt ohne jede Rücksicht auf das eigene Wohlergehen einzusetzen, ergibt sich auch die Konsequenz: Mit meinem eigenen Tod soll ich (»ohne Himmelsgedanken«) »einverstanden« sein, mit dem Tod des anderen »darf ich mich nicht abfinden« (107). Das auf sittliche Lauterkeit und Humanität bedachte Ich entwirft notwendig einen Horizont der Hoffnung (»Du sollst nicht sterben!«), in dem der Tod nicht das letzte Wort hat und der dennoch keine Projektion von Selbstbehauptung darstellt.[57]

(2) Dennoch erwächst aus dem »Du sollst sein und nicht sterben!« keine Berechtigung, eine Auferstehung *nach* dem Tod anzunehmen. Dagegen steht – freilich nicht erst und allein (s. o. S. 39) – die Theodizeefrage: »Eine nachträgliche Aktion Gottes zur Rettung oder gar Legitimation der unschuldig zu Tode Gequälten [...] vermag deren Leiden nicht zu rechtfertigen« (109); die nachgelieferte himmlische Harmonie ändert nichts an den geweinten Tränen der zerfleischten Kinder. Aber was ändert etwas an ihnen? Verweyen (110) zitiert Albert Camus: »Wenn vom Himmel bis zur Erde alles ausnahmslos dem Schmerz ausgeliefert ist, dann ist ein fremdartiges Glück (étrange bonheur) möglich«[58], und will damit wohl sagen, daß Gott selbst den ganzen Schmerz des Leidens auf sich nehmen müsse.

---

[57] Es gibt gewiß egoistischen Überlebenswillen (s. o. S. 33 f). Doch weshalb soll die Fehlform jede (der Intersubjektivität und dem »Liebe deinen Nächsten wie dich selbst« entsprechende) Hoffnung des Menschen auch für sich selbst diskreditieren können? Darf ich die Frage nach der Rettung der Toten *nur* im Namen des anderen stellen? Der sittlich heroische Selbstausschluß des Ich aus dem Horizont der Hoffnung leuchtet nicht ein und führt zu jenem »steilen Heroismus, der allzu leicht in noch gefährlichere, weil subtiler versteckte Formen von Selbstbehauptung abgleitet« *(Verweyen,* Auferstehung 107 f). Doch selbst wenn man sich auf Verweyens Argumentationslinie beschränken würde: Wenn der andere mir sagt, daß ich für ihn wichtig bin, und ich Verantwortung für ihn habe, darf und muß ich dann – um des anderen (und des größeren gemeinsamen Ganzen) willen – nicht auch für mich hoffen, weil ich sonst auch nicht ernsthaft für den andern hoffte? – Vgl. im übrigen das unheroische und mit herkömmlichen Bildern arbeitende Gedicht »Nicht mutig« von *Marie-Luise Kaschnitz,* Seid nicht so sicher (Gütersloh 1979) 71 f: »Die Mutigen wissen/ Daß sie nicht auferstehen/ Daß kein Fleisch um sie wächst/ Am jüngsten Morgen/ Daß sie nichts mehr erinnern/ Niemandem wiederbegegnen/ Daß nichts ihrer wartet/ Keine Seligkeit/ Keine Folter/ Ich/ Bin nicht mutig.«

[58] Zitiert aus *A. Camus,* Der Mensch in der Revolte (Reinbek b. Hamburg 1953) 30 f.

Gegenkritik: Auch Verweyens Gedankengang wird an den faktischen Leiden nichts ändern, sie nicht rechtfertigen und die Frage nach dem Warum des Leids nicht zufriedenstellend beantworten. Die Theodizeefrage wird auch durch das Leiden Gottes[59] *allein* nicht gelöst: Was ändert es am Leid des zerfleischten Kindes, wenn man ihm sagt, daß Gott mitleide? Der Schmerz des Gottes, der – mit Simone Weil gesprochen – »weil kein anderer es tun konnte, bis in die äußerste Entfernung, den unendlichen Abstand von sich selber hinausgegangen« ist, diese »äußerste Zerreißung«, die »unaufhörlich durch das ganze Weltall hallt«, ist heilend nur dann, wenn über diese Zerreißung derselbe Gott in seiner äußersten Liebe je und je »das Band der höchsten Einigung ausspannt« und so – in praktischen Vorwegnahmen schon jetzt, voll aber erst in seiner Zukunft – die Überwindung und Versöhnung allen Leids ermöglicht[60]. Darum bleibt die Theodizeefrage einerseits eine (hoffend-bittende) Frage an Gott selbst, ob er in seiner Liebe Wege der Versöhnung auch der Opfer mit den Tätern finden wird; als Frage an Gott ist sie andererseits aber redlich und sittlich ernsthaft nur vertretbar, wenn sie mit der Bereitschaft des Fragenden einhergeht, sich hier und jetzt selbst für solche Versöhnung praktisch einzusetzen.[61] Vertröstung?

---

[59] Daß wir annehmen müssen, daß Gott in allem Leiden seiner Geschöpfe mitleidet und daß er in der Passion Jesu selbst in das Leiden eintaucht, habe ich oben S. 295 f und 388 f betont. Vgl. ausführlicher *H. Kessler*, Art. Erlösung, in: NHthG I (1984) 251 f = I (²1990) 370.

[60] Die Zitate entstammen einer starken Aussage Simone Weils, die Verweyens Intention entspricht und doch zugleich (im Sinne meiner in Anm. 59 angegebenen Ausführungen) über sie hinausweist. *Simone Weil*, Zeugnis für das Gute (München 1990) 18: »Und er selbst ist, weil kein anderer es tun konnte, bis in die äußerste Entfernung, den unendlichen Abstand von sich selber hinausgegangen. Dieser unendliche Abstand zwischen Gott und Gott – äußerste Zerreißung, Schmerz, dem kein anderer gleichkommt, Wunder der Liebe – dieser Abstand ist die Kreuzigung. Nichts kann von Gott entfernter sein als das, was zu einem Fluch gemacht worden ist. Diese Zerreißung, über welche die höchste Liebe das Band der höchsten Einigung ausspannt, hallt unaufhörlich durch das ganze Weltall.«

[61] Siehe oben S. 296: Wo ein Geschöpf durch andere leiden muß, da haben *wir* – gegen *Verweyen*, Auferstehung 109 und 110 – kein Recht, ein Handeln Gottes in dieses Leiden hineinzuprojizieren, sondern »nur noch die Pflicht, solches Leiden abzuschaffen oder wenigstens zu mildern und *darin* Gottes Handeln Raum zu schaffen«; und erst dort, wo wir dazu keine Möglichkeit mehr haben, verbleibt uns lediglich der Appell an Gottes rettend-versöhnendes Tun. Unter der Voraussetzung, daß ich selbst mich ihr öffne und verschreibe, darf und muß ich hoffen, daß die unendliche, unbedingt für alle entschiedene Liebe Gottes Wege finden wird zur endgültigen Überwindung des Leids und zur Versöhnung auch der Unversöhnten.

b) Verweyens Kritik der Kategorie »Auferweckung«

(1) Das Wort »Auferweckung« verstellt die Sache. – Verweyen meint, die Metapher sei allein schon deswegen fragwürdig, weil sie aufs engste mit dem endzeitlich-katastrophischen Weltbild der Apokalyptik verbunden sei (114), daher ein Leben der Toten aus Gottes Hand erst *nach Zerstörung dieser* korrupten *Welt* kenne (117). Die »Diktatur dieser apokalyptischen Metapher« (117 Anm. 42) in unserer Sprache – verstärkt durch die negativ geprägte Vorstellung der Scheol als Gottferne – verstelle sogar die Erkenntnis, daß schon »der (!) Glaube der Väter« Israels das Vertrauen auf die bleibende Verbindung mit Gott über ihren eigenen Tod hinaus enthalte (117). Als Beleg für solchen Väterglauben führt Verweyen einzig Gen 15,15 an, wo (wie geradezu biblizistisch formuliert wird) »Jahwe selbst« zu Abraham sage: »Du aber wirst zu deinen Vätern eingehen in Frieden« (b^e schalom). Abraham wisse sein Leben und das seiner Väter geborgen allein in Jahwe, auch über den Tod hinaus (116f). Um in Israel eine positiver besetzte Scheol zu finden, stellt Verweyen (117ff)[62] freie Spekulationen über einen (im Alten Testament so nicht gegebenen) Vorstellungszusammenhang zwischen den von Gott gebändigten Chaoswassern und der (dann auch von Gott beherrschten) Scheol her, um dann zu behaupten: »Das Bauen der Väter auf ihren Gott weist ganz sicher über den Tod hinaus« (119). Dagegen falle die schließlich aufgekommene Auferstehungsvorstellung hinter das Vertrauen der Väter zurück. Warum? Weil sie die Bewahrheitung der göttlichen Treue »auf das Ende der Geschichte« verschiebe (also die gottgegebene Gegenwart mißachte) und eine »endgültige Scheidung der Gerechten von den Bösen« erwarte (also in »Kategorien des Lohns« denke) (120). Auch Paulus falle dort (nämlich 1 Kor 15,32), wo er von Auferstehung rede, in die »äußerst prekäre Lohnperspektive zurück« (134; vgl. 105f).

---

62 Dies geschieht historisch unbekümmert, fernab der alttestamentlichen Forschung, nicht einmal die herangezogenen Bibelstellen werden genau gelesen. Am 9,2 z. B. setzt doch gerade die Auffassung voraus, Jahwes Arm reiche nicht in die Scheol, und wendet sich gegen diese Auffassung. – Historisch unbekümmert ist es z. B., wenn daraus, daß ein Wort in der heute vorliegenden Abfolge des Pentateuch an einer Stelle »erstmals« auftaucht (116: schalom, 117: scheol), unmittelbar ein Schluß auf das Alter der Stelle gezogen wird. Das – und ähnliches Vorgehen bei der Auslegung neutestamentlicher Texte (*Verweyen,* Auferstehung 133–141; *ders.,* Grundriß 452–465.466) – kann doch wohl *Lüdemann,* Karfreitag (s. Anm. 5) 46 Anm. 109, nicht gemeint haben, wenn er Verweyen attestiert, er sei »ohne Wenn und Aber der historisch-kritischen Methode verpflichtet«.

Gegenkritik: Hier häuft sich Unrichtiges und summiert sich zu einem unzutreffenden Bild.

Erstens ist das Alter von Gen 15,15 unsicher (die ausführliche Untersuchung von J. Ha betrachtet Gen 15 als ein theologisches Kompendium aus der Exilszeit, speziell V.15 galt schon lange als ein späterer Zusatz[63]) und »zu den Vätern eingehen in Frieden« (beschalom ursprünglich = »in Wohlbehaltenheit«) meint ein gutes Sterben in hohem Alter umgeben von Kindern, Enkeln und der Sippe[64]. Die semitische Vorstellung der Scheol aber ist nachweislich schon seit dem 2. Jahrtausend vor Chr. negativ besetzt (vgl. z. B. das sumerisch-babylonische Gilgamesch-Epos; das Totenreich ist das trostlose »Land ohne Wiederkehr«); im alten vorexilischen Israel ist die Scheol auf jeden Fall negativ, das Eingehen zu den Vätern dagegen positiv besetzt[65]. Aber diese beiden Punkte sind relativ unwichtig. Viel wichtiger ist in unserem Zusammenhang

Zweitens: Im vielströmigen nachexilischen Judentum begegnen Hoffnungen auf ein Leben der Toten in recht unterschiedlichen Metaphern (s. o. S. 54–68; 70; 72–76): Jahwe wird »den Tod überwinden« und »die Tränen von *jedem* Antlitz abwischen« (Jes 25,6–8; Ps 22,28–30); Beter vertrauen, daß sie auch im Tod von Gott »gehalten« sind und, in sein Leben »aufgenommen« »ihn schauen werden« (Ps 73,23–26; 49,16; 63,4.9; Ijob 19,25–27; Weish 3,1: »in Gottes Hand«; 5,15: »leben in Ewigkeit«); die um ihrer Jahwetreue willen Verfolgten und Getöteten werden »aufleben, aufstehen, erwachen und jubeln« (Jes 26,19; ähnlich Dan 12,1–4). Nur im letztgenannten Zusammenhang begegnet die Metapher »Auferstehung«, und zwar zunächst apokalyptisch (Jes 26,19; Dan 12), bald aber auch *nicht*-apokalyptisch

---

[63] Vgl. für viele *O. Eissfeldt*, Hexateuch-Synopse (Darmstadt ²1962) 23*, sowie seine Einleitung z. St. – Ferner *J. Ha*, Genesis 15 (Berlin/New York 1989), und *F. J. Stendebach*, Einleitung in das Alte Testament (Düsseldorf 1994) 89.

[64] Vgl. *F. J. Stendebach*, Art. schalom, in: ThWAT 7 (1993) 12–46, hier 25.

[65] Darin behält *L. Wächter*, Der Tod im AT (Stuttgart 1967), und *ders.*, Art. Scheol, in: ThWAT 7 (1993) 901–910, recht, selbst wenn die umstrittene Vermutung von *B. Lang-C. McDannell*, Der Himmel. Eine Kulturgeschichte des ewigen Lebens (Frankfurt/M. 1990) zutreffen sollte, daß die Scheol im *vor*-jahwistischen Israel möglicherweise auch positiv besetzt war. – Vgl. außerdem *H. Ringgren*, Die Religionen des Alten Orients (Göttingen 1979) 59–63; 110–112; 182–184; 245f. *H. Wißmann*, Die Auferstehung im Lichte der Religionsgeschichte, in: W. Böhme (Hg.), Auferstehung – Wirklichkeit oder Illusion? (Karlsruhe 1981) 9–31. *H.-J. Klimkeit* (Hg.), Tod und Jenseits im Glauben der Völker (Wiesbaden 1978) 48–61.

(2 Makk 7: Auferweckung sofort nach dem bzw. im Tod[66]; vgl. auch das tägliche Achtzehn-Gebet 2). Die biblischen Hoffnungsmetaphern dürfen also nicht auf eine einzige eingeengt werden; (nur) insoweit hat Verweyen recht. Man darf aber nicht künstlich (in auf die separierte Logik einer Metapher fixierter analytischer Manier) annehmen, daß die in der Gebetssprache enthaltenen anderen Vorstellungen beim damaligen Gebrauch der Metapher »Auferstehung« überhaupt nicht mitschwängen.

Drittens: Nicht recht hat Verweyen, wenn er die (im Neuen Testament gewiß vorherrschende, doch nicht alleinstehende) Auferweckungsmetapher als exklusiv apokalyptische begreift, und zwar in einem pejorativen Sinn. Denn es gilt zu beachten, daß Apokalyptik ein Phänomen ist, das an gemeisam als menschlich ausweglos erfahrene Situationen gebunden ist[67]. Die Lage der Verfolgten usw. ist verkannt, wenn aus ihrer Hoffnung auf ein Ende der Geschichte und aus ihrer Absetzung gegen ihre Verfolger eine situationsunabhängig-prinzipielle und in ihrer Logik geschlossene »Lehre« gemacht wurde oder heute (etwa in Verweyens Schreckbild) gemacht wird. »Eschatologische« Auferstehung heißt nicht einfach Auferstehung »am Ende« (nach Zerstörung dieser Welt), sondern Übergang in ein unvergängliches »endgültiges« Leben. Und gerade die Ostererfahrung hat eine deutlichere Reflexion auf eben dies und damit eine Transformation auch der jüdisch-apokalyptischen Denkform ausgelöst (die nicht einfach der ursprüngliche Bedeutungskontext der »Auferweckung« Jesu ist).

---

[66] Vgl. dazu oben S. 299–301; 315 f; 333 mit Anm. 110; 242 Anm. 9. Der Gedanke einer Auferweckung *im* Tod Jesu ist deshalb frei von aller Heteronomie und zu spät nachgelieferten Harmonie, weil er das Sterben und den Moment des Todes Jesu als »endgültige Begegnung der Freiheit Gottes und der Freiheit Jesu im äußersten Vollzug dieser Freiheit« begreift (o. S. 301), nämlich als freie Lebenshingabe Jesu, der die bergende Liebe Gottes so entgegenkommt, daß sie die in Jesu Leben und Sterben liegende Dynamik aufgreift und vollendet, indem sie den Menschen Jesus »im Augenblick des Totseins selbst« unterfaßt und »als identische Person bewahrt« (o. S. 333 Anm. 110). – Daß die Rede von einer Auferstehung *im* Tod »Mißbrauch der Metapher« sein soll (so Verweyen, Auferstehung 119), ist abwegig und leuchtet nur dann ein, wenn diese Metapher – zwanghaft und gegen ihre biblische Variabilität – auf den bestimmten, angeblich apokalyptischen Vorstellungsinhalt (Auferstehung = neues Leben erst am Ende nach Zerstörung dieser Welt) festgelegt wird, den *Verweyen* mit ihr verbindet.

[67] Vgl. *K. Müller*, Art. Apokalyptik, III. Die jüdische Apokalyptik, in: TRE III (1978) 202-251.

Viertens ist bei Jesus und in weiten Kreisen der Urkirche die Auferstehungsvorstellung gerade vom Vergeltungsdenken gereinigt und – gegen alle Verselbständigung zu isolierter Eigenbedeutung – auf die Gegenwart (die Inanspruchnahme der unbedingten Zuwendung Gottes für den andern hier und jetzt) bezogen (s. o. S. 92–97 und 362–370; 386–404).

Insoweit bedarf Verweyens Horrorbild der apokalyptischen Auferstehungsmetapher einer erheblichen Korrektur und ist seine pauschale Abqualifizierung dieser Metapher als »gefährlich« und nicht »adäquat« (114 f; vgl. 120) abwegig. Er ist fixiert auf eine negativ besetzte Vorstellung von Auferstehung, die er überall dort unterstellt, wo die Metapher verwendet wird, und die er deswegen in immer neuen Anläufen bekämpft. Natürlich ist die Metapher »Auferweckung« zu unterscheiden von der mit ihr gemeinten Sache (nach den neutestamentlichen Zeugnissen: ein Handeln Gottes an Jesus) und vermag diese Sache nur begrenzt anzuvisieren. Ebendeshalb haben die ersten Christen das Handeln Gottes im Hinblick auf den gekreuzigten Jesus auch mit anderen Bildern zum Ausdruck gebracht, die einander ergänzen und korrigieren (s. o. S. 278–283).

(2) Inkarnation gegen Auferweckung: die Frage nach der Basis des Glaubens. – Verweyen meint: Gott hat es vermocht, sein ganzes Wesen »im Fleische« eines Menschen, »d. h. in jener ohnmächtigen Spanne menschlichen Lebens zwischen Empfängnis und Tod«, endgültig zu offenbaren[68]. Demgegenüber wirke die Ansicht vieler befremdend, daß erst die Auferweckung Jesu – also ein Handeln Gottes (nicht mehr innerhalb dieser irdischen Lebensspanne, sondern erst nach dem Tod) an dem toten Menschen – »den letztlich entscheidenden Offenbarungsakt Gottes darstellen soll« (111). »Nach« dem Tod? »Letztlich entscheidender Offenbarungsakt«?

Als Vertreter dieser Ansicht zitiert er Thomas Pröpper, für den Jesu Verkündigung, Tod und Auferweckung einen einzigen Ereignis- und Bedeutungszusammenhang bilden, der als Einheit Gottes Selbstoffenbarung darstellt, mit dem prägnanten Satz: »Ohne Jesu Verkündigung wäre Gott nicht als schon gegenwärtige und bedingungslos zuvorkommende Liebe, ohne seine erwie-

---

[68] *Verweyen*, Grundriß (s. Anm. 6) 448; ähnlich *ders.*, Auferstehung 111.

sene Bereitschaft zum Tod nicht der Ernst und die unwiderrufliche Entschiedenheit dieser Liebe und ohne seine Auferweckung nicht ihre verläßliche Treue und todüberwindende Macht und somit auch nicht Gott selbst als ihr wahrer Ursprung offenbar geworden.«[69] Verweyen fügt an, er vermöge »dieser Logik nicht zu folgen: Wenn schon mit dem Abschluß des Lebens Jesu ›die unwiderrufliche Entschiedenheit‹ der Liebe Gottes offenbar war – was bedarf es dann noch der Auferweckung?« (111 f).

Doch Verweyen hat die Logik des Satzes von Pröpper offensichtlich nicht verstanden. Pröpper sagt nämlich gerade nicht, daß schon mit dem Tod Jesu die Entschiedenheit der Liebe Gottes offenbar war, sondern daß diese Entschiedenheit *ohne* den Tod Jesu *nicht* offenbar geworden wäre, was logisch etwas anderes ist. In dem Bestimmungszusammenhang, in dem die drei Momente sich erst gegenseitig bestimmen, kann also keines der Momente *ohne* die beiden anderen das besagen, was es im Zusammenhang mit ihnen besagt: Das Leben und der Tod Jesu vermögen also die Unbedingtheit und Entschiedenheit der Liebe Gottes auch nur von der (ich würde hinzufügen: erkannten) Auferweckung her zu offenbaren.[70]

Von daher ist auch die Schlußfolgerung Verweyens verfehlt, daß eine solche Ansicht die Lebenshingabe Jesu zu einem nicht ganz ernsten »Zwischenspiel« und »die Selbstoffenbarung Gottes am Kreuz zu einem Vorläufigen abstempelt«[71]. Von der Oster-

---

69 So *Th. Pröpper*, Freiheit als philosophisches Prinzip der Dogmatik, in: E. Schockenhoff/P. Walter (Hg.), Dogma und Glaube. FS für Walter Kasper (Mainz 1993) 180.

70 *Verweyen*, Auferstehung 112 mit Anm. 28, sowie *ders.* in: ThQ 174 (1994) 298 f, stört sich entsprechend an der Formulierung von *H. Kessler*, Art. Auferstehung Christi, in: LThK I³ (1993) 1188, daß Jesus durch die Auferweckung als Erhöhung »in endgültige Einheit mit Gott versetzt« sei und sieht hier Adoptianismus am Werk, obwohl es – aber das hat er wohl übersehen – in vorausgehenden Text (1187 f) heißt, daß Gott in Jesus da war, Jesus deswegen der »Gott-mit-uns«, das Eintreten Gottes selbst in das Leidens-Geschichte der Schöpfung« usw. »war und ist«. Was soll da adoptianisch sein? – Diese und andere Mißverständnisse Verweyens wurden bereits in *H. Kessler*, Irdischer Jesus (s. Anm. 2) 219–229 widerlegt. Dennoch wiederholt Verweyen sie wieder und wieder. Klar: Wenn Ostern nichts *Neues von Gott her* an dem toten Jesus (und an den Jüngern) geschehen sein darf, dann muß die Einheit des Menschen Jesus mit Gott, wenn man an ihr überhaupt festhalten will, im letzten Akt des sterbenden Jesus definitiv geworden sein, eben ohne ein die Menschheit Jesu bleibend bewahrendes und nicht der Vernichtung preisgebendes Auferweckungshandeln Gottes an ihm. Nach meinem Verständnis ist dagegen die – schon in seinem irdischen Leben gegebene und in seinem Sterben von seiten des Menschen Jesus definitiv gelebte – Einheit Jesu mit Gott *im Moment des Todes* Jesu *aufgrund der* »auferweckenden« Bewahrung des Menschseins Jesu durch Gott endgültig und bleibend geworden.

71 *Verweyen*, Grundriß 447; vgl. 450; ähnlich *ders.*, Auferstehung 105.

erkenntnis her *bleibt* vielmehr gerade das irdische Leben und Sterben des Menschen Jesus selbst »das entscheidende Medium der Gottesoffenbarung«[72] und kann – nach vielen Reflexionsschritten – schließlich gesagt werden, daß Gott sein ganzes Wesen im irdischen Menschenleben Jesu endgültig offenbart, also sich selbst in ihm inkarniert hat (s. o. S. 348; 289 f; 294–296). Vorläufiges »Zwischenspiel«? Verweyen sollte damit aufhören, der von ihm bekämpften Position ein primitives Verständnis von Auferweckung als »›nachgeschobene‹ Manifestation göttlicher Macht [...] eines machtvoll thronenden Herrschers« und von daher »eine gefährliche Mischung von zwei ganz unterschiedlichen Gottesvorstellungen« zu unterstellen[73]. Und Verweyens Behauptung, seine Gegenspieler nähmen eine – das Dogma der Inkarnation unterhöhlende – Identifikation Gottes mit Jesus erst *nach* dem Karfreitag an, wird auch durch Wiederholung und sinnentstellende Kombination von aus verschiedenen Kontexten gerissenen Satzstücken nicht richtiger[74].

Die Identifikation Gottes mit Jesus geschah von Anfang an und durchgehend. Die Frage ist allein: Wann und wodurch wurde diese Identität Gottes mit Jesus (das »Gott war in Christus«: 2 Kor 5,19; vgl. Mt 1,23; Joh 1,14 oder wie immer dieser gemeinte Sachverhalt ausgedrückt wurde) *erkannt*, und zwar *so* erkannt, daß damit die ausreichende Basis für allen künftigen christlichen Glauben gegeben war? Sie wurde zu Ostern erkannt. Aber kann diese Erkenntnis als reine Erkenntnisleistung der Jün-

[72] *Verweyen*, Grundriß 450.
[73] *Verweyen*, ebd. 446 f; so früher schon in seiner Rez. des vorliegenden Buches in: ZkTh 108 (1986) 70-74, hier 73. Vgl. dazu meine Replik in: ThG 32 (1989) 219-229, bes. 224 f (s. Anm. 2).
[74] Wie ähnlich schon in seinen Grundriß 448 unterschiebt mir *Verweyen* erneut in seinem Beitrag »Auferstehung« (s. Anm. 56) 109 sein eigenes schiefes Verständnis von Auferweckung als »einen aus dem sicheren Bereich göttlicher Allmacht gewirkten Akt« (nach dem Tode Jesu, im Grabe); dann kann er natürlich nicht verstehen, wie Gott durch einen solchen Akt sich als der offenbaren soll, »der mitten im Leiden und Kreuz präsent ist« (o. S. 308; vgl. 290; von Verweyen zitiert). Doch für mich ist die Auferweckung, was Verweyen nicht wahrnimmt, ein Handeln Gottes nicht von oben herab und nicht erst nach dem Tod Jesu im Grabe Jesu, sondern ein Handeln Gottes *im* Tod Jesu *am* Kreuz (s. o. S. 242 Anm. 9; 300 f; 315 f). Und für mich ist Gott – übrigens im selben Zusammenhang, auf den Verweyen sich (leider nur flüchtig und grob eklektisch) bezieht – »im Leiden und Kreuz präsent« als der, »der selber leidet«, der seine »Macht der Liebe« »nicht von irgendwo außerhalb ausübt, sondern indem er selbst ins Leiden eintaucht«, um es selbst auszuhalten, zu durchleiden und »zu überwinden« (o. S. 308; vgl. 293; 296). *Daß* es so *ist,* wird freilich erst von Ostern her erkennbar (s. o. S. 308; 290).

ger aufgrund des abgeschlossen vorliegenden Lebens und Sterbens Jesu gedacht werden? Oder muß sie selbst nochmals als eine durch Selbstoffenbarung des Gottes Jesu (den Jesus als Helfer der Verlorenen beansprucht hatte und der sich am verlorenen Jesus selbst in für die Jünger erkennbarer Weise bewährt hat) geschenkte Erkenntnis gedacht werden? Daß ich dabei nicht an einen machtvoll supranaturalen Durchgriff von oben, nicht an mirakelhafte Auftritte eines rematerialisierten Wesens und nicht an parapsychologische Erlebnisse denke, habe ich deutlich gemacht.

Wenn man die Grundthese Verweyens, daß Gott sein ganzes Wesen im irdischen Menschenleben Jesu endgültig offenbart hat, bejaht, dann stellt sich also sofort die erkenntnislogische Frage: *Wie* können die Jünger (und wir) denn *erkennen*, daß Jesu Leben und Lebenshingabe die endgültige Selbstoffenbarung und Inkarnation Gottes ist (und daß Jesus nicht nur ein ansprechendes und zugleich störendes Gottesbild ihnen vermittelt und selbst konsequent danach gelebt hat)? Die Auskunft, *daß* sie dies angesichts des Kreuzes zu Ostern erkannt haben, ist keine Antwort auf diese Frage, sondern umgeht sie. Verweyens »Lösung« krankt daran, daß sie das, was zu erklären wäre, nur behauptet: nämlich daß die Jünger zur Erkenntnis der Lebendigkeit Jesu gekommen sind – wobei natürlich (wie bei allen Lösungsversuchen) das Leben und Sterben Jesu als entscheidende Basis vorausgesetzt wird; aber ist damit der einmütige, dynamische Neuanfang nach Karfreitag schon zureichend erklärt? Vor Ostern sprach niemand von Inkarnation und Selbstaussage Gottes in Jesus, ja nicht einmal von »Gott-mit-uns« (wie es Mt 1,23 dann tut)[75]. Vielmehr war *der von Anfang an strittige, legitimationsbedürftige (und ja auch im Jüngerkreis nicht problemlos akzeptierte) Anspruch Jesu auf göttliche Vollmacht* durch seine Hinrichtung am Kreuz zusätzlich und

---

[75] Nach wie vor scheint mir bei Verweyen in diesem Zusammenhang eine Verwechslung von Sachlogik und Erkenntnislogik vorzuliegen: Vgl. oben S. 239 Anm. 4 sowie S. 243 Anm. 14. Auf diese Kritik ist Verweyen bis heute nicht eingegangen. – Oben S. 348 habe ich ausgeführt, wie zur Reihenfolge der Erkenntnis die Reihenfolge der Sache und Geschichte in umgekehrtem Verhältnis steht. Gott identifiziert sich nicht erst nach Karfreitag mit Jesus, sondern vom Beginn des irdischen Weges Jesu an (was dann u. a. mit der Kategorie Inkarnation ausgedrückt werden konnte). Aber nach Karfreitag (zu Ostern) erkennen die Jünger – endgültig, grundlegend und horizont-eröffnend für allen künftigen christlichen Glauben –, daß Gott mit Jesus von Anfang an identisch war und ist und, daß Gott also in Jesus und Jesus Gott-mit-uns war und ist.

in einer dem flüchtigen Rückblick kaum vorstellbaren Weise radikal in Frage gestellt (s. o. S. 107 f). Die tiefreichende Erschütterung des Jüngerglaubens an Karfreitag bloß auf ihre Angst und Herzensträgheit zurückzuführen[76] verharmlost die Situation.

Wenn Verweyen »die gänzlich neue, erstmals vom Kreuz Jesu her mögliche Gotteserkenntnis« betont, so ist an ihn die Frage zu stellen: Wie soll denn die am Kreuz mit einem schrecklichen Schrei endende menschliche Liebe Jesu *ohne weiteres* und einfach von sich selbst her *als* Liebe Gottes *erkennbar* sein, vollends wo sie ja nun dahingeschieden ist? Wie sollen die Jünger auf diesem Hintergrund – ohne weitere ermutigende Zeichen[77] – die Tragfähigkeit der Gottesbotschaft Jesu erfahren und schlußfolgern, daß er nicht gescheitert ist[78]? Führt nicht umgekehrt erst die (in den Erscheinungen gemachte) *Erfahrung* des neuen Lebendigseins (also Nicht-gescheitert-Seins) Jesu zu erneuten Erfahrungen mit der Tragfähigkeit seiner Gottesbotschaft?

Auch im Blick auf uns Spätere stellt sich die Frage: Wie sollen wir – ohne schon *in dem mit dem Osterglauben der Jünger eröffneten Horizont* zu stehen, ohne uns auf die damit gegebene Perspektive einzulassen und entsprechend schon österlich an die definitive Gültigkeit des Weges und des Gottes Jesu zu glauben – überhaupt im Kreuz (diesem Zeichen des Scheiterns und der Torheit: 1 Kor 1,23) Gott erkennen? Oder direkter als Frage an Verweyen formuliert: Wie sollen wir im Kreuz Gott erkennen – ohne einen schon *im Horizont* des urchristlichen Osterglaubens vorentworfenen Sinn- und Gottesbegriff, von dem her genau solche unbedingt solidarische Hingabe *als* Erscheinung des Absoluten in den Blick kommt? Wird hier nicht ständig das schon vorausgesetzt, was erst zu begründen wäre? Wer das vorliegende Neue Testament zur Basis seiner Auffassung macht, der hat sich damit bereits in den durch den Glauben an die neue Lebendigkeit Jesu eröffneten Horizont begeben, ob er das will und bemerkt oder nicht. Indem er Gottes Inkarnation in Jesus annimmt, hat er diesen Horizont schon vorausgesetzt, auch dann, wenn er meint, eine Inkarnation ohne die Voraussetzung der Auferstehung annehmen zu können (S. o. S. 348).

---

[76] Vgl. *Verweyen*, Grundriß 473 f.

[77] Ebd. 467: ohne »supranaturale österliche Manifestationen (in welch minimalistischer Reduktion auch immer)«; was soll das denn heißen? Siehe dazu unten II.1b und c.

[78] So ebd. 466 mit *Broer*, Rede (s. Anm. 5) 60 f u. ö.

Daran zu erinnern heißt nun aber beileibe nicht, den Glauben »allein« auf die Auferstehung zu gründen, wie das Ohlig, Broer und Verweyen unterstellen[79]. Nirgendwo ist im vorliegenden Buch dergleichen versucht worden. Genau gegenteilig heißt es vielmehr, auf die uns nicht mehr zugänglichen Ostererfahrungen der ersten Jünger lasse sich »Glaubensevidenz für uns heute allein nicht begründen. In diesem Sinne können in der Tat die Ostererscheinungen der bleibende und hinreichende Sachgrund des (Oster-)Glaubens *nicht* sein« (o. S. 238). Eine vom Lebensweg Jesu »isolierte Auferstehung Jesu« könne »nicht der letzte Grund des Glaubens« sein (o. S. 242). Der irdische und gekreuzigte Jesus sei für den Glauben die »notwendige Voraussetzung und *Basis*«, aber (zumal wegen seines Todes) könne er der allein zureichende Grund nicht sein. »Zureichender Grund des Glaubens *wird* vielmehr der irdische und gekreuzigte Jesus« erst durch die mit der Osteroffenbarung mögliche Erkenntnis, die ihn als lebendig gegenwärtig wahrnimmt, d. h. »*als* der österlich Auferstandene und im Geist neu Gegenwärtige. Der irdische und gekreuzigte Jesus ist also durchaus bleibende Grundlage des (Oster-) Glaubens, aber erst *als* der auferweckte, gegenwärtige Christus« (o. S. 242 f) oder genauer gesagt: als der als auferweckter, gegenwärtiger Christus Erkannte. Jesus setzt sich mit dem, was bis zu seinem Tod an ihm erfahrbar geworden ist, in den Jüngern (und in den späteren Glaubenden) durch, aber eben nicht als der Vergangene, sondern zugleich als der lebendig Gegenwärtige, als der er glaubend erkannt wird; deshalb ist nicht nur die Geschichte Jesu bis Karfreitag, sondern auch die österliche Geschichte der Jünger mit Jesus integrales Moment der Selbstoffenbarung Gottes. Nach meiner Darstellung besitzt also die Auferstehung Jesu gerade keine ausschließliche Begründungsfunktion, vielmehr bilden das irdische Leben und Sterben Jesu zusammen mit der urchristlichen Ostererfahrung als »Gesamtprozeß mit Kontinuität und Diskontinuität« (o.S. 243 Anm. 12) einen einzigen differen-

---

[79] *K.-H. Ohlig*, Fundamentalchristologie im Spannungsfeld von Christentum und Kultur (München 1986) 80, hat mir dies fälschlicherweise unterstellt; ähnlich Verweyen in seiner Rez. des vorliegenden Buches (s. Anm. 2) 332. Nachdem ich in: ThG 32 (1989) (s. Anm. 2) 227 f dies klar als Mißdeutung aufgewiesen habe, spricht *Ohlig*, Thesen (s. Anm. 41) 80 und 90, nur noch allgemein von einer Position, die den Glauben »allein« auf die Auferstehung gründen wolle; ähnlich *Broer*, Glaube (s. Anm. 44) 56. Wer immer damit gemeint sein soll, meine Auffassung ist damit jedenfalls nicht erfaßt.

zierten Begründungszusammenhang, in welchem die drei Momente sich wechselseitig bestimmen und erhellen. Fundamentaltheologisch gesehen liegen indes diese drei Momente nicht auf derselben Ebene. Hier besteht noch erheblicher Klärungsbedarf. Und so scheint mir, daß in der Frage nach dem geschichtlichen Grund des Glaubens *keiner* der bis heute vorliegenden Versuche die ganz zufriedenstellende Lösung bietet.

c) Verweyens Begründung des »Osterglaubens«
Verweyen ist am »Wie« der österlichen Vorgänge (ob es wirklich Visionen waren oder auch dies nicht) wenig interessiert. Fundamentaltheologisch entscheidend sei »allein, ob hier Jesus, der als letztgültiger Repräsentant Gottes aufgetreten war, als trotz seiner Hinrichtung lebend wirklich erkannt wurde« (129). Ich stimme Verweyen zu: Das ist entscheidend. *Daß* er als solcher erkannt wurde, darin stimmen wir überein. In der Erklärung dessen, *wodurch* dies von den Jüngern *erkannt* wurde und heute erkannt wird, gehen die Wege auseinander.

(1) Die von Verweyen verworfene Grundposition nimmt folgendes an: Die Entstehung des Osterglaubens läßt sich nicht aus den vorösterlichen Voraussetzungen und der Erkenntnisleistung der Jünger (s. o. S. 213 f) *allein* und *ohne* eine neue, ihnen widerfahrene Offenbarungserfahrung der Lebendigkeit Jesu erklären, die sie spontan auf ein Handeln Gottes *an* dem hingerichteten Jesus (ausgedrückt in Metaphern wie »Auferweckung«) zurückführten und die sie hernach als freie Selbsterschließung des in Gott und von Gott her gegenwärtigen Jesus in ihre geschichtliche Erfahrung hinein (ausgedrückt in Worten wie »Gott offenbarte ihn« oder »er erschien«) charakterisierten. Die Darstellung, die Verweyen (128–130 u. ö.) von dieser Position gibt, ist demgegenüber eine Verzerrung. Gegen *sie* wendet er – abgesehen von seiner dargelegten unbegründeten Ablehnung der Auferstehungsmetapher – folgendes ein:
Diese Position klammere sich »an der Helligkeit des erschienenen Auferweckten (bei gleichzeitiger Verdunkelung unangenehmer Fragen, worin diese Helligkeit denn eigentlich bestanden haben solle), wie an einem letzten Quentchen von Supranaturalität fest« (130 mit Lüdemann, Broer, Ohlig). Vor allem aber: »Welchen Zugang hat ein Historiker (d. h. jemand, der bei

methodischer Konsistenz nicht auf ein Mindestmaß an Analogie zu allgemein menschlicher Erfahrung verzichten darf) zu der behaupteten Begegnung mit einem, der früher tot war, jetzt aber lebt?« Wenn es hier tatsächlich Analogien gebe, seien diese eher der »Parapsychologie« zuzuordnen (130).

Die Einwände sind ernst zu nehmen. Doch darf zurückgefragt werden:

Wenn die neutestamentliche Behauptung der Lebendigkeit des Gekreuzigten in Gott und von Gott her und die weitere Behauptung von (die erste Behauptung auslösenden) österlichen Offenbarungerlebnissen und neuer Gotteserfahrung (s. o. S. 145; 217) ernst genommen und nicht einfach ins Lächerliche gezogen werden sollen, liegen dann Analogien aus dem Bereich tiefer religiöser, etwa prophetischer und mystischer Erfahrungen nicht viel näher als etwa parapsychologische Nachtod-Erlebnisse? Ich werde dem unten (II.2 e) weiter nachgehen. Jedenfalls sind die ursprünglichen Ostererfahrungen nach meiner Ansicht keineswegs schlechthin analogielos[80] noch esoterisch, sondern prinzipiell historisch zugänglich (s. oben I.1 c.2 und unten II.2 e). Von rätselhaft mirakulöser Helligkeit und letztem Quentchen Supranaturalität zu sprechen führt an der zu bedenkenden Sache vorbei. Wer hier »Supranaturalität« wittert, muß solche in allen Behauptungen von religiöser Offenbarung, eben auch beim irdischen Jesus (vgl. etwa Lk 10,18; Mt 11,25-27par), dingfest machen.

---

[80] Dies habe ich bereits oben S. 254-258; 262-265 dargetan. In Kurzfassung ähnlich *H. Kessler*, Art. Auferstehung Christi III, in: LThK I (³1993) 1185-1187. – Auf diese Spalten bezieht sich *H. Verweyen*, Auferstehung 129 Anm. 70. In seinem Referat stellt er freilich meine Ausführungen völlig falsch dar, läßt genau die entscheidende Momente – daß nämlich der Glaube der Späteren »in *eigener* (nicht bloß geborgter) existentieller *Erfahrungsevidenz*« gründe (LThK I³ 1186; vgl. 1187) bzw. daß »die Erfahrung des Geistes Jesu in der lebendigen Glaubensgemeinschaft [....] erst die *hinreichende* Bedingung für die Erkenntnis der Auferstehung und Gegenwärtigkeit Jesu« sei (s. o. S. 262) – aus und urteilt dann, daß mein Lösungsversuch an deren Fehlen kranke; auch für mich die Praxis der Glaubenszeugen nicht überhaupt das stärkste Motiv« (wie Verweyen es darstellt), sondern nur »das – *nach* dem Inhalt der Botschaft selbst – stärkste Motiv der Glaubwürdigkeit der Auferstehungsbotschaft« (LThK I³ 1187; ähnlich schon o. S. 264). – Leider muß ich sagen, daß ich mich bis heute an keiner Stelle, wo Verweyen sich auf mich bezog, richtig wiedergegeben finde. Warum achtet er nicht die differenzierte Argumentation seiner Gegner, sondern verzeichnet sie ständig? Weil er sie nicht versteht? Oder weil dann die Auseinandersetzung schwieriger würde (und sein eigener Lösungsversuch so leicht nicht durchzuhalten wäre)?

(2) Verweyens Position versteht die österliche Wende im Jünger-verhalten als »Durchbruch bzw. plötzlich aufgehende Konse-quenz einer Erfahrung«, die die Jünger »zwar schon während des Lebens Jesu bzw. angesichts seines Sterbens [...] gemacht, zu-nächst aber verdrängt, d. h. nicht adäquat wahr-genommen hat-ten« (128). Also: Ostern ist »lediglich Durchbruch des bereits vor Eintritt des Todes Jesu Erfahrenen, zunächst aber noch nicht adäquat Wahr-genommenen« (132). Das bedeutet: »Die Basis des Osterglaubens ist im Leben und Sterben Jesu selbst zu su-chen« (130). Soweit ist Verweyen mit Broer, Lüdemann und Oh-lig einig.

Da aber nun die historisch-kritische Rückfrage »bei durchge-hender ›Entsupranaturalisierung‹ des irdischen Jesus« (131) kei-nen Punkt mehr aufzeigen könne, wo »ein bereits ergangenes letztgültiges Wort Gottes [...] in der Geschichte wahrnehmbar ge-worden ist« (130), und ein fideistischer Sprung in den Glauben wie bei Lüdemann (oder Ohligs Bescheidung mit einer bloßen Auferstehungs*hoffnung*) für Verweyen nicht in Frage kommt, gibt sich Verweyen mit dieser Grundposition nicht zufrieden, sondern sucht einen »Sonderweg innerhalb« dieser Position (131).

Er möchte aufzeigen, »daß im irdischen Jesus selbst die letzt-gültige Selbstmitteilung Gottes erkennbar wurde« (130). Da es hier »um ein den Menschen unbedingt beanspruchendes Ge-schichtsereignis« und seine Wahrheit geht (132), historische Kri-tik von »außerhalb des Wirkraums jener ursprünglichen Inan-spruchnahme von Freiheit durch Freiheit« aber nicht in der Lage ist, ein solches Geschichtsereignis adäquat zu erkennen (123) und »kritisch über die Gültigkeit« des von ihm ausgehenden unbe-dingten Anspruchs zu befinden (122), legt sich für Verweyen – der Rückgriff auf den »Kanon« nahe (123 f; 132). Es gelte, »sich auch in historischer, nicht nur theologischer Absicht bei der Frage nach dem, was am irdischen Jesus zur Verantwortung des Glaubens belangvoll ist, primär an der Aussageintention der Werke zu orientieren, die von der Gemeinschaft der Zeugen als für die Sache Jesu authentisch anerkannt wurden« (123; ähnlich 132). »Auch in historischer Absicht«? Mit diesem Sprung in ei-nen Kanon-Dezisionismus schneidet Verweyen doch prinzipiell die historisch-kritische Rückfrage hinter die Endredaktion der kanonischen Texte und damit auch eine Sachkritik an den bibli-schen Autoren ab.

Mag der Rekurs auf den Kanon zunächst als theologisch möglich und sogar konsequent erscheinen, so zeigen sich sofort die Inkonsequenzen und Widersprüche. Denn Verweyen müßte nun eigentlich z. B. vom *kanonischen* Markusevangelium ausgehen, das nicht nur in Mk 16,7 vom Faktum der Erscheinungen weiß, sondern im zwar sekundären und *späten,* aber – und das ist für Verweyen ja ausschlaggebend – *kanonischen* Markusschluß auch einzelne Erscheinungen anführt, und zwar exakt *als Auslöser* der Osterverkündigung (Mk 16,9–15). Keiner der von Verweyen selektiv zu Rate gezogenen neutestamentlichen Autoren klammert die Erscheinungen aus der ursprünglichen Verantwortung des Glaubens aus (die *späte* johanneische Redaktion z. B., die das Johannesevangelium erst kanonfähig machte, begründet den ursprünglichen Glauben eindeutig auf das »Sehen«, und zwar eben nicht nur in Joh 1,14 und 19,34f, sondern eben auch in 20,8f. und 20,19–29[81]). Von seinem kanonischen Standpunkt aus müßte Verweyen, würde er sich nicht die Tür zu willkürlicher Auswahl (!) offenhalten, konsequenterweise schleunigst zu der von ihm abgelehnten Grundposition überwechseln.

Es hilft ihm also nichts, nur die Rückfrage nach den *frühesten* Formulierungen des Osterkerygmas (z. B. nach der für ihn ja inadäquaten »Auferweckungsformel« oder nach 1 Kor 15,3–5) in Frage zu stellen und zu sagen: Diese Rückfrage führe in die Irre, weil bei Ereignissen, die Menschen die Sprache verschlagen, gewöhnlich zuerst die »Wortführer« zur Verkündung einer neuen Erkenntnis nach ihnen passenden und allen geläufigen Kategorien greifen; »halbes Hinhören« verzerre die Wahrheit, die tiefere Erkenntnis erschließe sich erst nach und nach (126; 132). Im Falle der Jünger heiße dies, daß sie statt zur Sprache von Jes 53 (wegen der Sünder getöteter, aber bei Gott geborgener Gottesknecht) zunächst zur triumphalistischen Herrschaftssprache (!) der »Auferweckung« gegriffen hätten, ohne damit »allzuviel von ihrer eigenen Feigheit öffentlich eingestehen zu müssen« (126f; vgl. 132; 141); als ob sie ihr eigenes Versagen verdrängt, nicht sehr früh schon vom Sterben Jesu »für unsere Sünden« (z. B. 1 Kor 15,3) und vom so ganz anderen Herrsein dessen gesprochen hätten, der sein Leben für die andern hingibt und ihnen dient (s. o. S. 350–352).

---

81 Vgl. dazu etwa *P. Hoffmann,* Auferstehung (NT), in: TRE IV (1979) 506–508.

Mit immer neuen Einfällen sucht Verweyen Wege, um die ihm mißliebige Auferstehungssprache und die ihm als supranatural oder esoterisch verdächtigen Ostererscheinungen auszugrenzen und aus dem Neuen Testament nur die in sein System passenden Bruchstücke auszuwählen.

Für seine entsprechend selektive Durchsicht des Neuen Testaments[82] stellt Verweyen die »hermeneutische Regel« auf: Bei Geschichtsereignissen, die die sittlich-praktische Vernunft unbedingt einfordern, ist »Wahrheit nur innerhalb der Zeugenkette der davon wirklich in Anspruch Genommenen und je nach dem Maße ihrer Offenheit für den hier vermittelten Sinn kritisch zu ermitteln« (133). Richtig! Doch woher hat Verweyen die Kriterien für den »hier vermittelten Sinn«, für die »Offenheit« diesem gegenüber und für dessen »kritische« Ermittlung?

Es scheint, daß sein philosophischer Vorentwurf von Sinn ihm diese Kriterien liefert. Es muß ja doch der Sinn sein, den Verweyen vorweg schon so weit vorentworfen hat, daß nur noch die geschichtliche Realisierung *dieses* Begriffs von Sinn aufgesucht bzw. gefragt werden muß, ob in Jesus »dieser Begriff tatsächlich realisiert ist«[83]. Der philosophische Vorentwurf von Sinn gibt den Rahmen ab dafür, was als Sinn gefordert ist und zugelassen wird, also auch dafür, was im Neuen Testament allein der »hier vermittelte Sinn« sein kann: eine Petitio principii. Doch die Sinnfrage könnte ja von einem verengten, auf bestimmte Momente fixierten Bewußtsein defizitär vorentschieden sein.

In der Tat ergibt sich von einem einseitigen (sittlich-praktischen) »Begriff letztgültigen Sinns« bzw. von dem entsprechend vorweg entworfenen Begriff »letztgültiger Offenbarung« her[84]: Dieser Sinn bzw. diese Offenbarung kann apriori nur »in der bedingungslosen Darangabe des Ichs an das Erscheinen des Unbedingten« bestehen, d. h. in der denkbar äußersten, schlechthin alles sich nehmen lassenden menschlichen Hingabe an das für an-

---

[82] Diese Durchsicht erbringt eine Mischung von guten Beobachtungen einerseits und gewollten Spekulationen andererseits, wobei Verweyens Voreingenommenheit seine selektive Wahrnehmung leitet. Manches kann man auch anders deuten, manches muß man sogar eher anders deuten. Das im einzelnen aufzuweisen würde ein weiteres Kapitel erfordern. Zur Sache vgl. *H. Kessler,* Christologie (s. Anm. 7) 299–308; 315f; 388–391.

[83] Vgl. *Verweyen,* Grundriß 467; ferner 240–280, bes. 275ff; 398–402.

[84] Ebd. 233 bzw. 266.

dere beanspruchende unbedingte Sollen bzw. an den »heiligen Willen«; solche Hingabe allein kann es sein, in der das Absolute bzw. Gottes »eigenes Wesen voll erscheint«[85].

Das Gesuchte ist nun in Jesus tatsächlich realisiert: Allein beim Tode Jesu, der – in Anspruch genommen durch ein unbedingtes Sollen (oder durch einen »heiligen Willen«) – für die anderen sich hingibt und dabei alles sich zerschlagen läßt (das Fleisch, das Leben, die Vorstellungen von Gottes Anwesenheit) und so alle Sorge und Angst um die eigene Existenz überwindend die ihn bedrohende Gewalt der Sünde und den Tod entmächtigt, zeigt Gott sich wirklich. In diesem dem Tod (heroisch oder vertrauend?) keine Macht über ihn einräumenden Sterben Jesu aber *ist* der Tod bereits entmachtet, das neue Leben muß daher nicht durch eine – aus einem unanfechtbar sicheren Raum kommende – rettende Tat Gottes nachgeliefert werden (140–144). Vielmehr ist es »*das durch den Tod unanfechtbare Leben Jesu* in Gott«, an dem alles hängt und das »unsere sich darauf stützende Hoffnung für die Zukunft der Schöpfung« begründet (115). Eine beeindruckende Sicht, ohne Zweifel.

Ihr hoher moralischer Anspruch, der die »Philosophie des Habens« (in der *ich mir* etwas nehme, statt mir alles nehmen zu lassen) hinter sich gelassen haben will, bewahrt sie indes nicht vor Arroganz. Diejenigen, »die noch nicht ganz der ›Philosophie des Habens‹ entrissen sind«, so heißt es nämlich, »reden dann z. B. im Kontext apokalyptischer Erwartungen von seiner ›Auferweckung‹ vom Tode, weil sie die Erfahrung noch nicht durchvollzogen haben, daß dem Tod bereits in der Selbsthingabe des Gerechten seine Macht entrissen wurde, das neue Leben daher nicht gleichsam nachgeliefert werden muß« (143). – Es stellt sich die Frage: Ist hier alles Entscheidende auf die äußerste sittliche Haltung des Gerechten gesetzt, so daß von Gott nichts mehr erwartet wird? Wie kann dann überhaupt noch von Inkarnation geredet werden (oder von Gottes Geist und Gnade, wovon Verweyen auffälligerweise kaum redet)? Was entmachtet eigentlich die Angst vor dem Tod: der seiner sittlichen Verpflichtung entsprechende Heroismus, wie bei Ernst Blochs »rotem Helden«, oder das völlige (hoffnungsvolle) Vertrauen, in der Selbsthingabe für die andern einem Gott hingegeben zu sein, der einen unter allen Um-

85 Ebd. 279; vgl. 266; 276f.

ständen, eben auch im brutal-gewaltsamen Tode, unerschütterlich hält (und von dem noch etwas zu erwarten ist)?

d) Recht und Grenzen des Ansatzes von Verweyen

(1) *Wenn* man die Aufgabe der *Fundamentaltheologie* darin sieht, den christlichen Glauben vor dem Forum der (immer auch z. B. zeit- und kulturbedingten) Vernunft zu verantworten und als allgemein (was kann das heißen?) sinnerschließend zu vermitteln, und dann in diesem Sinne und im Horizont des von Verweyen vorentworfenen (allgemein vollziehbaren?) Begriffs letztgültigen Sinnes *rein fundamental*-theologisch fragt, worauf ich heute mein Vertrauen als auf ein Unbedingtes gründen kann, ohne von vornherein dem Verdacht der Projektion egoistischer Wünsche zu verfallen, dann hat Verweyen recht:

Dann sollte ich nicht bei den Hoffnungen des Ich für sich selbst, sondern eher bei der in der unbedingten Bejahung des andern mitgesetzten Hoffnung für den andern ansetzen. Dann ist aber auch nicht eine dem Schmerz nachgelieferte, zu spät kommende Versöhnung glaubwürdig, sondern eher ein frei und ohne Schielen auf Lohn übernommener Schmerz im Einsatz für andere. Dann sollte ich deshalb nicht auf die Botschaft von der Aufweckung bauen, sondern eher auf das erweisbare Faktum einer radikal selbstlosen Liebe bis zum Tod. Eher! Denn was läßt sich auf all dies letztlich gründen, wenn es für sich betrachtet auch nicht dem Verdacht entkommt, eine zwar heroisch lautere, aber am Ende doch tragisch scheiternde Liebe zu sein? (Max Frisch und viele fragen, nebenbei bemerkt: Warum soll ich eigentlich moralisch sein?)

Aber damit, daß jene altruistischen Haltungen eher glaubwürdig sind (glaubhaft ist nur Liebe), kann nicht grundsätzlich *jedes* menschliche Glücksverlangen (auch das des mit anderen ganz Solidarischen), *jedes* Hoffen der von Menschen im Stich Gelassenen oder zu Tode Gequälten auf Rettung, *jedes* Zeugnis von der Auferweckung Jesu – als der Philosophie des Habens verhaftet – verdächtigt und diskreditiert werden. Genau diese Tendenz besteht aber bei Verweyen, und sie verstärkt sich in seinem jüngsten Beitrag in bedenklicher Weise; man gewinnt den Eindruck, daß er sich zunehmend verrennt, zum Schaden seiner berechtigten Anliegen.

(2) Verweyen hat sicher recht, wenn er die Weltflucht eines falsch verstandenen Christentums kritisiert, das nicht selten unter Vertröstung der Opfer aufs Jenseits schreckliches Unrecht im Diesseits begangen und »Hinrichtungen aus höheren Motiven in Kauf genommen hat« (144). An der Überwindung eines so falsch verstandenen und der Wiedergewinnung eines echteren Christentums, das sich von Jesus und seinem Gott in die Gegenwart rufen läßt, versuche ich seit langem zu arbeiten. Das hindert mich nicht, von Auferweckung zu reden, im Gegenteil. Das »trotzige Motto«: »Ein Mord weniger, hier und jetzt, ist wichtiger als zwanzig Auferweckungen danach!« (144) baut einen falschen Gegensatz auf und ist höchstens als provokativer Impuls geeignet.

Es stimmt gewiß, daß wir »lau« sind (Apk 3,15f) und der täglichen Umkehr zu deutlicherem Christsein und entschiedenerem Einsatz für die Leidenden dieser Erde bedürfen. Es stimmt aber auch, daß wir, wenn wir alles uns Mögliche tun, nicht alles Unrecht, alle Tränen und Leiden aus der Welt schaffen werden (auch Jesus war sich dessen bewußt). *Im* Tun des uns Möglichen (und *in* der Anerkenntnis des eigenen Versagens) hoffend darauf zu setzen, daß die unausdenkliche, für alle entschiedene Liebe Gottes Wege der Rettung und Heilung aller finden möge, ist keine verwerfliche Vertröstung. Ich halte die Devise: Lieber keine Verheißung als »ein Zuviel an Verheißung«, das »uns von dem hier und jetzt zu Wirkenden weglockt« (144), für einäugig. Auch ein Zuwenig an Verheißung (und die Verweigerung der Rede über unsere Hoffnung) ist gefährlich, gewaltfördernd und tödlich. Es kann nicht um einen weitgehenden Verzicht auf Eschatologie (und Auferstehungsbotschaft) gehen, einen Verzicht, der das Feld menschlicher Sehnsüchte, Projektionen, Befürchtungen und Hoffnungen den Besserwissern und Verführern überläßt (ob das nun Esoterik, Neureligionen oder die vermeintliche »Physik der Unsterblichkeit« ist, die ewiges Leben per Computer verheißt[86]). Vielmehr müssen die Eschatologie und die

---

[86] So der amerikanische Physiker *Frank J. Tipler*, Die Physik der Unsterblichkeit. Moderne Kosmologie, Gott und die Auferstehung der Toten (München 1994). Überaus merkwürdig auf dem Klappentext als Äußerung Wolfhart Pannenbergs: »Dieses Buch bricht ein Tabu. Ein Physiker rekonstruiert mit physikalischen Argumenten fundamentale Glaubenssätze der Religionen. Dabei hält Tipler durchaus Distanz zum Christentum, aber er nähert sich doch gerade der christlichen Zukunftshoffnung, die lange Zeit als besonders unvereinbar mit der Physik galt. Christliche Theologie wird

Rede von der Auferstehung Jesu selbst – wie eben alles Kostbare – von Mißdeutungen und Schmutz gereinigt und gegen neuen Mißbrauch geschützt werden! Dem aber sind Verweyens pauschale Invektiven abträglich.

(3) Überdies bleibt eine Grundfrage an Verweyen: Kann von seinem philosophischem Ansatz her das biblische Verständnis Gottes und seines Wirkens wirklich zureichend in den Blick kommen? Gewiß ist der Mensch bei ihm als (sittliche) Freiheit gedacht, aber ist auch Gott selbst wirklich als unbedingte Freiheit der Liebe gedacht, die nicht nur, wo endliche sittliche Freiheit sie zuläßt, »erscheint«, sondern – ohne menschliche Freiheit auszuschalten, ihr zuvorkommend – sich selbst unverfügbar frei einzuschalten, mitzuteilen und zu begegnen vermag? Die also auch – nicht im Widerspruch zu ihrem Wesen als unbedingte Freiheit der Liebe (also nicht als Willkür-Allmacht), aber doch jenseits vorentworfener Erwartbarkeiten – völlig *unerwartet* »erscheinen« und durch ihr (geschichtlich-symbolisch vermitteltes) freies Erscheinen die Situation etwa der Jünger nach Karfreitag oder auch unsere Situation verändern kann?

Will man die Vorgaben beider Testamente ernstnehmen, dann muß doch wohl eine unbedingt freie Liebe gedacht werden, die sich für die anderen entschließen, in deren Systeme von sich aus unvermutet und plötzlich einfallen und ihnen begegnen kann (wie dem Mose in der Wüste, dem Jesaja im Tempel, den Jüngern nicht nur vor und an, sondern auch nach Karfreitag: warum eigentlich da auf einmal nicht mehr?). Dann muß eine unbedingte Freiheit gedacht werden, die auch im Ende unserer Möglichkeiten (in Sünde und Tod), wo wir von uns selbst her nichts Lebendiges und Hoffnungsvolles mehr erbringen können, noch etwas anfangen, Urheber von neuem Anfang sein kann (s. o. S. 301–303) und die das in jeder wahrhaften Liebe enthaltene, aber nicht – bzw. nur endlich – erfüllbare unendliche Versprechen (Du sollst sein! s. o. S. 33–39) auch einlösen kann. Worin sonst soll die Ge-

---

ihr Verhältnis zu den Thesen dieses Buches erklären und gute Gründe dafür suchen müssen.« Falls Pannenberg die abstrusen Ideen dieses Buches, das den Menschen auf Bits reduziert und von hochleistungsfähigen Computern einer fernen Zukunft unsere Auferstehung (und Unsterblichkeit) im Sinne der Reproduktion der uns ausmachenden Informationen erhofft, so hoch werten sollte, müßte dies gegenüber seiner eigenen Eschatologie und Anthropologie nachdenklich stimmen.

wißheit gründen, daß »das durch den Tod unanfechtbare Leben Jesu *in Gott*« ist? Und wo sonst soll die Frage nach dem Warum des Leids die zufriedenstellende Antwort finden oder womöglich unnötig werden, wenn nicht in jener – als freies Geschenk einer abgründigen Güte verheißenen, unraubbaren – eschatologischen »Freude«, von der es heißt: »an jenem Tage werdet ihr mich nichts mehr fragen« (Joh 16,22 f)?

II. Vertiefung und Verdeutlichung meiner Sicht

In diesem Teil werde ich zunächst in Kürze auf die grundlegenden erkenntnistheoretischen und methodologischen Reflexionen von Georg Essen hinweisen und seine wichtigen weiterführenden Impulse aufnehmen. Auf dem Hintergrund der durch Essens Untersuchung gewonnenen Einsichten werde ich dann in Fortsetzung des Gesprächs mit Lüdemann, Verweyen und anderen eine zusammenhängende Sicht der für die Osterthematik zentralen Fragen entwickeln und dabei einiges in diesem Buch bisher Ausgeführte verdeutlichen, differenzieren und weiterführen.

1. Grundlegende Impulse durch die Untersuchung von Georg Essen

Georg Essens grundlegende erkenntnistheoretische Untersuchung »Historische Vernunft und Auferweckung Jesu. Theologie und Historik im Streit um den Begriff geschichtlicher Wirklichkeit«[87] kann hier nicht in ihrem ganzen Argumentationsreichtum vorgestellt werden. Man muß sie selber lesen, was von den meisten Beiträgen zur Osterthematik aus den letzten Jahren so nicht gesagt werden kann. Niemand, der sich künftig ernsthaft mit Fragen der historischen und theologischen Verantwortung des Osterglaubens befassen will, wird an der Arbeit von Essen vorbeikommen. Sie bewegt sich auf einem sehr hohen Reflexionsniveau im interdisziplinären Feld zwischen geschichtswissenschaftlicher

---

[87] *Georg Essen*, Historische Vernunft und Auferweckung Jesu. Theologie und Historik im Streit um den Begriff geschichtlicher Wirklichkeit (Mainz 1995). – Im folgenden Teil II.1 beziehen sich die einfachen Zahlenangaben (ohne S. und dergleichen) auf Seiten dieses Werkes, während s. o. S. oder o. S. auf Seiten des vorliegenden Buches verweist.

Grundlagentheorie, Transzendentalphilosophie und theologischer Hermeneutik. Ihre Einsichten im einzelnen zu entfalten würde mehr Raum beanspruchen, als in diesem Kapitel zur Verfügung steht. Ich versuche lediglich, einige mir wesentlich erscheinende Impulse dieser Untersuchung in den Blick zu rücken.

a) Essens Fragestellung und Zielsetzung

Zu dem Ereigniszusammenhang, der den geschichtlichen Grund christlichen Glaubens bildet, gehören für Essen wie für mich auch die Osterereignisse, d. h. die den Erstzeugen in den sogenannten Erscheinungen widerfahrene Offenbarung der Auferweckung Jesu (14f; 317; 449 u. ö.). Für die Frage, ob die entsprechenden »neutestamentlichen Tatsachenbehauptungen auch für unser heutiges Urteil Zustimmung verdienen« (449), ist aber die Geschichtswissenschaft zuständig. Daraus ergibt sich ein schweres Dilemma: Einerseits behauptet der ur-christliche Glaube ein Auferweckungshandeln Gottes und die geschichtliche Selbstbekundung des auferstandenen Gekreuzigten als Wirklichkeit (die zum geschichtlichen Glaubensgrund gehört), andererseits wird beides von der ›profanen‹ Geschichtswissenschaft gerade bestritten. Diese – im Horizont des neuzeitlich vorherrschenden Wirklichkeits- und Geschichtsverständnisses sich bewegende – ›profane‹ Historie diskreditiert darüber hinaus die biblische Behauptung eines Geschichtshandelns Gottes überhaupt (14f; 18).

Die auf *geschichtlichen Ereignissen* basierende christliche Theologie ist auf den interdisziplinären Dialog mit der heutigen Geschichtswissenschaft verpflichtet: »Die neutestamentliche Tatsachenbehauptung eines Geschichts- und Auferweckungshandelns Gottes wird sich nur aufrechterhalten lassen, wenn es der Theologie gelingt, diese Begriffe im interdisziplinären Diskurs mit der Geschichtswissenschaft vernünftig zu begründen, rational-argumentativ auszuweisen und so zu vertreten, daß auch die Historie dieser Realitätsbehauptung zumindest prinzipiell wird zustimmen können« (340)[88]. Genau dies will Essen leisten.

---

[88] Zumindest prinzipiell: »Denn zustimmungsfähig sind diese Tatsachenbehauptungen, sofern sich die Geschichtswissenschaft einer begründeten interdisziplinären Metakritik ihrer historischen Erkenntnistheorie und Methodologie öffnet« (*Essen*, ebd. 340 Anm. 90).

b) Geschichtstheoretische Grundlagenreflexion und transzendentale Historik

Essen bestreitet nicht, daß faktisch in der neuzeitlichen Geschichtswissenschaft (in Historismus, historischem Positivismus, einheits- und gesetzeswissenschaftlichen Konzepten) das objektivistisch-positivistische Begründungsverfahren und die Wahrnehmungsverengungen begegnen, die ich oben[89] kritisiert habe (331 f; 340 u. ö.). Aber er zeigt, daß fortgeschrittene geschichtstheoretische Selbstreflexion dieses den Gegenstand der Historie verfehlende Selbstmißverständnis überwunden hat und das erheblich offenere Begründungsverfahren der »explanatorischen Plausibilität« verwendet (161–294; 333; 380; 384 f; 401 f; 452 f; 456), das im vorliegenden Buch, wie Essen (333) bescheinigt, faktisch zum Zug kommt. Mit Recht reklamiert Essen, die Theologie müsse an das in der Geschichtstheorie erreichte Reflexionsniveau Anschluß finden.

Er zeigt, wie »sich das historische Denken in zunehmendem Maße seines begrenzten und ›bescheidenen‹ Erkenntnisanspruchs bewußt geworden ist« (204), »Geschichte« zunehmend als konstruktive Sinnbildungsleistung des Subjekts sieht und wie schließlich die »transzendentale Historik« (H. M. Baumgartner) »die historische Gegenstandskonstitution konsequent als transzendentale Leistung begreift, die im praktischen Sinninteresse der Freiheit wurzelt« (452). Der Historiker selektiert und organisiert ihm signifikant erscheinende vergangene Ereignisse zu einem Ereignis- und Sinnzusammenhang (392 f), so »daß der geschichtliche Gegenstand seine Notwendigkeit aus der Sinndeutung, Bewertung und der dadurch begründeten Selektion der Ereignisse bezieht und nicht aus den Handlungen und Ereignissen selbst« (444). Historische Erkenntnis hat »konstruktiven Charakter« (204 f). Ein »geschichtliches Ereignis« ist »ein empirisch gehaltvolles hermeneutisches Konstrukt« (436), dessen empirischer Gehalt kritisch gesichert werden muß. Es besteht eine Differenz zwischen realen vergangenen Ereignissen und geschichtlichen (historischen) Ereignissen, zwischen wirklicher und historischer

---

[89] Siehe oben S. 138; 141; 160; 162; 206; 216; 269–272. *Essen* (448; 331 ff) hat das »tendenziell« auf S. 138 und 216 unterschlagen. Dieses macht deutlich, daß ich nicht die neuzeitliche Geschichtswissenschaft generell kritisiere, sondern, wie Essen einräumt, die faktischen Blickverengungen, die bei Exegeten wie Hartlich oder Lüdemann begegnen.

Vergangenheit. Darum hat die Wirklichkeit vergangener Ereignisse einen uneinholbar-kontingenten Vorsprung vor aller historischen Synthesisleistung (351 f).

Damit wird aber die »grundlegende Rolle einer Basistheorie ›aller möglichen Geschichte‹« (452) deutlich: Das mitgebrachte Wirklichkeitsverständnis präjudiziert durch seine Plausibilitäten die methodische Regelung historischer Forschung und entscheidet darüber, was historisch möglich ist (204–294). Wenn die Moderne »das historisch Mögliche auf das Menschen Mögliche festlegt« (452), so liegt dem ein präformierender Verstehensrahmen und ein Vorverständnis zugrunde, das seinerseits der kritischen Überprüfung bedarf. Wenn sich umgekehrt zeigen ließe, daß ein anderes Vorverständnis der Wirklichkeit, welches das historisch Mögliche nicht nur auf das Menschen Mögliche festlegt, vielmehr mit einem Geschichts- und Auferweckungshandeln Gottes rechnet, vor dem Forum der *philosophischen* Vernunft als *sinnvoll* zu rechtfertigen ist, dann ließe sich auch die behauptete *Wirklichkeit* eines Geschichts- und Auferweckungshandelns Gottes vor dem Forum der *historischen* Vernunft bewähren.

In diesem Sinne gelangt Essen – nach Zwischenschaltung der beiden folgenden Argumentationsschritte (c und d) – zu dem Ergebnis, daß die gegenwärtige Geschichtswissenschaft »nicht mit dem objektivistisch-empiristischen historischen Positivismus gleichgesetzt werden darf und ihr gegenstandstheoretisches und methodologisches Selbstverständnis zumindest prinzipiell einen Weg eröffnet, das Geschichts- und Auferweckungshandeln Gottes vor dem Forum der historischen Vernunft auszuweisen« (357).

c) Transzendentale Analytik der Freiheit und Aufweis
eines möglichen Geschichts- und Auferweckungshandelns
Gottes

»Das Grunddatum christlichen Glaubens ist das geschichtlich-kontingente, unableitbare Ereignis der für den Menschen unbedingt entschiedenen Liebe Gottes« (407): Sie offenbart und erweist sich in dem Ereigniszusammenhang von Jesu Verkündigung, Tod und Auferweckung. Da neuzeitlichem historischem Denken »der Möglichkeitssinn für das Gott-Mögliche verschwunden und darum auch der ›Sinn‹ abhanden gekommen ist, es in der Wirklichkeit überhaupt wahrnehmen zu können«, ist die

behauptete Wirklichkeit eines Geschichts- und Auferweckungshandelns »auf seine theoretische Möglichkeit hin durchsichtig zu
machen und im interdisziplinären Diskurs mit der Geschichtswissenschaft argumentativ zu vertreten« (410).

In einer von H. Krings und Th. Pröpper inspirierten transzendentalen Analytik der Freiheit sucht Essen daher der biblischen
Vorgabe, daß Gott sich im Menschen Jesus als für uns entschiedene Liebe geschichtlich mitgeteilt hat, im nachhinein nachzu-
denken und die Geschichte als die »Stätte der Begegnung der
Freiheit Gottes und des Menschen« zu denken (411 f). Er geht
aus von der formal unbedingten Freiheit als ursprünglicher Ge-
öffnetheit für anderes, die zur realen Freiheit stets nur in bedingten Realisierungen wird. Das Erfüllende aber für Freiheit kann
nur die andere Freiheit sein; erst im Verhältnis der wechselseiti-
gen Anerkennung und des Für-einander-Daseins ereignet sich
wirkliche Freiheit; gegenseitige Mitteilung geschieht vermittelt
durch *Symbole*, in denen einer dem andern erscheint, ohne sich
darin zu erschöpfen (413 f). Realisierungsbedingungen des
»Kommerziums der Freiheit« sind Systeme (Gemeinschaften;
Recht; Markt usw.), die Freiheit zugleich auch unterdrücken und
behindern; Geschichte ist der Inbegriff und Ort der Konkretisierung des Kommerziums der Freiheit (415 f). Da der eine in seinem unbedingten Entschluß für den andern dessen unbedingtes
Seinsollen intendiert, es aber nur bedingt-endlich realisieren
kann (weil beide endlich-sterblich sind), wünscht er ihm eine Zukunft, die er selbst nicht verbürgen und herbeiführen kann. Das
Kommerzium der Freiheit weist so strukturell über sich hinaus
»auf eine vollkommene Freiheit als das letztlich und schlechthin
Erfüllende und Sinnverbürgende« (417): Ohne die Idee Gottes,
»ohne den Bezug auf vollkommene Freiheit (kann) endliche Freiheit nicht vollständig als möglich eingesehen werden«[90]; nur im
Gedanken Gottes als absoluter Freiheit ist Freiheit zu Ende gedacht.

Wenn nun aber Gott als vollkommene Freiheit zu denken ist,
dann ist er nicht nur als »Gott am Ende« (und als Idee) zu denken, sondern als der, der vor allem *ist* (Schelling: s. o. S. 288), der
sich selbst entschließen, sich anderer Freiheit mitteilen, bei ihr –

---

[90] *H. Krings/E. Simons*, Art. Gott, in: HphG III 639; zit. in Essen, Historische Vernunft
418.

symbolisch vermittelt – ankommen und für sie offenbar werden kann (419 f). So ist die theoretische Möglichkeit der Existenz Gottes und der Selbstoffenbarung Gottes aufgewiesen. Nimmt man die Kontingenzproblematik (Schellings und Heideggers Frage: warum ist überhaupt etwas und nicht vielmehr nichts?) und damit die Frage absoluter Begründung hinzu, so ist Gott als der freie Grund aller Wirklichkeit und als die alles bestimmende Wirklichkeit zu denken (420 f), als das, was *über* dem Sein ist, »der Herr des Seins«, »welcher Urheber sein, der etwas *anfangen* kann«, auch dort noch, wo das Sein und wir am Ende sind (Schelling: s. o. S. 302). Damit ist die »Denkmöglichkeit Gottes als rettender Wirklichkeit für die Toten« erreicht; Gott, was man wirklich Gott nennt, hat noch Handlungsmöglichkeiten über den Tod hinaus (421 f).

Somit ist der Gedanke eines möglichen Auferweckungshandelns Gottes und einer möglichen unableitbaren Selbsterschließung Gottes in der Geschichte als vernünftig und sinnvoll erwiesen und muß nicht a priori geleugnet werden. Es ist der Nachweis erbracht, »daß eine Theorie aller möglichen Geschichte ein Geschichts- und Auferweckungshandeln Gottes nicht ausschließen kann« (456).

d) Hermeneutik des christlichen Auferstehungsbekenntnisses und der Ostererscheinungen

Damit ist nun aber auch der urchristliche Glaube als ein vernünftig mögliches hermeneutisches Erkenntnisprinzip erwiesen. Die theologische Deutung kann deshalb verantwortet als eine Arbeitshypothese zur *historisch*-hermeneutischen Erschließung der neutestamentlichen Osterüberlieferungen eingeführt werden.

Doch welche der behaupteten Osterereignisse können überhaupt Gegenstand der Historie sein? Das muß sich daran entscheiden, ob sie Vorkommnisse in Raum und Zeit sind. Die Auferweckung Jesu ist, obwohl sie sich auf den irdischen und nun toten Jesus bezieht, selbst kein Vorkommnis in Raum und Zeit mehr (ich ergänze: weil der Tod des Subjekts dessen Ausstieg aus der Zeit ist). So entzieht sich die Auferweckung »aufgrund ihres modus essendi« (als nicht mehr in Raum-Zeit-Kategorien erfaßbares göttliches Handeln sui generis) *prinzipiell* der sinnlichen Anschauung und darum auch der empirisch-historischen Erkenntnis (379–381). Deswegen ist die als Tatsache behauptete

Auferweckung Jesu selbst kein »geschichtliches Ereignis« (382); gleichwohl ist sie Wirklichkeit, auf die (metaphorisch bzw. analog-ungleich verwendeten: s. o. S. 282) Begriffe »Wirklichkeit«, »Geschehen« oder »Auferstehungsvorgang« kann daher nicht verzichtet werden (382 f). Genau besehen ergibt sich, »daß das Neue Testament auf die *Wirklichkeit* der Auferstehung Jesu selbst primär durch den Aufweis eines Zusamenhangs von Auferstehung Jesu und Erscheinungen des Auferstandenen reflektiert«: die Auferstehung wird in den Erscheinungen des Auferstandenen offenbar; also kann »von ihnen her die – den neutestamentlichen Zeugen offenbare – Wirklichkeit der Auferweckung Jesu zugänglich und ›gewußt‹ werden«. Sie erfüllen den Begriff des geschichtlichen Ereignisses. Deshalb »hat sich die historische Rückfrage auf die geschichtliche Selbstbekundung des Auferstandenen zu konzentrieren« (383 f).[91]

Die Durchführung dieser Rückfrage erfolgt im Anschluß an und in weitgehender Zustimmung zu meinen Analysen (o. S. 136–236)[92]. Dort ist nach Essens Untersuchung ein Erklärungsmodell geboten, »das einen kohärenten Gesamtentwurf bietet, der den vorgegebenen Quellenbefund adäquat erschließt, die deutungsbedürftige Wende im Jüngerverhalten hinreichend er-

---

91 *Essen* formuliert: »Gegenstand einer historischen Untersuchung kann nur die geschichtliche Selbstmanifestation des Auferstandenen sein, nicht jedoch die Auferweckung Jesu selbst« (385 Anm. 127). Ich denke nach wie vor, es sollte genauer heißen: Gegenstand historischer Untersuchung kann nur sein die *behauptete* geschichtliche Selbstmanifestation des Auferstandenen.

92 Ein Mißverständnis meiner Sicht bei *Essen* muß ich korrigieren: Wo ich (oben S. 230; 233; 235) sage, daß uns »keine nachvollziehbare Vorstellung über das Wie« der Ostererfahrung mehr möglich sei, fügt Essen (312) ohne Grund ein »prinzipiell« ein. Daß nicht ein »prinzipiell«, sondern ein »faktisch« gemeint ist, habe ich in diesem Kapitel oben I.1 c (2) ausgeführt. Infolge seiner Eintragung stellt Essen dann hypothetisch die Frage, ob ich nicht den »prinzipielleren Anspruch erhoben« hätte und »eine theologische Erkenntnistheorie sui generis« annähme, die beanspruche, »Zugang zu vergangenen Ereignissen zu haben, die der Historie entzogen bleiben«, und so die »Lücke« zu schließen (334; ähnlich 364; 380). Ich kann die Frage nur klar verneinen, und zwar für die Erstauflage dieses Buches ebenso wie für die jetzige Neuausgabe. Ich nehme keine prinzipielle Lücke an und halte es in diesem Punkt (!) eindeutig mit E. Troeltsch: »Der Glauben kann Tatsachen deuten, aber nicht feststellen« (Essen 361); und wenn die Historie Tatsachen faktisch nicht (mehr) feststellen kann, dann können sie nicht festgestellt werden! »Daß die neutestamentlichen Geschehnisaussagen zumindest prinzipiell vereinbar sein müssen mit außerordentlichem Wissen und mit der ›profanen‹ Geschichts- und Wirklichkeitserkenntnis« (338), war und ist für mich klar (und zwar auch aus theologischen Gründen); sonst hätte ich im übrigen nicht faktisch solche Akribie und solchen Aufwand gerade in der historischen Untersuchung der Ostererscheinungen entfaltet.

klärt, die überlieferten Einzelgesichtspunkte umfassend und einheitlich berücksichtigen kann und sich also am erreichbaren historischen Wissen bewährt«. Die Angemessenheit dieses Erklärungsmodells erhärte sich überdies in der vollständigen »Aporetisierung alternativer Deutungsmuster, die gerade darum als defizitär zurückgewiesen werden müssen, weil sie, auf die Annahme einer geschichtlichen Selbstbekundung des von Gott Auferweckten verzichtend, die Genese des Osterglaubens historisch nicht einsichtig machen können« (435; vgl. 329; 333).

Essen versteht die Ostererscheinungen als unverfügbaren geschichtlich-symbolischen Selbsterweis göttlicher Freiheit (bzw. der Freiheit des zuvor von Gott Auferweckten), der sich in ihnen seinen sinnlich-realen Ausdruck verschafft und der darum die ihnen innewohnende Bedeutung ist. Deshalb erweisen sich für ihn die oben (S. 139f; 208; 216–219; 235) entwickelten Kategorien »Selbstbekundung in Begegnung« als angemessen (440f). Er reformuliert diese Kategorien dann mit Hilfe des freiheitstheoretischen Symbolbegriffs und kann so einerseits den inhaltsreichen und selbstevidenten Impuls der in die geschichtliche Erfahrung der Jünger sich vermittelnden Offenbarung des Auferweckten kategorial erfassen, andererseits, da die symbolische Zuwendung einer Freiheit zweideutig-strittig und so auch nur symbolisch wahrnehmbar ist, auch das existentielle Beteiligtsein der Wahrnehmenden bzw. ihr freies Wagnis würdigen (445 ff).

Essens Schlußsatz: »Der historisch Urteilende aber, der um die heuristische Priorität der ›historischen Frage‹ im Erkenntnisprozeß weiß, sie an der Reichweite transzendentaler Reflexion bemißt und sie im Zwischenschritt der Kritik überprüft, hat die Möglichkeit, die neutestamentliche ›Tatsachenbehauptung‹ als Antwort zu verstehen und ihr frei und verantwortet zuzustimmen.«

2. Osterglaube heute: Eine weiterführende Perspektive

Dieser Teil ist bewußt so gehalten, daß er auch ohne die in diesem Kapitel vorausgehenden Teile gelesen werden kann. Auf dem Hintergrund des Gespräch mit den jüngsten Veröffentlichungen zur Osterthematik und in Fortführung dieses Gesprächs will ich in den folgenden Abschnitten meine bisherige Sicht verdeutlichen und weiterführen.

a) Moderne Schwierigkeiten mit einem Geschichts- und Auferweckungshandeln Gottes

Nicht erst die Moderne hat mit der Auferstehung Jesu Schwierigkeiten. Nach der Areopagrede Apg 17,31f hat schon Paulus bei den Populärphilosophen Athens nur Spott geerntet, als er die Auferweckung Jesu behauptete, die sie offenbar als »Wiederbelebung des Leichnams« mißverstanden – ein abstruses Mißverständnis der »leibhaftigen« Auferstehung in vielen Köpfen bis heute, bei Fundamentalisten und bei Rationalisten (etwa bei Franz Alt[93]).

Doch seit dem *Rationalismus* des 18.Jahrhunderts haben sich die Schwierigkeiten mit der Auferstehung gewaltig verschärft: Für den Deismus ist ein göttliches Wirken *in* der Welt nicht mehr denkbar, für den Positivismus gibt es nur noch diese eine »natürliche« Wirklichkeit, für den heutigen Konstruktivismus sind nur noch die Konstruktionen des Menschen (bis hin zu virtuellen Welten) real. Wirklichkeit wird also gleichgesetzt mit dem, was *wir von uns aus* beobachten, überprüfen, kontrollieren oder konstruieren können. In diesem *Wirklichkeitsverständnis* bleibt für den biblischen Gott und für die Auferstehung Jesu kein Platz mehr. Platz bleibt nur noch für unser Tun und höchstens noch für von uns konstruierte Gedanken von Gott (genauer: von einem deistischen Hintergrundgott, der selbst nicht mehr aktiv wird).

Wie oben in diesem Kapitel gezeigt, liegt Gerd *Lüdemanns* Sicht von Ostern ganz in diesem Trend: Zu Ostern geschahen Vorgänge im Unbewußten und im Bewußtsein der Jünger, die sich zu Visionen verdichteten. Daß von Gott her etwas an dem toten Jesus und daraufhin an den Jüngern geschehen sei, wird nicht gesagt, sondern ausdrücklich abgewehrt. Ganz am Ende seines Buches fügt Lüdemann an seine historisch-kritische Durchsicht noch den unvermittelten liberal-frommen Schluß an: »Allerdings *glaube* ich, daß dieser Jesus durch den Tod nicht der Vernichtung anheimgegeben wurde, und die *Gedanken* seines Seins bei Gott, seiner Erhöhung, seiner Auferstehung und seines Lebens ergeben sich aus *unserer* Gemeinschaft mit Gott wie von selbst«[94] – eben als unsere Glaubensgedanken. Konsequent modern. In anderer

---

[93] *Franz Alt,* Jesus der erste neue Mann (München 1989) 55f.

[94] *Gerd Lüdemann,* Die Auferstehung Jesu. Historie, Erfahrung, Theologie (Göttingen 1994) 220.

Weise scheint auch, wie gezeigt, bei Hansjürgen *Verweyen* zumindest tendenziell eine Reduktion auf den Menschen vorzuliegen, diesmal auf die sittliche Pflicht, auf die Hingabe an das unbedingt für den andern beanspruchende Sollen oder an den heiligen Willen; daß dieser Wille von sich aus tätig werden und real handeln könnte, wird anscheinend nicht mehr erwartet.

Der Religionsphänomenologe Gerardus *van der Leeuw* hat einmal geschrieben: *Wenn* das moderne Denken überhaupt etwas von Gott weiß, so doch »nur vom Tun des Menschen in der Beziehung zu Gott, nichts vom Tun Gottes«; für die Religionen dagegen sei gerade »Gott der Agens in der Beziehung zum Menschen«[95]. Der biblisch-christliche Glaube rechnet nicht nur mit *unserem* Tun in der Beziehung zu Gott, sondern mit dem Wirken *Gottes* auf uns zu in dieser Welt.

Dieses Wirken Gottes geschieht nicht in supranaturalem Einbruch senkrecht von oben, so daß Gott sich zu einem kategorialen Glied in der Kette der Weltglieder machen und zu diesem Zweck in dieser Kette eine Lücke für sich schaffen, also an bestimmten Stellen die naturgesetzlichen Zusammenhänge außer Kraft setzen und die menschliche Freiheit ausschalten müßte. Gottes Wirken geschieht vielmehr transzendental gerade durch die von Gott freigesetzte autonome Eigendynamik der Naturdinge im Kosmos und durch für ihn offene Menschen (vor allem durch Jesus von Nazareth), also durch die menschliche Freiheit hindurch (nicht an ihr vorbei und über sie hinweg). Das wurde früher (o. S. 284–303) ausführlich dargetan.

Da aber die weltlichen Ereignisse (der Naturdinge und der menschlichen Freiheiten), wenn man Gott leugnet, nicht einfach gegenstandslos werden, kann der Anschein entstehen, sie seien rein natürlich (z. B. physikalisch oder historisch-psychologisch) erklärbar und sie seien mit einer solchen Erklärung *vollständig* erklärt. Das gilt auch für die Ostererfahrungen (die sogenannten Ostererscheinungen). Sie sind als Ereignisse in Raum und Zeit *prinzipiell* empirisch-historisch zugänglich, *faktisch* waren sie dies auch für die Jünger und für diejenigen, denen sie gegebenenfalls Genaueres davon mitteilten. Und faktisch wären sie auch für uns zugänglich, falls uns darüber hinreichende und verläßliche Mitteilungen überkommen wären, was bedauerlicherweise nicht der

---

[95] Siehe oben S. 286 Anm. 38.

472

Fall ist. Man mag das aber auch als Hinweis verstehen, daß die Kenntnis des genauen Hergangs so wichtig nicht ist, wie sie vielen scheint.

Ganz anders steht es mit der Auferweckung vom Tod: Sie wird ohne die Anerkennung eines Gottes, der mehr vermag, als in der Welt (in ihrem »Stirb und Werde«) »drin« ist, eo ipso sinnlos und hinfällig; dann bleibt außer der Leiche (und evtl. einem aus erklärbaren Gründen leeren Grab) nichts, was erklärt werden müßte. Wenn kein Gott ist, wenn vielmehr das All alles ist, dann gibt es auch nicht mehr, als in diesem All an Möglichkeiten enthalten ist. Zwar erzählt das Volkslied von dem Kuckuck, der totgeschossen doch – aufgrund der Zauberkraft der Natur (»simsalabim«) – im nächsten Jahr »wieder da« war; aber es war ja nicht derselbe Kuckuck (»wieder«) da. Das »Stirb und Werde« der Natur besagt, daß ein individueller Organismus, wenn er gestorben ist, sich in andere organische Zusammenhänge hinein auflöst; was dann »wird«, sind andere organische Individuen, nicht dasselbe, das gestorben ist. Eine individuelle, persönliche Auferstehung vom Tod (und eine Erlösung) kann es nur geben, wenn das All *nicht* alles ist.

Genauer: wenn ein Gott ist, der *mehr* ist als die Welt (der Natur und der endlichen Freiheit), ihr also nicht nur so immanent, daß er in ihr aufgeht und mit ihr ineinsfällt, ihr aber auch nicht nur so transzendent, daß er sie als unbewegter Hintergrund umgibt und birgt (wir im Tod sozusagen in ihn hineinfallen), ihr vielmehr zugleich als das große transzendent-immanente Du personal (nicht räumlich) gegenüber. Ohne einen solchen Gott, der als der umfassende Raum und als die in uns präsente Gegenwart (vgl. Röm 8,11) in der Freiheit unbedingter Liebe sich für uns *alle* entschieden hat und deshalb mit jedem Menschen (und in gewisser Weise mit jedem seiner Geschöpfe) ein Gespräch begonnen hat, das er nie mehr beenden will, gibt es kein persönliches Leben der Verstorbenen und auch kein neues Leben des am Kreuz getöteten Jesus.

Der Osterglaube rechnet also nicht nur mit einem Wirken Gottes in der Welt *durch* den irdischen Jesus, sondern auch mit einem Wirken Gottes *an* Jesus in dessen Tod – also dort, wo alle Möglichkeiten der Welt am Ende sind und nur noch Gott selbst und allein etwas radikal Neues anfangen kann, das die Grenzen der Weltmöglichkeiten sprengt, innerhalb dieser Grenzen daher auch nicht direkt feststellbar ist. Der Osterglaube rechnet mit Gott und mit dem in Gottes Leben eingegangenen Jesus hier und jetzt als einer lebendig gegenwärtigen Wirklichkeit, die uns real angeht.

b) Was behauptet das neutestamentliche Zeugnis von der Auferstehung Jesu?

Das gesamte Neue Testament – von seinen frühesten bis zu den spätesten Schichten und Schriften – vertritt in völliger Einmütigkeit die ihm fundamentale Überzeugung, daß der getötete Jesus im (physisch-biologischen) Tod nicht verendet, sondern von Gott her als er selbst (persönlich) in einer völlig neuen (nicht mehr physikalisch-biologisch zu fassenden) Weise unzerstörbar-endgültig lebendig ist. Es drückt diese Überzeugung mit vielerlei Metaphern aus, vorzugsweise aber mit der Metapher der Auferweckung vom Tod, die deswegen häufig stellvertretend für die anderen Metaphern und für die gemeinte Wirklichkeit selbst steht, deren Bildcharakter aber nie vergessen werden darf (s. o. S. 282 f). Darüber aber, *daß* Jesus endgültig lebt, und zwar er selbst, nicht nur seine »Sache«, gibt es im Neuen Testament keinerlei Meinungsverschiedenheiten. Ohne diese Überzeugung, daß Jesus von Gott her neu lebendig ist und in definitive Geltung gesetzt ist, wäre es wohl gar nicht zur Überlieferung von Jesu Wirken und Sterben gekommen (weil das zu Überliefernde sich durch den Kreuzestod erledigt hätte). Ohne »die Auferstehung« Jesu wäre eben auch das Leben und Leiden Jesu eine Geschichte der begrabenen Hoffnungen – wie so vieles.

(1) Was meint die Bildrede von der Auferstehung Jesu? – »Auferweckung«, »Erhöhung«, »Verherrlichung« usw.[96] sind allesamt Bildworte (Metaphern, Modellvorstellungen), die aus unserer Erfahrung geläufige Wörter metaphorisch (= übertragen) verwenden, um auf eine neue, uns noch unvertraute Wirklichkeit hinzuweisen und sie zu erschließen. »Aufgewecktwerden, aufstehen« z. B. sind alltägliche Wörter zur Bezeichnung uns vertrauter Dinge (aufwecken oder aufstehen vom Schlaf, aus Krankheit oder Niederlage). Das späte Alte Testament verwendet diese Wörter, die in volkstümlichen Wundererzählungen (von Elija und Elischa) bisweilen für die zeitweilige Wiederbelebung von

---

[96] Siehe dazu oben in diesem Kapitel I.2 b (1)

Gestorbenen gebraucht wurden, in einem ganz anderen, übertragenen Sinn, um auf eine erhoffte, noch nicht eingetretene, alle weltlichen Möglichkeiten übersteigende Wirklichkeit hinzuweisen: ein neues Leben, das den Tod nicht noch einmal vor sich hat. In diesem Sinne ist die Rede von der eschatologischen (= endgültigen) Auferstehung der Toten (Jes 26,19; Dan 12,2) ein vorausweisendes Bild. Und zwar verwenden beide Testamente die Ausdrücke »aufwecken« und »aufstehen« synonym: Weil Gott sie auferweckt, auferstehen die Toten – in ein endgültiges Leben hinein.

Das Neue Testament sagt mit dieser Metapher aus, Gott habe dieses Erhoffte – durch sein neuschöpferisches Handeln – an Jesus bereits gegenwärtige Wirklichkeit werden lassen. (Dabei dürfte es den frühen Christen nicht entgangen sein, daß »Auferweckung« bzw. »Auferstehung« nur ein begrenztes Bild für das Gemeinte sein kann; das ist der Grund, warum sie dieses neue Handeln auch in anderen Bildern aussagen.) Das Neue Testament behauptet also nicht eine von den Jüngern nur in Zukunft erhoffte Auferstehung Jesu, sondern die durch Gott bereits bewirkte (und aufgrund der Osteroffenbarung erkannte) »Auferstehung« Jesu: als perfektische Realität. Daß die neutestamentlichen Texte ein gegenüber Jesu Leben und Tod neues, real eingetretenes, den Tod überwindendes Geschehen von Gott her bezeugen wollen, kann vernünftigerweise auch von dem nicht bestritten werden, der ihrer Überzeugung selbst nicht zu folgen vermag.

Mit der »Auferstehung« Jesu meint das Neue Testament aber keine Wiederbelebung eines Toten (wie bei den Wundergeschichten von Totenerweckungen durch Elija oder Jesus), also keine Rückkehr ins irdische, erneut sterbliche Leben und damit unter empirisch prüfbare Daseinsbedingungen. Sondern es meint den Eintritt in eine ganz neue Dimension, den Übergang in die uns noch verborgene endgültige Daseinsform bei Gott, also den Beginn eines radikal neuen, unzerstörbaren Lebens: »Christus, von den Toten auferweckt, stirbt nicht mehr« (Röm 6,9f; vgl. Apg 13,34; Hebr 7,24f; Apk 1,17f). Das, was mit der »Auferweckung« Jesu gemeint ist, liegt also »jenseits« der uns erfahrbaren natürlichen Welt.

»Auferstehung« und ähnliche Ausdrücke sind also *Metapher für ein real eingetretenes Geschehen*, das sich gleichwohl der sinnlichen Anschauung und empirischen Feststellbarkeit entzieht.

Deswegen gibt es nach dem Neuen Testament auch keine unmittelbaren Zeugen des Auferstehungs-»Vorgangs«; diesen *konnte* niemand sehen (eine im Grab aufgestellte Video-Kamera hätte nichts aufgenommen). Das mit der »Auferstehung« Jesu gemeinte Geschehen selber ist also keine historisch beweisbare Tatsache, sondern eine nur im Glauben an die andere Dimension Gottes und seine entschluß- und handlungsfähige Freiheit annehmbare und verstehbare Wirklichkeit. Sofern Glaubende dieses Geschehen der »Auferstehung« bekennen und bezeugen (und nicht mit diesem Ausdruck objektivierend von etwas anderem, etwa einem großartigen Mirakel, reden), sind sie (1) von dem, was sie bezeugen, existentiell betroffen und verändert, sind sie (2) überzeugt, daß sich die bezeugte »Auferstehung« Jesu noch für alle Menschen bewahrheiten wird, und wollen sie (3) mit der Rede von der »Auferstehung« Jesu nicht Neugierde befriedigen, sondern eine das Leben verändernde Beziehung zum Gott Jesu ermöglichen.

Wir hatten gesehen: Der Auferstehungsvorgang und der Auferstandene kann, von seiner Seinsweise her, gar keine empirisch vorfindliche Größe sein. Er gehört nicht unserer – von uns aus zugänglichen – sinnlichen Erfahrungswelt an. Er ist ein reales Geschehen und gleichwohl kein von uns aus prüfbares »historisches Ereignis«[97]. Sollte hingegen der in diesem Geschehen handelnde (also »auferweckende«) Gott oder der in seine Dimension eingegangene Gekreuzigte (der »Auferstandene«) sich in seiner zu neuer Beziehung gewillten Freiheit – von sich aus – in die geschichtliche Erfahrung der Jünger hinein kundtun (»erscheinen«, sich offenbaren), so wäre diese Erfahrung der Jünger *im Prinzip* durchaus empirisch-historisch feststellbar. In diesem Sinne sind die sogenannten Oster-Erscheinungen »historische Ereignisse«.

(2) Kurzer Überblick über die neutestamentlichen Ostertexte.– Die Texte zerfallen in zwei Grundtypen: (a) Bekenntnisformeln und (b) Erzählungen, die letzteren ausschließlich in den Schriften, die auch sonst erzählen, den Evangelien, die ersteren in allen Schriften des Neuen Testaments.

(a) Die *ältesten* Zeugnisse für den Glauben an die Auferstehung Jesu sind *kurze formelhafte Wendungen*: »Gott hat Jesus aus

---

[97] Dazu *G. Essen*, Historische Vernunft 314 ff; 353; 379–385.

den Toten auferweckt«, ihn »erhöht«, »lebendig gemacht«. In diesen uralten kurzen Bekenntnisformeln, mit denen wir zeitlich nahe an Ostern herankommen, fehlen all die anschaulichen Details, die uns aus den späteren Ostererzählungen der Evangelien so vertraut sind.

Die *eingliedrige Auferweckungsformel* »Gott hat Jesus aus den Toten auferweckt« geht bis in die Anfänge der Urgemeinde zurück und findet von frühen bis in späte Schichten des NT weite Verbreitung (s. o. S. 110–117). Sie spricht vom lebendigmachenden Handeln Gottes am getöteten Jesus, wodurch er sich zu dem scheinbar widerlegten Jesus bekennt und sich als der Gott erweist, den Jesus verkündet und mit seiner ganzen Existenz verbürgt hatte: der Gott, der die Verlorenen annimmt und rettet, und dies unter allen Umständen, eben auch im Tod (wie jetzt bei Jesus). Von Anfang an wird Gottes Handeln an Jesus aber auch verstanden als »Erhöhung« Jesu in die Dimension Gottes, von wo er jetzt *gegenwärtig* ist und z. B. den Flehruf der aramäischen Urgemeinde »maranatha« (= unser Herr komm) *hören* kann.

Die Auferweckungsformel wurde früh weiter *ausgestaltet* zu kleinen Glaubensbekenntnissen. Deren wichtigstes ist die »Überlieferung«, die Paulus in *1 Kor 15,3–7* zitiert. Er hat sie wohl schon kurz nach seinem Damaskuserlebnis um 35 n. Chr. »empfangen«, auch sie ist also recht alt. Dieses Credo, in dem sich Paulus mit allen Verkündern des Glaubens eins weiß (1 Kor 15,11), bekennt, daß der gekreuzigte »Messias starb für unsere Sünden« und von Gott »auferweckt wurde am dritten Tag« (das ist wohl keine historische Angabe, sondern – seit Hos 6,2 – symbolischer Ausdruck für die von Gott herbeigeführte Wende in der Not: s. o. S. 117 Anm. 95). Daß Jesus wirklich den Tod gestorben ist, das wird bekräftigt durch den Hinweis, daß er begraben wurde; und daß er wirklich der Auferweckte ist, das wird beglaubigt durch den Hinweis, daß »er erschien dem Kephas, dann den Zwölfen« usw. und ihnen so offenbar wurde. – Nun kann das in den alten Bekenntnisformeln enthaltene Osterkerygma auch reflexiv-argumentativ dargelegt (1 Kor 15,12–58) oder in Erzählungen narrativ-veranschaulichend entfaltet werden:

(b) Die *späteren Ostererzählungen* gliedern sich in Grabfindungs- und Erscheinungserzählungen. Beide sind nicht historische Erfahrungsberichte (Reportagen) mit protokollarischer Wiedergabe der Osterereignisse, man darf diese also auch nicht in ihnen geschildert sehen wollen. Vielmehr sind sie spätere narrative Veranschaulichungen des uralten Osterbekenntnisses (»Jesus wurde auferweckt«) und der Ostererfahrung (»er erschien«). Diese erzählerische Veranschaulichung fällt bei den vier Evangelisten – ihrer Gemeindesituation und ihrer individuellen Eigenart und Aussageabsicht entsprechend – sehr verschieden aus. Von daher erklären sich die Ungereimtheiten und Widersprüche, die nicht nur Christentumskritikern immer schon aufgefallen sind. Beispielsweise spricht Mt von zwei, seine Mk-Vorlage aber von drei Frauen am Grab; nach Mk erzählen diese niemandem etwas, nach Mt laufen sie schnell zu den Jüngern, um ihnen zu berichten (usw.). Schon das zeigt: die Texte wollen gar nicht Tatsachen berichten, sondern ihren je verschiedenen Gemeinden die Osterbotschaft aktuell veranschaulichen.

Zur *Grabauffindungserzählung*, deren älteste Fassung in Mk 16,1–8 (um 70 n. Chr.) vorliegt: Sie setzt bereits die Botschaft von der Auferweckung Jesu (1 Kor 15,3–5) voraus und ist auf sie hin komponiert. Es geht ihr gar nicht primär um die Entdeckung eines geöffneten oder leeren Grabes durch Frauen, die Grabszene gibt nur – im Rahmen der Erzähllogik des Evangeliums naheliegend – den expositionellen Rahmen ab für die zentrale Osterbotschaft im Munde des Verkündigungsengels (ein geläufiges Motiv): »ihr sucht Jesus von Nazareth, den Gekreuzigten; er ist auferweckt«. Erst *nach* der Auferstehungsverkündigung spricht der Engel von der Nichtauffindbarkeit Jesu im Grab (»er ist nicht hier«): für die bildhafte Vorstellung ein nachträglich bestätigendes Zeichen für die Realität der verkündeten Auferweckung, aber keine Begründung für den Glauben an diese; das geöffnete (leere) Grab löst gerade nicht den Osterglauben, sondern nur Schrecken aus. Ein Grab kann ja aus verschiedenen Gründen leer sein (Umbettung, Diebstahl), oder es kann das falsche Grab sein (Verwechslung); ein leeres Grab ist also vieldeutig und kein Beweis für Auferstehung. War das Grab Jesu leer? Historisch läßt sich die Frage nicht sicher beantworten (s. o. S. 118–124). Mußte es aus Glaubensgründen leer gewesen sein? Wir kommen darauf zurück.

Zu den *Erscheinungserzählungen*: Von »Erscheinungen« des auferstandenen Gekreuzigten sprach die älteste Überlieferung nur in kurzen, formelhaften Wendungen (1 Kor 15,4–7: »auferstanden und erschienen dem Kephas« usw.; vgl. Lk 24,34; Apg

13,28.30f; 1,3 und 10,39f; evtl. Q: Lk 10,21 f/Mt 11,25–27: s. o. S. 145–147). Noch der erste Evangelienschreiber erzählt nicht von Erscheinungen (weil ihm keine solchen Erzählungen vorlagen?), sondern weist nur auf das ihm vorgegebene Datum der Erscheinungen hin (Mk 16,7c). Erst die Großevangelien inszenieren und entfalten das ihnen vorgegebene Datum der Erscheinungen in vielfältigen Variationen; daher die starken (nicht harmonisierbaren) Unterschiede. Man muß bei der Lektüre immer fragen: Auf welche Frage (seiner späteren Generation) will der Evangelist antworten? Die Leser des Lk sind offenbar von der Frage bewegt: Wo begegnet uns der auferweckte Herr denn heute, über fünfzig Jahre später? Die Antwort des Lk in der Emmauserzählung: Der Herr begegnet uns im ausgelegten Wort der Schrift und im gemeinsam gefeierten Herrenmahl. Die Leser des Joh hielten wohl die ersten Osterzeugen für Privilegierte, die »sehen« durften und deshalb gar nicht hätten glauben müssen. Die Antwort des Joh in der Thomaserzählung (einer Predigtgeschichte): Sie waren nicht privilegiert; »selig die nicht sehen, und *doch glauben*«. Usw. Kurzum: Die Evangelisten beantworten in den Erscheinungserzählungen nicht die Frage nach der Auferweckung Jesu selbst und nach seinen Erscheinungen vor den Urzeugen, sondern Anschlußfragen der schon gläubigen Gemeinden ihrer Zeit.

c) Zu einem verantworteten Verständnis von »Auferstehung« jenseits von Fundamentalismus und Rationalismus
(1) Fundamentalismus und Rationalismus, diese einander scheinbar entgegengesetzten Extreme, meinen beide, daß das Neue Testament und die christliche Tradition an die Auferstehung Jesu – wie sie sagen – »wörtlich« geglaubt hätten: also positivistisch-objektivistisch an die Wiederbelebung des Leichnams, »an das leibhafte Hervorgehen des Auferweckten aus dem Grab, die leibhafte Himmelfahrt zu einem bestimmten Ort, welcher Thron Gottes heißt« usw.[98] Nur darin, wie sie sich zu dieser angeblich neutestamentlichen Meinung stellen, unterscheiden sich die beiden Extreme: die Fundamentalisten affirmieren diese Meinung, die Rationalisten negieren sie und bleiben ihr dabei immer noch verhaftet.

98 *Lüdemann*, Auferstehung 217.

Der *Fundamentalismus* sagt, wir müßten das auch heute so glauben: Die Auferstehung Jesu wird hier zum großen mirakelhaften Eingriff Gottes von oben, der die naturgesetzlichen Abläufe außer Kraft setzt. Das leere Grab und die Erscheinungen seien »die beiden historischen Ecksteine«, die Ostererscheinungen mit den Augen zu sehen und handgreiflich; Jesus sei von Thomas (was übrigens Joh 20 nirgends sagt!) tatsächlich betastet und berührt worden, etwa so wie es der kraß naturalistische Caravaggio in seinem Bild »Der ungläubige Thomas« darstellt.[99] Auferstehung hieße dann: ein Stück Körper-Materie wurde aus dem Materiezusammenhang herausgeholt, »verklärt« und ist dann – ja wohin eigentlich (zu den Sternen)? – entschwunden. Die Ostererscheinungen seien also buchstäblich-wörtlich zu nehmen, was man aber der Widerspüche wegen, die dann auftreten, doch wieder nicht so recht wagt. – Aber Gott greift doch nicht gleichsam aus einem höheren Stockwerk in den Materiezusammenhang so ein, daß er ihn an irgendeiner Stelle außer Kraft setzt.

Auch der *Rationalismus* meint, »daß die Menschen damals ›wörtlich‹ an die Auferstehung geglaubt haben«. Aber er lehnt diese Sicht als »supranaturalistisch« ab: die »wörtlichen Aussagen von der Auferstehung Jesu (hätten) mit der Umwälzung des wissenschaftlichen Weltbildes ihren wörtlichen Sinn verloren«. Da es »für unser Wissen vom Kosmos einen solchen Himmel (sc. überm Sternenzelt) nicht gibt«, seien »die traditionellen Vorstellungen von der Auferstehung Jesu als erledigt zu betrachten und durch eine andere Sicht zu ersetzen«: Ostern geschah nur das innerliche Wiederauferstehen des Jüngerglaubens an den geschichtlichen Jesus. Denn: »Vor Ostern war bereits all das vorhanden, was nach Ostern endgültig erkannt wurde« (vor allem die Erfahrung der Vergebung Gottes)[100]. Ostern bringe also keinen neuen Inhalt. – Aber Gott ist doch kein bloß deistischer Hintergrundgott, der sich so zurückhielte, daß nur noch der Mensch mit seinen Kräften etwas tut. Warum soll Gott begegnungs- und handlungs*unfähig* sein, warum soll er nicht aus seiner immanent-transzendent-personalen Gegenwart heraus bestimmten für ihn empfangsbereiten Menschen (von innen, dialogisch und so »von außen«) begegnen können?

---

[99] So z. B. *Antonio Socci*, Sehen um zu glauben, in: 30 Tage 2 (1992) Nr. 8/9, 50–55.
[100] Die Zitate der Reihe nach aus *Lüdemann*, Auferstehung 216 Anm. 691; 217; 218; 220.

(2) Zum biblisch-christlichen Wirklichkeits- und Gottesverständnis. – Beide skizzierten Auffassungen kranken an einem unzureichenden Verständnis Gottes, der Wirklichkeit und der menschlichen Person (der Leibhaftigkeit). Beide Extrempositionen haben eine sehr primitive Sicht von den biblischen Autoren und der Tradition. Gerd *Lüdemann* z. B. hat nicht einmal bemerkt, daß diese schon längst zwischen dem kosmologischen Himmel (engl. sky) und dem theologischen Himmel (engl. heaven) unterschieden haben, der Himmel über unseren Köpfen also ein Bild für Gott und für die Erfüllung der tiefsten Sehnsüchte ist. Nicht wo der Himmel ist, ist Gott, sondern wo Gott ist, da ist der Himmel. Nur einige Hinweise:

Schon vorexilisch weiß 2 Kön 8,27: »Der Himmel und aller Himmel Himmel vermögen Gott nicht zu fassen«. Und hätte ein Jesaja auf die Frage, ob Gott wirklich auf einem hohen Throne sitzt (Jes 6,1), nicht auf die Bildhaftigkeit der Vorstellung hingewiesen? Die Himmelfahrtserzählung des Lk will das endgültige Eingehen Jesu in die verborgene Gegenwart Gottes (symbolisiert durch Wolke und Himmel) ausdrücken. Die große christliche Tradition war sich dieser Bildhaftigkeit durchaus bewußt. Im Anschluß an Augustin, Albert und Thomas von Aquin sagt z. B. Nikolaus von Kues über die Himmelfahrt: Himmel meint keinen Ort irgendwo dort oben, Himmel meint Gott. Gott aber ist sowohl »die einfassende Peripherie von allem«, da er »über allem« ist und alles umfängt, als auch »das Zentrum«, das alle Wirklichkeit »durchdringt«, der »Mittelpunkt aller Wesen« und ihr »Leben«. Deshalb sitzt der erhöhte Christus »nicht gleichsam am Rande des Kosmos, sondern im Zentrum« aller Wirklichkeit.[101] Erst die Neuzeit und eine dekadente Schultheologie haben Gott und Welt dualistisch-deistisch getrennt, Gott zur weltjenseitigen, abstrakten Transzendenz reduziert, zum bloß äußerlichen Gegenüber der Welt, und die Welt zu seinem bloßen Werk, zur reinen Immanenz, in der Gott nicht vorkommt.

Bibel und christliche Tradition sehen Gott (und daher auch Welt und Mensch) anders. Drei Grundperspektiven und -modelle sind unverzichtbar: (1) Gottes Welttranszendenz: »Von allen Seiten umgibst du mich« (Ps 139), »in ihm leben wir, bewegen wir uns und sind wir« (Apg 17,28), wir und alles Kosmische. Es

---

[101] *Nikolaus von Kues*, De docta ignorantia III 8 (s. o. S. 359).

gibt kein Außerhalb Gottes: alles kommt schon immer in der unendlich aufgespannten Weite Gottes vor. – (2) Gottes Weltimmanenz: Gott durchpulst auch alles: »Bin nicht ich es, der Himmel und Erde erfüllt?« (Jer 23,24; vgl. Jes 6,3; Num 14,21; Weish 1,7; 8,1). Gott ist die feurige Kraft in allem (Hildegard); im Kosmos und in jedem geschaffenen Wesen ist er »intimst präsent« wie die Seele im Leib[102]. Augustinus nimmt beide Aspekte zusammen in folgendem Bild: Die geschaffene Welt kommt ihm vor wie ein riesiger Schwamm, umflutet von einem unermeßlichen Meer und von ihm zugleich durchtränkt[103]. Andere wählen Metaphern wie die Atmosphäre, die uns umgibt und zugleich belebend in uns eingeht. – (3) Gott, das große Du: Gott begegnet uns auch als Gegenüber, freilich nicht als räumlich-äußerlich-gegenständliches Gegenüber, sondern als personales Gegenüber, als Du, das in der Freiheit seiner Liebe uns in unsere endliche Eigenständigkeit hinein freigibt und um unsere Gegenliebe wirbt: d. h. bei uns Aufnahme, Einlaß, Raum finden, in uns wohnen möchte (und so von uns abhängig sein *will*). Ein Du, das sich von diesem unbedingten Liebesentschluß für uns auch nicht durch den tödlichen Widerspruch gegen diese Liebe (am Kreuz) abbringen läßt.

Ohne ein solches personal liebendes Gegenüber zur Welt gibt es keinen Bezugspunkt für Hoffnung über den Lauf der Weltdinge hinaus. Und die Hoffnung kümmert dahin, wenn dieses Gegenüber, das in freiem Entschluß zu uns eine Beziehung einging, diese Beziehung nicht fortwährend in neuen Gesten (auf die wir Menschen in allen Beziehungen der Liebe angewiesen sind) auch »pflegt«. Insofern ist das entscheidende Zeichen (Realsymbol) dieses Gottes, Leben und Sterben Jesu von Nazareth (»die Inkarnation«), für die Jünger und für uns Spätere *nicht* genug, sondern bedürfen wir weiterer (realsymbolischer) Zeichen der Zusage dieses Gottes und seines weiteren »Beistandes« (Joh 14,16.26; 16,13 f).

Gott – umfassender Urgrund, innerstes liebendes Zentrum und Geheimnis aller Wirklichkeit: in ihn stirbt Jesus hinein (von ihm wird er aber nicht nur passiv aufgefangen, sondern in liebender Antwort aktiv er-hört, untergriffen und gerettet), und in ihm

---

[102] *Thomas von Aquin*, STh I 8. – Zum Ganzen vgl. vorläufig *H. Kessler*, Das Stöhnen der Natur. Plädoyer für Schöpfungsspiritualität und Schöpfungsethik (Düsseldorf 1990) 73–79.
[103] *Augustinus*, Conf VII 5.

ist er gegenwärtig: nicht am Rande des Kosmos, sondern im Zentrum aller Wirklichkeit. Warum soll er sich von dort her nicht aktiv kundtun können (und zwar in einer Weise, die nicht der Parapsychologie oder dem Spiritismus zuzuordnen ist)? Die biblisch-christliche Sicht der Wirklichkeit geht von Gott als der alles (transzendent) gründenden, (immanent) durchwehenden und uns (personal frei) angehenden Größe aus und rechnet daher allenthalben mit einem – durch die kreatürlichen Kräfte, Größen und das Kommerzium der Freiheiten vermittelten – Wirken Gottes.

(3) Was meint leibliche Auferstehung? – Was heißt Auferstehungsleib? Wie ist das Verhältnis von irdischem und auferstandenem Leib zu denken? Zuvor: Was heißt »Leib«?

»Leib« und (materiell-physischer) »Körper« sind nicht dasselbe. In der deutschen Sprache meint Leib ursprünglich so viel wie »Leben« (noch erhalten in Wendungen wie: Leibrente, beileibe nicht), dann »jemand als er selbst, persönlich« (noch erhalten in: Leibarzt, -rente, -speise; XY »leibhaftig«). In philosophischer Anthropologie ist der eigene Leib und der Leib des andern dasjenige, was wir in der ursprünglichen Einstellung des »natürlichen« Lebens erfahren; der Leib ist voller Bedeutung, »hat schon immer eine zum Seelischen gehörige Schicht« (E. Husserl), ist Selbstausdruck der Person und Medium ihrer Kommunikation (wir sagen: du hast »mich« angefaßt, nicht: du hast »meinen Leib« angefaßt); erst wenn wir von dieser ursprünglichen Ganzheit absehen, erhalten wir den bloßen materiellen Körper, ein Abstraktionsprodukt (s. o. S. 325 f). In der Bibel meint Leib nicht einen Teil des Menschen (den Körper), sondern den Menschen als ganze Person in seinen gelebten Beziehungen zu den andern und in seinem Verwobensein mit dem Kosmos (Leib meint also: personale Selbigkeit in Beziehungen). Da wir Leib sind, gehören wir zueinander und zur gesamten Schöpfung, und diese gehört zu uns; qol basar meint nicht »alles Fleisch« im heutigen Sinne, sondern »alles Geschaffene«.

Ein abstrakt-physikalisches Verständnis sagt »Leib« und meint »Körper« (das materielle Substrat des Leibes), ruft daher das Mißverständnis der Auferweckung als Rekonstruktion des (im Tod zerfallenden) Leichnams hervor. Für biblisches Denken hingegen bedeutet – wie sich etwa an 1 Kor 15, 35–53 zeigen ließe (s. o. S. 327–338) – »leibhaftige« Auferstehung, daß der Mensch in seiner personalen Selbigkeit mit all seinen Beziehungen (zu Mitmenschen und zur ganzen Schöpfung) von Gott gerettet, geheilt und vollendet wird. Das beinhaltet auch die Heilung und Vollendung der – positiv gelebten bzw. gescheiterten, verweigerten, vorenthaltenen – Beziehungen der Person und die Erfüllung ihres unerfüllten Wesens. In der Auferstehung wird der Mensch kein anderer, aber radikal anders: Ich persönlich (»leibhaftig«) darf sein, es wird *nicht ein anderer* (keine Ersatzperson oder gar Frank Tiplers Computer-Simulation) an meiner Stelle geschaffen; aber genau ich darf *anders* und so endlich *mit* den andern ganz ich selber sein vor und in Gott (Ignatius von Antiochien: »dann werde ich Mensch sein«; s. o. S. 412).

Leibliche Auferstehung heißt: Der Bezug der Person zu den andern und zum (materiellen) Kosmos bricht nicht ab, er wird durch die verwandelnde Kraft der Liebe Gottes geheilt und entgrenzt (zu universaler Solidarität auch mit den bisher Ungeliebten). Die Person verliert im Tod nur ihre abgegrenzte Körperlichkeit; sie wird aber nicht beziehungslos und »a-kosmisch«, sondern im Gegenteil »allkosmisch« (K. Rahner), d. h., sie öffnet sich zu allen anderen Wesen hin (s. o. S. 334; 338).

Genau das ist auch gemeint mit dem pneumatischen Leib (1 Kor 15,44a; vgl. Phil 3,21): der neue Leib (= der Mensch in seinem Sein und seinen Bezügen) wird ganz durchatmet und erfüllt vom Pneuma (Geist) Gottes und so sehr von ihm geprägt, daß er aus aller Zwiespältigkeit und Selbstabgrenzung zu vollkommener Liebe befreit und allen Geschöpfen zugetan ist. (Mit einem aus dem Grab geholten und »verklärten« Körper oder mit einem ätherischen oder Astralleib hat der pneumatische Leib nichts zu tun.)

Mit anderen Worten: Daß das neue, uns jetzt noch verborgene unzerstörbare Leben bei Gott wirklich die Person (nicht ein isoliertes Individuum) betrifft und darum wirklich die Gemeinschaft und die ganze Welt einbezieht, das ist mit der neuen Leiblichkeit in der Auferstehung gemeint. Sie hält eben den Gemeinschafts- und Weltcharakter des neuen (oder Auferstehungs-) Lebens fest.

Die Kontinuität bzw. Identität der Person – in der erläuterten Sprache: zwischen dem irdischen Leib und dem neuen Leib – in der Auferstehung wird weder durch ein den Tod überdauerndes Selbst (eine vermeintlich aus sich selbst unsterbliche Seele) noch durch einen sich durchhaltenden materiell-identischen Körper gewährleistet, sondern allein durch Gottes Liebestreue zu seinem Geschöpf, der dieses *im Moment* des Todes nicht in den Abgrund des Nichts fallen läßt, sondern festhält (Ps 63, 9 u. a.) und es – genau im Moment des Ausstiegs aus der kosmischen Zeit – in die allumfassende und allpräsente Ewigkeitsdimension seines Lebens hineinnimmt. Im Glauben an ihn kann man deswegen von einem »Hinübergehen« sprechen.[104]

Das gilt auch für den Menschen Jesus: Am Kreuz hat er ein schreckliches Sterben erlitten und wurde zu einem einzigen Schrei nach dem Vater, dem er sein ganzes Wesen in einem letzten Akt des Vertrauens anheimgab. Der aber hat ihn – so bekennt der Osterglaube – im Sterben nicht losgelassen, ihn vielmehr im Augenblick des Totseins mit seiner göttlich-schöpferischen Liebe unterfangen (in anderer Sprache: auferweckt), so daß er nicht der Vernichtung anheimfiel, sondern als identische Person (in anderer Sprache: leibhaftig) bewahrt wurde, indem er das neue, ewige Leben erhielt. Im Sterben Jesu geschah also die endgültige Begegnung der Freiheit Jesu und der Freiheit Gottes; und so geschah *im* Tode Jesu beides: Lebenshingabe *und* Aufgang neuen Lebens (s. o. S. 301).

Was Paulus über die Leiblichkeit der auferweckten Toten sagt, ist von seiner Erfahrung des auferweckten Christus und seinem Verständnis der leibhaftigen Auferstehung Christi her gewonnen. Für ihn wie für das ganze Neue Testament hat auch der auferweckte Christus einen ihm eigenen (individuellen) Leib, d. h., er in seiner unverwechselbaren Person hat seinen liebenden Bezug zu den andern Menschen, der sein irdisches Dasein charakteri-

---

104 *Ernst Hofmann*, Unser jenseitiger Leib (Leutesdorf 1987), sammelt Zeugnisse aus der christlichen Geschichte, die zu überlegen geben, ob nicht bereits im irdischen Leben so etwas wie pneumatisch-verklärte Leiblichkeit im Entstehen sein kann. Überall dort, wo der Geist Gottes und Jesu mich in meinen Beziehungen zu anderen, zu mir selbst, zu Gott prägt, entsteht ein Gepräge (Charakter), eine Christusförmigkeit und Gottesbildlichkeit meiner Person, die insoweit »reif« ist für die ewige Gemeinschaft mit Gott. Insoweit sind wir dann bereits »vom Tod zum ewigen Leben hinübergeschritten« (1 Joh 3,14; vgl. Joh 5,24) und haben schon am ewigen Leben Gottes teil. »Die Liebe wird bleiben, wie das, was sie einst getan hat« (Zweites Vaticanum, GS 39). Kann man dann sagen, daß der Mensch von Anfang seines Lebens an nicht nur den »äußeren Körperleib« hat, sondern auch eine »innere Leiblichkeit« hat und ist, seine wahre Person, sein eigentliches Selbst, das schon während des irdischen Lebens, soweit er im Kontakt mit Gott und für Gottes Geschöpfe offen bleibt, wächst, stärker wird, um dann im Tod von Gott aufgenommen und vollendet zu werden?

siert hat, keineswegs verloren, sondern zu uns und zur materiellen Welt einen noch universaleren Bezug gewonnen. Sein Weltverhältnis – das der Intention nach immer schon auf alle hin offen war – ist nun auch faktisch entschränkt und vollendet: Sein Leib (= er selbst) ist zum Medium einer grenzenlosen göttlichen Ausstrahlung, eines Daseins für wirklich alle (zu allen Zeiten) geworden. Das ermöglicht die Rede vom ekklesialen und sogar kosmischen »Leib Christi«.

d) Mußte das Grab Jesu leer sein?

Es ist bemerkenswert, daß in den alten Osterbekenntnissen nichts von einem leeren Grab steht (auch nicht in 1 Kor 15,3–5), daß Paulus nirgendwo davon spricht (nicht einmal in seiner Argumentation mit seinen korinthischen Gegnern, in der er die Frage der Identität von irdischem und auferwecktem Leib ausdrücklich erörtert), daß auch die andern Schriften des Neuen Testaments nirgendwo davon sprechen – außer den Evangelien, die mit Kreuzigung und Grablegung schließen und dann (in erzählerischer Logik konsequent) die Auferstehungsbotschaft eben im Zusammenhang mit dem Grab inszenieren.

(1) Fundamentalistische und rationalistische Auffassungen. – Die eindrucksvolle Veranschaulichung der Auferweckungsbotschaft durch die Grabfindungserzählung des Mk (und der anderen Evangelien) hat die herkömmliche Osterfrömmigkeit stark geprägt und – auf dem Hintergrund der Abwehr spiritualisierend-gnostischen Aufstiegsdenkens durch ergänzende Betonung der fleischlichen Auferstehung[105] – die Vorstellung von Auferste-

---

[105] Damit wurde das dualistisch-gnostische Denken keineswegs wirklich abgewehrt, sondern eigentlich übernommen und dann nur, ganz unbiblisch-dualistisch gedacht, die spirituell-geistige Unsterblichkeit durch eine materiell-fleischliche Auferstehung komplettiert (die damit gerade nicht mehr die biblisch-leibliche Auferstehung sein konnte). Am rechten biblischen Verständnis werden viele gehindert durch den dazwischengekommenen platonisch-gnostischen Dualismus, der die Materiewelt abwertet, den Menschen in zwei Teile teilt und nur die Vollendung des einen Teils, des Geistig-Seelischen (*ohne* allen Bezug zum Materiell-Welthaften) zuläßt; wenn manche Kirchenväter den vermißten anderen Teil scharf akzentuieren mit der Formel von der »Auferstehung des Fleisches« (das nicht mehr biblisch-ganzheitlich, sondern dualistisch verstanden wird), dann erschweren – wie der in Anm. 99 genannte Artikel von Socci beweist – auch sie das Verständnis dessen, was biblisch mit der leibhaftigen Auferstehung gemeint ist. – Vgl. dazu *H. Kessler*, Die Auferstehung

hung als Rekonstruktion und Entschwinden des Leichnams hervorgerufen. So sind noch immer viele Christen und auch einige Theologen der Meinung, der Glaube an die Auferstehung Jesu impliziere das »Verschwinden« des Leichnams Jesu (»den niemand weggenommen« habe), also das »fotografierbar« leere Grab, das gleichsam die »äußerste Spitze« sei, »mit der die Auferstehung als Faktum hineinragt in die empirische Geschichte«[106]. Das als supranaturaler Eingriff in die Naturzusammenhänge verstandene Auferweckungshandeln Gottes rage »an einem winzigen Raum-Zeit-Punkt« in die Geschichte hinein, indem es den Leichnam wegnehme und damit ein Stück irdische Leibesmaterie in eschatologische Wirklichkeit verwandle[107].

Zur Begründung weisen solche Theologen (und z. T. auch ihre rationalistischen Zwillingsbrüder wie Lüdemann) vor allem darauf hin, daß die jüdisch-apokalyptische Auferstehungsvorstellung den im Grab liegenden Leichnam als unaufgebbaren Bestandteil in das Auferweckungsgeschehen einbeziehe und nur durch die Kontinuität der (transformierten) Leibesmaterie die personal-leibhaftige Identität gewährleistet sehe[108]. Deswegen sei die Verkündigung der Auferstehung Jesu in Jerusalem auch gar nicht möglich gewesen, ohne sofort die Frage nach dem Verbleib des Leichnams Jesu zu provozieren, und sie hätte sich dort nicht

Jesu Christi und unsere Auferstehung (s. Anm. 7) 77–82. – Vgl. ferner *G. Essen*, Historische Vernunft (s. Anm. 87) 19 f; 314; 356–370.

[106] *R. Spaemann*, Religion und ›Tatsachwahrheit‹, in: W. Oelmüller (Hg.), Wahrheitsansprüche der Religion heute (Paderborn u. a. 1986) 225–234, hier 235 f. 241. – Ebd. 255 f stimmt W. Pannenberg dem ausdrücklich zu.

[107] So *L. Scheffczyk*, Auferstehung. Prinzip christlichen Glaubens (Einsiedeln 1976) 197. Ebd. 80: das leere Grab sei der sichtbare Erweis der Wahrheit der Auferstehung. – Ähnlich auch *W. Pannenberg*, Auferstehung (s. Anm. 3) 324–328; *ders.*, Systematische Theologie II 398–404. Für Pannenberg hat das leere Grab deswegen solche Bedeutung, weil es seines Erachtens eine rein psychologische Erklärung der Erscheinungen als bloße Halluzinationen erschweren hilft (ebd. II 402). – *G. Essen*, Historische Vernunft 362–379 weist den selbstwidersprüchlichen Charakter der Argumentationen von Scheffczyk und Pannenberg bezüglich des leeren Grabes auf.

[108] So etwa *Pannenberg*, Systematische Theologie II 400 f u. ö. – In seiner später verfaßten Eschatologie, in: Systematische Theologie III (1993) 618–625; vgl. 625–653, weist Pannenberg jedoch genau diese apokalyptische Denkweise als inadäquat ab und begreift die Identität des neuen mit dem gegenwärtigen leiblichen Leben als Kontinuität der Person durch Teilhabe an der Ewigkeit Gottes. – Dazu *Essen*, Historische Vernunft 366 f. Essen selbst übernimmt freilich die (zu bestreitende) Annahme, die ursprüngliche Osterverkündigung impliziere die Vorstellung der Hinwegnahme des Leichnams; nur könne dieser Vorstellungsgehalt heute nicht mehr als normativ gelten (ebd. 372; 376 f).

halten können, wenn die Urgemeinde nicht auf die Tatsache des leeren Grabes hätte hinweisen können.[109]

Pannenberg hat gegenüber allen Bestreitern dieser Sicht der Dinge die berechtigte Forderung aufgestellt: »Wer das Faktum des leeren Grabes bestreiten will, muß den Nachweis führen, daß es unter den zeitgenössischen jüdischen Zeugnissen für den Auferstehungsglauben Auffassungen gegeben hat, wonach die Auferstehung des Toten mit dem im Grabe liegenden Leichnam nichts zu tun zu haben braucht«, und daß solche Auffassungen »in Palästina hinreichend populär waren«[110]. Diese Forderung ist meines Erachtens einlösbar – zumal wenn man bedenkt, daß die Zahl der vorchristlichen sicheren Belege für die Vorstellung einer Totenauferstehung und ähnlich für andere Vorstellungen eines neuen Lebens der Toten insgesamt nicht groß ist (s. o. S. 54–78).

(2) Nach urchristlicher Auffassung mußte das Grab nicht leer sein. – Ich versuche also zunächst zu zeigen, daß das Grab Jesu aufgrund *damaliger* Vorstellungen nicht leer sein mußte; erst dann werde ich fragen, ob es für ein *heutiges* theologisches Urteil leer sein mußte. Für die damalige Sicht ist auf dreierlei hinzuweisen:

Erstens waren die Vorstellungen, in denen sich die Hoffnung auf ein durch Jahwe gewirktes Leben im Tod artikuliert, im Judentum der Zeit Jesu recht vielfältig (unzerstörbare Gottverbundenheit, Geborgenheit in Gott, Entrückung, Aufnahme, Auferstehung, Erhöhung usw.); zudem waren sie noch unabgeschlossen und fließend. Die Vorstellungsvielfalt wurde nicht als Sachdifferenz empfunden, deshalb konnten die Vorstellungen durchaus kombiniert oder auch ausgetauscht werden. Deshalb wäre es für eine heutige Rekonstruktion verkehrt, sich auf *ein* Wortfeld (etwa »Auferstehung«, »Auferweckung«) zu fixieren und aus der inneren Logik dieser Vorstellung allzuviel abzuleiten, wie es in der Diskussion um das leere Grab häufig geschieht.

Zweitens mußte die wohl am weitesten verbreitete Vorstellung

---

[109] Siehe dazu meine Auflistung und Abwägung der Argumente pro und contra Historizität des leeren Grabes oben S. 118–125.

[110] *Pannenberg*, Systematische Theologie II 401;. ähnlich *ders.*, Auferstehung (s. Anm. 3) 326: »nur dann ließe sich Plausibilität für die Annahme beanspruchen, daß Jesu Auferstehung in Jerusalem verkündigt werden konnte, ohne daß man sich für den Verbleib seines Leichnams interessiert hätte«.

der – keineswegs nur apokalyptisch-endzeitlich gedachten – Auferstehung nicht unbedingt den im Grab liegenden Leichnam einbeziehen. Es konnte durchaus ein Nebeneinander von in der Erde begrabenem Leichnam und auferwecktem, erhöhtem leibhaftigem Leben angenommen (vgl. Jub 23,31: »ihre Gebeine werden in der Erde ruhen, und ihr Geist wird viel Freude haben«; ferner äth Hen 102–104) oder auch – ganz unapokalyptisch – unmittelbar nach dem Tod ein neues leibhaftiges Leben im Himmel trotz Verstümmelung und Vernichtung des irdischen Leibes erhofft werden (2 Makk 7,1–29). Hinzu kommt, daß auch weisheitliche Vorstellungen mancher Psalmen nicht ohne Wirkung auf die Grundeinstellung jüdischer Beter blieben (etwa Ps 73,23 ff: »Ich bleibe immer bei dir, du hältst mich an meiner rechten Hand und nimmst mich hernach in die Herrlichkeit. Wen hätte ich im Himmel außer dir? Wenn ich dich habe, so wünsche ich nichts auf Erden. Mag Leib und Sinn mir schwinden, Gott ist auf ewig mein Fels und mein Teil«; vgl. Ps 49,8.16; 63,4.9; 40,12; ferner Weish 3,1–9; 4,7–13; 5,1–16).

Drittens wird das neue Leben der Toten biblisch – selbst wenn von ihnen bisweilen als »Seelen« oder »Geistern« gesprochen wird – prinzipiell leiblich gedacht; aber dem biblischen Leibverständnis entsprechend ist hier durchgehend die Identität der Person in ihren Beziehungen (also in ihrem Gemeinschafts- und Weltbezug) gemeint, nicht durchgehend jedoch eine materielle Identität mit dem begrabenen oder vernichteten Körper.[111] Ähnlich denkt auch Jesus (Mk 12,24 f) oder Paulus (1 Kor 15,35–44) an ein völlig neues (leibhaftiges = personal identisches, gemeinschafts- und weltbezogenes) Leben der auferweckten Toten, das nicht direkt etwas mit der begrabenen Leiche zu tun hat[112]. Gleichwohl ist für Paulus – anders als für die Gnostiker des 2. Jahrhunderts – die Auferstehung unabdingbar eine leibliche, d. h. gemeinschafts- und kosmosbezogene; sie betrifft daher (allerdings in einer für uns kaum näher bestimmbaren Weise) auch die Materie.

---

111 Vgl. dazu in diesem Kapitel II.2 c sowie o. S. 54–78 (bes. 77 f); 123 Anm. 112; 334.

112 *Lüdemann*, Auferstehung 33 Anm. 87 sowie 69 Anm. 214, erwähnt den Hinweis von *Adela Y. Collins*, The Beginning of the Gospel. Probings of Mark in Context, 1992,126, die Auferstehungsvorstellung von Jub 23,31 und sogar von Dan 12,2f sei am physischen Leib desinteressiert, lehnt aber dann ihren (*Collins* 124) Satz: »Paul's understanding of the resurrection of Jesus does not involve the revival of his corpse« ohne weitere Begründung als »zu modern gedacht« ab.

Es läßt sich also zeigen, daß das leere Grab nicht notwendiger Bestandteil des urchristlichen Auferstehungsglaubens ist, sondern eher auf die Ebene der Metaphorik und Erzähllogik gehört. Die Befreiung aus dem Grab ist Modell und Bild (Bezeichnung) für die gemeinte Sache (Bezeichnetes): für die Befreiung aus dem Tod und das Geschenk neuen, und zwar unzerstörbaren Lebens. Daß die Gräber sich öffnen und die Toten hervorkommen (Mt 27,52 f), ist Bild für die Überwindung des Todes und für das gottgewirkte unvergängliche Leben. Es wäre daher »falsch [...], die Bildelemente der Metapher selbst in die historische Realität, metaphorische zu alltäglicher Wahrheit transponieren zu wollen«[113].

Der urchristliche Glaube an die Auferstehung Jesu ist von einem leeren Grab anscheinend unabhängig. Im 2. Makkabäerbuch, das seine Endgestalt im 1. Jahrhundert v. Chr. erhielt, findet sich die ältere Überlieferung von den makkabäischen Brüdern, die wegen ihrer Jahwetreue den Märtyrertod sterben müssen und zuvor die Hoffnung aussprechen, daß Gott sie »zu einem neuen, ewigen Leben auferwecken« (7,9 u. ö.) und sie sofort nach ihrem Tod in seinen Himmel aufnehmen wird. Obwohl sie leiblich verstümmelt und vernichtet werden, halten sie an der Hoffnung fest, daß Gott, der die Welt »nicht aus·vorhandenen Dingen gemacht hat« (7,28), auch imstande ist, sie zu neuem (gut biblisch: leiblich vorgestelltem) Leben zu erwecken, und daß er dazu nicht auf irgendwelche erhaltenen Leibesreste angewiesen ist. Der Auferstehungsleib (= die auferweckte Person) ist zwar personal identisch mit dem gestorbenen Leib (= Person), nicht aber materiell identisch mit dem zerstörten Körper.

Ähnlich denkt auch das Neue Testament (1 Kor 15,35–44; Mk 12,24 f) an eine völlig neue Leiblichkeit, die den im Grab liegenden Leichnam, also die zufälligen materiellen Reste, nicht unbedingt einbezieht. Wenn das Verwesliche (»Fleisch und Blut«) die Unverweslichkeit nicht erben kann (1 Kor 15,50), dann kann der Leichnam ruhig verwesen. Das gilt für uns wie für Jesus. Dagegen spricht auch nicht Apg 2,27.31 (wo es heißt, das Alte Testament habe über die Auferstehung Christi vorausgesagt, daß er »die Verwesung nicht schauen« werde); denn »die Verwesung nicht schauen« ist Ps 16,10 entnommen und meint ganz unspezifisch

---

[113] So mit Recht *Karl-Heinz Ohlig*, Thesen (s. Anm. 41) 92.

das Gerettetwerden aus dem Tod. Das Auferstehen hat deshalb mit der Leiche nicht direkt etwas zu tun. Darum ist das leere Grab kein notwendiger Bestandteil des christlichen Auferstehungsglaubens, sondern eher ein veranschaulichendes Symbol (s. o. S. 123 f; 329; 334).

(3) Beurteilung aus heutiger Sicht. – Eine heutige theologische Urteilsbildung darf sich nicht einfach von den zeitgenössischen Plausibilitäten abhängig machen. Sie muß auf theologischen Argumenten basieren. Theologisch wäre aber zu fragen: Warum sollte Gott die Naturgesetze, die er selbst hat entstehen lassen, außer Kraft setzen? Und warum sollte er dies nur im Sonderfall Jesus tun (unsere Gräber werden ja nicht leer)? Wenn aber schon angenommen wird, daß Gott Naturgesetze gelegentlich außer Kraft setze, warum dann nicht in solchen Situationen, die förmlich danach schreien (im unschuldigen Leiden der Kinder von Auschwitz, Bosnien oder Südsudan)?

Gott hat seine Geschöpfe allen Ernstes in ihre Eigenständigkeit hinein freigegeben; er respektiert die physikalisch-biologischen Gesetze der Natur genauso wie die Freiheitstat des Menschen. Wenn er in und an ihnen handelt, dann nicht unter Umgehung ihrer Eigendynamik. Die physikalisch-biologischen Gesetze werden deshalb auch im Tode Jesu nicht außer Kraft gesetzt: die sterblichen Überreste gehen *über* in andere organische Zusammenhänge; die materiell-körperliche Gestalt des Dasein Jesu vergeht, so wie die »Gestalt« (!) dieser Welt überhaupt vergehen wird (1 Kor 7,31c). Wenn aber die materiellen Überreste nicht einfach *ver*gehen und sich in Nichts auflösen, soll dann das, was da sonst noch war und nun im Leichnam nicht mehr zu finden ist (die Person mit ihrer Freiheit, Liebe, Verantwortung, ihrem Gemeinschafts- und Materiebezug), sich einfach in Nichts auflösen? Das Osterbekenntnis besagt, daß der gekreuzigte und begrabene Jesus in Person mit seinen Bezügen durch Gottes beziehungswillige Liebe in ein radikal neues Leben hinein gerettet und ewig aufgehoben ist. Der Übergang in diese ganz neue Dimension kann aber – da Ausstieg aus der kosmischen Zeit und Eintritt in ein nicht mehr physikalisch-biologisch zu fassendes ewig-endgültiges Leben, das von jenseits des Todes her zuteil wird – nicht wieder ein Vorkommnis in Raum und Zeit sein. Er liegt derart »jenseits« der irdischen Natur- und Daseinszusammenhänge, daß er sie nicht außer Kraft setzt oder in ihnen eine Lücke hinterließe.

Mit *Jakob Kremer* können wir sagen: »Ein leeres Grab bildet nicht die unabdingbare Voraussetzung für die Existenz des verklärten Leibes«, weil die mit Auferstehungsleib gemeinte neue Wirklichkeit nicht an die biochemische Substanz des irdischen Leibes gebunden oder mit dieser identisch ist; im übrigen werde schon innerhalb unseres irdischen Lebens diese materielle Substanz alle sieben Jahre fast vollständig ausgewechselt, sie bilde also schon für den irdischen Leib nicht dasjenige, was Kontinuität und Identität gewährleistet. Kremer (der selbst übrigens die Entdeckung des leeren Grabes für historisch hält) fügt hinzu: Es »können heute auch ernsthafte Verteidiger der kirchlichen Osterbotschaft die These vertreten, Jesu Grab sei wahrscheinlich nicht leer gewesen«.[114] Wenn also *Gerd Lüdemann* mit Pathos betont, der Leichnam Jesu sei »verwest«[115], so ist zumindest diese Behauptung nicht so aufregend, wie er sie hinstellt.

e) Wie sind die Erscheinungen zu verstehen?

Die sogenannten Ostererscheinungen gelten heute ziemlich allgemein als der Auslöser des Osterglaubens. Aber Uneinigkeit besteht darin, wie die Ostererscheinungen zu verstehen sind, welche Vorgänge sich hinter diesem Ausdruck verbergen. Die Fundamentalisten beharren auf massiv sinnlich-physischen Erfahrungen (die Jünger haben seine Wundmale berührt, er hat vor ihnen gegessen), die Reduktionisten sagen, es waren bloß innere Vorgänge in den Jüngern (psychogene Visionen u. ä.). Wir stehen wieder zwischen diesen zwei Fronten, und es gibt keinen Platz zwischen ihnen, sondern nur jenseits von ihnen.

[114] *Jacob Kremer*, Die Osterevangelien. Geschichten um Geschichte, (Stuttgart / Klosterneuburg 1977) 18 und 49. – Die (problematischen) exegetischen, die religionsgeschichtlichen und naturphilosophischen Überlegungen von *Raymund Schwager*, Die heutige Theologie und das leere Grab Jesu, in: ZkTh 115 (1993) 435–450, vermögen nur zu zeigen, daß das leere Grab ein wichtiges Symbol darstellt, jedoch (entgegen Schwagers Absicht) nicht zu erweisen, daß es theologisch anzunehmen ist. Er urteilt: » *Wenn* der Osterglaube das leere Grab voraussetzt, und *wenn* sich die Auferweckung Jesu tatsächlich ereignet hat, *dann* drängt sich aus einer theologischen Perspektive, die sowohl die exegetische wie die religionsgeschichtliche und naturphilosophische Problematik integriert, klar auf, daß auch das Wunder des geöffneten und leeren Grabes anzunehmen ist« (449). Weil die erste der beiden genannten Bedingungen hinfällig ist, ist die Konklusion (und sind etliche Zwischenkonklusionen Schwagers) hinfällig.

[115] *Lüdemann*, Auferstehung 216.

(1) Zur *fundamentalistischen* Extremposition. – Hier wird gerne darauf hingewiesen, daß in zwei Erscheinungserzählungen bei Lk und Joh der Auferstandene doch den Jüngern seine Wundmale zeige, berührt werde, ja sogar vor ihren Augen esse. Also sei er doch mit seinem irdischen (zwar »verklärten«) Körper-Leib auferstanden, und das Grab müsse deshalb leer sein. Doch diese Auffassung verkennt die Eigenart und Aussageabsicht der betreffenden Texte. Daß die neutestamentlichen Erscheinungserzählungen selber nicht »blutig wörtlich« verstanden werden wollen im Sinne von massiv körperlich-sinnlichen Erfahrungen, zeigen sie selbst an durch das Zugleich von »berührt mich« (und seht, daß ich kein Gespenst bin) und »rühr mich nicht an«, also von Sich-Anbieten und Unberührbarkeit (auch Thomas rührt Jesus ja nicht wirklich an!), von plötzlichem Sich-Zeigen und Entschwinden, von Vertrautheit und Fremdheit, ja Bezweifelbarkeit (Lk 24,13–53; Joh 20,11–29). Damit machen sie auf die ganz andere (nicht physisch-körperliche, aber im oben dargelegten biblischen Sinn »leibhaftige«) Wirklichkeit des Auferstandenen aufmerksam.

(2) Zur *rationalistischen* Extremposition. – Die seit D. Fr. Strauß (1835/1836) von manchen vertretene These, der Glaube der Jünger an Jesus habe sich nach Karfreitag allmählich wieder erhoben und bis zu ekstatischen Erlebnissen wie Visionen gesteigert (subjektive Visionshypothese), hat (wie wir oben S. 161–219 ausführlich gezeigt haben) den gesamten Duktus der neutestamentlichen Zeugnisse gegen sich. Das ganze Neue Testament zeichnet den Kreuzestod als Zusammenbruch des gelebten Glaubens und spricht durchgängig von überraschenden neuen Offenbarungserlebnissen (göttlichen Bekundungen oder Selbstbekundungen Jesu als präsent und lebendig), die erst den Glauben an die Auferweckung Jesu durch Gott hervorriefen; darüber gab es offenbar keinerlei Meinungsverschiedenheiten und Debatten in der Urchristenheit. Von allmählichen Bekehrungs- oder Konsensbildungsprozessen ist in den frühen wie späten Erscheinungstexten nichts zu finden. Genausowenig finden sich enthusiastisch-produktive, eigentlich visionäre Elemente; die ersten Jünger waren – anders als dann Paulus – keine »Visionäre«[116]. Wenn Lüdemann

---

[116] Bedenkenswert ist die Überlegung von *Ohlig,* Thesen (s. Anm. 41) 87, ob nicht eksta-

sie dennoch zu Visionären macht und auf den Einwand, daß sie selbst doch ihre Ostererfahrungen nicht auf rein seelische Vorgänge zurückführten, erklärt, »Visionäre sehen es *immer* anders«[117], so spricht daraus die Arroganz des Besserwissenden, der vorgibt, die Erfahrungen des Anfangs auf jeden Fall besser zu verstehen als diejenigen, die sie gemacht und artikuliert haben. Es könnte indes auch umgekehrt sein, daß *er* einer Blickverengung und Verblendung unterliegt, die ihn manches nicht mehr zureichend wahrnehmen läßt.

Einzelne Theologen akzeptieren die subjektive Visionshypothese und ergänzen sie durch eine gläubige Deutung. Wenn sie sagen, es schließe sich nicht aus, daß die Ostererfahrungen der Jünger psychologisch als Visionen interpretiert und auf die produktive Imaginationskraft der Jünger zurückgeführt werden (und damit offenbar *vollständig* erklärt scheinen), in einer ausschließlich gläubig-theologischen Deutung (einem reinen Glaubensurteil also) dann aber als von Gott gewirkt und als Erscheinungen des Auferstandenen beurteilt werden, so wirkt diese theologische Deutung als willkürlich, überflüssig und bloß äußerlicher Überbau.[118]

Eine solche Sicht geht nicht von den umfassenderen Ganzheiten (von den geistig-personalen Freiheiten der Jünger, der gottbestimmten Wirklichkeit überhaupt und damit vom möglichen

---

tische Erfahrungen in den frühen Gemeinden auf die Einflüsse des »Unterschicht«-Hellenismus zurückzuführen und auf diesen zu beschränken seien, während palästinische Christen wie die ersten Osterzeugen aus ihrer Synagogengottesdienst-Praxis heraus eher »nüchterne« Verhaltensweisen an den Tag legten; »hierauf scheint jedenfalls die zurückhaltende Reaktion des (immerhin diaspora-jüdischen) Paulus – trotz eigener ekstatischer Erfahrungen – auf die Verhältnisse in den Gemeinden (1 Kor 14) hinzudeuten«. Diese Überlegung sollte wenigstens vor schnellen Rückschlüssen vom Visionär Paulus auf ekstatisch-visionäre Erfahrungen in der Urgemeinde warnen.

117 So *Lüdemann*, Auferstehung 76; dazu in diesem Kapitel oben I.1 c.

118 Ähnlich wie früher schon G. Lohfink (s. o. S. 225 mit Anm. 249; 227 Anm. 255) hat neuerdings *J. Werbick*, Auferweckung (s. Anm. 3), die hier kritisierte Sicht vertreten. Er begreift der irdische Geschichte Jesu sowie die Geschichte der Jünger zwischen Karfreitag und Ostern als eine der Historie faßbare »Entdeckungsgeschichte einer Gottesintuition«, die ausschließlich in einer gläubig-theologischen Deutung (in einem Glaubensurteil) als von Gott gewirkt beurteilt wird (ebd. 119 f). Die rein psychologisch (als psychogene Visionen) erklärbaren Ostererfahrungen der Jünger werden nachträglich in einer äußerlich und unausgewiesen bleibenden theologischen Bedeutungszuschreibung als Erscheinungen des von Gott Auferweckten bestimmt (ebd. 127). Zur Kritik an Werbicks Sicht vgl. *G. Essen*, Historische Vernunft (s. Anm. 87) 427–436.

freien Entschluß Gottes) aus, denen die Schichten des Psychischen usw. ein- und untergeordnet sind. Sie sieht vielmehr ab (*abstrahiert*) von jener umfassenderen Realität und setzt in »a fallacy of misplaced concreteness« (Whitehead[119]) bei isolierten Momenten oder Schichten an. Diese aber sind für sich betrachtet »Resultate spezifischer Selektionsleistungen unserer sinnlichen Wahrnehmung und entsprechender Verarbeitungsleistungen unseres Verstandesvermögens, mit deren Hilfe wir unsere Erfahrungswelt erschließen«[120]. Die historisch-psychologische Rekonstruktion, die von jenen Ganzheiten abstrahiert und sich lediglich auf der ein- und untergeordneten Ebene bewegt, um diese hernach durch eine religiös-theologische Deutung – nun wirklich »supranatural« – additiv zu komplettieren, ist also eine trügerische Abstraktion. Wenn man theologisch ernsthaft von Gott, seinem Handeln und somit von einer von Gott bestimmten Wirklichkeit ausgeht, dann können alle Erfahrungsaussagen über uns und unsere Welt und alle historischen Aussagen über den geschichtlichen Jesus wie über die Ostererfahrungen insgesamt nur als Momente dieser umfassenderen Realität wahr-genommen werden.[121]

(3) Versuch einer Annäherung. – Wie lassen sich die Ostererscheinungen vor dem von uns erarbeiteten Hintergrund verstehen? Wir versuchten zu zeigen, daß Gott als das personal liebende Geheimnis wahrzunehmen ist, das alle Wirklichkeit umfängt und zugleich als die innerste Mitte allem zusprechend und anrufend ge-

---

119 *Alfred N. Whitehead*, Process and Reality. An Essay in Cosmology. Corrected Edition, hg. von D. R. Griffin/D. W. Sherburne (London 1978) 7.
120 *I. U. Dalferth*, Gekreuzigte (s. Anm. 3) 60.
121 *Samuel Vollenweider*, Ostern – der denkwürdige Ausgang einer Krisenerfahrung, in: ThZ 49 (1993) 34–53, geht erheblich behutsamer und sensibler als Lüdemann vor, unterscheidet von der »psychologischen Außenperspektive«, die auch er zu rekonstruieren versucht, die »religiöse Innenperspektive« (43) und bemerkt: »Wir haben demnach die Visionen ernst zu nehmen als außerordentliche Wahrnehmungen einer sonst verhüllten, sich aber jetzt zeigenden transzendenten Wirklichkeit. Was sich in diesen Wahrnehmungen von sich aus zeigt, ist allererst ihr hervorstechendes Moment. Erst der ›Inhalt‹ der Ostervisionen unterscheidet diese von so zahlreichen anderen Geschichten und Grenzerfahrungen in Antike und Gegenwart«: »Jesus, der Gekreuzigte, erweist sich als Lebender« (44). »Die an aller Schöpfung verheißungsvoll ergehende Kreativität Gottes« hat sich »den Jüngern in einer schlagartig ausgelösten kognitiven und existentiellen Wende ihres Bewußtseins erschlossen« (52). Obwohl Vollenweider die Innenperspektive der Außenperspektive nicht einfach hinzufügen, sondern sie vom wahrgenommenen Inhalt her erschließen *möchte*, bleibt die Diastase und deshalb sein Versuch unbefriedigend.

genwärtig ist. Wenn nun der Gekreuzigte in diesen Gott hineingestorben ist und durch ihn »auferweckt«, also bei und in ihm lebendig ist, dann ist er – weil bei Gott – nicht nur bei Gott, sondern genau deswegen auch ganz bei uns. Dann sitzt der auferweckte Gekreuzigte nicht gleichsam am Rande des Kosmos, sondern ist im innersten Zentrum der Wirklichkeit und so allem gegenwärtig; er ist allkosmisch und allgegenwärtig geworden. Wo Gott ist, da muß man nun auch Jesus suchen (im räumlichen, aber nicht räumlich gemeinten Bild gesprochen: »zur Rechten Gottes«, d. h. in völliger Gottesnähe und Einheit mit Gott). Wenn er aber so von Gott her und *in der Weise Gottes* uns und allem gegenwärtig ist, warum soll er sich dann nicht auch aus der Dimension Gottes heraus – wie der unsichtbare Gott selbst – in freiem Entschluß in die Erfahrung von Menschen hinein vermitteln können? Das kann man doch nur prinzipiell ausschließen, wenn man nicht mit der uns unverfügbaren Freiheit Gottes rechnet. Warum soll er sich nicht – aus der lebendigen Gegenwart Gottes heraus – bestimmten Menschen, die bereit dafür sind, vernehmbar kundtun, ihnen »erscheinen« können?

Vernehmbar: Wie sollen wir uns das vorstellen? Sicher dürfen wir nicht – den Fundamentalisten folgend – an massiv sinnliche und handgreifliche Erscheinungen in Macht und Herrlichkeit denken, an »exorbitante Mirakel, die die Jünger einfach ›umhauten‹«[122] und keinen Platz für ihre personale Antwort des Glaubens ließen. Solche überwältigenden, die personale Freiheit des Menschen überrollenden Machtdemonstrationen hätten allem widersprochen, was Jesus von Gott verkündet und selber bis ans Kreuz gelebt hatte. In der Niedrigkeit des irdischen und in der Ohnmacht des gekreuzigten Jesus war kein machtvolles Eingreifen zu sehen, alles Entscheidende geschah vielmehr im gewaltlosen, innerlich von Agape erfüllten Dasein für Gott und für andere (s. o. S. 289 f; 295 f); darin konnte nur ein Gott, der sich in beziehungswilliger, suchender Liebe klein macht (Deus semper minor, in minimis maximus), gegenwärtig sein. Und da sollte Gott zu Ostern machtvoll auftrumpfen? Das wäre in der Tat ein anderer Gott, und dann würde sich zu Ostern ein anderer Gott offenbaren

---

[122] So braucht man sich die Erscheinungen nach *Walter Kasper*, Der Glaube an die Auferstehung Jesu vor dem Forum historischer Kritik, in: ThQ 153 (1973) 229–241, hier 239, nicht vorzustellen.

als der, der in Jesu Leben und Sterben gegenwärtig war und sich offenbaren wollte. Es ist indes auch nicht angezeigt, mit Ostern – den Reduktionisten folgend – nur psychisch-reflexive Vorgänge in den Jüngern zu verknüpfen. Wenn zu Ostern lediglich solche von den Jüngern geleisteten (unbewußt-bewußten) Prozesse abgelaufen wären, so wäre auch darin ein anderer Gott erschienen als der, der in suchender Liebe von sich aus dem Verlorenen nach- oder entgegengeht und ihm Gesten einer unerwartbaren Zuwendung bekundet; er würde allenfalls die Erinnerung an die Liebe Jesu wecken und die Idee der suchenden Liebe Gottes erbringen, diese Liebe aber nicht mehr erweisen und sich nicht mehr als solcher Gott zeigen (offenbaren).

Wenn Gott die unbedingte und unverfügbare Freiheit der Liebe ist, die sich nur *zeigen* kann, indem sie *geschieht*, dann offenbart sich dieser Gott inmitten der Welt, die er umfängt und erfüllt, stets – real-symbolisch vermittelt – durch *Zeichen besonderer Art* (nicht durch *bloße* Zeichen!):[123] durch realisierende, repräsentierende Zeichen bzw. präsentative Symbole oder Gesten, in denen er sich gegenwärtig macht und gibt (ähnlich wie wir z. B. durch Gesten der Zuwendung und Zärtlichkeit andere unsere persönliche Nähe spüren machen). *Ohne* solche Zeichen kann sich Gott uns nicht kenntlich machen. Da aber solche Zeichen, in denen Freiheit sich kundtut, immer auch mehrdeutig sind (Gesten der Zuwendung können mehr *oder* weniger auszudrücken scheinen, als sie in Wahrheit transportieren, oder sie können ganz vorgetäuscht sein), offenbart sich ein freies Subjekt in ihnen nur gebrochen und verbirgt sich im Zeichen zugleich. So ist auch jede Selbstoffenbarung Gottes durch Zeichen, die seine freie Zuwendung realisieren, zugleich Verbergung Gottes in diesen Zeichen. Das gilt für Menschen, die offen für Gott sind und *von ihm* (!) zum vergegenwärtigenden Zeichen seiner Nähe für andere *gewählt* werden können; das gilt für Jesus, den Gott zu seinem äußersten Zeichen (und Sakrament) für die Welt gemacht hat; das gilt für die Zeichen, unter denen Jahwe Jesaja ergreift und zum Propheten erwählt (Jes 6), und das gilt auch für die Ostererscheinungen.

---

[123] Ich verfolge hier eine oben S. 248 ff sowie in meiner Christologie (s. Anm. 7) 426 angedeutete Spur weiter und nehme dazu Anregungen von *G. Essen*, Historische Vernunft (s. Anm. 87) 414–417; 442–448 auf.

Sie können – auf der Spur des Angedeuteten – als vernehmbare (aber keineswegs analogielos außergewöhnliche oder machtvoll-demonstrative) Zeichen verstanden werden, unter denen Gott bzw. der in seine Dimension geborgene Gekreuzigte den Jüngern seine erneute personale Zuwendung erkenntlich und spürbar machen wollte. Erkannt und gespürt wurde diese neue Zuwendung freilich nur, sofern die Jünger diese (als Gesten neuer Zuwendung gemeinten) Zeichen auch *als* solche Zeichen wahrzunehmen bereit waren. Das bedeutet: Die Zeichen setzten nicht den Glauben an den Auferstandenen voraus, wohl aber die unerzwingbare Bereitschaft zum Glauben, also die Empfänglichkeit der Jünger, diese ihnen widerfahrenden Zeichen *als* die Mitteilung ihres von Gott her lebendigen Herrn anzuerkennen, der eine neue Beziehung mit ihnen eingehen will.

Die ersten Jünger waren somit nicht vom Glauben dispensiert. Ihr »Sehen« war, anders als Fundamentalisten meinen, kein äußerlich-beobachtendes Sehen (etwa eines verklärt-materiellen, gegenständlichen Körper-Leibes) mit den äußeren, körperlichen Augen[124]. Es war auch, anders als Reduktionisten meinen, kein bloß selbsterzeugtes inneres Sehen ohne Erfaßtwerden von außerhalb ihrer selbst und insofern ohne deutlichen außersubjektiven Anlaß. Sie »sahen« mit den ihnen neu geöffneten »Augen des Glaubens« (P. Rousselot). Es war ein innerlich-gläubiges Sehen der ihnen widerfahrenden *außer*subjektiven Zeichen, die sie gerade *als* Zeichen des lebendig sich ihnen zuwendenden Jesus wahrzunehmen bereit waren. Sie begegneten also einer zeichenhaft-realsymbolisch vermittelten Selbstkundgabe Jesu und einer Einladung der Liebe, ließen sich in vertrauender Antwort darauf ein und wagten erneut eine Beziehung radikalen Glaubensvertrauens einzugehen zu Jesus, den sie gerade dabei als lebendig (als »auferstanden«) erfuhren. Die erste Ostererfahrung war also eine Erweckung zum Glauben und eine Erfahrung im Glauben zugleich.

Nun ist es zugegebenermaßen unbefriedigend, wenn einläßliche und subtile Ausführungen über die Entstehung des Osterglaubens und die ursprüngliche Ostererfahrung der Jünger (o. S. 136–236; 247–256) schließlich mit der Aussage enden, die neute-

---

[124] Dies wurde bereits oben S. 220 und 231 (auch 149; 151; 171) in aller Deutlichkeit abgewiesen.

stamentlichen Texte erlaubten uns »keine nachvollziehbare Vorstellung« (A. Vögtle) über das Wie dieser österlichen Ur-Erlebnisse (o. S. 230; 233 f). Es stimmt zwar, daß die Texte uns über das Wie des Vorgangs einfach keine Auskunft geben und wir daher Genaues nicht wissen. (Wir wissen also auch nicht, welcher Art gegebenenfalls die Zeichen waren, die die Jünger als Zeichen der Selbstkundgabe des auferstandenen Herrn an sie wahrnahmen.) Das alles zuzugeben gebietet die historisch-wissenschaftliche Redlichkeit und hat mit Immunisierung nicht das geringste zu tun. Alle Versuche, weiterzufragen und das Wie zu rekonstruieren, haben den Charakter von »Mutmaßungen«, die immer auch subjektiv und zeitgeistbedingt sind[125]. Doch gibt es Mutmaßungen, die von der neutestamentlich behaupteten Sache abführen (weil sie diese von vornherein ausschließen), und solche, die sich ihr behutsam annähern (weil sie diese ernst nehmen und nicht von vornherein ausschließen wollen).

In welche Richtung kann vielleicht gedacht werden? Die Suche sollte *nicht unter dem Niveau* von sonstigen starken religiösen (z. B. prophetischen oder mystischen) Erfahrungen bleiben. Und wenn man schon von der noch am ehesten annäherbaren Ostererfahrung des *Paulus* ausgehen will, dann sollte man auch seine verschiedenen Andeutungen beim Wort nehmen. Mit welchen Analogien beschreibt er sein Damaskuserlebnis? In Phil 3,7–14 (bes. VV. 8 und 12b) etwa sagt er, er habe Jesus als den Christus und als seinen Herrn »erkannt«, weil er von ihm »ergriffen worden« sei, und er habe nun damit zu tun, das seinerseits zu erfassen. In 1 Kor 9,1 sagt er, er habe »den Herrn gesehen«, und er formuliert dies mit Bezug auf die Sprache prophetischer Berufungsvisionen (Jes 6,1.5; Jer 1,12). Mit Bezug auf ebendiese Sprache spricht er in Gal 1,12.15f, Gott habe (in) ihm seinen Sohn »offenbart« bzw. Jesus der Christus habe sich ihm offenbart. Was heißt hier »offenbart, ergriffen, gesehen«?

[125] So oben S. 234. – Vgl. *S. Vollenweider,* Ostern (s. Anm. 121) 40: »Angesichts eines doch recht dürftigen Quellenmaterials ist es fast unmöglich, überhaupt irgendwelche Schlüsse ziehen zu können.« Dann fährt Vollenweider jedoch fort: »Was wissen wir schon über die innere Lage des Petrus nach dem Karfreitag oder über die Gespräche der Jünger in ihrer Verarbeitung des Geschehenen? Und doch ist es unabdingbar, in diese Richtung zu fragen.« Damit hat er bereits die Weichen gestellt, geht, wie der Fortgang zeigt, von der subjektiven Visionshypothese schon aus und zieht eine andere Betrachtungsweise von vornherein gar nicht in den Blick. Immerhin merkt er dann, daß die subjektive Visionshypothese für die Texte Wesentliches nicht einholen kann.

Was »sieht« denn schon ein Jesaja in seiner Berufungsvision im Tempel »mit seinen Augen« (Jes 6,5c) von dem – nach der zeitbedingt-bildhaften Vorstellung – auf einem hohen Throne sitzenden Jahwe, wenn doch Jahwes »Gewand-Säume den ganzen Tempel ausfüllen« (Jes 6,1)? Der Tempel ist »voll von Rauch« (6,4b; Opfer-, Öllampen-, Weih-Rauch); vielleicht legen die Rauchschwaden die Vorstellung von Gewandsäumen nahe, und mehr sieht Jesaja mit seinen Augen offenbar nicht. Andere im Tempel sehen dies auch, aber es passiert nichts weiter mit ihnen. Doch bei Jesaja ist dies mit den Augen Gesehene nur äußere, symbolische Begleiterscheinung von etwas viel Wichtigerem, das mit ihm geschieht: eine Gotteserfahrung, die ihn ins Innerste trifft und zutiefst erschüttert. Jesaja ist gepackt und ergriffen von Jahwes überwältigend unvergleichlicher (heiliger) Präsenz (kabod), die nicht nur den Tempel, sondern die ganze Erde und alles füllt (6,3). Ein inneres Beben erfaßt und durchzittert ihn so sehr, daß er und alles um ihn herum in seinen Grundlagen erbebt (6,4a). Und Jahwes unvergleichliche Anwesenheit gewahrend, wird er schmerzlich seiner (und seines Volkes) Unreinheit und Gottferne inne. Doch indem seine Augen jemanden mit einer Zange eine glühende Kohle vom Opferaltar nehmen sehen, erfährt *er* sich *von Gott her* wie mit einem Brand durchglüht und gereinigt (6,5f), um von Jahwe gesandt werden zu können; und überwältigt und doch frei willigt er ein (6,7).

Eine starke religiöse Erfahrung, eine Gottes-Erfahrung: Gott in seiner Freiheit hat nach Jesaja gefaßt, und er hat sich erfassen lassen. Das mit den Augen oder auch visionär Geschaute ist nur die situativ-imaginativ (also durchaus subjektiv) bedingte Begleitmusik für etwas ganz Anderes, das eigentlich und im Kern passiert, und zwar nicht aus dem Subjekt heraus, sondern in es einfallend: der Einschlag von anderswoher. Ähnlich bei Mose in der Wüste, hier der Dornbusch als zeichenhafte Begleiterscheinung (Ex 3). Ähnlich bei Paulus vor Damaskus, wer weiß unter welchen Zeichen (blendendes Sonnenlicht?). Ähnlich vielleicht auch bei den Jüngern nach Karfreitag in Galiläa, dort, wo die Erinnerungen an die Wege mit Jesus noch so frisch waren, daß vieles (Menschen, Orte, Umstände, Dinge) zum sprechenden Zeichen werden *konnte*, unter dem der von Gott her lebendige Gekreuzigte selbst nach ihnen greifen und sich symbolisch vermittelt ihnen kundtun *konnte* (wenn sie sich dafür öffneten), so daß er selbst ihnen »erschien« und sie ihn »sahen«. Und sie ließen sich vertrauend auf ihn ein, wagten erneut eine Beziehung radikalen Glaubensvertrauens zu ihrem Herrn einzugehen, den sie dabei als lebendig erfuhren, was sie in den äußersten ihnen möglichen Vorstellungen artikulierten (Gott hat ihn »auferweckt«, »erhöht«, »aufgenommen«, »lebendig gemacht« usw.).

Analogielose Erfahrungen? Supranatural? Daß Menschen von Gott und/oder seinem Christus ergriffen werden und sich ergreifen lassen (auch Sich-Sträuben und -Entziehen ist möglich), gibt es auch heute: Bekannte und Unbekannte, große Mystiker und Ungenannte in der kleinen Mystik ihres Alltags. Wer von derlei Erfahrungen bei anderen (oder sich selbst) weiß, wird sich der mit den »Erscheinungen« gemeinten Ostererfahrung anders annähern als derjenige, der sie unbedingt meint auch dem nichtgläubigen Mitmenschen nachvollziehbar machen zu müssen und sie dabei genau verfehlt.

Die frühen Osterzeugen einerseits und alle Späteren andererseits: zweierlei Klassen von Offenbarungsempfängern? Wer sagt denn, daß wir alle gleichartige Erfahrungen machen müssen? Das kann doch nur vorausgesetzt werden, wenn weder mit der (sich entschließenden und sich offenbarenden) Freiheit Gottes noch mit der (für das An- und Zustandekommen von Offenbarung mitkonstitutiven) Freiheit der Menschen ernstlich gerechnet wird. Die Annahme der Lebendigkeit des Gekreuzigten ist jedenfalls (gegen Lüdemann, Broer und Verweyen) nicht nur ein Glaubensgedanke, sie stützt sich auch auf erfahrene Zeichen seiner Lebendigkeit und Zuwendung, die geschichtlich unterschiedlich sein und anfangs andere gewesen sein mögen als später und heute.

f) Wie ist der auferstandene Gekreuzigte uns heute gegenwärtig?

(1) Durch realisierende Zeichen: Wort/Sakrament, Gemeinde, Arme. – Nur kurz sei noch erwähnt, daß wir nach (ur-)christlicher Überzeugung auch heute den lebendigen Christus in bestimmten Zeichen erkennen und seine verborgene Gegenwart bei uns erfahren können. Es sind Zeichen, die auf die verborgene, aber reale, personale Gegenwart Christi nicht nur hinweisen, sondern sie präsentieren und realisieren (ähnlich wie, das ist nur eine entfernte Analogie, ein äußerlich abwesender, persönlich aber sehr

naher Mensch uns durch Brief und andere Zeichen seine Nähe spüren lassen kann). Solche sinnlich greifbaren Zeichen seiner Gegenwart sind: (1) Wort und Sakrament (nur weil Jesus auf- erstanden und von Gott her gegenwärtig ist, kann er den Em- mausjüngern *und* uns im verkündigten Evangelium und im Mahl sich selber geben; sonst »wäre unsere Predigt leer und euer Glaube sinnlos«). (2) Die Gemeinschaft der in seinem Namen Versammelten (er ist »mitten unter ihnen«, sie bilden seinen irdi- schen Leib, seine gebrechliche und gebrochene zeichenhafte Da- seinsform auf Erden, sind »Zeichen und Werkzeug« seines einen- den Wirkens in der Welt). (3) Die Geringsten und Geplagten die- ser Erde (in ihnen wartet er selbst nach Mt 25 incognito auf uns und unsere Tat der Barmherzigkeit).

(2) Im mitleidend-gewaltlosen Kampf der Liebe gegen alles, was den andern tötet. – Die Kreuzigung Jesu ist für Simone Weil (1909–1943) die äußerste Entfernung, in die Gott von sich selber hinausgegangen ist, und die äußerste Zerreißung, Schmerz Got- tes, dem keiner gleichkommt: »Diese Zerreißung, über welche die höchste Liebe das Band der höchsten Einigung ausspannt, hallt unaufhörlich durch das ganze Weltall«[126]. Kein Geschehen der Vergangenheit: Gegenwart! Und Blaise Pascal (1623–1662) macht in einer Ölbergmeditation bewußt: »Bis ans Ende der Welt wird Jesus in Agonie sein«[127]. Weiterhin in Agonie, im (gewalt- losen) »Kampf mit dem Tod« und mit allen, die das Geschäft des Todes betreiben (oder unterstützen): bis ans Ende der Welt! Die Liebe Jesu ist gekreuzigt, und sie bleibt es, weil sie, in Gott gebor- gen, an den Leiden dieser Welt und Gottes unaufhörlichem Schmerz um seine Welt mitleidet. In Jesu Leben, Sterben und neuem Leben hat die Bewegung der für alle ihre Geschöpfe unbe- dingt entschiedenen Liebe Gottes Raum gewonnen. Sie sucht nicht die Kreuzigungen, sie will über die Zerreißungen ihr eini- gendes Band spannen. Der Geist der Liebe will alle erfassen. Und: »Wäre ich so bereit und fände Gott soweit Raum in mir, wie in unserem Herrn Jesus Christus, er würde mich ebenso völlig mit seiner Flut erfüllen. Denn der Heilige Geist kann sich nicht enthalten, in all das zu fließen, wo er Raum findet, und soweit,

---

[126] Das volle Zitat siehe oben Anm. 60.
[127] *Blaise Pascal*, Pensées. Fragment 553; in der dt. Ausgabe von E. Wasmuth (Heidel- berg 1963) 243.

wie er Raum findet«[128]. Wo immer er Menschen erreicht, kommt das neue Leben Jesu zum Zug und wohnt Gott wahrhaftig. Solange er noch nicht *alle* erreicht, sie mit seiner Flut erfüllt, die Schöpfung zum Ort der Herrschaft der Güte Gottes umwandelt, so daß »Gott alles in allen« (1 Kor 15, 28) ist, so lange ist der Weg (Leben, Tod und Auferstehung) Jesu noch *unvollendet.*

(3) Mitleidend, einladend, auf uns wartend. – Nicht nur wir warten auf die kleinen Erlösungen und vielleicht auch auf die große. Gott selbst wartet, und sein Christus (und alle in ihm geborgenen und präsenten Toten) warten – mitleidend, einladend – auf jede(n) von uns, daß wir endlich zur Hauptsache kommen. Origenes († 254) bringt das einmal sehr schön zum Ausdruck: Die Freude des Herrn beim Vater ist noch nicht vollkommen. Er »trauert« und »kann sich nicht freuen, solange ich in Verkehrtheit lebe«. »Er wartet also, daß wir uns bekehren, daß wir seinem Beispiel folgen [...] und er sich mit uns freue«. Wenn »Gott alles in allem« sein wird, »dann wird (vollkommene) Freude sein«. Auch die Apostel und Heiligen haben »nicht ihre volle Freude«, sondern auch »sie warten auf uns«. »Es warten auch Isaak und Jakob, und alle Propheten warten auf uns, um mit uns zusammen die vollendete Glückseligkeit zu erreichen«. Und auch »du wirst zwar Freude haben, wenn du als Heiliger aus diesem Lande scheidest; dann aber erst wird deine Freude voll sein, wenn keines der Glieder (sc. am großen Menschheits-Leibe Christi) mehr fehlt«. Erst recht wird unser Herr und Heiland »es für keine volle Freude ansehen, wenn er noch immer irgendwelche Glieder seines Leibes entbehrt«. »Er will also nicht ohne dich seine volle Glorie empfangen, d. h. nicht ohne sein Volk«.[129]

Die Auferstehung Jesu geschah nicht erst zeitlich nachträglich zu seinem Tod, sie geschah *in* seinem Tod, wurde aber zeitlich später seinen Jüngern durch die Selbstbekundungen des Auferstandenen offenbar. Das heißt nicht, daß wir nun nicht mehr Karfreitag, Karsamstag und Ostern nacheinander begehen sollten: Jesus ist

128 *Meister Eckhart,* Predigt 81, in: Deutsche Werke III (Stuttgart 1976) 396.
129 *Origenes,* Leviticus-Homilie VII 2; zit. nach H. de Lubac, Katholizismus als Gemeinschaft (Einsiedeln/Köln 1943) 368–373.

ja wirklich gestorben, hat den Tod erfahren, hat neues Leben beim Vater, ist von ihm her gegenwärtig; und es hat seinen tiefen Sinn, daß wir bei all diesen Momenten verharren, weil *wir* sie anders gar nicht ernst zu nehmen und mitzuvollziehen vermögen.

Die Auferstehung ist nämlich nicht nur die noetische Kehrseite des Kreuzes, nicht nur die Erkenntnis, daß der Tod Jesu am Kreuz Heilsereignis ist. Jesus ist auch nicht nur ins Kerygma, in die Gemeinde, in die Glaubenspraxis hinein auferstanden; dorthinein ist er wirklich auferstanden, aber genau deswegen, weil er grundlegend selbst lebendig (»auferstanden«) ist. Die Auferstehung ist ein neues reales Geschehen an Jesus in seinem Tod, das über den Tod hinaus etwas Neues bringt, also ein Geschehen von eigener Inhaltlichkeit. Gäbe es nur das Kreuz (ohne Auferstehung), so wäre es nur Zeichen der menschlichen Gewalt und des letztlichen Scheiterns der Liebe Jesu. Nur weil Gott in Jesus ist und ihn nicht dem Tod überläßt, ist das Kreuz mehr. Erst durch Ostern wird daher auch erkennbar, daß im Kreuz und in der scheinbar scheiternden Liebe Jesu die Liebe Gottes selbst über Gewalt, Feindschaft und Tod zu siegen begonnen hat und daß es nicht absurd ist, diese Liebe stark zu machen, also Jesus nachzufolgen.

Auch für uns ist *beides* Wirklichkeit, das Kreuz und die Auferstehung, der noch fortdauernde gewaltlose Kampf *und* der verheißene gute Ausgang in den Händen Gottes, die schmerzliche Zerreißung und das darüber gespannte heilende Band der Liebe Gottes. Weil beides Wirklichkeit ist, ist den Christen aller Masochismus ebenso unmöglich wie aller Triumphalismus. Weder darf eine Theologie des Kreuzes die Auferstehung absorbieren noch eine Theologie der Auferstehung das Kreuz auflösen. Kreuz und Auferstehung bilden eine Einheit, aber eine differenzierte Einheit, so nämlich, daß sie eine unumkehrbare Sequenz bilden: Der Weg geht durch (im mühevollen Einsatz der Liebe zugezogenes) Leiden und Kreuz zur Herrlichkeit (der Liebe Gottes und, endlich auch, der Menschen). Lk 24,26 sagt das für Jesus, Röm 8,18 für uns.

Anhang

Abkürzungen

Die Abkürzungen allgemeiner Art und die für außerbiblische Schriften, für Zeitschriften, Sammelwerke u. ä. entsprechen dem Abkürzungsverzeichnis des LThK[2] I, 7*–11* und 16*–48*. Abweichend davon und darüber hinaus gelten folgende Abkürzungen:

bBer, bSota	Babylonischer Talmud: Traktat Berakhot, Traktat Sota
BiKi	Bibel und Kirche (Stuttgart 1946ff)
Concilium	Concilium. Internationale Zeitschrift für Theologie (Einsiedeln 1965ff)
DS	*H. Denzinger – A. Schönmetzer,* Enchiridion symbolorum, definitionum et declarationum de rebus fidei et morum (Freiburg [33]1965)
EWNT	Exegetisches Wörterbuch zum Neuen Testament, hg. von *H. Balz* und *G. Schneider* (Stuttgart 1980–1983)
FH	Frankfurter Hefte (Frankfurt 1946–1984)
HthG	Handbuch theologischer Grundbegriffe, hg. von *H. Fries* (München 1962f)
IJPhRel	International Journal for the Philosophy of Religion (The Hague 1970ff)
IkaZ	Internationale katholische Zeitschrift »Communio« (Frankfurt 1972ff)
JA	Joseph und Aseneth (jüdisch-christlich-gnostischer Roman)
Kairos	Kairos. Zeitschrift für Religionswissenschaft und Theologie (Salzburg 1959ff)
LThK	Lexikon für Theologie und Kirche, hg. von *J. Höfer* und *K. Rahner* (Freiburg [2]1957–1965)
Midr	Midrasch
MS	Mysterium Salutis. Grundriß heilsgeschichtlicher Dogmatik, hg. von *J. Feiner* und *M. Löhrer* (Einsiedeln 1965–1976)
NHthG	Neues Handbuch theologischer Grundbegriffe, hg. von *P. Eicher* (München 1984f)
NovTest	Novum Testamentum (Leiden 1956ff)
NTSt	New Testament Studies (Cambridge 1954ff)
NZSTh	Neue Zeitschrift für Systematische Theologie (ab 1963: . . . und Religionsphilosophie) (Berlin 1959ff)

Or	Orientierung (Zürich 1937ff)
PhJb	Philosophisches Jahrbuch der Görres-Gesellschaft (Fulda 1888ff)
QpDan, QpNah	Handschriften aus Qumran: pæšær Daniel (Daniel-Kommentar),pæšær Nahum (Nahum-Kommentar)
SM	Sacramentum Mundi. Theologisches Lexikon für die Praxis hg. von *K. Rahner* u. a. (Freiburg 1965ff)
tBer	Tosefta: Traktat Berakhot
TgOb, TgSach	Targum (aramäische Paraphrase) zu Obadja, zu Sacharja
THAT	Theologisches Handwörterbuch zum Alten Testament, hg. von *E. Jenni* (München – Zürich ²1978f)
ThG	Theologie der Gegenwart (Frankfurt 1958ff)
ThRdsch	Theologische Rundschau (Tübingen 1897ff)
ThRev	Theologische Revue (Münster 1902ff)
ThWAT	Theologisches Wörterbuch zum Alten Testament, hg. von *J. Botterweck* und *H. Ringgren* (Stuttgart 1970ff)
TRE	Theologische Realenzyklopädie, hg. von *G. Krause* und *G. Müller* (Berlin – New York 1977ff)
VuF	Verkündigung und Forschung. Beihefte zu »Evangelische Theologie« (München 1942/1946ff)
ZEE	Zeitschrift für evangelische Ethik (Gütersloh 1957ff)

Personenregister

Stellenregister

(Nicht besonders gekennzeichnet wurde, ob eine Stelle im Text oder in den Anmerkungen oder mehrmals auf einer Seite erscheint.)

1. Altes Testament

Gen			305
1	291	3, 2–10	233, 500
1, 2	50, 73	3, 6	95
1, 26–31	76, 86	4, 22f	345
2, 1f	86	6, 7	111
2, 4.7	73	15, 18	55
2, 7	44, 50, 332	16, 6	111
2, 24	86	20, 2ff	44, 55
3	86	20, 7	341
3, 19f	44	20, 8–11	86
5, 24	53	20, 12	51
6, 3.17	371	22, 18	48
12, 1ff	95	24, 9–11	57
12, 7	150	31, 13	86
15, 15	445f		
17, 1	150	*Lev*	
18, 1	150	19, 28.31	48
18, 1–33	233	20, 6.27	48
25, 8f	45, 49	21, 1.5.11	48
26, 2.24	150	22, 4	48
27	49	25	44, 55, 305
27, 2	46		
35, 7	232	*Num*	
35, 9	150	5, 2	48
35, 18	46	6, 6f	48
35, 29	45	9, 6–10	48
37, 35	47	11, 25–29	372
42, 38	47	14, 21	482
44, 29.31	47	16	49
48, 16	49	16, 30.33	47
48, 21	46, 49	19, 16	48
49, 29ff	49	23, 21	55
50, 24	46	24, 3f	150, 232
		24, 16	232
Ex		27	49
3ff	305	27, 16	45
3, 14	41, 44, 288, 295,		

514

19, 25ff	59f, 446	102, 25	46
21, 7	59	103, 19	86
26, 5f	53, 59	104, 29f	44, 46, 371, 390, 408
26, 13f	372		
34, 14f	44	106, 28	48
42, 17	45	110, 1	343–345, 391
		110, 5f	351
Ps		113, 7	45
1	59	115, 15ff	47, 111
2, 7	343, 345	139, 5ff	481
2, 9	351	139, 8–12	53
6, 6	47	139, 13ff	44
9, 193	8, 305	145, 11ff	55
11, 7	68	146, 4.10	44, 55
12, 6	305	148, 13	359
16, 8ff	59, 320, 334, 490		
17, 1	559	*Spr*	
18, 4	744	8, 22–31	346f
22, 28–32	56–58, 63, 305, 446	15, 11	53
27, 13	59		
30, 3ff	59	*Koh*	
30, 10	47	3, 17–22	58, 75
33, 14f	86	3, 19–21	44, 46
36, 10	44, 355	9, 5f	47
37	47, 59	12, 1–8	44, 46, 58
40, 12	59, 489		
42, 3	44	*Jes*	
45, 8	68	1, 1	150, 231
47, 3.8	56	1, 26	82
49	59f, 74f, 305	2, 1	231
49, 5	76	2, 2ff	93
49, 16	60, 63, 69, 74, 446, 489	6, 1–7	55, 154, 232f, 481f, 497, 499f
63, 4.9	60f, 446, 485, 489	8, 19f	48
72, 17	49	11, 1–9	372
73	59–61, 63, 74f, 305, 407, 446, 489	13, 1	150, 231
		14, 9f	47
83, 8 LXX	151	14, 11–15	86
86, 13	59	24, 21–23	56f
88, 6.7.11–13	47, 54	24–27	56, 62
89, 27f	345	25, 6–8	52, 56–58, 62f, 87, 93f, 305, 408, 446
89, 49	46	26, 7–21	62f
90, 6.12	323	26, 19	62f, 111, 279, 446, 475
93, 1	55	26, 29	85
96, 10	55	29, 18f	85, 90
97, 1	55	30, 10	231
99, 1	55		
101, 17 LXX	151		

3. Neues Testament

521

4. Außerkanonische frühchristliche Schriften

Did
10, 6   113

2 Clem
9, 1   335

Barn
5, 6f   335
15, 8f   414

Philippusevangelium
21a   442